Constantin Winterberg

Petrus Pictor Burgensis De prospectiva pingendi

nach dem Codex der Königlichen Bibliothek zu Parma

Constantin Winterberg

Petrus Pictor Burgensis De prospectiva pingendi
nach dem Codex der Königlichen Bibliothek zu Parma

ISBN/EAN: 9783743630246

Hergestellt in Europa, USA, Kanada, Australien, Japan

Cover: Foto ©ninafisch / pixelio.de

Weitere Bücher finden Sie auf **www.hansebooks.com**

PETRUS PICTOR BURGENSIS

DE

PROSPECTIVA PINGENDI.

NACH DEM CODEX DER KÖNIGLICHEN BIBLIOTHEK ZU PARMA NEBST
DEUTSCHER ÜBERSETZUNG ZUM ERSTENMALE VERÖFFENTLICHT

VON

Dr. **C. WINTERBERG**.

BAND I.

TEXT.

MIT EINER FIGURENTAFEL.

STRASSBURG
J. H. ED. HEITZ (HEITZ & MÜNDEL)
1890.

Von den **Studien zur Deutschen Kunstgeschichte** sind bis jetzt erschienen:

1. HEFT:

Verzeichniss der Gemälde des Hans Baldung gen. Grien zusammengestellt von Dr. phil. Gabriel von Térey.
ℳ 2. 50

2. HEFT:

Die Sculpturen des Strassburger Münsters. Erster Theil: Die älteren Sculpturen bis 1589. Von Dr. Ernst Meyer-Altona. Mit 35 Abbildungen.
ℳ 3. —

3. HEFT:

Einleitende Erörterungen zu einer Geschichte der Deutschen Handschriftenillustration im späteren Mittelalter. Von Dr. Rudolf Kautzsch.
ℳ 2. 50

4. HEFT:

Der Uebergangsstil im Elsass. Ein Beitrag zur Baugeschichte des Mittelalters. Von Ernst Polaczek. Mit 6 Lichtdrucktafeln.
ℳ 3. —

5. HEFT:

Die bildenden Künste am Hof Herzog Albrechts V. von Bayern. Von Max Gg. Zimmermann. Mit 9 Autotypieen.
ℳ 5. —

6. HEFT:

Der Meister der Bergmannschen Officin und Albrecht Dürers Beziehungen zur Basler Buchillustration. Ein Beitrag zur Geschichte des deutschen Holzschnittes. Von Dr. Werner Weisbach. Mit 14 Zinkätzungen und einem Lichtdruck.
ℳ 5. —

7. HEFT:

Die Holzschnitte der Kölner Bibel von 1479. Von Dr. Rudolf Kautzsch. Mit 2 Lichtdrucktafeln.
ℳ 4. —

8. HEFT:

Die Basler Buchillustration des XV. Jahrhunderts. Von Dr. Werner Weisbach. Mit 23 Zinkätzungen. ℳ 6. —

PETRUS PICTOR BURGENSIS

DE

PROSPECTIVA PINGENDI.

NACH DEM CODEX DER KÖNIGLICHEN BIBLIOTHEK ZU PARMA NEBST DEUTSCHER ÜBERSETZUNG ZUM ERSTENMALE VERÖFFENTLICHT

VON

Dr. **C. WINTERBERG**.

BAND I.

TEXT.

MIT EINER FIGURENTAFEL.

STRASSBURG
J. H. ED. HEITZ (HEITZ & MÜNDEL)
1899.

Vorwort.

Die Publication des vorliegenden Tractats soll eine in wissenschaftlichen Kreisen längst empfundene Lücke ausfüllen, durch Beantwortung der Frage: wie und in wieweit schon die Malerei der Frührenaissance die Gesetze der Perspective, soweit sie theoretisch bereits festgestellt, für die Praxis nutzbar zu machen im Stande war.

Dass der Tractat von einem hervorragenden Künstler jener Zeit und nicht von einem Theoretiker herrührt, erhöht insofern seinen Werth, als dadurch von vornherein für die richtige und erschöpfende Beantwortung jener Frage Garantie geleistet wird. Er ist überdies der einzige dieser Art, der nach langer Vergessenheit erst neuerdings wiederentdeckt aus jener frühen Periode sich erhalten hat, während es wie bekannt den späteren Kunstepochen an perspectivischen Tractaten theoretischen wie praktischen Inhalts keineswegs mangelt.

Dadurch dass der im Alter erblindete Meister den Text nur einem seiner Schüler dictiren konnte, die Ausführung der Zeichnungen danach diesem allein überlassend, erklären sich nicht nur die Abweichungen letzterer in den verschiedenen heut noch vorhandenen Codices, sondern auch solche, die gegen den Wortlaut des Textes selber verstossen, die der Zeichner auf eigene Verantwortung gelegentlich vorzunehmen sich bemüssigt fand.

Ueberdies sind viele der Figuren nur skizzenhaft, und lassen überhaupt noch jene Correctheit vermissen, welche eine scharfe Controle der Richtigkeit unter Anwendung der — damals noch nicht bekannten — Gesetze der Fluchtlinien und Fluchtpuncte ertrüge. Gleichwohl musste, um die Kosten der Herstellung nicht noch mehr zu vergrössern als sie ohnehin sich schon herausgestellt, von einer Berichtigung derartiger immerhin kleiner, für das Verständniss jedenfalls nicht weiter in Betracht kommender Versehen durch Umzeichnen der Vorlagen abstrahirt werden. Doch auch unter dieser Bedingung wäre die Publication des Werks kaum möglich gewesen ohne die grossmüthige Unterstützung des hochverehrten Gönners, welchem, ebenso wie allen denen, die sich für das Zustandekommen der Publication mit Rath und That interessirt, Herausgeber den Ausdruck verbindlichsten Dankes an dieser Stelle nochmals entgegenzunehmen bittet.

Möge es zugleich verstattet sein dem Grossh. Badischen Staatsminister Herrn Dr. Nokk Exc. sowie dem Präfecten der königl. Bibliothek zu Parma Herrn Dr. A. Pereau für die ihm zur Ermöglichung der Abschriftnahme des Tractats s. Z. gewordene Unterstützung, wenn auch erst nach Jahr und Tag, hier nachträglich zu danken.

Dass trotz sorgfältigster Controle namentlich im ital. Text verschiedene Druckfehler geblieben sind, wollen insbesondere jene Herren entschuldigen, denen in Ermangelung technischer Kenntnisse bei Beurtheilung des vorliegenden Werkes sprachliche Correctheit allein als Massstab dient.

Quod Deus bene vertat!

Rom, im Juni 1898.   D. H.

Inhalt.

Seite

Einleitung.
   Piero de' Franceschi als Maler 1
   Die Perspective und ihr Verhältniss zu den bildenden Künsten 39
   Piero de' Franceschi's Stellung als Perspectiviker gegenüber Leonbattista Alberti und
   Lionardo da Vinci 63
   Piero de Franceschi's Tractat de prospectiua pingendi 70

Petrus Pictor Burgensis de prospectiua pingendi
   Libro primo
      Puncti Linee et superficie piane   I
   Libro secondo
      Corpi chubi, Pilastri quadri et colonne tonde et de piu faccie. XVII
   Libro terzo
      Delle teste et capitelli, basi, torchi de piu basi et alteri corpi diversamente posti   XXXI

Piero, Maler aus Borgo über malerische Perspective
   Erstes Buch
      Puncte, Linien und ebene Flächen LXXXI
   Zweites Buch
      Cubische Körper, vierseitige Pilaster und runde und mehrseitige Säulen . . . CV
   Drittes Buch
      Von den Köpfen und Kapitellen, Basen, wulstförmigen, von mehreren Basen
      umgrenzten und andern Körpern in verschiedener Lage CXXIV

I. Piero de' Franceschi als Maler.

Jeder grossen Kunstepoche geht erfahrungsmässig ein Zeitraum intensiveren Naturstudiums und engeren Anschlusses an die Wirklichkeit, der sog. Realismus voraus, als nothwendige Grundlage auf welcher sich sodann die höchsten Leistungen der aus sich selbst schöpfenden Künstlerphantasie entfalten. Der monumentalen Kunst des Phidias musste eine Reihe von Meistern vorausgehen, welche ohne sich über das Natürliche zu erheben ihr höchstes Ziel in die Erforschung des menschlichen Körperbaus und des organischen Incinandergreifens seiner Theile setzt und in der Wiedergabe dieses zu solcher Vollkommenheit gelangt, dass die Kunst sodann befähigt wird, aus eigener Phantasie Gestalten zu erzeugen, die über Menschliches hinausgehen.

In gleichem Sinne hat die Hochrenaissance, welche als die höchste bis jetzt erreichte Stufe der Malerei gelten darf, ihre realistischen Vorläufer in einer Reihe hervorragender Meister der florentinischen und toskanisch-umbrischen Schulen aufzuweisen.

Mehr als in der Plastik hängt in der Malerei die naturgemässe Darstellung der Objecte ausser von der Erfassung ihres Wesens von der Art ab, wie sie unter gegebenen Bedingungen dem Auge erscheinen, sodann auch von den Eigenthümlichkeiten der technischen Mittel, deren Verbesserung und Vervollkommnung mit jenen Studien Hand in Hand gehen muss. In beiden Richtungen hatte es bisher an rationeller Grundlage gefehlt. Alberti ist unter den Neueren der Erste, der ein sachgemässes Verfahren zur Beurtheilung der perspectivischen Verhältnisse in der Malerei zur Anwendung bringt. Zugleich damit bildete sich unabhängig von den Niederländern unter den Florentinern als besonderer, wenn auch anfangs noch der Vervollkommnung bedürftiger Zweig, die Oelfarbentechnik, aus. Derartige Bestrebungen finden anfangs nur vereinzelt, die einen ausschliesslich in dieser, die andern in jener Richtung statt. Erst Piero de' Franceschi ist den neuesten Kunstforschungen zufolge, als der zu bezeichnen, der durch rastloses Studium und Entdeckung neuer Methoden das Vorhandene nach beiden Richtungen hin derart zu vervollkommnen weiss, dass auf der so geschaffenen Basis nachmals die grossen Meisterwerke erstehen können, welche für alle Zeiten als mustergültig zu betrachten sind.

Wie Lionardo da Vinci, sein florentinischer Landsmann, ist auch Piero de' Franceschi eine jener charakteristischen Künstlernaturen, die im ernsten Forschen über das Wesen der Dinge und die Ursachen der Erscheinungen bei unvollkommenster Vorbildung durch Beobachtungen und Versuche, wenn auch noch ohne systematisch-strenge Grundlage, Rechenschaft zu geben suchen. Lionardo's schwungvoller Phantasie ebenso fern wie dessen weiten Horizont, hält sich Piero, ausschliesslich Maler, nur an dasjenige, was unmittelbar aus praktischen Bedürfnissen hervorgeht, ohne sich jemals über diesen seinen eng begrenzten Standpunct zu erheben. Eben darum weiss aber andererseits sein Scharfblick überall das Zweckentsprechendste, am kürzesten und bequemsten zum Ziel Führende zu ermitteln. Den besten

Beweis dafür liefert sein perspectivisches Tractat, wo er die schwierige Aufgabe, die bis dahin nur in der Architektur gebräuchlichen, exacten Constructionsmethoden der Perspektive auch in der Malerei einzuführen, in einer so zweckmässigen und übersichtlichen, dabei den Bedürfnissen dieser Kunst so vollkommen genügenden Weise löst, dass dieses Werk seiner, sowie der ganzen folgenden Zeit als Fundament des Unterrichts bei der Unterweisung des Anfängers einzig und unentbehrlich ward. — Verbesserungen andererseits, welche er, auch darin wieder völlig unabhängig der bereits durch verschiedene Meister vervollkommneten Methode der Peselli'schen Oelfarbentechnik hinzufügt, gelingt es, ihre Wirkung zu jener tief leuchtenden Farbengluth zu steigern, welche nicht nur an seinen eigenen, sondern auch an den Werken der von ihm unmittelbar oder mittelbar beeinflussten Schüler Bewunderung erregen. Denn keineswegs ist seine Wirksamkeit auf die eigenen Werke beschränkt. Die praktische Art wie er bei jeder Aufgabe verfährt, dazu Klarheit des Blicks und die Verständlichkeit seiner Methoden konnten selbstverständlich nicht verfehlen, einen Kreis von Schülern um ihn zu schaaren, deren Leistungen bereits den Anbruch jener höchsten Kunstepoche verkünden, die in Rafael und Michelangelo ihren Gipfel erreicht.

Piero de' Franceschi's Bedeutung und Stellung in der Kunstentwickelung ist nicht damit abgethan, dass man ihn als Abschluss der realistisch-derben florentinischen Malerschulen characterisirt. Umbrier von Geburt, hält er in seinen früheren Werken wenigstens noch deutlich die Mitte zwischen jener herben Auffassung einer und den archaistisch-byzantinischen Traditionen seines Heimathlandes andererseits. Für diese seine Doppelnatur dürfte keines seiner Werke bezeichnender sein, als Christus der Auferstandene in der städtischen Gallerie zu Borgo S. Sepolcro. In realistischer Strenge schildert der Meister hier nicht etwa den über Wolken aufschwebenden, von Engeln getragenen Erlöser in der Glorie, sondern vielmehr den Moment, wie er vom Bahrtuch halb verhüllt, den linken Fuss auf dem Grabrand, in der Rechten die Siegesfahne, eben der Gruft entsteigt. Es tritt dazu die Eigenthümlichkeit, dass trotzdem die Hauptfigur sich rückwärts von den im Vordergrunde schlafenden Wächtern befindet, die wirklichen Dimensionen der Körperverhältnisse gegen diese nicht vermindert erscheinen, wodurch in Verbindung mit der Helligkeit des Farbentons auf dunklem Hintergrunde die Wirkung des Colossalen sich erklärt, die bei Crowe-Cavalcaselle dieser letzteren allein zugeschrieben wird.

Auch die Madonna del Soccorso in der Hospitalkirche ebendort offenbart in den verschiedenen Gruppen bald mehr bald weniger sienesisches Formenschema, selbst noch die Fresken von Arezzo zeigen Anklänge davon in dem feierlichen Ceremoniell gewisser Scenen: erst in den Werken seiner vollendetsten Periode herrscht ausschliesslich florentinischer Character. Nicht die realistische Tendenz also, welche er mit Castagno, Verrocchio und anderen Zeitgenossen theilt, sondern der provinzielle Zug seiner umbrischen Abstammung der sich nirgends und zu keiner Zeit bei ihm verläugnet hat, ist es welcher das Unterscheidende, die Eigenart Piero's den Florentinern gegenüber bildet und seinen Vorzügen wie Mängeln als Maler zu Grunde liegt. Vor Allem fehlt ihm infolge dessen jene Schaffenslust, jene Freude am Natürlichen, welche die letztgenannten Meister, von Giotto bis Fra Filippo Lippi, so liebenswürdig macht. Etruskische Sinnesweise, Ernst und Verschlossenheit geben seinen Darstellungen etwas Kaltes und Unsympatisches. Im Bestreben der natürlichen Anschauung möglichst nahe zu kommen und den Eindruck der Wirklichkeit zu erzeugen, entkleidet er das Heiligste des idealen Gewandes, womit es religiöse Tradition umgibt, und zieht es in die Sphäre des Irdischen. Gleichwohl haftet keinem seiner Werke etwas Triviales an. Feierliche, ceremoniöse Vorgänge, religiösem oder legendarischem Gebiete entnommen, bilden die Mehrheit seiner Compositionen. Fest ausgeprägte in sich abgeschlossene Charactere treten wie hier insbesondere in seinen Portraits dem Beschauer entgegen. Die nur Naturwahrheit, nichts weniger als Effect suchende Art, Vorgänge zu schildern oder Einzelfiguren vorzuführen, verleiht solchen, bei täuschendem Schein der Wirklichkeit energisch ausgeprägten, imponirend zugleich im Ausdruck und reservirter Haltung, wie unerwartet dem Auge plötzlich gegenübertretenden Gestalten oft überraschende Wirkung. Gleichwohl sind die grossen Vorzüge Masaccio's dem Meister versagt. Befangenheit nicht Begeisterung, welche die Phantasie mit sich fortreisst und den Beschauer als Theilnehmer mitten in die Handlung hineinversetzt ist das Gefühl, welches die Betrachtung seiner Werke dem Beschauenden erregen mag. Mühsam sind diese Gestalten studirt, ihre Bewegungen zusammengestellt, nichts weniger als Erzeugnisse göttlicher Eingebung.

Der Lebendigkeit und Ungezwungenheit abgeneigt, wählt er schon gar nicht, wäre es auch durch die Natur der Sache noch so sehr geboten, die prägnantesten Momente höchster Kraftanstrengung. Im Gegensatze zu Rafael's Constantinsschlacht, welche in grossartiger Weise den Sieg der christlichen Heeresmassen im Augenblicke der Entscheidung schildert, oder des Mosaiks der Alexanderschlacht, welche mit wenig Mitteln einen ähnlichen Eindruck in monumentaler Form wiedergibt, wählt sich Piero den der Entscheidung vorausgehenden Moment. Es ist die Schlacht als solche, welche sich vor dem Auge entrollt. Nur ganz äusserlich angedeutet ist der wahrscheinliche Sieg des Christenheeres, dadurch dass in den sich bekämpfenden Einzel-Gruppen die Perser stets als Unterliegende erscheinen. Durch die taktmässig abgewogene Gliederstellung erhält die ganze Darstellung zudem etwas Puppenhaftes, die verschiedensten Leidenschaften der Sieger wie der Unterliegenden bekunden sich stets in gleichem Sinne, überall derselbe mürrische Ausdruck, derselbe drohende Blick der Sieger, dieselben gelegentlich bis zur Grimasse verzerrten Züge der Unterliegenden, wie bei schlechten Schauspielern, denen es mit ihrer Rolle nicht recht Ernst ist, oder die sich nicht hineinzufinden wissen. Stets sind es dieselben schwerfällig derben Typen männlicher, und ebenso typisch wiederkehrenden, wenn auch weniger ungraziösen Körperverhältnisse weiblicher Gestalten, die namentlich in figurenreichen Gemälden diesen Charakter nicht verläugnen können. Wenn wir also auch in Piero de' Franceschi eine wahrhaft grosse Künstlernatur wie in Lionardo und Rafael nicht zu erkennen vermögen, wenn ihm wirklicher Genius, poetischer Schwung und vor Allem jene ideale Auffassung fehlt, welche das Alltägliche veredelt, das Herbe mildert und das Charakteristische ins Schöne und Anmuthige verklärt, wenn er in richtiger Erkenntniss solcher Mängel durch gewissenhaftes ernstes Studium zu ersetzen sucht, was die Natur versagt, und durch allzu prinzipielles Festhalten an der Wirklichkeit in Fehler verfällt, so sind andererseits die aus solchem consequenten Verharren bei der einmal als wahr erkannten Norm sich ergebenden Vortheile so gross, dass sie jene Mängel mindestens aufwiegen. Piero's Bedeutung wurzelt, wie bereits angedeutet, in erster Linie in der technischen Seite, insbesondere der Perspective.

Die verständnissvolle Handhabung derselben zur Eintheilung der räumlichen Verhältnisse und die dem entsprechende höchst sachgemässe Anordnung und Vertheilung der Figurengruppen, die ohne den Zusammenhang aufzuheben, durch rhytmische Intervalle klar und scharf getrennt, alle Einzelfiguren, welche jene Gruppen zusammensetzen im richtigen Raumverhältniss von einander abgehoben und durch naturgemässe Abtönung und Modellirung deutlich unterschieden zeigen, kann nicht genug Bewunderung finden. Wenn auch der Abrundung der Composition wegen gelegentlich einmal eine zum Verständniss oder grösserer Prägnanz des Inhalts nicht gerade nothwendige Gestalt dieser oder jener Gruppe hinzugefügt ist, so finden sich doch selbst in den figurenreichsten Gemälden von Arezzo nirgends Füllfiguren von der Art, wie sie in den Porträts ihrer florentinischen Gönner und Zeitgenossen bei Gemälden von Benozzo Gozzoli, Filippo Lippi u. a. als passive Theilnehmer den Vorgang zu begleiten pflegen. Viel richtiger als bei Mantegna ist ferner das Verhältniss der Figurenhöhe zur Höhe des Bildrahmens resp. des Abstandes bemessen, worin sich die vorderen Figuren hinter der Bildfläche befinden. Nie treten sie so dicht an diese heran um einen unnatürlichen übertriebenen Nachdruck auf das Menschliche zu legen und dadurch den natürlichen Zusammenhang dieses letzteren mit der Umgebung zu zerstören. Der Mensch bleibt was er in Wirklichkeit ist: Product der schaffenden Natur wie jedes andere, daher auch räumlich ohne Vorrecht. Architektonische Gesetzmässigkeit in den Gruppencontouren und ebensolche Strenge in ihrer geometrischen Verbindung ist ein fernerer, aus des Meisters Sinn für das Geschlossene, gesetzmässig Umgrenzte, proportional Abgewogene hervorgehender Zug, offenbar entwickelt durch die geometrischen Studien und Berechnungen, welche sich zum Theil in einem andern seiner Tractate (de quinque corporibus regularibus etc.) zusammengestellt finden. Wenn er auch noch nicht die Perspective im Sinne Rafaels und Lionardo's als Träger der Idee ausnützt, sondern den Augenpunkt meist willkürlich legt, und zur Detailgliederung ebenso willkürliche geometrische Prinzipien, oft in solch' rigoroser Weise anwendet, dass der Eindruck strenger Geschlossenheit und ordnungsmässiger Uebersichtlichkeit, welcher sonst in des Meister's Werken so wohlthuend berührt dem des Steifen und allzu Abgezirkelten weichen muss, so ist doch das Prinzip an sich den Zeitgenossen gegenüber, denen diese Strenge abgeht, im Ganzen als ein fernerer Vorzug des Meisters zu betrachten. In fast allen architektonischen Compositionen offenbart sich überdies ein äusserst feines Empfinden für bauliche Verhältnisse, worin er in demselben Masse seine Zeitgenossen überragt, wie er in dem, was auf die Schönheit des Menschen Bezug hat, zurücksteht. Durchgehends zeigen seine architektonischen Formen ein, der Antike sich näherndes, edles Gepräge, weniger decorativ reich als bei Mantegna ausgestaltet, erinnern die Proportionen seiner Säulenhallen bereits an die grossen Schöpfungen Bramante's.

Schon ein oberflächlicher Blick auf die Reihe seiner Werke lässt in deren Aufeinanderfolge, soweit sie die historische Forschung verbürgt, einen successiven Fortschritt nicht verkennen. Wenn Malatesta von Rimini oder die Madonna del Soccorso zu Borgo S. Sepolcro durch kalte marmorgleiche Züge, steife, abgemessene Haltung als des Meisters Erstlingswerke kaum Zweifel erregen können, so dürfte, obwohl nicht gerade streng historisch nachgewiesen, das Altargemälde in Perugia, wo derselbe schon in der thronenden Madonna, besonders aber in dem Giebelbilde der Verkündigung viel weniger Befangenheit zeigt, gegenüber der noch an die früheren Werke erinnernden steifen Haltung der Heiligen als Zwischenstufe zu dem Hauptwerk des Cyklus von Arezzo anzusehen sein. Doch selbst dieser letztere ist wie die vorgenannte Reihe noch keineswegs aus einem Gusse: Kaum weniger künstlerische Befangenheit wie in den Erstlingswerken findet sich, u. a. wie schon hervorgehoben in der Behandlungsweise der Schlachtenbilder, während im Gegensatz dazu, des Meisters Eigenart mehr entsprechend, die Ceremonienbilder durch feierlich-erregte Stimmung und Ausdruck der Figuren bei formeller Abrundung der Gruppen weit mehr harmonisches Gepräge zeigen. Die Vision des Heraclius[1] darf sogar in Stimmung und Characteristik der Situation zu dem Vollendetsten gezählt werden, was nicht nur er, sondern die grössten Meister des Helldunkels in dieser Richtung geleistet haben. Wie schon hier zum Theil, so offenbart sich sodann der Gipfelpunkt seines Schaffens in der im Auftrage des Herzogs von Urbino ausgeführten Reihe von Gemälden, welche durch die grösste Feinheit der perspectivischen Behandlung, durch Harmonie des Figürlichen mit der architektonischen und landschaftlichen Umrahmung, sowie auch die ans Classische grenzenden Feinheiten der Architektur unter allen seinen Leistungen den ersten Rang einnehmen.

Es erübrigt nach dieser allgemeinen Charakteristik noch eines Blicks auf die eineinzelnen Gemäldegattungen, um die vorher nur allgemein berührten Eigenthümlichkeiten, sofern sie als individuelle Vorzüge oder Mängel seinen Werken anhaften, an diesen selber durch Beispiele aus den wichtigsten und bekanntesten seiner Gemälde nachzuweisen und näher zu begründen.

Die Reihe der Operationen, welche der Künstler vom ersten Entwurf bis zur letzten Lasur des Gemäldes vorzunehmen hat, beginnt bei der damaligen Generation in ihrer gesunden, einem grossen Theil moderner Maler diametral entgegengesetzten Weise nie anders als mit dem ursprünglich und sachlich Gegebenen des Inhalts und seiner Gliederung. Der materiellen geht also die Gedankenarbeit voraus. Sie bekundet sich schon der Idee nach durch die strenge Abwägung und Gegeneinanderstellung der Gruppen und den durch die sich correspondirenden Glieder, Figuren, Charactere erzeugten geistigen oder ideellen Rhytmus in der mannigfaltigsten Art. Als successive Steigerung sich rechts und links entsprechender Typen zeigt sich dieses schon in wenig figurenreichen Gemälden, wie z. B. besonders deutlich in der

---

[1] Sogenannt nach Analogie der corresp. Darstellung des Agnolo Gaddi in S. Croc zu Florenz da der Legende nach auch Heraclius im Traum eine Himmelserscheinung gehabt, welche die Wiedergewinnung des Kreuzes verkündigt. Breviar. rom. MDCCIV.

Vision des Heraclius, dem in tiefen Schlaf versunkenen Kaiser halb wachend halb träumend der Diener gegenübersitzend, in entsprechender Abstufung der Grad der Wachsamkeit bei den zwei Hellebardieren gekennzeichnet, der eine auf die Lanze gestützt, der andere völlig freistehend, das Beil in der Rechten wie zum Schutz des Gebieters verstreckend. Auch in dem erwähnten Schlachtenbild desselben Cyclus ist trotz mangelnder Lebendigkeit in Ausdruck und Bewegung des Einzelnen die Anordnung der vorher bereits bezeichneten Idee nach völlig klar und sachgemäss. Schon der Gegensatz der Kämpfenden im Verhältniss zu den beiderseitigen Nichtcombattanten ist für die Situation bezeichnend, die grössere Energie auf Seiten des Christenheeres, voran auf schnaubendem Ross der Kaiser, Alles überragend, gegenüber dem auf den Knieen die Götter um Schutz anflehenden Perserkönige, ein Bild der Rath- und Hoffnungslosigkeit, während seine letzten Truppen eben zum Entscheidungskampf vorrücken. Das alles gibt in Verbindung mit den in Vordergrunde von links nach rechts successiv gesteigerten Situationen kämpfender Gruppen zu Fuss und diese überragender Reiter schon der Idee nach ein Bild, das an Klarheit und Lebendigkeit nichts zu wünschen übrig lässt. In der Auffindung des Kreuzes durch die Kaiserin Helena, wo als Centrum beider Vorgänge beidemal der zu Heilende gedacht wird, ist der rhythmisch abgewogene Gegensatz des Figürlichen besonders deutlich: die resignirt am Boden liegende Gestalt des Krüppels, gegenüber dem zu neuem Leben erwachten, links Frauen und Gefolge, jenen umstehend, vergebens auf das Wunder harrend, rechts knieende Gestalten, die Kaiserin an der Spitze, die Hände im Gebet erhoben über die unerwartete Erscheinung, rechts als Zuschauer Priestergestalten, gegenüber nur gewöhnliches Volk; in der Umrahmung der Tempelfront auf der einen Seite, der freien Umgebung auf der andern ist dieser rhythmische Gegensatz durchgeführt. In der Auferstehung Christi wird er sogar schon in der bekleideten und entblössten Seite der Hauptfigur, wie in deren Stellung entgegengesetzter Arm- und Beinbewegungen je zwei sich correspondirend, angedeutet. Demgemäss sind auch die Wächter nicht symmetrisch vertheilt, sondern es entsprechen sich nach demselben rhythmischen Gesetz wie die Glieder der Hauptfigur, je zwei derselben vorn rechts und hinten links und umgekehrt in Haltung und Bewegung, nach geistigem wie formellem Gleichgewicht. Ganz ähnlich spricht sich dieser Rhytmus in der Taufe Christi aus, wo wiederum die Hauptfigur sozusagen den Tactschlag angibt in dem fest aufgesetzten Standbein, und dem nur leicht sich aufstützenden Spielbein. Dem schliesst sich gewissermassen als Fortsetzung nach beiden Seiten die gleichmässig in paralleler Haltung vorgestellte Engelgruppe links, im Gegensatz zur bewegten Gestalt des Täufers und des rechts davon sich Entkleidenden an. Den beiden Pendants der Apotheose des Herzogspaares von Urbino liegt offenbar der Gedanke zu Grunde, Männliches und Weibliches in rhytmischem prägnagtestem Gegensatz wiederum zu einer Einheit zu verschmelzen. Im hellen Stahlpanzer von der Schaar allegorischer Gestalten männlicher Tugenden begleitet, hält der lorbeergekrönte Herrscher als Sieger seinen Einzug in die Heimath. Auf hoher Quadriga vorn scheint ein geflügelter Eros als Rosselenker den Lauf der lebendig ausschreitenden Gespanns zu noch grösserer Eile anzutreiben. Dasselbe Bild, nur in Allem um einen Grad ins Weibliche gemildert, die Rosse sogar durch weniger muthige Thiere ersetzt, kehrt sodann wieder auf der andern Seite als nothwendige Ergänzung zum vollen Accord. Weniger deutlich der Idee nach, wenn auch klar in der Form, ist die geistige Beziehung unter den beiden Gruppen in der Geisselung Christi, wo offenbar eine aus der Darstellung selber nicht ersichtliche und daher unverständliche symbolische Beziehung zwischen Gegenwärtigem und längst Vergangenem obwaltet.

Der Conception der künstlerischen Idee und deren geistiger Verarbeitung folgt die Festlegung der allgemeinen Umrisse, welche mit Rücksicht auf die in den Massen sich wiederum ausgleichende, entsprechende Licht- und Schattenvertheilung und der Harmonie der Farbenwirkung gemäss stets derart zu bestimmen ist, dass schon in denen der Hauptfiguren oder Gruppen in Verbindung mit der perspectivischen Anordnung des Ganzen die Idee gleichsam fertig angedeutet liegt. Diese Umrisse sind also keineswegs vom Zufall abhängig, sondern werden nach gewissen, jedem speziellen Falle am besten angepassten geometrischen und perspectivischen Gesetzen festgelegt. Was nicht zum geringsten Theil die Meisterwerke

Lionardo's und Rafael's in dieser Hinsicht auszeichnet, findet sich in den Compositionen Piero de' Franceschi's in bewusster Absicht bereits angebahnt; die insofern nicht genug zum Studium empfohlen werden können. Er, wie seine Zeitgenossen, waren noch nicht dem modernen Irrthum verfallen, Wesentliches dem Zufälligen, Schönheit und Gesetzlichkeit der Form der blossen malerischen Wirkung von Licht und Schatten oder pikanten Farbenzusammenstellungen zu opfern; Kunstfertigkeiten dieser Art lassen sich sogar von Nicht-Künstlern, wie z. B. bezüglich der Licht- und Schattenwirkung von geschickten Photographen bei einiger Uebung recht wohl erlernen. Was die Werke des Künstlers von solchen unterscheidet und sein Genie erkennen lässt, hat sich in erster Linie stets durch die Form als solche zu bethätigen. Wer diese beherrscht, dem werden auch die Mittel zur Verdeutlichung der gewollten Idee bei einiger Uebung nicht fehlen, während umgekehrt ein noch so malerisches Arrangement den Mangel wahrhaft künstlerischer Composition niemals vergessen lässt.

Die Form als solche beschränkt sich in der Malerei keineswegs blos auf die Einzelcomposition. Schon die streng an die gegebenen architektonischen Verhältnisse sich anschliessende Ordnung und Geschlossenheit des Freskencyklus von Arezzo, wobei er sich durchaus nicht ängstlich an die historische Reihenfolge bindet, sondern diese der Symmetrie und Rücksicht auf die gegebene Räumlichkeit geschickt unterzuordnen weiss unterscheidet Piero de' Franceschi's Compositionen vortheilhaft von den Darstellungen gleichen Inhalts in S. Croce zu Florenz. Nicht vermittelnd sondern als Kernpunkt steht zwischen der Schlacht und Flucht des Chosroes die Vision des Heraclius, während in den beiden Lunettenbildern Anfang und Ende als krönender Abschluss das Ganze überragt.

Der Inhalt jedes Gemäldes ist in gewisser Beziehung schon durch die Form und Dimensionsverhältnisse des Rahmens bedingt. Diesen Verhältnissen entsprechend findet sich der Gegenstand der Darstellungen Piero de' Franceschi's durchweg mit Verständniss angepasst. Die vorerwähnten Lünettenbilder des Cyclus von Arezzo lassen allerdings im Uebergange vom Krummen zur graden Linie einige Schwierigkeit erkennen. Hier, wie auch anderswo und später noch hält der Meister an den alten, von Masaccio, Benozzo Gozzoli u. a. beliebten Modus fest, der Zeit nach getrennte Vorgänge auf den gleichen Bilde darzustellen. Das Mangelhafte dieser Anordnung tritt aber gerade in der Lünettenform: dem Tod und der Bestattung Adams durch die Ungleichheit der beiden Gruppen mehr hervor, als da, wo die Mitte in der Form des Rahmens als solche nicht betont ist, oder weniger ins Auge fällt. Ebenso wie die Contour des Rahmens den Inhalt im Ganzen, so deutet die der Gruppen deren spezielle Bedeutung an. Kein architektonische Gegenstände, wie der Prospect von Urbino, haben in den symmetrisch zurücktretenden Gliederungen naturgemäss ein bühnenartiges Aussehen. Bei Innenräumen mit Figuren, oder bei architektonischen Umrahmungen figürlicher Scenen ceremoniöser Art, wie sie der Meister mit besonderer Vorliebe darzustellen pflegt, tritt dieser Bühnencharacter deutlicher und mehr beabsichtigt in den Stufen hervor über welchen als Podium bei niederm Stande des Beschauers der Vorgang sich entwickelt: so schon im Malatesta, mehr noch in der Geisselung Christi, trotzdem dabei die Stufen fehlen, ganz besonders in der Vision des Heraclius. Diese bühnenartige Erhöhung zur Steigerung der Bedeutung des Vorgangs selbst wohl auch um die hinteren Gruppen als Corona den tiefer stehenden des Vordergrunds gegenüber in ein gewisses Relief zu setzen, findet sich übrigens nicht blos bei Melozzo da Forli seinem Schüler im «Sixtus IV und Platina» sondern in viel grossartigerem Stile durchgeführt in den Compositionen der Sala della Segnatura, aber ebenso auch in der Predigt Pauli und sonstigen Werken des Meisters von Urbino, als dessen Vorläufer in diesem Sinne man Piero de' Franceschi demnach wohl bezeichnen darf. Anderswo, wie in der Schlacht des Heraclius, ist das fehlende natürliche Podium durch künstliches Arrangement ersetzt, nämlich von den kämpfenden Fusssoldaten im Vordergrund gebildet, vom Kern des Heeres, der Reiterei, überragt, wie ähnlich im Parnass die Höhe des Bergabhangs von Rafael benutzt wird. Bei aller Symmetrie der Massenanordnung sind übrigens seine Architekturen wie der erwähnte Prospect von Urbino vom mannigfachsten Wechsel der Form. Auch in den sonstigen Compositionen ist überall, wo die Beschaffenheit der Darstellung Symmetrie der architektonischen Verhältnisse verlangt, dieselbe stets wieder durch kleine, oft kaum ins Auge fallende Verschiebungen aufgehoben und dadurch allzugrosse Steifheit verhütet. Weder die Vision des Heraclius noch Malatesta zeigt volle Symmetrie. Aehnliches gilt bezüglich der Contour der Figurengruppen. In den meisten Fällen, besonders in den Ceremonienbildern schliessen sich ihre Umrisse denen der Architektur möglichst genau an, wie in der rechten Gruppe der Kreuzfindung (vgl. die betr. Skizze), wo wiederum die allzugrosse Symmetrie durch eine leichte Verschiebung der Figurengruppe gegen die Axe der sie umrahmenden Tempelfront aufgehoben ist. Statt wirklicher Architekturen dient auch zuweilen architektonisch behandeltes Beiwerk anderer Art als Anlehnung des Figürlichen. Dies tritt besonders in den beiden Lünettenbildern des erwähnten Cyclus hervor: in der Kreuzerhöhung bei mehr symmetrischer Gruppirung der Massen, weniger deutlich im Beiwerke des Todes und der Bestattung Adams bei ungleicher Massenanordnung aber kräftiger und symmetrischer angeordneter Baumkrone, deren Stammaxe nahezu mit der der Lünette zusammenfällt: der Baum selbst in symbolischer Auffassung wohl den sachlich beide Scenen verbindenden Baum der Erkenntniss vergegenwärtigend (vgl. die betr. Skizze).[1] Meist jedoch wirken Doppelcompositionen wie die zuletzt erwähnte nicht sowohl durch die sie verbindenden formellen Beziehungen, als vielmehr durch den Gegensatz architektonisch umfasster und frei geordneter Gruppen. Die Zusammengehörigkeit beider Vorgänge erhält ausser in der Gemeinsamkeit der nachher zu betrachtenden perspectivischen Behandlung keinen weiteren formellen Ausdruck: es sei denn, dass man in der Aehnlichkeit der beide Gruppen umfassenden Contouren wie in der vorgenannten Kreuzfindung eine gewisse Analogie erkennen möchte. Andere Darstellungen zeigen statt des, der Architektur gegenübergestellten freien Gruppenbaus eine an architektonisch behandeltes Beiwerk sich anschliessende Gruppirung wo das letztere, wie in der Begegnung der Königin von Saba mit Salomon (Freskencyklus von Arezzo) in den Umrissen der Baumkronen einen Gegensatz zur Architektur ausdrückt, der sich auch theilweise auf die Gruppencontour überträgt (vgl. die betr. Skizze). In der Geisselung Christi wird der Gegensatz des Innenraums links und der nach der Tiefe geöffneten Strassenarchitektur rechts dadurch zum Ausdruck gebracht, dass der nach rückwärts geschlossenen Räumlichkeit möglichst weit zurückgeschobene Gestalten, der nach rückwärts unbegrenzten Fernsicht aber ganz nahe in den Vordergrund postirte Figuren entsprechen. — Die grösste Geschlossenheit und Strenge des Aufbaus zeigen solche figurliche Darstellungen, denen weder Architektur noch sonstiges Beiwerk als Anlehnung dient. Die Form der sie begrenzenden Contouren hängt natürlicherweise vom Inhalt ab: Während die vorher erwähnten Compositionen in architektonischer Umrahmung meist flachen oder tympanonartigen Abschluss zeigen, bildet bei dieser letzteren Art die Hauptfigur oder Gruppe ein die übrigen überragendes mehr spitzwinklig gestaltetes Dreieck, das sich je nach dem Grade der Ruhe oder Bewegtheit der umschlossenen Figuren mehr oder weniger dem gleichschenkligen nähert. Bei Altargemälden, wie dem der Madonna del Soccorso zu Borgo S. Sepolcro versteht sich die symmetrische Anordung fast von selber. Doch findet sich dasselbe Prinzip bei Piero de' Franceschi, wenn auch in freierer Anordnung modifizirt, gelegentlich auch da, wo der Gegenstand an sich gerade nicht auf grosse Symmetrie ausdrücklich hinweist. Die Taufe Christi, welche hier gemeint ist, ist in der That bezüglich der beiden Hauptfiguren weit mehr symmetrisch und überhaupt in sich geschlossener als die Darstellung desselben Gegenstandes von Verrocchio, wo schon der einfach grade obere Abschluss den Vorgang weniger als Höhenbild characterisirt wie die bogenförmige Umfassung P. de' Franceschi's, in welcher die beschattenden Baumkronen als Gegengewicht zur freien Atmosphäre über dem die Hauptfiguren umfassenden spitzwinklig-gleichschenkligen Dreieck angeordnet, nicht unwesentlich beiträgt, die weihevolle Stimmung zu erhöhen.

Noch grössere Strenge des Aufbaues zeigt die Auferstehung Christi. Während in der Taufe das Hauptdreieck, die volle Symmetrie dadurch aufgehoben zeigt, dass die Contour

---

[1] Die Skizze konnte wegen Mangelhaftigkeit der benutzten Photographie nur unvollständig in den Umrissen hergestellt werden.

des Täufers dasselbe durchschneidet, ist hier der höchste Grad von Symmetrie nicht blos im Dreieck der Hauptfigur sondern auch in den rhytmisch scharf abgewogenen Umrissen der Wächter ebenso im Beiwerk der vordern Grabwand und gewissermassen auch in den gleichmässig abgewogenen Umrissen der Bäume zum Ausdruck gebracht. (vgl. die betr. Skizze) Bei ebenfalls strenger Geschlossenheit zeigt die Darstellung bewegter Vorgänge im Gruppenbau die Form der Umrisse zu schiefwinkligen Dreiecken modifizirt, den Hauptrichtungen der Bewegung entsprechend. Das Vordringen der Byzantiner sowie das Zurückweichen der Perser giebt sich in der Schlacht des Heraclius (vgl. die betr. Skizze) schon ohne weitere Details durch die Seiten der zwei Dreiecke deutlich zu erkennen, welche die beiderseitigen Heerestheile umgrenzen. Aehnliches gilt von der Flucht und Verfolgung des Chosroes. In der Apotheose des urbinatischen Herzogspaares ergänzen sich Figurengruppen wie landschaftliche Linien zu voller Symmetri: jene zu einem die Spitze aufwärts kehrenden, flachen gleichschenkligen Dreieck, die Landschaftscontour durch Verlängerung der Hauptrichtungen an den entgegengesetzten Enden zu einem solchen in inverser Lage, wobei wiederum die allzugrosse Strenge auf die Details der Anordnung unter Mitwirkung von Licht- und Schattenvertheilung aufgehoben ist. — Die drei das Kreuz aus dem Teich ziehenden Fischer (Cyclus von Arezzo) bilden wiederum eine bewegte Gruppe, die durch die Balkenrichtung des Kreuzes ihr Gegengewicht erhält, so dass sich beide Hauptrichtungen wie Kraft zur Last verhalten. Der momentanen Gleichgewichtslage gemäss stellt sich somit das umschliessende Dreieck, dessen Basis die Wasserlinie bildet, als nahezu gleichschenklig dar (vgl. die betr. Skizze).

Diese allgemeinen Umrisse des ersten Entwurfs nach dem Inhalt der Darstellung wie nach des Künstlers individueller Auffassung in mannigfachster Weise modifizirbar, erhalten ihre definitive Form jedoch erst durch die Festsetzung bestimmter perspectivischer Verhältnisse, nämlich zunächst durch Bestimmung des Standpunkts des Auges vom Beschauer, sodann durch Anordnung und Stellung der Objecte in den für die beabsichtigte Wirkung geeignetsten Abständen unter sich und von der Bildtafel. Im Allgemeinen hält sich Piero de' Franceschi wie seine Zeitgenossen und Nachfolger bei allen architektonisch bestimmten oder mathematisch gegebenen Formen an den einfachsten Fall: nämlich den, wo die Hauptfläche zur Bildebene, also bei rechteckiger Grundrissform die Hauptdimensionen des architektonischen Objects den allgemeinen Coordinatenrichtungen der perspectivischen Anordnung parallel sind. Drehungen horizontaler Quadrate oder Rechtecke gegen die Grundlinie der Bildfläche, selbst solche unter 45° finden sich nirgends. Nur in der Tempelfront und in den Gebäuden rechts davon scheint ebenso wie in dem sonstigen Beiwerk der Kreuzfindung eine, wenn auch nur geringe seitliche Drehung mit Absicht angeordnet und u. a. noch in der Drehung des Betts erkennbar. Sonst findet sich selbst bei dem rein architektonischen Prospect von Urbino keine ins Auge fallende Schrägeansicht, sondern nur zur Bildfläche parallele Fronten und zum Auge convergirende Seitenfassaden. Ohne Kenntniss der Theorie der Fluchtpuncte mochte allerdings die Durchführung von Schrägeansichten mit der „construzione legittima" allzu umständlich sein. Auf unregelmässige Formen wie die menschliche Figur, die ohne mathematisch-strenge Construction dem künstlerisch geübten Auge überlassen bleiben, bezieht sich natürlich diese Einseitigkeit nicht, wie denn überhaupt der ungleich grössere Reichthum mannigfaltigster Situationen und verkürzter Ansichten in den Skizzenbüchern der Maler selbst bis auf die heutige Zeit gegenüber den darin weit weniger Auswahl bietenden oder ausgeführten Gemälden von jeher eine nicht zu läugnende Thatsache ist. Was zunächst den Stand des Beschauers betrifft, so hängt wie bekannt die Höhe des Horizonts oder die Augenhöhe ausser von den Dimensionsverhältnissen des Bildes auch von dessen Aufstellungsorte ab. Demgemäss überschreitet sie bei keinem von Piero's Gemälden die Hälfte der Bildhöhe. Die tiefste Lage zeigen wohl die Fresken von Arezzo; insbesondere diejenigen, welche Längenbilder vorstellen. Die meisten lassen durch die Linien der Architektur darüber keinen Zweifel. Wo diese fehlen, lässt immerhin die Aehnlichkeit der Anordnung oder sonstige Verhältnisse auf Analoges schliessen. In der untersten Reihe des Cyclus dürfte sich diese tiefe Lage durch den wirklichen Stand des Beschauers wohl erklären. Aber andrerseits lässt sich auch der Nachtheil nicht verkennen, dass vom Hinter-

Lith.Anst.v.

grund der Gruppen wie der landschaftlichen Umgebung viel zu wenig sichtbar ist: in der Schlacht des Heraclius bilden eigentlich nur Feldzeichen beider Heere den Abschluss der Scene nach Oben, während in der Verfolgung des Chosroes der schmale Streifen Landschaft, welcher beide Theile trennt, dadurch dass diese gar zu früh sich in der Ferne verliert, nicht bedeutsam genug hervortritt. Bei Innenräumen erscheint wiederum bei so tiefer Augenstellung der Plafonds unverhältnissmässig hoch, wie die Begegnung der Königin von Saba mit Solomon, aber kaum weniger auch die Geisselung Christi deutlich zu erkennen gibt, wo alle Detailirung architektonischen Schmucks nicht hinreicht, diese Leere zu verdecken. Grösseres Geschick beweist in dieser Hinsicht Lionardo da Vinci indem er zur Beseitigung des leeren Raumes vom Plafonds des Cenacolo den vorderen Theil einfach wegschneidet. Dagegen ist der tiefe Augenpunkt völlig am Platze im Prospect von Urbino, wo die gerügten Uebelstände durch das Fehlen der die Tiefe verdeckenden Vordergrundspartheien von selbst ausgeschlossen bleiben, während der gewählte Horizont der natürlichen Augenhöhe des Beschauers soweit die aus der Abbildung zu beurtheilen, nahezu entspricht.

Bei weniger figurenreichen Darstellungen mit bühnenartiger Erhöhung wie in den vorerwähnten Gemälden Malatesta's und der Vision des Heraclius erhält der Horizont dieser Anordnung gemäss zwar an und für sich etwas erhöhte, aber relativ zur Bildhöhe immer noch tiefe Lage: die daraus hervorgehenden Nachtheile sind aber in diesen Fällen erheblich geringer als in den vorerwähnten Beispielen: insofern beim Malatesta schon an sich die architektonische Umrahmung verhältnissmässig niedrig ist, wodurch die Fernsicht höher erscheint, während bei der Vision die relative Höhe des Zeltdachs durch den Gegenstand selber bedingt und motivirt erscheint. Selbst Melozzo da Forli hält in seiner Darstellung von Sixtus IV und Platina bei rhytmisch klarer Anordnung und stufenartiger Erhöhung dieselbe Tieflage des Horizonts fest. Dagegen würde durch so tiefen Augenpunkt bei den grossen Compositionen der Sala della Segnatura die Bedeutung der Corona dadurch, dass sie von den Gruppen des Vordergrundes zum Theil verdeckt wäre, der Inhalt weniger klar werden, wesshalb Rafael das Auge durchgehends hoch legt, wie in der Schule von Athen, in der Mittellinie zwischen Aristoteles und Plato nahezu in deren Augenhöhe.[1] Relativ niederen Horizont zeigen bei Piero ebenso die feierlich-religiösen Vorgänge Taufe und Auferstehung Christi. In beiden übersteigt derselbe, soweit im letzteren Falle die architektonischen Linien des im Mittelgrunde sichtbaren Baus, in jenem die Verhältnisse der Verkleinerungs- und entsprechenden Abtönungsunterschiede schliessen lassen, nicht $1/3$ der Bildhöhe: in der Auferstehung fällt er demgemäss an den obern Grabrand, in der Taufe nahe dem Nabel Christi. Die höchste Lage des Horizonts zeigt, soweit dies durch Construction der Axen der Vorder- und Hinterräder des Wagens zu ermitteln möglich, die Apotheose des Herzogspaares, wo der Beschauer in der Höhe der die Scenen begrenzenden Gebirgscontour, also über dem Vorgang erhöht zu denken ist: vielleicht dadurch, motivirt, dass die Landschaft als Heimathsland und Herrschersitz des triumphirenden Paares hier eine erhöhte Bedeutung in Anspruch nimmt.

Auch in der Gruppe der drei Fischer des Cyclus von Arezzo, welche das Kreuz aus dem Teich erheben, dürfte der Augenpunkt höher als sonst anzunehmen sein. Weit geringer sind dagegen die Unterschiede in der Seitenlage des Auges. Zwar niemals scharf in der Mitte, ausser, wo die rein architektonische Darstellung mit Nothwendigkeit dies verlangt wie etwa im Prospect von Urbino. Wo zwei getrennte Partheien sich gegenüberstehen, wie in der Schlacht des Heraclius, oder überhaupt zwei getrennte Vorgänge auf einem Bilde sich darstellen, wie in der Geisselung Christi, liegt der Augenpunkt meistens im trennenden Abschnitt oder in der trennenden Linie (vgl. die betr. Skizzen). Ebensowenig zeigen die Augendistanzen erhebliche Unterschiede ihrer relativen Grösse: sie halten sich soweit dies durch Construction ersichtlich, innerhalb der Grenzen von 1 bis 2 Bildbreiten resp. Bildhöhen. Nur der erwähnte Prospect von Urbino zeigt etwas geringere

---

[1] Alles dies lässt sich nach Photographien verkleinerten Maasstabs natürlich nur angenähert bestimmen.

Distanz: der daraus hervorgehende Nachtheil der seitlichen Verzerrung ist aber hier dadurch geschickt umgangen, dass beide Ränder von je einer graden, relativ langen Hausfront gebildet werden, wodurch die Verkürzungen nach der Tiefe auf eine relativ schmale Front beschränkt, noch völlig naturgemässe Verhältnisse zeigen.

Die perspectivische Raumgliederung selber geschieht wie vorher angedeutet, bei Piero de' Franceschi freilich noch nicht nach dem von Lionardo da Vinci und Rafael ausgebildeten Systeme centraler Anordnung, wo der Augenpunkt zugleich Träger der, der Darstellung zu Grunde liegenden Idee ist, obgleich seine Compositionen bereits Anklänge daran erkennen lassen: die späteren mehr als die Erstlingsarbeiten. Bei allen bildet mehr oder weniger durchgeführt die Eintheilung des Raumes vom Augenpunkte aus das Skelett der Composition: zur Grundlinie parallele und diese senkrecht durchschneidende Horizontalen. Die Tiefe wird naturgemäss, wie überall so auch hier, durch die Vertikalen der Architektur oder des Beiwerks, der in verschiedenen Distanzen sich verkürzender Baumstämme und dergl. veranschaulicht. Im Malatesta zeigt sich diese Anordnung in ihren ersten Stadien: in der Taufe Christi wird der architektonisch eingetheilte Plan ersetzt durch die in verschiedenen Distanzen angeordneten Gruppen und Einzelfiguren, die indess, obgleich die Raumtiefe gut verdeutlichend, ohne spezielleren Anhalt die dabei zu Grunde gelegte Maasseinheit und somit das Gesetz der Tiefenabnahme mit voller Bestimmtheit nicht zu erkennen gestatten. Deutlicher zeigt sich in der Apotheose eine gesetzmässige Gliederung in den Horizontalen, welche den successiven Bergformen als Basis dienen, wie die betr. Skizze in den Bezeichnungen von a—d verdeutlicht, welche, obgleich des ansteigenden Terrains wegen auf gleiche räumliche Distanzen nicht geschlossen werden kann, wenigstens nahezu harmonische Abnahme ihrer Intervalle zeigen. Dagegen sind ausser der nur angedeuteten Richtung der Radaxen keine sonstigen zum Augenpunkt convergirenden Linien gegeben: mit Recht, sofern als die Composition bei der schon an sich so grossen Regelmässigkeit der ganzen Terrainverhältnisse dadurch eher verloren als gewonnen hätte. Am vollkommensten durchgeführt ist die perspectivische Anordnung offenbar in der Geisselung Christi. Die Einheit beider Compositionen schon in der Gemeinsamkeit des Augenpunkts und der daraus folgenden einheitlichen perspectivischen Anordnung des Ganzen ausgedrückt, und in der Convergenz der beiderseitigen Architekturlinien deutlicher hervorgehoben, bekundet sich insbesondere in der Eintheilung des Parketts im Innenraum nach Rechtecken[1], welche in harmonisch abnehmenden Tiefen nach der rechten Seite hin verlängert, dieselbe Theilung auf die andere Gruppe übertragen. Der Gedanke, den Raum in dieser Weise übersichtlich zu gliedern, ist hier vielleicht zum ersten Male mit Absicht und Bewusstsein durchgeführt: nur die Einführung der Augendistanz selber resp. deren aliquoter Theil als Modul fehlt, um das System im Sinne Lionardo's, Rafael's und Perugino's abzuschliessen. Durch seine Lage auf die beide Compositionen trennenden Architekturlinie hält andrerseits der Augenpunkt beide Vorgänge scharf auseinander, wie dies ohnehin schon dadurch geschieht, dass die zeitlich längst entschwundene Handlung auch räumlich in den Hintergrund tritt, gegenüber der, den Vordergrund der Bildfläche rechts ausfüllenden Gruppe, die der Gegenwart näher steht. — Die Neben- und Hintereinanderstellung der Figurengruppen geschieht wie natürlich, wenn schon im Anschluss an die perspectivisch festgelegten, klar und übersichtlich geordneten Räume mit weniger Strenge immer aber unter Festhaltung natürlicher Verhältnisse. Nirgends ist der für sie bestimmte Raum einseitig beschränkt, so dass etwa Breite und Tiefe nicht richtig correspondirten, und die schmalen Streifen, in denen sie zuweilen den Anschein haben, eingezwängt zu sein, ergeben sich wie z. B. in der Begegnung der Königin von Saba mit Salomon bei genauer Prüfung als perspectivische Täuschungen, durch die tiefe Lage des Augenpunkts.

Der allgemeinen Raumgliederung und definitiven Massengruppirung folgt die Anordnung des weiteren Detail. Ohne dabei die Perspective anders als nach freiem Augenmaass zu benutzen, werden dennoch auch darin gewisse geometrische Gesetze nicht ausser

---

[1] Unter den Annahme von Quadraten ergibt sich die Augendistanz gleich ca. $1/2$ Bildbreite offenbar zu kurz.

Acht gelassen. Dieselben sind bei Piero allerdings der einfachsten Art. Die Prinzipien der neueren Geometrie, welche aus der Projectivität von Strahlenbüscheln und Punctreihe so viele auch für den Künstler interessante Beziehungen ableitet, wobei u. a. als elementarer Fall auch die perspectivischen Beziehungen selber auftreten, sind Piero ebenso fremd, wie dem grössten Theil der heutigen Künstlergeneration. Seine Kenntnisse gehen nicht über Euklid hinaus, dessen einfache Theorieen er dann aber mit um so grösserem Geschick in den manigfachsten Modificationen zu benutzen weiss. Bald sind es Parallelen, bald Linien, die sich successiv zweien scharfbetonten Hauptrichtungen nähern, oder zur Vermittelung krummliniger und gradliniger Contouren dienen, welche in Verbindung mit gleichen oder proportionalen, häufiger ganz unregelmässig eingetheilten Strecken die Verhältnisse bestimmen. Dabei sieht er stets darauf, bei aller Gesetzmässigkeit das allzu scharfe Hervortreten derselben zu verhüten. Linien, welche sich innerhalb der Umrahmung in einem Puncte treffen, werden principiell vermieden. Von Theilverhältnissen bestimmter Strecken ist insbesondere der goldene Schnitt resp. diesem sich nähernde Zahlenverhältnisse vielfach benutzt worden.[1] Bezüglich der allgemeinen Anordnung sind es meistens zwei Hauptrichtungen, welche durch die Contouren der Hauptfigur oder Hauptgruppen schärfer verdeutlicht sind, und durch deren Richtung alles Uebrige mehr oder weniger bedingt erscheint, wie z. B. in der Gruppe der drei Fischer, mit dem Kreuz die Balkenrichtung und die sie schräge durchschneidende A. 21 als solche deutlich erkennbar ist. Nur wo durch Sichtbarmachen des wahrscheinlichen Durchschnitts in einem Puncte die Wirkung gesteigert werden kann, wie z. B. in der mehrerwähnten Gruppe der drei Fischer (Cyclus von Arezzo) wo zur Verdeutlichung der gemeinsamen Kraftanstrengung alle drei Durchschnitte sich auf denselben Punkt aligniren (vgl. die betr. Skizze); wird von diesem Prinzip abgewichen. Sonst behandelt Piero Alles was formell, d. h. durch wirklich sichtbare Linien dieser Gesetzlichkeit Ausdruck giebt, nur andeutungsweise. Parallelen werden z. B. niemals als solche in ihrem ganzen Verlaufe sichtbar gemacht, sondern meist nur durch Puncte ihres Alignements, wie bei Gruppencontouren : so besonders deutlich in der Auferstehung Christi in der, der zwei rückwärts sitzenden Wächter, (vgl. die betr. Skizze) als wirkliche Linien zuweilen in den Umrissen des Beiwerks, der Gebirgsformen, aber auch da nur auf kurze Strecken, wie beispielsweise in der Berglinie der Taufe Christi rechts, der allgemeinen Richtung der Gruppencontour nahezu parallel (s. Skizze). Nur da wo die Form der Linie als solche durch ihren wechselnden Verlauf schon ein gewisses Interesse bietet, wiederholt sich, ohne Monotonie zu erzeugen, wie bei den Gewändern des Gefolges der Königin von Saba in der linken Gruppe, dieselbe schwungvoll geschweifte Linie mehrmals in parallelem Verlauf. Sehr manigfach sind zudem die Combinationen, welche sich aus den Beziehungen des Beiwerks zum Figürlichen durch die ihnen entsprechenden Contouren ergeben. Vielfach treten die Umrisse der Landschaft oder der Architektur nur als Abrundung der von ihnen umschlossenen Aufbaus der Figuren auf, wie in der Auferstehung Christi die beiderseitigen Baumumrisse (vgl. die betr. Skizze), ebenso in der Auffindung des Kreuzes und der vorerwähnten Begegnung der Königin von Saba u. a. mehr. In andern Fällen dagegen zeigt die Landschaftscontour oder architektonische Umrahmung einen absichtlichen Gegensatz gegen die Umrisse der Figurengruppe; so besonders in den zwei Darstellungen der Apotheose des Herzogspaares, wie schon hervorgehoben, aber nicht weniger auch im architektonischen Innenraume der Vision des Heraclius, wo das Zeltdach ein die Spitze nach oben kehrendes, die allgemeine Contour des Figürlichen unterhalb ein Dreieck in inverser Lage bildet. Die grössere Freiheit der Contouren des Figürlichen im Gegensatz zur Architektur welche es umgibt, zeigt sich insbesondere auch darin, dass alle verticalen und horizontalen Linien dabei grundsätzlich vermieden und dafür Richtungen gewählt wurden, die je nach dem Inhalt der Darstellung bald mehr bald weniger symmetrisch gegen jene geneigt sind. Weiter hier

---

[1] Im Folgenden sind diese letzteren ($3/5$, $5/8$, $8/13$, $13/21$ ...) der Kürze wegen stets unter jener Bezeichnung mit verstanden, da es sich überhaupt nicht um haarscharfe Messungsresultate handeln kann, ohne die Originalwerke.

ins Detail gehen hiesse die einzelnen Gemälde jedes für sich constructiv analysiren, wovon in den nachfolgenden Zusätzen nebst den sie begleitenden, im Vorherigen bereits citirten Skizzen, einige Beispiele zusammengestellt sind. Man erkennt daraus, was auch aus dem Vorstehenden schon einigermassen klar sein muss, wie der Meister nachdem der allgemeine Entwurf skizzirt und durch die perspectivischen Verhältnisse definitiv festgestellt ist, die weiteren Details nun derart anordnet, dass dem Beiwerk mehr die Rolle als Träger des gesetzlichen Prinzips, dem Figürlichen, jedoch stets im Anschluss an jenes und ohne zu grosse Willkürlichkeiten, die möglichste Freiheit in den Linien zugetheilt wird.

Die Mehrzahl von Piero's Gemälden zeigt allgemeine Himmelsbeleuchtung, derart, dass durch das Arrangement der architektonischen und landschaftlichen Massen und sonstiger Objecte dieselbe möglichst wirkungsvoll erscheint. Das Licht im Sinne niederländischer Meister auf bestimmte Stellen der Hauptgruppen oder Hauptfiguren der Composition zu concentriren, und diese durch den Contrast der dunkeln Umrahmung um so wirksamer herauszuheben, findet sich nur ausnahmsweise. Eine Eintheilung des Bildes in eine bestimmte Anzahl Schichten nach Lomazzo's und Lionardo da Vinci's Vorschrift ist zwar in demselben noch nicht augenfällig, doch wird die Lichtquelle, der leuchtende Theil des Himmelsgewölbes stets derart umgrenzt, dass ein Theil der Objecte beschattet ist, und dahinter der Schatten sich sanft verläuft. Niemals zeigt sich eine Figur von der andern völlig beschattet, das Licht fällt weder ganz von oben noch zu sehr von der Seite. Ebenso verhält es sich mit Innenräumen, die in der Regel von schräge aufwärts her derartig beleuchtet erscheinen, dass dadurch ein rhytmischer Wechsel heller und dunkler Parthieen im angedeuteten Sinne, mit successiven Uebergängen erzielt, und dadurch der Inhalt der Darstellung seiner vollen Bedeutung nach gekennzeichnet wird.[1] Centrales Licht von einer in endlicher Distanz befindlichen Lichtquelle ausgehend, kommt ausser in einem einzigen Falle nirgends vor.

Uebrigens zeigt der Meister in Allem was sich auf die optischen Erscheinungen bezieht, eine bei keinem seiner Vorgänger so ins Auge fallende, auf langjähriger Erfahrung beruhende Sachkenntniss, welche sich nicht nur auf die Gesetze der direkten Beleuchtung je nach Lage und Entfernung der Objecte beschränkt, sondern auch die sonst weniger geläufigen Erscheinungen beobachtet wie z. B. in der Taufe Christi das Spiegelbild im Wasser wirklich der Refraction beim Uebergang vom dünnern ins dichtere Medium entsprechend im rechten Verhältnisse gegen das zugehörige Object verkürzt erscheint. Theoreme wie Lionardo's Malerbuch über Stellung und Anordnung von Glanz- und Reflexlichtern enthält, finden sich schon hier in den Falten der Gewänder glänzender Stoffe, transparenter Gegenstände, sogar dem Laub der Bäume praktisch nutzbar gemacht. Alle solche Beobachtungen und deren bildliche Wiedergabe beschränken sich freilich nicht nur auf die Licht- und Schattenvertheilung, sondern ihre volle Naturwahrheit erhalten sie erst durch Hinzutreten der Farben. Die geistige Bedeutung der letzteren in ihrer stets mit Absicht und Ueberlegung gewählten Zusammenstellung gibt sich bei Piero de' Franceschi

---

[1] Crowe-Cavalcaselle Ital. Malerei III, pag. 297: «Die Berechnungen des Verhältnisswerthes der Körper im Raume, wie sie zur richtigen Vertheilung von Licht und Schatten nöthig sind, waren ihm geläufig» etc. An das, was man unter mathematischen Berechnungen versteht, wird hier wohl um so weniger zu denken sein, als das dadurch zu erzielende Resultat bei der Unregelmässigkeit der Körper- und Gruppencontouren doch immer nur ein angenähertes sein, und in keinem Verhältniss zu der vom Künstler geopferten Zeit und Arbeitskraft stehen würde. Nur die Combinationen können gemeint sein, die derselben beim ersten Entwurf zur Festlegung der relativen Abstände und der zur Verdeutlichung des Beabsichtigten am besten geeigneten Anordnung der Hauptmassen, solche von den einfachsten mathematisch bestimmbaren Körperformen umschlossen gedacht, mehr experimentell als auf Grund strenger Rechnungen vorzunehmen pflegt, wobei ihm entweder die perspectivische Construction selbst, oder das in diesem Sinne genügend geschulte Auge als Anhalt dient.

An einer andern Stelle a. a. O. pg. 296: «er beherrscht die schwierigsten Gesetze der Geometrie durch Bestimmung der Proportionen von Figuren unter einander, sowie zu ihrer jeweiligen Stellung im gegebenen Raume». Auch hier handelt es sich weniger um schwierige geometrische Gesetze, welche sich vielmehr bei genauerer Betrachtung auf die elementarsten Prinzipien der Stereometrie in Verbindung mit denen der Linearperspective reduziren, als vielmehr um einen, dem vorher bezeichneten ähnlichen Modus den der Künstler wiederum in mehr experimenteller Weise zu seinen Zwecken zu benutzen pflegt.

insbesondere durch die Auswahl complementärer, im Farbenringe möglichst weit auseinanderstehender Töne zu erkennen im Gegensatz zu solchen, die näher bei einander liegend, zu weicheren Uebergängen sich verschmelzen. Solche Gegensätze treten besonders wirksam auf in der Auferstehung Christi. Schon in der untern Gruppe der schlafenden Wächter findet sich ein compacter grüner Ton mit Rothbraun und Violett im kräftigen Gegensatz, gleichsam als realistisch-derber Unterbau für die über dem Grabrande sich erhebende Gestalt des Auferstandenen, während oberhalb dieser, dieselben Gegensätze in leichter gestimmten Farbentönen, hellrothes Gewand und goldblondes Haar mit dem Heiligenschein, auf bräunlich-grünem, absichtlich etwas dunkler gehaltenem landschaftlichem Grunde und entsprechend tiefer gestimmter Ton der Athmosphäre abermals wiederklingen. Diese Wirkung ist ganz dazu angethan, den wie bemerkt, schon in den Contouren zur Geltung kommenden Eindruck des Colossalen in der Hauptfigur aufs Höchste zu steigern.[1] Im kräftigeren wie im leisern Wiederklingen solcher Contraste findet sich gleichwohl nichts von jener unvermittelten Härte, die an andern Meistern dieser Zeit, sogar noch an Piero's Schüler Melozzo da Forli oft so störend ist. Aber nicht nur auf kraftvolle Wirkung der Farbenzusammenstellung sondern mehr noch auf die das Ganze beherrschende Stimmung erstreckt sich Piero de' Franceschi's Meisterschaft. Insofern ist er wirklich ein im Sinne der Natur schaffender Künstler, deren Geheimnisse mit unvollkommenen Mitteln er wiederzugeben weiss wie Niemand vor ihm. Sehr gut steht das kühle Silbergrau zum feierlichen Ceremoniell des Inhalts seiner Compositionen, während glänzende Effecte im Sinne des van Eyck die Harmonie der Abtönung seiner Gründe niemals stören, die im Uebergange von den lebhaftesten Farben des Vordergrundes in successive schwächer Gegensätze aufgelöst, im Duft der Ferne sich langsam verlieren. Licht- und Schatten- wie Farbenanordnung kann, wie aus solchen Beispielen erhellt, niemals getrennt bleiben. Beides muss vielmehr stets Hand in Hand gehen. Die Mittel durch Anordnung dieser Factoren im Bilde eine beabsichtigte Wirkung mit möglichster Prägnanz zu erzielen, sind demgemäss sehr manigfaltig. In der Mehrzahl seiner Werke geht des Meisters Sinn darauf aus, durch den Grad der Beleuchtung jede Gruppe oder Figur ihrer Bedeutung gemäss aus der Umgebung herauszuheben. Die Hauptgruppen oder Figuren stehen daher stets im Vordergrunde der Bildfläche zunächst, die übrigen auf Flächen weiter rückwärts in successiven Abständen angeordnet. Rhytmische Licht- und Schattenfolge findet sich, wie bemerkt, wohl mehr angedeutet als mit Absicht und Ueberlegung durchgeführt, schon in der Gruppenvertheilung der Begegnung der Königin von Saba mit Salomon, auch in Lünettenbilde der Kreuzerhöhung, weiter durchgeführt in den verschiedenen Gruppen der Taufe Christi. Einfachere Darstellungen wie Malatesta zeigen statt dessen nur die Hauptfigur aus dunkelm Rahmen architektonischen Beiwerks porträtartig hell heraustretend, wobei durch fast symmetrisches Arrangement des letzteren die Wirkung verstärkt wird. Von einem solchen Rahmen umschlossen sind ebenso die drei Gestalten rechts in der Geisselung Christi als wirkliche, wenn auch unbekannte Modelle gekennzeichnet. Mehr durch Farben als durch Abtönung charakterisirte Gruppen treten in der Schlacht des Heraclius auf, wobei allerdings die in der Verfolgung des Chosroes als landschaftlicher Durchblick oder zur Verbindung zeitlich getrennter Vorgänge in Adams Tod und Bestattung so wirksamen Uebergangsglieder fehlen. Absichtliche Gegensätze in diesem Sinne mehr durch die ganze Composition durch Zusammenfassung der Hauptmassen unter gleicher Beleuchtung durchgeführt zeigt die Darstellung der Kreuzfindung, wo die schon in den allgemeinen Umrissen derselben fast architektonisch streng abgewogene Composition, der dunkle Höhenzug rechts mit darauf sich abhebenden, die Figuren umrahmenden Tempelbau, gegenüber die hell beleuchtete Stadt, als krönender Abschluss über der nur allmählig sich verflachenden Berglinie eigentlich erst durch die Zuthat des Licht- und Farbensystems Leben gewinnt. Eine besondere Bedeutung

---

[1] Crowe u Cavalcaselle a. a. O. p. 307. 308. schreiben diesen Eindruck lediglich der Farbenwirkung zu.

hat durch dieselben Faktoren die Apotheose des urbinatischen Herzogspaares. Schon der landschaftliche Theil im Wechsel hell beleuchteter und dunklerer Flächen und dem auf diese Art in weite Ferne fortgesetzten Rhytmus hat wenn man auch nur jedes der beiden Pendants für sich allein betrachtet, wie früher bemerkt als Herrschersitz und Heimath des triumphirenden Paares schon eine erhöhte Bedeutung. Doch erst in der Zusammenstellung der sich gegenseitig wie Männliches und Weibliches ergänzenden Gemälde gewinnt das Ganze seine volle Bedeutung. Bei sonst ganz ähnlichen Contouren könnte die Wirkung dieses Gegensatzes keine drastischere sein, als in dem Duraccord des kraftvollen Helldunkels und lebhaften Colorits, welche den Triumphzug des Mannes verherrlicht, gegenüber den tiefer gestimmten, sich weniger schroff von einander trennenden Licht- und Schattenparthieen dem Ausdruck weicherer, mehr in sich gekehrter Stimmung des weiblichen Wesens. Ganz unabhängig von der Anordnung des Formellen ist der Rhytmus von Licht und Schatten in der Vision des Heraclius. Vom Zeltdach beginnend mit dem hell beleuchteten Dreieck in dunkler Umrahmung, wird im Gegensatz darunter das Dunkle des Innenraums von den hell beleuchteten Vorhängen umfasst, weiter unterhalb durch die Beleuchtung wiederum in zwei Theile getrennt: die hellen Parthieen des Figürlichen auf dunklem Grunde, nach Aussen beiderseits durch die Hellebardiere abgeschlossen — Alles in dem, der Gesammtwirkung nach, sich compensirenden Verhältnisswerth mit einer Subtilität abgewogen, die sich noch bis im Detail fühlbar macht.[1] Tiefe Schatten und grelle Lichter, einen aussergewöhnlichen Effect zu erzeugen, schärfer als sonst mit einander wechselnd, stehen dennoch selbst hier nicht unvermittelt schroff sich gegenüber. Vom hellglänzenden Gewande des Engels und den durch farbiges Licht getroffenen Vorhängen des Dachs bis zum dunkeln Hintergrund des Innenraums vom Zelt ist in den vcm Gelben ins Röthlichbraune sich verändernden Tönen selbst bei den schärferen Contrasten der untern Gruppe durch Reflexe und Streiflichter die Helligkeit mit den Farben sich gleichzeitig ändernd ein successiver Uebergang vorbereitet.

Bezüglich des Figürlichen gibt Vasari in seiner Lebensbeschreibung des Meisters an, (Vas. vite V.) derselbe habe sich zum Studium des Faltenwurfs, und wie man wohl hinzufügen darf, höchst wahrscheinlich auch zum Festhalten von Momentanbewegungen, die am Lebenden nicht recht studiert werden können, eigens gefertigter Thonmodelle bedient. Im letzteren Falle können natürlich nur die allgemeinen Umrisse der beabsichtigten Stellung der Thonfigur entnommen werden. Das Detail der Modellirung, der Ein- und Ausbiegungen der Extremitäten u. s. f. müssen stets nach Actstudien des Lebenden ergänzt werden.[2]

Im Uebrigen musste das Verfahren manches Gute, allein der zu sehr aufs Abgemessene, Geometrische angelegten Natur Piero de' Franceschi's musste ein solcher Modus mehr zum Nachtheil als Nutzen gereichen. Namentlich in Scenen heftiger Erregung, denen er seinem ganzen Wesen nach überhaupt soweit wie möglich auszuweichen sucht, gibt sich dieser Mangel in dem fast tactmässigen Rhytmus der Gliederhaltung kund, welche namentlich in der Schlacht des Heraclius nicht allein in Haltung, sondern auch durch den der Situation bei weitem nicht entsprechenden Ausdruck lebhaft an die dem gegebenen Raume ebenso tactmässig eingefügten Aeginetengruppen erinnert. Hauptsächlich fehlt es der Stellung solcher Kämpfenden an überzeugender Wahrheit: nirgends findet sich ein Moment, dessen Wirkung nicht durch grössere Prägnanz in Stellung und Ausdruck in Etwas gesteigert werden könnte. Kalt, ohne eine Spur tieferer Erregung sieht man die

---

[1] z. B. in der kleinen Modification, wodurch mittelst einer geringen Lagenveränderung der Falten der Zeltvorhänge rechts und links das bei formeller Symmetrie durch schräg einfallendes Licht offenbar gestörte Gleichgewicht dieser Theile sehr geschickt wiederhergestellt wird
[2] A. Schmarsow: «Melozzo da Forli» pag. 315, sucht den Grund der allerdings etwas derben (Gelenkformen) bei bekleideten Figuren darin, dass die feuchte Masse des Thonmodells durch Druck nach unten die Kniegelenke, Enkel u. s. w. verdickt habe. Er setzt somit voraus, einmal dass der Thon, was bei einem praktischen Meister wie Piero de Franceschi kaum anzunehmen, im Innern keine feste Stütze erhalten habe, sodann auch, dass so feine Detailformen wie die Kniegelenke u. s. w. nach den doch gewöhnlich nur als allgemeiner Anhalt dienenden, dazu noch selbstgefertigten rohen Thonmodellen wenn auch nur den allgemeinen Dimensionen nach copiert und definitiv so beibehalten seien. Dies kann bei Pieros realistischer Gewissenhaftigkeit kaum angenommen werden.

Sieger gegen ihre Opfer zum Todesstreiche ausholen, so dass das Ganze wirklich eher den Eindruck einer grossen Schlächterei als den eines Schlachtgetümmels hervorbringt. Auch bei der Bestattung Adams weiss der Künstler nur durch im Grunde nichtssagende, weit übertriebene Bewegungen und bis zur Grimasse verzerrte Züge der Situation gerecht zu werden. In gerader unbeugsamer Haltung lässt in der Geisselung die abgemagerte Gestalt des Erlösers ohne Mitleid zu erwecken noch erwecken zu wollen, die Streiche der Exekutoren über sich ergehen. Jene tiefe Ergriffenheit in den Zügen des gelanften Christus des Verocchio sich wiederspiegelnd, welche den Beschauer zur Theilnahme an dem bedeutungsvollen Vorgange mit fortreisst, hat der Meister von Borgo S. Sepolcro durch beinah finstern, nichts weniger als Sympathie erweckenden Ausdruck Christi in der Darstellung gleichen Inhalts ersetzt. Den Engeln ist dabei nur die Rolle als Statisten zugefallen. Christus der Auferstandene hat Anklänge an Michelangelos Weltenrichter, dem er in Haltung und Ausdruck nicht unähnlich scheint. Wenig will es übrigens sagen, wenn in feierlichen Momenten wie bei der Begegnung der Königin von Saba mit Salomon gelegentlich Stellungen z. B. das Stemmen der Ellbogen in die Seite bei einer der Frauen zur Rechten, aufgenommen werden, die nach modernen europäischen Begriffen gar zu ungezwungen erscheinen; oder wenn wie ebenda in der Frauengruppe links zur Hervorhebung eines Vorgangs das rein äusserliche Mittel verstärkten Hindeutens benutzt wird.

Die Bedeutung der menschlichen Gestalt als solche und ihrer dieser entsprechenden Stellung, sowie deren Minimalabstand von der Bildfläche wurde schon im Allgemeinen gekennzeichnet. Als Modul für die perspectivischen Distanzen von derselben den Vorschlägen Alberti's (Trattato della pittura Quellenschr. ed. II. Janitschek) entsprechend, findet sich der Mensch in den früheren Compositionen des Meisters nicht. Erst die Taufe und besonders die Geisselung Christi scheinen durch die in den betr. Skizzen mittelst Horizontalen bezeichneten Schichten auf diese Einheit hinzudeuten; indem sie die menschliche Gestalt jedoch nur als Gesammtlänge nicht den braccio als aliquoten Theil davon zu einer Eintheilung im Sinne Alberti's benutzen. In den Pendants der Apotheose dürfte dagegen, von den in der betreffenden Skizze bezeichneten horizontalen Abschnitten ausgehend unter den ebenda angenommenen Verhältnissen als wahrscheinlicher Modul eher die Bildbreite selber resp. deren aliquoter Theil anzunehmen sein. — Der allgemeine Typus der Gestalten, soweit sie nicht Porträts oder durch besondere traditionelle Vorschriften beeinflusst worden sind, ist dem noch heute die umbrisch-toscanischen Gebirge bevölkernden Volkstypus entsprechend, mehr zum Schweren und Untersetzten, als zu leichtem elastischem Wuchs und schlanken Proportionen hinneigend. Selbst seine, meist nicht unmittelbar nach bestimmten Modellen gebildeten religiösen Gestalten behalten diese Eigenschaft bei. Die männlichen Figuren zeigen meist nicht mehr als 7 Kopflängen.[1] Das Verhältniss der Schulterbreite zur Körperlänge ist im Durchschnitt wie 1 zu 3 7/12 also dem des borghesischen Fechters ähnlich, während im Uebrigen die Proportionen wesentlich von jenem antiken Typus differiren. Weniger deutlich sind die Profilverhältnisse bestimmbar: nach Analogie des vorgenannten antiken Beispiels darf das, der grössten Tiefe zur Gesammthöhe ebenfalls von jenem nicht wesentlich abweichend gedacht werden. Eigenthümlich ist dagegen die grosse Schlankheit weiblicher Gestalten. Besonders fällt dies Verhältniss in der Frauengruppe der Königin von Saba die ebenso wie die Frauen der Gruppe rechts die gegenüberstehenden Männer durchschnittlich nicht blos an Schlankheit, sondern auch an absoluter Grösse übertreffen. In den Gesichtszügen der Männer herrscht demgemäss das Derbe, in denen der Frauen häufig etwas Conventionelles: individuelle Frauenköpfe sind, wo sie vorkommen, vom Schönheitsideal noch weit entfernt. Die rundlichere Kopfform ist als allgemeines Merkmal italischer Völker weiter nicht bemerkenswerth. Die durch vortretende Backenknochen wie durch das zugespitzte Kinn etwas eckig erscheinende Gesichtscontour fällt beim männlichen Ge-

---

[1] Die Kopflänge wie gewöhnlich in der Vordersicht als vertikaler Abstand von der Kinnspitze bis zum höchsten Punkt der Schädelcontour gerechnet, wobei die Kopfstellung derart angenommen ist, dass Nasenwurzel und oberer Augenhöhlenrand in dieselbe Verticale fallen.

schlecht besonders auf, dessen niedere, meist von struppigem schwarzem Haar umrahmte Stirn und kleine stechende durch buschige Brauen beschattete Augen in Verbindung mit der ziemlich plump geformten Nase und eher voll als fein geformten Lippen — Alles Züge, die noch heute in der Gegend des oberen Tiberstromes unter der Landbevölkerung herrschend sind — diese Erscheinungen weder anmuthsvoll noch besonders vertrauenerweckend machen. Modellstudien wobei die ganze Actfigur, nicht blos einzelne Theile an jeder Gestalt zweifellos als naturwahr zu erkennen, scheinen von der damaligen Künstlerschaft überhaupt, so auch von dem sonst in Allem was sich auf naturgetreue Wiedergabe bezieht so scrupulosen Meister von S. Sepolcro nur selten und ausnahmsweise gemacht zu sein. Zum Beweise dafür braucht man z. B. nur einen Blick auf die unbekleideten Gestalten in der Taufe Christi zu werfen, wo sich der Laie sogar durch Vergleich der oberen und unteren Extremitäten des Heilandes und besonders des Johannes überzeugen wird, dass verschiedene Körpertheile offenbar verschiedenen Modellen entnommen sind, (am auffallendsten der jugendlich wenig gerundete linke Unterschenkel und der correspondirende muskelöse, offenbar einem ältern Act entnommene Unterarm des Täufers). Kaum weniger ins Auge fallend ist die Aehnlichkeit der Formen des von der Rückseite sichtbaren sich Entkleidenden sowie die völlige Uebereinstimmung der vertikalen Proportionen beider Hauptfiguren, was Alles nicht auf Studium wie heutzutage üblich, hindeutet. Ueberhaupt fällt neben den genannten typischen Merkmalen namentlich bei figurenreicheren Darstellungen, wie zu Anfang bereits angedeutet, eine gewisse Familienähnlichkeit beider Geschlechter nicht blos in den Verhältnissen der Körperformen im Allgemeinen, sondern auch in den Gesichtszügen auf, die in Verbindung mit dem vorher Bemerktem darauf hinzudeuten scheint, dass dasselbe lebendige Modell in modifizierter Stellung, Haltung, Ausdruck und Gewandung vielleicht für verschiedene Personen habe herhalten müssen. In der Schlacht des Heraclius z. B. könnte man die beiden Hauptfiguren Heraclius und Chosroes fast für Brüder halten, abgesehen von dem Umstand, dass jener hoch zu Ross über seine ebenfalls berittene Umgebung fast wie ein Riese hinausragt, denn er übertrifft, wie Christus der Auferstandene, in den allgemeinen Dimensionen trotz grösseren Abstandes von der Bildfläche die vor ihm kämpfenden Fusssoldaten im Vordergrunde. Auch unter den übrigen Figuren dieses und anderer Bilder des gleichen Cyclus wird man bei genauerer Prüfung noch mancherlei derartige Aehnlichkeiten entdecken. Bei einzelnen mag es übrigens wohl Absicht gewesen sein, die gleiche Person zu reproduziren wie z. B. der Hellebardier rechts in der Vision des Heraclius als Schimmelreiter links in der Gruppe der Verfolger des Chosroes auftritt. Bei andern liegt diese Absicht weniger deutlich vor. So z. B. kehrt dieselbe arabisch gekleidete Gestalt links neben dem mittleren der drei Kreuze in der Auffindung des h. Kreuzes durch Kaiserin Helena bei etwas veränderten Gesichtszügen als Diener in der Vision des Heraclius wieder, wo nur die sitzende Stellung die Aehnlichkeit weniger auffallend macht. Selbst von dem hinter dem sterbenden Adam in Vordersicht stehenden Sohne in der bereits erwähnten Darstellung desselben Cyclus möchte man den Proportionen nach fast schliessen, er sei wiederum nach demselben Modell ausgeführt, wie der vorerwähnte Araber in der Kreuzfindung. Ebenso machen sich unter den Priestergestalten im Lünettengemälde der Kreuzerhöhung in beiden Gruppen gewisse, nur durch Verschiedenheit der Stellung verdeckte Aehnlichkeiten bemerklich. Die zunächst hinter dem Bischof herschreitende Gestalt in der Gruppe des Kreuztragenden Kaisers, die dritte von vorn zeigt einen Typus, der an den Priester in der Kreuzfindung dem rechten Bildrande zunächst erinnert u. s. f. Auch bei weiblichen Gestalten findet sich manches Aehnliche. Am auffallendsten ist die gleichartige Characteristik der Frauentypen in der Begegnung der Königin von Saba mit Salomon. Nicht nur dass dieselben Gesichtszüge sich in den beiden Gruppen rechts und links wiederholen, wie natürlich, sondern es deuten wiederum die zwei unmittelbar hinter der knieenden Königin stehenden Figuren auf gleiche Proportionen, dieselben welche die weibliche Gestalt der andern Gruppe rechts, der Königin zunächst characterisiren, während merkwürdigerweise für die Königin selber beide Mal ein anderes Modell benutzt zu sein scheint. Wenn somit die durch individuelle Naturanlage des Einzelnen innerhalb des nämlichen Typus erzeugten Unterschiede der Körperbildung schon eine relativ geringe Manigfaltigkeit bekunden, so werden die, durch mehr zufällige, äussere Ursachen, Beruf und Lebensweise hervorgebrachten Modificationen natürlich um so weniger in der Form zur Geltung gebracht. Anstatt durch strafere Muskulatur elastischeren Wuchs und entsprechende Haltung den Ausdruck grösserer Beweglichkeit und Selbstbewusstseins zu kennzeichnen, wodurch der Soldat vom Bauer sich unter scheidet, besteht zwischen den Hellebardieren in der Vision des Heraclius und den erwähnten drei Fischern mit dem Kreuze, abgesehen vom Gesichtsausdruck, eigentlich kein weiterer Unterschied, als dass bei sonst gleichen Proportionen die Soldaten nur ein geringes Maass verlängerte Unter- und entsprechend verkürzte Oberschenkel haben. Neben solchen Lücken muss die Sicherheit und Naturwahrheit der Behandlung gewisser Figuren auf die der Meister als besonders characteristisch sein spezielles Augenmerk gerichtet hat, um so mehr anerkannt und bewundert werden: wie ja schon Vasari mit Recht auf die natürliche, in halber Wendung dargestellte, auf den Spaten sich stützende Gestalt des Sohnes zur linken in der Gruppe des sterbenden Adam hingewiesen hat, wo die Rückenparthie von jedem Künstler als musterhaft behandelt wird zugegeben werden müssen. Kaum weniger naturwahr sind die verkürzten Gestalten der vordern zwei schlafenden Wächter in der Auferstehung Christi, während auch bei Pferden z. B. die verkürzte Stellung des Schimmels am linken Bildrande in der Verfolgung des Chosroes den Eindruck grosser Natürlichkeit gewährt. Was sonst von Vasari erwähnt wird, ist leider grösstentheils zerstört: so besonders die vielgepriesene Engelsgestalt in der Vision des Heraclius, die man sich etwa nach Art der Typen Correggio's in perspectivischer Verkürzung vor dem Zelte schwebend zu denken hat. Leider hat diese Gestalt kein besseres Schicksal erlitten, wie so viele andere Werke des Meisters: so ist z. B. auch der auf die Schaufel gestützte wie um den Worten der Kaiserin zu lauschen, nach links Gewandte, in der linken Gruppe der Kreuzfindung derart verdorben, dass mit Hülfe der Phantasie der ursprüngliche lebenswahre Eindruck kaum reconstruirbar ist.

Unter den zur Erzeugung grösserer Manigfaltigkeit angewandten freilich nur äusserlichen Mitteln ist wie erwähnt, die Gewandung von besonderer Bedeutung. Man darf sie bei Piero im Allgemeinen als das nach Nationen modificirte Zeitcostüm bezeichnen, das jedoch innerhalb dieser Beschränkung die grösste Vielseitigkeit der Behandlung und Form erkennen lässt. Die einfache Umhüllung biblischer Gestalten, wie die Johannes des Täufers unterscheidet sich wesentlich von den langen Talaren mit reichem Faltenwurf schwerer Stoffe, die sich in den Priestertrachten wiederholen, gegenüber den ganz realistisch behandelten Mönchskutten, dann die prächtigen persischen und assyrischen Königsgewänder des Salomon, Chosroes und die nordische Königstracht des burgundischen Schutzheiligen in Malatesta, gegen welche andererseits kurz abgeschnittene Gewänder wie in derselben Darstellung der Hauptfigur desselben Bildes oder Chitonartige Ueberwürfe einen um so wirksameren Gegensatz bilden. Auch die weibliche Kleidung zeugt im malerisch faltenreichen Mantel der Madonna del Soccorso, den in elastischem Schwung herabfallenden Gewändern der Königin von Saba und ihres Gefolges und der kaum weniger ins Auge fallenden Tracht byzantinischer Frauen von grossem Reichthum künstlerischer Phantasie. Die grösste Mannigfaltigkeit, wenn auch nicht gerade die grösste Schönheit zeigt sich insbesondere in den Schlachtenscenen wo die Rittertracht des Nordens, den ganz von Eisen umschlossenen Körper verhüllend mit dem Panzerhemd der Byzantiner und der reich ausgestalteten Rüstung und Bewaffnung der persischen Reiterei, und wiederum diese mit dem Turban leicht bewaffneter Araber wechselt, alles das noch gesteigert durch den Gegensatz der vom langen Kaftan umwallten Gruppe der Nicht-Combattanten.

Von den figürlichen Darstellungen im Einzelnen, soweit sie sich als religiöse oder sonstige Characterfiguren bekunden, ist die Gestalt Christi von hervorragendstem Interesse. Sie kommt in mehrfacher Abstufung vor. Schon das Christuskind auf dem Schooss der Madonna zu Perugia macht in dem von Piero gewählten Typus fleischiger Körperfülle nichts weniger als idealen Eindruck. Als Erwachsener wie er zunächst in der Taufe sich vorstellt, herrscht in der realistisch-derben Auffassung und formellen Behandlung offenbar ein an niederländische Typen dieser Art anklingendes Vorbild, das vielleicht auf Einwirkungen des Justus von Gent zurückzuführen sein dürfte. Die nachstehend beigefügte Umrissfigur zeigt in der That vollkommen dem Naturmodell sich anpassende Verhältnisse mit allen den schon vorher besprochenen typischen Eigenthümlichkeiten. Den Proportionen nach ähnlichen Eindruck macht der Christus in der Geisselung obgleich hier wegen der Kleinheit der benutzten Photographie Genaueres nicht angegeben werden kann. Dagegen ist die offenbar als älter gedachte muskulöse Gestalt des Auferstandenen nicht ohne gewisse Eigenthümlichkeiten, welche zeigen, wie der Meister hier die ideale Natur kräftiger zur Geltung zu bringen versucht, soweit die ältere sienesisch-byzantinische Tradition, welcher er als Umbrier mehr als in andern Werken in diesem sich anschliesst, darin Freiheit gestattet. Dies ergibt sich am Einfachsten durch Vergleich der bezüglichen Umrissfiguren. Der Auferstandene wurde dabei nach den noch bis zum Beckenrande kenntlichen obern Körperpartien, die Oberschenkel demgemäss nach den von Schadow festgesetzten den Unterschenkeln entsprechenden normalen Verhältnissen dargestellt. Zunächst erkennt man durch Vergleich mit dem Christus in der Taufe, dass bei sonst völlig gleichem Typus gewisse Parthien wie Hals, Hüften, untere und obere Extremitäten des Auferstandenen schmäler sind als beim Getauften. Ferner zeigt sich eine Abweichung in den verticalen Proportionen des Rumpfes bis zum Schamtheil, welcher bei dem letzteren, dem Naturmodell entsprechend, etwas länger ist, und demgemäss auch in den einzelnen Theilen, Brust, Bauch etc. kleine Abweichungen zeigt, während die Hauptmasse der Breiten: Schultern, Becken bei beiden übereinstimmen. Der fernere Vergleich mit der noch hinzugefügten Gestalt des Theseus vom Parthenon (nach Schadow) lässt ferner darauf schliessen, dass der Meister von S. Sepolcro antike Statuen gekannt und sogar studirt haben müsse, weil die genannten Abweichungen vom Naturmodelle mit Ausnahme der unverhältnissmässig schmalen Hüften wesentlich in diesem Sinne vorgenommen scheinen. Durch letztere Uebertreibung geht die mit Elasticität verbundene Kraftfülle des antiken Heros allerdings verloren. Dem Verhältniss der Körperlänge zur Schulterbreite nach steht dieser Christus übrigens, wie die meisten anderen Characterfiguren derselben Art zwischen dem Borghesischen Fechter und dem Schadow'schen Normaltypus.[1]

Andere Idealfiguren, wie z. B. die drei Engel in der Taufe Christi sind bei sonst gleichen Längen- und entsprechenden Breitenverhältnissen, welche weder scharf den Jünglings- noch jungfräulichen Proportionen entsprechen, nur durch die Drapirung unterschieden. Ob die steife Haltung der genau in gleichen Axenabständen befindlichen Gestalten die gegen Verrocchio's Darstellung so ungleich weniger belebt erscheinen, auf Einwirkungen Melozzo's, seines Schülers zurückzuführen sei, ist nicht zu entscheiden. Im Typus der Madonna, insbesondere in der zu Borgo S. Sepolcro (Mad. del Soccorso) ist hinsichtlich der Körperformen soweit sie unter der Verhüllung der Gewandung sich mit Sicherheit bestimmen lassen, nur soviel zu ersehen, dass sich ihre Proportionen mehr den unentwickelten jungfräulichen als den volleren weiblichen Formen nähern. Die allegorischen Figuren endlich machen, wie in der Apotheose des urbinatischen Herrscherpaares eher den Eindruck wirklicher Personen, die zu diesem Zweck mit den entsprechenden Attributen ausgestattet wurden. Das was des Künstlers Eigenart und realistischen Auffassung am meisten entspricht, das Porträt gehört darum auch zu was Schärfe und individuelle Characteristik betrifft, zu seinen besten Leistungen. Mit Vorliebe pflegt er solche Charactere wie den knieenden Malatesta, dem weniger bestimmt gekennzeichneten, weil ohne entsprechendes Modell entworfenen Burgunderkönig gegenüber scharf ins Profil zu stellen. Auch das herzogliche Paar von Urbino zeigt diese Stellung. Der Herzog eine Erscheinung, die sich mit ihrer eigenthümlichen Individualität der unbeugsamen Stirn, der Hakennase, energisch geschlossenen Lippen und kraftvoll vortretendem Kinn nur im Profil scharf characterisiren liess, während die stetig

---

[1] A. Schmarsow a. a. O. pag. 316 nennt diesen Christus einen Kraftmenschen, bei dem Brunellesco's Tadel noch berechtigter wäre als bei dem Bauer den Donatello ans Kreuz geschlagen und vergleicht ihn mit der Gestalt des Hercules in Casa Graziani zu Borgo S. Sepolcro. Die Idee den Sieger über den Tod als Hercules zu denken liegt zu nahe, als dass man bei Piero de' Franceschi's Auffassung die Möglichkeit dieser Analogie zurückweisen kann. Dagegen gibt sich in den Verhältnissen des Körperbaus nichts derartiges kund.
(Die beigef. Skizze ursprünglich im doppelten Massstabe entworfen konnte hier der Raumersparniss wegen nur in reduzirter Grösse aufgenommen werden.)

gekrümmte Kopfcontour und die nicht vom Haar bedeckte weit hinauf sichtbare Stirnwölbung der Herzogin auch in andern weiblichen Porträts wie es scheint als Schönheitstypus wiederkehrt (dem landschaftlichen Horizont nach muss der Künstler offenbar tiefer gestanden haben als das Object). Selbst unwesentliche Details die zur Characteristik der Person ebensowenig beitragen wie zur Steigerung des monumentalen Eindrucks sind mit grosser Gewissenhaftigkeit wiedergegeben. (Von Interesse ist u. a. das Porträt eines den Kopf zurücklehnenden schlummernden Soldaten durch die Aehnlichkeit, mit der im Trattato di prospetiva in analoger Haltung als Beispiel perspectivischer Verkürzung dargestellten Skizze.)

Als besonderer Vorzug des Meisters wurde schon vorher die feine Empfindung für architektonische Verhältnisse erwähnt. Auch hierin ist er völlig Realist, daher sind seine Architekturen nichts weniger als Mantegna'sche Phantasieerzeugnisse. Piero ist wirklich selbst Architekt, seine Bauten dem Character der Bewohner angepasst. In frühsten Gemälden der Säulenarchitektur im Malatesta wie in der Empfangshalle der Königin von Saba sind wesentlich nach Vitruv's Verhältnissen Säulen und Gebälk, jene denen analog, welche der Trattato di prospetiva seiner bezüglichen Construction zu Grunde legt, angeordnet, während besonders die beiden vorderen Säulen des Innenraumes der Geisselung Christi jene Verhältnisse im Detail zu noch grösserer Feinheit gesteigert wiedergeben. (Die Säule, an welche Christus angebunden scheint, im Verhältniss zu den übrigen zu schwach.) Der Einfluss des urbinatischen Palaststils verläugnet sich wie hier, so auch nicht in dem rein architektonischen Prospect von Urbino. Die streng perspectivisch behandelte Composition zeigt das Centrum des 24 säuligen Rundtempels genau in der Bildaxe die Gesammthöhe der, der äussersten Seitengebäude nahezu gleich, doch ohne sie zu erreichen. Diese wie die übrigen sich anschliessenden Gebäude, die beiderseits die Flucht einer sehr breiten (ca. 38 m) Strasse bezeichnen, welche rechts durch die hinter dem Tempel vortretende Front einer Renaissancekirche, gegenüber durch eine Palastfront abgeschlossen sind, zeigen klare wenn auch etwas schwere Proportionen, die sich jedoch nirgends sclavisch wiederholen sondern in stets neuen Modificationen auftreten. Durchweg nimmt jedoch die Etagenhöhe unten relativ rascher ab als oben, dazu ist das Kranzgesimse, da es sich nicht aufs Ganze sondern nur auf die oberste Etage als Abschluss bezieht, durchgehends zu schwach. Der zweietagige Rundtempel mit seinen vier halbkreisförmig vorspringenden Eingangscolonnaden tritt durch seinen von der Bildfläche gewählten Abstand den Dimensionen nach gerade in das rechte Verhältniss zu den ihn umrahmenden und gleichsam als Staffage dienenden übrigen Bauten dass er weder zu massig noch meschin erscheint. Gegen Bramante's Tempietto gehalten lassen sich freilich die Mängel nicht verkennen. Schon der Gesammteindruck ist ein viel gedrückterer dadurch dass ihn wie bei Bramante's frühsten Kirchen ein Spitzdach anstatt der Kuppel deckt. Zudem fehlen alle jene Feinheiten in den Proportionen von Säulen und Gebälk, wie z. B. die bezüglichen Dicken im obern Geschoss bei bedeutender Längendifferenz sich doch nur sehr wenig von den untern unterscheiden. Dies Alles macht den Rhytmus der Verhältnisse hier weniger leicht und wohlgefällig.

Nur erst Anfänge sind es, welche der Meister, auch hierin strenger Realist, hinsichtlich der landschaftlichen Staffage zu Gunsten einer der Natur nicht blos in conventioneller Weise, wie unter den vorher genannten Florentinern bis dahin mehr oder weniger üblich war, sondern ihrem innersten Wesen nach auf Grund eingehender langjähriger Erfahrungen, in der Behandlung seiner Gemälde erkennen lässt. Diesen Character näher zu bezeichnen, bedarf es kaum des Hinweises auf Einzelheiten, wie die Behandlung des Laubes, welches z. B. in der Taufe Christi im Vordergrunde links nach altdeutscher Manier Blatt für Blatt aufs subtilste durchgeführt ist, ohne dass man gleichwohl Gattung und Spezies des dargestellten Baumes mit Sicherheit danach anzugeben vermöchte. Wiederum fällt die haidekrautartige Behandlung des Baumes im Mittelgrund rechts auf, während ganz in der Ferne an den Abhängen und auf der Höhe die Umrisse der Bäume nur noch als Schriftzeichen wie in ältern kartographischen Aufnahmen durch scharfe Contouren gekennzeichnet sind. Ebensowenig spricht sich in der Terrainverhältnissen selber deren geologischer Character in

Form noch Modellirung deutlich aus. Der Wasserlauf des Jordan deutet bei langen Serpentinen und flachen Ufern im Uebrigen dennoch auf starkes Gefäll u. a.

Es erübrigt noch die technische Seite Piero's, bezüglich der Farbenbehandlung kurz zu characterisiren. Nicht wie heutzutage überliess man zu jener Zeit die Farbenbereitung den Händen speculativer Industrieller, die daraus einen Erwerbszweig gemacht, sondern, da es an Unternehmungsgeist fehlte, war jeder, selbst der hervorragendste Meister angewiesen, seine Farben aus dem Rohmaterial in seinem Studio selbst zu präpariren und vom Lehrling zerreiben zu lassen. Der dadurch entstehende Zeitverlust war freilich nicht gering gegen die heute so bequeme Art, doch reichlich aufgewogen durch die Garantie, welche dem Künstler durch die Echtheit, Unverfälschtheit und Dauerhaftigkeit seines Materials geboten ward. Nicht der Industrie, sondern den Künstlern selbst ist darum der successive Fortschritt auch auf diesem Gebiet zu danken. Schon unter den ältern Meistern von Florenz waren einzelne, wie Fra Filippo Lippi bemüht, die Temperamalerei im Sinne kräftigerer Farbeneffecte zu vervollkommnen: aber Oel mit Firniss versetzt war vor den Peselli von keinem benutzt worden. Auch die von jenen Meistern angewandte Methode schien Anfangs nicht besonders zukunftverheissend: denn die zähe bräunliche Oelmixtur war weit entfernt von dem Fluss und der Leichtigkeit der Behandlung des bisherigen Materials und die harzige Masse erforderte ein völlig neues Verfahren. Die Schwierigkeit lag in der stets hornartig stark auftragenden Fläche, weshalb sich noch bei den Pollajuoli oft harte Gegensätze finden, welche diese durch Anwendung von Asphalt besonders auf Landschaften zu vertreiben suchen. Selbst der Fleischton zeigt zuweilen diese Härte. Grössere Geschmeidigkeit hat bereits Verrocchio, der zwar die harzige Zähigkeit des Bindemittels ebensowenig überwindet, aber zwischen die Schattenparthieen schon Reflexe einfügt. Erst Piero de' Franceschi findet durch Auflösung der zähen Substanz den Weg zu einer neuen, der niederländischen Oelfarbentechnik verwandten Methode und befähigt dadurch die florentinische Kunst zu den höchsten Leistungen der Zeit des Cinquecento. Mittelst dieser Erfindung erst war es möglich, den Farben jene Leuchtkraft zu geben, welche dadurch dass über den Lokalton des Fleisches die Licht- und Schattentöne sich legen, zu grösster Lebendigkeit gesteigert sind. Selbstredend tritt diese Neuerung nicht plötzlich in aller Vollkommenheit entwickelt auf, sondern lässt in den einzelnen Gemälden Piero's einen successiven Fortschritt deutlich unterscheiden.[1] Im frühesten unter diesen, dem Malatesta, zeigen bei grosser Schärfe der Zeichnung die Fleischtöne noch dünne kalt gestimmte Tinten, bei gelber Licht- und schwarzgrüner Schattenschraffirung. Ebenso hat das Altarbild von Perugia noch die frühere Mischtechnik: der Farbenton ist jedoch tiefer gestimmt auf bräunlicher Untermalung und die Schatten sind satt mit Asphalt aufgesetzt. An der Madonna del Soccorso und den sie umgebenden Heiligen überrascht bereits Weichheit und Schmelz der Carnation von bräunlichem Anflug. Die Behandlung der Gewänder in den kräftigen Grundfarben von stärkeren Lasuren überdeckt hat sogar schon etwas an die Farbenfrische der Niederländer Anklingendes. Im Freskencyklus von Arezzo ist theils mehr theils weniger vollkommen, die Behandlung eine ähnliche. Die Auferstehung Christi in beinah conventioneller Breite gemalt, bietet dagegen bereits scharf begrenzte Licht- und Schattenparthieen in starkem Relief, Gewänder wie Fleischtöne mit Lasuren über dem Lokalton der Schatten, das Ganze durch volles Impasto auf grösserer Freiheit der Behandlung deutend. Aber erst die Geisselung Christi zeigt das neue System in höchster Vollendung. Die Fleischtöne erhalten principiell ihr Licht nicht mehr durch die Leuchtkraft der Grundirung von Innen sondern durch Aufsetzen der Licht- und Schattentöne auf die grau untermalte Grundirung wodurch allein genügender Glanz und Leuchtkraft möglich ist. Die Hintergründe dagegen entnehmen in den hellen Parthieen ihr Licht von der weissen Untermalung, worüber je nach Bedarf dünne Lasuren gelegt werden. Zu allen dem tritt im vorliegenden Falle noch grosse Weichheit in der Verarbeitung der Farben, Sorgfalt und Glätte der Tinten wodurch alle Theile harmonisch zu einander gestimmt erscheinen.

---

[1] Crowe u. Cavacaselle III. p. 299 u. s. f.

Piero de Franceschi's Bedeutung als Maler dürfte auf Grund des Vorherigen kaum in Zweifel gezogen werden. Sie wird gesteigert dadurch, dass er durch seine Eigenart die entdeckten Neuerungen besser als andere auf talentvolle Schüler und von diesen auf die folgende Generation zu übertragen vermag. Ist doch gerade das, worin er excellirt, das realistisch strenge Studium der Natur und der zu ihrer Wiedergabe nothwendigen Gesetze als derjenige Theil der Kunst aufzufassen, der ohne Rücksicht auf die individuelle Veranlagung jedem Lernenden in gleicher Weise verständlich und mundgerecht gemacht werden kann. In sofern als Piero de' Franceschi in der That drei so völlig verschiedene Künstlernaturen wie Perugino, Signorelli, Melozzo da Forli zu seinen Schülern zählte, deren jeder in seiner Weise als unmittelbarer Vorläufer der höchsten Kunstperiode angesehen werden kann, hat es sich wiederum gefügt, dass die von ihm geschaffenen Fundamente in den weitesten Künstlerkreisen so rasche Verbreitung fanden. Der letztere ist insbesondere als derjenige zu betrachten, welcher unter allen des Meisters Eigenart am nächsten steht und in der perspectivischen Raumgliederung noch über Piero hinausgehend, vom Boden der Wirklichkeit sich nachmals in freiem Schwung der Phantasie zu jenen Schöpfungen schwebender Gestalten erhebt, die dann wiederum den grössten Meistern Michelangelo und Rafael als Vorbild gedient haben.[1]

Zusätze.

Die Gesetzmässigkeit der formellen Anordnung, welche allen Compositionen Piero de' Franceschi's zu Grunde liegt derart, dass man sie mit Recht als eine Eigenart des Meisters bezeichnen darf, fordert schon das blosse historische Interesse zu einer eingehenderen Analyse dieser Verhältnisse heraus, um so mehr als der grösste Vorzug welcher insbesondere den Compositionen Leonardo da Vinci's und Rafael's vor allen andern gebührt, wesentlich in dem rechten Mass der Verbindung gesetzlicher Strenge mit malerischer Freiheit beruht: diese Gesetzlichkeit ward aber nicht plötzlich entdeckt sondern successive vom Lehrer auf den Schüler vererbt und von diesem weiter ausgebildet und entwickelt. Nur durch eine ebenso von den ersten Anfängen wie sie bei Piero sich finden, ausgehende und von da aus zu den späteren Meistern fortschreitende Untersuchung ihrer formellen Prinzipien soweit sie aus der Composition ersichtlich, wird man die bis jetzt nur auf vage Vermuthungen gestützten Ansichten über die Compositionsweise jener grossen Meister durch sachlich begründete, auf Mass und Zahl basirende Resultate ersetzen können.

1. Prospect von Urbino.[2]

1) Perspective. Augenpunct in der Mittellinie der Zeichnung mit der Axe des Rundtempels zusammenfallend, nahezu in menschlicher Figurenhöhe: der untern Fensterflucht. Augendistanz relativ kurz: nach Construction zu etwa $2/3$ Bildbreite anzunehmen.

2) Allgemeine räumliche Gliederung. Centralanlage symmetrisch geordneter Hauptmassen das Centrum überdies durch den 24 säuligen Rundtempel betont, doch innerhalb dieser Symmetrie mit wechselndem Rhytmus der Details correspondirender Theile rechts und links. Im orthogonalen aus dem Prospect abzuleitenden Grundriss stehen die einzelnen Gebäude nicht strassenartig unmittelbar aneinandergereiht sondern mit Intervallen verschie-

---

[1] A. Schmarsow a. a. O. pg. 330.
[2] Die hier und im Folgenden mitgetheilten Resultate können selbstverständlich, als aus Photographien verkleinerten Massstabes abgeleitet, nicht den Anspruch strenger Messungen nach den Originalen erheben, dürften aber trotz dieses Mangels als erste Versuche nicht ohne Interesse sein.

dener Breite. Der dadurch entstandene Rythmus ist rechts durch die theilweise sichtbare Renaissancekirche, links durch die überragenden Dachgiebel einer Palastfront abgeschlossen. — Die Strassenbreite zeigt das relativ bedeutende Mass von ca. 40 m. Der Tempel selber steht um die Tiefe der zwei Flügelbauten, hinter der Bildebene etwa um die doppelte Augendistanz vom Beschauer in sehr wirksamer Entfernung, so dass er ohne die Seitentheile zu überhöhen, dennoch das Centrum kräftig hervorhebt.

2. Malatesta.

1) **Perspective.** Augenpunct A als Durchschnitt der zwei Fussbodenlinien gefunden die sich im' Bildhorizonte schneiden, etwas links von der Axe 2. Die Augendistanz ergibt sich aus der horizontalen als Quadrat gedachten Basis des rechten Säulenkapitells zu etwa 3 Bildbreiten.

2) **Allgemeine Raumeintheilung.** Die Architektur symmetrisch in der Form, aber nicht ganz in der Stellung sondern etwas weniges nach rechts verschoben, während die Axe 2 um etwa $1/2$ Säulendurchmesser[1] gegen die Bildmitte nach links gerückt ist. Die Säulenhöhe kann etwa 8 Durchmesser betragen wie Piero auch sonst anzunehmen pflegt. Ausserdem verhält sich das Intervall vom linken Bildrand bis zum linken Rande der zunächststehenden Säule wie 3 : 5 (nahezu goldener Schnitt). Da überdies die beiderseitigen äussern Säulencontouren, von der Grundlinie bis zur Abacusplatte des Kapitells gerechnet, ziemlich genau ein Quadrat ausmachen, so sind damit die architektonischen Verhältnisse im Allgemeinen bestimmt.

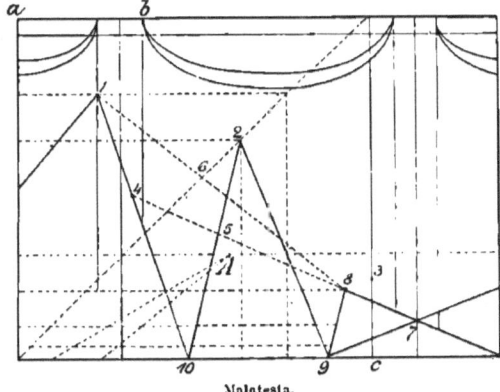

Malatesta.

A = Augenpunct.
1 = Kopfhöhe des Königs.
2 = „ „ Malatesta.
3 = „ „ weissen Windspiels.
4 = Mitte d. Oberseite d. linken Hand des Königs.
5 = linke Ellbogenspitze d. Malatesta.
6 = linke Handspitze d. Malatesta.
7 = Durchschnitt der r. Säulenaxe mit der Rückenlinie d. Hunde.
8 = Schnauze des weissen Windspiels.
9 = vord. untere Spitze der rechten Pfote von 8.
10 = Durchschnitt von 1—4 und 2—5.

Die horizontalen Abstände des Figürlichen: nämlich die zwischen 1—2 und 2—3 sind gleich lang. Die durch die räumlichen 1. 2. 3. entsprechenden Punkte gedachte Verbindung ist nahezu gradlinig nach vorwärts, abwärts geneigt, und ihre Horizontalprojection bildet gegen die Grundlinie einen Winkel von ca. 30°. Der porträtigen Behandlung entspricht der kurze Abstand der Figuren von der Bildfläche, derart dass der König sowohl wie Malatesta in der vorgeführten Stellung mehr als die Hälfte der Bildhöhe einnehmen. Wenn er sich erhöbe würde der Burgunderkönig weit über den Bildrahmen hinausragen. Die genaue Stellung der Figuren ist mittelst dreier Quadrate gefunden: das erste mit der obern Seite durch Punkt 1 laufende die untere in die Grundlinie fallend, dadurch dass derselbe Punct 1 zugleich die Ecke eines anderen: 1—a bildet; das zweite mit dem Eckpunkt 2 in analoger Lage wie jenes, dadurch dass auch 2—b,[2] die entgegengesetzten Eckpuncte eines solchen bilden müssen: das dritte mit der verticalen Seite durch Punct 3 gehende durch Abtrennung von der Umrahmung selber entstehend. — Die Basis der um Malatesta beschriebenen Dreiecks-

---

[1] Säulendurchmesser ca. m. 0,5.
[2] b = Säulenaxe.

contour ist in der Grundlinie gezählt, etwas kürzer als die der beiden andern figürlichen Dreiecke: König und weisses Windspiel. Diese Basis (9—10) bildet die Mitte der Composition. Das weitere Detail zeigt die Skizze.

Die Gruppenanordnung nach Quadraten findet sich nur in diesem Erstlingswerk, und kehrt, so absichtlich durchgeführt in späteren Compositionen nicht wieder.

3. Fresken von Arezzo.
a) Vision des Heraclius.

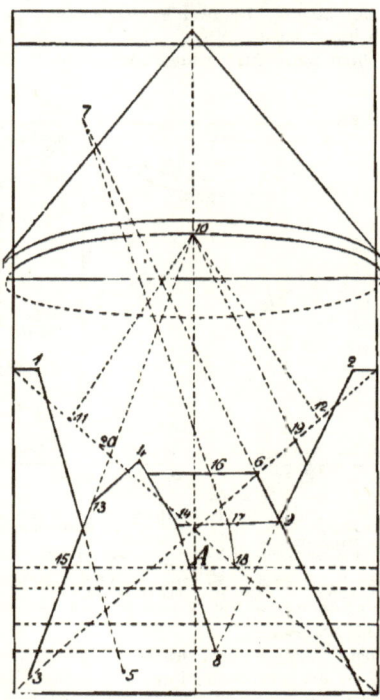

Freskencyklus von Arezzo: Vision des Heraclius.

A = Augenpunct.
1, 2 = Kopfhöhe d. linken resp. rechten Hellebardiers.
3 = rechter Absatz d. linken Helleb.
4 = Kopfhöhe d. sitzenden Dieners.
5 = rechte Fussspitze dess.
6 = oberer Punct d. Bettdecke am vorderen Rande.
7 = Ansatz d. linken Flügels des Engels.
8 = linke Fussspitze des sitzenden Dieners.
9 = rechter Zeigefingerknöchel des rechten Hellebardiers.
10 = Mitte d. unteren Begrenzung des Zeltdaches.
11, 12 = rechte resp. linke Schulterhöhe des l. resp. r. Hellebardiers.
13 = rechte Schulterecke d. sitzenden Dieners.
14 = linker Ellbogen dess.
15 = obere linke Ecke des Divans.
16, 17, 18 = Licht- u. Schattengrenze der Bettdecke.
19 = obere Ecke der Kopfbedeckung des Kaisers.
20 = rechter Ellbogen des linkenHellebardiers. (rechts, links vom Beschauer aus.)

1) Perspective. Augenpunct nur annäherungsweise bestimmbar. Wenn dem Grade der Abtönung gemäss der Abstand der vordern Zeltwand von der Bildebene gleich der Zelttiefe und im Anschluss daran die Augendistanz als nahezu von derselben Grösse vorausgesetzt wird, so ergiebt sich durch einfache Construction oder Rechnung mit Hülfe des durch Construction ergänzten Ellipsenbogens der Zeltdachbasis die Augenhöhe zu etwa $3/10$ der Höhe von der Grundlinie des Bildes bis da wo die grosse Axe der Ellipse den Bildrand schneidet: etwa in der Höhe der horizontalen untern Begrenzungslinie des Bettuchs. Bei der fernern Annahme, dass das Auge in der Mittelebene des Zelts sich befindet ergeben sich unter jenen Voraussetzungen natürliche Verhältnisse der Raumtiefen.

2) Allgemeine Raumeintheilung. Die Darstellung hat den Character als Höhenbild: die Höhe H. etwa das Doppelte der Breite B. betragend. Figurenhöhe in grader Stellung etwa $1/2$ Bildhöhe. Die Höhe des Zeltdaches beträgt ca. $1/3$ H: dieselbe Grösse hat der verticale Abstand von der Grundlinie bis zur obersten Horizontale (Punct 16) der Bettcontour (s. Skizze) die Richtung der Vorhänge ist durch die von Punct 10 nach 11 u. 12 schräg auslaufenden Linien angedeutet. Wie beim Malatesta ist die Architectur gegen das Figürliche etwas verschoben: die Axe des Zelts etwas nach links, die Massenvertheilung des Figürlichen etwas nach rechts gerückt. Die zwei Diagonalen des, durch Abtragen der menschlichen Figurenhöhe (=$1/2$ H) auf dem rechten und linken Bildrande entstehenden Rechtecks mit der Grundlinie der Zeichnung als Basis geben die Hauptrichtungen für die Gruppencontour des Figürlichen. (3—6—12 und 11—20) die übrigen noch in Betracht kommenden Richtungen sind theilweise abhängig von der Richtung 6—7, theils durch Alignement auf Punkt 10 bestimmt wie Skizze angibt. Von der fast symmetrischen Raumgliederung der Architectur wie der Gruppirung unabhängig

ist die Vertheilung der Licht- und Schattenmassen: in rhytmischem Wechsel legt sie sich über die architektonische Anordnung. Das Licht, als wesentlich von einem Centrum ausgehend gedacht, zeigt diesen Character in der Divergenz der Schattenlinien am Boden. Seine genaue Lage ist jedoch, da die Schattencontouren des Hellebardiers links nur ungenügend gegeben sind, nicht scharf bestimmbar, um so weniger als die Engelsfigur kaum kenntlich erscheint. Der Umstand dass vom Innern des Zelts nur der untere Theil beleuchtet, die Rückwand finster ist, deutet an, dass bei der Höhe des Leuchtenden den oberen Umrisslinien des Engels entsprechend derselbe nur sehr wenig vorwärts von der vordern Zeltwand sich befindet. Zu dieser Annahme stimmen auch die übrigen Verhältnisse.

b) **Schlacht des Heraclius.**

1. Perspective. Der Augenpunct ist hier durch Alignement der horizontalen Richtungen bestimmt, welche der Horizontalabschnitt unter der Wölbung des Baldachin am

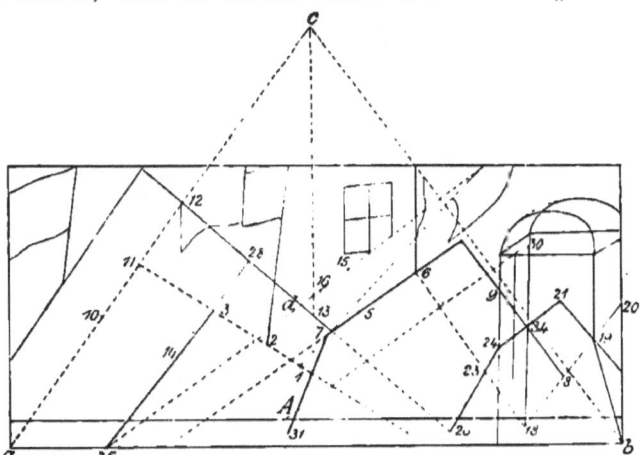

Freskencyclus von Arezzo: Schlacht des Heraclius.

A = Augenpunct.
1 = linkes Vorderfussgelenk vom Pferde des Kaisers.
2 = linker Handknöchel des den Gegner am Schopf fassenden byzant. Fusssoldaten.
3 = Kopfmitte von 2.
5 = Kopfmitte des vom Kaiser mit der Lanze bedrohten Persers.
6 = vorderer, oberer Mützenrand des, dem Kaiser gegenüber befindlichen persischen Reiters.
7 = Schildmitte des Persers ad 5.
8 = obere Ecke des linken Hinterfusses des nach rückwärts ausschlagenden persischen Pferdes.
9 = Punct wo der rücklings aufs Pferd geworfene Perser am Halse durchbohrt wird.
10 = Kopfwirbelpunct des byzantin. Fusssoldaten links von 3. zum Stoss ausholend.
11 = Kopfwirbelpunct des geharnischten Reiters hinter 10.
12 = oberster Punct der Lanze d. Kaisers.
13 = Nüstern seines Pferdes.
14 = Ellbogen des byzant. Fusssoldaten ad. 2.
15 = Kopfhöhe des vom Beil getroffenen Persers rechts rückwärts vom Kaiser.
16 = Handmitte des, das Beil führenden Gegners.
18 = Fussspitze des die Gruppe des knieenden Perserkönigs links abschliessenden.
19 = Kopfhöhe des knieenden Königs.
20 = Kopfhöhe der Randfigur rechts.
21 = Mitte des Opfergeräths über der Königsgruppe.
23 = Mitte der rechten Hand des persischen Fusskämpfers zwischen den Reitern rechts.
24 = rechter Ellbogen desselben.
26 = Mitte der Sohle des rechten Hinterhufs vom Pferd ad. 6.
28 = Spitze des Helms des Kaisers.
30 = rechtes oberes Ende des Querbalkens vom Kreuz unter dem Baldachin.
31 = linke untere Gewandecke des Persers ad. 5.
34 = Kruppe des Pferdes des rücklings aufs Pferd geworfenen Persers ad. 9.
35 = Durchschnitt der durch 10. gelegten Verticalen mit der Grundlinie.

rechten Bildrande angibt, dessen Hauptfront zur Bildfläche parallel steht, da der entsprechende Bogen ein voller Halbkreis ist. Demnach liegt der Augenpunct nicht genau in der verticalen Mittellinie des Bildes, sondern etwas nach links verschoben, dabei sehr tief.

Die daraus hervorgehenden Nachtheile sind bereits besprochen. Eine durch denselben Punkt gelegte Verticale geht durch den rechten Ohransatz vom Pferde des Heraclius und durch die Spitze der darüber sichtbaren Flaggenstange, wo diese den obern Bildrand schneidet (in Skizze nicht angegeben). Die Richtungen A—30 des Kreuzbalkens und A—14—10 correspondiren nahezu den Hauptrichtungen 43—12 und 15—35 der obern Contouren beider Heerestheile.

2. **Allgemeine Raumgliederung.** Die Darstellung als Längenbild zeigt die horizontale Dimension über das doppelte der verticalen. Höhe der Reiter etwa $^2/_3$ der Bildhöhe.

Die allgemeine Eintheilung geschieht durch das gleichschenklige Dreieck abc: dadurch erhalten, dass der obere Bildrand in 3 gleiche Theile getheilt und die Theilpunkte mit den beiden unteren Ecken verbunden werden, welche Richtungen sich in der verticalen Mittellinie des Bildes schneiden. Dies Dreieck trennt im Wesentlichen die aktiven von den passiven Gliedern. Zieht man auch die horizontale Mittellinie und trägt auf ihr vom Durchschnitt mit dem linken Bildrande aus die Bildhöhe ab, so erhält man den Durchschnittspunct d der beiden Hauptrichtungen: durch Theilung der Grundlinie in 6 gleiche Theile findet sich Punct 35 als erster Theilpunct und somit d—35 als die eine dieser Richtungen. Die zweite ergibt sich, wenn man das von jener am obern Bildrand rechts abgeschnittene Stück von der linken obern Ecke her anträgt und den betr. Punct mit d verbindet. Beide Richtungen bilden im Gegensatz zum Dreieck abc einen nach abwärts gekehrten Einschnitt, so dass der Anordnung ein ähnlicher constructiver Gedanke wie beim vorher besprochenen Bilde zu Grunde liegt.

Der Angriff geschieht nach römischer Kampfweise keilförmig: weil vorangesprengt inmitten der Perserschaar sieht man einen byzantinischen Reiter einem rücklings aufs Pferd geworfenen Perser den Todesstoss geben. Das Centrum selber zeigt den Kaiser an der Spitze seiner Reiterei voransprengend, der Vordergrund von Fusskämpfergruppen besetzt, über welche wie über ein Podium jene hinwegragen.

Die weitere Eintheilung der von links nach rechts in successiver Steigerung prägnanter Momente angeordneten Gruppirung ist bezüglich derer im Vordergrund durch die vorerwähnte Sechstheilung der Grundlinie gekennzeichnet, nämlich von rechts her: der Horizontalabstand der durch die Puncte b—18 gedachten Verticalen gibt die Gruppe der Nichtcombattanten am rechten Bildrand, den König in der Mitte; der ebenso zu bestimmende horizontale Abstand zwischen 18—6 entspricht im Wesentlichen der persischen Reitergruppe; der horizontale daran schliessende zwischen dem Puncte 6 bis zur Mittellinie zu nehmende, zeigt das Centrum des Reiterkampfes; der folgende von jener Mittellinie bis zum nächsten Theilpunct fällt etwas jenseits der durch 3 gedachten Verticalen und umfasst somit die entsprechende Gruppe der Fusskämpfer; der folgende das Intervall von da bis zur Verticalen durch 35 umfasst die dieser links voraufgehende Gruppe von Fusskämpfern, während der Endabstand wiederum noch nicht am Kampf betheiligte byzantinische Reiter enthält. Das weitere durch Alignement bestimmte Detail zeigt die Skizze.

c) **Die drei Fischer, das Kreuz aus dem Teiche ziehend.**

1. **Perspective.** Augenpunct nur näherungsweise bestimmbar, er muss jedoch in der zur Bildebene senkrechten unteren Balkenfläche liegen, weil diese fast genau als scharfe Kante erscheint. Wenn man ferner aus der Profilstellung der mittlern Figur schliessen darf, dass er nahezu im Alignement von deren vordern Gesichtscontour liegen wird, so erhält man ihn näherungsweise als Durchschnitt beider genannten Linien nahezu in der linken Faustmitte der rückwärtigen Figur. In dieser Lage würde er die Spitze eines die Gruppe umschliessenden Dreiecks bilden. — Noch ungenauer ist die Augendistanz. Bei der gewöhnlichen von $1^1/_2$—$1^3/_4$ Bildhöhe kämen die Figuren nur wenige Decimeter von der Bildfläche zu stehen.

2. **Raum- und Gruppenanordnung.** Das Bild als Höhenbild von nahezu doppelter Höhe als Breite zeigt die Figuren in grader Stellung zu etwa $^1/_2$ der Bildhöhe. — Die Hauptrichtungen des Balkens und der linken Armrichtung der rückwärtigen Figur (A 21) kreuzen sich stumpfwinklig. Die Mittellinie des Balkens geht fast genau durch die Bild-

— 26 —

mitte m. Die Länge desselben innerhalb des Bildrahmens ist derart, dass er bei aufrechter Stellung von der Grundlinie gezählt oben anstösst, also gleich der Bildhöhe. Die Balkenrichtung selber ergibt sich dadurch dass $ba = cd$, wo ab die Höhe des Wasserspiegels. Die Linie A—21 bis zum rechten Bildrande verlängert ist gleich A—6, wodurch der Umriss der Gruppe bestimmt ist. Der Punct D ergibt sich als Durchschnitt jener Linie wie Skizze zeigt. Der obere Theil der Berglinie links läuft zur Balkenrichtung nahezu symmetrisch.

Die Contour der vordersten Figur bildet ein Dreieck, dessen Spitze die stützende Schulter : der Angriffspunct der Kraft und dessen Basis die zwei Fussohlen: ebenso die der mittlern Figur, wo der Angriffspunct die Stockspitze 26. Dies zweite Dreieck deutet durch seine weniger geneigte Lage auf einen geringern Grad der Anstrengung als das vorderste. Die dritte Figur zeigt den geringsten.

Zur grössern Verdeutlichung der gemeinsamen Arbeit und zur Verstärkung wird der Druck der nach rückwärts sich stemmenden drei Unterschenkel als von einem Puncte ausgehend dargestellt, worin sich deren Verlängerungen treffen. Auch die drei entsprechenden Oberschenkel und ebenso die drei Rückencontouren drücken, wie es den Anschein hat, die gleiche Tendenz aus (vgl. Skizze). Zur Verdeutlichung der mechanischen Arbeit mag ebenso die symmetrische Stellung von Ober- und Unterschenkel der vordern Figur sowie die nahezu zur Balkenrichtung senkrecht gestellte Linie 5—7 dienen, nämlich um die Kraft als im Maximo thätig zu zeigen, während die Parallelität des linken Unterarmes und Unterschenkels derselben Figur der ganzen Contour einen festeren Abschluss gibt. Dadurch dass von der Dicke des Balkens nichts zu erkennen ist, lässt die Darstellung in der Phantasie des Beschauers den Grad der Anstrengung der Balkenlast entsprechend motivirt erscheinen.

d) **Kreuzfindung.**

1. Perspective. Die Gebäudeflucht gibt wegen ihrer nicht zur Bildfläche normalen Richtung keinen directen Anhalt, ebensowenig genügende Daten, um mittelst der

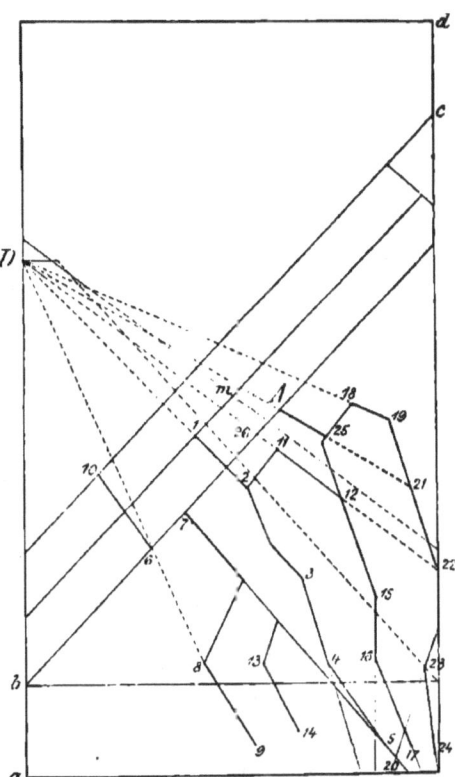

Freskencyclus von Arezzo: Die 3 Fischer mit dem Kreuz.

A = Augenpunct.
m = Bildmitte.
1 = Kopfwirbelpunct des vordersten Fischers.
2 = unterer Endpunct des linken Schulterblattes ad 1.
3 = rückwärtiger linker Beckenvorsprung ad 1.
4 = linke Kniekehle ad 1.
5 = linker Absatz ad 1.
6 = linker Ellbogen ad 1.
7 = obere Ecke der vorderen Gewandcontour ad 1.
8 = rechte Kniespitze ad 1.
9 = vorderer Fussrand ad 1.
10 = hinterster Knöchel des linken Mittelfingers ad 1.
11 = Stirnhöhe d. mittleren Figur.
12 = hinterer rückwärtiger Vorsprung von Schulter u. Nacken ad 11.
13 = rechte Kniemitte ad 11.
14 = rechtes Fussgelenk vorn ad 11.
15 = rückwärtiger linker Beckenvorsprung ad 11.
16 = linke Kniemitte ad 11.
17 = linker Absatz ad 11.
18 = Stirnhöhe des dritten Fischers.
19 = Kopfwirbelpunct ad 18.
20 = linke Fussspitze ad 18.
21 = Durchschnitt d. linken Aermels mit der Rückencontour ad 18.
22 = linker rückw. Beckenvorsprung ad 18.
23 = linke Kniekehle ad 18.
24 = linker Absatz ad 18.
25 = Nasenspitze ad 18.
26 = Spitze des stützenden Stockes von 11.

Fluchtpuncte durch Construction den Augenpunct abzuleiten; es bleibt somit nur die Analogie mit den übrigen Längenbildern des Cyclus, wonach derselbe der verticalen Mittellinie benachbart und dabei sehr tief anzunehmen.

2. **Allgemeine Anordnung des Architektonischen und der Gruppirung.** Das Bild hat dieselbe Form wie b: aber infolge grösserer Bedeutung des Beiwerks geringere Figurenhöhe, nur der halben Bildhöhe gleich.

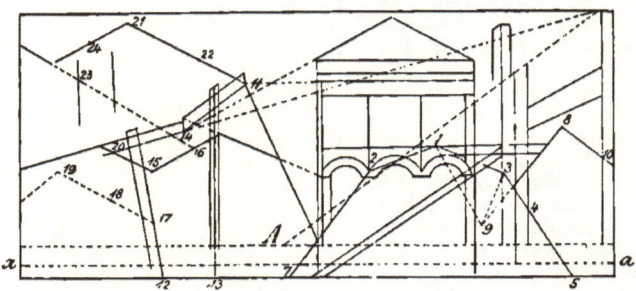

Freskencyclus von Arezzo: Auffindung des Kreuzes.

A = Augenpunct. (?)
    Gruppe links.
11 = rechter Endpunct der vordersten Kante des Querbalkens vom Kreuz rechts.
12 = Fusspunct der vorderen Kante des Hauptbalkens vom Kreuze links.
13 = Fusspunct der vorderen Kante des Hauptbalkens vom Kreuze rechts.
14 = rechter Endpunct der vordern Kante des Querbalkens vom Kreuze links.
15 = Kopfhöhe der nach vorn gebeugten Gestalt am Kreuze ad 14.
16 = desgl. der Gestalt rechts daneben.
17 = Punct wo die vordere Kante des Hauptbalkens vom Kreuze links die Kopflinie des am Boden Liegenden trifft.
18 = Mitte der rechten Hand der links davon stehenden Figur im hellen Gewand.
19 = rechter Zeigefingerknöchel der weiblichen Profilfigur am linken Bildrande.
20 = Kopfhöhe der Figur ad 18.
21 = Spitze des Thurmartigen Aufbau's des höchsten Hauses der Stadt rückwärts.
22 = Dachkante des vordern der zwei parallel hintereinander stehenden Häuser zur rechten von 21.
16—23 = Richtung der Stadtmauer.
21—24 = Richtung der Dachschräge des Hauses links von 21.

    Gruppe rechts.
1 = Kopfhöhe des Kreuzträgers.
2 = oberes Pilasterende des zweiten Pilasters von links her, gemessen in der Mittellinie.
3 = Kopfwirbelpunct des Auferweckten.
4 = rechter Ellbogen dess.
5 = linker Absatz der vordersten von den 3 Figuren am rechten Rande.
7 = Rockzipfel der äussersten links vorn knieenden weibl. Figur im dunkeln Gewande.
6 = Spitze der Mithra der mittelsten von den 3 Figuren ad 5.
9 = rechter Ellbogen des Auferstandenen.
10 = linke Schulterhöhe der rechten Endfigur ad 5.
a—a = Raumtiefe d. vorderen Gruppe.

Die Anordnung modifizirt sich durch die Idee, das Ganze in zwei für sich abgeschlossene Handlungen zu zerlegen, deren sachliche Zusammengehörigkeit sich formell schon in der Aehnlichkeit der Anordnung beider zu erkennen gibt. Die höhere Bedeutung des Vorgangs rechts wird durch den geschlossenen Aufbau und die architektonische Umrahmung des Tempels gegenüber der mehr lockern im Freien angeordneten Darstellung zur linken verdeutlicht, welche letztere nur durch das Beiwerk der Kreuze gegliedert und vom Prospect der Stadt Jerusalem bekrönt wird. Der flache tympanonartige Abschluss dieser letzteren Contour läuft nahezu mit den Seiten des Tempeldachs parallel. Die entsprechenden Richtungen wiederholen sich näherungsweise in der obern Gruppenumgrenzung. Etwas künstlich ist die Anordnung der drei Kreuze (die beiden links derart arrangirt, dass ihre Querbalken nahezu dem Zug der Berglinie folgen um harte Umrisse gegen die freie Atmosphäre zu vermeiden. Das dritte rechts um keine disharmonische Schneidung zu erzeugen, ist derart gestellt, dass der Langbalken grösstentheils verdeckt, das Querholz in Figurenhöhe in einer zur Grundfläche parallelen Ebene liegt und so den obern Abschluss des darunter befindlichen Figürlichen bildet. Die Steifheit der verticalen Stellung der Hauptbalken der Kreuze links wird dadurch vermieden, dass das Kreuz 12 etwas nach links geneigt ist, während die Spatenrichtung[1] weiter rechts, die symmetrale Richtung zeigt. Zur Herstellung des vollen Massengleichgewichts zeigt überdies der Balken des Kreuzes 13 ebenfalls eine unmerkliche Neigung nach rechts. Beide Kreuze dienen wie bemerkt zur Gliederung der Gruppe links: obgleich dies nur bezüglich der dem linken Bildrande zunächst befindlichen Gruppirung deutlich wird, da die weiter rechts folgenden Figuren zu verwaschen und undeutlich sind. Die genaueren Maasse ergeben sich aus Folgendem:

1. Die verticale Mittellinie des Bildes trifft genau in die zur rechten äussersten Tempelcontour symmetrisch ergänzte linke. (vgl. Skizze.)

2. Die Grundlinie des Bildes, stetig getheilt so, dass der kleinere Abschnitt links fällt, gibt in der durch den Theilpunkt gehenden Verticalen den rechten Endpunct 11 der vordern Kante des Querbalkens vom rechts stehenden Kreuze der linken Gruppe.

3. Der grössere Abschnitt abermals stetig getheilt gibt die äusserste rechte Tempelcontour in der betr. Verticalen.

4. Die Bildhöhe stetig getheilt ergibt die Pilasterhöhe der Bogenreihe. Das Doppelte derselben entspricht dem obern Architravrande, rechts gemessen.

5. Der Abstand von da bis zur Tympanonspitze ist $^1/_4$ ihrer Höhe über der Grundlinie.

Damit ist die Tempelanordnung im Allgemeinen bestimmt. Die sonstigen architektonischen Verhältnisse finden sich aus jenen nach ähnlichem Prinzip. Bezüglich der linken Gruppe ist noch zu bemerken:

6. Die vordere Kante des Kreuzes links schneidet die entsprechende des Querbalkens in einem Puncte, der den Abschnitt vom linken Bildrande bis zur linken Kante der Tempelfront stetig theilt.

7. Der rechte Endpunct 11 der vordern Kante des Querbalkens ad 2, liegt zugleich in der verlängerten obern Architravlinie. Von ihm eine Parallele zur rechten Dachschräge des Tempels liefert angenähert die rechte obere Contour der Stadt.

Durch diese Anordnung der Architektur und des Beiwerks sind zugleich die Contouren des Figürlichen im Wesentlichen bestimmt, wie aus der Skizze ersichtlich. Sie zerfallen in active und passive Glieder: letztere zur rechten jener angeordnet. Die Architektur resp. das Beiwerk trennt diese von jenen. Im einen Falle öffnet sich die Scene nach Vorn, im andern nach der Seite. Das geistige Centrum bildet beide Male der zu Heilende.

e) **Begegnung der Königin von Saba mit Salomon.**

1. Perspective. Augenpunct und Augendistanz hier streng durch die Architektur gegeben. Der Augenpunct liegt dennoch ungefähr gleich hoch wie in b. Die Augendistanz beträgt bei Annahme der horizontalen Vierseite als Quadrate etwa $1^1/_2$ Bildbreite, wobei sich auch für die übrige Raumvertheilung kein Widerspruch ergibt. Zur Ausfüllung der Leere des obern Raumes sowie zur Verdeutlichung der Tiefeverhältnisse liegt das Gebälk in architektonisch-constructiver Gliederung frei.

2. Allgemeine Raumverhältnisse. Das Ganze zeigt als Längenbild die gleichen Verhältnisse wie ad d. Nur sind hier zwei zeitlich nacheinander vorgehende Ereignisse wie bei Masaccio u. a. räumlich nebeneinander gestellt: das eine freier und weniger streng, als Vorbereitung in offener Landschaft, das andere als Ceremonienbild im architektonischen Innenraume spielend.

a) Architektur.

Die linke Kante der Säule in der Mitte bezeichnet zugleich scharf die verticale Mittellinie des Bildes. Der Abstand von der rechten Kante derselben Säule bis zum rechten Bildrande stetig getheilt, gibt die rechte Kante der rückwärtigen Säule, die den Hauptraum von den Nebenräumen rechts trennt. Die lichte Höhe dieses Raumes ist gleich dem Abstande

---

[1] In Skizze nicht angegeben.

zweier gegenüberstehender Säulen gleicher Tiefe, von Axe zu Axe gemessen. Ebenso darf die Grundfläche dieses Raumes näherungsweise als Quadrat betrachtet werden.

b) **Figurengruppen.**

Als zwei Hauptrichtungen für die Gruppencontour characterisiren sich die schrägen Dreiecksseiten, welche die zwei Hauptfiguren der Gruppen rechts umrahmen, ebenso entsprechen jenen die schrägen Contourlinien der Frauengruppe links, der Pferdehalter, sogar der Baumkronenumrisse.

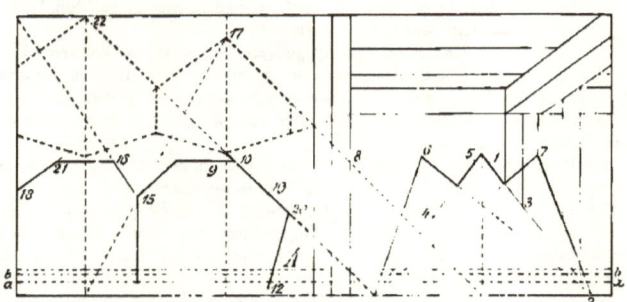

Freskencyclus von Arezzo: Königin von Saba und Salomon.

A = Augenpunct.

Gruppen links.
9 = Kopfhöhe der links zunächst der Königin stehenden weibl. Figur.
10 = linker oberer Endpunct der Kopfbedeckung der Figur zwischen 9 und der Königin rückwärts stehend.
12 = unteres Ende des vordern Gewandsaumes der Königin.
15 = vorspringendster Punct am Hinterkopf der verkürzten weiblichen Gestalt links am Ende der Frauengruppe.
16 = rechter Obransatz des Rappen.
17 = Spitze der Baumkrone rechts.
18 = Punct wo die Contour der Kruppe ad 16 den linken Bildrand trifft.
19 = Stirnhöhe der Königin.
20 = Spitze der rechten Hand der Königin.
21 = Punct wo der Nacken des Schimmels von der Linie 17—18 tangirt wird.
22 = Durchschnitt der Mittellinie des Baumstammes links mit dem obern Bildrande.

Gruppe rechts.
1 = Spitze der Haube der Königin.
2 = unteres rückwärtiges Ende der dunklen Gewandschleppe der weibl. Gestalt rechts von 1.
3 = Punct wo die Mittellinie der Säule die Richtung 1—2 trifft.
4 = Durchschnitt der linken Gewandcontour des Salomon mit der, der links danebenstehenden männl. Figur.
5 = linke obere Hutkante Salomon's.
6 = Höchster vorderer Punct am Hute der männl. Gestalt links.
7 = Kopfhöhe der weibl. Figur ad 2.
8 = Punct, wo die Verlängerung des unteren Mützenrandes der links an die Säule gelehnten männlichen Gestalt deren rechte Kante schneidet.

a—a, b—b = rückwärtige Begrenzungen der vordern und hintern Gruppen links.

Im Gegensatz zur Unsymmetrie der Architektur stehen die Figuren möglichst symmetrisch: die zwei Hauptfiguren der Gruppe rechts als active Glieder in der Mitte der Länge von der rechten Säulenkante 8 bis zum rechten Bildrande; zu beiden Seiten die passiven rechts theilweise vermischten Glieder auf je $^1/_3$ der genannten Länge vertheilt. Während diese Gruppe dem horizontalen Gebälk entsprechend im Ganzen ebenfalls horizontalen obern Abschluss zeigt, sind im Gegentheil die beiden Gruppen links dem pyramidalen Abschluss der Bäume entsprechend, trapezförmig nach oben abgeschlossen, wobei die zu grosse Regelmässigkeit der Anordnung durch eine leichte Verschiebung der bezüglichen Gruppen nach links aufgehoben ist. Die sachliche Zusammengehörigkeit beider Darstellungen kommt formell hier weniger zum Ausdruck. Nur die Eintheilung der Grundlinie ist beidemal die gleiche, während die stetige Theilung der Länge des architektonischen Theiles Haupt- und Nebenräume trennt, so trennt ebenso die stetige Theilung der Strecke links die Frauengruppe von der der Pferdehalter. Das Uebrige ergibt die Skizze.

f) **Die beiden Lünettenbilder.**

1. **Perspective.** Bei beiden ist der Augenpunct nicht scharf bestimmbar. Die Seitenlage darf nach Analogie der übrigen der Mittellinie nahe angenommen werden. Ebenso

— 30 —

scheint der Horizont wenigstens in der Kreuzerhöhung zufolge der freilich verwaschenen horizontalen Linien im Hintergrunde auf tiefe Lage zu deuten.

2. **Allgemeine Raumgliederung** bei beiden durch die Lünettenform modifizirt bezüglich der Einfügung der Gruppen.

a) **Kreuzerhöhung.** Der Bildrahmen ist nicht völlig symmetrisch, der höchste Punct etwas nach rechts verschoben. Die Darstellung ist weniger figurenreich als die andere und stellt nur einen Vorgang dar, wesshalb die Anordnung grössere Symmetrie und Geschlossen-

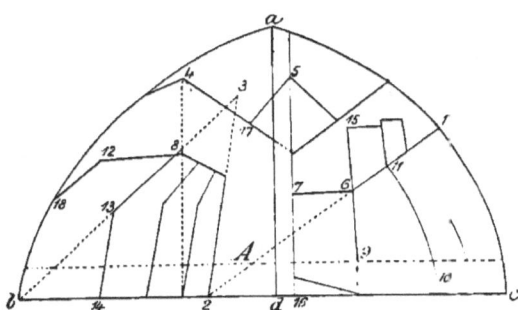

Freskencyclus von Arezzo: Kreuzerhöhung.

A = angenäherter Augenpunct.
1 = rechte, obere Ecke des Höhenzugs.
2 = Durchschnitt der vordern (rechten) Kante des Hauptbalkens vom Kreuz mit der Grundlinie.
3 = höchster Punct der Kante ad 2.
4 u. 5 = Baumspitze links resp. rechts.
6 = Punct wo die vordere Kante des Thurms links den Kopf der unterhalb knieenden Figur trifft.
7 = Durchschnitt der durch 6 gelegten Horizontale mit der rechten Stammcontour.
8 = Höchster, vorderster Punct der Bischofsmütze.
9 = vorderer Knöchel des linken Mittelfingers des knieenden Priesters i. dunklen Mantel.
10 = linker Absatz der laufenden grossen Gestalt hinter der knieenden Gruppe rechts.
10—11 = Richtung der rückwärtigen Mantellinie ders. Figur.
11 = Durchschnitt des Höhenzugs mit der vordern Contour des Thurms rechts.
12 = Punct, wo die verticale Axe der zweiten Figur von links die obere Barettlinie schneidet.
8—13 = Richtung der Nackencontour der Figur links vom Bischof.
14 = Punct, wo die rückwärtige Contour derselben Figur die Grundlinie trifft.
15 = oberster Punct der vorderen Thurmkante.
16 = Durchschnitt d. linken Stammcontour des Baums rechts mit der Grundlinie.
17 = vorderste obere Ecke des Querbalkens vom Kreuz.
12—18 = Richtung der Nackencontour der linken Endfigur.

heit zeigt. Der linke Raumabschnitt, gezählt bis zum Durchschnitt der vordern (rechten) Kante des Hauptbalkens vom Kreuz mit der Grundlinie, ergibt sich als kleinerer Abschnitt der ganzen stetig getheilten Basis. Die Länge von der linken untern Bildecke bis zum Durchschnitt der linken Stammcontour des Baums zur Rechten ist gleich der Bildhöhe; dieselbe Länge zeigt nahezu auch der Abstand von 2 bis zum Durchschnitt der verlängerten Kante des Kreuzbalkens mit dem linken Bildrande. Die Baumhöhe links, Verticale durch 4, ist gleich dem Horizontalabstand c–d. Die obere Gruppenbegrenzung links liegt auf halber Bildhöhe, der Höhe menschlicher Figuren. Punct 1 der Bergcontour rechts ergibt sich durch stetige Theilung der Bildhöhe. Dadurch ist die eine der Hauptrichtungen (1—2) bestimmt. Die andere ist zu ihr symmetrisch. Beide wiederholen sich angenähert in der Contour der untern Baumkrone rechts. Bezüglich des Beiwerks ist die schiefe Richtung des Thurms rechts nahezu, doch nicht ganz symmetrisch zu der des Kreuzbalkens 2—3 und ferner der Abstand der Axe des Baums zur Linken am unteren Ansatz der Aeste wenig oberhalb 8 bis zum linken Bildrande gleich dem der vorderen Thurmspitze bis zum rechten Bildrande. — Die verkürzte männliche Figur rechts rückwärts ist offenbar aus ähnlichem Grunde hinzugefüg wie die verkürzte weibliche Gestalt in der Frauengruppe ad c: zur Abrundung der Gruppe und als Uebergang vom hellen Vordergrund des Figürlichen zum dunklen Hintergrund der Landschaft. Das möglichste Streben nach Symmetrie setzt sich weiter in den Einzelgruppen fort: Die activen Glieder beider Theile rechts und links nehmen den grössern Raum ein: Die Breite ihrer Basis verhält sich beidemal zu der, der passiven wie 3 : 2 wodurch auch formell die durch jene ausgedrückte Stimmung gegen die andern als das die Composition beherrschende sich geltend macht. Zur Vermeidung zu grosser Symmetrie oder auch als Gegengewicht gegen die unsymmetrische Umrahmung zeigen beide Figurengruppen eine leichte Verschiebung nach links. Um dabei den rechts stark fühlbaren Unterschied der Krümmung des Rahmens gegen die Verticale des Figürlichen zu verwischen, sind die letzten Figuren rechts nicht ohne einige Steifheit laufend dargestellt, derart dass ihre Rückencontour der des Bildrahmens nahezu parallel ist. Das weitere Detail durch Alignement ergibt die Skizze.

b) **Tod und Bestattung Adams**. Auch hier ist die Lünette der Umrahmung nicht ganz symmetrisch: die Spitze etwas nach links verschoben. Weil das Ganze zwei, der Zeit nach getrennte Vorgänge darstellt, so ist überhaupt die Symmetrie im Figürlichen nicht

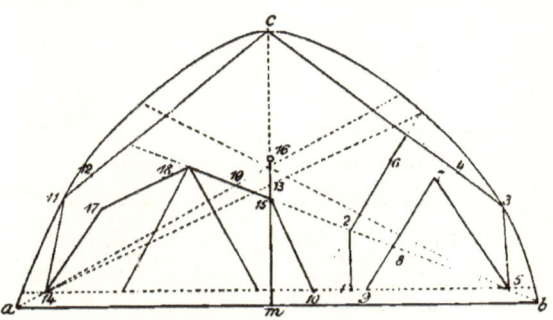

Freskencyclus von Arezzo: Tod und Bestattung Adams.

I. Bestattung Adams.
10 = rechter Absatz der äussersten Figur rechts.
11 = rechter Schulterpunct der äussersten Figur links.
12 = Stirnhöhe derselben.
13 = Durchschnitt der Rückenlinie der rechts gegenüberstehenden Figur mit der verticalen Mittellinie (m).
14 = Mitte der rechten, vordern Fussbegrenzung der vornüber gebogenen männlichen Figur am linken Ende.
5—2 = Richtung des rechten Armes der weibl. Figur am Baumstamm.
13—14 = Richtung des linken Armes ders. (letztere parallel zu 3—9.)
15 = Durchschnitt des rechten Armes der Figur ad 14 mit der verticalen Mittellinie.
16 = Ansatz des untersten Astes an der linken Stammseite.
17 = Mitte der rechten Hand der Endfigur links.
18 = vorderster, höchster Stirnpunct des rechts rückwärts von der ausschreitenden männlichen Figur sichtbaren Kopfes.
19 = Punct, wo die obere Contour des ausgestreckten rechten Armes der Figur ad 15 aus dem Aermel tritt.

II. Tod Adams.
1 = linker Fussballen des auf die Schaufel Gestützten.
2 = vorspringendster Punct der linken Gesässcontour ad 1.
3 = Durchschnitt der Rückenlinie Evas mit der Bildcontour.
4 = Kopfhöhe der Eva.
5 = rechter Absatz der Eva.
6 = Kopfhöhe der Figur ad 1.
7 = Kopfhöhe der hinter Adam stehenden männl. Figur.
8 = Punct in der Beinaxe in Höhe des Knies von Adam.
9 = linker, unterer Absatzpunct ad 1.

angestrebt, dafür aber in der Anordnung des trennenden Baums, der zum Ausgleich der Unsymmetrie des Bildrahmens um die halbe Stammdicke nach rechts verschoben ist, so dass die linke Stammcontour genau in die Mittellinie des Bildes fällt, die Contour der Krone wie Skizze andeutet, symmetrisch.

Der Vorgang rechts zeigt wenig Figuren in landschaftlich reicher Umgebung, im Hintergrunde die Gruppe der drei Engel, die linke zahlreiche Figuren ohne sonstiges Beiwerk.

Das Ganze wird von einem, dem Bildrahmen nahezu sich anschliessenden zur Bildaxe symmetrischen Fünfseit umschlossen, dessen Spitze in der auf der Basismitte errichteten Senkrechten genau in der Bildhöhe, also in der verlängerten linken Stammcontour liegt. Trägt man die halbe Länge der in halber Bildhöhe innerhalb des Bildrahmens gezogenen horizontalen Strecke von rechts her auf der Grundlinie ab, so ergibt sich damit Punct 10: die Begrenzung der linken Gruppe. Die stetige Theilung dieser Gruppenlänge gibt als grösseren Abschnitt die Länge der rechten Gruppe. Beide Gruppen characterisiren sich durch ein die jedesmalige Hauptfigur umfassendes gleichschenkliges Dreieck.[1] Beide Dreiecke werden von den passiven Gliedern in nahezu symmetrischer Art umhüllt, doch ist die Symmetrie bezüglich der linken Gruppe durch die zwei Füllfiguren links am Rande, in der rechten Gruppe durch den Gegensatz der Figuren selber aufgehoben. Die zwei Armrichtungen 13—14 und 5—15 der weiblichen Figur am rechten Ende der linken Gruppe schneiden sich in der aus der wirklichen Lünettenspitze gedachten Verticalen zur Grundlinie. Die Höhe m—o=c—13 ergibt sich als grösserer Abschnitt der stetig getheilten halben Bildbreite. Die untern Contouren des mittlern Baums aligniren sich nahezu auf die unteren Bildecken. Das weitere Details s. Skizze.

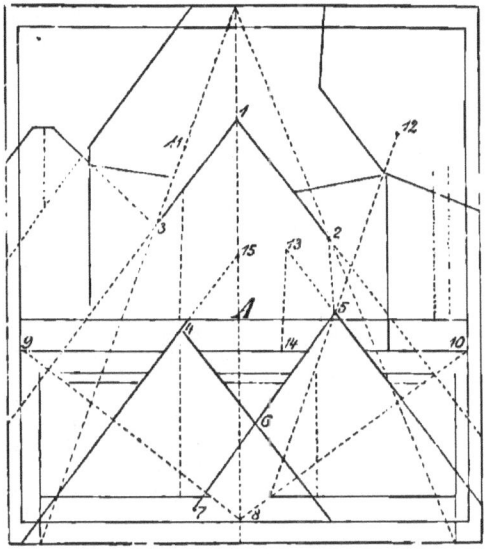

Auferstehung Christi.

A = Augenpunct.
1 = Stirnmitte Christi.
2 = Ecke des Mantels, ad 1 in Höhe des linken Ellbogens.
3 = r. Ellbogenspitze Christi.
4 = Kopfhöhe des sitzenden rückwärtigen Wächters links, wo sie die Axe der Fahnenstange trifft.
5 = Schläfe des sitzenden rückwärtigen Wächters rechts, wo sie die Partisanenaxe trifft.
6 = linker Kniescheibenvorsprung des vorn liegenden Wächters rechts.
7 = Ferseneinschnitt am linken Unterschenkel desselben.
8 = rechte Fussspitze des vorderen Wächters links.
9—10 = linke resp. rechte obere Ecke der Grabplatte.
11 = vorderer rechter Zeigefingerknöchel Christi.
12 = Spitze der Partisane des rechts rückwärts sitzenden Wächters.
13—14 = Richtung des rechten Unterschenkels Christi.
15 = Nabel Christi.

4. Auferstehung Christi.

1. **Perspective.** Augenpunct in der Axe Christi anzunehmen, da dieser in voller rechts und links symmetrischer Vordersicht dem Beschauer gegenübersteht. Augenhöhe angenähert durch die (undeutliche) horizontale Gesimslinie des kastellartigen Bauwerkes im Mittelgrunde bestimmbar, wonach derselbe etwas oberhalb der Deckplatte des Grabes fällt. Die Augendistanz dem Deutlichkeitsgrade der vordern Figuren entsprechend mag etwa 2 Bildhöhen betragen.

2. **Allgemeine Gruppirung.** Das Ganze als Centralcomposition in einer, die Verticale kräftig betonenden Umrahmung. Die Axe Christi zeigt eine leichte Verschiebung nach links; das Contourdreieck derselben Figur ist bei entsprechender Verlängerung der schrägen Seiten bis zur Grundlinie nahezu gleichschenklig. Die Länge dieser Basis ist, nachdem die Seitenverschiebung der Axe Christi feststeht, dadurch bestimmt, dass über ihr ein gleichseitiges Dreieck errichtet wird, dessen Höhe die Bildhöhe ist und dessen Spitze im Durchschnitt jener

---

[1] In der linken Gruppe weniger scharf bestimmbar, wegen der Verwaschenheit der Umrisse.

Axe mit dem oberen Bildrande liegt. Ein über derselben Basis construirtes gleichschenkliges Dreieck dessen Schenkel gleich der Bildhöhe, liefert als Spitze Punct 1 und die Hauptrichtungen der Composition (s. Skizze). Die Puncte 2 und 3 werden ihrerseits als Durchschnitte der Dreieckscontour Christi mit einem Dreieck gefunden, dessen Spitze die des vorerwähnten gleichseitigen dessen Basis die Länge der vordern verticalen Grabplatte, von den innern Rändern aus gemessen ist. Die zwei Halb-Diagonalen dieser Platte, von den äussern oberen Ecken aus gezogen, bestimmen die allgemeine Richtung der zwei vordern Wächter. Die Contouren der hintern bestimmen sich durch Parallelen zu denen des Hauptdreiecks. Der Verschiebung des letzteren nach links entspricht zur Herstellung des Gleichgewichts, eine ebensolche der zwei Dreieckscontouren der beiden rückwärtigen Wächter nach rechts.

Die Kopfhöhe des rechten von der Grundlinie an ist nahezu gleich der Christi vom obern Rande der Grabplatte an gerechnet.

Auch im Beiwerk herrscht grosse Symmetrie: Die Flaggenstange in der rechten Christi ist vom linken Rand des Baumstammes zur linken ebensoweit entfernt, wie die Axe des linken Unterschenkels Christi vom rechten Rande des rechts zunächst befindlichen Baumstammes. Sogar die Contouren der Baumkronen beiderseits schliessen sich im Allgemeinen denen des Hauptdreiecks an.

5. Taufe Christi.

1. **Perspective.** Der Augenpunct nur näherungsweise bestimmbar. Die seitliche Lage weist auf die Axe Christi hin, der in voller Vordersicht steht. Die Augenhöhe ergibt sich näherungsweise durch Schätzung der Augendistanz. Angenommen dieselbe sei gleich 2 Bildbreiten so würde darnach mittelst des Verhältnisses der natürlichen Menschenhöhe zur Höhe Christi im Bilde die Augenhöhe durch einfache Proportion sich finden. Da jedoch das Verkleinerungsverhältniss die Photographie nicht bekannt ist, so muss noch ausserdem der Abstand Christi vom Auge angenähert bestimmt werden. Schätzt man ihn auf Grund der Ablönung zu etwa $5/2$ Bildbreiten so findet sich die Augenhöhe durch Proportion etwas unterhalb des Nabels Christi. Dieser relativ hohen Lage gemäss sind dann auch die Tiefenverhältnisse hier schärfer bestimmt als in den bisher betrachteten Werken, und durch die Gruppenstellung sowie Beiwerk verdeutlicht: Demgemäss ergibt sich schon hier ein gewisser in den Theillinien der Skizze angedeuteter, näherungsweise auf proportionaler Abnahme gleicher Distanzen begründeter Rhytmus (die erste Theillinie geht durch den Fuss der Engelgruppe, die zweite durch den des sich Entkleidenden, die dritte durch den der 3 Gestalten im Mittelgrunde, die vierte durch die letzte noch sichtbare Flusswindung).

Als Mangel ist die Nichtübereinstimmung der Grössenverhältnisse mit denen der Ablönung zu bezeichnen. Die zu detaillirte Ausführung der Blätter des Baums in der Nähe, die zu scharfen, der Kleinheit nicht entsprechenden Umrisse der Bäume in grösserer Entfernung an die Bezeichnungsweise älterer topographischer Karten erinnernd, stört entschieden die einheitliche Stimmung.

2. **Allgemeine Raumgliederung.** Das Ganze als Längenbild mit oberem Bogenabschlusse, die Anordnung wesentlich Centralcomposition. Die Hauptfigur, Christus, steht mit der Basis des sie umschliessenden gleichschenkligen Dreiecks genau in der Mitte der Grundlinie. Die allzugrosse Symmetrie wird, abgesehen von dem Detail des Figürlichen, schon in den Umrisslinien dadurch aufgehoben, dass das mittlere Dreieck von dem des Täufers durchschnitten wird.

Mit Verrochio's Composition gleichen Inhalts verglichen ist wie schon früher bemerkt im vorliegenden Falle die allgemeine Form der Umrahmung passender. Die Gruppe der Engel steht dagegen hier zu sehr im Vordergrunde, der Mittelgruppe der Grösse nach fast coordinirt. Infolge dieses Arrangements sind rechts ihnen gegenüber mehr Figuren zur Herstellung des Gleichgewichts nöthig.

Speziell: Die Basis des Hauptdreiecks in der Grundlinie gemessen, ist gleich deren halber Länge. Die Höhe, gezählt bis zur Mitte des Taubenkopfes (1) etwa gleich $2/3$ der Gesammthöhe. Dieser Punct ist zugleich das Centrum des Bogenabschlusses der Umrahmung. Auch die Contouren des Täufers bilden bei entsprechender Verlängerung der schrägen Seiten 15—6 und 15—19 bis zur Grundlinie ein dem andern nahezu ähnliches gleichschenkliges Dreieck. Die stetige Theilung der verticalen Strecke von der Grundlinie bis zum Ansatz des Bogens gibt als grössern Abschnitt nahezu den Abstand der rechten Baumstammcontour bis zur rechten Bildwand. Die Axen der drei Engel stehen in gleichen Intervallen 9—14 = 14—10, die des rechts stehenden in der Baumaxe. Ueberdies dienen die Extremitäten der zwei Hauptfiguren vielfach zur Bestimmung der Contour des Beiwerks: z. B. der obere rechte Abschluss der Engelgruppe durch Alignement von 7—5, desgleichen ist die Richtung der Bergcontour rechts der Schienbeinrichtung des Täufers und der dazu symmetrischen nahezu parallel, ebenso bestimmt die rechte Armrichtung derselben Figur und die ihres linken Unterarmes die Contour des sich Entkleidenden; wobei das Allzustrenge durch die geschweifte Form der wirklichen Umrisse sowohl im Figürlichen wie im Beiwerk aufgehoben wird. Die Stellung des Entkleidenden, welche wie durch einen Rahmen die drei Gestalten des Mittelgrunds durchblicken lässt, steht übrigens nicht ganz in Harmonie zu dem sonst architektonisch strengen Bau der Composition.

6. Apotheose des Herzogspaares von Urbino.

1. Perspective. Augenpunct als Durchschnitt der vordern und hintern Queraxe des Wagens nahezu bestimmbar, liegt hier relativ höher als in allen sonstigen Compositionen. In beiden Pendants hat er dieselbe Höhe, wegen der gleichen Dimensionen der Triumphwägen, aber zeigt in Folge der ungleichen Abstände beider von den zunächst befindlichen Bildrändern ebenfalls ungleiche Seitenabstände gegen die Mittellinie. Die hohe Lage des Horizonts ist insofern gerechtfertigt, als ohne sie der Blick in die für das Ganze besonders

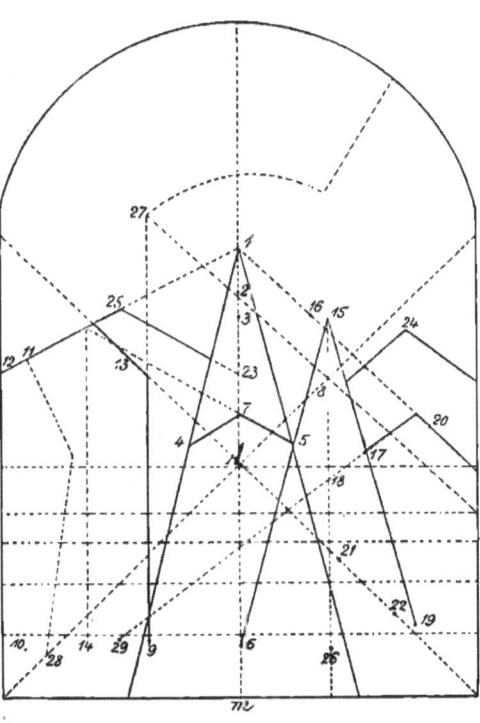

Taufe Christi.

A = Augenpunct.
1 = Ansatz des Taubenschnabels am Kopfe.
2 = Oberster Punct vom Zeigefingeransatz der rechten Hand des Täufers.
3 = Kopfhöhe Christi.
4, 5 = rechter resp. linker Ellbogen desselben.
6 = Fussende der Axe Christi.
7 = Punct, wo die beiden Handballen Christi zusammenstossen.
8 = oberes Brustbeinende des Täufers.
9 = linker Absatz des am Stamme stehenden Engels, in der Baumaxe.
10 = rechter Absatz des Engels am linken Bildrande.
11 = Stirnhöhe desselben.
12 = rückwärtiger Endpunct des Stirnbandes ad 10.
13 = Kopfhöhe des Engels ad 9, gemessen in dessen rechter Contour.
14 = Unteres Ende der Axe des mittleren Engels.
15 = Kopfhöhe d. Johannes.
16 = Stirnhöhe des Johannes.
17 = linke Ellbogenspitze des Johannes.
18 = Handwurzel desselben Arms zur Bestimmung der mittleren Richtung dieses Unterarmes.
19 = linker Absatz d. Johannes.
20 = vorspringendster Punct der Rückencontour des sich Entkleidenden.
21 = Punct in Kniehöhe der vorderen Contour des linken Unterschenkels Johannis.
22 = desgl. unten in Knöchelhöhe.
23 = ober. Brustbeinende Christi.
24 = höchster Punct des Berges rechts von Johannes.
23—25 = Richtung der Berglinie gegenüber.
26 = Unterer Axenpunct des Täufers in dessen Sohle.
27 = oberes Ende der Baumaxe, da wo die Aeste ansetzen.
28 = rechte Fussspitze ad 14.
29 = linke Fussspitze ad 14.

bedeutungsvolle Landschaft nicht genügend zur Geltung käme, wie bereits vorher erwähnt. Schärfer als in 5 sind hier die Tiefenverhältnisse hervorgehoben, von der Grundlinie aus in proportionalen Verjüngungen nach rückwärts abnehmend. Punct *a* bezeichnet die obere Horizontale der Längsaxe des Wagens, *b* den Fuss des zunächst liegenden Hügels, *c* den der zunächst rückwärts sich erhebenden Hügelreihe, *d* den Horizont. Die successive Abnahme der Tiefen nähert sich der harmonischen Reihe. Bei einer Augendistanz von 1¹/₂ Bildbreite würden diese Tiefenabschnitte nahezu einer Bildbreite entsprechen.

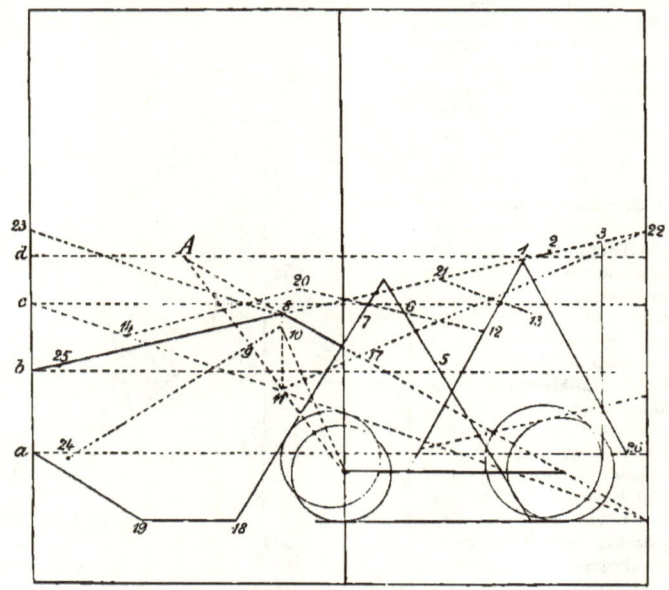

Apotheose der Herzogin von Urbino.

A = Augenpunct.
1 = Kopfhöhe der Herzogin.
2 = desgl. der weibl. Figur dahinter.
3 = desgl. der Priester-Gestalt.
4 = linke Fussspitze d. männlichen Figur der vorderen Gruppe.
5 = linker Ellbogen derselben.
6 = Kopfhöhe derselben.
7 = — der weibl. Figur daneben.
8 = — des Eros.
9 = rechte Handspitze des Eros.
10 = linke Ellbogenspitze des Eros.
11 = — Fusssohlenmitte des Eros.
12 = linkes Knie der Herzogin.
13 = linker Ellbogen der Herzogin.
14 = linker Ohreingang des linken Einhorns.
17 = Kopfmitte d. Taube.
18 = linke Hinterhufspitze des linken Einhorns.
19 = linke Vorderhufspitze des linken Einhorns.
20 = Bergspitze oberhalb d. Eros.
21 = Bergspitze rechts neben 20.
22—23 = Durchschnitte der dunklen Bergcontouren üb. d. Horizont mit dem rechten resp. linken Bildrande.
24 = linke Kniespitze des hintern Einhorns.
25 = Nüstern des rechten Einhorns.
26 = rückwärtiger Vorsprung der Längsaxe des Wagens.

 2. Allgemeine Raumverhältnisse. Beide Compositionen ergänzen sich und bilden aneinandergeschoben ein zusammenhängendes Ganzes. Beidemal geht die Raumanordnung von den völlig gleichen Triumphwagen aus, welche wie bemerkt, bei genau entgegengesetzter Richtung der beiden in dasselbe Alignement fallenden Längsaxen nicht gleichweit von den sich zunächst befindlichen Bildrändern abstehen.
 Bei beiden werden ferner die drei Figurengruppen von einem Trapez umfasst, das die Bildbreite im Alignement 18—19 zur Basis hat und dessen Schrägseite, Alignement 1—25, bis zum Durchschnitt mit beiden verticalen Bildrändern läuft. Beide correspondirende Trapeze,

symmetrisch aneinandergestellt, geben somit als Gesammtcontour bei entsprechender Verlängerung der beiden Schrägseiten ein tympanonartiges flaches Dreieck in dessen höchstem Punct als Centrum sich die Hauptgruppe des triumphirenden Paares befindet daneben in gleichen Abständen rechts und links die Gruppe der allegorischen Gestalten und die wagenlenkenden Eroten. Diese grosse Strenge wird aufgehoben theils durch den Gegensatz des Figürlichen selbst, theils durch die Landschaft und Farbenstimmung. Eine zweite in beiden Compositionen enthaltene Anordnung zeigt das rechtwinklige Dreieck von derselben Basis wie das Haupttrapez, dessen Hypotenuse, Alignement 11—14, entgegengesetzt der Schrägseite jenes laufend, die Gruppe der Zugthiere abschneidet. — Bei beiden ist ferner die horizontale Trennungslinie der Landschaft von der Atmosphäre gleich hoch, nämlich der untere Theil, der grössere Abschnitt, der stetig getheilten verticalen Bildseite. Die Mitte des sichtbaren Hinterrads liegt beidemal auf $^1/_3$ dieses Abschnittes, die des Vorderrads um die Dicke des Felgenkranzes tiefer. Zwischen den beiden Queraxen gemessen ist die Wagenlänge beidemal gleich der Höhe vom Centrum des völlig sichtbaren Vorderrads bis zum Horizont.

Speziell. In der Skizze ist blos die Apotheose der Herzogin gegeben. Zur Construction ist zunächst noch der genauere Wagenabstand vom Bildrande zu bestimmen. Derselbe ergibt sich in diesem Falle durch die Bedingung, dass die Grade vom Augenpunct zum Centrum des linken Hinterrads durch den Durchschnitt der Radsohle mit dem rechten Bildrande läuft. Die Richtung der Schrägseite des Haupttrapezes ist dadurch bestimmt, dass sie einerseits die Bildmitte durschschneidet, und ferner den rechten Bildrand in einem über der Radsohle nahezu um die halbe Bildbreite erhöhten Puncte trifft. — Die Hypotenuse des rechtwinkligen Dreiecks, welches die Gruppe der Zugthiere abschneidet, alignirt sich auf Punct c und den Durchschnitt der Radsohle mit dem rechten Bildrand, und tangirt mit der Hypotenuse (Aligement 11—14) den obern Theil des rechten Vorderrads.

Figuren.

a) Gruppe der Herzogin. Zur Ermittelung des, dieselbe umschliessenden Trapezes ist das gleichschenklige Dreieck 1—26—4 benutzt (vgl. Skizze). Punct 1 ergibt sich dabei als Durchschnitt des Horizonts und der Schrägseite des Haupttrapezes, während die Richtungen der Schenkel den Diagonalen des, der halben Bildfläche gleichen Rechtecks nahezu parallel sind.

b) Allegorische Gestalten. Die Contour derselben bildet ein nahezu gleichseitiges Dreieck, dessen Basis horizontal, und dessen Schrägseiten das linke Hinter- resp. rechte Vorderrad tangiren.

c) Der wagenlenkende Eros. Sein Fusspunct ist der Durchschnitt der vom Augenpunct zum linken Vorderradcentrum gezogenen Graden mit der Hypotenuse des vorgenannten rechtwinkligen Dreiecks, das die Zugthiere abschneidet. Ebenso ergibt sich die Kopfhöhe als Durchschnitt der bezüglichen Verticalen mit der Schrägseite des Haupttrapezes. Die Armrichtungen aligniren sich wie Skizze zeigt.

Landschaft. Dieselbe ist mit ihren isolirten Hügeln beinah architektonisch behandelt, der erhöhten Bedeutung wegen, welche sie als Stamm- und Herrschersitz des triumphirenden Paars in Anspruch nimmt. Die Gliederung der Tiefenverhältnisse wurde bereits angedeutet. Wie in der Gesammtidee die zwei Darstellungen des Figürlichen sich ergänzen, so ergänzen sich auch die Bergformen gewissermassen in den Hauptlinien und unterbrechen zugleich durch ihren wechselnden Verlauf die einseitig aufsteigende Schräge des Haupttrapezes.

7. Geisselung Christi.

1. Perspective. Der Augenpunct, durch die Linien der Architektur construirt, liegt wiederum tief, wodurch rechts zu wenig Hintergrund, links zuviel Plafond sichtbar wird. Die Seitenlage ist wie gewöhnlich dicht an der Mittellinie: nahezu am rechten Rande des Innenraumes. Betrachtet man die Parketteintheilung als quadratisch, so ergibt sich nur $^1/_9$ Bildbreite als Augendistanz, oder die Breite jeder Einzelcomposition: die lichte Weite der zwei vordern Säulen.

Die bewusste Betonung des Augenpuncts zur Verdeutlichung der Raumverhältnisse tritt hier mehr als sonst hervor. So aligniren sich verschiedene Richtungen von Hauptpuncten des Figürlichen im Anschluss an die sie umrahmende Architektur nach demselben. Zugleich fällt das nach harmonischen Tiefen eingetheilte Parkett auf, gleichen natürlichen Intervallen wie bei Perugino, Lionardo, Rafael entsprechend, während die Breitenmasse dadurch angedeutet sind dass je eine Rechtecksbreite der, einer darüber befindlichen Figur entspricht. Ausserdem setzt sich die Tiefentheilung rechts im Freien fort bis in die Ferne, soweit sie das Auge zu unterscheiden vermag.

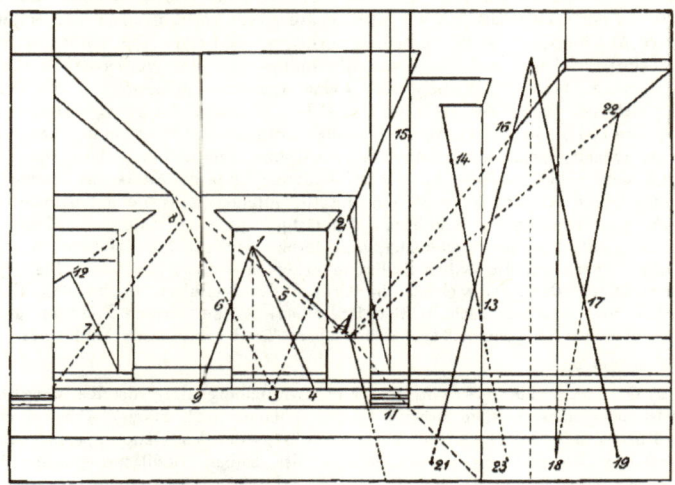

Geisselung Christi.

I. Gruppe links.
A = Augenpunct.
1 = Mitte des oberen Stirnrandes Christi.
2 = Faustspitze des Executors rechts.
3 = Absatz des linken Fusses von 2.
4 = Absatz des rechten Fusses von 2.
5 = linke Ellbogenspitze Christi.
6 = Durchschnitt der Contour Christi mit dem Unterarm des linken Executors.
7 = Knie des Herodes.
8 = höchster Kopfpunct der Gewandfigur neben dem Executor links.
9 = linke Ecke des Parketts, links von Christus.
11 = Mitte der Säulenbasis rechts.
12 = höchster Kopfpunct des Herodes.

II. Gruppe rechts.
13 = Knie der linken Figur der Gruppe ausserhalb.
14 = Kinnspitze derselben Figur.
15 = Schulteransatz derselben Figur.
16 = linke Schläfe der mittleren Figur.
17 = Durchschnitt der Gewandcontouren der mittleren und rechten Figur.
18 = linker Absatz der mittleren Figur.
19 = rechter Absatz der rechten Figur.
21 = rechter Absatz der linken Figur.
22 = Stirnhöhe der rechten Figur.
23 = rechte Fussspitze d. mittleren Figur.

2. **Allgemeine Raumgliederung.** Die beiden auch sachlich nur in imaginärem Zusammenhang stehenden Facta sind auch äusserlich scharf getrennt und formell nur durch die einheitliche perspectivische Anordnung verbunden. Dem Zeitlich- nahen und fernen entspricht, wie bereits erwähnt, die räumliche Analogie der Anordnung der Gruppen.

Beide Räume, Architektur und freie Umgebung sind zunächst derart begrenzt, dass der Abstand vom rechten Bildrand zur linken Kante der vordern Hauptsäule in der Mitte gleich der lichten Weite des Innenraums ist, von Säulenkante zu Säulenkante gerechnet. Dieselbe Weite zeigt die Säulenhöhe excl. Kapitell. Diese Höhe ist etwa 7 Durchmesser. Die lichte Weite des speciellen Raumabschnitts der Execution ist gleich der Weite des Raumes zur Linken mit Einschluss der ihn abschliessenden Säulenbreite. Dasselbe Maass findet sich in der Verticalgliederung wiederholt (vgl. Skizze): — Bezüglich des freien Raums rechts gibt die Strecke vom rechten Bildrand zur linken Kante der mittlern Hauptsäule stetig getheilt, im kleinern Abschnitt das Maass für die beiderseits angeordneten architektonischen Prospecte.

F i g u r e n. Die Axe der Säule, an der Christus steht, bildet die Mitte der Distanz von der innern rechten Begrenzung des Innenraumes bis zum rechten Rande der nischenartigen Vertiefung in der Pilatus thront. Hier wie in der Aussengruppe umschliesst die Hauptfigur ein gleichschenkliges Dreieck dessen Spitze bezüglich jener in der bezeichneten Säulenaxe als Durchschnitt mit dem durch die Architektur gegebenen Augenstrahl o A sich ergibt. Alles übrige dieser Gruppe zeigt die Skizze. Ebenso ist bei der mittleren Figur der Aussengruppe, wie Skizze lehrt, der Augenstrahl benutzt, desgleichen bei beiden Seitenfiguren. Die Axe der mittleren liegt hier in der Mitte des Abstandes des rechten Bildrands von der Axe der mittlern Hauptsäule. Die Höhe wird durch den Augenstrahl nach der Gesimslinie rechts auf jener Axe abgeschnitten. Die Basis des ihr zugehörigen gleichschenkligen Dreiecks in der Grundlinie des Bildes gezählt, ist nahezu gleich der halben Höhe. Die beiden andern Contourlinien der Seitenfiguren sind ebenfalls symmetrisch zur Verticalen. Das weitere Detail zeigt die Skizze

II. Die Perspective
und ihr Verhältniss zu den bildenden Künsten.

Historische Skizze.

Mass und Zahl sind die Träger der Composition in den redenden und musischen wie in den bildenden Künsten. In jenen ist es das Zeitmass, welches nach den Gesetzen der Harmonie die Compositionen rhytmisch gliedert, in diesen die räumliche, auf den Sätzen der Geometrie basirende Anordnung des Stofflichen. Hierin liegt das wesentlich Unterscheidende der verschiedenen Kunstgattungen, nicht in dem poetischen Grundgedanken und dessen logischer Gliederung, welches vielmehr das allen Kunsterzeugnissen Gemeinsame genannt werden muss, wodurch sie sich vom Handwerksmässigen unterscheiden. Mit aller hohen poetischen Begabung vermochte es selbst ein Göthe nicht, im Gebiet der bildenden Künste auch nur die allerunterste Stufe der Vollendung zu erreichen. Nicht sowohl die Gliederung des Gedankenstoffs nach den Gesetzen der Logik und die zu ihrer Verdeutlichung zu wählende Form, ist es, worauf das Studium des Bildners ausgeht: als die eigentliche Wissenschaft des bildenden Künstlers ist vielmehr die Kenntniss der Form der concreten Objecte, ihrer natürlichen Beschaffenheit, der ihnen zu Grunde liegenden räumlichen und physikalischen Gesetze, soweit sie für die künstlerische Darstellung in Betracht kommen, zu bezeichnen. Da aber andererseits die Dinge, nicht wie sie sind, sondern wie sie dem Beobachter erscheinen, dargestellt werden sollen, so hat der bildende Künstler ausserdem auf die Gesetze zu achten, nach welchen die Wahrnehmung durch den Sinn des Auges, oder das Sehen vor sich geht. Denn ohne diese Rücksicht wäre es unmöglich, durch die Gliederung, welche er seiner Composition als Träger der Idee gegeben, dem Beschauer diesen Zusammenhang zum Bewusstsein zu bringen. Da die physiologische Wirkung des Sehens, trotzdem dasselbe mit zwei Augen geschieht, dennoch wesentlich mit der übereinstimmt, welche durch die von einem Puncte ausgehenden Lichtstrahlen erzeugt wird, so ergibt sich daraus als eigentliches Fundament, die Bilder der Objecte künstlerisch zum Ausdruck zu bringen, die als Perspective im strengeren Sinne zu bezeichnende Wissenschaft. Für die hohe Bedeutung, die dieser Disziplin seit ältesten Zeiten insbesondere in der Renaissanceperiode zuerkannt ward, ist schon der Umstand bezeichnend genug, dass in den auf bildende Kunst bezüglichen schriftlichen Aufzeichnungen, theils von Künstlern selber theils von Gelehrten unter ihrer Mitwirkung ausgeführt, die perspectivischen Gesetze dem praktischen Bedürfniss entsprechend mehr oder weniger systematisch geordnet, meist den wesentlichen Inhalt bilden, der ästhetische Theil dagegen:

welche Mittel zur Verstärkung der Wirkung anzuwenden durch Lage des Augenpuncts, Abstand des Auges, Licht- und Farbenwirkung, nur sehr kurz gehalten ist. Doch ist es wiederum bezeichnend, dass wenn es sich um's Sehen handelt, schon Lionardo da Vinci wohl unterscheidet zwischen «vedere», dem gedankenlosen Anglotzen und «speculare», dem mit combinirendem Verstande die Gegenstände der Natur betrachten. Dieser Unterschied wurde auch von Dürer anerkannt, der die Ursache des Uebergewichts der italienischen gegenüber der Kunst des Nordens darin erblickt, dass der deutsche Künstler sich zu sehr durch subjective Empfindungen leiten lasse, während der Italiener mehr mit dem Verstande auf Grund der perspectivischen Gesetze und darauf basirenden rationellen Raumgliederung arbeite.

Heute hat sich dies Verhältniss der Perspective zu den bildenden Künsten leider geändert. Schon der Begriff, welcher unter dieser Bezeichnung früher die ganze künstlerische Wissenschaft vom Sehen zusammenfasste, beschränkt sich als Wissenschaft gegenwärtig nur auf die räumlichen, kaum noch auf Licht- und Schattenconstructionen, während alles Uebrige seit Lionardo ausschliesslich dem Gefühl des Künstlers anheimfällt. Es ist bekannt, dass jener Wissenszweig, welcher in der Blüthezeit der Renaissance, ja noch weit bis in die letzten Phasen des Barockstils nicht sowohl die Grundlage der Composition, als vielmehr die der ganzen künstlerischen Erziehung bildete, in der modernen Kunst nur als nothwendiges Uebel betrachtet wird, zur Controlle der Richtigkeit des allgemeinen Entwurfs nicht wohl zu umgehen, den freien Flug der künstlerischen Phantasie aber jedenfalls beschränkend. Schon die vielerlei Einwendungen moderner Künstler, welche die Perspective am liebsten ganz verbannen möchten, bezeugen dieses Missverhältniss. Der häufigste und von allen gewiss am wenigsten stichhaltige Einwand dürfte der sein, die Perspective gestatte nur eine beschränkte Anwendung, infolge der bei Breitenbildern nothwendig erzeugten seitlichen Verzerrungen. In der That wird schon bei Piero della Francesca der sachliche Grund, warum bei relativ kurzer Augendistanz die Bilder seitlicher Figuren mit grösseren Querdimensionen behaftet erscheinen können, als sie in Wirklichkeit besitzen, eingehend discutirt und die Mittel besprochen, wie in solchen Fällen der Künstler sich zu helfen habe.[1] Kaum weniger unbegründet ist jener Vorwurf, dass die strenge Durchführung der perspectivischen Construction, besonders wo es sich um unregelmässige, nicht architektonisch geformte Gegenstände handle, ein Ding der Unmöglichkeit sei. Hierbei wird offenbar übersehen, dass die Kunst es auf nichts weniger als eine Sinnestäuschung absieht. Sie hat ihre eigene Welt, in die sie den Beschauer, welcher ihr willig folgt, einführt; doch auch die vollkommenste Copiren der Natur würde diesen Zweck verfehlen: nie würde dadurch ein wahres Kunstwerk hervorgebracht. Ueberdies ist sich der denkende Künstler der Grenzen, des durch seine Mittel Erreichbaren wohl bewusst, darum finden sich nur in den früheren Phasen Anschauungen von der Art, wie sie, die Bedeutung einer grossen Blüthezeit zu verdeutlichen, der Sage vom Wettstreit des Zeuxis und Parrhasius zu Grunde liegen. Wenn nicht in Worten direct betont, doch ihrem Wesen nach mit vollstem Bewusstsein erfasst, findet sich bei Lionardo die idealere Auffassung der Aufgabe des Künstlers: nicht die Gegenstände als solche, sondern im künstlerischen Geiste derart umgebildet, dass sie wie vom denkenden Verstande, dem Verstande der Natur geschaffen scheinen, oder, wenn auch frei erfunden, nach gleichem Prinzip wie jene räumlich und körperlich sich darstellen, wird als wahrhaftes Ziel der Kunst genannt, und wie ein, wenn auch mehr geahntes und empfundenes als mit menschlichem Verstande völlig fassbares Gesetz der ganzen Natur und ihren Erscheinungen zu Grunde liegt, so sollte auch die Werke der Kunst ein solches, aber hier in allen Theilen klar durchdacht und mit Verständniss zur Anwendung gebracht, von andern menschlichen Erzeugnissen unterscheiden, denen ein künstlerisches Prinzip nicht zu Grunde liegt. Zu diesem Zweck bedarf es nicht einer mit Aengstlichkeit in allen Theilen mit Lineal und Zirkel durchgeführten Construction, sondern vielmehr einer, allerdings durch vielfache Uebung nur zu erlangenden freien Handhabung der perspectivischen Methoden, und eines damit Hand in Hand gehenden klaren und richtigen Raum-

---

[1] Vgl. den vorl. Tractat. Satz Nr. 80.

verständnisses — um nicht zu sagen Raumgefühls, [1] — wie es in der That die grossen Meister stets ausgezeichnet hat. Die Folgen der Verkennung dieses einzig und allein als richtig zu bezeichnenden Standpuncts durch die heutige Künstlerschaft sind leider nicht ausgeblieben: es bedarf noch keines Kennerblicks, um den gewaltigen Unterschied älterer und neuerer Werke nach dieser Seite hin zu characterisiren, der sich keineswegs blos auf die Malerei, sondern auf fast alle Kunstgattungen gleichzeitig erstreckt. Wie unübertroffen stehen noch heute selbst Bernini's Schöpfungen trotz sonstiger Mängel der hohlen Pracht und nichtssagenden Verschwendung moderner Luxusbauten gegenüber und kein noch so leuchtendes Colorit, keine noch so glänzenden Farben entschädigen in den heutigen Gemälden für die architektonische Gesetzlichkeit, die noch die Maler der Spätrenaissance so vortheilhaft auszeichnet.

Wenn daraufhin heute die Herausgabe eines Tractats unternommen wird, welcher die Fundamente der Perspective und ihre praktische Anwendung in den bildenden Künsten lehrt, einer Zeit angehörig welche, nachdem aus dem ganzen Alterthum Nichts überkommen was für die Praxis des Künstlers irgend einen Anhalt gab, das ganze Verfahren neu entdeckt und begründet, ein Verfahren, das allerdings durch Schwerfälligkeit und Umständlichkeit der Behandlung gegen die expediten Methoden der Gegenwart weit zurücksteht, so scheint es der, ihrer Fortschritte auch auf diesem Gebiete sich rühmenden heutigen Künstlerschaft gegenüber schon des historischen Interesses wegen, woran zunächst in dieser Arbeit appellirt wird, dennoch geboten, ein solches Unternehmen einigermassen zu rechtfertigen.

Dieses soll im Folgenden durch eine kurze historische Skizze, welche das Verhältniss der Perspective zu den bildenden Künsten vom Alterthum bis auf die Gegenwart kurz illustrirt, versucht werden.

Wie im Alterthum die bildenden Künste bekanntlich hinter den redenden zurückstanden,[2] so nimmt unter jenen ihrerseits die Malerei den niedersten Rang ein. Dass trotzdem die Perspective, welche als spezielles Feld und Fundament der letzteren bezeichnet werden muss, zwar nicht in dem Sinne wie heutzutage für die Praxis der Malerei nutzbar gemacht, in ihren wissenschaftlichen Grundlagen dennoch schon soweit entwickelt war, dass die ganze Kunst der Neuzeit sich geradezu auf diesen Prinzipien aufbaut, geht zur Evidenz aus den uns überkommenen optischen Tractaten hervor, unter denen Euklid's «de aspectuum diversitate» seiner knappen Kürze sowohl, wie seines wissenschaftlichen Umfangs wegen wohl den ersten Rang einnimmt. Es ist u. a. der einzige, worin bereits alle diejenigen praktischen Fragen Besprechung finden, die bei den älteren perspectivischen Constructionsverfahren in Betracht kommen: Die übrigen behandeln unter der Bezeichnung; «Perspective»[3] nur allgemeine Sätze der Optik, was selbstredend dem heutigen, enger gefassten Begriffe nicht entspricht. Es wird z. B. bei Euklid der Bedeutung des Gesichtswinkels als Ursache des Gleichgrosserscheinens an sich ungleicher Objecte in verschiedener Distanz Erwähnung gethan, ferner der Einfluss des Augenpuncts bei seitlicher oder verticaler Verschiebung, die dabei eintretende Veränderung in der Lage und Form der Bilder besprochen, so dass auf Grund solcher Deduc-

---

[1] Der Missbrauch welcher mit derartigen Ausdrücken gerade heutzutage in Allem was sich auf bildende Kunst bezieht, getrieben wird ist zu bekannt um weitere Worte zu verlieren. Aber ebenso unumstösslich ist die Wahrheit dass nur insoweit das Gefühl als solches in den bildenden Künsten berechtigt ist, als es von dem durch lange Uebung geschulten künstlerischen Verstande geleitet wird.

[2] Selbst zur Zeit der Renaissance kostete es den Gelehrten Mühe das hergebrachte Vorurtheil auszurotten, wie aus einer Deduction Paciolis's (Fra Luca Pacioli, die Lehre vom goldenen Schnitt, Quellenschr. Neue Folge II. Bd.) hervorgeht, wo derselbe umständlich zu beweisen sucht, dass Musik und Perspective vollkommen gleichberechtigt seien.

[3] Vgl. dazu Guido Schreiber: «Malerische Perspective pag. 24: «Was übrigens die bis zur Täuschung getriebene Richtigkeit anlangt, so braucht hier kaum bemerkt zu werden, dass solche gar nie künstlerischer Zweck sein könne, weil das ästhetische Wohlgefallen, welches ja das Kunstwerk in dem Beschauer wecken soll, lediglich durch das Erkennen eines freien eigenthümlich schaffenden Menschengeistes bedingt ist. Diese Wirkung würde augenblicklich gestört werden, wenn der Beschauer nicht mehr ein Bild sondern leibhaftige Gegenstände zu sehen wähnt». Die Leibhaftigkeit bezieht sich dabei natürlich nicht auf die Körperlichkeit als solche, da diese in der Plastik wirklich vorhanden, sondern auf die Realistik der Behandlung.

tionen die perspectivische Darstellung einfacher geometrischer Figuren in der Grundebene oder einer dazu parallelen ohne prinzipielle Schwierigkeit scheint. Sogar die Verkürzung des Kreises zu einer elliptischen Form bei nicht paralleler Lage zur Bildebene wird besprochen, und nicht nur dieses sondern auch die Veränderungen, welche die perspectivische Projection gekrümmter Oberflächen, Kegel und Kugel erleidet, wenn die Augendistanz variirt, ins Auge gefasst. Es fehlt also nicht an nützlichen Fingerzeigen für den Zeichner, aber eine bestimmte Construction als Beispiel eines speziellen Falles ist damit allerdings nicht gegeben. — Weiter als dieses, soweit es die praktische Anwendung betrifft, gehen auch die übrigen Tractate insbesondere der des Heliodor von Larissa, Heron von Alexandria, sowie der des bekannten Astronomen Ptolomäus nicht. Alle basiren auf Euklidischen Grundsätzen, nur dass sie im Gegensatz zu jenem den Gegenstand mehr philosophisch fassen, indem sie sich bald in Speculationen über die Natur des Lichts und seine Entstehung, bald über die Physiologie des Auges und seiner Capacität ergehen. In dieser Beziehung hat die von Ptolomäus vertretene Ansicht zugleich ein gewisses praktisches Interesse. Das Auge soll danach nicht blos Grösse sondern auch Entfernung des gesehenen Objekts richtig zu taxiren im Stande sein. Irrthümer darin sind durch die optischen Täuschungen bei aussergewöhnlich heller oder schwacher Beleuchtung, sowie glänzender und matter Farbe zu erklären. Erst bei sehr grosser Entfernung verliert das Auge die Fähigkeit des Distanzschätzens, indem zuletzt alles Convexe und Concave als eben erscheint, so dass sich durch die Beleuchtung der näheren und entfernteren Theile kein Unterschied mehr kundgibt. Dennoch bezweifelt Ptolomäus die Möglichkeit, jemals eine allgemein gültige Regel aufzufinden, wonach für jede beliebige Lage irgendwelches Objectes dessen Bild mit mathematischer Correctheit construirt werden könne. Wenn daher Heliodor von Larissa und nach ihm Vitruv von skenographischen Darstellungen spricht, welche die Umrisse von Gebäuden und Lokalitäten auf den Wänden der Bühne so täuschend und natürlich wiedergeben, dass sie dem Beschauer von seinem Standpunct als wirkliche, körperliche Dinge erscheinen, so kann mit Bezug auf die Aeusserung des berühmtesten Astronomen des Alterthums darüber, wie jenes aufzufassen, — als frei entworfene, angenähert richtige aber keineswegs mathematisch strenge Constructionen nämlich, — kein Zweifel sein. Wie Theorie und Praxis übrigens Hand in Hand gehen, bezeugen die bewussten Anwendungen perspectivischer Grundsätze in Architektur und Plastik des Alterthums. Die Höhe der Gesimse und des Tempel-Dachs wird mit Rücksicht auf die scheinbare Verkürzung hochliegender Theile normirt. Kapitelle und Ausladung der Gesimse zeigen Profilirungen, welche die Licht- und Schattenwirkung bedingt und hinsichtlich der Farben finden sich die vorspringenden Theile stets heller, die hohl gedachten dunkler abgetönt. Die Gesetze andererseits welche Vitruv über diese Dinge gibt, werden noch heute demjenigen zu Nutze kommen, der ohne sie gerade unmittelbar anzuwenden, den Sinn derselben, oder das worauf es dabei hinauswill, zu ergründen und für seine Zwecke zu modifiziren sucht. Die Rücksicht auf den Aufstellungsort zeigt sich, u. a. bekanntlich in den Giebelgruppen der Plastik: schon die äginetischen Skulpturen deuten dieselben in dem gefallenen Krieger des Ostgiebels an; gleiches gilt für die Niobidengruppe wo die Hauptfigur bedeutend überhöht, und die unnatürliche Lage des Hingestreckten durch die Untensicht motivirt wird. Sogar als Rhytmenträger wird die Licht- und Schattenperspective in der antiken Plastik benutzt. Das Beispiel der Venus von Melos, wo diesem Prinzip zu Gefallen eine Aenderung der Charactermasse stattgefunden,[1] dürfte als solches nicht vereinzelt dastehen. Die Milderung der allzublendenden Weiss des Marmors durch eine gelbliche Lasur war zugleich der Weichheit des Ueberganges vortheilhaft und genügend mit der bei architektonischen Skulpturen insbesondere angewandten polychrome Behandlung selbst bei der stärkern Sonnengluth des Südens dem Beschauer den Eindruck vollster Harmonie der Architektur mit der plastisch-decorativen Ausschmückung zu gewähren Restaurationsversuche, in diesem Sinne vorgenommen, wenn auch bis jetzt nicht völlig gelungen, lassen dennoch an dem Thatbestande selber keinen Zweifel.

---

[1] cfr. Ludwig, Einleitung zum Malerbuch Lionordo da Vinci's in «Quellenschriften».

Die Praxis der antiken Malerei lässt sich leider nur aus untergeordneten Werken beurtheilen, denn wesentlich decorativen Characters sind wie bekannt die pompejanischen Wandgemälde, die überdies schon im Alterthum kaum etwas gegolten haben, schon deshalb weil sie einer kleinen, wenig beachteten Provinzialstadt zugehören. Die Prospectmalerei, welche sich dabei den Theatercoulissen ähnlich angewendet findet, zeigt in der Regel nur die grade Ansicht, den Augenpunct in der Mitte mit seinen, nach rückwärts sich verkürzenden Linien, bei übrigens voller Symmetrie der Composition. Diese Art Malerei ist es, über welche Vitruv und Plinius sich ereifern, weil sie der Natur nach unmögliche Dinge dem Beschauer vorzutäuschen suche, — mit Unrecht, insofern die Entstehung dieses Kunstzweigs wie Semper[1] nachweist, auf reale Aufgaben sich stützt; die frei-decorative Ausstattung der Räumlichkeit nämlich, die zur Herstellung der Harmonie des streng gegliederten architektonischen Interieurs mit den darin aufgestellten Monumenten, den Spolien aus Hellas und dem Orient, Drapirungen erhielten, welche durch phantastische Architekturen, Terrassen, Treppen, Balustraden und Veduten aller Art an die Heimath jener Meisterwerke symbolisch erinnern sollten. Uebrigens können selbst diese untergeordnetsten Werke antiker Malerei den Character einer grossen Zeit nicht ganz verläugnen: dies zeigt sich schon in der Eintheilung und perspectivischen Gliederung der Räume, in der Vertheilung von Haupt- und Nebensachen, in den für beide mit Rücksicht auf den Stand des Beschauers normirten Dimensionen nicht weniger, wie in der daraus sich ergebenden Wahl der Objecte und deren Detaillirung, dem entsprechend die kleinern bildlichen Darstellungen in Schlafgemächern, selbst Blumen und Fruchtstücke nicht weniger sorgfältige Wahl des richtigen Massstabs wie der Ausführung erkennen lassen. Dennoch würden alle diese Vorbilder, selbst wenn sie damals schon bekannt gewesen wären, für sich allein die Renaissance nicht ins Leben gerufen haben, welche theoretisch wie praktisch rein aus und durch sich selbst neue Grundlagen schuf. Denn fast nur theoretische Fragen sind es, die, soweit es sich um die Perspective handelt, in den optischen Tractaten arabischer Gelehrten, welche zwischen Alterthum und Neuzeit gleichsam die Brücke bilden, zur Sprache kommen. Sie beziehen sich insbesondere auf das Anatomische, Zusammensetzung des Auges und darauf basirende Erscheinungen des Sehens, welche schon die Antike behandelt. Alhazenus, dessen Tractat hier als der bedeutendste zu nennen wäre, berührt kaum mehr als das weniger umfassende optische Werk Alchindi's[2]: die Praxis des constructiven Zeichnens. Dasselbe gilt auch vom Tractat Vitellione's welcher nicht, wie oft irrthümlich angenommen, der Renaissance sondern dem 13. Jahrhundert angehört und gewissermassen als der Abschluss der ganzen Uebergangsperiode des Mittelalters angesehen werden muss, denn er gibt in seinem, 10 Bücher umfassenden umfangreichen Werke ein Compendium alles dessen, was bisher an optischen Theorien und Sätzen bekannt und überliefert war. Dennoch verdienen einzelne als Neuheit Erwähnung, die als theoretische Grundlage der Licht- und Schattenperspective u. a. im Malerbuche Lionardo da Vinci's wiederkehren, ohne dass aber weder hier wie dort eine Schattenconstructionsmethode darauf begründet wird. Es muss in der That auffallen, dass eigentlich in keinem optischen resp. perspectivischen Tractate bis ins 17. Jahrhundert mit Ausnahme Lionardo's diesem Gegenstande eine besondere Aufmerksamkeit gewidmet wird. Manche erwähnen ihn gar nicht, andere berühren nur einzelne Spezialfälle, während doch die künstlerische Praxis gerade in dieser Richtung so Bedeutendes geleistet hatte. Accolti ist in seinem Tractat: Inganno degli occhi der Erste, der die Schattenconstruction auf die allgemeine perspectivische Constructionsmethode zurückführt. Dan. Barbaro[3] gibt nur einen einzigen Spezialfall, Serlio[4] und ebenso Vignola[5] schenken dem Gegenstande noch weniger Aufmerksamkeit. Auch von Farbenperspective ist kaum die Rede; theoretisch werden nur gelegentlich einzelne Naturerscheinungen, darunter schon von arabischen Gelehrten

---

[1] Semper der Stil, Bd. I.
[2] Manuscript in der Bibliothek zu Basel.
[3] Prospettiva pratica, Venezia 1568.
[4] Trattato dell' architettura.
[5] Due regole di Prospetiva.

mit Vorliebe der Regenbogen discutirt, erst durch Lionardo erhielt die Kunst in dieser Richtung zwar wenig wissenschaftliche, doch praktisch um so brauchbarere Fundamente. In seiner Histoire des sciences mathématiques erwähnt Montucla den Tractat des Pomponius Gauricus: De sculptura und De symmetria perspectivae (Firenze 1504) als das Fundament der neueren Perspective. Doch finden sich darin nur allgemeine Regeln bezüglich der Modification der Dimensionen hochstehender Statuen durch Veränderung der natürlichen Proportionen zur Erzeugung des richtigen perspectivischen Eindrucks vom Stand des Beschauers. In dem andern Tractat spricht er ebenso nur ganz im Allgemeinen von der Art des Zustandekommens perspectivischer Bilder, dadurch dass die vom Auge zum Object gehenden Strahlen die Bildtafel in einer Reihen von Puncten schneiden, deren gradlinige Verbindung den Umriss des Bildes ergebe. Die daraus folgende allerdings sehr nahe liegende praktische Methode ist aber erst von Alberti im Tractat von der Malerei[1] gegeben und dies Verfahren wird von der ganzen Frührenaissance bis auf Peruzzi's und sogar Vignola's Zeit als «costruzione legittima» nebst den durch Lionardo hinzugefügten Ergänzungen beibehalten. Diese Ergänzungen beziehen sich auf die Auffindung der harmonischen Zahlenreihe, nach welcher gleiche horizontale, senkrecht zur Bildebene hinter einander liegende Abstände den Schwingungszahlen der musikalischen Tonleiter analog, sich perspectivisch verkürzen. Erst die vorgenannten Meister empfahlen das Constructionsverfahren mittelst der Distanzpuncte, wie es heute noch insbesondere bei architektonischen Zeichnungen im Gebrauch ist, aber die allgemeinere Theorie der Fluchtpuncte, wovon jenes nur ein spezieller Fall ist, war ihnen nicht bekannt, obgleich der Zusammenlauf paralleler Linien gelegentlich schon früh zur Controlle der Richtigkeit benutzt wird. Guido Ubaldi del Monte[2] hat Anfang des 17. Jahrhunderts die bisherige Methode in diesem Sinne zuerst verallgemeinert und das darauf basirte praktische Constructionsverfahren dürfte somit als das allgemeinste dieser Art zu bezeichnen sein. Seither ist die Lehre von der Perspective soweit sie sich auf Form und Umriss der Bilder bezieht, theoretisch als abgeschlossen zu betrachten, alles später Hinzugefügte bezieht sich nur auf die Erleichterungen des für die künstlerische Praxis immerhin zeitraubenden und complizirten Verfahrens. Es ist aber ein Beweis für die allgemeine Theilnahme jener Zeit an der Entwicklung der Kunst, dass, weit entfernt sich auf wenige oder gar auf die genannten zu beschränken, die Zahl der perspectivischen Tractate aus der Renaissance eine gradezu unerschöpfliche ist. Zwar wenige sind uns aus der Frührenaissance erhalten, dagegen weist die Zeit der Hoch- und Spätrenaissance bis in die Barockperiode hinein eine Reihe von Autoren auf, welche nicht blos als Maler, sondern als Architekten sich bekannt gemacht und daneben wiederum solche, die als Laien, nichts weiter als das Kunstinteresse zu solchen Studien geführt. Hierin ist der Grund zu suchen, dass Umfang und Behandlung ihrer Themata in diesen Tractaten so sehr von einander abweichen, obwohl allen, auch den von Theoretikern verfassten eine gewisse praktische Tendenz anhaftet. Aber auch unter den von Ausübenden herrührenden Schriftstücken ist eine grosse Verschiedenheit: der Maler wendet die Raumperspective in weniger rigorosem Sinne dafür aber in viel weiterem Umfange bezüglich der Licht- und Schatten- wie Farbenwirkung an, als der Architekt, der für seine meist scharf umgrenzten Formen einer streng detaillirten Construction bedarf.

Accolti, welcher die Reihe dieser Autoren so ziemlich beschliesst, hat darum ein besonderes Interesse weil er, das Bisherige kritisch behandelnd, in seinem Tractate zugleich einen Ueberblick über den wesentlichen Inhalt aller ähnlichen Werke gestattet. Um hierüber einigermassen ein Urtheil zu erhalten, möge dasselbe kurz discutirt werden. Accolti's «Inganno degli occhi» betiteltes Werk zerfällt in drei Abschnitte. Der erste enthält die lineare perspectivische Construction der Bilder ebener Figuren, wobei insbesondere einige, dem Barbaro zur Last fallende Fehler gerügt werden, dessen Tractat übrigens auch die auf die Lage des Augenpuncts und die Augendistanz bezüglichen Erörterungen ausser Acht lässt. Accolti erzählt

---

[1] Leon Battista Alberti. Trattato della pittura, Neu herausgegeben in «Quellenschr. d. Renaissance.»

[2] Guido Ubaldi de' Marchesi del Monte. Perspectiva. Pisauri 1600.

dabei, dass die besseren Meister zur Beurtheilung der perspectivischen Wirkung ihrer Entwürfe sich Wachsmodelle anzufertigen und danach zu componiren pflegten. Eine andere Stelle ist bezeichnend für den wissenschaftlichen Standpunct solcher Autoren, wenn es hinsichtlich des regulären Fünfecks Cap. XXV heisst: per non contendere in dividere in cinque parti un dato cerchio del quale non sappiamo qual deva essere il suo lato», was doch schon im Euclid gelehrt wird. Zu diesem Abschnitt werden sodann noch perspectivische Vezerrungen, d. h. Bilder zu entwerfen gelehrt, die nur von einem bestimmten Punct aus die wahre Gestalt des Objects erkennen lassen. Die Wichtigkeit der Fussbodeneintheilung zur Composition der Figurengruppen wird nicht ausser Acht gelassen. Decken- und Gewölbemalerei und die zur Uebertragung des auf dem Papier construirten Entwurfs auf die krumme Oberfläche schliessen sich hieran. Im zweiten Theil ist von den Bildern körperlicher Formen die Rede, zunächst von den einfachen geometrischen, und den aus den fünf regulären abzuleitenden Körpern, deren Construction an praktischen Beispielen erläutert wird. Complizirtere Fälle von graden und krummflächigen Körpern, architektonischen Formen wie Kreuzgewölbe und Wendeltreppe, sowie ein Beispiel einer schrägen Ansicht, doch ohne Anwendung der Fluchtpuncte schliessen sich an. Der Rest dieses Abschnittes berührt dann die praktischen Aufgaben, welche sich schon bei den früheren wiederholen; insbesondere die perspectivische Anordnung der Proscheniumswände, so dass sie mit der Rückwand ein fortlaufendes Ganzes zu bilden scheinen, und erwähnt schliesslich noch das bekannte Dürer'sche Instrument. Im dritten Theil finden Licht- und Schattenconstruction in concreten Beispielen Besprechung, eine Vervollständigung, die bei allen früheren Autoren fehlt. Accolti weist dabei den Irrthum nach, den selbst Maler: «del maggior grida» begingen, indem sie die Intensität der Beleuchtung in einfach umgekehrtem Verhältniss zur Entfernung sich ändern liessen. Er zeigt sodann die Wirkung zweier Lichter auf ein drittes Object und bespricht insbesondere den Fall, wo der Mond durch die Sonne und die Erde zugleich erhellt wird. Von specifisch malerischem Interesse ist wiederum die Beleuchtung eines Innenraumes von Aussen, wobei die allgemeinen Sätze Lionardo's concrete Form erhalten. Die Discussion der Sonnenuhrenconstruction fehlt hier so wenig wie bei den meisten Vorgängern. Endlich werden noch Fälle des Reflexes von Wasserspiegeln und die dadurch erzeugte Umkehrung der Bilder vorgeführt.

Das reichhaltige Programm der Perspective stellt diese hiernach wesentlich als praktische Wissenschaft, d. h. hervorgegangenen aus dem praktischen Bedürfniss dar, die sich durch die Theorie allein nicht genügend expliziren lässt und von der concreten Anwendung untrennbar ist. Die Neuerungen, welche die Renaissance in dieser Richtung gegen das Alterthum unterscheiden, machen sich kaum weniger in der Architektur, als in der Malerei geltend. Wohl hat auch die Gothik und ebenso die Zeit der romanischen Baukunst ihre grossen perspectivischen Reize — es bedarf kaum des Hinweises auf die venezianischen Bauten, nicht allein S. Marco sondern eine Reihe von Palästen welche wie Ca' d'oro Maurisches und Gothik zu verschmelzen scheinen — oder auf die nordischen Dome und die auf Felsen thronenden Ritterburgen. Aber mit vollem Bewusstsein und Beherrschung aller technischen Mittel durchgeführt, zeigt erst die Renaissance den perspectivischen Gedanken. Wesentlich der perspectivische Eindruck war es, welcher gleich die erste grossartige Leistung hervorrief und die Domkuppel von S. M. de' fiori anstatt des ursprünglich beabsichtigten niederen Unterbaus auf erhöhtem Cylinder über die Häusermasse erhob. Auch dem Meister des Pal. Pitti galt die Rücksicht auf die perspectivische Gesammtwirkung jedenfalls mehr als kleinliches Detail, indem er jene Massengliederung schuf, deren auf erhöhtem Fundament gegen den Horizont sich abzeichnende Silhouette in ihrer grandiösen Einfachheit jenen imposanten Eindruck macht. Mehr vielleicht als in den ausgeführten Bauten spricht sich der auf perspectivische Wirkung gehende Sinn dieser Zeit jedoch in den idealen Architekturen aus, welche als Hintergründe das Figürliche der Malerei umrahmen und von den Phantasiegebilden des Beginns der Frührenaissance, durch die ganze Hochrenaissance hindurch bis in die spätesten Phasen des Barockstils verfolgt werden können. Raffael's Schule von Athen übertrifft auch in dieser Hinsicht alles Andere durch die unvergleichliche harmonische Gliederung der Formen. Die reichgegliederte Renaissancehalle, welche über den Stufen des Vorraums sich erhebend das Centrum der Composition krönt, in ihrer Bedeutung gesteigert durch die vor und zurücktretenden Pilasterreihen und ihnen correspondirende, durch die Deckengewölbe nur leicht angedeutete, aber dennoch verständliche Anordnung der Seiten- und Querhallen, welche jenes wie den Kern eines Krystalles zu umschliessen scheinen, lässt in der in allen Theilen streng durchgeführten Construction die, mit vollem Bewusstsein methodisch-klare Handhabung der perspectivischen Gesetze deutlich erkennen. In ganz anderer Weise offenbart sich das gleiche Prinzip in den Werken der Venezianer. Die Hochzeit zu Kana zeigt neben vielen anderen von Paolo Veronese[1] die Strenge des Architektonischen durch den Reiz perspectivischer Durchblicke durch die Bogenhallen gemildert, während im Gegentheil bei Poussin's Landschaftsbildern durch die wenigen eingestreuten, oft grösstentheils verdeckten Architekturen der Character der Gesetzmässigkeit selbst der scheinbar sich selbst überlassenen Willkür der Natur aufgeprägt wird. Wie hier die Künstler dem Zuge ihrer Phantasie folgend, die perspectivische Wirkung ihrer Bauten zur Erhöhung des Gesammteindrucks benützen, so prägt sich in den wirklich ausgeführten architektonischen Meisterwerken der an Monumenten so reichen Hochrenaissance die Vollendung des Vorhergegangenen um so deutlicher aus. Bramante's weltberühmter, leider nicht zur Vollendung gelangter Entwurf des Giardino della Pigna leistet ohne Zweifel hierin das Höchste. Von der Sohle des tiefer gelegenen Hofraumes über Terrassen, Balustraden und Fontaenen hinweg bis zu dem grossen triumphbogenartigen Kuppelbau nebst Säulengängen, welche den Abschluss des Ganzen bezeichnen, ist die Aussicht nicht weniger reich an perspectivisch wirksamen Motiven als der Blick von jenem Endpuncte nach rückwärts gegen die Exedra des Hofes, den Pilastermauern entlang, welche beiderseits den gewaltigen Complex umgrenzen. Und derselbe Meister, welcher hier so Grosses durch die Verschmelzung von Natur und Kunst zu schaffen vermocht, zeigt seine Schöpferkraft nicht weniger glänzend selbst in den kleinsten Anlagen, selbst da noch, wo fast alle sonstigen Hilfsmittel versagen. Der berühmte Tempietto in S. Pietro in Montorio, so wenig dieser unscheinbare Bau selbst in seiner heutigen Form den Eindruck eines Meisterwerkes auf den Beschauer verfehlt, wie ganz anders würde er sich noch präsentiren, wenn die wahre Absicht, der rings um das Gebäude herum zu führende Porticus nebst den in den abgeschnittenen Ecken hinzugedachten Kapellen zur Ausführung gelangt wäre! Mit wie wenig Mitteln wiederum Andere was an Raum fehlt, durch perspectivische Zuthat zu ergänzen wissen, beweist der vielbewunderte Säulenhof des Pal. Massimi, der übrigens nur einen, aus der grossen Zahl ähnlicher Fälle vertritt. Peruzzi zeigt sich darin freilich schon als Vorläufer des Barockstils, der mehr als alles Frühere das Malerische der Bauwerke betont. Michelangelo ist jedoch der Erste, der das Malerische im Grossen zur Geltung bringt. Der Gedanke, den Durchblick durch die Portalhalle des Palazzo Farnese von der gleichnamigen Piazza aus über die Reihen der Hofarkaden und die dahinter liegenden Gärten, die Brücken und den Fluss hinweg bis jenseits der Longara, zu den Abhängen des Janiculus zu erweitern, konnte nur der Phantasie eines grossen Meisters entspringen, der alles Detail verschmähend Licht- und Schattenmassen zu einem grossen Organismus vor- und zurücktretender hinter- und nebeneinander sich abhebender Flächen verbindet. Ein Meisterwerk solcher Wirkung war gewiss auch der, leider durch Neubau unkenntlich gemachte Umbau Thermen Diocletians, von dessen Bedeutung heut nur der 100-Säulenhof noch Kunde giebt. Und zeigt nicht auch des Meisters erhabenste Schöpfung, was Brunellesco erstrebt, aber nur unvollkommen erreicht, in der Kuppel von St. Peter zur höchsten Vollendung gebracht? Nicht die grossartigen Verhältnisse an sich, vielmehr die perspectivisch richtig zusammengestimmten Proportionen aller Theile unter sich und zum Gesammtbau bedingen jenen grandiosen unvergesslichen Eindruck, den bei nahe gewähltem Standort das Langhaus des Maderna leider so störend entgegentritt. Die aus der Riesenkuppel in das In-

---

[1] Vgl. für dies und das Folgende insbesd. Burckhardt, Architektur der Renaissance desgl. Cicerone Bd. 1.

nere sich ergiessenden Lichtströme, und die im Uebrigen jedem der verschiedenen Räume die seinem Verhältniss zum Ganzen entsprechende Beleuchtung zuweisende Anordnung erzeugt wiederum jene rhytmische Abstufung aller Theile, die nach oben in den weiten Wölbungen und den sie allerwärts durchkreuzenden Bogenlinien verklingt, und im Vergleich zu dem beengenden Steilansteigen gothischer Innenräume so beruhigend wirkt. In diesem grossartigsten Bau findet sich in der That Aeusseres wie Inneres nach den gleichen Gesetzen der Perspective durchgebildet, ein Problem, das von den nächsten zwei Jahrhunderten mit aller Begeisterung, deren diese immer noch vorwärts drängende Zeit fähig ist, zwar weiter verfolgt, aber, in solcher Weise nie wieder realisirt worden ist. Immer wieder sind es die perspectivischen Eindrücke, welche die bessern Werke auch fernerhin kennzeichnen : So die heut leider zur Kaserne degradirte, aber dennoch selbst in ihren Trümmern noch reizvolle Vigna di Papa Giulio, deren kreisförmig gekrümmte Hoffaçade mit ringsum geführter Säulenhalle in Verbindung mit dem malerischen Durchblick in die Grotten und Nischen des säulenumschlossenen Brunnenhofs der Rückseite ein Bild ergeben, welches mit den ersten Leistungen dieser Art rivalisiren darf. Kaum minder glücklich ist Vignola übrigens in der Anlage der Orti Farnesiani am Eingang der Kaiserpaläste, deren Grotten, Rampen, Pavillons und Terrassen durch die Lage auf frei überhöhendem Plateau des Palatinus mit der malerischen Fernsicht über Stadt und Campagna erst das wahre Relief erhalten.

Unendlich mannigfaltig sind die Formen der an künstlerischen Ideen unerschöpflichen Zeit. Ihre heitere Seite bekundet sich wie bekannt in der perspectivischen Gesammtwirkung genuesischer Paläste. Hier wo die Beengung des Raums und die Schmalheit der Strassen einen freien Ueberblick über die Verhältnisse der Bauten nicht gestattete, während die Ungleichförmigkeit der Bodenerhebung von selbst eine Art Terrassenbau dictirte, musste für die einfache Grösse der Gesammtwirkung florentinischer Paläste die malerische Gruppirung des Innern entschädigen, welche den Blick des Vorübergehenden durch die unteren Hallen hindurch in den Säulenhof und längs der Marmortreppenflucht über Terrassen und Balustraden dunkelschattiges Laub und im Sonnenstrahl glänzende Fontänen hingleiten lässt, um sich in das lichte Himmelblau zu verlieren, welches die gemalte Vedute der Abschlussmauer begrenzt. Der perspectivische Durchblick findet sich selbst in den engsten Dimensionen betont und die mächtigen und dabei sanft ansteigenden Marmortreppen alter Paläste bilden noch heute den Stolz der einst meerbeherrschenden Dogenstadt. Sogar im Kirchenbau verleugnet sich nicht jenes malerische Prinzip. Auf steiler Höhe weithin das Häusermeer überragend macht S. M. in Carignano als Mittelpunct der Stadt schon auf grosse Entfernung einen bedeutenden Eindruck nicht unwesentlich erhöht durch das richtig empfundene Arrangement der Eckthürme anstatt der sonst üblichen das Centrum umschliessenden Kuppeln. Diese einfach harmonische Wirkung des Aeussern klingt wieder in der meisterlichen Gruppirung der Licht und Schattenmassen, des sonst schmucklosen Innern der Mittelkuppel des Hauptrunds und der vier Tonnengewölbe, welche die Eckkuppeln unter den Thürmen verbinden, deren vollendeter Rhytmus allerdings eher dazu angethan, ist, dem Beschauer für die Schönheit der Baumformen als solche, mehr als für den rituellen Kirchencultus zu begeistern. Wenngleich im Sinne der Antiken, welche er neu zu beleben gedacht, mehr auf strenge Gesetzlichkeit der Proportionen und Bildung der Bauglieder als auf malerische Effecte ausgehend, hat selbst ein Palladio es nicht verschmäht seine venezianischen Kirchen mit allen den Reizen perspectivischer Mannigfaltigkeit auszustatten, auf welche hier mehr als sonstwo Natur und Umgebung den Künstler hinzuweisen scheinen. Wie wirksam präsentirt sich in völliger Isolirtheit Kirche und Kloster von S. Giorgio Maggiore selbst im heutigen Zustande — das Kloster leider zur Kaserne degradirt — in Folge der glücklichen Gruppirung der Hauptmassen ! Wie stattlich erhebt schon auf grosse Entfernung der Redentore seine Kuppel über mächtigem Unterbau, während bei beiden Gebäuden die Durchblicke durch Säulenstellungen in Seitenräume von Kapellen und Mönchschor den perspectivischen Reichthum des Innern bedeutungsvoll kennzeichnen. Der Umfang, in welchem die perspectivischen Constructionsmethoden für die Praxis damals ausgenutzt wurden, lässt über den Werth dieses Wissenszweiges für die Baukunst nach alledem keinen Zweifel; ohne dessen geschickte Handhabung und vollkommene Beherrschung scheint es ganz unmöglich, Prospecte zu entwerfen, welche die Wirkung des zunächst doch nur im Entwurf vorhandenen Bauwerks schon vor dessen Ausführung richtig zu beurtheilen gestalten. Wie sodann im Gefühl dieser Freiheit und dem Bewusstsein nach jeder Richtung hin des Stoffes Herr zu sein, die bis dahin immer noch gewahrte Schranke architektonischer Einfachheit und Gesetzlichkeit überschreitend, die Barockzeit durch verstärkte Mittel, vermehrte Bauglieder gebrochene Fronten, geschweifte und durchbrochene Giebel alles von der Renaissance Geleistete zu überbieten sucht und dadurch auf Abwege geräth, deren Spuren sich noch bis in die neueste Zeit hinein verfolgen lassen, ist eine sich zu allen Zeiten unter allen Nationen wiederholende Erscheinung. Nicht mehr die perspectivische Wirkung als solche, sondern vielmehr die perspectivische Täuschung des Beschauers ist von nun an der Zweck des Baumeisters, welchem Zwecke dann die architektonische Wahrheit zum Opfer fällt. Gleichwohl lebt in diesem «Fortissimo» der Formen, die trotz ihrer Verwilderung noch so viele Anklänge an die frühere Zeit bewahren, ein grandioser Inhalt. Das malerisch-lebendige Prinzip, welches die ganze Zeit durchdringt, geht hierin Hand in Hand mit den übrigen Künsten, aber in der Grossheit der Auffassung und der imponirenden Wucht ihres Ausdrucks dürfte die Architektur allen andern voranstehen. Schon die Wahl des Bauplatzes, welcher gewöhnlich frei, meist sogar überhöhend gelegen, eine Uebersicht des Baus in allen Theilen gestaltet, macht es möglich alle Elemente perspectivischer Wirkung von dem vom Künstler beabsichtigten Standpunct aus gleichzeitig zur Geltung zu bringen. Characteristisch unterscheidend ist hinsichtlich der allgemeinen Anordnung zunächst die, durch starkes Vor- und Zurücktreten des Mauerkörpers durch kräftigere Profilirungen der Gesimse erzeugte stärkere Licht- und Schattenwirkung, ein rein malerisches Element, welches die frühere Zeit in diesem Sinne nicht benutzt. Absichtliche perspectivische Täuschungen geben sich jedoch erst in den Bauten Borromini's kund, denn keinen andern Zweck können jene Biegungen der Façaden haben, als den, einen scheinbar tiefer zurückweichenden Raum vorzutäuschen, indem das Auge, namentlich bei seitlicher Stellung die Biegung für stärker hält als sie ist, umsomehr wenn der Reichthum der sich aufeinander projicirenden Decorationen hinzutritt. Die architektonische Gesetzmässigkeit geht allerdings dabei verloren, denn während es sonst Regel ist, alle gleichartigen Theile, Fenster, Capitäle, Giebel durch harmonische Verkürzung als räumlich gleich zum Bewusstsein zu bringen, erscheinen diese hier unter wesentlich verschiedenen Gesichtswinkeln somit von ungleicher Grösse. Die Mittel solcher Scheinerweiterung sind damit nicht erschöpft: sie steigern sich wie an der kleinen winklig abgelegenen Kirche von S. M. della Pace oft zu wirklichen Kunstgriffen, wo die halbrunde Vorhalle vor der Front in Verbindung mit der hintern halbkreisförmigen hohen Abschlussmauer in der That den Eindruck einer grossen Bauanlage erzeugt, deren perspectivische Gesamtwirkung überdies noch durch die Licht- und Schattenparthieen bedeutend verstärkt wird. Verschmähte es doch bei einem so unbedeutenden Bau wie die Kirche von Ariccia selbst Bernini der Herros des Jahrhunderts aus ähnlichen Gründen nicht die Halbkreismauer, welche sie umgibt nach Rückwärts niedriger zu halten, — das Alles nur der grandiosen Scheinwirkung wegen. Von den phantastisch geschwungenen Thürmen Borromini's, dem Schneckenthurm der Sapienza oder gar von S. Andrea della Fratte kann füglich abstrahirt werden, weil nicht sowohl das Aeussere, als die Innenräume der Kirchen jener Zeit es sind, worauf sich das Interesse in dieser Hinsicht am meisten concentrirt. Die Nothwendigkeit der Täuschung ergab sich für den Baukünstler hier gleichsam schon im Entwurf; denn um den auf das Grosse und Imposante gerichteten Forderungen seiner Zeit zu genügen, mussten die Dimensionen des Hauptraumes auf Kosten der Nebenräume der Seitenschiffe erweitert werden, welche letztere in Folge dessen zu Kapellen oder vielmehr zu blossen Nischen zusammenschrumpften, denn die mit der Erweiterung des Mittelschiffs Hand in Hand gehende grössere Höhe bewirkt, dass auch der Seitenraum sich nischenartig aufbaut. Wie sodann den gewaltigen Dimensionen zum Schein zu genügen, die Stärke oder vielmehr die Zahl der stützenden Glieder vermehrt wird und eine coulissenartige Folge von Säulen und Pilastern der mannigfachsten Art entsteht, deren scenischer Abschluss der Chorraum bildet, während zu beiden Seiten der Blick in einer Reihe hellerer und dunklerer Räumlichkeiten der Nebenschiffe sich verliert; dergleichen in S. M. in Campitelli mit besonderem Geschick zum Ausdruck gebracht ist; das Alles ergibt sich nur als natürliche Folge jenes Zeitprogramms. Nicht unwesentlich wird übrigens die perspectivische Täuschung durch die mannigfaltigen, im Sinne Michelangelos durchgeführten Beleuchtungseffecte, welche in rhytmischer Folge die einzelnen Räume unterscheiden vom Oberlicht des Kuppelraumes bis zu den Lünettenfenstern der Kapellen, erhöht, während zugleich dadurch der allzu crasse Effect gemildert erscheint, der durch die Disharmonie der decorativen Theile in Folge der Ungleichheit des Massstabes oder jesuitischer Ueberladung die Gesammtwirkung so oft beeinträchtigt. Gewisse Theile kommen allerdings bei dieser Art von Beleuchtung zu kurz: es bedarf keiner Hinweisung auf jene raffinirten Auskunftsmittel, welche zur Beseitigung der nachtheiligen Wirkung die Gewölbemalerei ersonnen, weil sie mit all' ihrem Farbenglanz der Himmelsglorie niemals das Tageslicht der natürlichen Beleuchtung zu erreichen vermag, welches das Innere der Kuppelräume erhellt. Die Verdoppelung der Kuppelwölbung des Invalidendoms ist doch nur als ein durch die Noth dictirtes Auskunftsmittel zu bezeichnen, anderer unvollkommener Kunstgriffe nicht zu gedenken. — Nicht geringere Fälle perspectivischen Raffinements zeigt sich in den Palästen der Barockzeit unter denen von der nicht zu Stande gekommenen Bernini'schen Louvrefaçade abgesehen, kaum einer mehr characteristisch genannt werden dürfte, als Pal. Barberini. Aber die glänzendste Seite und die grösste Originalität des Schaffens liegt in dem Villen- und Gartenstil ausgesprochen, der bekanntlich erst jetzt seine volle Ausbildung erhält. Wohl bekundet sich schon in den Villen früherer Zeit ein gewisser malerischer Character: das Anmuthig-Heitere der Villa Farnesina steht gegen den theatralisch-feierlichen Ernst des Terrassenbaus von Villa Madama im wirklichen Gegensatz, die Villa Pia der Vaticanischen Gärten zeigt wiederum den ländlich-abgeschlossenen Character idyllischer Ruhe mit Bewusstsein und System durchgeführt. Aber der Gedanke unter Zuziehung der ganzen Umgebung das perspectivische Gesammtbild zu vervollständigen, findet erst und vor Allem in den noch heute viel besuchten und bewunderten römischen Villen dieser Zeit, der Villa Borghese, Panfili Mattei, Albani Lodovisi seinen Ausdruck. Die Perspective tritt hier gleichsam in ein neues Stadium der praktischen Anwendung, indem die Anordnung und Abwägung der Massen der Licht- und Schattenparthieen erhöhter und tiefer liegender Theile, bewachsenes und freies, natürlich sich überlassenes und künstlich regulirtes Terrain nach gleichen Compositionsgesetzen wie der malerische Entwurf mit Rücksicht auf die perspectivische Wirkung vor sich geht, nur mit dem Unterschiede, dass es sich hier nicht um ein einziges Bild, sondern um eine ganze Folge zusammenhängender perspectivischer Eindrücke handelt, dem wechselnden Standpunct des Beschauers entsprechend. Darin liegt der Grund, dass nur gewiegte, mit allen Feinheiten der perspectivischen Wirkung und constructiven Handhabung vertraute Architekten die Lösung solcher Aufgaben übernehmen können, wie sie am glänzendsten wohl in der von Natur und Kunst in gleicher Weise bevorzugten Villa d'Este gelöst ist, wo alle Schönheitsfactoren, die sonst nur vereinzelt aufzutreten pflegen, verbunden scheinen, die Formen des an den Abhängen der Sabina terrassenförmig ansteigenden Terrains mit den Wasserfällen des Anio zur Rechten, den zerklüfteten grauen Kalkmassen gen Süden, und nach Norden hin der Aussicht über die gegen Ostia sich erstreckenden, am fernen Horizonte durch die Kuppel von S. Peter begrenzten Hügel der Campagna zu einem Gesammtbilde zu steigern, das an malerischem Reiz nicht seinesgleichen hat. Wenn sich aber auch dem Architekten, so dankenswerthe Aufgaben wie hier, selbst in den darin bevorzugten südlicheren Ländern wohl nur ausnahmsweise bieten mögen, so wussten dennoch auch unter oft ungünstigen Verhältnissen die Meister jener Zeit das wenige von der Natur Gegebene so auszunützen und ins rechte Licht zu stellen, dass dadurch die Mängel des Fehlenden weniger fühlbar waren. Waldesdunkel Wiesengrün und glänzende Wasserspiegel bilden dabei gewöhnlich die wechselnden Factoren und wiederum den Gegensatz gegen Terrassen, Balustraden, Treppenfluchten und sonstige Kunstanlagen, während dem durch die Schattenalleen der Baumgruppen Dahinwandelnden oft wie mit Zauberschlag das malerische Bild einer lichtblauen Fernsicht sich eröffnet. Unmöglich lassen sich hier mehr Andeutungen geben, Richlung und künstlerische Ziele jener Zeit, wenn auch nur bezüglich der Architektur zu kennzeichnen. Das aber dürfte schon aus dem Gegebenen zur Genüge hervorgehen: Dürer hat Recht mit seiner Behauptung, dass der Grund des Uebergewichts der italienischen Renaissance gegen den Norden zunächst auf architektonischem Gebiet in Nichts anderem zu suchen ist als in der grösseren Beherrschung des Technischen, vor allem in der rationellen systematischen Handhabung und Ausnützung der Perspective und ihrer constructiven Mittel, welche dem italienischen Architekten in Fleisch und Blut übergegangen zu sein scheint, selbst in Fällen, wo andere Zeiten und Völker der Phantasie die Zügel schiessen lassen.

Weniger lässt sich das Gesagte allerdings auf die Plastik anwenden. Solange sie in der gothischen Zeit der Architektur zur Ausstattung diente, kommen perspectivische Rücksichten nur gelegentlich wie die Verkürzung der Theile bei erhöhter Aufstellung in Betracht. Erst als der architektonische Rahmen sich erweitert und statt des Spitzbogens neue Formen ins Leben treten, beginnt auch in der Plastik eine freiere Behandlung. Es ist bekannt, wie unter dem Eindrucke der wiederentdeckten Natur, welche in der Malerei durch Masaccio ihren Vorkämpfer fand, die Plastik sich zu ihrem Nachtheil mit fortreissen lässt und in den noch heute nicht überwundenen Irrthum verfällt, das Relief in malerischem Sinne zu behandeln. Immerhin sind Ghiberti's Thore noch massvoll und die nur in vier Farben gehaltene Majoliken der della Robbia zeigen, dass es dabei auf reale Täuschung nicht abgesehen war. Die Perspective dient vielmehr nur, die blos symbolisch andeutende Behandlungsweise der Antike durch Formen der wirklichen Objecte zu ergänzen und zu beleben. Erst die Barockzeit verfällt dann in den Fehler, das Plastische mit der Malerei zu verschmelzen: in jener neuen Kunstgattung nämlich die zwischen Relief und Freisculptur die Mitte hält und an Altären und Grabmonumenten die bekannten auf Marmorwolken schwebenden Glorien- oder Engelgruppen zur Darstellung bringt, im Grunde nichts weiter als der, mit allen Mitteln der Perspective gesteigerte Abschluss jener Reihen ekstasischer Heiligen, welche gleich beim Eintritt in den geweihten Raum den Beschauer empfangen, um ihn in successiver Steigerung weihevoller Stimmung bis zum Hauptaltar zu geleiten. Es ist also das Ganze ein mit allen Mitteln der Kunst erhöhtes, lebendiges Panorama, welches in dem überdies noch coulissenartig gleichsam als Bühne arrangirten Heiligthum vor die Augen des Beschauers sich entfaltet. Nur eine nothwendige Consequenz dieser irrigen Auffassung muss es genannt werden, wenn bei den für Wandnischen componirten, thatsächlich als Gemälde aufzufassenden Gruppen zur Verstärkung der perspectivischen Wirkung hin und wieder Excesse über den Rahmen der Composition hinausragender Körpertheile vorkommen, welche übrigens auch in der decorativen Malerei nicht fehlen. Nur die Hinzuthat der Farben mangelt noch um alle Mittel zu erschöpfen, und auch diese findet vom Norden übertragen, — wenn auch nur von untergeordneten Künstlern angewandt — in Werken aus Holz und Stein ihren Ausdruck. Massvoll nur, jedoch darum nicht weniger wirksam hatten Anfangs die grossen Meister auch in den höheren Aufgaben der Sculptur das malerische Prinzip zur Geltung gebracht. Michelangelo's David gibt in seinen gegen die Luft klar abgehobenen elastischen Contouren wohl das erste Vorbild einer Reihe ähnlicher Werke, worunter, wie bekannt, der berühmte Neptunus zu Bologna oder der in der Luft sich aufschwingende Merkurius desselben Meisters durch die perspectivische Wirkung der von vorn[1] betrachteten Umrisse sich auszeichnen. Sie sind als die letzten Leistungen dieser Art zu nennen, welche die Grenzen der Plastik nicht überschreiten, was vielmehr erst mit Bernini eintritt der in unruhiger Haltung flatternden Gewänder, unnatürlichen Gesten zu ersetzen sucht, was Michelangelo's gewaltiger Genius durch ganz andere Mittel zu erreichen gewusst. Immerhin bleiben selbst in den übertriebensten Darstellungen, die meist auf hohem Postament sich erhebenden Gestalten, wie die Engel auf Ponte S. Angelo in ihrer perspectivischen Anordnung bewundernswerth.

Das eigentliche Feld aber, wo ohne die Perspective überhaupt Nichts erreicht werden kann ist nicht die räumliche, sondern die Flächenmalerei. Ihr wendet sich daher, wo es sich um diese Technik handelt das Interesse in erster Linie zu. Nach der langen Lethargie, welche das ganze Mittelalter hindurch diese Kunst, mehr als die übrigen, als Dienerin der

---

[1] Letzterer auch im Profil!

Kirche in engen Schranken gehalten, war es der neuen Zeit beschieden diese am meisten vernachlässigte Kunst neu zu beleben und im Laufe von nicht zwei Jahrhunderten allen andern voran zur Entfaltung ihrer höchsten Leistungen zu befähigen. Kaum nennenswerth war den Forschungen gemäss, was an traditionellen Mitteln der Technik zu Gebote stand. Dennoch datirt der erste grosse Schritt einer höheren Entwickelung bekanntlich schon aus der Gothik. Von allen andern Verdiensten abgesehen würde der Name Giotto's allein dadurch als Träger eines neuen Zeitgeistes unsterblich fortleben, dass er es war, welcher in der bisher reliefartig der Wandfläche aufklebenden Malerei die Idee der Raumvertiefung mit Bewusstsein zur Geltung bringt, der also, obwohl die damalige Zeit die exacte Durchführung einer perspectivischen Construction noch nicht gestattete, dennoch schon um dieser Absicht wegen als eigentlicher Begründer der neueren Perspective verehrt werden muss. Seither sind jene beengenden Schranken der architektonischen Umrahmung gebrochen, welche nunmehr nur noch die Maueröffnung bilden, durch welche der Blick hinaus in unbegrenzte Ferne schweift. Naturgemäss muss nun auch die Beleuchtung prinzipiell sich ändern, denn anstatt des bisher nur vom Innern auf das Bild fallenden Lichts musste das freie Tageslicht treten, Lichter und Schatten nicht blos nach einer sondern nach allen Richtungen fallen und von allen Seiten her zusammentreffen. Auf diese vorläufige Entdeckung musste sich freilich die erst in den Anfängen begriffene Zeit beschränken, die wissenschaftlichen Fundamente zu legen, blieb einer späteren Periode vorbehalten. Giotto war indess in seiner räumlichen Auffassung seiner Zeit weit vorausgeeilt, denn das ganze folgende Jahrhundert beschäftigt wesentlich Nichts weiter als die Ausbeutung und Erweiterung derselben: Verkürzungen nach der Tiefe werden in diesem Sinne, wenn auch nur gefühlsmässig benutzt und überhaupt im Gegensatz zu Giotto's mehr andeutenden als auf Realität ausgehender Darstellungsweise das Räumliche der Architekturen ebenso wie der landschaftlichen Gründe mit möglichster Natürlichkeit perspectivisch wiedergegeben. In diesem Sinne sind insbesondere die Werke Masaccio's zu verstehen, bei welchem ein so richtiges Gefühl für räumliche Verhältnisse den Mangel perspectivischer Kenntnisse ersetzte, dass er die Bewunderung der darin geübten Architekten erregte. Bekannt ist die Erzählung, dass ihn Brunellesco selber darauf hin in der Perspective unterrichtet habe, aber der allzufrühe Tod des hochbegabten Künstlers machte die Verwerthung seiner Studien unmöglich. Wirkliche Anhaltspuncte eines methodischen Constructionsprinzips boten sich der Kunst erst nach der Veröffentlichung des Tractats Leon Battista Alberti's von der Malerei. Das dort angegebene Verfahren muss sich wie schon die Bezeichnung costruzione legittima anzudeuten scheint, lange Zeit hindurch als das beste und für die Kunst geeignetste bewährt haben. Doch blieb auch noch nach dieser und bis zur Zeit Lionardo's und Rafael's die Perspective kaum mehr als eine praktische Manipulation, welche in den Werkstätten der Kunst sich traditionell und ohne theoretisches Bewusstsein fortpflanzt. Diese älteste Construction beruht aber jedenfalls auf der für den Künstler am verständlichsten und darum auch praktisch besten Anschauung, die bereits Giotto's Schule, wenn auch ohne wissenschaftliche Methode leitete, wonach die Bildfläche als Glasscheibe eines Fensters gedacht wird, auf welcher die Durchschnittspuncte der, nach den dahinter befindlichen Objecten gezogenen, Lichtstrahlen die Bilder derselben projiciren. Es handelt sich dabei bezüglich jedes Puncts um drei Dimensionen Höhen, Breiten und Tiefen. Zur Darstellung der perspectivischen Verjüngung derselben braucht die ältere Methode, wie bekannt, zwei Massstäbe: Bei der Darstellung der Objects von Vorn wird der erste zur Entnahme der perspectivischen Höhen und Tiefen, der zweite zur Entnahme der gewissen Tiefen entsprechenden Breiten angewandt; bei der im Profil dient der eine zur Entnahme der Höhen und Breiten, der andere zu der der Breiten und Tiefen wie vorher. Das Nähere darüber findet sich in jedem perspectivischen Handbuch. (cfr. u. a. Guido Schreiber, Malerische Perspective pag. 39 ff.) Das Umständliche der Methode, was die moderne Kunst gewöhnlich dagegen geltend zu machen pflegt, beruht wesentlich in der Nothwendigkeit geometrischer orthogonaler Projectionen oder mit andern Worten, der Kenntniss aller Puncte des darzustellenden Objects nach drei Coordinaten, denn wenn sich auch bei gradlinig und ebenflächig umgrenzten Körpern, wie architektonische Werke sich meist darstellen, die Messung derselben bezüglich ihrer

Hauptpuncte noch nicht so sehr complizirt, so ist das Verhältniss bei unregelmässigen, insbesondere krummflächigen Körpern, dergleichen in der Natur die Mehrzahl bilden, doch viel weniger günstig wegen der grossen Zahl von Puncten, wenn auch nur angenähert einige Exactheit der Darstellung verlangt wird, und es ist in der That bewundernswerth und characterisirt mehr als alles Andere die grossen Kunstbestrebungen jener Zeit, dass ihre Meister selbst in solchen complicirten Fällen nicht zurückschrecken. Der Name Albrecht Dürer's steht in dieser Hinsicht hinter dem Lionardo da Vinci's und selbst eines Rafael nicht zurück; es genügt in seine Symmetria nur einen Blick zu werfen auf die mit der grössten Exactheit durchgeführten geometrischen Aufnahmen menschlicher Figuren, und die zum Theil sehr weitläufigen dabei angewandten Methoden, welche der Text beschreibt (cfr. Albrecht Dürer, 4 Bücher von der menschl. Proportion, 1528). Uebrigens wird die Praxis selber sehr bald schon zu einer Vereinfachung des ältern perspectivischen Verfahrens geführt haben. Schon Alberti nimmt, um den Raum zu sparen, welchen die beiden erstgenannten Massstäbe erfordern, nur einen von beiden, und wählt statt des anderen auch für die Vorderansicht eine dieser analog gedachte Tafel der Höhen und Breitenmasse mittelst des in der Mitte gedachten Augenpuncts. Hieraus ergab sich dann das perspectivische Quadratnetz, welches, wie bekannt, die horizontale Fläche des Raums in perspectivisch gleiche Quadrate gliedert, deren Modul gewöhnlich dem menschlichen Körpermass entnommen wird. Auf die perspectivisch richtige Darstellung des menschlichen Körpers und zwar nicht blos in Ruhe, sondern in allen möglichen Situationen concentrirt sich nämlich, sofern dies Hauptobject der malerischen Aufgaben bildet, das Interesse mehr als auf andere Gegenstände, und es finden sich zu diesem Zweck die verschiedensten Methoden benutzt. Das vorerwähnte Werk von Albrecht Dürer gibt diejenige, welche für unregelmässige Formen als die nächstliegende erscheint, er sucht die Theile des Körpers Kopf, Rumpf, Arme, Beine, Hände, Füsse, Finger und Zehen in entsprechenden, oberflächig begrenzten und zugleich möglichst einfache Körperformen einzuschliessen und demnächst das perspectivische Bild dieser, daraus durch Einbeschreibung nach Augenmass die wirkliche Form zu construiren. Der andere Modus, welchen u. a. auch Piero della Francesca anwendet, besteht darin, dass eine Anzahl paralleler Schnitte durch den darzustellenden Körper gelegt, in diesem die besonders characteristischen Puncte bestimmt, und sodann das perspectivische Bild dieser Polygone construirt wird, deren Gesammtheit durch Verbindung correspondirender Puncte das des Körpers ergibt. Das Verfahren ist also dem vorigen insofern entgegengesetzt, als die krumme Oberfläche, welche dort von der ebenflächig begrenzten umschlossen wurde, hier ihrerseits die letztere umschliesst. Es scheint hiernach auf den ersten Blick nicht unmotivirt, wenn diese ältere Methode von der heutigen Kunst einigermassen perhorrescirt wird, weil sie unnöthigen Zeitaufwand, statt einer, zwei Constructionen erfordert, zuerst die orthogonale Projection, mit Hülfe deren sodann das wirkliche Bild angefertigt werden kann. Diese Umständlichkeit verlangt die heutzutage übliche Methode, von der nachher zu reden, allerdings nicht, sie macht es dem Künstler möglich, die Hauptpuncte seiner Composition nach den dafür anzunehmenden Coordinaten oder anderweitigen Daten ohne geometrischen Grund- und Aufriss direct im Gemälde festzulegen; ein Verfahren, das sich insbesondere bei Landschaftsbildern zu empfehlen scheint, wobei es wegen der dabei vorkommenden weiten Terrainstrecken bei Veduten u. a. ohnehin unmöglich wäre, in dem dem Vordergrunde des Bildes entsprechenden Massstabe einen geometrischen Grundriss zu entwerfen. Dass indessen selbst in diesem scheinbar ungünstigsten Falle das ältere Verfahren bei einsichtsvoller Handhabung noch recht wohl zulässig sei, lehrt das in diesem Falle von Lionardo empfohlene Verfahren. Derselbe theilt nämlich die Grundfläche von der Bildtafel aus nach rückwärts in fünf gleiche Distanzen, jede von der Grösse der Augendistanz, wobei er den doppelten Vortheil hat, jede innerhalb dieser Zonen fallende menschliche Gestalt, als aliquoten Theil der Augendistanz sofort mit dem Zirkel eintragen zu können, zugleich aber auch den für die perspectivischen Verkürzungen wesentlichen Theil des Vorder- und Mittelgrundes, deren Tiefe etwa jenen fünf Zonen entspricht, von dem als gleichgültige Folie zu behandelnden, hinter der fünften Zone folgenden Hintergrunde getrennt zu haben. Bei der relativ nicht allzu grossen Tiefe der somit perspectivisch allein in

Betracht kommenden fünf Zonen war zugleich der Entwurf eines Grundrisses ohne Schwierigkeit. Jener Zeitverlust aber, welcher durch die doppelte Arbeit des Projizirens entsteht, dürfte sich wiederum durch Vortheile anderer Art compensiren. Zunächst kann es beispielsweise dem Künstler nach Festlegung der Hauptobjecte seiner Composition gar leicht passiren, dass er dem einen oder andern aus irgendwelchem Grunde eine gewisse Drehung zu geben wünscht. Bei Kenntniss des geometrischen Grund- und Aufrisses ist dies eine relativ wenig zeitraubende mühelose Operation, denn er braucht die Drehung nur in diesen Projectionen vorzunehmen, um sie von da in das Bild zu übertragen. Ohne dieses Hülfsmittel dürfte eine solche Aenderung der Composition aber, ohne die ursprüngliche Idee zum Theil ganz aufzugeben, kaum ausführbar sein. Es betrifft dies gleichzeitig den Fall, wo so oft selbst von tüchtigen Meistern gefehlt wird, nämlich die Benutzung von Studien als Theile einer Composition. Ohne einen klaren Begriff von den natürlichen Dimensionen der nach verschiedenem Massstabe und Entfernung aufgenommenen Objecte müssen sich bei solchen Zusammenstellungen die grössten Missverhältnisse nothwendig ergeben. Hier ist der Nutzen unverkennbar, welcher aus dem Studium der geometrischen Gesetze der natürlichen Bildungen in ihren vielfachen Abstufungen sich ergibt, denn nur so wird der Künstler im Stande sein, dieselben in allen Stellungen perspectivisch richtig wiederzugeben. Dieser allgemeinere Nutzen, welcher aus einer ins Detail gehenden Kenntnis der Objecte sich ergibt, zeigt sich evident in der Correctheit, welche die Malerei der italienischen Renaissance auszeichnet, wo nie die Phantasie eintritt, so lange exactes Wissen zum Ziele zu führen vermag. Hiebei wird zugleich jener oben citirte Ausspruch des grössten nordischen Meisters klar, wie ferner auch so manche bisher nicht aufgeklärte Erscheinung u. a., dass in fast allen perspectivischen Tractaten immer wieder von den fünf regelmässigen und den daraus abgeleiteten Körpern nicht blos die Rede ist, sondern dass dieser Gegenstand, man kann sagen den wesentlichen Inhalt einer grossen Anzahl derselben bildet. Der Grund ist einfach: Um die perspectivische Construction beliebig geformter Objecte leichter auszuführen, umschloss man sie durch ebenflächig begrenzte, aber immer noch unregelmässige Figuren. Mit der Kenntniss der Coordinaten ihrer Eckpuncte wäre es prinzipiell zwar ohne Schwierigkeit gewesen, perspectivisch richtige Bilder davon zu entwerfen, aber es wäre die strenge Durchführung der Construction mit Lineal und Zirkel ein umständliches, für den Künstler kaum durchzuführendes Verfahren geblieben. Hier kam es also darauf an, das perspectivische Gefühl als Ersatz der strengen Construction zu benutzen. Aber dieses Gefühl musste erzogen werden, so dass der Künstler sich darauf verlassen konnte. Diese Erziehung streng und zugleich methodisch und unter fortwährender Controlle der Richtigkeit, ohne fortwährende Beihülfe des Lehrers durchzuführen, boten sich naturgemäss die fünf regelmässigen und die daraus abgeleiteten Körper als die einzigen zu diesem Zwecke geeigneten Formen. Der Laie wird allerdings auf den ersten Blick nicht begreifen, warum andere gradlinig und ebenflächig gebildete, wie etwa architektonische, oder Kristall- und andere Formen dazu weniger geeignet sein sollen. Allerdings kann jede beliebige, nicht zu complizirte Form zum Zweck der Uebung perspectivisch dargestellt werden. Aber eine Controlle der Richtigkeit wird der Ausübende dabei nicht haben, es sei denn, dass er sich entschliesst, den ganzen Körper geometrisch zu vermessen und mittelst des so gewonnenen Grund- und Aufrisses nach der Construzione legittima die frei entworfene perspectivische Skizze zu controliren. Dies Verfahren würde aber selbst bei dem einfachsten Gebäude mehr Zeit erfordern, als der daraus erwachsende Nutzen verdient. Es müssen also Körper gewählt werden, deren Bildungsgesetz bekannt, derart dass ohne instrumentale Messung die geometrische Darstellung ausführbar ist, wie es bei den regulären nicht allein, sondern bei allen daraus nach geometrischen bekannten Gesetzen abgeleiteten, scheinbar noch so complizirten Körperformen zutrifft, die sich somit naturgemäss als die zur Uebung des Anfängers geeignetsten empfehlen und zudem den Vortheil methodischen Fortschritts vom Einfachen zum Complizirteren darbieten. Die Erkenntniss dieser grossen practischen Bedeutung im Interesse der Kunst war es denn auch, welche Fra Luca Pacioli Anlass gab, in seinem Tractat de divina proportione alle die darin beschriebenen, aus den fünf regulären abgeleiteten Körper, ausser den von Lionardo gegebenen Zeichnungen, auch noch in ihren natürlichen Formen räumlich darzustellen; (cfr. obige Schrift. Neuausg. in den Quellenschr. Bd. II.). Die hierdurch erzielte Leichtigkeit in der Handhabung der Perspective, deren strenge Construction vielleicht nur in den Hauptpuncten der Composition durchgeführt, in allen übrigen durch das so geschulte, freie Augenmass ersetzt werden durfte, erklärt in Verbindung mit dem zur Controlle benutzten Quadratnetz, warum selbst Meistern dieser Zeit von weniger hoher Bedeutung in dieser Hinsicht selten ein Fehler nachgewiesen werden kann.

Die höhere Bedeutung, welche sodann die Perspective damit erfährt, dass sie zur Trägerin der künstlerischen Idee benutzt wird, datirt wohl schon von Mantegna und Melozzo da Forli, dessen Compositionen in der klaren perspectivischen Behandlung der Form und Farben bekanntlich alles gleichzeitige übertreffen. Ghirlandajo's grössere Kirchenbilder dürften dazu schon den Impuls gegeben haben. Dennoch ist Lionardo's Abendmahl wohl als das erste epochemachende Werk dieser Art zu nennen. Es ist zu bedauern nicht nur, dass das Meisterwerk an sich durch Feuchtigkeit und schlechte Behandlung so ruinirt ist, sondern auch dass die bisherigen Aufnahmen nicht genügen, selbst über die einfachsten Verhältnisse der Composition vollkommen Klarheit zu erlangen. Während beispielsweise in der Neuausgabe des Malerbuchs (Quellenschr. d. Renaissance von Edelberg v. Eitelberger XVII) pag. 225 des Commentars zu lesen ist, dass der Augenpunct mitten im Angesicht des Erlösers liege, so befindet sich derselbe nach andern[1] Autoritäten mitten in der Brust, und nach einer vorgelegten Photographie müsste er wiederum in den Scheitel Christi fallen. Exacte geometrische Messungen am Original könnten allein für die Zwecke wissenschaftlicher Forschung Auskunft geben, die sich auf die Wiederauffindung der geometrisch-constructiven Gesetze bezieht, welche offenbar der Composition bis ins Detail hinein zu Grunde liegen. Die architektonischen Linien und ihre Concentrirung gegen den Augenpunct, welcher wie bemerkt, das geistige und materielle Centrum der Composition bildet, die Eintheilung der Decke nach quadratischen Feldern, deren Gliederung sich correspondirend auf die Seitenwände überträgt, die Dreitheilung der Rückwand, so dass die Hauptfigur, deren pyramidaler Aufbau sich überdies durch die rückwärtige Beleuchtung am schärfsten markirt, den Raum des doppelt so breiten Mittelfensters deckt, während durch die vertikalen Fensterlinien der Seitenwände die Gruppen der Apostel nach deutlich kenntlichem Gesetz geschieden werden, dies Alles ist wohl als bekannt vorauszusetzen, dass aber auch in den die Gruppen selber umfassenden Contourlinien trotz scheinbarer Unregelmässigkeit dasselbe Prinzip sich fortsetzt, unterliegt ebensowenig einem Zweifel: es genüge hier nur auf die Linie hinzuweisen, welche die Richtung der Arme, bezw. Hände der äussersten Gruppe zur Rechten markirt: sie giebt in ihrer Verlängerung auf die Brust des Erlösers, und gab eben deswegen wahrscheinlich Anlass, dass der oberflächliche Beschauer hier den Augenpunct vermuthete. Weiteres über diesen interessanten Gegenstand hinzuzufügen, muss einem andern Orte vorbehalten bleiben. Das gleiche Prinzip, nur in viel grossartigerer Weise durchgeführt, zeigt sich, wie bekannt, in Rafael's Schule von Athen: Die Architektur ist hier streng symmetrisch als Renaissancehalle gedacht, die auf mehreren Stufen sich erhebend, durch die Untensicht der Capitelle bedeutend höher erscheint, — eine perspectivische Täuschung, von der sich der Beschauer jedoch keine Rechenschaft gibt, weil der untere Theil des Raumes durch die davor befindlichen Figuren verdeckt wird.[2] Das Centrum der Composition oder der Augenpunct deckt sich aber hier nicht mit der Hauptfigur als Träger der Idee, sondern deutet dadurch, dass er zwischen Aristoteles und Plato fällt, die geistige Gleichberechtigung beider an. Hier ist also, was bei Lionardo noch wie unbewusst erscheint, mit Bewusstsein durchgeführt, der Augenpunct als solcher Centrum und Schwerpunct der Gesammtidee. Nach gleichem Prinzip wie im Cenacolo deuten wieder die Haupt-

---

[1] Guido Schreiber, Mal. Perspective. pag. 56.
[2] Lionardo war hierin übrigens vorangegangen. in Cenacolo ist der Saal bei relativ bedeutender Breite doch kaum zwei Manneslängen hoch, aber dieser Umstand fällt um so weniger auf, als ein Theil des Plafonds wie durch einen Theatervorhang vorn abgeschnitten, und so dem Auge keine Controlle gestattet ist. Trotz seiner Grösse hat der Raum dennoch nichts drückendes. — Vgl. dazu W. Lübke, Ital. Malerei Bd. II.

linien der Gruppencontouren das mit dem Centrum sie Verbindende, andererseits auch das sie untereinander Trennende durch die Divergenz der Richtungen an. In der Vertreibung des Heliodor, wo der Augenpunct wieder in das unpersönliche Centrum des Altarleuchters fällt, zeigt sich dieses letztere Prinzip schon in der achteckigen Parkettform des Fussbodens ausgesprochen, wo die schrägen Seiten nach entgegengesetzten, zur Mitte nicht völlig symmetrisch gelegenen Fluchtpuncten divergiren um dadurch zugleich den geistigen Gegensatz der Gruppen selber zu accentuiren. Die perspectivische Gliederung, wo es sich um feierliche Darstellungen handelt, scheint den Meistern dieser Zeit so unerlässlich, dass in der Disputa, obwohl die Scene im Freien vor sich geht, der geweihte Raum vor den Stufen des Altars parkettirt ist, um auf diese Weise das Centrum der Monstranz als den geistigen Schwerpunct der untern Composition kräftig hervorzuheben, während für die obere, wo dieses Hülfsmittel wegfällt, die symmetrisch-radialen Linien, sowie andere geometrische Linienzüge, wie der Glorienabschluss der drei Hauptfiguren als Ersatz dienen. Die perspectivische Anordnung des Parketts hat übrigens, wie man auf den ersten Blick erkennt, den Vortheil zur Verdeutlichung der Raumverhältnisse in doppelter Weise beizutragen, einmal indem durch die zum Augenpunct convergirenden Fluchtlinien das coulissenartige, bogenförmige Zurückweichen der Contouren der untern Figurenaufstellung, als der obern Gruppirung analog, zum Bewusstsein gebracht wird, sodann indem auch das Verhältniss dieses Zurücktretens, wofür sonst wegen der nur zwei Quadrate umfassenden Parketttiefe der Massstab fehlen würde, durch je drei in verschiedenen Distanzen aufrecht stehende Gestalten deutlich wird. Formell am wenigsten betont erscheint von allen ähnlichen Rafaelischen Compositionen das geistige Centrum im Borgobrand, wo dasselbe nicht blos seitlich aus der Axe verschoben sondern auch zugleich im Hintergrunde, und in diesem wieder in bedeutender Höhe fast verschwindet, so dass der segnende Papst, schon wegen seiner Kleinheit, trotz aller perspectivischen Hülfsmittel auch als Schwerpunct der Composition in den Hintergrund zu treten scheint.[1] Jac. Burckhardt bezeichnet darum nicht mit Unrecht die übrigens grossartig gedachte Composition als Genrebild, das freilich, darf man hinzufügen, als solches einzig in seiner Art dasteht. Der Grund für diese Verschiebung des Augenpuncts nach seitwärts ergibt sich übrigens sehr leicht: wäre der Papst zugleich in die Axe der Compositon verlegt, so würde dadurch, dass der Künstler sich streng an die Localität halten musste, die linke Gruppe verkürzt und dafür die rechte über die Gebühr verlängert und dadurch das Gleichgewicht der Massen gestört erscheinen. Der Künstler opfert also den Character des Erhabenen, um das formelle Gleichgewicht zu wahren. In demselben Sinn ist es zu verstehen, warum das Interieur, welches das Studirzimmer des heil. Hieronymus von Dürer vorstellt, sich nicht symmetrisch von der Mitte aus gesehen dem Beschauer darstellt, sondern dass auch hier der Augenpunct nach der rechten Seite und nicht etwa in den Kopf des Heiligen, sondern fast ganz an den Rand des Gemäldes fällt: mit vollem Rechte, weil es andernfalls den Anschein hätte, als solle der Moment, in welchem sich die Person des Heiligen vorgestellt findet, als ein bedeutungsvoller aus der Umgebung herausgehoben werden, während es sich im Gegentheil um die besondere Betonung aller derjenigen Factoren, Geräthe, Attribute, Schriftrollen u. s. w. handelt, welche die Häuslichkeit des in seine Studien versunkenen Heiligen characterisiren. Dagegen bilden wiederum die, durch die bunten Scheiben der grossen gothischen Fensteröffnung über den Studirtisch sich ergiessenden, Lichtströme, welche jedes Object je nach seiner Bedeutung aus der Dunkelheit des Innenraumes hervorheben, die Träger des geistigen Elements, dessen Mittelpunct der Strahlenkranz, sowie die gesteigerte Helligkeit der unmittelbaren Umgebung des Heiligen genügend hervorhebt. In dem Gemälde der Familie Pesaro hat Tizian den Augenpunct sogar ganz links ausserhalb des Rahmens gelegt, offenbar weil es sich nicht um ein Altarbild handelt, dessen Mittelpunct die erhöhte Gestalt der Madonna bildet, sondern um eine nicht

---

[1] Auch hier tritt in Photographien etc. dieselbe Ungenauigkeit der Linien hervor, wie beim Cenacolo. Kein Mensch würde aus den nach rückwärts convergirenden Linien des Fussbodens als deren Zusammenlauf die Figur des segnenden Papstes, geschweige denn den, in dieser Figur gemeinten Convergenzpunct herausconstruiren.

gerade kirchliche Ceremonie, wobei, um die Fortsetzung des Raumes zur Linken, welchen für dieselben ganz unwesentliche Gestalten füllen, wenigstens fühlbar zu machen, die Verlegung des Augenpuncts nach dieser Seite und in entsprechend geringerer Höhe gewählt wurde, während gleichzeitig die hinter den Säulen fortgesetzte Architektur die Erweiterung der Räume nach rechts zum Bewusstsein bringt.

Gar mannigfach sind übrigens die Mittel, durch jene Verschiebung des Augenpuncts aus der Mitte einer zu grossen Symmetrie da auszuweichen, wo der Character der Aufgabe das Gegentheil verlangt. In Perugino's Schlüsselamtsverleihung Petri zeigt sich die vollkommen symmetrische Architektur des Mittelgrundes nicht zur Gliederung der vordern Figurengruppen, wie beim Cenacolo benutzt, sondern es bildet die hehre Ruhe des Heiligthums den lebhaft bewegten Vorgängen des täglichen Lebens gegenüber einen absichtlichen Gegensatz, welcher sich wohl noch lebendiger im Sposalizio Rafael's bekundet, wo selbst die bei Perugino's gleichnamigem Bilde noch feierlich symmetrische Haltung des Priesters einer bewegteren Stellung gewichen ist. Bei anderen Compositionen des auch nach dieser Seite unerreichten Meisters findet sich im Gegentheil, wo die Symmetrie des Figürlichen, wie bei Madonnenbildern, als Ausdruck der künstlerischen Idee nicht zu vermeiden war, das architektonische Beiwerk nach Möglichkeit gemieden. Wieder anders verfahren die Venezianer: Die Symmetrie der Architektur, welche auf mehreren grossen Gemälden Paolo Veronese's als für die künstlerische Idee nothwendig erscheint, indem dabei zugleich der Augenpunct als Centrum des Bildes in der Mittelaxe liegt, wird hier gewöhnlich durch die Aussicht des Mittelgrundes paralysirt, wie in der Hochzeit zu Cana, wo der Blick durch die Bogenhallen über zerstreute Thürme und Zinnen einer grossen Stadt hinwegschweift, während die Ungleichheit der beiderseitigen Beleuchtung den Gegensatz von rechts und links empfinden lässt. Dass formelle Symmetrie des Aufbaus übrigens keineswegs an die Architektur oder an Figürliches gebunden, sondern auch da, wo die Natur der Aufgabe scheinbar dagegen ist, unter Umständen von grosser Wirkung sein kann, zeigen insbesondere Landschaftsschilderungen, unter denen die des Nic. Poussin keineswegs als die einzigen ihrer Art zu nennen sind. Der Grund, warum die Werke des letztgenannten Meisters vor andern analogen Inhalts den Vorzug grösserer Uebersichtlichkeit der Composition aufweisen, liegt eigentlich nur darin, dass der Augenpunct und mittelst dieses die Gruppirung, wäre es auch nur durch die in scheinbarer Wildniss eingestreuten Architekturen oder deren Theile, zum Bewusstsein gebracht wird. In nordischen Galerien, wo es an glänzender Farbenwirkung moderner Landschaftsmalerei nicht fehlt, wird der Beschauer oftmals überrascht durch die in dieser Hinsicht weit anspruchsloseren, aber weitaus strenger componirten, d. h. perspectivisch bei weitem klarer gedachten Compositionen wie etwa solche des als «Orizzonte» bekannten niederländische Landschaftsmalers. Fehler gegen die Einheit der Composition, dergleichen an der modernen Künstlerschaft mit Recht gerügt worden sind,[1] dürften den Meistern dieser Zeit kaum nachzuweisen sein. In ganz andern Sinn findet sich die Perspective verwendet zur Beseitigung der Unregelmässigkeiten des gegebenen Bildrahmens. Auch in dieser Hinsicht leistet Niemand Grösseres als Rafael. Wie unübertrefflich er die ungeschickte Unterbrechung des Halbrunds durch die von unten hineinragende Fensteröffnung in die Composition hineinzieht, derart dass ohne diese Unterbrechung das Ganze sogar in der Mitte leer und damit gezwungen erschiene, zeigt sich in der Anordnung des Parnass, wo die Fluchtlinien des Fensters sogar noch zur Trennung der Gruppen mitbenutzt sind, fast noch glänzender in der Messe von Bolsena, wo durch die Unsymmetrie der Fensterstellung im gegebenen Bildrahmen die Schwierigkeit auf den ersten Blick erheblich grösser scheint. Der Augenpunct, welcher trotzdem der künstlerischen Idee entsprechend nicht anders als in die Axe der Composition fallen konnte, bedingte hier naturgemäss eine seitliche Verschiebung, der an die Fensterumrahmung sich anschliessenden Stufen, somit zur Linken eine Verkürzung derart, dass die oberste Horizontale hinter der Fensterflucht verschwindet, während ihr sicht-

---

[1] cfr. Lambert, Perspect. Zeichnen. Augsburg 1768. Desgl. Guido Schreiber a. a. O.

bares Vorhandensein rechts diesen Unterschied zum Bewusstsein bringt. Dieser Unsymmetrie des Vordergrundes entspricht genau die der Figuren, während der Hintergrund der Architektur der Feierlichkeit der Handlung entsprechend, wieder vollkommen symmetrisch gehalten werden konnte und musste. Es ist bekannt wie selbst in untergeordneter Branche der Decorationsmalerei, insbesondere der Häuserfassaden selbst Meister des Nordens sich durch ihr Geschick in der Ueberwindung architektonischer Unregelmässigkeiten die Bewunderung der Nachwelt errangen. Somit blieb die Perspective keineswegs auf das einzelne Gemälde beschränkt. — Auch bei der Anordnung ganzer Innenräume wurden ihre Gesetze, bezüglich des zu wählenden Augenpuncts und Aufstellungsorts zu Rathe gezogen, um auf diese Art das Ganze zu einer idealen, in allen Theilen nach gleichem Gesetz gegliederten Räumlichkeit umzugestalten. Oftmals weist schon die architektonische Behandlung mit vor- und zurücktretenden Pilastern, Säulen, Capitellen, Gesimsen, dem Beschauer einen bestimmten Standort an, von wo sich dasselbe am besten übersehen lässt. Nichts scheint alsdann natürlicher als nach Vorbild Correggio's und Mantegna's auf diesen auch die Bildperspective zu beziehen. In andern Räumen, wo überhaupt keine architektonische Gliederung vorhanden, war man genöthigt, das Fehlende durch die Malerei selbst zu ergänzen, wobei die Augenhöhe durch die natürliche Höhe des Beschauers gegeben war, während seine seitliche Stellung frei nach der Gesammtidee der Composition gewählt werden konnte. Neben der Correctheit perspectivischer Verkürzungen verdanken dieser naturgemässen Anordnung Correggio's Kuppelgemälde jenen überzeugenden Eindruck, des in allen möglichen Situationen frei in der Luft Schwebens der Engelgruppen, dessen Wirkung weder vorher noch nachher wieder erreicht worden ist. Es bezieht sich dies namentlich auf die aus dem 17. Jahrhundert datirende nach Correggio's Vorgang sich entwickelnde Gewölbemalerei. Ueber dem Plafonds von S. Ignazio, obwohl nur decorativ aufgefasst, doch mit correctester Beherrschung der perspectivischen Verkürzungen für den von dem angewiesenen Standpunct aus Betrachtenden, schweben jene visionären Gestalten, welche über die architektonische Umgrenzung hinaus den Beschauer in den sich öffnenden freien Himmelsraum versetzen, während diesen Uebergang mit richtigem Gefühl als Umrahmung eine Zwischenzone vermittelt, die als Fortsetzung der Architektur des Deckengewölbes, in Form einer prächtigen Halle, den auf der Erde gedachten Gruppen als Aufenthalt dient. Characteristisch ist dabei also, dass die Stellung des Auges über der Bodenfläche als fest vorausgesetzt, die Bildfläche aber in verschiedener Distanz: für die als Umrahmung dienenden Figuren der Wirklichkeit, d. h. der Höhe des Gewölbes entsprechend, für die Himmelsglorien aber in grösserem Abstand angenommen wird. Nicht ohne Interesse ist es, diese Auffassung sich historisch entwickeln zu sehen. Die weltberühmten Stanzen Rafael's, welche bei einer mittleren Ausdehnung von 20—25 Fuss von vier im Rundbogen geschlossenen Wänden und oben von einem Kappengewölbe umgrenzt sind, zeigen den nach Form und Grösse, wie auch der Idee nach, ganz verschiedenen Objecten entsprechend, mit vollem Recht die Perspective aller Einzelgemälde nicht auf denselben Stand des Beschauers bezogen, welche Einheit hier durch andere Mitteln erzielt wird. Diese Einheit des Raumes, welche sich schon äusserlich in der rhytmischen Abstufung der Behandlung von Sockel, Wand und Decke zu erkennen giebt, wird vielmehr in den geistigen Zusammenhang der verschiedenen Bilder gelegt, welcher wiederum durch deren Reihenfolge nach seitwärts wie nach aufwärts deutlich markirt wird. So beziehen sich beispielsweise die Eckbilder des Gewölbes,[1] wie bekannt, jedesmal auf den Inhalt der rechts und links darunter fortlaufenden Wände. In der concentrischen Gruppirung der vier Hauptbilder der Gewölbekappen findet schliesslich die Einheit von Form und Inhalt formell ihren Culminationspunct. Hier wie in andern vielbewunderten Compositionen Rafael's wird also auf perspectivische Illusion verzichtet. Die beiden als grosse ausgespannte Teppiche gedachten Hauptgemälde der Farnesina zeigen ihrerseits nicht Engelschaaren in Untensicht, von Wolken getragen, sondern die olympischen Götter in der dem Auge geläufigeren Vorderansicht, allerdings in idealem Raume gedacht, der sich durch das Ungewohnte der Blickrichtung dem Beschauer als solcher schon genugsam fühlbar macht. Auch in den Wandgemälden

[1] Der Stanza della Segnatura wenigstens.

der Cappella Sistina ist es wesentlich der geistige, in diesem Falle freilich nicht immer logisch klare Zusammenhang, welcher, abgesehen von der äusserlichen Architektonik, vor Allem der scharf betonten Dreitheilung des Raumes, die Einheit bedingt: die indessen ohne die Zuthaten Michelangelo's und Rafael's nicht Viel besagen würde. Dieselbe malerisch und logisch correcte Abstufung, welche in der Stanza della Segnatura Rafael's die Gesammtidee so klar und anschaulich macht, kehrt in noch grossartigerem Massstabe im Deckengewölbe der genannten Capella Sistina wieder. Die Perspective aber nimmt dabei zum erstenmale erhöhte Bedeutung als Trägerin der Hauptidee ein, welches sich wiederum in der dreifachen Abstufung des Figürlichen deutlich bekundet. Dieser Abstufung gemäss sind allein die Hauptvorgänge, um welche sich alles dreht, in der Mitte des Deckengewölbes, der Augendistanz des Beschauers entsprechend, in den wirklichen Raum hineincomponirt, im Gegensatz zu den, im idealen Raum gedachten, Propheten und Sibyllen, und der als plastische Ausschmückung auftretenden dritten Gattung. Den Uebergang zu der von Correggio angebahnten Richtung characterisiren schliesslich Werke von der Art, wie Tizian's weltberühmte Assunta, allerdings nur ein Altarbild, wo die auf Wolken schwebende Madonna nicht dem nach perspectivisch-strengen Gesetzen gegliederten, sondern einem idealen Raume angehört, während der untere Theil des bei voller Sichtbarkeit in unschöner Weise sich verkürzenden Jehovah mit richtigem Tact durch den von der Jungfrau ausgehenden Glorienschein theilweise verhüllt wird. Wie die realistische Auffassung Correggio's selbst bei einem so grossen Meister wie Tizian, wenn auch sehr massvoll sich geltend macht, so ist es kein Wunder, wenn ihr weniger grosse Talente sich ausschliesslich hingebend, dabei in Extreme gerathen, dergleichen die Gewölbemalerei des 17. und mehr noch des 18. Jahrhunderts so vielfach aufweisen. Dennoch geht aus dieser kurzen Skizze hervor, dass aller Mängel ungeachtet, welche diese späteren Ausläufer von der grossen Renaissanceperiode so wesentlich unterscheidet, die Ordnung und Klarheit in den Linien der Composition, die mit der des Gedankens und Inhalts sich überall deckt und den denkenden Beschauer über Nichts im Zweifel lässt, gegen die in anderer Beziehung ungleich vollkommener entwickelten moderne Kunst ein unterscheidendes Merkmal bildet, und wie sich hinsichtlich der antiken Plastik selbst in den spätesten Ausläufern der römischen Kaiserzeit immer noch ein Hauch jener edlen Einfalt und stillen Grösse erhalten zu haben scheint, welche Winkelmann als das Wesen derselben bezeichnet, so darf in gleichem Sinne Entsprechendes von diesen letzten Erzeugnissen der Malerei einer entschwundenen grossen Kunstepoche gesagt werden.

Die Perspective als das wesentliche, die ganze Composition der Meisterwerke jener Zeit bedingende Element zu kennzeichnen, war der Zweck dieser Andeutungen. Sie bezogen sich allerdings nur auf die Gliederung des Raumes durch Linien und Flächen und die dabei zu Grunde liegenden Gesetze. Es gibt aber überdies, wie bekannt, noch andere Factoren, welche, wenn auch mehr zufällig, d. h. nicht als Träger der Gesammtidee und ihrer Gliederung, doch unter Umständen die Linearperspective zu ersetzen vermögen. Der Modificationen, welche in dieser Hinsicht die Licht- und Schattenvertheilung zu erzeugen vermag, wurde schon in einem Beispiele gedacht. Geradezu als Träger der Gesammtidee tritt dies Element jedoch bekanntlich erst bei Correggio auf, dessen realistische Auffassung darin ein neues, bisher kaum beachtetes Hülfsmittel der Verdeutlichung fand, welches sich am kenntlichsten in der heil. Nacht der Dresdener Galerie bekunden möchte. Selten tritt in der That unter den italienischen Malern dieser Factor so vollkommen selbstständig auf wie bei Correggio. Die in ihrer Art ganz neu und überraschend wirkenden Werke niederländischer Meister sind nur die Consequenz dessen, was jener auf ungleich präziseren Grundlagen angebahnt; denn wenn auch wegen der weicheren Uebergänge Fehler gegen die Correctheit der Licht- und Schattenwirkung weniger ins Auge zu fallen scheinen, diente gleichwohl für die Hauptpuncte derselben die perspectivische Constructionsmethode Correggio stets als Anhaltspunct, welches bei den Niederländern, wie überhaupt hinsichtlich der ganzen Compositionsweise so auch in dieser Hinsicht mit gleichem Rechte nicht behauptet werden kann. Die Einführung fester Beleuchtungsbedingungen in die Composition und die daraus erwachsenden Vortheile hatten übrigens schon Lionardo und seine Schule erkannt, denn der Eintheilung des Raumes in

5 Distanzen entspricht bei ihm ebenso eine fünffach abgestufte Licht- und Schattenwirkung und der Künstler erhält so, ähnlich wie für den Raum im perspectivischen Quadratnetz eine Skala zur Beurtheilung der Richtigkeit der Beobachtung unter den vorausgesetzten Bedingungen. Diese selbst unter complizirten Verhältnissen naturgemäss zu erfassen, findet sich in Lionardo's Malerbuch eine Reihe von Resultaten praktischer Beobachtung einfacher und zusammengesetzter Lichtwirkung, Spiegelung, Brechung, Absorption der trüben Medien und anderer malerisch verwendbarer optischer Erscheinungen, woraus sich wiederum das von ihm empfohlene Verfahren der Farbenmischung, den die natürliche Färbung bewirkenden Factoren entsprechend, erklärt. Nicht zu verwundern ist es, wenn in feiner Modellirung der Form nicht weniger wie in der Gesammtwirkung der Licht- und Schattenmassen und überhaupt des ganzen Bildtons diese Schule alle andern, sogar die Werke Tizian's überbietet, bis im 17. Jahrhundert auch darin ein Nachlassen eintritt und die spanischen Meister um den Farbeneffect um so glänzender hervorzuheben, ihre Wirkung sogar absichtlich bei Seite lassen. Denn auch diese, der Farbenton im Ganzen, wie die Zusammenstellung der Lokaltöne, bilden ein nicht unwesentliches Mittel, die perspectivische Wirkung zu erhöhen. Licht und Grössenabnahme gehen in der Natur Hand in Hand, infolge dessen ändert sich ebenso auch die Farbe. Es gelten also hier die gleichen Gesetze wie bei Licht und Schattenton, und es müssen daher ebenso dieselben fünf Luftschichten der Farbenabnahme zu Grunde gelegt werden. Bei beiden ist allerdings gegen die Natur der Unterschied, dass diese selbst mit den gesteigertsten Mitteln der Kunst niemals erreicht werden kann, so dass die in der Wirklichkeit beobachteten Gesetze im Bilde immer nur in modifizirter Form zur Anwendung kommen können. Unterscheiden sich doch schon in dieser Hinsicht die verschiedenen technischen Manieren ganz wesentlich: die Freskomalerei zeigt bekanntlich in Folge der Zusammensetzung ihrer Farbstoffe einen andern Grad der Transparenz und Farbenglanz als die Temperafarben, erfordert somit auch ein anderes Prinzip der Farbenzusammenstellung, während der Glanz der Oelfarben wieder andere Modificationen verlangt. Dennoch soll nach Lionardo'schem Prinzip das Naturvorbild stets maassgebend bleiben. Zweierlei hat, wie bekannt, der Künstler zu beobachten: die Festhaltung der Natürlichkeit, d. h. das Vermeiden von Verstössen, welche seine Darstellung als nach natürlichen Gesetzen unmöglich erscheinen lassen; innerhalb dieser Schranken bildet er sich zweitens inmitten der scheinbaren Wirklichkeit der ihn umgebenden Naturerscheinung seine individuellen Grenzen, indem er durch ein freiwillig auferlegtes Gesetz zu Gunsten der formellen Ordnung und Uebersicht sich selbst beschränkt. Als Träger dieses Gesetzes kann neben der formellen Gliederung der Gruppen und der Räumlichkeit, neben Licht- und Schatten- auch die Farbenwirkung benutzt werden. In mannigfachster Weise zeigt sich dies. In den Meisterwerken rafaelischer Zeit traten die letztgenannten Mittel ausschliesslich nur als das auf, was sie ihrer Natur nach sind, als das Accidentielle nämlich, welches zur Erhöhung der, in der Formengliederung bereits niedergelegten Gesetzlichkeit beiträgt. Seltener ist der Fall, wo beide Factoren, nämlich die formelle Gliederung, von der der Licht- und Farbencomposition gewissermassen unabhängig auftritt, in dem Sinne, dass etwa die formelle Masseneintheilung in verticalem und horizontalem Sinne vor sich geht, während die Licht- und Farbentöne in hellern und dunklern, resp. in wärmern und kühlern Tönen wechselnd in dazu schrägen Richtungen sich gliedern. Die am wenigsten correcte, zuerst wohl von den Spaniern des 17. Jahrhunderts beliebte Compositionsweise ist jene, die von der Licht- und Farbengruppirung die formelle Composition der Massen abhängig macht, oder vielmehr ihr unterordnet, sofern das Feste und Gegebene selbstredend die Contour, die Lichter und Farben aber das Wechselnde und daher Zufällige sind.

  Es ist, bei der hier kurz skizzirten historischen Entwicklung, der Begriff von Perspective absichtlich in dem zu Anfang definirten Sinne, so weit wie möglich gefasst, einmal um den Umfang dieses Wissenszweigs und seine praktische Bedeutung für eine wohl noch heute als mustergültig zu bezeichnende Kunstepoche deutlich zu machen, sodann auch um in Gegensatz dazu die modernen Anschauungen um so schärfer zu kennzeichnen. Leider sind es bis jetzt nur die Schattenseiten, welche, wie bekannt, als Errungenschaft des Barrockstils auf die Gegenwart übergegangen, wie Nichts so deutlich beweist, als die heutzutage durch nordische Architekten in Italien insbesonders in Rom errichteten Bauwerke, deren Disharmonie kaum grösser gedacht werden kann als beispielsweise auf der Piazza von S. M. Maggiore oder auf der Piazza du.' Termini, wo Neues und Altes so dicht aneinandergrenzen, dass dem Vergleich dabei nicht auszuweichen ist. Denselben Vorwurf muss man auch der heutigen Plastik machen, welche wenigstens, soweit sie das Relief betrifft, das malerische Prinzip, wie es aus der Renaissance hervorgegangen, vielmehr ohne Prinzip, d. h. ohne perspectivisches Gesetz und dennoch wie bei einem Gemälde handhabt Fehler, welche selbst hervorragende moderne Meister u. a. bei hochstehenden Colossalfiguren,[1] nicht selten verschuldet haben, würden bei mehr Geläufigkeit im Entwurf perspectivischer Ansichten, wie sie frühern Meistern eigen, die in allen Künsten gleichzeitig sich bewegt, kaum denkbar erscheinen. — Am meisten verloren hat durch das Verlassen des von der Renaissance vorgezeichneten Wegs offenbar die Malerei. Von den drei Hauptheilen, in welche Lionardo sein Malerbuch zu gliedern beabsichtigte, ist nur der eine von der Perspective ausführlich behandelt, der andere über die den Naturerzeugnissen zu Grunde liegenden Form-, Beleuchtungs- und Farbengesetze, zwar ebenfalls genauer, doch wie es in der Natur der Sache liegt, weit weniger erschöpfend, bildet die Grundlage der geometrischen und daraus folgenden perspectivischen Construction, während auf den dritten, welcher auf die vom Künstler sich selbst aufzuerlegenden Gesetze Bezug nimmt, um die ästhetische Wirkung des Bildes zu erhöhen, relativ am wenigsten eingegangen wird. Diese naturwahre und dennoch idealistische Auffassung sticht wesentlich gegen die heutige dem Realismus, aber in andern Sinne, als die Renaissance huldigende Kunstrichtung ab, denn ihr war es um das innere Wesen und nicht um äussere, dem Gegenstand anhaftende Zufälligkeiten zu thun. Jene feinere Empfindung, durch wirkliches, ernstgemeintes Eingehen in das innerste Wesen der Naturerscheinung erweckt, ging mit der Vernachlässigung dieser Studien der Neuzeit verloren, welche seither in dem weiten Labyrinth der Naturerscheinungen ohne Richtschnur und Führer allein auf das subjective Gefühl angewiesen, sich selbst und den wechselnden Launen ihrer Phantasie überlassen bleibt. Auf die Folgen dieses Rückgangs hinzudeuten, bedarf es keiner concreten Fälle: die Landschaftsmalerei möchte in dieser Hinsicht allen Andern an Ungebundenheit voranstehen. Es genügt, nur auf die bekannte Thatsache hinzuweisen, dass selbst als tüchtig geltende Vertreter dieses Fachs ihre perspectivischen Mängel zu verdecken, Gebäude und sonstige Formen, welche dieselben allzusehr verrathen würden, von Andern hineincomponiren lassen, wobei die Uebelstände, die sie zu verbergen gedacht, durch die Disharmonie der Verhältnisse nur um so crasser ans Licht treten. Gewiss wird mancher hier erwiedern, dass die Kunst der Neuzeit sich keineswegs der beengenden Fesseln der Perspective völlig entschlagen, dass sie dieselbe vielmehr noch heute wie früher, wenn auch in anderer Weise als Richtschnur benutzt. Indessen gerade in dieser von der ältern abweichenden Weise liegen ihre Mängel. Schon gegen Ende vorigen Jahrhunderts hört man die seither so oft wiederholte Klage. So motivirt Lambert seine Regeln zum Entwurf perspectivischer Zeichnungen dadurch, dass er auf die fehlende Einheit, namentlich bei landschaftlichen Entwürfen hinweist, wobei womöglich jedes Gebäude, jede Anhöhe, jeder Terrainabschnitt seinen besondern Augenpunct zeige, dadurch veranlasst, dass alle diese Gegenstände nach Modellen oder Studien zusammengefügt werden, die jede unter andern perspectivischen Bedingungen hergestellt sind. Verstösse dieser Art, obwohl im Allgemeinen weniger häufig finden sich, wer wollte es leugnen, selbst bei hervorragendsten Meisterwerken der Gegenwart.[2] Vor allem ist es jener a. a. O. schon gerügte Uebelstand, dass Licht und Farbenperspective sich so selten im rechten Einklang mit der Grössenabnahme finden, welcher Mangel, wie die in den modernen Galerien Deutschlands ausgestellten Werke beweisen, selbst

---

[1] Vgl. u. a. die Victoria der Siegessäule zu Berlin.
[2] Die insbesondere durch Makart gekennzeichnete Richtung, so reich und glänzend in der Farbenwirkung, befriedigt dafür um so weniger in allem, was in das Gebiet der linearen Composition und der sie bedingenden perspectivisch-constructiven Mittel fällt.

grossen Historienbildern vielbewunderter Meister nicht abgesprochen werden kann.[1] Das vorerwähnte Lambert'sche Werk ist nicht nur durch die Offenheit, mit der darin die Mängel der modernen Kunst besprochen werden, interessant, sondern mehr noch characteristisch durch die Mittel, welche es zur Abhülfe jener Uebelstände in Vorschlag bringt. Der Autor hat zu diesem Zwecke zwei Schriften publicirt. Die erste stellt sich die Aufgabe, dem Künstler zu ermöglichen, aus den als bekannt zu setzenden Abständen (Coordinaten gewisser Hauptpuncte), die räumlichen Verhältnisse ohne geometrischen Grundriss direct in Perspective zu übertragen. Die dazu vorgeschlagene Methode kommt jedoch auf die Kenntniss gewisser geometrischer Sätze hinaus, deren praktische Anwendung dem Künstler geläufig sein muss. Da diese Voraussetzung aber nicht überall zutrifft, so hat der Autor ein zweites Werkchen an jenes angeschlossen, wo auch diese Schwierigkeit dem ausübenden Künstler erspart wird und mittelst eines eigens dazu construirten Instruments, des sog. Proportionalzirkels, die ganze Operation sich auf ein rein mechanisches Verfahren reduzirt. Wieweit sich dasselbe s. Z. unter den Künstlern Eingang verschaffte, muss dahingestellt bleiben. Als Gewinn für die Kunst dürfte es schon desshalb nicht zu betrachten sein, weil dadurch die Selbstständigkeit und damit das Selbstvertrauen des Künstlers nothwendig leidet, ohne welches kein Meisterwerk zu Stande kommt. Soviel aber geht aus diesen Andeutungen jedenfalls hervor, dass die Handhabung der Perspective heute prinzipiell eine andere geworden, als sie unter den Meistern der Renaissance sich darstellt. Während bei diesen die ganze Composition und der zu Grunde gelegte Gedanke von der, durch das Quadratnetz gegebenen, Raumgliederung also von natürlichen Verhältnissen ausgeht und aus dem Allgemeinen das Detail ergibt, wird in der sog. freien Perspective der ganze Entwurf oder die Composition dem Ermessen der künstlerischen Phantasie überlassen, so dass der Perspective nur noch die Controlle resp. Berichtigung zu grosser Abweichungen von der Wirklichkeit übrig bleibt. In gleichem Sinne wird diese Disciplin noch jetzt benutzt. An Werken, die in diesem Sinne die Perspective theoretisch behandeln, fehlt es nicht. Das von Guido Schreiber hat vor andern den Vorzug der Anpassung an die künstlerische Auffassung und beschränkt sich nicht einseitig auf eine Methode, sondern sucht alle, jede da, wo sie vor den übrigen am meisten sich empfiehlt der malerischen Praxis nutzbar zu machen. Dieser allseitige Standpunct fehlt jedoch gewöhnlich da, wo Künstler selber die Verfasser solcher Anleitungen sind, indem sich diese meist auf das praktisch bequemste, d. h. am meisten Zeit, Raum und Nachdenken ersparende Verfahren zu beschränken pflegen. Allein der Vortheil, welchen die moderne Anwendung der Perspective darbietet, indem sie die orthogonale Projection erspart, ist doch, wie erwähnt, nur ein scheinbarer im Vergleich zu den Nachtheilen, welche die weniger exacte Kenntniss der geometrischen Verhältnisse darzustellender Objecte mit sich bringt. Denn es ist nicht zu läugnen, dass von zwei im Uebrigen gleich befähigten Meistern derjenige seine Composition naturgetreuer darstellen wird, welcher mit genauester Kenntniss der Raum- und Dimensionsverhältnisse an die Arbeit geht, als der, welcher sich dabei seiner Phantasie überlässt. Diese genaue Kenntniss aber ergibt sich wie erwähnt, als nothwendige Folge aus der ältern perspectischen Constructionsmethode von selber, indem sie den Künstler geradezu zwingt, den Raum und die Objecte, worauf es ankommt, vorher geometrisch auszumessen, um darnach die bezügliche orthogonale Projection zu entwerfen. Naturstudien, in diesem Sinne, werden allein jene Ungenauigkeiten beseitigen, welche vielleicht kein Laie, dagegen jedermann auf den ersten Blick erkennt, der an Naturkörpern wie: Pflanzenformen, Bäumen, Felsparthieen, geometrische Messungen ausgeführt oder auch nur diese Formen hinsichtlich ihrer formalen Bildungsgesetze genauer studirt hat. Zeigen doch sogar die, scheinbar willkürlich von Moment zu Moment die Form ändernden, Wolkenbildungen ihre

---

[1] Von den Mängeln, wovon selbst ein Cornelius bekanntlich hinsichtlich der Correctheit der Zeichnung nicht freizusprechen ist, wird hier ganz abgesehen. Das Obige bezieht sich vielmehr auf solche Fälle, wie in Lessings Hass vor dem Concil, wo die sonst grosse Auffassung des Meisters durch die Nicht-Uebereinstimmung der Grössen- und Lichtabnahme nicht unwesentlich beeinträchtigt erscheint.

im Grossen ganz bestimmt sich markirenden Gesetze, welche sich mit der heutzutage beliebten Compactheit der Oelfarbentechnik sehr wenig vertragen.[1]

Trotz ihrer vielfachen Ausnutzung in den verschiedensten Richtungen bildender Kunst, welche namentlich in der Renaissanceperiode so glänzend hervortritt, ist die praktische Seite der Perspective noch keineswegs als erschöpft anzusehen. Vor allem kann eine Bemerkung nicht unterdrückt werden, worauf schon Guido Schreiber a. a. O. aufmerksam macht, dass, während in den Skizzenbüchern der Maler unter hundert Skizzen kaum eine ist, die in grader Ansicht, d. h. mit den Hauptlinien parallel zur Bildfläche, Objecte wie Gebäude u. s. w. darstellt, das Verhältniss in den ausgeführten Gemälden geradeswegs sich umkehrt. Die ganze Renaissance möchte in der That von einer prinzipiell in der Composition durchgeführten Schrägansicht nur ausnahmsweise Beispiele bieten. Es blieb somit, um grössere Mannigfaltigkeit zu erzeugen, abgesehen von den vorher besprochenen, kein anderes Mittel, als die seitliche Verschiebung des Augenpuncts anstatt der vollen Symmetrie. Dass diese unter Umständen keineswegs zur vollkommenen Wiedergabe einer bestimmten Idee sich eignet, geht schon daraus hervor, dass Beleuchtung und Stimmung schon bei leichter Drehung eines regelmässigen Objects sich ändern (vgl. u. a. das von Guido Schreiber u. a. O. pag. 64 besprochene Beispiel zur Erläuterung dieses Falles). Unter Umständen kann sogar die künstlerische Idee die schräge Ansicht gradezu erfordern. Dieselbe tritt aber erst in der Zeit der Nachblüthe der Caracci, jedoch nur unvollkommen auf, sofern es sich um Hervorhebung und Betonung der, der Composition zu Grunde liegenden Idee handelt. Die methodische Durchführung derselben, gestützt auf das durch die Hauptfluchtpuncte gegebene Quadratnetz nach Analogie der graden Ansicht und im Anschluss an die alte Constructionsmethode, verlangt allerdings eine Anzahl Hülfslinien, welche die Construction etwas compliziren. Für die moderne Anwendung der Perspective als blosse Controle der Richtigkeit der Hauptpuncte, kommt diese Methode freilich kaum in Betracht. Immerhin gibt es auch so noch Fälle, wo die Anwendung der Fluchtpuncte als Erleichterung und Abkürzung empfohlen werden darf.

Die Perspective ist, wie bekannt, als spezieller Fall einer allgemeineren Projection der Centralprojection, aufzufassen, wobei die von einem Puncte, dem Auge, ausgehenden, projizirenden Strahlen gradlinig und die Projections- oder Bildfläche eben oder gekrümmt sein kann. Den Umstand, dass alle perspectivischen Verkürzungen der horizontalen Ebene nach dem Augenpuncte convergiren, hatte, wie gezeigt, die Renaissance bereits zur Gliederung der Composition benutzt, und damit einen formellen Factor zugleich als Träger der Idee verwendet. Allein damit scheint noch keineswegs Alles ausgebeutet, wenn man bedenkt, dass bei der schrägen Ansicht Analoges ebenso wirksam zu erreichen wäre. Ueberhaupt möchte die praktische Ausnutzung der Fluchtpuncte als Träger künstlerischer Ideen hinsichtlich der Gliederung der Composition noch manche bis jetzt unbenutzte Vortheile bieten, auf welche weiter einzugehen, hier nicht der ‚Ort ist. Alle solche werden sich von selber ergeben, sobald die Kunst der Gegenwart sich entschliesst, nicht den Schüler durch abstracte Theorien von Anfang an abzuschrecken, sondern vielmehr durch unausgesetzte Uebung das Auge zum Richtigsehen anzuleiten, was allerdings nur Hand in Hand mit Studien erreichbar ist, dergleichen selbst die grössten Meister Lionardo, Dürer, Rafael nicht verschmähten.

---

[1] Es wäre im Interesse der modernen Kunst zu wünschen, dass die Technik der Petroleum-Oelmalerei, welche sich seit ihrem Entstehen sowohl diesseits wie jenseits der Alpen einer so günstigen Aufnahme zu erfreuen gehabt, in immer weiteren Kreisen Eingang fände.

III. Piero della Francesca's Stellung als Perspectiviker gegenüber Leonbattista Alberti und Lionardo da Vinci.

Die historische Forschung war bis jetzt offenbar nicht einig darüber, welcher Antheil an der Entwickelung der malerischen Perspective jedem der drei darin hervorragendsten Meister zuzuschreiben sei. Während die historische Forschung noch in dem neuesten, diesen Gegenstand berührenden Werke über Melozzo da Forli aus der Thatsache, dass weder in seinem «Trattato della pittura» noch in sonstigen, die Malerei betreffenden Schriften Leonbatt. Alberti das damals gebräuchliche, ältere perspectivische Constructionsverfahren berühre, oder in einem concreten Falle praktisch anwende, den keineswegs mit Nothwendigkeit folgenden Schluss zieht, dieser grosse Meister habe überhaupt von dem damals allerdings nur Wenigen bekannten Verfahren keine Kenntniss gehabt,[1] so findet sich in der Ausgabe des Malerbuchs «Quellenschr. d. Renaissance Bd. XV» die geradezu entgegengesetzte Behauptung. Es heisst dort, Vorbem. pag. 177, Alberti habe die Kenntniss jenes Constructionsverfahrens bei den Lesern seines Trattato della pittura offenbar vorausgesetzt. Allein diese Voraussetzungen lassen sich aus den dafür angeführten Stellen, pag. 57—58 des gen. Tractats[2] (Quellenschr. Bd. XI), keineswegs so unmittelbar herauslesen, um jeden Zweifel zu zerstören. Alberti's Deductionen wie sie a. a. O. und ganz besonders in seinem «Trattato di prospettiva» niedergelegt sind, unterscheiden sich von denen Euklid's (de aspectuum diversitate) wesentlich nur dadurch, dass jener das Bild als Durchschnitt der Bildebene mit dem Strahlenkegel vorstellt, während Euklid nur theoretische Betrachtungen über den Gang der Sehstrahlen ohne Bezug auf eine bestimmte Bildtafel anstellt. Implizite liegt allerdings in Alberti's Auffassung das perspectivische Constructionsverfahren als nothwendige Folgerung, aber keineswegs als unmittelbares Ergebniss, und man könnte, wenn es sich nur um die Theorie handelte, das Gleiche mit demselben Rechte auch von Euklid gelten lassen, wie es bekanntlich wirklich schon von philologischer Seite freilich ohne praktischen Anhalt versucht worden ist.

---

[1] Melozzo da Forli von A. Schmarsow. Berlin und Leipzig 1886. pag. 69. «Einen Schritt weiter zu thun, und den richtig ins Auge gefassten Grundriss der Sehpyramide nun auch als Schnitt geometrisch zu construiren (d. h. das Bild perspectivisch zu zeichnen) gelang ihm (Alberti) nicht mehr. Dies wird zuerst von Piero de' Franceschi geleistet.»

[2] Leonbatt. Alberti's kleinere kunsttheoret. Schriften, herausg. v. Janitschek.

Dem vorurtheilsfreien, einfach an die Facta sich haltenden Blick hat die eine Ansicht somit nicht mehr Wahrscheinlichkeit als ihr Gegentheil. In solchen Fällen bleibt, solange andere Anhaltspuncte fehlen, die Entscheidung des Fachmannes offenbar die massgebende. Als solcher ist in seiner Eigenschaft als ausübender Künstler der Herausgeber des «Malerbuchs» zweifellos anzusehen. In der That ist seine Auffassung des Entwicklungsgangs der Perspective (Malerbuch, Vorbem. S. 176 ff.), wenn auch die Gründe dafür, wie vorerwähnt, nicht vollkommen stichhaltig sind, insofern sich danach der Entwicklungsgang als Fortschritt vom Einfachen zum Complizirten, vom Nächstliegenden zum Entlegenen und Schwierigen naturgemäss ergibt, die dem Künstler und technisch gebildeten Laien am meisten einleuchtende. Wenn nämlich der Umstand, dass Alberti keine perspectivische Construction gibt, schon an und für sich nicht genügt, daraus auf Unkenntniss zu schliessen, so wird andrerseits Jedermann bei aufmerksamer Prüfung dessen, was Alberti a. a. O. Lib. I. pag. 79 ff. und Lib. II. pag. 107 ff. über die Construction des perspectivischen Quadratnetzes sagt, sich leicht überzeugen, dass darin nicht sowohl eine Vorstufe zu jener ältesten, unter dem Namen «construzione legittima» in Italien bekannten und damals ausschliesslich unter den Künstlern angewandten Constructionsmethode, als vielmehr eine für die speziellen Bedürfnisse der Malerei daraus abgeleitete weitere Consequenz zu erblicken sei. In der That braucht man ja nur das perspectivische Bild eines Punctes in der Grundebene zu construiren, dasselbe Verfahren, welches a. a. O. pag. 83 von Alberti für die Construction des Verticalabstandes jenes Bildes von der Grundebene gegeben ist, in der Horizontalebene genau zu wiederholen, um ebenso dessen Seitenabstand, bezogen auf den zur Bildfläche senkrechten Verticalabschnitt und mittelst der so bestimmten beiden Abstände das gesuchte Bild ganz so zu erhalten, wie es die bei Piero della Francesca ausschliesslich angewandte Methode lehrt. Die Ansicht, der fein combinirende Alberti habe eine so einfache, jedem mathematisch calculirenden Kopf sich beinah mit Nothwendigkeit aufdrängende Consequenz übersehen, hat zudem um so weniger Wahrscheinlichkeit, als wir in dem Meister keineswegs blos den Maler, sondern hauptsächlich in erster Linie den Architekten bewundern. In der Architektur aber hat das streng perspectivische Constructionsverfahren aus näher liegendem Bedürfniss aller Wahrscheinlichkeit nach seinen Ursprung genommen. Thatsache ist, dass schon Brunellesco, der, wie bekannt, darin Masaccio unterwies, ein correctes Verfahren, wahrscheinlich die costruzione legittima gekannt haben muss, wonach er jene, von Vasari[1] beschriebenen, architektonischen Prospecte ausführte, mit denen er, wie berichtet, seine Zeitgenossen überraschte, welche Darstellungen überdies zur Controlle der Richtigkeit, mit einer ebenda beschriebenen, sinnreichen Vorkehrung versehen waren, um selbst für Laien und Unerfahrene die Uebereinstimmung von Bild und Object anschaulich zu machen. Aehnliches wird auch von den im Trattato della pittura pag. 81 von Alberti erwähnten «Demonstrationen» anzunehmen sein, denen offenbar perspectivisch richtige Darstellungen bekannter Gegenden und Objecte von, den photographischen Aufnahmen ähnlicher Wirkung, zu Grunde gelegen haben müssen.

Es werden somit besondere Gründe gewesen sein, welche den Meister veranlasst, trotzdem er sie gekannt, von einer detaillirten Darlegung und praktischen Anwendung der perspectivisch-strengen Methode im Sinne Piero della Francesca's in seinen, der Malerei gewidmeten Werken zu abstrahiren. Diese Gründe sind in der That nicht allzuschwer zu verstehen. Den Bedürfnissen der letzteren entspricht im Gegensatz zur Architektur, welche in dieser Hinsicht strengere Forderungen stellt und stellen muss, offenbar mehr ein angenähertes, relativ nicht zu viel Zeit in Anspruch nehmendes Verfahren, welches ohne gelehrtes Studium selbst dem, der Geometrie unkundigen, Malerlehrling bei einiger Anleitung leicht fasslich und geläufig wird. Dieses scheint der praktische Blick des in der architektonischen Strenge nicht weniger, wie in der freieren malerischen Technik bewanderten Meisters, erkannt zu haben. Wäre es doch selbst mit den grössten Opfern an Zeit und

---

[1] Vasari vite crf. auch: A. Schmarsow Melozzo da Forli pag. 68.

Arbeitskraft nicht möglich, die Perspective in architektonisch-strenger Behandlung in der Malerei selbst in den einfachsten, doch immer heterogene Gegenstände unregelmässigster Form enthaltenden Compositionen durchzuführen. Ein solches Streben schien um so aussichtsloser, als bisher, wie bekannt, auch unter den hervorragendsten Meistern einzig und allein der geschulte Blick als Richtschnur galt.

Einen Uebergang zum Gesetzmässigen, mehr Garantie bietenden, hatte Alberti's praktischer Sinn schon durch die Anwendung des quadrirten Schleiers beim Zeichnen nach der Natur angebahnt.[1] Dasselbe Mittel, dessen man sich noch heute beim Copiren oder Uebertragen in einen andern Massstab bedient. Um nun auch für die Composition selber einen entsprechenden Anhalt zur Beurtheilung der relativen Distanzen zu haben, in denen sich die verschiedenen Objecte unter sich und vom Auge befinden, oder nach des Künstlers Absicht befinden sollen, construirt er dann ferner das ausdrücklich zu diesem Zwecke von ihm erfundene perspectivische Quadratnetz,[2] wodurch er in der That den Maler in Stand setzt, ohne anderweitige Combination und Sachkenntniss mit der grössten Leichtigkeit die Raumverhältnisse seines Entwurfs zu überblicken, und zwar je nach der Grösse der zu Grunde gelegten Masseinheit mit entsprechend grösserer oder geringerer Genauigkeit. Wollte man dieselbe Prozedur auf Grund des strengen Constructionsverfahrens, also unter Anwendung des sog. Tiefenmassstabes durchführen, so würde bei der Umständlichkeit des Verfahrens der an schnelles Concipiren und an wenig Construiren gewöhnte Künstler selbst bei einer mässigen Anzahl in dieser Weise festzulegender Puncte schon durch den damit verbundenen Zeitverlust zurückgeschreckt werden, ganz davon abgesehen, dass der in Anwendung geometrischer Hülfsmittel wenig oder gar nicht Erfahrene, sogar bei Bestimmung der perspectivischen Verkürzungen mässiger Distanzen schon eines gewaltigen Raumes für seine Tiefenmasse bedürfen würde.[3] Wie richtig in dieser Hinsicht Alberti nicht nur seine Zeitgenossen, sondern auch die kommenden Geschlechter taxirt, lehrt das Factum, dass heute, nach so langer Zeit noch dieses unentbehrlichste Fundament aller zeichnenden Künste bei weitem nicht den ihm als solches gebührenden Rang einnimmt, während andrerseits die Erfahrung lehrt, dass die Bedeutung der über die Masse hervorragenden Meister sich wesentlich aus der freien Handhabung der durch lange Uebung zur zweiten Natur gewordenen perspectivischen Grundelemente ableitet. Der Umstand, dass unter der Zahl der letztgenannten Meister ein nicht unbeträchtliches Contingent von Malern sich findet, deren Entwicklungsgang durch technische Studien hindurch, zur Kunst geführt, unter den hervorragendsten Meistern der Renaissance kaum einer zu nennen, der nicht neben der Malerei auch noch andere Künste, insbesondere technische Studien betrieb, hätte in massgebenden Kreisen längst als Fingerzeig für die künstlerische Erziehung dienen sollen. Der Mehrzahl unter den heutigen Malern ist die freie Beherrschung der Perspective wohl so fremd wie je.[4]

Die mühsame, dabei wenig Lohn verheissende Aufgabe, die Perspective im strengen Sinne, wie in der Architectur so auch in der Malerei einzubürgern, hatte Alberti, mehr Architekt als Maler, um sich nicht mit halben Erfolgen zu begnügen, je nachdem mit dem Fortschritt dieser Kunst das Bedürfniss dazu trieb, den Malern selber überlassen.

Piero della Francesca, welcher diese Aufgabe übernahm, wenn auch nur unter Malern genannt, also weniger vielseitig als der vorgenannte Meister, war eben darum um so gründlicher in allem, was die Malerei angeht. Er hatte zudem, wie sich nicht blos aus seinen

---

[1] Trattato della pittura pag. 103.
[2] Trattato della pittura pag. 105 107.
[3] Sehr bezeichnend ist in dieser Hinsicht die erst neuerdings erfolgte Publication einer Broschüre, worin der Autor, selbst Künstler, mit einer gewissen Ostentation schon auf dem Titelblatt eine neue Methode verkündet, die aber in Nichts besteht, als dass die sonst viel Raum erfordernde bekannte Construction von Hülfspuncten in reduzirtem Massstabe ausgeführt und dann das Resultat in den ursprünglichen übertragen wird.
[4] Es genüge, auf das Factum hinzuweisen, dass der Landschaftsmaler gewöhnlich gar kein Hehl daraus macht, dass er sich in Ermangelung perspectivischer Kenntniss, seine Baulichkeiten etc. durch Kundige hineinconstruiren lässt.

Gemälden, in denen fast immer die Architektur eine gewisse Bedeutung hat, sondern auch aus der nicht unbeträchtlichen Zahl der darin behandelten architektonischen Probleme seines vorerwähnten Trattato di prospettiva ergibt, offenbar viel architektonischen Sinn, unterstützt durch eine für den Nicht-Fachmann jener Zeit bewundernswerthe Fülle mathematischer Kenntnisse. Die Aufgabe Piero's ist, wie aus dem Gesagten folgt, eine ganz andere als die Alberti's. Während letzterer nur einen Anhalt gibt, will jener die ganze Strenge des Verfahrens bis ins Detail vom Maler durchgeführt wissen. Dies ist offenbar der Zweck seines vorgenannten Werks, welches, von dem architektonischen Theil abgesehen, sogar an den allerunregelmässigsten, am häufigsten wiederkehrenden, Körperformen der malerischen Praxis, dem Menschen, die Durchführbarkeit seiner Intention nachweist — allerdings nur am Kopfe bei verschiedenen Drehungen. Die ganze Figur würde schon zuviel Raum erfordert haben. Bedenkt man andrerseits, dass in jeder grössern Composition nicht e i n e , sondern eine grössere oder geringere Zahl solcher Figuren, bekleidet oder unbekleidet auftritt, so wird man, selbst die grösste Gewissenhaftigkeit seitens des Künstlers vorausgesetzt, und ohne auf Signorelli's Fresken im Dom zu Osvieto oder auf Michelangelo's jüngstes Gericht zu recurriren, die Möglichkeit der praktischen Durchführbarkeit jenes Verfahrens billigerweise bezweifeln. Aehnliches gilt hinsichtlich der freien Composition, wie vorher angedeutet. Dies kann daher unmöglich des Meisters Absicht gewesen sein. Sie ist eine andere, eine rein pädagogische. Schon der Eingang seines Tractats, wo er dessen Abfassung ein Wagniss nennt, zum Ruhme der Kunst unternommen, welche er dadurch in würdigere Bahnen lenken will, deutet auf jenen grossen pädagogischen Zweck hin. Nicht ein theoretisches Compendium soll der Tractat sein, wie die sonst bekannten, dieser Zeit entstammenden Werke gleichen Inhalts, wobei gewöhnlich gerade das den Maler Interessirende, die Art und Weise des praktischen Gebrauchs der darin beschriebenen, bald mehr bald weniger streng wissenschaftlich begründeten Constructionsmethoden in concreten Fällen entweder ganz übergangen, oder in einer für den Anfänger völlig ungenügenden Weise abgethan wird, dafür aber eine Menge von Theorien optischer Erscheinungen aufgestellt werden, die mit dem Wesen der Linearperspective kaum noch zusammenhängen, oder doch als Hülfsmittel für den Unterricht durchaus entbehrlich sind. Im Gegensatz zu diesen, allen geehrten Speculationen und Neuerungen grundsätzlich ausweichend, beschränkt Piero della Francesca sich ausschliesslich auf das für den genannten Zweck Dienliche und durchaus Nothwendige, in einer Auswahl, dem Maler vielfach vorkommender, praktischer Probleme, deren Lösung dann aber auch soweit durchgeführt wird, dass nur mit Reissbrett, Zirkel und Lineal versehen, ohne jede sonstige Anweisung der Lehrling Alles bis ins Detail selbst construiren und controlliren kann. Nur durch so exacte Ausführung in Wort und Bild zugleich durchgeführt und veranschaulicht in allen vorher angegebenen Fällen, konnte des Meisters Intention erreicht, das Auge des Lernenden nach und nach derart herangebildet werden, dass derselbe dadurch schliesslich in den Stand gesetzt wird, auch ohne constructiven Anhalt perspectivisch richtig zu sehen und zu entwerfen. Obwohl Piero hiernach weder eine neue Erfindung gemacht, noch auch als der Erste gelten darf, der die perspectivische Constructionsmethode praktisch angewandt, im Gegentheil Alles darauf hinweist, dass unter den Architekten, wenn auch nur einzelnen der Hervorragendsten, ein solches Verfahren lange vor der Abfassung des genannten Tractats geläufig gewesen sei, und überdies keine Stelle jenes Werks, auch nur die leiseste darauf hindeutende Aeusserung enthält, so ist derselbe seiner Tendenz entsprechend gleichwohl als ein wahres Meisterwerk, dazu als einzig in seiner Art zu bezeichnen.

Die erwähnte Constructionsmethode, welche sich in A. Schmarsow: «Melozzo da Forli» pag. 69-70 nur kurz angedeutet findet, ist wie vorher bereits hervorgehoben, im Wesentlichen nichts als die zuerst genannte ältere : «Costruzione legittima» wie sie bei allen perspectivischen Tractaten dieser und noch späterer Zeit bald mehr bald weniger umständlich sich beschrieben findet.[1] Das Prinzip, worauf dieselbe beruht, bietet eigentlich nur zwei Möglichkeiten oder darauf

---

[1] Vergl. insbesd. Malerbuch L. da Vincis Vorbem. S. 177-179. ff.

sich gründende Methoden. Von den drei Projectionen der Sehpyramide auf je eine der drei Ebenen eines orthogonalen Coordinatensystems, dessen horizontale Ebene der Grundebene der Zeichnung, dessen beide Verticalebenen resp. zur Bildebene parallel und senkrecht zu denken, sind zur perspectivischen Construction des Bildes nur je zwei in zweifacher Art benutzbar: Die Projection auf die zur Bildebene senkrechte Mittelebene zur Bestimmung der Tiefenmasse ist unter allen Umständen nothwendig. Mit dieser kann man sodann zur Festlegung der Breiten entweder die horizontale Grundebene combiniren, welches Verfahren die vorerwähnte ältere Construction ausmacht; oder man benutzt statt letzterer die Projection auf die Bildebene selber, wodurch sich eine Abkürzung ergibt, welche, auf Grund seiner beidem perspectivischen Quadratnetz angewandten Methode, Alberti ebenfalls nicht unbekannt war. Die erstgenannte, allerdings wegen ihrer Einfachheit am nächsten liegende Methode ist anderseits die umständlichste, am meisten Raum und Arbeit erfordernde, denn man hat, nachdem die perspectivischen Verkürzungen, der Tiefe und Breite nach, durch zwei separate Constructionen gefunden, diese schliesslich noch auf die Bildebene selber zu übertragen, so dass im Ganzen drei Blätter zur Ausführung des Bildes erforderlich sind. Wo, wie in den einfachen Beispielen des ersten und zweiten Buchs des in Rede stehenden Tractats die geometrischen Gesetze, nach denen die perspectivisch abzubildenden Flächen- oder Körperformen gebildet, bekannt sind, werden sich auf Grund derselben mit Berücksichtigung jener grösstentheils schon bei Euklid a. a. O. und weiter in Albertis Trattato di prospettiva aufgestellten Sätze, die, wenn auch Resultate theoretischer Speculation, dennoch keineswegs so praktisch werthlos sind, als es auf den ersten Blick wohl scheinen möchte,[1] gewisse Abkürzungen und Vereinfachungen ergeben, welche jedoch das vorher characterisirte Constructionsprinzip nicht alteriren. Wo dagegen solche Abkürzungen wegen, der nach keinem bekannten Gesetz gebildeten, Unregelmässigkeit des darzustellenden Körpers, wie in den Beispielen des dritten Buchs gen. Tractats, insbesondere der menschlichen Kopfform nicht möglich sind, da findet sich auch das Verfahren wie vorher auseinandergesetzt, in seiner ganzen Umständlichkeit also mittelst dreier Pläne durchgeführt. Wenn der Verfasser «Melozzo da Forli» pag 70 von einer neuen Methode spricht, welche im dritten Buch seines Tractats der Meister anwende: «an deren Erfindung Piero della Francesca wohl den grössten Antheil hat, obgleich sie auf Alberti's Theorie vom Querschnitt zur Sehpyramide zurückgreift», so ist dabei nicht etwa, wie es den Anschein erwecken kann, an eine sachlich neue Methode zu denken, deren erste Anwendung Piero zu danken; die ganze Neuerung um die es sich handelt, besteht vielmehr nur in gewissen praktischen Handgriffen oder Manipulationen, welche, ohne die Methode im geringsten zu alteriren, ermöglichen sollen, das Bild wie es für die complizirteren Fälle des dritten Buchs sehr nahe lag, anstatt einfach Punct für Punct von Anfang bis zu Ende in stetiger Folge festzusetzen, abschnittsweise, d. h. unter Zusammenfassung und gleichzeitiger Behandlung eines Abschnitts zusammengehöriger Operationen in übersichtlicherer zur Controlle der Richtigkeit bequemerer Art auszuführen. Dazu dienen die zwar recht sinnreich erdachten aber rein als äussere Hülfsmittel aufzufassenden, von einer auf die andere Platte mittelst Papierstreifen übertragbaren Serien der Hülfspuncte, die, um nicht zu viel Linien ziehen zu müssen, durch Alignement von Fäden anstatt durch wirklich gezogene Linien auf jenen bestimmt werden. Die Festlegung jeder derartigen Punctreihe bildet beispielsweise einen der vorerwähnten Abschnitte u. s. f.

Dieser Methode gegenüber besteht bei der zweiten, Alberti ebenfalls schon bekannten Constructionsweise der Vortheil darin, dass hier wie bemerkt die Bildebene selbst zur Bestimmung der Breitenmasse benutzt wird, so dass überhaupt nur zwei Tafeln für die Arbeit erforderlich sind.[2] Ohne die Bedeutung des Francesca'schen Tractats im Geringsten zu verkennen,

---

[1] Melozzo da Forli pag. 69: «Aber von der Höhe seiner Theorie, wo er mit einem mal den Wesen aller Zeichenkunst definirt, sinkt Alberti wieder herab zu seinem Ausgangspuncte, nämlich zu einer Proportions- und Sehwinkellehre wie bei Euklid und seinen Nachfolgern».

[2] Es ergibt sich aus dem Vorstehenden von selbst, dass, wo es sich für die Construction nur um die Projectionen der Grund- und zur Bildebene senkrechten Verticalebene handelt, der Augenpunct und die Bildebene als solche für die Construction der gesuchten Grössen nicht in Betracht

ist doch der in «Melozzo da Forli» pag 69 aufgestellte Satz: «Franceschi's Tractat «de prospectiva pingendi» ist das eigentliche Fundamentalwerk der malerischen Perspective bis auf unsere Zeit, das man im Wesentlichen erst Ende des vorigen Jahrhunderts durch Erklärung des Verschwindungspuncts um einen Schritt zu überholen vermochte», schon auf Grund des Vorstehenden für den Fachmann in dieser Form nicht annehmbar. Nicht bloss, dass in der vorher besprochenen zweiten Methode an sich ein entschiedener Fortschritt liegt, dass die Entdeckung Lionardo da Vinci's der Malerei ganz neue Bahnen eröffnete, dass die Einführung der Distanzpuncte, wie sie heute noch bei den meisten architektonischen Ansichten verwendet werden bereits bei Vignola (due regole di Prospettiva) gelehrt wird, war auch die Theorie der Fluchtpuncte lange vor jener Zeit von Guidubaldo del Monte auf allgemeinsten wissenschaftlichen Grundlagen basirt, in dessen perspectivischen im Jahre 1600 publizirten Tractat in Italien bekannt. (Vergleiche dazu den vorstehend gegebenen historischen Abriss über die Entwickelung der Perspective). Allerdings ist, seit Piero della Francesca seinen Tractat verfasst hat, ein ähnliches Werk gleicher Tendenz, so wünschenswerth dies auch vielleicht noch jetzt im Interesse der Malerei wäre, von einem Künstler gleich ihm bis auf den heutigen Tag nicht wieder geschrieben worden, ohne dass man jedoch zu sagen berechtigt wäre, diese Erscheinung sei im Unvermögen oder dem mangelnden Fortschritt späterer Zeiten auf diesem Gebiete zu suchen. Denn daran wird keiner, Künstler oder Laie, zweifeln, dass Piero, wäre er nicht erblindet, und dadurch an der Ausübung der Malerei gehindert worden, wohl niemals an die Abfassung wissenschaftlicher Tractate gedacht hätte. So auch sahen die Meister späterer Zeit in der Ausübung ihres Berufes als Maler ihr höchstes Ziel. Sie dachten damals ebenso wie jetzt, und die Erscheinung, dass im Laufe mehrerer Jahrhunderte kein Künstler sich berufen fühlt, durch ein den Fortschritten der perspectivischen Disziplinen Rechnung tragendes Lehrbuch das ältere zu ersetzen, wie solches in jedem anderem Fache zu geschehen pflegt, findet so ihre ganz naturgemässe Erklärung. Gleichwohl werden die erwähnten neuen Entdeckungen nicht nur den Künstlern bekannt, sondern auch von ihnen für die Praxis nutzbar gemacht worden sein. Schrägansichten, oft wie mit Absicht gewählt, die nach der Costruzione legittima nur auf höchst unbeholfene Art ausführbar wären, deuten zweifellos auf Fortschritte, die wenn auch nicht schwarz auf weiss in Lehrbüchern niedergeschrieben, sich dennoch traditionell vom Meister auf den Lehrling in den Werkstätten werden fortgepflanzt haben.

Bei der vorstehend dargelegten Auffassung über die gegenseitige Stellung Alberti's und Piero dei Franceschi's als Perspectiviker, deren Möglichkeit durch die Thatsachen wenigstens nicht ausgeschlossen ist, während jener Widerspruch wegfällt, welcher bei der entgegengesetzten, von philologischer Seite geltend gemachten Ansicht aus den angegebenen Gründen stets das Befremden des Fachmanns erregen muss, ergeben sich dann naturgemäss alle weiteren Consequenzen von selbst.[1] Piero de' Franceschi kennzeichnet also keine neue Stufe theoretischen Fortschritts: sein gleichwohl nicht zu unterschätzendes Verdienst besteht vielmehr darin, dass er zuerst die strenge Constructionsmethode als Erziehungs- und Bildungsmittel für das Auge des Lehrlings in praxi richtig erkannt und anzuwenden sucht, eine Aufgabe vor deren vermeintlicher Aussichtslosigkeit Alberti noch zurückgeschreckt war. Der letztere, insofern weniger gründlich, sucht vielmehr durch eine Reihe, aus der Theorie abgeleiteter praktischer Anweisungen die strenge Construction zu ersetzen, um dem künstlerischen Bedürfniss vorerst nur annähernd zu genügen. Das perspectivische Quadratnetz war das erste derartige Hülfsmittel. Um dabei nach einer bekannten Masseinheit die räumlichen Verhältnisse der Composition leicht übersehen zu können, hatte er die dem Künstler am meisten geläufige stets wiederkehrende menschliche Körperlänge, resp. deren aliquoten Theil; den braccio benutzt. Da es sich aber bei solchen Compositionen ausser den Horizontal-

---

kommt. Ein besonderer Vortheil ist jedoch, wie es nach «Melozzo da Forli» pag. 69 wiederum leicht den Anschein erwecken könnte, vor der anderen Methode nicht zu entdecken, welche im Gegentheil bei gleicher Correctheit als die kürzere sich mehr empfiehlt.

[1] «Vorbemerkungen des Malerbuchs» pag. 186-187.

distanzen zugleich um die Höhenverhältnisse handelt, so will er dann ferner,[1] um sie ebenfalls nach der gleichen Masseinheit zu übersehen, den Bildhorizont so hoch gelegt wissen, wie die Augenhöhe der in der Bildfläche selbst aufrecht stehenden menschlichen Gestalt. Denn unter dieser Voraussetzung bleibt bei nahen wie bei fernstehenden Figuren die Höhe bis zum Auge stets durch den Bildhorizont begrenzt und daher das Höhenverhältniss anderer in entsprechender Tiefe hinter der Bildfläche stehender Objecte leicht bestimmbar. Worauf es jedoch bei solchen Untersuchungen den Künstlern eigentlich ankam, nämlich die Kenntniss der Zahlenverhältnisse, wonach sich die perspectivischen Verkürzungen einer Reihe hinter einander abgetragener gleicher Längen auf dem Tiefenmassstabe bestimmen, so dass dieser selber ganz entbehrlich wird, konnte, solange bei dieser Construction zwei Grössen willkürlich bleiben, die Masseinheit nämlich und die Augendistanz, in einfachen Zahlen natürlich allgemein nicht festgestellt werden. Erst nachdem Lionardi da Vinci diesem Umstande dadurch Rechnung getragen, dass er als Masseinheit nicht wie bisher die Körperlänge des Menschen, sondern die Augendistanz selber einführt, ergab sich die schon den Pythagoräern in der Musik bekannte harmonische Zahlenreihe als Endresultat, und daran knüpft sich sodann jene neue Phase der Kunst, welche die Perspective, nicht nur als Controlle der Richtigkeit, gleichsam nur als nothwendiges Uebel duldet, sondern zu einer ganz neuen Bedeutung als Träger der, der Composition zu Grunde gelegten, Idee erhebt, deren Character in Verbindung mit den sonstigen Mitteln der Farbe und der Licht- und Schattentöne in den Meisterwerken der Hochrenaissance durch die Perspective wesentlich mitbestimmt wird.

---

[1] Trattato della pittura. S. 107 ff.

IV. Piero della Francesca's Tractat: «De Prospettiva pingendi.»

Unter der relativ geringen Zahl uns überkommener Werke gleichen Inhalts aus der Zeit der Frührenaissance bildet der Tractat Piero della Francesca's «de prospettiva pingendi» gewissermassen die Ergänzung dessen, was in Alberti's Tractat von der Malerei theoretisch bezüglich der Perspective enthalten ; indem hier dem Künstler zur Anwendung jener Regeln in den am häufigsten in der Malerei vorkommenden Fällen praktische Anleitung gegeben werden soll. Offenbar hatte in dieser Zeit ein solcher Zweck seinen besonderen Reiz. Schon die Neuheit der Entdeckung und die überraschenden Erfolge, die sich daraus in einzelnen Fällen ergaben, hatten allgemeineres Interesse, und Künstler wie Gelehrte wetteiferten in der weiteren Ausbildung und Ausnutzung des neuen Wissenszweiges. In ungleich strengerem Sinne, als die heutige Kunst geht die damalige Malerei dabei zu Werke und beschränkt sich keineswegs auf blosse Architekturformen oder geometrisch-regelmässige Objecte, sondern wendet die Gesetze sogar auf die allerunregelmässigste Form des menschlichen Körpers, in dem bereits früher präzisierten Sinne, in voller Strenge an. Mit wie wenig Mitteln diese energisch vorwärtsstrebende Zeit ihre Ziele — damals gewiss nicht niederer als heutzutage gesteckt — zu erreichen bemüht ist, indem sie unbeirrt den dornenvollen Pfad mit Hülfe elementarer, nichts weniger als einfacher Methoden, ohne jene Erleichterungen und Abkürzungen, welche der Fortschritt der geometrischen Disziplinen späterer Zeit erfand, mit einer Geduld und Ausdauer verfolgt, die nachher durch so glänzende Erfolge belohnt werden sollte, das lehrt Nichts besser als der Einblick, der uns überkommenen, darauf bezüglichen, technisch wissenschaftlichen Tractate aus der Zeit der neuauflebenden Künste. Man vergleiche beispielsweise nur die unbeholfenen Methoden, welche in des in Rede stehenden Autors Abhandlung über die fünf regelmässigen und aus diesen abgeleiteten Körper zur Berechnung gewisser Grössen zur Anwendung kommen, die nach dem heutigen Stand der Wissenschaft unter Mitbenutzung der Logarithmen etc. nicht den zehnten Theil des Raumes sowohl wie der Arbeit erfordern. Man sehe wie in dem gleichen unter Pacioli's Namen herausgegebenen Tractat selbst ein Meister wie Lionardo es nicht verschmäht, das Figürliche mit der grössten Gewissenhaftigkeit, obgleich im Einzelnen nicht immer ganz correct, mit Lineal und Zirkel zu construiren, um sich von dem Ernst der in's kleinste Detail eingehenden Studien zu überzeugen. Piero della Francesca eigentlich Pietro di Benedetto degli

Franceschi[1] ist bezüglich seiner künstlerischen Bestrebungen in Theorie und Praxis, wie auch der Zeit nach etwa in die Mitte zwischen Alberti und Lionardo zu stellen. Viele Hülfsmittel des Letzteren fehlen ihm noch, dagegen hat er die ältere Methode der «Costruzione legittima» vereinfacht und für die Praxis brauchbarer gemacht. Schon der Umstand, dass er mit einem hervorragenden Gelehrten, Fra Luca Pacioli, persönlich befreundet war, der, wie anderswo berichtet wird, sogar sein Schüler gewesen sein soll, deutet darauf hin, dass er nicht ohne wissenschaftlichen Fonds gewesen sein könne. Um insbesondere seine Bedeutung als Perspektiviker, abgesehen von seinen Gemälden, in ein glänzendes Licht zu stellen, erwähnt Vasari a. a. O. eines Gefässes, welches sich in seinem perspectivischen Tractate derart dargestellt finden soll, dass man infolge der exacten Verkürzung der Kreisabschnitte Vorder- und Rückseite, Profil, Boden und Mündung gleichzeitig erblicke.[2]

Vasari erwähnt an der gleichen Stelle seiner mathematischen Kenntnisse: dass ihm Euklid so geläufig gewesen sei, dass er alle Projectionen regulärer Körper besser als ein Geometer zu zeichnen verstände und ereifert sich, dass Fra Luca Pacioli, sein Schüler, jenes Werk über die 5 regelmässigen Körper, nachdem der Meister blind geworden, usurpirt und nach dessen Tode unter seinem Namen herausgegeben habe. Dass dieser letztere, als Mathematiker von Fach an Piero's wissenschaftlichen Arbeiten, soweit sie das Theoretische betrafen, einen gewissen Antheil haben konnte, ist auf Grund der persönlichen Beziehungen beider sehr wahrscheinlich, und an anderer Stelle auch der Nachweis versucht, wieweit dieser Antheil sich etwa erstreckt haben könne.[3] Allein die Klagen oder vielmehr Anklagen der älteren Historiker, Zeno und Tiraboschi, beschränken sich nicht auf dieses Werk allein, sondern nennen auch den offenbar von Piero allein, d. h. ohne Beihülfe eines Mathematikers von Fach, verfassten Tractat de prospettiva pingendi als von Andern, insbesondere Daniele Barbaro (quattro libri di prospetiva Pratica 1568) usurpirt. Schon der Umstand, dass Lionardo da Vinci, welcher gleichfalls die Absicht hatte, ein Lehrbuch der Perspective zu schreiben, Pacioli zufolge[4] diese Absicht aufgab, als er hörte, dass Meister Piero dal Borgo ein solches bereits in Angriff genommen, beweist in welcher Achtung dieser als Perspectiviker bei seinen Zeitgenossen stand, und erklärt zugleich, das nach seinem Tode bei dem grossen praktischen Werth, welchen ein derartiges, von einem darin ausgezeichneten Künstler verfasstes Werk für die Fachgenossen haben musste, ein ähnliches Geschick wie das vorgenannte auch dieses Werk, wenn auch nur in modifizirtem Masse, ereilen konnte. Jedenfalls blieb nach des Meisters Tode der Tractat verschollen bis in dieses Jahrhundert hinein, wo noch bei Montucla (Histoire des sciences mathématiques) die entsprechende Notiz zu lesen. Erst neuerdings ward das Manuscript wiederentdeckt, doch bis jetzt der Oeffentlichkeit vorenthalten. Dies lange Verschwinden dient allerdings nicht, die Anschuldigung der genannten Historiker zu entkräften; die übrigens ihrerseits über den Sachverhalt, wenigstens darüber, wieweit sich das Plagiat Barbaro's erstrecke, nichts Bestimmtes wissen, sondern nur vermuthen. Nun lehrt aber schon ein oberflächlicher Vergleich der gen. Tractate, dass der Inhalt, rein sachlich genommen, bei beiden der gleiche, nur dass er bei Barbaro durch Umstellungen oder unwesentliche Zusätze, Abkürzungen oder Weglassung unwichtigerer Stellen in anderer Form erscheint, während die Methoden sowohl wie Figuren und Beispiele wesentlich Reproductionen Piero's zu nennen sind. Des kunsthistorischen Interesses wegen sei es gestattet die wesentlichsten Puncte kurz hervorzuheben.[5]

Das in Rede stehende Barbarosche Werk ist wesentlich nur als ein Theil von demselben

---

[1] Vgl. W. Lübke, Geschichte der ital. Malerei I. pag.: 391 ff.
[2] Vgl. Fig. 79 des Textes.
[3] Repertorium f. bild. Kunst. Jahrgang 1881. «Der Tractat P. de' Franceschi's».
[4] Fra Luca Pacioli, de divina proportione, Quellenschr. Neue Folge. Bd. II.
[5] Im Manuscript des Piero'schen Tractats der Bibl. Palatina zu Parma befindet sich zu Anfang eine Bemerkung von ungenannter Hand, wo mit Bezug hierauf die Sache kurz abgethan wird: «avendo io avuto la opportunità di confrontare l'una opera con l'altra hò gia fatto vedere altrove la insussistenza di così fatta accusa», während doch schon der blosse Anblick der Figuren, abgesehen von weiterer Prüfung des Inhalts, dem Sachkenner sofort das Gegentheil beweist.

Verfassers optischem Tractate (Manuscr. auf der Marciana zu Venedig) anzusehen und als praktischer, für die Kunst besonders wichtiger Theil, auch als selbständige Arbeit im Druck erschienen. Der Hauptunterschied von Piero's Tractat liegt in der Verschiedenheit der Tendenz. Piero's Tractat ist nicht nur dem Inhalt, sondern auch der Ausführung nach praktisch, gibt dem Künstler directe Anweisung zur Construktion in concreten Fällen, zwar Wenig, aber dieser Wenige um so gründlicher. Barbaro's Werk hat im Gegentheil trotz des vorzugsweise die Praxis angehenden Inhalts die Absicht, als Compendium alles Dasjenige, was nach des Autors Meinung unter den Begriff der praktischen Perspektive fällt, wissenschaftlich zu ordnen und zusammenzustellen, kürzt daher Piero's weitläufige Deductionen ab und schaltet dafür praktisch weniger wichtige Dinge ein. Dieser Unterschied gibt sich schon in der Eintheilung des Stoffes kund.[1] Piero's Tractat zerfällt in drei Abschnitte: der erste handelt von den allgemeinen perspectivischen Grundsätzen und ihrer Anwendung auf die einfachsten Darstellungen geometrischer Figuren in der Grundebene, der zweite von Körperconstructionen regulärer Form, namentlich architektonischen Problemen, der dritte von unregelmässig gebildeten Körpern, darunter insbesondere der menschliche Kopf in verschiedenen Stellungen, sowie andere krummflächig begrenzte Körper. Barbaro findet diese Eintheilung nicht genügend, äussert sich überhaupt geringschätzig über Piero's Tractat, und behauptet, seit Vitruo habe es der Kunst an praktischen Regeln für die Anwendung der Perspective gefehlt: «se forse non vogliamo chiamare precetti et regole alcune pratiche leggieri poste senza ordine et fondamento et esplicate rozzamente: poche di queste ne sono pure alcune di Piero dal Borgo S. Stefano.[2] Et altri che per li idiote si potriani servire». Er gliedert daher den Gegenstand in 9 Abschnitte. Die drei ersten und sodann noch der 8te, der vom menschlichen Kopfe handelt, sind inhaltlich mit Piero's Tractat identisch, die übrigen fünf dagegen enthalten bis auf die Projection der Kugel und dem Wenigen, was über Licht- und Schattenperspective beigebracht wird, unwesentliche Zusätze: der 4te beschreibt nämlich die antike Skene, Vitruv's Angaben gemäss, der fünfte gibt Anweisung perspectivische Zerrbilder zu zeichnen, der letzte endlich beschreibt einige Instrumente zur Anfertigung perspectivischer Zeichnungen, worunter auch der bekannte Dürer'sche Apparat.

Barbaro beginnt den ersten Theil sogleich mit Betrachtungen über das Sehen nach Vorgange Euklid's, während Piero einige geometrische Sätze zum Verständniss seiner Methode vorausschickt. Dafür schaltet jener Erörterungen über die Wahl des Standpuncts des Beschauers und die des Massstabs ein. Im Uebrigen findet sich ausser der veränderten Reihenfolge der behandelten Probleme im ersten und zweiten Theile bei Barbaro kaum sachlich von Piero Verschiedenes. Die Methoden Piero's benutzt auch Barbaro, der sich sogar vielfach auf jenen bezieht und sogar längere Citate desselben, wie auch mathematische Beweise gibt, beispielsweise werden die zwei Theoreme, welche den Abschluss des ersten resp. zweiten Abschnitts bei Piero bilden, von ihm wörtlich übernommen.[3] Der dritte Theil bei Barbaro

---

[1] Vieles von dem, was im Folgenden weiter detaillirt ist, findet sich bereits bei Vignola (due regole di prospettiva) mit dem Zusatz erwähnt, dass Barbaro es von Piero entnommen habe.
[2] Irrthümlich für S. Sepolcro.
[3] Die Uebereinstimmung der Figuren ergibt folgendes Verzeichniss;

Fig. pag. 6. B. corresp. Fig.	6.	P. Fr.	Fig. pag. 38.	B corresp. Fig. 18.	P. Fr.
» » 13 »	10	»	» » 40	» » » 32	»
» » 24 »	9. 10. 11.	»	» » 41	» » » 20	»
» » 27 »	1 a	»	» » 42	» » » 19	»
» » 33 »	15	»	» » 116	» » » 46 (1te)	»
» » 34 »	24	»	» » 118. 119 »	» » 47. 48	»
» » 35 »	23	»	» » 120	» » » 46 (2te)	»
» » 36 »	30	»	» » 123. 124 »	» » 50. 51	»
	Fig. 134. 135		B. corresp. Fig. 55. 56. P. d. Fr.		
»	136 (1te u. 2te)		» —		
	(B hat mehr Fälle)				
»	137		» » 40	»	
»	144. 146.		» » 60. 62.	»	
»	165. 166.		» » 78	»	
»	186		» » 68	»	

correspondirt dem zweiten und theilweise dritten Abschnitt Piero's. Die Uebereinstimmung des in diesem letzten Abschnitte angewandten praktischen Verfahrens mit dem, was Barbaro darüber a. a. O. sagt, ist wiederum eine fast wörtliche. Das einzige was Barbaro mehr gibt, ist die Darstellung der fünf regelmässigen und einer Anzahl daraus abgeleiteter Körper, bezüglich deren er sich jedoch bei den meisten mit der blossen Beschreibung begnügt, während Piero denselben Gegenstand, soweit er sich auf die diesen Körpern zu Grunde liegenden, geometrischen Gesetze bezieht, in dem bereits erwähnten Tractat (libellus de quinque corporibus regularibus) viel gründlicher discutirt, die perspectivische Uebertragung demgemäss auf Grund der von ihm gegebenen Methode als nützliche und zugleich methodische Uebung dem Leser selbst überlassend. Von architektonischen Formen gibt Barbaro bei allerdings nur oberflächlicher Besprechung jede der drei antiken Ordnungen einzeln, Piero dagegen begnügt sich mit dem römisch-korinthischen Composita-Kapitell, welches dafür aber bis ins Detail genau tractirt wird.

Desgleichen gibt Barbaro eine grössere Zahl von Darstellungen des menschlichen Kopfes in verschiedensten Positionen doch wiederum ohne genaue, für die Construction genügende Zahlenangaben, welche sich bei nur zwei von Piero vorgelegten Beispielen gleichzeitig mit der bis in's Detail durchgeführten perspectivischen Construction vorfinden, derart, dass jeder andere Fall bei einiger Uebung darnach behandelt werden kann. In einigen Fällen ist es wiederum der Theoriker, der das Prinzip der Vollständigkeit verlässt, und, was der Praktiker für nöthig hält, mit Stillschweigen übergeht. So gibt z. B. Barbaro weder figürliche noch wörtliche Anweisung zur Darstellung des von Piero so eingehend behandelten Kreuzgewölbes, ebenso lässt er die Gebäudeconstruction (Fig. 41 bei Piero) bei Seite und nur ganz oberflächlich deutet er die Cassettenconstruction des Kuppelgewölbes an; desgleichen werden die drei letzten Fälle Piero della Francesca's, welche für die Licht- und Schattenconstruction eine gewisse Bedeutung haben, vernachlässigt und nur an einem Beispiele besprochen, welches den sechsten Abschnitt bildet. Andere Unterschiede sind weniger bedeutsam, so wenn statt des bei Piero mit Treppenstufen umgebenen Brunnens, bei Barabaro eine Wendeltreppe gezeichnet ist, oder dem achteckigen Tempel P. della Francescas ein sechzehneckiger vorgezogen wird. Hinsichtlich der Figuren ist übrigens zu bemerken, dass trotz der von Barbaro erstrebten grösseren Vollständigkeit auch hierin bei weitem jene Exactität und Gründlichkeit vermisst wird, welche Piero's Tractat in allen Theilen so vortheilhaft kennzeichnet. Es kann also wohl für den Sachkenner, d. h. für den mit den perspectivischen Constructionsmethoden sowohl theoretisch wie praktisch Vertrauten, der Barbaro'sche Tractat eine Art Compendium bieten, welches die rasche Uebersicht über das Gebiet der hauptsächlich interessirenden Fälle und Probleme damaliger Zeit erleichtert, aber um daraus diejenige Belehrung zu schöpfen, wie sie der in dem Studium der Geometrie noch wenig bewanderte Anfänger in der Kunst bedarf, ist sie nicht geeignet; dafür kann allein ein so gründlich zu Werke gehender Tractat wie der des Meisters Piero empfohlen werden, der sich die Mühe nicht verdriessen lässt seine Regeln in jedem speziellen Falle Punct für Punct mit der grössten Geduld von Neuem stets zu wiederholen.

Nach dem, was Vasari über die Erblindung Piero's berichtet, liegt die Vermuthung nahe, dass er seine wissenschaftliche Thätigkeit ähnlich Lomazzo vielleicht erst begann, nachdem ihn dieser Umstand an der Ausübung seiner künstlerischen Praxis verhindert. Diese Annahme hat nichts Unnatürliches[1] und dürfte der Wahrheit wohl am nächsten kommen. Von den durch die Historiker bekannten Manuscripten des in Rede stehenden Tractats sind nämlich bis heute nur zwei wiederentdeckt, das eine in der Bibl. Palatina zu Parma (Cod. Cart. Nr. 1576) das andere in der Ambrosiana (C. 307. inf.) Jenes ist in dem latinisirenden Italienisch damaliger Zeit abgefasst, das andere in fliessendem Latein gilt als Uebersetzung

---

[1] In der erw. Vorrede des Palatinischen Codex wird die Wahrscheinlichkeit dieser Annahme zu entkräften und zu beweisen versucht, es könne dieses Manuscript nur der früheren Lebensperiode entstammen, doch mit Argumenten die eher zur Bestätigung des Gegentheils dienen, wie nachher genauer nachzuweisen.

des Matteo dal Borgo. Ausserdem ist noch von einem dritten Exemplar die Rede, welches einer Notiz zufolge, die dem letztgenannten Codex von unbekannter Hand beigefügt, aus dem Besitz des Malers Bossi in den eines Con. Venturi zu Modena übergegangen, dessen heutiger Verbleib aber nicht angebbar ist. Ebensowenig lässt sich von einem vierten Exemplar feststellen, das sich nach Passavant im Besitz der Familie Marini zu Borgo S. Sepolcro befunden haben soll.[1] Das Exemplar, welches nach Paciolis,[2] sowie auch nach Piero's eigener Angabe im Tractat über die fünf regelmässigen Körper dem Herzog Guido Ubaldi von Urbino gewidmet und in dessen Bibliothek aufbewahrt worden, ist bis jetzt a. a. O. in der Vaticana vergebens gesucht worden. Die Frage, ob und welchem der beiden jetzt vorhandenen Manuscripte die Originalität gebühre, lässt sich bei sonst gänzlich fehlenden Angaben der Historiker durch deren Vergleich nur angenähert lösen. Zunächst hat, wie erwähnt, Vasari's Angabe über Zeit und Ort der Entstehung des Tractats nichts Unnatürliches, denn ein so vielbeschäftigter Meister wie Piero dürfte zur Abfassung von Werken, die Nachdenken und Arbeitszeit so völlig absorbiren, neben seiner Praxis wohl schwerlich Gelegenheit gefunden haben. Dazu kommt die grosse Exactität und bis ins Detail gehende Uebereinstimmung von Text und Zeichnung. Wenn man aber darin den Beweis zu sehen meint, dass nur der Meister selber in so subtiler Art habe arbeiten können, und daraufhin das Manuscript der Palatina als Originalwerk des Meisters erklärt, der es in seiner besten Jahren geschaffen habe, so ist dabei ausser den obigen Gegengründen ausser Acht gelassen, dass dieselbe Sorgfalt in der Ausführung auch das Exemplar der Ambrosiana auszeichnet, welches den Palatinischen Codex sogar in mancher Hinsicht übertrifft, so dass jenes Argument eher gegen als für die Annahme spräche. Schon formell findet sich ein Unterschied: während im letztgenannten Codex für die Initialen der einzelnen Probleme nur der Raum leer gelassen ist, zeigt das Manuscript der Ambrosiana dieselben sorfältigst mit Gold und Farben ausgeführt, besonders aber sind die Zeichnungen des letzteren übersichtlicher und zugleich deutlicher in den Bezeichnungen, schärfer und präziser in der Linienführung als jene des Cod. Palat., so dass man ohne die Ueberlieferung, welche jenes als lateinische Uebersetzung bezeichnet, aus angegebenen Gründen eher geneigt wäre, das letztere für das Original zu halten, um so mehr, da der Palatinische Codex die Ueberschrift: «de prospetiua pingendi» trägt, welche auf eine Uebertragung des lateinischen Codex ins Italienische hinzudeuten scheint. Dass dessenungeachtet das wirkliche Originalwerk in der letzteren Sprache und nicht lateinisch geschrieben sei, dafür spricht der Umstand, dass Piero kein gelehrtes Buch, sondern eine Anweisung für den angehenden Künstler zu schreiben beabsichtigt hat, die darum nothwendig in der vulgären Sprache gehalten sein musste. Nach alledem scheint es motiviert, weder das eine noch das andere für das ursprüngliche Manuscript zu halten, im Gegentheil anzunehmen, dass der Meister selber im Zustande der Blindheit bei der Abfassung seiner Werke sich der Hülfe von Schülern bedient habe, die nach seinem Dictat und der ihnen durch die Praxis gelehrten Methode auch die Zeichnungen entwarfen. Bezüglich des Dictats namentlich fällt, wie schon erwähnt, die fast pedantische Genauigkeit auf, mit welcher bis ins kleinste Detail jede einzelne Operation beschrieben und wiederholt beschrieben, jeder Punct wohin eine Zahl zu setzen, jede Zahl, jeder Buchstabe im Text genau angegeben wird, so dass ein Blinder danach zeichnen könnte, ein nur einigermassen geübter Zeichner aber kaum fehl gehen kann, wenn er sich streng an den Wortlaut hält. In der That zeigen, wie später nachzuweisen, die Figuren beider Manuscripte gelegentliche Abweichungen nur insoweit, als dem Zeichner innerhalb des Wortlauts der Construction, wie sie der Text verlangt, Freiheit gelassen ist.

Die vorwiegend praktische Richtung des Tractats, welcher das Theoretische nur

---

[1] Vgl. Kunstchronik vom 1. August 1878: «Piero della Francesca und Luca Pacioli» von Janitschek (Beibl. d. Lützow'schen Zeitschrift). Verfasser dieses war selbst an Ort und Stelle, um sich über die Verhältnisse zu informiren, ohne jedoch genügende Auskunft zu erlangen.

[2] Verfasser hat das Vorhandensein desselben auf der Vaticana trotz alles Bemühens nicht feststellen können. Vgl. darüber Pacioli Summa di Arithmetica, Widmungsepistel.

berührt, wo es zur Aufklärung von Zweifel nothwendig scheint, gibt sich schon in der Wahl der Probleme deutlich zu erkennen, denn es findet sich keines, was mit der Praxis des Malers, bezw. Architekten nicht in engster Beziehung stände. Die Sätze des ersten Theils dienen dabei mehr zur Vorübung, der zweite dagegen und mehr noch der dritte Theil geben die wichtigsten Fälle der Praxis in der Weise, dass die betr. Beispiele meist als Repräsentanten einer ganzen Reihe ähnlicher Fälle aufgefasst werden können. Die einzige Lücke ist die, dass die Licht- und Schattenconstruction, worin Piero bekanntlich so excellirt, bis auf die drei letzten Nummern gar nicht in Betracht kommt. Ob der Grund davon der ist, dass sie im Prinzip von den sonstigen Problemen nicht verschieden sind, und nach den gleichen Methoden wie die Linearconstruction behandelt werden, ist bei der Gründlichkeit, mit der der Autor überall zu Werke geht, kaum anzunehmen. Historiker jener Zeit variiren überhaupt in den Angaben über Umfang und Inhalt des Tractats. Egnazio Danti, welcher in der Ausgabe von Vignola's vorher citirtem Werk Piero's Arbeit mehrfach als die älteste und fundamentalste ihres Fachs citirt, spricht u. a. (Cap. 19. 20) von einer kreisrunden Wendeltreppe exactester Ausführung, was wahrscheinlich auf Verwechselung mit Barbaro's Tractate beruht. Einen grossen Raum nimmt bei Piero namentlich die detaillirte Beschreibung der geometrischen Grund- und Aufrisse des dritten Theiles ein, so insbesondere die Construction des Kapitells, der menschliche Kopf in seinen verschiedenen Lagen zur Bildebene, der Kuppelbau u. a. so dass dieser letzte Theil, welcher von den 58. Nummern des Compendiums nur 13 enthält, hie beiden vorigen zusammen an Umfang übertrifft.

Der Anordnung des Stoffes liegt das Prinzip des Fortschritts zu Grunde. Die Grundpläne der Gebäude, von deren Construction der zweite Theil handelt, werden beispielsweise bereits im ersten Theil in perspectivischer Ansicht dargestellt, wodurch der Text beim vertikalen Aufbau sich kürzer darstellt. Nach gleichem Grundsatz ist innerhalb jedes Abschnitts die Reihenfolge der Nummern festgestellt. Demgemäss müssen auch die anzuwendenden Methoden modifizirt erscheinen. Offenbar war es dem Meister in erster Linie darum zu thun, das von Alberti gegebene Verfahren für die Praxis des Malers dem Lehrling fasslicher und dadurch auch für complizirtere Fälle anwendbar zu machen. Auffallend ist die Art der Anwendung der Distanzpuncte. Sie ist Piero keineswegs fremd, sie dient ihm jedoch nur zur Controlle der Richtigkeit, eventl. auch da, wo die Natur der Aufgabe, wie in Nr. 30, das andere Verfahren ausschliesst. Das Unbequeme der älteren costruzione legittima, welches in der Hauptsache Nr. 13 reproducirt, besteht in der zu grossen Menge länger Linien, welche die Leinwand beim Entwurf der Composition bedecken. Zu ihrer Beseitigung gab es nur zwei Mittel, entweder vereinfachte man die Construction mittelst der aus den geometrischen Eigenschaften des darzustellenden Objects abgeleiteten Beziehungen über die gegenseitige Lage von Puncten und Linien, um dadurch Hülfslinien zu ersparen, oder wo dies nicht möglich, war ein Verfahren wünschenswerth, wobei nicht die Linien selber, sondern nur die durch sie fixirten Durchschnitts- oder Bildpuncte auf die Leinwand gebracht werden. Die erste Art lässt sich naturgemäss bei architektonischen Entwürfen vortheilhaft anwenden, und wird darum im zweiten Theil durchgehends benutzt, die andere im 3. Theil benutzte abstrahirt von der Regelmässigkeit der Objecte, und lässt sich auf alle Fälle der künstlerischen Praxis anwenden. Das Prinzip ist aber bei beiden das gleiche, nämlich mittelst des gegebenen Grundrisses und der Projection des Auges auf die Grundebene die perspectivischen Breiten in der Bildebene, und ebenso mittelst des Aufrisses und der entsprechenden Projection des Auges die perspectivischen Höhen, endlich aus der Combination beider, die perspectivische Lage der einzelnen Puncte im Raume und durch deren Verbindung, das gesuchte Bild des Objectes zu bestimmen. Das Verfahren ergibt aber nicht Punct für Punct die einzelnen Bilder, sondern zuerst die der sämmtlichen Projectionen, was offenbar die Uebersicht erleichtert und die Arbeit verkürzt. In dieser Weise kommt es unter Berücksichtigung der durch die geometrischen Beziehungen gebotenen Vereinfachungen im zweiten Theil zur Anwendung. Dagegen würde bei den Aufgaben, wo solche Beziehungen fehlen, wie beim menschlichen Kopf die Zahl der Hülfslinien alles verdecken; daher ist hier das zweite Verfahren am Platze: die vom Projectionspunct des Auges nach den Ecken des Grund- und

Aufrisses zu ziehenden Hülfslinien werden dabei nur mittelst eines in jenem Puncte befestigten Fadens alignirt, und ebenso die Schnittpuncte, welche den perspectivischen Breiten und Höhen entsprechen, auf einem über die Leinwand an die Projectionslinie angelegten Papier- oder Holzstreifen markirt. Aus der Combination der entsprechenden Breiten und Höhenstreifen wird sodann die perspectivische Lage der einzelnen Puncte und durch deren Verbindung das gesuchte Bild ohne Hülfslinien gefunden. Allerdings ergibt sich dabei der Nachtheil, dass unter Umständen die Zahl der Streifen sehr gross werden kann, sofern man, um die Uebersicht nicht zu verlieren, für jeden Horizontalabschnitt und die darin zu fixirenden Puncte einen Breiten- und den entsprechenden Höhenstreifen bedarf; (zur Erleichterung des Alignements werden nach Piero's Anweisung stets zwei gleiche, rechts und links anzulegende, Höhenstreifen angewandt.) Dennoch ist selbst in den complizirtesten Fällen des dritten Abschnitts der Erfolg ein so sicherer, dass der angehende Praktiker bei einiger Uebung nicht fehlen kann. Hinsichtlich der drei letzten Aufgaben, deren Inhalt vorher angegeben, wird das gleiche Verfahren angewandt, mit vollem Recht, denn sie sind nichts anderes als Centralprojectionsprobleme, der einzige Unterschied ist der, dass dabei die Bildebene nicht zwischen Object und Auge, sondern hinter jenem sich befindet.

Die wissenschaftlichen Grundlagen des Tractats sind, wie hieraus erhellt, die aller einfachsten, nichts weniger als gelehrte Theorieen. Auch geht aus dem was, nach dieser Richtung von dem wackeren Meister Selbständiges gegeben wird, zur Genüge hervor, dass weder Vasari noch andere Autoren richtig urtheilen, ihn auf Grund seiner Tractate zum Gelehrten stempeln zu wollen. Bei aller Uebung im Rechnen und der Anwendung Euklid's auf die Praxis fehlt ihm selbst bei den allereinfachsten eigenen Argumentationen die rechte Logik, zudem geht er dabei mit einer Pedanterie zu Werke, die man fast als Aengstlichkeit bezeichnen möchte. Es sind hier die beiden Sätze Nr. 30 und 45 gemeint, die den Abschluss des ersten resp. zweiten Abschnitts bilden. Sie laufen wesentlich auf dasselbe hinaus: diejenigen Fälle zu erledigen, wo die perspectivische Construction versagt; wenn nämlich der Gesichtswinkel eine gewisse Grösse überschreitet, die Piero zu 90° normirt, indem er zeigt, dass bei Ueberschreitung dieser Grenze das Bild grösser werde als das Object selber. Nr. 45 beweist sodann unter derselben Voraussetzung, dass das Bild desselben Objects, wenn es einmal dem Auge direct gegenüber sodann in derselben zur Bildfläche parallelen Ebene seitlich sich befindet im letzteren Falle trotz des kleineren Gesichtswinkels bei entsprechender Lage grösser erscheinen könne. Der Autor berührt hiermit einen Gegenstand, der als die Achillesferse seiner Theorie in Künstlerkreisen noch oft zum Vorwurfe dient, die Anwendung der Perspective zu verwerfen: die Zerrbildern der weit seitwärts stehenden Objecte. Statt dass die Bilder, wo sie auch auf der Bildfläche sich befinden, der Entfernung vom Auge gemäss sich verkürzen sollten, zeigen im Gegentheil die seitwärtsstehenden grössere Breiten oder Tiefen, als die dem Auge ungleich näheren, aber mehr gegen die durch den Augenpunct zur Bildebene senkrechten Verticalebene hin liegenden, was nicht anders sein kann, solange man statt des Bogens die Tangente des Gesichtswinkels, oder statt der Kugelfläche die Tangentialebene als Bildfläche wählt. Daher kommen nur in diesem Falle Verzerrungen der genannten Art vor; die Gewölbemalereien sind davon frei. Man sieht aber zugleich, dass der fragliche Fehler um so kleiner wird, je weniger Kugel- und Tangentialfläche von einander differiren, d. h. je weiter die Augendistanz, oder je geringer die Dimensionen des Bildes sind. Bei einem Winkel von 90° der einem Kugeloctanten entspricht, werden sie nach Piero's Deduction schon merklich; aber widersinnig wäre es die ganze Methode desshalb zu verwerfen, weil sie versagt, wo man mehr von ihr fordert, als sie leisten kann. Im Gegentheil genügt ein Blick auf die Meisterwerke zu zeigen, was sie in den rechten Händen am rechten Orte angewandt vermag. Das ist es, was Piero mit seiner Darlegung a. a. O. nachzuweisen bezweckt.[1]

---

[1] Der Beweis des betr. Satzes (vgl. Text Seite XXXI) ist natürlich nur richtig unter Voraussetzung, dass die Strecken RS. PQ. NO. ff. relativ so kurz sind, und ihr Abstand vom Auge so gross ist, dass die bezüglichen Basiswinkel bei N. P. V. y ff. (Fig 44) noch nahezu als Rechte angesehen werden dürfen. In diesem Sinne ist die Anmerkung ebenda zu verstehen.

Incorrectheiten kommen zwar nicht selten vor, wie u. a die in Nr. 54, wo zum Entwurf des Grundrisses dem Wortlaut des Textes gemäss, Fig. 68, gemeint ist, während offenbar Fig. 69, zu nehmen wäre, die in der That der entsprechenden Zeichnung zu Grunde liegt, so dass von einem sachlichen Fehler nicht die Rede sein kann.

Der übergrossen Gewissenhaftigkeit von Piero's Deductionen entspricht die ungeschickte weitschweifige Ausdrucksweise, die vielen Wiederholungen und Umschreibungen des gleichen Inhalts, welche um jedes Missverständniss des Anfängers unmöglich zu machen, das Volumen des Tractats nicht unwesentlich vermehren. Unter Anwendung der heutigen knappen und präcisen Form, würde sich das Sachliche auf kaum den dritten Theil des jetzigen Umfanges reduziren. Alles dies scheint stets von Neuem die Ansicht zu bestätigen, dass der Tractat einem Schüler in die Feder dictirt sei, mit der Absicht, dass selbst ohne die Figuren, deren Richtigkeit der Meister nicht zu controlliren vermochte, jeder Lernende im Stande sei, nach dem Wortlaut des Textes allein dieselben richtig zu entwerfen. Die fast wörtliche Wiederholung gewisser Phrasen aber zeigt, dass Piero das rohe Material der jüngern Kunstbeflissenen, wie er sie in der Werkstätte herangebildet, nicht überschätzt, und deutet an mit welcher Geduld nicht einmal, sondern vielleicht hundertmal dieselbe Regel in jedem neuen Falle wiederholt werden musste, um sie in rein mechanischer Art zuerst der Hand und mittelst dieser dem Verständniss allmählig einzuprägen.

Die allerdings zum Theil skizzenhaften Figuren selber zeigen die vollste Uebereinstimmung mit dem Text, doch musste bei einigen zum Theil zur Vermeidung von Ueberladung mit Ziffern, Linien und Bezeichnungen Einzelnes unterbleiben, soweit durch dessen Weglassung das Verständniss nicht erschwert wird. Es erschien dafür die Ergänzung durch eine beigefügte Skizze passender (Fig. 41a, 61a und 74a). Auch dieser Umstand deutet wie die — zwar unwesentlichen — gelegentlichen Abweichungen des Figürlichen auf Schülerarbeit. Selbst die kleinsten Abweichungen späterer Copisten würde, wenigstens soweit sie die Figuren betreffen, die Pietät gegen den Meister kaum denkbar erscheinen lassen. Ein gewisses historisches Interesse dürften die auf Säulenbasen und Capitelle angewandten Masse beanspruchen. In den Hauptdaten stimmt Piero mit den, von Vitruo bezw. Alberti für die römisch-korinthische Säulenform angenommenen, Zahlen überein, wogegen im Detail sich kleine Differenzen finden: ausserdem fügt Piero noch gelegentliche ergänzende Bestimmungen hinzu. Bei dem menschlichen Kopf setzt der Meister dagegen Kenntniss der Verhältnisse voraus, daher fehlen hier Zahlenangaben, und ebenso unmöglich ist es, bei der Kleinheit des Maasstabs, solche aus der Zeichnung zu entnehmen, da beide Tractate sich darin auffallend unterscheiden. Auch die geometrische Construction des Kuppelgewölbes ist von Interesse, sie hat keine gleichen Intervalle der Breitenkreise, sondern berücksichtigt in den nach oben sich verjüngenden Abschnitten den perspectivischen Eindruck. Ueber Nr. 57, welche das Schattenbild eines Kühlgefässes entwirft, findet sich bei Vasari die oben erwähnte Bemerkung, welche die Darstellung als Beweis des besonderen Geschicks von Piero ansieht. Indessen gehört dies Problem zu den weniger schwierigen: zudem fehlen in Fig. 79 die äussern Umrisse. Ueberhaupt fällt es auf, dass gelegentlich nicht blos Nebensachen: einzelne Zahlen und Linien, sondern bei zwei Figuren: dem vierseitigen Gebäude und der achteckigen Kapelle, ein wesentlicher Theil: das Dach vergessen ist, dessen Construction der Text so genau angibt.[1] Ebenso fehlen beim Kreuzgewölbe einzelne Bogenlinien, wogegen die Hinzufügung der unsichtbaren Linien oft eine unnöthige Fülle, besonders bei der Zeichnung des Brunnens Fig. 35 erzeugt hat. Der sachliche Zusammenhang wird allerdings durch diese Mängel nicht gestört, um so weniger als sich Text und Zeichnung in etwa zweifelhaften Fällen gegenseitig ergänzen.

Schon das historische Interesse rechtfertigt hiernach den Wunsch, ein Werk, das so viele wesentliche Unterschiede in der allgemeinen Tendenz wie in der Art der Behandlung gegen andere, bis jetzt bekannte gleichen Inhaltes und gleicher Entstehungszeit aufzuweisen hat, durch die vorliegende Publikation der Vergessenheit zu entreissen und namentlich die

---

[1] Wohl deshalb, weil die Constructionslinien der Rückseite dadurch theilweise verdeckt würden.

Zeichnungen, welche stellenweise besonders im Codex der Palatina sehr gelitten haben, vor unvermeidlichem Untergange zu bewahren. Zu der Absicht, auf diese Art eine Lücke in der Geschichte der Renaissance auszufüllen, gesellte sich zugleich der Gedanke, durch Vorführung der so eingehend an theilweise complizirten Fällen erprobten Methode dem denkenden Künstler auch nach dieser Seite anregenden Stoff bieten zu können, dem vielleicht für manche Fälle der Praxis ein Verfahren nicht unwillkommen sein möchte, welches unter den Händen jener grossen Meister sich so glänzend bewährt hat. Die vorliegende Ausgabe ist mit Zugrundelegung des Palatinischen Codex unter Zuziehung und Vergleich mit dem Ambrosianischen entstanden. Nicht aus sachlichen Gründen oder weil er nach des Herausgebers Meinung der ursprünglichere, ist jenem der Vorzug gegeben, da nach den Vorherigen im Gegentheil Vieles mehr zu Gunsten des anderen spricht, sondern hauptsächlich unter der Voraussetzung, dass der Meister wohl den Text ursprünglich in italienischer Sprache niedergeschrieben oder dictirt habe. Dann darf dabei auch der äussere Umstand nicht verschwiegen werden, dass die Arbeitsräume der Ambrosiana für die subtile Ausführung der Reproduction der Zeichnungen ausser in der Nähe der nicht für diese Zwecke disponibeln Fensterräume bei weitem nicht die nöthige Helligkeit boten, welche Schwierigkeiten auf der Palatinischen Bibliothek durch das gefällige Entgegenkommen des Herrn Präfekten wegfielen. Das benutzte Exemplar Nr. 1576 ist als Codex cartaceus auf 85 Folien starken Papiers geschrieben und mit dauerhaftem rothem Saffianband versehen, enthält stellenweise leere Seiten, die aber nicht zum etwaigen Nachtrag oder Ergänzung des Inhalts dienen können, weil dieser wie die Figuren keiner solchen bedürfen. Die Schrift, welche die Formen des 15. Jahrhunderts zeigt, ist bis auf wenige zweifelhafte Stellen klar leserlich, selbst gelegentliche Correcturen und Zusätze sind deutlich geschrieben und die wenigen Stellen wo dies nicht zutrifft, kommen sachlich nicht weiter in Betracht. Ausser den Initialen fehlen auch die Nummern der Einzelnen Sätze, welche in der Uebersetzung zur besseren Uebersicht hinzugefügt sind. Abgesehen von der lateinischen Ueberschrift ist kein weiteres Titelblatt vorhanden; Ort und Jahreszahl fehlen. Bei den vielfachen Wiederholungen, welche der Tendenz des Tractats zufolge nicht zu vermeiden waren und dem ermüdenden Einerlei dieser Arbeit es begreiflich, dass gelegentlich der Schreiber aus Unachtsamkeit einzelne Sätze oder Satztheile weggelassen, anderswo solche unnöthigerweise hinzugesetzt oder schon Gesagtes wiederholt hat. Die Verse endlich, die am Ende des Tractats stehen, gehören offenbar dem Autor, dessen Selbstlob sie enthalten würden, nicht an; sie mögen vielmehr der Phantasie des Copisten oder Schülers entstammen, denn die Unterschiede der Schrift gegen die des Textes sind in der That nicht so merklich, dass sie als spätere Zusätze gelten müssen.[1]

Der Ambrosianische Codex, welcher das grössere Volumen von 115 Folien besitzt, unterscheidet sich nur formell vom Palatinischen und dieser Unterschied erklärt sich durch die weitläufigere Schrift und eine grössere Anzahl leerer Blätter. Weder die Zahl der Probleme noch deren Wortlaut zeigt irgendwelchen Unterschied und ebenso genau stimmen beide in den Methoden der Behandlung und Lösung überein. Allerdings sind Unterschiede im Wortlaut des Textes insofern vorhanden, als sich wechselweise Zusätze und Ergänzungen vorfinden. Derartige formelle Unterschiede, welche fast auf jeder Seite wiederkehren, bald einzelne Worte, bald ganze Sätze betreffen, gleichwohl aber am sachlichen Inhalt nicht das Geringste ändern, hier alle aufzuzählen, würde eine umfangreiche, für sich allein ein ganzes Compendium ausmachende, für das philologische Interesse kaum, für das Kunstverständniss aber gewiss in keiner Weise lohnende Arbeit sein. So wird z. B. im Ambrosianischen Codex Nr. 11 am Ende des Passus hinzugefügt: «His sic constitutis de quadratorum proportione certitudo habetur» in Nr. 13 wird der Unterschrift des Problems hinzugesetzt: «veluti in ea que processit demonstratione» während am Ende von Nr. 15 der Satz des Pa-

---

[1] In der erw. Vorbemerkung des Cod. Palat. wird zwar auf den Unterschied einzelner Buchstaben, wie «b» «d» «q» «g» «s» gegen die entsprechenden des Textes hingedeutet, thatsächlich ist aber davon kaum etwas zu bemerken

lateinischen Codex: «dunque dico che la linea KL etc.» fehlt und dafür gesagt wird: «Partitur enim BD et CE equales BF quam tres quartas continere dictum est» etc. Diese Andeutungen mögen genügen zur Rechtfertigung dafür, dass von der detaillirten Zusammenstellung derartiger, wesentlich als freie Uebertragung des gleichen Inhalts in mehr oder weniger präciser Form aufzufassender, bald mehr bald weniger Umschreibungen enthaltender, bezüglich des sachlichen Inhalts aber ganz dasselbe sagender Stellen, bei einem technischen Tractate wie der vorliegende abstrahirt werden musste. Entsprechendes bezieht sich sodann auch auf die Figuren, wie oben angedeutet. Man vergleiche beispielsweise nur die Fig. 53 beider Codices, wo die scheinbare Verschiedenheit durch entgegengesetzte Lage der Aufrisse des Würfels sich erklärt, somit auf rein formelles zu reduziren ist, indem über die Lage der Figuren der Text volle Freiheit lässt. Auch der Unterschied von Fig. 51 beider Manuscripte ist nur ein äusserer, der in etwas verschiedener Lage der Projection des Auges seinen Grund hat, dessen Lage dem Text zufolge ebenfalls der Willkür des Zeichners überlassen blieb. Das grössere Geschick, welches in den Figuren des Cod. Ambr. sich kundgibt, tritt insbesondere in den Köpfen hervor, die offenbar etwas Individuelleres und weniger Schablonenhaftes zeigen, als die des Palatinischen.[1] Geringere Unterschiede bestehen in der abweichenden Zahl von Hülfslinien und Zahlen correspondirender Figuren, aus der Individualität des Zeichners erklärbar. So fehlen z. B. dem Ambrosianischen Codex die 10 ersten Figuren des Palatinischen (daselbst als Fig. 1 bezeichnet) welche, obwohl thatsächlich zum Verständniss unnütz, der Zeichner im Streben möglichster Vollständigkeit hinzugefügt hat. Fig. 3. des letztgenannten Tractats zeigt ebenso mehr, aber ebenso überflüssige Hülfslinien. Fig. 37. weist weniger Zahlen, darunter einige falsche auf, die dem Text zufolge in vorl. Ausgabe berichtigt sind; der Fig. 46 des Ambrosianischen Codex sind andrerseits noch drei analoge Darstellungen hinzugefügt, die sich auf den gleichen Fall bei seitlicher Stellung des Auges beziehen, ohne dass der Text diesen Fall besonders erwähnt. Ebenso enthält derselbe Codex zu Fig. 47 und 48. eine, an sich ganz unnöthige Grundrissfigur, sowie einen Aufriss zur Bestimmung der «rige d'altezza». Auch bei Fig. 49—51. finden sich überflüssige Hülfsskizzen. Die Unterschiede Fig. 51 und 53. sind bereits vorher hervorgehoben. Ebenso zeigen sich bei den, zur Darstellung des menschlichen Kopfes dienenden, Figuren ausser den erwähnten noch andere, unwesentliche Unterschiede, so z. B. bei Fig 71., wo die umschliessenden Hülfslinien im Palatinischen Codex fehlen, in der vorliegenden Ausgabe aber der Deutlichkeit wegen, dem Cod. Ambr. entsprechend hinzugefügt sind.

Sämmtliche Figuren sind in den beiden Manuscripten in zwei Farben: die Hauptlinien schwarz, die Hülfslinien roth ausgeführt. Ausgelöschte Zeichen und Linien wurden dem Sinn des Textes entsprechend, wo dies nöthig, ergänzt. Ohne diese sachlichen Ergänzungen würden gerade die Hauptfiguren in ihrem jetzigen Zustande vielfach des künstlerischen Verständnisses ermangeln.

Soviel genüge, um die Wahl des Palatinischen Codex als Grundlage der vorliegenden Ausgabe zu motiviren, mit der Hoffnung, derselbe werde hinsichtlich des Inhalts, wie auch des Figürlichen nichts Wesentliches vermissen lassen.

---

[1] Obgleich in der erwähnten Vorbemerkung zum Cod. Palat. die Meisterschaft in der Zeichnung dieser Köpfe als Beweis dienen muss, dass nur der Meister selber sie gemacht haben könne!

Petrus Pictor Burgensis de prospectiua pingendi.

La pictura contiene inse tre parti principali quali diciamo essere disegno commensuratio et colorare. Disegno intendiamo essere profili et contorni che nella cosa secontene. Commensuratio diciamo essere essi profili et contorni proportionalmente posti nei luoghi loro. Colorare intendiamo dire i colori commo nelle cose se dimostrano. Chiari et uscuri secondo che ilumi lidevariano. Delequali tre parti intendo tracta solo dela commensuratione quale diciamo prospectiua, mescolandoci qualche parte de disegno percio che senza nonsepo demostrare in opera essa prospectiua. il colorare lasciaremo stare e tractaremo de quella parte che con linee angoli et proportioni sepo dimostrare dicendo de puncti linee superficie et de corpi. La quale parte contiene inse cinque parti: la prima e il uedere cio e locchio. Seconda e la forma dela cosa ueduta, laterza e la distantia da locchio ala cosa ueduta. La quarta e le linee che separtano da lestremita dela cosa enanno alocchio. La quinta e il termine che e intra lochio e la cosa ueduta done se intende ponere le cose. La prima dissi essere lochio del quale non intendo tractare se non quanto si e necessario ala pictura. Dunque dico lochio essere la prima parte perche glie quello incui sempre sentano tucte le cose uedute socto diuersi angoli e quando le cose uedute sono equalmente distante da lochio la cosa magiore sapresenta socto magiore angolo che la minore et similmente quando le cose sono equali et non sono a lochio equalmente distanti la piu propinqua sapresenta socto magiore angolo che non fa lapiu remota, per le quali diuersita seintende il degradare desse cose. La seconda e la forma dela cosa percio che senza quella lintelletto nonporia giudicare nelochio comprendere essa cosa. La terza e la distantia da lochio ala cosa perche se non ci fusse la distantia seria la cosa con lochio contingente ouero contigua. e quando la cosa fusse magiore de lochio non seria capace areccuerla. la quarta sonolelinee lequali sapresentano dalestremita dela cosa eterminano nellochio infra lequali lochio lereceue e discerne. La quinta e uno termine nel quale lochio descrive cosuoi raggi lecose proportionalmente et posse in quello giudicare la loro mesura senoncifusse termine non seporia intendere quanto lecose degradassaro si che non seporieno dimostrare. Oltra di questo e necessario saper a lineare impropia forma sopra il piano tucte le cosa, che inno intende fare.

Intese le sopradecte cose seguitaremo lopera facendo di questa parte dicta prospectiua tre libri. Nel primo diremo de puncti de linee et superficie piane. Nel secondo diremo de corpi chubi de pilastri quadri de colonne tonde et de piu facce. Nel terzo diremo dele teste et capitelli base torchi de piu basi et altri corpi diuersamente posti. Puncto e lacui parte non e secundo igeumetri dicono essere immaginatiua la linea dicono auere lunghezza senza latitudine et perche questi non sono aparenti senon al' intellecto: et io dico tractare de prospectiua condimostrationi lequali uoglo sieno comprese da lochio perho e necessario dare altra difinitione. Diro adunque puncto essere una cosa tanto picholina quanto e possibile alochio comprendere. linea dico essere extensione da uno puncto ad unaltro lacui larghezza e de simile natura che e ilpuncto. Superficie dico essere larghezza et lunghezza compresa dale linee. Le superficie sono demolte ragioni quale triangola quale quadrangola quale tetragona quale pentagona quale exagona quale octagona et quale depiu et diuerse facce commo per figure uese dimostrara. (Fig. 1.)

Omne quantita se rapresenta socto angolo nellochio questo persemedessimo segua perche nelpuncto non e quantita et lauirtu uisiua e solo unpuncto et partendose linee da unpuncto alestremita duna cosa denecessita fa angolo benche io mecta nella pictura ilpuncto essere quantita dico essere tanto picolina che ogni altra quantita e magiore diquella. Adunqna partendose linee da lestremita dela cosa perpicola che sia et terminando nellochio cio e nelpuncto fanno angolo dunqua quella cosa sapresenta socto angolo. exemplo sia A puncto et BC sia laquantita et dale sue stremita tira linee terminante nelpuncto A cioe BA. CA. et tira BC faranno tre angoli perche A e unpuncto sara angolo et B e unpuncto et C e unpuncto et tirando linee da unpuncto alaltro non essendo perderictura faranno triangolo et io dico A essere unpuncto donde proceda lauirtu uisiua et e uno angolo che oposto ala quantita BC et quella receue fra le linee AB. AC socto langolo A che lochio. (Fig. 1ª).

Tucte le base vedute socto uno medessimo angolo ben che le sieno diuersamente poste sapresentano alochio equali, verbi gratia sia A lochio dalquale se parta do linee le quali sieno AB. AC. et facciase piu base, BC. EF. GH, dico che ciascuna de queste serapresenta alochio equale cio e alangolo A. il-quale dico essere lochio et daquello separtano lelinee recte euano alebase che sono infra le dicte linee che sono quelle contingenti et niuna passa le decte linee et non passando nimancando lochio le pigla equalmente dunqua dico che le serapresentano alochio equali perche il raggio AC passa per H et per F directamente et nisuna di quelle base pasa disopra ilraggio nemancha. — et ilraggio AB passa per G et per E contingentemente le loro stremita a recta linea, adunqua concludero rapresentarse tucte le base che sono socto un medessimo angolo alochio equali che e il proposto. (Fig. 2.)

Se piu base fossero alangolo loro oposte orthogonalmente quella che sapresenta socto magiore angolo e ella e magiore oella e alangolo piu propinqua.

Sieno du base BC. et EF, et la basa BC. habia langolo A, et la basa EF, habia langolo D. et langolo A sia magiore che langolo D. dico che la basa BC. e magiore che la basa EF. oella e piu propinqua alangolo A che none la basa EF. alangolo D et prouase facciase doi triangoli BAC et EDF, et sopra alangolo D. facciase langolo A. tirandose DG. la quale passafore de DF. perche eposto langolo A magiore de langolo D. tirise EF. in continuo che concorra con GI. dico la basa BC. effere magiore de la basa EF. la quantita de FG. commo per la 24ª del primo de euclide seproua. (Fig. 3.)

Non sia la basa Basa BC. magiore dela basa EF. dico BC. essere piu propinquo alangolo A. che la base EF. a langolo D. facciasi doi triangoli commo disopra BAC. et EDF, et sia langolo A. magiore de langolo D. et tirise langolo D. equale a langolo A. quale sia DG. et dalpuncto F. tira una linea equidistante DE. laquale sia FI. et deuida DG. in puncto I. et tirise I. equidistante EF. che diuida DE. in puncto II. dico che HI. e equale de BC. perche BC. e equale de EF. et EF. e equale HI. adunqua sono fraloro equali siche dico la basa BC. essere piu propinqua alangolo A. che labasa EF alangolo D. la quantita de HE. et echiaro ilproposto.

Se daun puncto se partissero linee sopra a do base equali et una fusse piu propinqua che laltra la piu propinqua fara magior angolo nel dicto puncto.

Exemplo sia puncto A. et facciase dobase equali BC. et DE. et BC. sia piu propinqua al puncto A. che non e DE. dico che BC. fara nelpuncto A. magiore angolo che non fara DE. La proua menise una linea qualsia AF. quanto ve piaci de lunghezza sopra alaquale derizza do base equali BC. et DE. e) BC. sia piu propinqua alpuncto A. che DE. tirise dal puncto A. AB. AC. et poi setiri AD. AE. dico che ABD. sira contiguo et AE. segara BC. impuncto G. adunqua perla precedente langolo A. dela basa BC. e magiore delangolo A. de la basa DE. quanto il angolo produci labasa GC. perche langolo de la basa BG. e equale alangolo de la basa DE. perche langolo A deluno e angolo delaltro perche langolo A dela basa BC e magiore de langolo dela basa DE. quanto angolo producila basa GC. residuo de la basa BC. che il proposto. (Fig. 4.)

Se daun puncto separtissero do linee recte sopra aduna basa et sopra diquelle uenisse unaltra linea equidistante alabasa efusse aquella equale deuiderase quelle due in una medessima proportione et quella parte de la linea sopraeuenuta che infra le duolinee e interchiusa sira colla basa inquella proportione che le linee intere colle loro parti terminante alpuncto.

Sia A. puncto et daquello semeni AB. AC. et labasa sia BC. dico che seuene unaltra linea equale et equidistante BC. laquale sia DF. che seghi AC. in puncto E. et AB. continga in puncto D. che la deuidera se et quelle dolinee inuna proportione perche quello che sifa de FE. in AE. e equale a quello che sifa de DE. in EC.[1] et quello che sifa de FE. in AD. e equalle a quello che sifa de ED. in BC. et quello che sifa de BC. in AE. e equale a quello che sifa de EC. in AD. si che sono in una proportione. Altramente facciase con numeri. sia AC. 21 et AD. 18 et BC. 6. latinea sopraueuuta DF. epure 6. laquale denide AC. in E. in puncto 14. et AB. contingi in D. in puncto 12. dicemo DE. essere 4 et EF. essere 2. et EC. si e 7. et DB. 6 dico che quella proportione e da 7 ad 14 che e da 2 ad 4. et quella che e da 6 ad 12 etquella proportione e da 2 ad 6 che e da 6 ad 18 et che da 7 ad 21. concludero adunque essere deuise in una proportione. Et cosi diro essere DE. ad BC. commo e AD. al AB. et commo e AE. al AC. et quello che si fa de DE. in AB. e equale a quello che si fa de BC. in AD. et cosiquello che si fa de DF. in AC. equale a quello che sifa de BC. in AE. che echiaro. laltra per lonumero sopradecto AB. e 18 AC. 21. BC. 6. et Ad. 12. BD. 6; AE. 14; EC. 7; et DE. 4. dico essere quella proportione da DE. che 4 al BC. che 6 quale e da AD. che 12. ad AB. che 18 e quella medessima proportione e da AE. che 14. ad. AC. che 21 che il proposto. (Fig. 5.)

Se fussero dolinee equali perpendiculari sopra aduna linea et fussero equidistanti et daun puncto se partissaro do linee et andassaro a lestremita dela piu propinqua et due altre a lestremita de la piu remota dico che selestremita de socto sono soctoposte al puncto che lestremita de socto de la piu remota se representara al puncto piu leuata che lestremita de socto de la piu propinqua et se lestremita desopra sopra stanno al puncto quella dela piu remota sapresentara piu bassa.

Exemplo sia la linea recta BC. et sopra alesue stremita uenghino due linee equali et perpendiculare e equidistante che sieno BD. et CE. et il puncto sia A. dico che C. sapresentara piu leuato che B. et E. se apresentara piu basso che D. la proua. menise do linee AB. et AD. et do altre AC. et AE. lequali deuiderano BD. in puncto F. et in G. dico che F. se apresenta piu leuato che B. la quantita de DG. et FG. sapresenta al puncto equale de CE. como per la seconda de questo se prouato perche sono socto uno medessimo angolo et cosi E. sapresenta piu bassoche D. la quantita de DG. et commo per la 10.a de euclide de aspectuum diuersitate segua. (Fig. 6.)

Se fusse la linea recta in piu parti equale deuisa et da quelle diuisioni se partissero piu linee et terminassaro adunpuncto farano nel dicto puncto deseguali angoli le linee piu brieui farano magiore angolo che le piu lunghe.

La linea recta sia BC. deuisa in D. E. F. G. et il puncto sia A. doue se tiri le linee BA. DA. EA. FA. CA. dico che EF. basa e soctoposta a magiore angolo che la basa DE. et socto posta a magior angolo che la basa DB. perche i lati dela basa EF. sono minori che ilati dela basa ED. cosi quelli de la basa DE. sono minori che ilati de la basa BD. et glangoli de le base equali quelle che hanno piu brieui lati fanno magiore angolo che quelli che glanno piu longhi commo per 24.a del primo de euclide se dimostra. (Fig. 7.)

Sopra alarecta linea data inpiu parti deuisa seun altra linea equidistante a quella se mena et dale divisioni dela prima setira linee che terminino adun puncto deuidaranno la equidistante in una proportione che e lalinea data.

---

[1] Das Product je zweier ist gemeint.

Data lalinea BC. laquale sia deuisa in D. E. F. G. et un altra linea semeni equidistante aquella che sia III. et dal puncto A. semeni AB. AD. AE. AF. AG. AC. lequali deuidino III. in puncti K. L. M. N. dico essere deuisa in quella proportione che e la linea data BC. perche BD. e al DE. quello che e HK. al KL. et EF. ad FG. e commo LM. ad MN. et FG. ad GC. commo MN. ad NL. et il triangolo ABD. e simile al triangolo AHK. cosi ADE. al triangolo AKL. et AEF. e simile al triangolo ALM. siche sono proportionali et quella proportione e da AB. ad BC. che e da AH. ad HL. e sendo proportionali lebase magiori sono proportionali lebase minori et glangoli del triangolo ABD. sono simili aglangoli del triangolo AHK. dunque sono proportionali commo per la 21a del sesto de euclide semostra cosi e deglaltri che ilproposto. (Fig 8.)

Se nella superficie quadrilatera la diagonale setira quella deuidera lasuperficie in do parti equali et se equidistante dailati altre linee simena diuidera la diagona con doilati et se inuna proportione exemplo sia lasuperficie quadrilatera ABCD. et la diagonale sia AC. dico che AC deuide la superficie ABCD indo parti equali perche la superficie quadrilatera ABCD. e delati et de angoli equali et AC diagonale deuidente quella perlomezzo da angolo ad angolo et angolo D. et langolo B. sono equalmente distanti ala linea AC. commo perla 34a del primo de euclide se dimostracchiara la prima. Menise una linea equidistante AD. che deuida DC. in puncto E. et la diagonale AC. in puncto F et AB in puncto G. dico che la deuide queste linee et se inuna proportione perche AG in GB commo DE in EC et quello che sifa de AF. in FE. e equale a quello chesifa de FG. in FC. et quello che sifa de FE. in AC e equale aquello che sifa de FC in AD. et quello che sifa de AG in AC. e equale a quello che sifa de FA. in AD. et quello che sifa de GF. in FE. e equale a quello che sifa de AG in GB si che sono proportionali altramente per la 5a diquesto EG. e equale ala linea BC. et e equidistante et deuide AB et AC. del triangolo ABC inuna proportione commo perquello fu pro uato che ilproposto. (Fig. 9.)

Se nella superficie quadrata de equali lati et angoli equali la linea diagonale semena laquale se deuida in piu parti equali et daquelle parti semeni linee equidistante aiquatro lati de la superficie deuidera quella insuperficie simili.

Sia la superficie ABCD. et la linea diagonale sia AC. deuisa in piu parti equali che sia EFGH. dico che setira E. equidistante AB. elaltra equidistante AD et tirise F. equidistante AB. elaltra equidistante AD. et tirise G. equidistante AB. ellatra equidistante AD. tirise H. equidistante AB et laltra equidistante AD. lequali linee faranno 25 superficie simile ala superficie ABCD. et simili angoli et simili lati facciase le superficie commo edecto e la diagonale diuisa in E. F. G. H. commo disopra et menise E equidistante AB che seghi AD. in puncto L. et DC. in I et BC. in puncto K et menise laltra passante per E. equidsitante AD. che seghi AB. in puncto L. et DC in puncto M et tirise F equidistante AB che tagli AD in puncto N et BC in puncto O. tirise laltra passante per F. equidistante AB che seghi AD. in puncto P et BC. in puncto Q menise G. equidistante AB. che tagli AD. in puncto R. et BC. in puncto S tirise laltra passante per G. equidistante AD. che seghi AB. in puncto T. et DC. in puncto V. et menise H. equidistante AB. et tagli AD. in puncto X. et BC. in puncto Y tirisi laltra passante per H. equidistante AD. che seghi AB. in puncto z. et DC. in puncto Z dico che tucti questi quadrati contenuti dala superficie ABCD. sono simili conessa et infra loro perche sono composti delinee equistante et de angoli simili dunque ilati sono nella proportione delati dela superficie ABCD. commo per la 30a de euclide seamaestra. (Fig. 10).

Quando fusse uno quadrilatero che fusse in piu parti deuiso non equali et daquelle parti semenassero linee equidistante ailati et daglangoli semenasse ladiagonale deuidera quelle inproportione et se daquelle deuisioni semenassero linee perlo trauerso che fussero equidistante produrieno superficie proportionali fra loro.

Verbi gratia sia il quadrilatero ABCD. il quale sedeuida AB inparti nonequali inpuncti E. et F. le quali setirino equidistante AD. deuidente DC. inpuncti G. et H. poi se tiri la diagonale denidente EG. in puncto I. et FH. in puncto K. lineise I. equidistante AB. che seghi AD. in punto L. et BC. in punto M et FH in puncto P. poi se meni K. equidistante AB. che tagli AD. in puncto N. et EG. in puncto Q. et BC. in puncto O, deiquali sono tre superficie equilatere et sei composte delati dequeste tre si che non sono de equali 4 lati ma sono inproportione composta de linee nonequali masi de linee equidistante. Prouase essere fra loro proportionale perche AE. in AL. ad EI. in EF. commo LI, in LN. ad IP. in IQ. et commo NQ. in ND. ad QK. in QG. cosi diremo essere EI. in EF. ad FP. in FB. commo e IQ. in IP. ad PM. in PK. simile e KQ. in QG. ad KO. in KH. siche sono in proportione, altramente per numeroi perche sia piu chiaro sia ABCD per faccia noue e deuisa in tre parti in E. et F. et AE. sia 2 et EF. 4 et FB. 3. cosi DG. 2 et GH. 4 et HC. 3 et e tirato la diagonale deuisa in do puncti I. et K. proportionalmente et daquelle deuisioni tirate le linee equidistante AB. contingente AD. in puncti L. et N. et BC. in puncti M. et O. et EG. in Q et FH. in P. dico che AE. AL. LI. IE. sono equali et IP. PK. KQ. QI. sono equali et KO. OC. CH. HK. sono equali perche la diagonale che lideuide separte daglangoli dela superficie che e composta delati et angoli equali et deuide quelli perlo mezzo siche sono quadrati dequali lati commo sedimostra perla 25a del sexto de euclide io posi AE. essere 2 dunqua sira AEIL. 2 per ciascuna faccia et EF. posi 4 dunqua sira IPKQ. 4 per faccia et BF. posi 3 adunqua sira ROCH. 3 per faccia et EFIP sira peruna faccia 2, et perlaltra 4 et FBMP sira peruna 2 et perlaltra 3 et PMOK sira peruna 3 et perlaltra 4 et LIQN sira peruna faccia 2 et perlaltra 4 et NQDG. sira peruna faccia 2 et perlaltra 3 et QKHG. sira peruna faccia 3 et perlaltra 4. se multiplichi la faccia del primo quadrato inse fa 4 et multiplica 2 et 4 fa 8 et poi multiplica 2 et 4 fa pure 8 et multiplica 4 inse fa 16 et multiplica 3 per 4 fa 12 et multiplica 3 in se fa 9. questi sono inproportione perche e tal proportione dela superficie AI. che 4 alasuperficie EP. che 8 che e dalasuperficie LQ. che 8 alasuperficie IK. che 16 et quale e dalasuperficie NG. che 6. alasuperficie QH. che e 12 cosi e dalasuperficie EP. che e 8 ala superficie FM. che e 6 commo e dalasuperficie IK. che e 16 alasuperficie PO. che e 12 commo e dala superficie QH. che e 12 alasuperficie KC. che e 9 siche sono inproportione le superficie fraloro commo lediuisioni delati delquadrato perche e quella proportione da 2 ad 4 che e da 4 ad 8 et da 8 ad 16 et da 6 ad 12 et quella proportione e da 4 ad 3 che e da 8 ad 6 et che e da 16 ad 12 et da 12 et 9 siche sono inproportione che ilproposto. (Fig. 11.)

Perinfine a qui odecto dela proportione dele linee et dele superficie non degradate el commo le diagonale deuidano le superficie quadrilatere in do parti equali et tucte lediuisioni facte inesse superficie dilinee equidistanti sono inproportione. Et hora perche uoglo dire delelinee et superficie degradate enecesario essa proportione dimostrare perche quando dico proportionalmente, che proportione intendo perche le proportioni sono inumerabili et questa non e dupla commo e 2 et 4 et 8 et non e sexquialtera commo 4 et 9 ne sexquitertia commo 9, 12. 16 ne tripla ne quadrupla madico essere proportione degradata non commo 4. 8, 12. 15 ne commo 6. 9. 11. 12 mae secondo la distantia da lochio altermine doue semeete lecose degradate et la distantia daltermine alacosa ueduta. Cio e cosi sono quatro linee equidistante et luna dalaltra e uno braccio et sono lunghe uno braccio et sono infra do linee parallelle et dala prima linea che termine alochio e quatro braccia dico la seconda ala prima essere sexquiquarta et laterza alaseconda nel termine e sexquiquinta et laquarta alaterza nel termine e sexquisexta perche meglio me intenda egle proportione inqueste quatro linee commo e daquesti quatro numeri cio e 105. 84. 70. 60 mase mutaremo ladistantia da lochio altermine semutara proportione cio e setu te delunghi doi bracci indrieto che sieno sei dalochio altermine quelle quatro linee mutarano proportione et siranno si commo questi quatro numeri 84. 72. 63. 56 che non sono in quella proportione che primi perche non e la distantia con lochio del primo termine in quella proportione che e ladistantia colacosa del secondo termine. Dunqua mutando termine semuta proportione. Et sempre e quella proportione dala seconda linea ala prima linea e da lochio altermine che la prima e dala seconda alochio cio e quella che e dalalinea che separte da lochio terminante alaprima linea alalinea che separte dalochio terminante alaseconda linea et perche non sepo con numeri dimostrare apertamente lemutationi de queste proportioni le dimostraro collelinee nel degradare dele superficie.

Dalochio dato nel termine posto il piano asignato degradare.

Echo che sia dato lochio A. soprastante alalinea DC. perpendiculare sopra D. et DC. sia deviso inpuncto B. ilquale sia il termine posto et sopra B. lineare FB. perpendiculare et BC.

sira il piano asignato il quale seuole degradare 'tiraro dal puncto A. una linea al puncto C. il quale e fine delpiano asignato laquale deuidera BF. inpuncto E. dico che BE. e ilpiano degradato cio e BC. perche BE. serapresenta nelochio equale ad BC. nellermine posto. pruoase tirise AB. farasse un triangolo ilquale sera ABC. et lebase sono BC. BE. opiste adun medessimo angolo si che serapresentano alochio equali commo perla seconda de questo fu pronato dico BE essere il piano asignato degradato altramente perche questa e la prima degradatione seuole bene intendere acioche laltre piu facilmente scinteudino. perche ho dicto dato lochio scintende esserse posto coluedere in quello luogho doue tu noi stare auedere ilpiano asignato. ilpiano asignato se intende che quella quantita delunghezza che te piaca fare ilpiano. Iltermine posto equello luogo doue sedebbe degradare ildicto piano cio e la distantia dalochio almuro o tauola o altra cosa doue seuole mectere lecose degradate, pone lochio alto o basso presso o lunghi secondo che richiede illauoro. Metiamo che ilpiano asignato BC. sia 20 braccia et DB. che e termine per infine alochio sia 10. braccia et lochio sia leuato sopra D. 3 braccia ilquale posi essere A. tirise AC. laquale deuidera BF. in puncto E commo e dicto disopra dico che C. e piu leuato che B. nellermine la quantita de BE. perche A. soprasta BC. per la 10^a de euclide de aspectuum diuersitate soprona. dunqua diro BE sia 2. che e doi terzi de laltezza che inisi lochio essere leuato sopra il piano 3 braccia. doi terzi sono doi braccia perche lalinea che si parte dal puncto A. deuide le equidistante inproportione si che quella proportione e da DC. e 30 .et BC. 20. tal proportione da 20. ad 30. quale e da 2. ad 3. si che diro BE. essere BC. degradato che dissi degradare. (Fig. 12).

Il piano degradato in quadro reducere

Commo nella precedente sia DC. linea deuisa inpuncto B. et menise BF. perpendiculare cA nel termine suo sopra D et tirise una linea perpendiculare sopra C. equale BC. quale sia CG. et dal puncto G. se linei una equidistante BC. che sia GF. quale dico essere. quadrato de equali lati BC. CG. GF. FB. hora tira dal puncto A. lalinea AC. et AG. lequali deuiderano BF. in doi puncti. AC. deuidera BF. inpuncto E at AG. deuidera BF. inpuncto H. dico che E. sepresenta alpuncto A. piu leuato che B. perche A. soprasta B. et H. se representera piu basso che F. perche A. e piu basso che F. commo perla 10^a et 11^a de euclide de aspectuum deuersitate se dimostra. dico che BE. apare nellermine posto equale BC. et EH. apare nel dicto termine equale CG. et HF. apare equale FG, tirise AF. et AB. aremo tre triangoli ciascuno con do base illtriangolo ABC. adobase BC et BE et illtriangolo ACE. adobase CG. et HE. et il triangolo AGF. adobase FG. et FH. onde perla seconda di questo labasa BE. apare equale alabasa BC. perche sono socto medessimo angolo A. et labasa EH. e equale CG. nellaparere et sono socto unmedessimo angolo et labasa HF. equale FG. perche sono contenute dauno angolo et quella proportione e da AE. ad AC. che e da DB. ad DC. et quella medessima e da e EH. ad CG. che e da AE. ad AC. et quella proportione e da BE. ad FH. insiemi nel CG. che e da AG. ad HG. et quando le distantie ele cose sono in una proportione colaltezza delochio alacosa degradata e chiaro essere uera degradatione. Adunqua diro EHCG. essere ilpiano BE. reducto in quadrato.[1] Hora mena dal puncto A. una linea equidistante BC. laquale sia senza termine poi deuidi lalinea BC. per equali in puncto I. et sopra I. tira la perpendiculare et doue sega la linea che separte dal puncto A equidistante BC. fa puncto A. poi tira E. equidistante BC. che soghi CG. in puncto K. poi mena dal puncto A. alpuncto B. che deuide EK. inpuncto D. poi tira A. alpuncto C. che laglara EK. inpuncto E. dico auere quadrato ilpiano degradato ilquale e BCDE. La proua ueggase se DE. e equale et EH. che misi aparere la quantita de CG. commo se proua disopra d co essere equale ho simile perche equella proportione da AB. ad AD. che e da AC. ad AE. et quella medessima proportione e da DE ad BC. che e da EH. ad CG. essendo proportionali sono o equali o simili ma sono equali perche mectemmo BC. deluno essere equale ad BC. delaltro che echiaro ilproposito. Ma setu dicesse perche mecti tu lochio nel mezzo perche me pare piu conueniente auedere illauoro niente di meno sepo mectare doue aloino piace nonpassando iterminii che nellultima figura semostrara et doue tu il mecterai uerra in quella medessima proportione. (Fig. 13).

[1] Nicht corect ausgedrückt, indem es sich nur um die Verkürzung der Seiten handelt.

— VII —

La figura quadrata degradata in piu parti equali deuidere.
Verbi gratia ,sia la figura degradata BCDE. et l'ochio sia A. commo perla precedente
edecto. laquale oposto sopra il piano degradato inquadro che fa quello medessimo che nelluogo
posto prima commo edimostro si che seguitaro questo perche fa quello effecto et e piu breue.
Sia commo edicto BCDE. quadrato et lochio sia A. deuidi BC. in quante parti tepiaci sia
deuiso in F. G. H. I. equali poi tira F. al puncto A. et G. et H. et I. al puncto A. lequali deuiderano DE. in puncti K. L. M. N. dico che DE. e deuiso in quella proportione
che e diuiso BC. perche BF. ad DK. equello che e da BC. ad DE. et FG. ad KL. e commo
GH. ad LM. et HI. ad MN. ecommo BC. ad DE. si che sono in proportione. Altramente
perche BC. et DE. sono socto uno medessimo cosi BF. et DK. sono socto uno medissimo
angolo et FG. con KL socto uno angolo et GH. con LM. sono socto uno angolo cosi HL.
con MN. sono socto un angolo et IC. con NE. socto unaltro et sono base equidistante seguita
loro essere in una proportione commo perla 5ª di questo seproua che il proposito.

La superficie quadrata deminuta in piu parti equali deuisa quelle deuisioni in
quadrati producere Eccho la superficie quadrata degradata BCDE. deuisa inpiu parti equali
commo BC. in puncti F. G. H. I. et DE. in puncti K. L. M. N. tirise alochio A. commo
nellaltra e menise da l'angolo B. al angolo E. la diagonale BE, laquale deuidera FK. in puncto
O. et GL. in puncto P. et HM. in puncto Q. et IN. inpuncto R. tira O equidistante BC. che
segara BD. in puncto S. et CE. in puncto T. tira P. equidistante BC. che segara BD. in
puncto V. et CE. in puncto X. tira Q. equidistante BC. che segara BD. inpuncto y et CE.
in puncto z. tira R. equidistante BC. che segara BD. in puncto Z. et CE. in puncto s. et
segara FA. in puncto uno et. GA. in puncto 2 et HA. in puncto 3. dico quelle diuisioni
essere raducte in quadrati commo dicemmo de fare prouase cosi fa uno quadrato impropia
forma che sia socto la linea BC. de quella quantita che sia pure BCDE. commo disopra et de-
uidise inquelle medissime parti che e BC. si che sieno quadrati dequali lati et tirise la
diagonale BE. dico che la deuidera quelle in quelli medessimi puncti che il quadrato degradato e dala diagonale deuiso. Dunque se la diagonale quadrati impropia forma deuide le
parti in proportione cosi diro che deuida la superficie quadrata degradata in proportione degradata cio e cosi e quella proportione da AD. ad AB. che e da DK. ad BF. et cosi da KL.
ad FG. et cosi da LM. ad GH. et cosi da MN. ad HI. et cosi da NE. ad IC. et quella
proportione e da AZ. ad AB. che e da zuno ad BF. et cosi da 1. 2. ad FG. cosi da 2. 3.
ad GH. cosi 3 R. ad HI. cosi 4 S. ad IC. cosi seguitando sono in proportione siche sono le
diuisioni producte quadrati che dissi mostrare. (Fig. 15.)

Et quando non sediuidesse il dicto quadrato in parti equali la diagonale le deuide
improportione commo perla seconda figura sedimostra. Sia BCDE. quadrato impropiaforma et
menise le diagonali BE. et CD. lequali deuidano la superficie in quatro parti equali et qua-
lunche linea simena equidistante alilati deuidera quelle in proportione. Exemplo egle la figura
BCDE. commo e dicto impropia forma nella quale uoglo intrare adentro tre parti de dicta
superficie piglaro BF. che sira tre parti de BC. e menero la linea F. equidistante BD. laquale deuidera le diagonali in doi puncti DC. in puncto G. et BE. in puncto H. et DE. inpuncto I. le quali diuisioni sono proportionali perche e tanto BF. in BC. quanto e BH. in
BE. et tanto e DG. in DC. quanto e BF. in BC. et quanto e DI. in DE. et se setira una
linea equidistante DE. passante per H. deuidera BD. inpuncto K. et CE. inpuncto L. dico
BK. essere equale ad BF. perche FH. ad HI. e commo BF. ad FC. et la linea diagonale deuide FI. et KL. in uno medessimo puncto che e H. et partendose la diagonale dela quadrilatera produci quatrilatera siche de necessita BF. FH. HK. KB. sono equali et io dico deuolere
intrare adentro nel quadrato BCDE. tre parti dunque dico che la linea KL. e tre parti in
dentro. setira F. alpuncto A. deuidera le diagonali degradate DC. inpuncto G. et BE. in puncto
H. tira H. equidistante DE. che segara BD. inpuncto K. et CE. inpuncto L. laquale linea e
adentro nel quadrato. BCDE. degradato si commo ella e nel quadrato impropia forma. (Fig. 15ª)

La superficie quadrata degradata octangola reducere.
Sia la superficie quadrata degradata BCDE. et il puncto uisibile sia A. fa socto la linea
BC. uno quadrilatero impropia forma che sia per faccia la quantita de BC. che sia pure

— VIII —

BCDE. commo e il degradato nelquale descriui impropia forma locto faccie deuidendo BC. impuncto F. et impuncto G. et BD. impuncto N. et impuncto M. et DE. inpuncto K. et inpuncto L. et EG. impuncto H. et inpuncto I. che sia FG. equale ad GH. et GH. ad HI. et HI. ad IK. et IK. ad KL. et KL. ad LM. et LM. ad MN. et MN. ad NF. et seranno in siemi equali poi tira le diagonali BE. et CD. lequali se intersegaranno impuncto O. tirise HN. laquale segara ladiagonale BE. impuncto P. et ladiagonale CD. impuncto Q. et menise I. M. che segara la diagonale BE. impuncto S. et la diagonale CD. impuncto R. hora tira le diagonali nella superficie degradata BE. et DC. poi tira F. alpuncto A. et G. alpuncto A. lequali intersegaranno inquatro puncti F. segara BE. impuncto P. et segara CD. impuncto R. et segara DE. impuncto L. et G. segara BE. impuncto S. et CD. inpuncto Q. et DE. impuncto K. menise PQ. equidistante BC. che segara BD. impuncto N. et CE. impuncto H. et lineise RS. equidistante BC. che segara BD. in puncto M. et CE. in puncto I. tira GHIK. LMNF. e sera compiuta loctangola perche ho prouato perla terza diquesto BCDE. degradato essere BCDE. impropia forma et per la 11^a hoprouato commo nel qualrato ceuiso in parti non equali la diagonale le deuide in proportione et per la 25^a del sexto de euclide seproua tucte le superficie dintorno ildiametro essere simili et essedicto BFNP et PQRS et GCQH et IEKS et DMLR essere simili perche sono intorno ale diagonali lequale sono diametri quelle deuidenti commo deuideno ilquadrilatero non degradato siche dico FGNMLKIH essere ilquadrato degradato reducto in octangolo. (Fig. 16.).

La figura de octo facce degradata in sedici reducere.

Ho facto la figura deocto facce laquale e FG. FN. MN. ML. LK. KI. IH. HG. laquale e nelquadrato BCDE. uoglo la reducere ad sedici facce ho locto facce impropia forma contingente il degradato commo perla precedente fu mostro del quale pigla ilcentro quale e O. e li poni il pie stabile del sexto elaltro pie mobile stendi per fine ad F. e quella quantita circula col pie mobile delsexto contingendo glangoli de loctofacce poi deuidi ciascuna faccia per equale et fa puncto a ciascuna parte et dal centro ala circumferentia mena la linea passante per quelli puncti segante il circulo. La linea che passa per FG. segara il circulo in puncto T et quella passante per GH. deuidera il circulo in puncto V et quello passante per HI. segara il circulo in puncto x et quella passante der IK. segara il circulo in puncto y et quella passante per KL. deuidera il circulo in puncto z et quella passante per LM segara il circulo in puncto Z. et quella passante per MN. taglara il circulo in puncto s. et quella passante per NF. segara il circulo in puncto ϕ. tira TV che deuidera FG in puncto 1 et segara GH. in puncto 2. tira Vx. che segara GH. in puncto 3. et HI. in puncto 4. tira xy che teglara HI. in punto 5. et IK. in puncto 6. tira yz che taglara IK. in puncto 7. et KL. in puncto 8. tira zZ che deuidera KL. inpuncto 9 et LM. inpuncto 10. tira Zs che mozara LM inpuncto 11 et MN. inpuncto 12. mena sϕ che taglara MN inpuncto 13 et NF inpuncto 14. mena ϕT. che deuidera NF. inpuncto 15 et GF. inpuncto 16. hora e feaite le sedici facce impropia forma perdegradarle bisogna che tu tiri 1. 2. 3. 4. 13. 14. 15. 16 equidistante BD. et CE. nella linea BC. contingente DE. et da quelli puncti del contacto nella linea BC. tira alpuncto A. soprastante le octo facce degradate quali sono FG. GH. HI. IK. KL. LM. MN. NF. tira 1 alpuncto A che segara FG. inpuncto 1 et segara ladiagonale BE. inpuncto 20. et ladiagonale DC. inpuncto 21[1] et KL. delocto facce degradato inpuncto 8 tira la linea che separte da 2 che segara GH.[2] inpuncto 2 et sagara IK inpuncto 7. mena la linea che separte da 3. delocto facce impropia forma nel contacto del BC che taglara GH. inpuncto 3 et taglara IK. inpuncto 6. poi tira 16 alpuncto A che mozara FG. inpuncto 16. e segara la diagonale DC inpuncto 22. et ladiagonale BE. inpuncto 23. et segara KL. inpuncto 9. tira la linea dal contacto che fa la linea che separta dal 15 alpuncto A. che segara FN. delocto facce degradato inpuncto 15 et segara LM. inpuncto 10. mena dal contacto che fa la linea del quatordici nel BC. alpuncto A che segara FN. inpuncto 14. et segara LM. inpuncto 11. hora tira 20 et 22. equidistante BC.

---

[1] In Figur fehlt die zweite Diagonale: daher sind die bezügl. Durchschnittspuncte unter denen der ersten vermerkt.

[2] Die Buchstaben sind, um die Figur nicht zu überfüllen, nur theilweise angegeben.

che taglara HI inpuncto 5. et NM impuncto 12. et tira 21. et 23. che sono su le diagonali equidistante BC. segante HI. inpuncto 4. et NM. inpuncto 13. lequali compiscano le sedici facce. tira 1 et 2. 3 et 4. 5 et 6. 7 et 8. 9 et 10. 11 et 12. 13 et 14. 15 et 16. siche io dico conproportione essere degradato perche posi locto facce degradato si commo perla precedente fu mostro. poi locto facce inpropia forma radussi insedici facce equali et daglangoli tirai le linee equidistante BD. lequali terminano nella linea BC. et daquelli insiemi tirai linee al puncto A. deuidente locto facce et lediagonali commo fanno locto facce impropia forma et perquesto chiaro il proposto. (Fig. 17).

Sopra del piano quadrato degradato triangolo equilatero colocare.

Sia ilpiano quadrato degradato BCDE. nelquale uoglo portare uno triangolo de equali lati faro impropia forma ilpiano quadrato contingente BC. equilatero che sira pure BCDE. nelquale linearo iltriangolo de equali lati che sira FGH. poi menero la diagonale alquadrato impropia forma che sira BE. poi tiraro langolo F. equidistante BC. che segara la diagonale BE. inpuncto I. et menero langolo G. che lataglara impuncto K. poi tiraro langolo H. cheladeuidera inpuncto L. poi menero I. equidistante BD. contingente BC. inpuncto M. et tiraro K. equidistante BD. contingente BC. inpuncto N. poi menera L. equidistante BD. contingente BC inpuncto O. Ora tira la diagonale alpiano degradato che sia pure BE. poi mena M. alpuncto A. et doue denide la diagonale fa puncto I. poi linea N. al puncto A. et doue sega la diagonale fa puncto K. poi tira O. al puncto A. et doue tagla la diagonale fapuncto L. hora le mena equidistante BC. contingente BD. et CE. hora tornamo ala figura impropia forma et tira langolo F. equidistante BD. contingente BC. impuncto P. et langolo G. contingente BC. impuncto Q. et langolo H. mena equidistante BD. contingente BC inpuncto R. Ora mena P. al puncto A. et doue sega la linea I fa puncto F. poi tira Q. al puncto A. et doue deuide la linea K. fa puncto G. poi tira R. alpuncto A. et doue accide la linea L. fa puncto H. mena FG. GH. HF. che fia fenito il triangolo equilatero che intendammo fare cio e FGH. degradato proportionalmente. (Fig. 18.)

Nel piano quadrilatero degradato lo exagono equilatero lineare.

Habiamo il piano quadrilatero BCDE. degradato nelquale uoglo lineare uno exagono equilatero per seguitar lordine faro impropia forma socto al degradato piano contingente la linea BC. il quale sira pure BCDE. nelquale descriuaro uno circulo dela grandezza che uoglo fare lo exagono. dico la quantita del semediametro sira per ciascuna faccia. lo exagono ilquale uoglo che sia FGHIKL et menero la diagonale al piano inpropia forma quadrato che sira BE. poi menero F. equidistante BC. segante la diagonale impuncto M. poi tira G. equidistante BC. che deuidera la diagonale impuncto N. et poi mena H equidistante BC. che taglara la diagonale impuncto O. et tira I. equidistante BC. segante la diagonale impuncto P. et linea K. equidistante BC. che mozzara la diagonale impuncto Q. poitira L equidistante BC. che segara la diagonale impuncto R. lequali menarai tucte equidistante BD. contingente BC. M. continga equidistante 1 .et N. continga impuncto 2. et O. impuncto 3. et P. impuncto 4. et Q. inpuncto 5. et R. inpuncto 6. poi tira la diagonale nela superficie degradata BE. poi tira 1 al puncto A et doue tagla la diagonale fa puncto M. poi tira 2. al puncto A. et doue sega la diagonale fa puncto N. poi mena 3. al puncto A. et doue accide la diagonale segna O. poi linea 4. al puncto A. et doue sega la diagonale puncta P. poi tira 5 al puncto A. et doue rompe ladiagonale segna Q. mena 6. al puncto A. et doue deuide la diagonale fa R. hora tira tucte queste cio e MNOPQR. equidistante BC. contingente BD. et CE. dela superficie degradata. hora torna ale sei facce impropia forma et mena da tucti glangoli linee equidistante BD. prima tira F. contingente BC. inpuncto 11. et G. inpuncto 12 et H. inpuncto 13. et I. inpuncto 14. et K. inpuncto 15. et L. impuncto 16. tucti su lalinea BC. iquali tira al puncto A. prima tira 11. et doue sega la linea M. puncta F. poi tira 12. edoue deuide la linea N. segna G. poi mena 13. et doue sega la linea O. puncta H. mena 14. al puncto A. et doue tagla la linea P. segna I. poi linea 15. al puncto A. et doue mozza la linea Q fa K. poi tira 16. al puncto A. et doue deuide la linea R. fa puncto L. poi mena FH. FG. HI. IK. KL et LF. et e fenito lo exagono che intendia de fare proportionalmente commo per le precedenti semostro che quello che fanno le diagonali nelli quadrati impropia forma fanno nelli degradati. (Fig. 19.)

— X —

Nel piano degradato la superficie del pentagono equilatero descriuere.

Habiamo ilpiano degradato commo perla 14ª diquesto simostra BCDE. socto delquale se faccia il quadrato impropia forma deuguali lati de la quantita de BC. et faccia inquello il penthagono de equali lati et daglangoli semeni linee equidistanti BC. deuidente BE. diagonale cio e ilpenthagono sia FGHIK. prima tira F. che deuida la diagonale impuncto L. tira G. che seghi la diagonale impuncto M. mena H. equidistante BC. che mozzi la diagonale impuncto N. linea I. equidistante BC. che seghi la diagonale impuncto O. mena K. equidistante BC. che deuida la diagonale impuncto P. hora tira LMNOP. tucte equidistante BD. contingente tucte BC. L. continga BC. impuncto 1 et M. continga inpuncto 2. et N. continga inpuncto 3. et O. continga impuncto 4. et P. continga BC. impuncto 5. iquali contacti tira alpuncto A. posto sopra ilpiano degradato alquale setiri la diagonale BE. mena prima 1. che deuida la diagonale inpuncto L. poi tira 2. et doue sega la diagonale segna M. polinea 3. alpuncto A. et doue tagla la diagonale puncta N. poi mena 4. alpuncto A. et doue deuide la diagonale fa O. et conduci 5. al puncto A. et doue sega la diagonale segna P. poi mena LMNOP. equidistante BC. contingente BD. et CE. del quadrato degradato poi torna alpenthagono non degradato et tira FGHIK. equidistante BD del quadrato non degradato contingente BC. et F. continga BC. impuncto 11. et G. continga impuncto 12. et H. impuncto 13. et I. impuncto 14. et K. impuncto 15.[1] poi tira 11. alpuncto A. et doue deuide la linea L. puncta F. poi mena 12. alpuncto A. et doue tagla la linea M. segna G. poi tira 13. alpuncto A. et doue sega la linea N. mecti H. poi linea 14. alpuncto A. et doue accide la linea O. segna I. poi mena 15. alpuncto A. et doue mozza la linea P. scriui K. poi tira FG. GH. HI. IK. KF. et ai posto nelpiano degradato il penthagono equilatero proportionalmente ilquale e FGHIK. che e ilproposto. (Fig. 20.)

Nella superficie quadrata degradata laquantita data atorno deminuire.

Sia la superficie degradata BCDE. et laquantita data laquale uoglo deminuire sia BL. menero lediagonali BE. et DC. poi tiraro L. alpuncto A. laquale segara BE. inpuncto F. et DC. impuncto H. et DE. inpuncto K. et dalpuncto F. menero lalinea equidistante BC. che contingera BD. inpuncto O. et CE. inpuncto P. et DC. inpuncto G. poi lineare H. equidistante BC. che contingera BD. inpuncto Q. et deuidera BE. diagonale inpuncto I. et contingera CE. inpuncto R. tirise dalpuncto A lalinea passante per I. et per G. segara DC. inpuncto N. et BC. inpuncto M. dico auere leuato de la superficie degradata atorno atorno la quantita data cio e BL. facciase il quadrato impropia forma ilquale sia BCDE. et laquantita data del BL. se tiri dentro atorno del quadrilatero laquale segara BC. inpuncto L. et menise L equidistante BD. segara DE. inpuncto K. tirise M. equidistante CE. che possi essere la quantita de BL. cio e MC. che segara DE. inpuncto N. poi ponero RO. equale BL. ilquale O. menero equidistante CE. che taglara LK. inpuncto F. et segara MN. inpuncto E. et CE. inpuncto P. poi faro DQ. equale DK. et tiraro Q. equidistante DE. che mozzara LK. inpuncto H. et MN. inpuncto I. et CE. inpuncto R. et poi lineare BE. diagonale laquale passara per F. et per I. et DC. diagonale passara per H. et per G. nel quadrato impropia forma et dale diuisioni facte in BC. cio e BL. et MC. de equale quantita data dal puncto L. menata lalinea alpuncto A. che sega la diagonale BE. inpuncto F. et ladiagonale DC. inpuncto H. commo nel quadrato impropia forma. et poi tirato M. alpuncto A. ilquale deuide le diagonali inpuncti G. et I. da quelli tirate le equidistante passante perquelle diuisioni contingenti BD. inpuncti O. et Q. et CE. inpuncti P. et R. commo e nella superficie impropia forma. Si cho deminuito dela superficie degradata laquantita data cio e BL. dentro ala superficie BCDE. atorno atorno laquale e deminuita FGHI. commo nella superficie impropia forma perche le equidistante sono deuise dale diagonali in una commo nellaltra siche sono deuise proportionalmente commo perla 11ª et perla 14ª diquesto fu prouato. Dunque dico auere dela superficie degradata BCDE. leuato atorno dentro laquantita data BL. che dissi minuire. (Fig. 21.)

---

[1] 11-15 in Figur aus früherem Grunde nicht bezeichnet.

— XI —

Ala superficie quadrilatera degradata atorno dessa laquantita data proportionalmente agiugnare.

Eccho che sia commo nella precedente la superficie quadrilatera BCDE, degradata alaquale uoglo agiugnare laquantita data BL. laquale quantita giugnero fuor dellalinea BC. che sia BL. continuante BC. et tiraro dalpuncto A. lalinea passante per L. perfine ad F. poi menero la diagonale BE. perfine che concorra con F. et passante E poi tiraro laltra diagonale passante per CD. deuidente AF. inpuncto H. et linearo F. equidistante BC. et deuidera ladiagonale passante per G. impuncto G. et tiraro H. equidistante DE. che deuidera ladiagonale passante per E. impuncto I. poi tiraro dalpuncto A. AG. passante per I. dico ora anere agiunto ala superficie BCDE. laquantita data BL. perche se sefa la superficie quadrilatera impropia forma dela quantita delalinea FG. che sia FGHI. et tirise lediagonali FI. et GH. poi setiri BD. dela superficie degradata contingente FG. inpuncto P. poisetiri EC. contingente FG. inpuncto M. poi tiraro P equidistante FH. del quadrato impropia forma che seghi ladiagonale FI. impuncto B. et la dingonale GH. in D. poi tiraro impuncto M. equidistante GI. che segara la diagonale GH. impuncto C. et la diagonale FI. impuncto E. poi tiraro BC. DE. che farano uno quadrilatero simile ala superficie FGHI. del quadrato impropia forma et FG. deluno e equale ad FG. dela superficie degradata et le diagonali deuidano le equidistante del degradato commo deuidano le equidistante impropia forma proportionalmente. Per questo dico auere agiunto alquadrilatero BCDE. laquantita data BC. si commo perla precedente mostrai minuito colle diagonali cosi colle diagonali o agiunto perche mediante quelle sepo agiugnare et scemare proportionalmente si commo per la 15ª fu prouato et mediante quelle ho agiunto laquantita data BL. alasuperficie quadrata degradata BCDE. commo dissi. (Fig. 22.)

Nelpiano non quadrilatero qualunque sesia uno quadrilatero recidere.

Sia ilpiano delquale intendo recidere uno quadrilatero che sia la sua longhezza una quantita saputa et la larghezza sia cognosciuta delaquale longhezza uoglo taglare laquantita dela larghezza che sia quadrilatera. Verbi gratia sia ilpiano longo 50 braccia ilquale sia poi degradato et sia BCDE. et BC. sia 10 et BD. sia 50. prima che fusse degradato menero ladiagonale BE. et perche lalarghezza che e 10. entra in 50. che e lalunghezza 5 uolte pero faro de BC. 5 parti lequali seranno FGHI. et tiraro F. alpuncto A. che deuidera BE. diagonale inpuncto K. et tiraro K. equidistante BC. che segara BD. inpuncto L. et CE. inpuncto M. dico auere reciso delpiano degradato uno quadrilatero ilquale e BLCM. et prouase facciase uno quadrilatero impropia forma ilquale sia largo 10 braccia et longo 50 ilquale sia NOPQ. et NP. sia 50 et NO. sia 10. et menise ladiagonale NQ. poi deuida NO. in cinque parti equali in RSTV. et tirise R. equidistante NP. laquale deuidera ladiagonale impuncto X. et deuidera PQ. impuncto Y. et mena X. equidistate NO. et deuidera NP. inpuncto z. et BQ. inpuncto Z lequali faranno uno quadrilatero che sira NO zZ. impropia forma reciso dal piano NOPQ. condocto dala diagonale passante per X. deuidente lalinea Ry. laquale e laquinta parte de NO. commo dissi. BCDE. e laquantita del piano NOPQ benche BCDE. he degradato et lalinea BC. facta equale ad NO. et e deuisa in cinque parti equali et presone una dele cinque cio e BR. et lo tirato la linea alpuncto A. deuidente ladiagonale impuncto K. et tiralo la equidistante pasante per K. deuidente BD. impuncto L. et CE. inpuncto M. si commo ho preso de NO. laquinta parte cio e R. et quella tirata equidistante NP. deuidente ladiagonale impuncto X. et poi tirato X. epuidistante NO. che deuide NP. inpuncto z et OP. impuncto Z. et perche la diagonale deuide lasuperficie impropia forma nella quinta parte NOzZ. cosi deuide ladiagonale la superficie degradata commo perla precedente se mostro nella quinta parte. Ma se laquantita non fusse saputa dela lunghezza del dicto piano nela larghezza tiraro dalpuncto A. lalinea equidistante BC. dela quantita che oposto iltermine alochiue dato et qui fermaro ilpuncto o. et daquello menero oc. et deuidera lalinea BD. inpuncto L. dico BL. hauere leuato delpiano BCDE. degradato laquantita de BC. laquale e BL. menise L. equidistante BC. che seghara ladiagonale BF. impuncto K. et CE. inpuncto M. dico BLCM. essere quadrilatero taglato delpiano non quadrato BCDE. perche lalinea separte dalochio o. et termine in C. et deuide BD. impuncto L. siche C. serapresenta alochio leuato piu che B. laquantita de BL. commo per la 11ª fu prouato. (Fig. 23.)

— XII —

Alquadrilatero degradato dato altri quadrilateri simili acrescere medianti lediagonali.
Sia ilquadrilatero dato degradato BCDE. alquale seuole acrescere piu superficie simili et equali menero ladiagonale BE. et ladiagonale DC. et seintersegaranno impuncto F. et menero dalpuncto A. passante per F. che deuidera BC. impuncto G. et DE. impuncto H. hora per [acrescere perlunghezza seuole tirare B. passante per H. che concurera collalinea AC. impuncto I. poi menare I. equidistante DE. laquale segara AB. inpuncto K. ilquale comporra uno quadrilatero simile BCDE. che sira DEKI. equale BCDE. perche ladiagonale deuide ildiametro AG. proportionalmente impuncto H. concurrente impuncto I. nellalinea AC. et meto I. equidistante DE. contingente AB. impuncto K. et quella proportione e da AK. ad AB. che e da KI. ad BC. et quella proportione e da AK. ad AD. che e da KI. ad DE. siche dico auere agiunto perla lunghezza alquadrato BCDE. ilquadrato DEKI. equale et simile alui. Ma seuolemo agiugnare perla larghezza tiraro F. equidistante BC. che segara BD. impuncto L. et CE. impuncto M. poi menero DE. perfine ad P. che sira EP. equale DE. poitiraro B. passante per M. perfine che concorra impuncto P. poi menero alpuncto A. lalinea passante per P. perfine ad O. et tiraro BC. perfine che concurra alpuncto O. dico che CO. e equale ad BC. perche posi EP. equale ad DE. et quella proportione e da DE. ad BC. che e da EP. ad CO. et quello medessimo e da DP. ad BO. dunque sono equali pero auemo agiunto perla larghezza alquadrato BCDE. uno quadrato equale alui che e COEP. Ma se uoro agiugnare perlonghezza et perlarghezza tanto che faccino uno quadrato composto de quatro quadrati equali BCDE. piglaro CO. dela quantita de BC. che sira CO. continuante BC. et dalpuncto A. menero AO. poi tiraro ladiagonale dalpuncto B. passante per E. et deuidente AO. impuncto Q. poi dalpuncto Q. tiraro equidistante BC. la linea che segara AB. impuncto K. lequali compongono uno quadrato BOKQ. simile al quadrato BCDE. dico auere agiunti tre quadrati alquadrato BCDE. simili et equali perla definitione dela diagonale et dele equidistanti commo perle precedenti semostro. (Fig. 24.)

Sopra delpiano degradato superficie quadrata data collocare.

Ilpiano degradato sia BCDE. et ilpuncto sia A. lasuperficie data sia FGHI. inpropia forma ilpiano BCDE. nelquale descriuaro lasuperficie quadrata da a inpropia forma FGHI. commo e nella dimostratione et daquella menero lelinee equidistante BC. prima menero F. equidistante BC. che segara la diagonale BE. impuncto 1. poitiraro G. che deuidera ladiagonale impuncto 2. et tiraro H. equidistante BC. che taglara ladiagonale impuncto 3. poitiraro I. che mozzara la diagonale impuncto 4. poi menero 1. equidistante BD. contingente BC. impuncto 5. promenero 2 equidistante BD. contingente BC. impuncto 6. etiraro 3. equidistante BD. contingente BC. impuncto 7. e menero 4. equidistante BD. contingente BC. impuncto 8. poi tiraro G. equidistante BD. contingente BC. impuncto L. et tiraro F. equidistante BD. contingente BC. impuncto K. et tiraro H. equidistante BD. contingente BC. impuncto M. poi menero I. equidistante BD. contingente BC. impuncto N. lequali tiraro nella superficie degradata. prima menero la diagonale BE. poi tiraro 5. alpuncto A. et doue segara la diagonale faro puncto 1. e menero 6. alpuncto A. et doue seghara ladiagonale segnaro 2 et tiraro 7 alpuncto A. doue deuidera la diagonale punctaro 3 et lineraro 8 alpuncto A. et doue segara la diagonale faro 4. poi lineraro 1 2 3 4. tucte equidistante BC. et DE. poi tirato K. alpuncto A. et doue segara la linea de 1. faro puncto F. e menero L. alpuncto A. et doue deuidera la linea del 2 faro puncto G. et menero M. alpuncto A. et doue incidera la linea del 3 faro H et menero N. alpuncto A et doue segara la linea del 4. faro puncto I. poi lineraro FG. GH. HI. IF. et fia compiuto il quadrilatero dato. (Fig. 25.)

Nel piano degradato lo octangolo dato designare.

Eccho il piano degradato BCDE. nel quale seuole ponere lo octagono dato equilatero. faro prima BCDE. inpropia forma nelquale descriuaro la superficie docto facce data descriuendo prima nel dicto piano uno quadrilatero ilquale sia FGHI. alquale menero le diagonali FH. et GI. che se intersegaranno insiemi impuncto K. et sopra K. ponero ilpie del sexto immobile et laltro pie mobile giraro laquantita de KF. facendo circulo contingendo FGHI. poi deuidero FG. per equale impuncto L. et tiraro lalinea equidistante FI. passante per L.

et per K. contingente il circulo impuncto M. et impuncto N. poi deuidero FI. in do parti equali impuncto O. et tirato O. equidistante FG. passante per K. contingente il circulo impuncto P. et impuncto Q. et menero MQ. che segara FG. impuncto R. et GH. impuncto S. et tiraro QN. che segara GH. impuncto T. et HI. impuncto V. poi menero NP. che deuidera HI. impuncto X. et IF. impuncto Y. et linearo PM. che segara IF. impuncto z. et FG. impuncto Z. poi menero RS. TV. XY zZ. et sira compito lo octangolo impropia forma. hora menero da tucti glangoli linee equidistante BC. lequali deuidarano ladiagonale BE. del piano impropia forma ciò e lalinea che separte dalangolo R. deuida la diagonale impuncto 1. et lalinea che separte dalangolo S. seghi la diagonale BE. impuncto 2. et lalinea che se parte dalangolo T. deuida BE. impuncto 3 et lalinea che separte dalangolo V. deuida ladiagonale BE. impuncto 4 et lalinea che separte dalangolo X. deuidi BE. diagonale impuncto 5. et lalinea che uene dalangolo Y. seghi ladiagonale BE. impuncto 6. et lalinea che esci dalangolo. z. deuida BE. impuncto 7. et lalinea che separte dalangolo Z. deuide la diagonale BE. impuncto 8. et tucte queste diuisioni facte neladiagonale BE. tiraro equidistante BD. contingente BC. prima continga BC. impuncto 11. et 2. continga impuncto 12. et 3. continga impuncto 13. et 4. continga impuncto 14. et 5. continga impuncto 15. et 6. continga impuncto 16. et 7. continga impuncto 17. et 8. continga impuncto 18. hora tiraro glangoli contingente BC. equidistante BD. tiraro R. che continga BC. impuncto 21. et S. continga impuncto 22. et T. continga impuncto 23. et V. continga impuncto 24. et X. continga impuncto 25. et Y. continga impuncto 26. et z. continga BC. impuncto 27. et Z. continga BC. impuncto 28. tucte queste sono impropia forma lequali seuoglono degradare. hora tira ladiagonale BE. nel piano degradato tira 11. alpuncto A. et doue sega ladiagonale BE. segna 1. poi mena 12. alpuncto A. et doue deuide la diagonale BE. puncta 2. tira 13. alpuncto A. et doue mozza la diagonale BE. fapuncto 3. et mena 14. alpuncto A. et doue sega ladiagonale BE. ferma 4. et tira 15 alpuncto A. et doue deuide ladiagonale BE. segna 5. pomena 16. alpuncto A. et doue recide ladiagonale BE. puncta 6. et linea 17. alpuncto A. et doue tagla ladiagonale puncta 7. poi mena 18. alpuncto A. et doue sega ladiagonale BE. fa 8. poitira tucte queste cio e 1. 2. 3. 4. 5. 6. 7. 8. equidistante BC. contingente BD. et CE. poi tira 21. alpuncto A. et doue sega lalinea 1. fapuncto R.¹ poitira 22. alpuncto A. et doue tagla lalinea 2. segna S. et tira 23. alpuncto A. et doue deuide lalinea 3 puncta T. poi mena 24. alpuncto A. et doue sega lalinea 4. segna V. et linea 25. alpuncto A. et et doue mozza lalinea 5. fapuncto X. poi mena 26. alpuncto A. et doue sega lalinea 6. puncta Y. poi tira 27. alpuncto A. et doue tagla lalinea 7. segna z. poi linea 28 alpuncto A. et doue deuide lalinea 8. scriui Z. mena ¦hora tucte queste : RS. ST. TV. VX. XY. Yz. zZ. ZR. dico essere fornito lo octangolo dato. conproportione degradato perche lelinee deuidente impropia forma ladiagonale cosi deuidano ladiagonale nelpiano degradato et lelinee che separtano daglangoli deloctangolo ariuante ad BC. passante per lelinee deuidente la diagonale del piano non degradato cosi partendose dal BC. ariuante alpuncto A. sono passante per lelinee che deuidano la diagonale del piano degradato che fie chiaro ilproposto. (Fig. 26.)

Nel piano degradato piu superficie quadrate date ponare.

Echo il piano degradato BCDE. che sia puncto A. inquale scuole descriuere due superficie quadrate date non ad uno modo poste. fa commo nelle precedenti il piano impropia forma che sia pure BCDE. nel quale descriui doe superficie quadre impropia forma luna sia FGHI. et laltra sia KLMN. poi mena lediagonali alpiano BCDE. quale scintende essere impropia forma quadrato lequali seranno BE. et CD. et daglangoli dela superficie data FGHI. mena linee equidistante BC. deuidente ladiagonale BE. prima tira F. equidistante BC. che segara la diagonale BE. impuncto 1. mena G. che 'deuidara BE. impuncto 2. et tira H. che taglera BE. impuncto 3. poi mena I. che segara BE. impuncto 4. poi mena 1. equidistante BD. contingente BC. impuncto 5. et tira 2. equidistante BD. contingente BC. impuncto 6. et mena 3. equidistante BD. che continga BC. impuncto 7. poi tira 4. equidis-

---

¹ Die Bezeichnungen R bis Z fehlen, um Fig. nicht zu überfüllen.

— XIV —

tante BD. contingente BC. impuncto 8. hora mena F. equidistante BD. contingente BC. impuncto 11. tira Q. equidistante BD. contingente BC. impuncto 12. mena H. equidistante BD. contingente BC. impuncto 13. poi tira I. equidistante BD. contingente BC. impuncto 14. tuai tirata lasuperficie quadrata FGHI. impropia forma. mo bisogna tirare laltra KLMN. prima tira K. equidistante BC. che seghi ladiagonale DC. impuncto 21. et L. seghi ladiagonale DC. impuncto 22. poi tira M. che seghi ladiagonale DC. impuncto 23. poi mena N. che deuidi ladiagonale impuncto 24. lequali tira tucte equidistante CE. contingente BC. 21. continga BC. impuncto 25. et 22. continga BC. impuncto 26. et 23. continga BC. impuncto 27. et 24. continga BC. impuncto 28. mena mo glangoli equidistanti CE. contingenti BC. tira K. che continga BC. impuncto 31. et L. continga BC. impuncto 32 et M. continga BC. impuncto 33. et N. continga DC. impuncto 34.[1] tuai hora lineati iquadrati dati impropia forma uoglono semectere nelpiano degradato. Tuai le diagonali BE. et DC. nelpiano degradato. et deuidi BC. in do parti equali impuncto P. facte hora ala prima superficie quadrata et tira 5 alpuncto A. et doue sega ladiagonale BE. segna 1. poi mena G. alpuncto A. doue tagla la diagonale BE. fa. 2. poi tira 7. alpuncto A. et doue deuide ladiagonale BE. fapuncto 3. et linea 8. alpuncto A. et doue sega ladiagonale BE. segna 4. poi tira AP. et poi mena 1. 2. 3. 4. tucte equidistante BC. contingente BD. et AP. poitira 11. alpuncto A. et doue sega lalinea 1. fapuncto F. poi mena 12. alpuncto A. et doue tagla lalinea 2. segna G. tira 13. alpuncto A. doue deuide lalinea 3. puncta H. et mena 14. alpuncto A. et doue sega lalinea 4. segna I. tira mo FG. GH. HI. IF. et ai uno quadrato. hora tira laltro. tira prima 25. alpuncto A. et doue sega ladiagonala DC. fa. puncto 21.[1] poi mena 26. alpuncto A. et doue deuide ladiagonale DC. segna 22 poi tira 27 alpuncto A. et doue tagla la diagonale DC. puncta 23. et poi linea 28. alpuncto A. et doue sega ladiagonale DC. fa 24. lequali tira tucte equidistante BC. contingente CE. et AP. et mena poi 31. alpuncto A. et doue sega lalinea 21. segna K. poi tira 32. alpuncto A. et doue tagla lalinea 22. fa puncto L. poi linea 33. al puncto A. et doue mozza lalinea 23. puncta M. poi mena 34. alpuncto A. et doue sega lalinea 24. segna N. setirarai KL. LM. MN. NK. araicompiuto laltro quadrilatero dato che il proposto. Ma sendo uolesse che ledecte superficie fussero octangoli farai commo nelle precedenti neldeuidere et nellineare cosi nelle altre figure. (Fig. 27.)

Sopra delpiano degradato ilcirculo fondamentale di uno edificio quadrato dato collocare.

Noi intendemo nelpiano BCDE. degradato collocare una superficie di uno circuito cio e fondamento di uno edificio dato con ladiuisione che nelcircuito dato secontene seguitaremo lordine principiato fa disocto alpiano degradato BCDE. uno piano impropia forma iquale sia pure BCDE. poi fa inesso lasuperficie delcircuito dato FGHI. iquale sia per faccia 16. braccia oquanto atepiace et la prima stanza sia dentro KLMN. la seconda sia OPQR. la terza sia STVX. la prima abia una porta in mezzo de larghezza segnata de fore 21 et 22. dentro 23 et 24. et dacanto dessa stanza abbia uno uscio segnato de fore 25 et 26. dentro 27 et 28. la stanza STVX. abbia uno uscio segnato defore 29 et 30. dentro 31 et 32. mena hora ladiagonale BE. et poi tira F. equidistante BC. che seghi ladiagonale impuncto 1. poi mena K. equidistante BC. che deuida ladiagonale in puncto 2 poi tira M. equidistante BC. che seghi ladiagonale impuncto 3. et mena O. equidistante BC. che tagli ladiagonale impuncto 4. poi tira Q. equidistante BC. che tagli ladiagonale impuncto 5. mena H. equidistante BC. contingente ladiagonale impuncto 6. poi mena 25. equidistante BC. che mozzi ladiagonale impuncto 35. et tira 26. equidistante BC. che dinida ladiagonale impuncto 36. poi tira 29. equidistante BC. che seghi ladiagonale impuncto 39. poi mena 30. equidistante BC. che tagli ladiagonale impuncto 40. lequali seuoglano tucte menare equidistante BD. contingente BC. prima tira 1. contingente BC. impuncto 11 poi tira 2. equilistante BD. contingente BC. impuncto 12. et mena 3. che continga BC. impuncto 13. et tira 4. equidistante BD. che continga BC. impuncto 14. pomena 5. che continga BC. impuncto 15. poi tira 6. equidistante BD. contingente BC. impuncto 16. poi tira 35. equidistante BD. contingente BC. impuncto 45.

---

[1] Die folgenden Zahlen fehlen in Figur aus früher angegebenem Grunde.

tira 36. equidistante BD. contingente BC. inpuncto 46. mena 39. contingente BC. impuncto 49. tira 40. contingente BC. impuncto 50. hora tira F. equidistante BD. contingente BC. impuncto 61. mena K. contingente BC. impuncto 62. linea P. contingente BC. inpuncto 63. tira S. equidistante BD. contingente BC. impuncto 64. mena L. equidistante BD. contingente .BC. impuncto 65. tira G. equidistante BD. contingente BC. impuncto 66. hora tira 21. equidistante BD. contingente BC impuncto 51. poi tira 22. equidistante BD. contingente BC. impuncto 52. mena tucte queste cio e 11. 12. 13. 14. 15. 16. 45. 46. 49. 50 tira alpuncto A. delpiano degradato deuidente ladiagonale BE. prima tira 11. alpuncto A. che segara ladiagonale impuncto 1. mena 12. alpuncto A. deuidente ladiagonale impuncto 2. tira 13. alpuncto A. che deuidera ladiagonale impuncto 3. mena 14. alpuncto A. che segara ladiagonale impuncto 4. mena 15. alpuncto A. che seghi ladiagonale impuncto 5. tira 16. alpuncto A. che tagli ladiagonale impuncto 6. tira 45. alpuncto A. deuidente la diagonale impuncto 35. tira 46. alpuncto A. che tagli ladiagonale impuncto 36. mena 49. alpuncto A. et doue sega ladiagonale segna 39. tira 50. alpuncto A. et doue deuide ladiagonale fa 40. et tucte queste tira equidistante BC. dela superficie degradata cio e 1. 2. 3. 4. 5. 6. 35. 36. 39. 40. che continghino BD. et CE. dapoi tira 61. alpuncto A. et doue sega lalinea 1. fapuncto F. et doue sega lalinea 6. segna H. poi mena 62. alpuncto A. doue tagla lalinea 2 fapuncto K. et doue sega lalinea 3. puncta M. et doue sega lalinea 4. fa O. et doue mozza lalinea 5. fapuncto Q. poi mena 63. alpuncto A. et doue deuide lalinea 4. fapuncto P. et doue sega lalinea 5. segna R. poi tira 64. alpuncto A. et doue sega lalinea 4. puncta S. et doue tagla lalinea 5. fa V. poi mena 65. alpuncto A. et doue sega lalinea 2. fapuncto L. et doue tagla lalinea 35. segna 27. et doue mozza lalinea 36. fa 28. et doue sega lalinea 3. puncta N. et doue deuide lalinea 4. fapuncto T. et doue sega lalinea 39. fa 31. et doue recide lalinea 40. segna 32. et doue sega lalinea 5. puncta X. mena 66. alpuncto A. et doue deuide lalinea 1. puncta G. et doue sega lalinea 35. fa 25. et doue mozza lalinea 36. fa puncto 26. et doue tagla lalinea 39. segna 29. et doue sega lalinea 40. puncta 30. et doue sega lalinea 6. fa puncto I. hora tira 51. alpuncto A. et doue sega lalinea 1. fa 21. et doue deuide lalinea 2. segna 23. poi mena 52. alpuncto A. et doue rompe lalinea 1. fa 22. et doue sega lalinea 2. segna 24. poi tira FG. GI· IH. HF. questo e ildefore. ildentro KL. LN NM. MK. laltra e OP. PR. RQ. QO. laltra ST. TX. XV. VS. tira lentrate 21. et 23. 22. et 24. 25. et 27. 26. et 28. laltra 29. et 31. 30. et 32. dico che e fenito ilcircuito del fondamento dello edificio dato proportionalmente sopra delpiano degradato commo dissi defare. (Fig. 28.)

    Nelpiano degradato la superficie de fondamento de uno edefitio de octo facce dato degradare.

    Lo intendimento diquesto e difare sopra ilpiano degradato uno circuito de octo facce equilatero faro prima ilpiano impropia forma socto lalinea BC et diquella quantita che sira pure BCDE. nelquale desegnaro locto facce commo perla 27ª diquesto fa mostro ilquale sira 1. 2. 3. 4. 5. 6. 7. 8. per lo giro difuore et il centro suo sira K. et tiraro K 1. K 2. K 3. K 4. K 5. K 6. K 7. K 8.[1] poi tiraro 11. et 12. equidistante 1 et 2. et tiraro 12 et 13. equidistante 2 et 3. poi menero 13. 14. equidistante 3. 4. et tiraro 14. 15. equidistante 4. 5. e menero 15. 16. equidistante 5. 6. e tiraro 16. 17. equidistante 6. 7. e tiraro 17. 18. equidistante 7. 8. e menero 18. 11. equidistante 8. 1. poi menero ladiagonale BE. et tiraro 1 equidistante BC. et doue segara ladiagonale BE. segnaro 21. e menero 11. equidistante BC. doue segara ladiagonale faro 22. poi menero 2. equidistante BC. et doue deuidera ladiagonale faro puncto 23. e menero 12. equidistante BC. deuidente ladiagonale impuncto 24. poi tiraro 3. equidistante BC. doue taglara ladiagonale faro 25. et menero 13. equidistante BC. che segara ladiagonale impuncto 26. et tiraro 4. equidistante BC. che taglara ladiagonale impuncto 27. e menero 14. equidistante BC. segante ladiagonale impuncto 28. poi tiraro 5. e doue segara ladiagonale segnaro 29. e tiraro 15. e dotaglara ladiagonale faro 30. e menero 6. dimozzara ladiagonale impuncto 31. e tiraro 16. segante ladiagonale impuncto 32. poi linearo

---

[1] In Figur nicht angegeben.

7. che deuidera ladiagonale impuncto 33. e menero 17. che taglara ladiagonale impuncto 34. e tiraro 8 che segara ladiagonale impuncto 35. e linearo 18. deuidente ladiagonale impuncto 36. lequali sono tucte equidistante BC. hora tiraro tucte queste dela diagonale equidistante BD. contingente BC. tiraro 21. che contingera impuncto 41. et tiraro 22. contingente BC. impuncto 42. et 23. contingera BC. impuncto 43. et 24. contingera impuncto 44. et 25. contingera impuncto 45. et 26. contingera BC. impuncto 46. et 27. contingera BC. impuncto 47 et 28. contingera BC. impuncto 48 et 29. contingera BC. impuncto 49 et 30. contingera BC. impuncto 50 et 31. contingera BC. impuncto 51 et 32. contingera BC. impuncto 52 et 33. contingera BC. impuncto 53. poi tiraro 34. contingente BC. impuncto 54. e menero 35. contingente BC. impuncto 55. poi linearo 36. contingente BC. impuncto 56. hora tiraro glangoli tucti equidistanti BD. contingenti BC. prima 1. contingera BC. impuncto 61 et 11. contingera BC. impuncto 62. et 2. contingera BC. impuncto 63. et 12. contingera in puncto 64. et 3. contingera BC. impuncto 65. et 13. contingera impuncto 66. et 4. contingera impuncto 67. et 14. contingera BC. impuncto 68. et 5. contingera BC. impuncto 69. et 15. contingera BC. impuncto 70. et 6. contingera BC. impuncto 71. et 16. contingera impuncto 72. et 7 contingera BC. impuncto 73. et 17. contingera BC. impuncto 74. et 8. contingera BC. impuncto 75. et 18. contingera BC. impuncto 76. hora e menato tucte le linee impropia forma uolse tirarle nella superficie degradata tucte alpuncto A. tiraro prima 41. che segara ladiagonale BE. impuncto 21. menero 42. et doue sega ladiagonale segnaro 22. et tiraro 43. et doue taglara ladiagonale faro puncto 23. et menero 44. et doue deuidera ladiagonale faro 24. et tiraro 45. et doue taglara ladiagonale punctaro 25. et linearo 46. et doue mozzara ladiagonale poro 26. et menero 47. che segara ladiagonale impunc.o 27. et tiraro 48. et doue incidera ladiagonale mectero 28. poi menero 49. segante ladiagonale impuncto 29. et tiraro 50. taglante ladiagonale impuncto 30. et menero 51. et doue mozza ladiagonala ponero 31. tiraro 52. che segara ladiagonale impuncto 32. menero 53. segante ladiagonale impuncto 33. linearo 54. deuidente ladiagonale impuncto 34. tiraro 55. che segara ladiagonale impuncto 35. menero 56. taglante ladiagonale impuncto 36. hora scuole tirare tucte queste equidistante BC. contingente BD. et EC. El poi tirare 61. alpuncto A. et doue sega lalinea 21. segnare 1. et menare 62. alpuncto A. et doue sega la linea 22. fare puncto 11. poi lineare 63. alpuncto A. et doue tagla lalinea 23. fare 2. et lineare 64. alpuncto A. et doue sega lalinea 24. punctare 12. poi menare 65. alpuncto A. et doue deuide lalinea 25. segnare 3. et tirare 66. alpuncto A. et doue mozza lalinea 26. ponere 13. et menare 67. alpuncto A. et doue sega lalinea 27. fare 4. et lineare 68. alpuncto A. et doue tagla lalinea 28. punctare 14. et menare 69. alpuncto A. et doue sega lalinea 29. fare 5. poi tirare 70. alpuncto A. deuidente lalinea 30. fare puncto 15. poi menare 71. alpuncto A. et doue tagla lalinea 31. faccilase puncto 6 et tirare 72. alpuncto A. et doue sega lalinea 32. fare puncto 16. poi menare alpuncto A. 73. et doue mozza lalinea 33. segnare 7. et tirare 74. alpuncto A. et doue sega lalinea 34. fare 17. et mena 75. alpuncto A. et doue tagla lalinea 35. punctare 8. poi lineare 76. alpuncto A. et doue deuide lalinea 36. fapuncto 18. hora scuole tirare 1 et 2. 2 et 3. 3 et 4. 4 et 5. 5 et 6. 6 et 7. 7 et 8. 8 et 1. poi tirare quelle dentro cio e 11 et 12. 12 et 13. 13 et 14. 14 et 15. 15 et 16. 16 et 17. 17 et 18. 18 et 11. et fenita lasuperficie del fondamento data de octo facce. setubene considerarai cognoscirai per queste ogne altra superficie poterse facilmente fare proportionalmente producere seguitando lordine eleragioni predecte siche dicto assai delesuperficie. (Fig. 29.)

Per leuare uia lerore adalcuni che non sono molto periti in questa scienza quali dicono che molte uolte neldeuidere loro ilpiano degradato abracci liuene magiore loscurto che non fa quello che non e scurto. Et questo aduiene per non intendere la distantia che uole essere dalochio altermine doue sepongono lecose ne quanto lochio puo inse ampliare langolo coli suoi raggi. Si che stanno in dubitatione laprospectiua non essere uera scientia giudicando ilfalso per ignoranza. Perho e necessario defare una demostratione della uera distantia et quanto sepuo langolo ampliare nellocchio accio che sanulli in loro dubitanza. Dunqua faro uno lineamento quadro delinee equali et equidistante ilquale sera BCDF. et dentro dalquale lineare FGHI. equidistante da quelle quatro linee cioe FG. equidistante BC.

et FH. equidistante BD. et GI. equidistante CE. et HI. equidistante DE. et poi menero lediagonali BE et DC. BE. passante per F. et per I. DC. passante per G. et per H. lequali se intersegaranno impuncto A. ilquale pongo che sia locchio. poi deuidero lasuperficie traquelli doi lineamanti impiu parti equali deuidero BC. impuncti 1. 2. 3. 4. 5. 6. 7. 8. et FG. deuidero impuncti 12. 13. 14. 15. 16. 17. et BD. deuidero inpuncti 21. 22. 23. 24. 25. 26. 27. 28 et FH. deuidero impuncti 32. 33. 34. 35. 36. 37. per questi doi comprenderasse il resto. Tiraro F. et 1. 12 et 2. 13 et 3. 14 et 4. 15 et 5. 16 et 6. 17 et 7. G et 8. questo e ilprimo lato. laltro 21 et F. 22 et 32. 23 et 33. 24 et 34. 25 et 35. 26 et 36. 27 et 37. 28 et H. lequali intendo essere tucte equidistante et quadrilatere et tucte saprosentano alpuncto A. ilquale dico essere locchio deuiso da lediagonali BE. et DC. inquactro parti equali lequali quatro parti ciascuna perse intendo essere uno occhio perche lochio nelcapo e tondo et di fuore se dimostra laquarta parte siche diro ilpuncto A. essere quatro hocchi uno dico essere quella parte oposta alalinea FG. laltro dico essere quella parte oposta alalinea GI. laltro quella parte oposta alalinea HI. perche se sono quatro huomeni ciascuno guardante ala sua faccia faranno quello medessimo che dico delocchio A. ilquale occhio dico essere tondo et dala intersegatione de doi neruicini che se incrociano uene lauirtu uisiua alcintro delumore cristallino et daquello separtano iraggi et stendonse derictamente deuidendo la quarta parte delcirculo delocchio si commo oposto. fanno nelcintro angolo recto et perche lelinee uscenti dalangolo recto terminano nel puncto F. et nel puncto G. dico dunque che lalinea FG. sia la magiore quantita che locchio oposto aquella possa uedere perho se passasse la diagonale seguitaria laltro occhio essere meno dela quarta parte del tondo che non poessere perho che lediagonali delquadrato perfecto deuidano iltondo inquactro parti equali siche FG. e ilmagiore termine che tale occhio possa uedere. siche per questo uene passando quello termine che la quantita degradata uene magiore che la non degradata perche entra nella parte delaltro ochio coluedere. La proua tirise B. 1. 2. 3. 4. 5. 6. 7. 8. C. alpuncto A. dico che la linea B. sira diagonale passante per F. delalinea FG. et seagiungni alalinea BC. laquantita che e da 1. he B. che sia BK. continuante et ad 21. giogni la quantita da F. ad 21. che sia 21 et L. po tira KL. lequale fanno quadrato che e BKL 21. se si tirara K. alpuncto A. deuidera 21 et F. impuncto M. dico che KL. che e loscurto he magiore che 21. et L. non degradato la quantita de 21 et M. perche KL. serapresenta equale LM. ilquale e magiore de L. et 21. commo ho dicto lo scurto magiore che quello che non e scurto che non po essere perche locchio non po in quello termine uedere K. quale e parte de locchio opposto alalinea FH. et perche locchio ueda FG. lo intellecto nol comprende ne intende lesue parti senon commo una machia ueduta dalungo che non sa giudicare se e huomo o altro animale cosi e F et G. alpuncto A. et perche lecose che le loro parti non sepossono intendere non se possono con ragione degradare senon per macchie. siche enecessario piglare minore termine che lalinea FG. acioche locchio receua piu facilmente lecose alui opposte bisogna che serapresentino socto minore angolo che il recto ilquale dico essere doi terzi de langolo recto. perche i tre compongono triangolo equilatero che tanto a forza luno angolo quanto laltro. Et perche questa linea uene inradici mecteremo in numero uero perche questo termine piu chiaro se intenda. dico che se il tuo lauoro e de larghezza secte braccia che lustia da lungi auedere sei braccia e non meno et cosi quando fusse piu che tu stia aproportione. Maquando iltuo lauoro fusse meno desecte braccia tu puoi stare sei o secte braccia dalunga coluedere. ma non le puoi apressare comminore proportione che da 6. ad 7. commo edicto perche inquello termine locchio senza uolgiarse uede tucto iltuo lauoro che sabisognossi uolgere seriano falsi itermini perche seriano piu uederi. Dunqua setu opuarai[1] le ragioni che sesono decte cognoscerai che ildifecto e dequelli tali et non dela prospectiua selacosa degradata uene magiore dequella che none degradata. (Fig. 30.)

    Corpo ha inse tre demensioni longitudine latitudine et'altitudine. itermini suoi sono lesuperficie. i quali corpi sono de diuerse forme. quale e corpo chubo quale tetragono che

---

[1] proverai?

— XVIII —

non sono de equalilati quali e fondo quale laterato quale piramide laterata et quale dimolti et diuersi lati si comino nele cose naturali et accidentali seuede. deliquali inquesto secondo intendo tractare dela loro degradatione nellitermini posti dalocchio socto angoli composti facendo de alcune superficie degradate nel primo loro base.

Sopra la superficie quadrata degradata corpo chubico degradato ponere quale termine et distantia ala superficie decta degradata.

Eccho la superficie degradata quale e BCDE. doue intendo ponere uno corpo chubo laquale superficie sia sua basa cio e una delesue facce de esso chubo. Questo facilmente seproduci perche se setira la perpendiculare sopra BC. posante sopra B. delaquantita de BC. che sia BF. et laltra perpendiculare sopra C. dequella quantita che sia CQ. poi setiri laltra perpendiculare sopra D. senza termine et laltra perpendiculare sopra E. et poi setiri dalpuncto F. lalinea alpuncto A. et doue sega lalinea uscente dal D. facciase puncto H. poi semeni G. al puncto A. et doue deuide lalinea che uene da E. signise I. poi tira FG. et HI. lequali compongano il chubo BCDEFGHI. perche BCFG. e quadrilatero facto delinee equidistante et de angoli equali et quella proportione e da HI. ad FG. che da DE. ad BC. et quella proportione e da AI. ad AG che e da AE. ad AC. [et quello medessimo e da HI. ad FG. che e da DE. ad BC.]¹ et le facce CE. GI. sono composte dale linee de la superficie quadrata degradata per la 14ª del primo siche dico essere compiuto il cubo degradato proportionalmente che il proposto. (Fig. 31.)

Ma scuoro il cubo sopra il piano degradato ponere che le facce sue non sieno equidistante aquelle delpiano ponero sopra delpiano la superficie degradata comino per la 25ª del primo fu mostro FGHI. et tiraro F. equidistante BC. et doue deuida lalinea BA. faro puncto O. poi tiraro G. equidistante BC. doue deuidera lalinea EA. segnaro P. poi menero H. equidistante BC. che mozza lalinea BA. impuncto Q et lineare I. equidistante BC. che taglara la linea BA. impuncto R. menise poi la perpendiculare sopra O. che sia OS. poi setiri la perpendiculare sopra P. che sia PT. et lineise la perpendiculare sopra Q. che sia QV. et tirise la perpendiculare sopra R. che sia RX. et menise la perpendiculare sopra B. che sia la quantita de FG. impropia forma laquale sia B ψ² passante per S. per T. per V. per X. poi setiri F. equidistante OS. et menise G. equidistante OS. et tirise H. equidistante OS. tirise I. equidistante OS. lucte senza termine. poi menise S. equidistante BC. che seghi lalinea che separte da F. senza termine impuncto K. poi tirise T. equidistante BC. et deuidera lalinea uscente da G. impuncto L. et lineise V. equidistante BC. deuidente lalinea che uene da H. impuncto M. et tirise X. equidistante BC. segante lalinea deriuante da I. impuncto N. poi semeni KL. LN. NM. MK. divo che e proportionalmente compiuto ilcubo che intendeua defare sopra ala superficie degradata data seguitando quelle medessime proportioni perche OS. PT. QV. RX. base serapresentano socto uno medessimo angolo lequali sono poste nelle distantie degradate comino perle equidistanti partendose daglangoli dela quadrilatera degradata semostra. (Fig. 32.)

Sopra del piano degradato et labasa delocto facce degradata corpo simile ponere ilquale abia octo lati senza lebase.

Noi habiamo perla 25ª delprimo facto sopra delpiano loc o facce degradato quale e RSTVXYzZ. hora uoglo fare sopra dequesta basa uno corpo che abbia octo lati et doi basi et sieno simili cio e pure de octo angoli ilquale sia FGHIKLMN. comino laprima. faro cosi menero sopra B. delpiano lalinea perpendiculare dequella quantita che uoglo fare alto ildicto corpo laterato laquale sira B ψ et menero lalinea A ψ perche ho posto A essere lochio nel termine suo. Siche tiraro R. equidistante BC. contingente AB. impuncto 1. et menero S. equidistante BC. contingente AB. impuncto 2. et lineare T. equidistante BC. contingente AB. impuncto 3. poi tiraro V. equidistante BC. contingente AB. impuncte 4. e menero X. equidistante BC. contingente AB. impuncto 5. poi tiraro Y. equidistante BC. contingente AB. impuncto 6. poi menero z. equidistante BC. contingente AB. impuncto 7.

---

¹ sic.!
² zu ergänzen: et tirise da 4 al puncto A.

poi tiraro Z. equidistante BC. contingente AB. impuncto 8. poi menero 1. equidistante B ψ contingente A ψ impuncto 11. et tiraro 2 equidistante B ψ contingente A ψ impuncto 12. poi tiraro 3. equidistante B ψ contingente A ψ impuncto 13. poi menero 4. equidistante B ψ et doue segara A ψ segnaro 14. clinearo 5. equidistante B ψ contingente A ψ impuncto 15 et tiraro 6. equidistante B ψ contingente A ψ impuncto 16. poi menero 7. equidistante B ψ contingente A ψ impuncto 17. et tiraro 8. equidistante B ψ contingente A ψ impuncto 18. poi menero R. S. T. V. X. Y. z. Z. senza termine tucte equidistante B ψ poi tiraro 11. equidistante BC. et doue deuide latinea che uene da R. punctaro F. e menero 12. equidistante BC. et doue segara latinea uscente da S. segnaro G. poi linearo 13. equidistante BC. segante la linea che separte da T. faro H. tiraro 14. equidistante BC. che taglara latinea uenente da V. impuncto I. poi menero 15. equidistante BC. che mozzara latinea che separte da X. impuncto K. tiraro 16. equidistante BC. deuidente latinea che uene da Y. impuncto L. menero 17. equidistante BC. contingente latinea che esci da z. impuncto M. poi lineato 18. equidistante BC. taglante latinea che deriua da Z. impuncto N. hora tiraro FG, GH. HI. IK. KL. LM. MN. NF. et e fenito ilcorpo de octo facce senza lebase perche sono dieci contebase degradato proportionalmente perche efondato sopra lasuperficie octangola facta per la 26ª delprimo. et daglongoli tirate le equidistanti ad BC. contingenti AB et daquelle tucte le equidistanti B ψ terminante nella linea A ψ lequali degradano proportionalmente perche sono socto uno medessimo angolo poste nelli loro degradati termini. (Fig. 33.)

Sopra lasuperficie pentagona degradata corpo auente tale base degradare.

Noi abiamo lasuperficie delpentagono facta per la 20ª delprimo. FGHIK. et disopra abia laltra basa che sia LMNOP. et perche ilpiano degradato e BCDE. tiraro laperpendiculare sopra B. delaquantita uoro fare leuato ildicto corpo quale sira B ψ et linearo F. equidistante BC. contingente BD. impuncto Q. poi tiraro G. equidistante BC. contingente BD. impuncto R. et menero H. equidistante BC. contingente BD. impuncto S. clinearo I. equidistante BC. contingente BD. impuncto T. poi tiraro K. equidistante BC. contingente BD. impuncto V. poi tiraro dalochia A. A ψ et menero Q. equidistante B ψ che segara A ψ impuncto 1. et tiraro R. equidistante B ψ che deuidera A ψ impuncto 2. clinearo S. equidistante B ψ segante A ψ impuncto 3. poi menero T. equidistante B ψ che segara A ψ impuncto 4. e tiraro V. equidistante B ψ che deuidera A ψ impuncto 5. poi menero F. G. H. I. K. tucte equidistante B ψ senza termine poi menero 1. equidistante BC. et doue segara la linea uscente da F. faro puncto L. clinearo 2. equidistante BC. che deuidera latinea che uene da G. impuncto M. emenero 3. equidistante BC. che segara latinea che se parte da H. impuncto N. poi tiraro 4. equidistante BC. che taglara latinea che deriua da I. impuncto O. emenero 5. equidistante BC. segante latinea uscente da K. impuncto P. et poi menero LM. MN. NO. OP. PL. dico auere posto sopra alasuperficie delpentlagono uno corpo composto de suoi lati proportionalmente che e ilproposto. Molte sono lente et modi che sepossono tenere nel degradare tucte ariuante adun segno ma perche questa mipare piu facile et piu acta adimostrare seguitaro questo ordine tucte questo secondo libro. (Fig. 34.)

Sopra dello exagono degradato nelpiano pilastro de sei lati edificare.

Per la 20ª delprimo se nelpiano BCDE. degradato lo exagono FGHIKL. sopra delquale intendo ponere uno pilastro seguitando i suoi lati perho ilmodo deleprecedenti seguiremo. tiraro laperpendiculare sopra B. dequella quantita che uoglo alto ilpilastro quale sira B ψ poi tiraro A ψ et tiraro F. equidistante BC. contingente BD. impuncto S. emenero G. equidistante BC. contingente BD. impuncto T. e tiraro H. equidistante BC. contingente BD. impuncto V. clinearo I. equidistante BC. contingente BD. impuncto X. emenero K. equidistante BC. contingente BD. impuncto Y. poi tiraro L. equidistante BC. contingente BD. impuncto Z. hora tiraro S. equidistante B ψ segante A ψ impuncto 1. poi menero T. equidistante B ψ che deuidera A ψ impuncto 2. clinearo V. equidistante B ψ che taglara A ψ impuncto 3. emenero X. equidistante B ψ, segara A ψ impuncto 4. et menero Y. equidistante B ψ contingente A ψ impuncto 5. poi tiraro Z. equidistante B ψ che segara A ψ impuncto 6. et poi menero F. G. H. I. K. L. senza termine tucte equidistante B ψ poi tiraro 1. equidistante BC. deuidente lalinea che separte da F. impuncto M. emenero 2. equidistante BC. che segara lalinea uscente da G. impuncto N. et lineare 3. equidistante BC. che taglara la linea che uene da H. impuncto O. e menero 4. equidistante BC. che deuidera la linea che separte da I. impuncto P. poi tiraro 5. equidistante BC. che segara lalinea che uene da K. impuncto Q. elineare 6. equidistante BC. che mozzara lalinea uscente da L. impuncto R. dapoi menero MN. NO. OP. PQ. QR. RM. et e fenito ilpilastro de sei facce commo dissi. (Fig. 35.)

Sopra delpiano degradato colonna desedici facce derizare eleproportioni del dicto piano conseguire.

Lo intendimento diquesta e deponere sopra delpiano degradato una colonna laquale abbia sedici facce equali lequali sedegradino secondo la proportione delpiano degradato BCDE. facto perla 14ª del primo. Adunque faro sopra ildicto piano lasuperficie desedici facce commo per la 18ª delprimo samaestra laquale e 1. 2. 3. 4. 5. 6. 7. 8. 9. 10. 11. 12. 13. 14. 15. 16. et ilpiano sera degradato BCDE.[1] et ilpuncto he A. prima tiraro 1. equidistante BC. contingente BD. impuncto 21. emenero 2. equidistante BC. contingente BD. impuncto 22. e tiraro 3. equidistante BC. contingente BD. impuncto 23. elineare 4. equidistante BC. contingente BD. impuncto 24. emenero 5. equidistante BC. contingente BD. impuncto 25. e tiraro 6. equidistante BC. contingente BD. impuncto 26. poi menero 7. equidistante BC. contingente BD. impuncto 27. elineare 8 equidistante BC. contingente BD. impuncto 28. poi menero 9. equidistante BC. contingente BD. impuncto 29. et tiraro 10. equidistante BC. contingente BD. impuncto 30. emenero 11. equidistante BC. contingente BD. impuncto 31. elineare 12. equidistante BC. contingente BD. impuncto 32. poi tiraro 13. equidistante BC. contingente BD. impuncto 33. e tiraro 14. equidistante BC. contingente BD. impuncto 34. poi menero 15. equidistante BC. contingente BD. impuncto 35. elineare 16. equidistante BC. contingente BD. impuncto 36. hora bisogna tirare laperpendiculare sopra B dequella quantita che seuole fare alla lacolonna laquale sia B ψ et lineare ψ alpuncto A. poi tiraro 21. equidistante B ψ et doue segara la linea A ψ faro puncto 41. e menero 22. equidistante B ψ segante A ψ impuncto 42. elineare 23. equidistante B ψ deuidente A ψ impuncto 43. emenero 24. equidistante B ψ che segara A ψ impuncto 44. etiraro 25. equidistante B ψ segante A ψ impuncto 45. poi lineare 26. equidistante B ψ segante A ψ impuncto 46. emenero 27 equidistante B ψ che taglara A ψ impuncto 47. poi tiraro 28. equidistante B ψ che segara A ψ impuncto 48. emenero 29. equidistante B ψ segante A ψ impuncto 49. elineare 30. equidistante B ψ che tagli A ψ impuncto 50. e tiraro 31. equidistante B ψ che deuidera A ψ impuncto 51. poi menero 32. equidistante B ψ deuidente A ψ impuncto 52. poi tiraro 33. equidistante B ψ che segara A ψ impuncto 53. tiraro 34. equidistante B ψ che mozzara A ψ impuncto 54. poi lineare 35. equidistante B ψ che deuidera A ψ impuncto 55. e menero 36 equidistante B ψ segante A ψ impuncto 56. hora tiraro 1. 2. 3. 4. 5. 6. 7. 8. 9. 10. 11. 12. 13. 14. 15. 16. tucte equidis ante B ψ senza termine de longhezza. poi tiraro 41. equidistante BC. et doue segara lalinea uscente da 1. faro puncto 61. emenero 42. equidistante BC. che segara la linea che uene da 2. impuncto 62. e tiraro 43 equidistante BC. deuidente lalinea che separte da 3. impuncto 63. elineare 44. equidistante BC. segante lalinea uenente da 4. impuncto 64. poi tiraro 45. equidistante BC. che segara lalinea che esci da 5. impuncto 65. emenero 46. equidistante BC. deuidente lalinea che uene da 6. impuncto 66. e tiraro 47. equidistante BC. che mozzara lalinea uscente da 7. impuncto 67. e tiraro 48. equidistante BC. che taglara lalinea che separte da 8. impuncto 68. emenero 49. equidistante BC. che segara lalinea chesci da 9 impuncto 69. poi tiraro 50. equidistante BC. che deuidera lalinea che separte da 10 impuncto 70. etiraro 51. equidistante BC. che segara lalinea uscente da 11. impuncto 71. emenero 52. equidistante BC. deuidente la linea deriuante da 12. impuncto 72. elineare 53. equidistante BC. taglante lalinea che deriua da 13. impuncto 73. e tiraro 54. equidistante BC. che segara lalinea che separte da 14. impuncto 74. poi tiraro 55. equidistante BC. deuidente lalinea uscente da 15.

---

[1] In Figur nicht angegeben doch nach Analogie des Früheren leicht zu ergänzen.

impuncto 75. et linearo 56. equidistante BC. che deuidera lalinea che separte da 16. impuncto 76. lequali feniscono le sedici facce tirando 61 et 62. 62 et 63. 63 et 64. 64 et 65. 65 et 66. 66 et 67. 67 et 68. 68 et 69. 69 et 70. 70 et 71. 71 et 72. 72 et 73. 73 et 74. 74 et 75. 75 et 76. 76 et 61. questa e lasuperficie disopra lasuperficie desocto e 1. 2. 3. 4. 5. 6. 7. 8. 9. 10. 11. 12. 13. 14. 15. 16. cio e glangoli. dico auere facta lacolonna da sedici lati commo dissi defare seguitando le proportioni delpiano degradato et per queste ragioni dico poterse fare piu e meno lati secondo glideficj che lomo vole fare che tucti seranno degradati proportionalmente. (Fig. 36.)

Nel piano degradato un pozzo de sei facce equali degradare et conneschalini atorno sequitando ilaticircundare. Jo ho sopra delpiano BCDE. poro lasuperficie delpozzo degradata conquatro circuiti commo perla 29ª delprimo samaestro. benche inquella non sia senon doi circuiti pure perquelli sepo intendere il modo de producere glaltri perche se producono conquelli medessimi modi. Siche tiraro ilprimo ciro chee difuore 1. 2. 3. 4. 5. 6. et il secondo 7. 8. 9. 10. 11. 12. il terzo 13. 14. 15. 16. 17. 18. il quarto 19. 20. 21. 22. 23. 24. liquali tucti menero equidistanti BC. contingenti BD. prima tiraro 1. contingente BD. impuncto 31. e linearo 2. contingente BD. impuncto 32. e menero 3. contingente BD. impuncto 33. linearo 4. contingente BD. impuncto 34. e tiraro 5. contingente BD. impuncto 35. menero 6. contingente BD. impuncto 36. stendaro 7.[1] contigente BD. impuncto 37. e linearo 8. contingente BD. impuncto 38. e tiraro 9. contingente BD. impuncto 39. tiraro 10. contingente BD. impuncto 40. e menero 11. contingente BD. impuncto 41. et menero 12. contingente BD. impuncto 42. poi tiraro 13. contingente BD. impuncto 43. poi linearo 14. contingente BD. impuncto 44. e tiraro 15. contingente BD. impuncto 45. e tiraro 16. contingente BD. impuncto 46. poi menero 17. contingente BD. impuncto 47. e menero 18. contingente BD. impuncto 48. e linearo 19. contingente BD. impuncto 49. e tiraro 20. contingente BD. impuncto 50. e tiraro 21. contingente BD. impuncto 51. e linearo 22. contingente BD. impuncto 52. e menero 23. contingente BD. impuncto 53. poi menero 24. contingente BD. impuncto 54. tucte equidistante BC. delprimo giro son queste 1. 2. 3. 4. 5. 6. delsecondo 7. 8. 9. 10. 11. 12. delterzo 13. 14. 15. 16. 17. 18. delquarto 19. 20. 21. 22. 23. 24. dapoi menero la perpendiculare sopra B. dequanta quantita uoro fare alto ilpozzo laquale sira B. ψ poi tiraro. A. ψ et menero tucte queste contingente A. ψ equidistante B. ψ ciò e 31. 32. 33. 34. 35. 36. del primo giro. poi tiraro 37. 38. 39. 40. 41. 42. delsecondo circulo poi menero 43. 44. 45. 46. 47. 48. delterzo circulo e tiraro 49. 50. 51. 52. 53. 54. delquarto circulo. poi tiraro tucti glangoli detucti quattro circuli equidistante B. ψ senza termine et ponero sopra B. nella linea B.ψ la quantita delaltezza deprimo scalieri che sira BF. et tiraro tucte lelinee che se partano da BD. che contingano A.ψ et da questicontacti delalinea AF. menero linee tucte equidistante BC. prima tiraro dulcontacto che fa lalinea uscente da 31. edoue sega lalinea che separte dalangolo 1. faro puncto 61. emenero dalcontacto che fa lalinea che uene da 32. edoue deuidera lalinea uenente da langolo 2. punctaro 62. tiraro dalcontacto che fa lalinea uscente da 33. che taglara lalinea uscente dalangolo 3. impuncto 63. elinero dalcontacto delalinea che separte da 34. et doue taglara lalinea che uene dalangolo 4. segnaro 6.4 et menero dalcontacto che fa lalinea uscente da 35. et doue deuidera lalinea che esci dalangolo 5. faro puncto 65. etiraro dalcontacto che fa lalinea che uene da 36. et doue segara lalinea che separte dalangolo 6. punctaro 66. questisono delprimo scalieri perlo secondo pure neicontacti delalinea AF. tiraro prima dalcontacto che fa lalinea uscente da 37. doue segara lalinea uscente da 7. faro 67 et tiraro dalcontacto delalinea che separte da 38. che taglara lalinea che separte dalangolo 8. impuncto 68. menero dalcontacto delalinea che uene dal 39. che mozara lalinea che deriua dalangolo 9. punctaro 69. etiraro lalinea dalcontacto che fa lalinea che uene da 40. che deuidera lalinea uscente dalangolo 10. impuncto 70. e menero dalcontacto che fa la linea uenente da 41. doue mozzara lalinea che usci dalangolo 11. segnaro 71.

---

[1] Verschiedene Parallelen zu BC und deren Durchschnitte mit BD sowie die bezüglichen Verticalen fehlen in Figur um dieselbe nicht zu sehr zu conplizieren. Aehnliches gilt für die Contowen der Grundrisse.

tiraro dalcontacto che fa lalinea che uene da 42. segante lalinea che separte dalangolo 12. impuncto 72. efenito ilpiano del primo scalieri. hora per lo secondo tiraro sopra F. nella linea B. ψ laquantita de FB. che sira FG. etiraro GA. laquale deuidera tucte le equidistante B. ψ et dalicontacti delalinea GA. tucte linee equidistante BC. menero prima dal contacto che fa lalinea 37. che taglara lalinea che uene da 7 impuncto 73. e menero dalcontacto dela linea che separte da 38. doue segara lalinea uscente dalangolo 8. punctaro 74. emenero dalcontacto che fa lalinea che uene da 39, che segara lalinea che uene delangolo 9. impuncto 75. poi tiraro dalcontacto che fa lalinea deriuante da 40. che deuidera lalinea uscenteda 10. impuncto 76. poi tiraro dal contacto che fa lalinea che uene da 41, et doue segara lalinea uscente da 11. punctaro 77. emenero dalcontacto che fa lalinea che separte da 42. et doue deuidera lalinea che separte dalangolo 12. faro puncto 78. queste sono del secondo scalieri senza ilpiano. hora per lopiano lincaro dalcontacto delalinea uenente da 43. che segara lalinea che esci dalangolo 13. impuncto 79. emenero dacontacto che fa lalinea che uene da 44. edoue segara lalinea che uene dalangolo 14. segnaro 80. poi tiraro dalcontacto che fa la linen uenente da 45. et doue deuidera la linea che separte dalangolo 15. segnaro 81. poi menero dalcontacto che fa lalinea uscente da 46. edoue mozzara la linea deriuante dalangolo 16. punctaro 82. etiraro dalcontacto che fa lalinea uenente da 47. edoue deuidera lalinea uscenta da 17. faro puncto 83. emenero dal contacto delalinea deriuante da 48. doue segara lalinea che uene dalangalo 18. segnaro 84 et e fenito il piano delsecondo scalieri. hora tiraro dalcontacto che fanno lelinee equidistante B. ψ nella linea ψ A. tiraro prima dal contacto che fa lalinea uenente dal 43. doue segara la linen che uene dalangolo 13. faro puncto 85. poi tiraro dal contacto delalinea uscente da 44. doue deuidera lalinea che separte dalangolo 14. punctaro 86. emenero dalcontacto dela linea che uene da 45. segante lalinea uscente dalangolo 15. impuncto 87. emenero dalcontacto delalinea deriuante da 46. et doue deuidera lalinea che uene dalangolo 16. segnaro 88. elineare dalcontacto delalinea uenente da 47. et doue taglaro lalinea che separte dalangolo 17. [deuidente lalinea che esci dalangolo 17.] puntaro 89. etirara dalcontacto che fa lalinea che procede da 48. e doue segara lalinea uscente dalangolo 18. segnaro 90. et ai il terzo giro per lo quarto tiraro dalcontacto delalinea uenente da 49. segante lalinea che esci dalangolo 19. impuncto 91. et menero dalcontacto delalinea che separte da 50 et doue deuidera lalinea che uene dalangolo 20. faro puncto 92. etiraro dal contacto che fa lalinea 51. segante lalinea uscente dalangolo 21. (e doue taglara lalinea deriuante dalangolo 21.) punctaro 93. e lineare dalcontacto che fa lalinea che esci da 52. doue taglara lalinea che separte dalangolo 22. faro 94. emenero dalcontacto che fa lalinea uenente da 53. deuidente lalinea che separte dalangolo 23. esegnaro 95. poi tirare dal contacto che fa lalinea che deriua da 54. che deuidera lalinea che esci dalangolo 24. impuncto 96. e fenito ilquarto giro che e il piano dela boccha del pozzo.[1] hora senole tirare 61 et 62, 62 et 63. 63 et 64. 64 et 65. 65 et 66. 66 et 61. questo e il primo giro. il secondo e 67 et 68. 68 et 69. 69 et 70. 70 et 71. 71 et 72. 72 et 67. il terzo 73 et 74. 74 et 75. 75 et 76. 76 et 77. 77 et 78. 78 et 73. per lo quarto 79 et 80. 80 et 81. 81 et 82. 82 et 83. 83 et 84. 84 et 79. per lo quinto 85 et 86. 86 et 87. 87 et 88. 88 et 89. 89 et 90. 90 et 85. per lo sexto 91 et 92. 92 et 93. 93 et 94. 94 et 95. 95 et 96. 96 et 91. Et e fenito il pozzo con doi scalieri commo dissi de fare et questa ragione medessima puc ali corpi depiu o di meno facce. (Fig. 37.)

Sopra delpiano alcubo degradato labasa et lacionasa atorno desse acrescere.

Habbiamo ilpiano BCDE.[2] et sopra diquello ilcubo degradato perla prima diquesto ilquale e FGHI. et sopra e KLMN. per seguire lordine cominciato tiraro fore de FG. FO. dequella quantita che uoro che sporti labasa et tiraro GP. delaquantita che e FO. poi menero AO. AP. ognuna passante.[3] poi menero lediagonali FL. GH. et FI tiraro perfine che segara lalinea A. passante per O. impuncto Q. et segara lalinea A passante per P. impuncto T. et

---

[1] Die Constructionslinien des letzten Giro fehlen aus bereits angegebenem Grunde in Figur.
[2] Fehlt in Figur.
[3] Zu ergänzen: per A.

tiraro GH. perfine che segara lalinea A. passante per P. impuncto R. et segara lalinea A. passante per O. impuncto S. poi menero QR. RT. TS. SQ. et poi ponero sopra F. nellalinea FK. FV. dela quantita de FO. et menero V. equidistante FG. che segara GL. impuncto X. etiraro V. alpuncto A. et doue segara HM. faro y et menero x alpuncto A. che segara IN. impuncto z. poi lineare Vx. xz. zy. yV. poi tiraro VQ. xR. yS. zT. poi tiraro K. contingente con KL. che sira KZ. equale FO.et menero Ls. dela quantita de KZ. poi tiraro A. passante per Z.[1] impuncto 10. et As. impuncto 13. poi lineare LM. che deuidera lalinea AZ. impuncto 12. et lalinea A s. impuncto 11. poi menero 10 et 11. 11 et 13. 13 et 12. 12 et 10. poi faro k e 14. equale FV. e tiraro 14. equidistante KL. che segara LG. impuncto 15. et menero 14. alpuncto A. che taglara MH. impuncto 16. e tiraro 15. alpuncto A. et doue segara NI. segnaro 17. poi lineare 14 et 15. 15 et 17. 17 et 16. 16 et 14. poi tiraro 10 et 14. 11 et 15. 12 et 16. 13 et 17. et he fenite lebase et lecimase sopra ildegradato cubo quando fusse posto equidistante alpiano. (Fig. 38.)

Ma quando fusse altramente posto FGHI. si commo per la 27ª delprimo faro dintorno unaltra superficie che sira 1. 2. 3. 4. et poi tiraro laperpendiculare sopra B delpiano laquale sera B φ poi menero A φ et lineare tucti glangoli dequeste superficie equidistante BC. contingenti BD. tiraro prima 1. contingente BD. impuncto 5. emenero 2. contingente BD. impuncto 6. etiraro 3. che segara BD. impuncto 7. elineare 4. che contingera con BD. impunéto 8. poi tiraro F. contingente BD. impuncto O. etmenero G. contingente BD. impuncto P. etiraro H. contingente BD. impuncto Q. elineare I. contingente BD. impuncto R. et tucte queste tiraro equidistante B φ contingente A φ poi menero FGHI. equidistante B φ senza termine et poi deuidere B φ impuncto S. che sira BS. delaquantita che uero alta labasa et dela quantita che e FH. alla linea 1. 2. poi tiraro SA. che segara tucte lelinee che separtano da BD. equidistante B φ et segaro B φ impuncto T. che sira T φ dela quantita che e BS. et tiraro TA. segante lelinee equidistante B φ poi menero dalcontacto che fa lalinea uscente da O. nellalinea AS. equidistante BC. doue segara lalinea che uene da F. segnaro 11. et menero dalcontacto dellalinea uenente da P. nellalinea AS. che deuidera lalinea che separte da G. impuncto 12. et dalcontacto delalinea uscente da Q. tiraro che taglara lalinea deriuante da H. punctaro 13. emenero dalcontacto che fa lalinea deriuante da R. segante lalinea uscente da I. impuncto 14. lequali sieno tucte equidistanti BC. poi menero 11 et 12. 12 et 13. 13 et 14. 14 et 11. etiraro dalicontacti delalinea AT. tucte equidistante BC. prima menero dalcontacto che fa lalinea uscente da O et doue deuidera lalinea che separte da F. faro puncto 15. emenero dalcontacto delalinea uenente da P. segante la linea deriuante da G. impuncto 16. etiraro dalcontacto delalinea uenente da Q. che deuidera lalinea che separte da H. impuncto 17. poi lineare dalcontacto che fa lalinea che uene da R. deuidente lalinea che esci da I. impuncto 18. et menero 15 et 16. 16 et 17. 17 et 18. 18 et 15. et menero poi dalicontacti che fano lelinee equidistante B φ nellalinea A φ equidistante BC. prima tiraro dalcontacto delalinea uenente da O. doue segara lalinea che separte da F segnaro K. emenaro dalcontacto che fa lalinea uscente da P. segante lalinea che uene da G. impuncto L. etiraro dalcontacto delalinea che separte da Q. e doue deuidera lalinea uenente da H. punctaro M. etineare dalcontacto delalinea deriuante da R. deuidente lalinea uscente da I. faro puncto N. poi menero KL. LM. MN. NK. poi tiraro lediagonali una passante per KM. laltra passante per LN. poi tiraro dalicontacti che fanno lelinee equidistante B φ nellalinea A φ equidistante BC. prima tiraro dalcontacto delalinea uscente da 5. segante lalinea diagonale passante per K. impuncto 21. emenero dalcontacto delalinea che separte da 6. deuidente ladiagonale passante per L. impuncto 22. etiraro dalcontacto che fa lalinea uenente da 7. che segara ladiagonale passante per N. impuncto 23. emenero dalcontacto delalinea uscente da 8. e doue segara lalinea passante per M. segnaro 24. et dapoi menero 1 et 11. 2 et 12. 3 et 13. 4 et 14. questi sono glangoli delabasa hora glangoli

---

[1] zu ergänzen: taglante AZ.

— XXIV —

delacimasa tiraro 15 et 21. 16 et 22. 17 et 23. 18 et 24.[1] et e fornito ilcubo colaba et colacimasa che dissi fare. (Fig. 39.)

Nelpiano degradato una colonna de octo facce agiacere ponere che non sia equidistante alalinea recta deldegradato piano.

Tuai ilpiano degradato BCDE. sopra delquale uoglo ponere una colonna agiacere che abbia octo facce che nellabasa nelfuso non sia equidistante BC. faro primo lasuperficie dela longhezza et lalarghezza che rechiede la colonna perquella uia che amaestra la 27ª delprimo quale sira FGHI. et menero FGHI. equidistante BC. contingente BD.[2] poi tiraro F. contingente BD. impuncto 1. etiraro G. contingente BD. impuncto 2. elinearo H. contingente BD. impuncto 3. emenero I. contingente BD. impuncto 4. poi menero sopra B. laperpendiculare B φ. che sira laquantita dula grossezza delacolonna et menero φ alpuncto A. poi tiraro 1. 2. 3. 4. equidistante B φ contingente A φ prima tiraro 1. contingente A φ impuncto 5. emenero 2. contingente A φ impuncto 6. elinearo 3. che contingera A φ impuncto 7. emenero 4. contingente A φ impuncto 8. et per fare le octo facce faro commo nella 27ª del primo. faro ilquadrato impropia forma ilquale sira delagrandezza che seuole fare grossa lacolonna che sira FGHI. et inesso descriuaro loclangolo equilatero RSTVXyzZ. et laquantita de FR. poro sopra B. che sira BK. et la quantita de RS. ponere sopra K. che sira KL. et la quantita de SQ. ponero sopra L. che sira LM. lequali quantita BM. sono equali FG. poi menero BKLM.[3] alpuncto A. che deuideranno tucte lelinee equidistante B φ poi lineare sopra F. et sopra G. do linee perpendiculare senza termine et sopra H et I. do altre perpendiculare lequali seranno equidistante B φ poi tiraro dalcontacti delalinea AK. tucte equidistante BC. prima menero dalcontacto dela linea uscente da 5. che segara lalinea che uene da F. impuncto T. et linearo dal contacto dela linea che separte da G. segante lalinea uscente da G. impuncto V. tiraro dal contacto delalinea deriuante da 7. deuidente lalinea che esci da H. impuncto z emenero dal contacto delalinea che separte da 8. che taglara lalinea che uene da I. impuncto Z. poi menero datucti icontacti delalinea LA. equidistante BC. tiraro prima dalcontacto delalinea uscente da 5. et doue segara lalinea uscente da F. faro puncto R. elinearo dalcontacto delalinea uenente da 6. et doue deuidera lalinea che separte da G. segnaro S. emenero dal contacto delalinea che uene da 7 deuiderle lalinea deriuante da H. impuncto x. et tiraro dalcontacto delalinea uscente da 8. chs segara lalinea che esci da I. impuncto y. poi menero da i contacti delalinea KA. equidistante BC. menero prima dalcontacto delalinea uscente da 5 e doue segara lalinea che separte da F. segnaro N. etiraro dalcontacta delalinea che uene da 6. segante lalinea uscente da G. impuncto O. elinearo dalcontacto delalinea che separte da 7. e doue taglara lalinea deriuante da H. punctaro P. emenero dal contucto delalinea uenente da 8. deuidente lalinea che esci da I. impuncto Q. poi menero NO. PQ. et poi tiraro le diagonali Fz. GZ. poi menero Rx. che segara ladiagonale Fz. impuncto K. poi lineare NP. che taglare Fz. impuncto L. poi tiraro Sy. segante ladiagonale GZ. impuncto M. etiraro OQ. che segara GZ. diagonale impuncto ρ. poi menero equidistante FT. lalinea passante per L. contingente FH. impuncto 11. et Tz. impuncto 13. e tiraro K. equidistante Hz. contingente FH. impuncto 12. et Tz. impuncto 14. poi lineare ρ.[4] equidistante GV. contingente GI. impuncto 22. et VZ. impuncto 24. poi menero 11 et N. R et 13. 14 et x. 12 et P. 21 et O. S et 23. 24 et y. Q et 22. et menero 14 et 24. S et R. N et O. 11 et 21. 12 et 22. P et Q: y et x. 13 et 23. et e fornita la colonna laterata che dissi fare. (Fig. 40.)

Sopra delpiano degradato cassamento quadro proportionalmente collocare.

Noi abiamo ilpiano degradato BCDE. sopra delquale intendo collocare uno cassamento quadro. faro lasuperficie sopra delpiano commo scamaestra perla 28ª del primo che sira FGHI cioe difuore et dentro sira KLMN. La grossezza del muro sia F et 9, G et

---

[1] Einzelne Linien fehlen in Figur aus angegebenem Grunde.
[2] Punct D zwar nicht angegeben, doch genügt, dass er in der Linie AB liegt.
[3] In Fig. fehlen die Bezeichnungen K, L, M in B φ um Zweideutigkeiten zu vermeiden.
[4] Lies M statt ρ. Zu ergänzen: et tiraro ρ equidistante GV. contingente GI. in 21 et VZ. in 23.

10. menero alitermini dela superficie FGHI leperpendiculari et mero sopra F. O. che sira FO. et sopra G. P. che sira GP. dela quantita de FO. etiraro sopra H. Q. et sopra I. R. equale ad HQ. etiraro P. alpuncto A. ilquale passara per R. et menero O. alpuncto A. passante per Q. poi lineare OP. che sira equidistante FG. et tiraro QR. equidistante OP. lequali dico essere laltezza delo cassamento doue uoglo ponere illecto prima giognero alalinea OP. da ogni parte de fuore la quantita che uoglo che sporti il tecto che sira OS. et PT. poi menero le diagonali senza termine OR-PQ. che se intersegaranno impuncto V. poi tiraro dal puncto A. lalinea passante per S. che segara la diagonale OR. impuncto X. et segara la diagonale passante per Q. segnaro z. emenero dal puncto A. la linea passante per T. deuidente la diagonale passante per P impuncto y. esegara la diagonale passante per R. impuncto Z. poi deuidero OP. perequali impuncto g. et sopra g. menero laperpendiculare dela quantita che e il sexto de xy. che sira g ϕ poi tiraro sopra V laperpendiculare senza termine et tiraro ϕ alpuncto A. et doue deuidera la perpendiculare uscente da V. faro puncto et da quello puncto tiraro ad x ad y ad z ad Z. et abbiamo il tecto.[1] hora piglaro laltezza doue uoglo ponere ildauanzale delefinestre ilquale sira F et 5. poi lineare 5. equidistante FG. che deuidera GP. impuncto 6. poi segnaro socto 5. la grossezza del dauanzale che sira 5 et 1. et menero 1. equidistante 5 et 6. che segara G. et 6. impuncto 2. poi lineare 5. al puncto A. che segara HQ. impuncto 8. emenero 6. al puncto A. che taglara IR. impuncto 7. et menero 1. al puncto A. che deuidera H. et 8. impuncto 4. etiraro 2. al puncto A. che segara I. et 7. impuncto 3. elineare fore de 5 quanto che uoro che sporti ildauanzale che sira 5 et 300.[1] et 6 et 301[1] poi menero A. passante per 300 senza termine et menero la diagonale 7 et 5. che segara lalinea A. passante per 5.[2] impuncto 11. et menero laltra diagonale passante per 6. et 8. senza termine emenero 11. equidistante 5. et 6. che taglara la diagonale che uene da 6 et 8. impuncto 12. et tiraro 12 al puncto A. che deuidera la diagonale uscente da 5 et 7. impuncto 13. et lineare 13. equidistante 1. et 2. che mozzara ladiagonale che separte da 8. impuncto 14.[1] poi tiraro 1 et 11. 2 et 12. 3 et 13. 4 et 14. et e facto il dauanzale sopra delquale uoglo ponere cinque finestre. perho deuidero 5 et 6 in 11. parti equali. la prima sira 5 et 31. la seconda 31 et 32. la terza 32 et 33. 33 et 34. 34 et 35. 35 et 36. 36 et 37. 37 et 38. 38 et 39. 39 et 40. poi mectaro sopra 5. la quantita che uoro fare alte le finestre che sira 5 et 15 et menero 15. equidistante 5 et 6. che segara la linea 6 et P. impuncto 16. poi tiraro 31 et 32. 33. 34. 35. 36. 37. 38. 39. 40. equidistante 5 et 15. contingente 15 et 16. et 31 continga impuncto 41. et 32 impuncto 42. 33 impuncto 43. 34 impuncto 44. 35 impuncto 45. 36 impuncto 46. 37 impuncto 47. 38 impuncto 48. 39 impuncto 49. 40 impuncto 50. horaperfare legrossezze laquale grossezza dissi essere F et 9 menero 9 equidistante F. et 15 che segara la linea 15 et 16. impuncto 17. etiraro 15. al puncto A. deuidente la linea 9 et 17. impuncto 18 elineare 18. equidistante 15 et 16. che mozzara 6 et 16 impuncto 19. poi tiraro 41 alpuncto A deuidente 18 et 19. impuncto 51. poi tiraro 43. alpuncto A. edoue segara 18 et 19. faro 53. elineare 45. alpuncto A. segante 18 et 19. impuncto 55. poi tiraro 47. alpuncto A. che taglara 18 et 19. impuncto 57. emenero 49. alpuncto A. che recidera 18 et 19. impuncto 59. poi menero 51. 53. 55. 57. 59. tucte equidistante 31. 41. contingente tucte la linea 5 et 6.[3] ora sono senite lefinestre dela faccia che non e scurta hora per fare laltre 5 fenestre dela faccia che scurta che e desimile larghezza tiraro 16. alpuncto A. che segara la linea 7 et R. impuncto 10. poi menero la diagonale 16 et 7. et deuidero 6 et 16 in tante parti equali quante sono nellalinea 5 et 6 lequali seraue 61. 62. 63. 64. 65. 66. 67. 68. 69. 70. menero prima 61. alpuncto A. che segara la diagonale 16 et 7. impuncto 71. etiraro 62. alpuncto A. che deuidera la diagonale impuncto 72. e menero 63. alpuncto A. deuidente la diagonale impuncto 73. elineare 64 alpuncto A. che taglara la diagonale impuncto 74. et tiraro 65. alpuncto A. segante lalinea diagonale impuncto 75. emenero 66. alpuncto A. che segara la diagonale impuncto 76. poi tiraro 67. al puncto A. che

---

[1] In Fig. aus bekanntem Grunde nicht eingeführt.
[2] Muss heissen: 300.
[3] Soll heissen 11. 12.

denidera la diagonale impuncto 77. elinearo 68. alpuncto A. che mozzara la diagonale impuncto 78. et tiraro 69. alpuncto A. segante la diagonale impuncto 79. emenero 70 alpuncto A. che diuidera la diagonale impuncto 80. lequali menero tucte equidistante 6 et 16. prima tiraro 71. contingente 6 et 7. impuncto 81. et 16 e 10 impuncto 91.. poi tiraro 72. contingente 6 et 7. impuncto 82. et 16 e 10 impuncto 92. emenero 73 contingente 6 et 7. impuncto 83. et 16 e 10 impuncto 93. etiraro 74. contingente 6 e 7. impuncto 84. et 16 e 10. impuncto 94. emenero 75. contingente 6 e 7. impuncto 85. et 16 e 10. impuncto 95. etiraro 76 contingente 6 e 7. impuncto 86. et 16 e 10. impuncto 96. polinearo 77. contingente 6 e 7. impuncto 87. et 16 e 10. impuncto 97. elinearo 78. contingente 6 e 7. impuncto 88 et 16 e 10 impuncto 98. emenero 79 contingente 6 e 7. impuncto 89 et 16 e 10 impuncto 99. et tiraro 80. contingente 6 e 7. impuncto 90 et 16 e 10. impuncto 100. hora sono fenita lepartitioni delefenestre degradate. hora per fare legressezze ponero nella faccia nondegradata sopra lalinea 15 e 16. laquantita che e da 15 ad 17. che sira 16 e 20. emenero 20. alpuncto A. dapoi tiraro 92. 94. 96. 98. 100. tucte equidistante 15 e 16 prima menero 92. che segara 20 et A. impuncto 102. elinearo 94 che taglara 20 et A. impuncto 104. et menero 96. che segara 20 et A. impuncto 106. dapoi linearo 98. che segara 20 et A. impuncto 108. dapoi tiraro 100. che segara 20 et A. impuncto 110. tucte seintendano sullalinea A et 20 poi menero 102. 104. 106. 108. 110. tncte equidistante 6 et 16. contingente 6 et 7. et sono fenite tucte lefenestre.[1] hora seuole fare le porti faro prima quella che none inscurto laquale e difuore 21 e 22. sopra dequesti menero leperpendiculari senzatermine poi piglaro la quantita de 21 ad 22. laquale radoppiaro eponerolla sopra lalinea uscente da 21. che sira 21 et 23 et tiraro 23 equidistante FG. che segara la linea uscente da 22. impuncto 24. poi menero 21 al puncto A. che segara la linea KL. impuncto 25. elinearo 25. equidistante 21 et 23. contingente 23 et 24. poitiraro 23. al puncto A. che denidera lalinea che separte da 25. impuncto 26. emenero 26 equidistante 23 et 24. contingente la linea 22 et 24. che sia la porta. Et perche o facta laporta et lefenestre tucte quadre. Voglo per dare notizia dele fenestre et porte che anno larcho demezzo tondo faro queste due altre porti colarcho delequali una he defuore 111 e 112. et laltra e defuore 113 et 114. lequali tiraro tucte equidistante lalinea GP. senzatermine perche per la 29ª del primo seamaestro della larghezza perche fu facta impropia forma. piglaro quella e porolla sopra G. che sira G. et 121. et perche uole essere duo uolte alta quanto larga ponero unaltra uolta la larghezza sopra 121 che sira 122. che iltucto e G. et 122 poi menero 121 al puncto A. che segara la linea uscente da 111 impuncto 131 et lalinea uscente da 112 impuncto 132. et lalinea uscente da 113 impuncto 133. et lalinea uscente da 114. impuncto 134. poi menero 122. alpuncto A. che taglara lalinea uscente da 111 impuncto 135 et la linea che separte da 112. impuncto 136 et lalinea uenente da 113. impuncto 137. et lalinea deriuante da 114. impuncto 138. poi menero le diagonali 131 e 136. 132 e 135 et delaltra porta 133 et 138. 134 et 137. e poi piglarola quantita che e da 131 e 135 et dequella quantita faro uno quadrato impropia forma che sira BCDE nelquale descrinero perla 17ª delprimo locto facce inpropia forma che sira F. G. H. I. K. L. M. N. poi[2] piglaro laquantita de B. F. eporolla socto 135 che sira 135 e 141. e piglaro la quantita de FG. e porollo socto 141 che sira 141 e 142. poi tiraro 141. alpuncto A. che segara lalinea uscente da 135. diagonale impuncto 143. et la diagonale uscente da 136. impuncto 144. et denidera lalinea 132 et 136. diagonale impuncto 145. e taglara la linea 133 e 137. dela seconda porta impuncto 146. et segara la diagonale uenente da 137. impuncto 147. et segara la diagonale uscente da 138 impuncto 148. e diuidera la linea 134. et 138. impuncto 149. lequali tiraro tucte equidistante 131 e 135. epoi menero 143. contingente la linea 135 e 136. impuncto 151. poi tiraro 144. contingente la linea 135 e 136. impuncto 152. emenero 147. equidistante contingente lalinea 137 e 138 impuncto 153.[3] elinearo 141 ad 151 et 152 ad 145

---

[1] Die Vertiefungen sind wegen der Kleinheit der Dimension in Zeichnung nicht gegeben.
[2] Vgl. für das Folgende Fig 41ª.
[3] Zu ergänzen: emenero 148 equidistante, contingente 137 e 138 impuncto 154.

et 146 ad 153 et 154 ad 149. hora scuole reducere ad 16 facce loctangolo impropia forma. commo perla 17ª del primo seamaestra che deuide BF. impuncto 1. et 1 e F. impuncto 2. et FG.[1] impuncto 3. poi piglaro la quantita da B. et 1. et porolla socto 135 che sira 135 e 155. et piglaro la quantita da F. ad 2. et porolla sopra ad 141. che sira 141 et 156. et piglaro la quantita da F. ad 7. et ponerella socto 141. che sira 141 e 157. poi menero 155 al puncto A. che segara 141 et 151 impuncto 161. et segara 152 e 145 impuncto 162. et deuidera 146 e 153. dela seconda porta impuncto 163. etaglara 154 e 149. impuncto 164. poi tiraro 156. alpuncto A. deuidente lalinea 141 e 151 impuncto 171. e mozzara lalinea 152 e 145. impuncto 172. e segara 146 e 153 delasecondo porta impuncto 173. et taglara 154 et 149. impuncto 174. emenero 157. alpuncto A. segante la diagonale uscente da 135 e 132. impuncto 175. e segara 131 e 136. diagonale impuncto 176. etaglara la linea 132 e 136. impuncto 177. e mozzara la linea 133 et 137. impuncto 178 e deuidera 137 e 134. diagonale impuncto 179. e segara 133 e 138 diagonale impuncto 180 e deuidera la linea 134 e 138. impuncto 181. poi tiraro 175. equidistante 131 e 135. contingente 135 e 136 impuncto 191 emenero 176 equidistante 131 e 135. contingente 135 et 136 impuncto 192. poi lineare 179 dela seconda porta equidistante 131 e 135. contingente 137 e 138 impuncto 193. etiraro 180. equidistante 137 e 135 contingente 137 e 138 impuncto 194. emenero delaprima porta 157 et 171. 161 e 191. 192 et 162. 172 e 177 perla seconda porta 178 e 173. 163 e 193. 194 e 164. 174 e 181 che feniscano le porti. hora per fare le grossezze debactenti deleporti cioe il muro tiraro 30 che e segnato sulalinea FG. alpuncto A. et dapoi tiraro 112 equidistante F G. et doue segara lalinea 30 e A punctaro 200. poi menero 114 equidistante FG. che taglara lalinea 30 e A. impuncto 201 etiraro 200 equidistante la linea 112[2] contingente 152 e 145 emenero 201 equidistante 114 e 138 contingente 154 e 149. poi piglaro la quantita da G a 30 e porolla sopra 122 che sira 122 e 300 equidistante FG.[3] poi lineare 300 al puncto A. emenero 152 equidistante FG. che segara la linea 300 et A. impuncto 252. tiraro 145 equidistante FG. che segara la linea uscente da 200 impuncto 253. etiraro 154 equidistante FG. segante la linea 300 e A. impuncto 254. emenero 149. equidistante FG. deuidente la linea uenente da 201. impuncto 249. e tiraro 252. 253. e 254. e 249. poi menero 192 equidistante FG. segante la linea 300 et A. impuncto 195. et tiraro 162. equidistante FG. taglante la linea 252 e 253 impuncto 197 poi lineare 172 equidistante FG. deuidente la linea 252 et 253. impuncto 198. etiraro 177 equistante FG. taglante la linea che uene da 200 impuncto 203. emenero dela seconda porta 194 equidistante FG. che segara la linea 300 et A. impuncto 196 etiraro 164 equidistante FG. che deuidera la linea 254 e 249 impuncto 204.[4] etiraro 181 equidistante FG. segante la linea che uene da 201. impuncto 206. poi menero dela prima porta 195 e 197. 198 e 203 delaseconda menero 196 e 204. 205 e 206. lequali forniscano et leporte et il casamento proposto. (Fig. 41.)

Sopra delpiano degradato uno templo de octo facce proportionale ponere.

Noi abbiamo perla 29a delprimo lasuperficie fondamentale de octo facce degradata et sopradiquella intendo ponere uno templo sequendo quella proportione. Tu sai che ladecta superficie che difuore 1. 2. 3. 4. 5. 6. 7. 8. et dentro e 11. 12. 13. 14. 15. 16. 17. 18. et ilquadro che la contiene e perla 27a del primo FGHI. lequali tiraro perpendiculare sopra delpiano tiraro sopra F. lalinea delaquantita che e FG. che sira FK. et sopra G. dequella quantita che sira GL. et sopra H. et I. do linee senza termine poi menero K. alpuncto A. che e locchio che segara lalinea uscente da H. impuncto M. etiraro L. alpuncto A. che taglara la linea che separte da I. impuncto N. poi menero M. ad N. et lineare KL. poi tiraro 1. equidistante FK. che deuidera KL. impuncto 21. emenero 2. equidistante GL. che segara KL. impuncto 22. emenero 3 equidistante GL. contingente LN. impuncto 23. poi lineare 4. equidistante IN. contingente LN. impuncto 24. etiraro 5. equidistante IN. che segara NM. impuncto 25. poi

[1] 1/2 FG.
[2] D. h. die durch 112 gehende Verticale
[3] Und gleich FG.
[4] Zu ergänzen: etiraro 174 equidistanté FG, segante la linea 254. 249 impuncto 205.

tiraro 6. equidistante GL. contingente MN. inipuncto 26. emenero 7. equidistante MH. contingente KM. impuncto 27. elinearo 8. equidistante FK. contingente KM. impuncto 28. hora menero 21 et 28. 22 et 23. 24 et 25. 26 et 27. 27 et 28.[1] perlequali intendo il tempio de octo facce hora per fare illecto linearo lediagonali KN. LM. che se intersegarano impuncto O. poi piglaro ilsexto de FK. et quella quantita ponero perpendiculare sopra ilmezzo delalinea KL. che sira PQ. poi menero laperpendiculare sopra O. senza termine. poi tiraro fore de KL. la quantita che uoglo che sporti illecto che sira KS. et fore de L. sira LT. poi tiraro dalpuncto A. lalinea passante per T. che segara ladiagonale KN. impuncto 51. et segara la diagonale LM. impuncto 52. poi menero A. passante per S. che deuiderà la diagonale passante per M. impuncto 53. esegara la diagonale passante per K. impuncto 54. poi menero 52 et 54. etiraro 51 et 53 poi menero O. passante per 21. che segara la linea 52 e 54. impuncto 55. et tiraro O. passante per 22. che taglara 52 e 54 impuncto 56 et linearo O. passante per 23 che mozza la linea 51 e 52 impuncto 57 et linearo O. passante per 24. che deuidera la linea 51 e 52. impuncto 58. poi tiraro O. passante per 25 denidente lalinea 51 e 53 impuncto 59 poi tiraro O. passante per 26. che segara 51 e 53. impuncto 60 poi menero O. passante per 27 che taglara la linea 53 e 54 impuncto 61 elinearo O. passante per 28. che segara la linea 53 e 54 impuncto 62. dapoimenero Q al puncto A. che segara lalinea uscente da O. perpendiculare impuncto V. et tiraro V. et 55. V. et 56. V. et 57. V. et 58. V. et 59. V. et 60. V. et 61. V. et 62. poi menero 55 et 56. 57 et 58. 58 et 59. 59 et 60. 60 et 61. 61 et 62. 62 et 55 et e tacto illecto[2] hora bisogna fare laporta adunque deuidero lalinea 1 et 2. dela prima faccia perequali impuncto 29. emenero laperpendiculare dequella quantita che uoro fare alta laporta che sira 29 e 30. poi piglaro quarta parte delalinea 29 e 30 e ponerolla da doi lati de 29 sopra lalinea 1 et 2. che sira da uno canto 29 e 31 e dalaltro 29 e 32 poi tiraro la linea perpendiculare sopra 31. delaquantita de 29 et 30 che sira 31 e 33. et laltra perpendiculare sopra 32. de quella quantita che sira 32 e 34 poi menero 33 e 34. E ildentro dissi che era 11 e 12. dela faccia 1 e 2 etiraro 31 alpuncto A che segara lalinea 11 e 12. impuncto 35. poi linearo 32 alpuncto A. che taglara lalinea 11 e 12. impuncto 36. poi menero 35 equidistante 31 e 33. contingente 33 e 34. etiraro 33. alpuncto A. che taglara lalinea uscente da 35. impuncto 37. emenero 37. equ.distante 33 e 34. poi linearo 36 equidistante 32 e 34. che deuidera lalinea uenente da 37. impuncto 38.[3] et e facta laporta. Et perche iltempio non estaria bene senza illume perlo faro nellaprima faccia uno occhio dequella larghezza che larga laporta menero 33 equidistante 1 e 21. contingente 21 e 22 impuncto 40 etiraro 34. equidistante 2 e 22. contingente 21 e 22 impuncto 41. emenero una linea equidistante 21 e 22. che segara 33 e 40. impuncto 42. etaglara 34 e 41. impuncto 43. poi tiraro 35 equidistante 1 e 21. contingente 42 e 43. poi piglaro la quantita delalinea 42 e 43. et porolla socto 42 e socto 43. che sira 42 e 44. 43 e 45. poi tiraro 44 e 45. et 42 al puncto A che segara lalinea uscente da 35 impuncto 46. emenero 46. equidistante. 42 e 43. poi linearo 38 equidistante 2 e 22. che segara la linea uscente da 46. impuncto 48. poi menero 44. alpuncto A. che taglara lalinea che uene da 37. impuncto 47. poi tiraro 45. alpuncto A. che deuidera la linea 38 e 48. impuncto 49. hora tiraro le diagonali 42 e 45. 43 e 44. che scintersegarano inpuncto x. poi menero laltre diagonali 46 e 49. 47 e 48. che scintersegarano impuncto y. dapoi ponero il pie dal sexto immobile sopra x elaltro pie mobile giraro contingente lalinea 42 e 43. eponero ilpie immobile del sexto sopra y. elaltro pie mobile circularo contingente lalinea 46 e 48. 46. e 47. et finito ilprimo occhio per perlo secondo perche intendo che sieno quatro a una faccia si a una no adunqua menero 42 e 43. contiguo contingente lalinea GL. impuncto 61. poi linearo 44 et 45 contiguo contingente GL impuncto 62. poi menero 61. al puncto A. che segara IN. impuncto 63. etiraro 62. alpuncto A. che mozara IN. impuncto 64. dapoi tiraro 40. alpuncto A che segara ladiagonale KN. impuncto

---

[1] Letztere nicht nöthig, weil schon vorhanden.
[2] Der Deutlichkeit wegen sind in Fig. verschiedene Linien weggelassen. die sich die Phantasie leicht ergänzt.
[3] Die unsichtbaren Linien fehlen in Fig.

65. etaglara la diagonale ML. impuncto 66. poi menero 65. equidistante KL. contingente LN. impuncto 67. etiraro 66. equidistante KL. contingente LN. impuncto 68. etiraro 67. equidistante GL. che segara 61 e 63. impuncto 71. edeuidera 62 e 64 impuncto 72. elineavo 68. equidistante GL. che segara la linea 61 e 63. impuncto 73. esegara 62 e 64. impuncto 74. poi piglaro la quantita dela linea 71 e 72. efaro dequella quantita uno quadrato impropia forma ilquale sira BCDE. et inesso descriuaro locto facce FGHIKLMN, impropia forma edequella piglaro laquantita de BF. et porolla socto 71. che sira 71 et 81. poi piglaro FG. et porolla socto 81. che sira 81 et 82. poi menero 81. alpuncto A che deuidera lalinea 73 e 74 impuncto 83. poi linearo 82. alpuncto A. deudente 73 e 74. impuncto 84. dapoi menero ladiagonale 71 e 74. che segara 81 e 83. impuncto 91. etaglara 82 e 84 impuncto 92. poi tiraro 91 equidistante 71 e 72 contingente 71 e 73 impuncto 85. et contingera 73 e 74. impuncto 86. poi menero 92 equidistante 73 e 74. contingente 71 e 73 impuncto 87. et contingente 73 e 74 impuncto 88. poi tiraro 81 e 85. 87. e 83. 84 e 88. 82 e 86. et e fenito locto facce Ma scuolesse radurlo a 16. fu commo nella precedente deglarchi deleporti et cosi delegrosezze perche e quello medessimo modo. (Fig. 42.)

Sopra delpiano degradato una uolta in crociera sopra amuragla quadrata ponere.

Ilpiano degradato he BCDE. nelquale intendo ponere una capella colla uolta incrucera laquale capella quadra he FGHI. sopra lequali tiraro leperpendiculari prima tiraro sopra F. laperpendiculare FK. che sira do uolta quanto FG. poi tiraro sopra G. laperpendiculare GL. delaquantita de FK. poi menero KL. et menero K. alpuncto A. et tiraro H. equidistante FK. che segara AK. impuncto M. et menero 1. equidistante GL. che sira IN. dela quantita de HM. poi tiraro MN. poi menero lediagonali KN. LM. che seintersegarano impuncto O. poi deuidero KL. impuncto x. et la quantita de Lx. poro socto L. che sira LP. et quella medessima quantita ponero socto K. che sira KQ. poi tiraro Q. alpuncto A. che taglara HM. impuncto S. poi menero P. alpuncto A. che deuidera IN. impuncto R. dapoi piglaro laquantita delalinea KL. et dequella quantita faro uno quadrato impropia forma ilquale sira BCDE. commo perla 26ª del primo fu mostro nelquale descriuaro locto facce lequali serano FGHIKLMN.[1] et porolla socto di BF. et porolla socto K. che sira K 1. et porolla nella linea KL. che sira K. e 2. et ponero quella quantita dal canto de L. che sira L. et 3. et porolla socto L. che sira L 4. poi tiraro 1 et 2. 3 et 4. poi tiraro 1 alpuncto A. che segara MS. impuncto 5. et menero 2. alpuncto A. che segara la diagonale KN. impuncto 11. et LM. diagonale impuncto 12. et taglara MN. impuncto 6. poi tiraro 3. alpuncto A. che deuidera MN. impuncto 7. emenero 4. alpuncto A. che mozzara NR. impuncto 8. poi linearo 11. equidistante KL. contingente KM. impuncto 13. et segara LN. impuncto 14. poi menero 12. equidistante KL. contingente KM. impuncto 15. et contingera LN. impuncto 16. poi menero 5 et 6. 7 et 8. et tiraro 1 et 13. 5 et 15. 4 et 14. 8 et 16. et abiamo locto facce et hora perla 27ª delprimo deuideremo locto facce impropia forma insedici facce delquale piglaro leparti cio e piglaro la quantita de F et 1. et porolla nella linea 2 et 3. che sira 2 et 24. et porolla tra 2 et 1. che sira 2 et 23. poi laporo, fra 1 et 23.[2] laponero socto de 1. che sira 1 et 21. poi ponero questa quantita tra 24 et 3. che sira 3 et 25. poi laporo tra 3 et 4. che sira 3 et 26. et porolla tra 4 et 26. che sira 4 et 27. et porolla socto 4. che sira 4 et 28. poi tiraro 21 et 22. 23 et 24. 25 et 26. 27 et 28. poi tiraro 22 equidistante KL. contingente K 1. impuncto 31. et L. et 4. impuncto 34. et tiraro 23. equidistante KL. che segara K et 31. impuncto 32. et segara L et 34. impuncto 33. dapoi tiraro 24. alpuncto A. che segara 5 et 8. impuncto 40. et menero 31. alpuncto A. che deuidera 4 et 13. impuncto 41. et segara 5 et 15. impuncto 42.[3] dalaltro canto tiraro 33. alpuncto A. che mozzara 4 et 14. impuncto 45. et segara 8 et 16. impuncto 46. et menero 34. alpuncto A. che segara 4 et 14. impuncto 47. et segara 8 et 16. impuncto 48. poi menero 28. alpuncto A. che taglara R. et 8. impuncto 49. poi tiraro 24. alpuncto A. che segara la diagonale KN. im-

---

[1] Diese Hülfsfigur fehlt (vgl. Fig. 16).
[2] zu ergänzen che e 22. e 23.
[3] Z. ergänzen: et tiraro 32 alpuncto A sequante 1. 13 impuncto 43 et 5. 15 impuncto 44.

puncto 29. et segara LM. diagonale impuncto 30.[1] poi menero 29. equidistante LK. contingente 13 et 15. impuncto 51. et contingente 14 et 16. impuncto 52. poi menero 30. equidistante KL. contingente 13 et 15. impuncto 53. et contingente 14 et 16. impuncto 54. hora tiraro 21 et 41. 43 et 51. 53 et 44. 42 et 40. questo e ilprimo giro dela faccia che e scurta laltro giro he 28 et 47. 45 et 52. 54 et 46. 48 et 49. et habiamo giarchi inscurto. daliquali puncti tiraro linee da uno archo alaltro per hordine prima menero 40 et 49. 42 et 48. 44 et 46. 53 et 54. 51 et 52. 43 et 45. 41 et 47. 21 et 28. hora tira 22. alpuncto A. che segara 41 et 47. impuncto 61. et segara 42 et 48. impuncto 71. poi tiraro 23. alpuncto A. et segara 43 et 45. impuncto 62. e segara 44 et 46 impuncto 72. poi tiraro 24. alpuncto A. che segara 51 et 52. impuncto 63. e segara 53 et 54. impuncto 73. e tiraro 25. alpuncto A. che segara 51 et 52. impuncto 64. e segara 53 et 54. impuncto 74. e menero 26. alpuncto A. che tagliara 43 et 45. impuncto 65. e sagara 44 et 46. impuncto 75. e menero 27. alpuncto A. che deuidera 41 et 47. impuncto 66. et segara 42 et 48. impuncto 76. elineario 21 et 61. 61 et 62. 62 et 63. 63 et 0. 0 et 74. 74 et 75. 75 et 76. 76 et 49. questa e una cruciera. hora per laltra menero 28 et 66. 66 et 65. 65 et 64. 64 et 0. 0 et 73. 73 et 72. 72 et 71. 71 et 40. et abiamo fornita la uolta senza pilastri. Ma scuolero fondarla sopra depilastri poro fore delalinea FG. la quantita che uoro che sia per faccia ilpilastro. da uno delati sira FT. dalaltro. sira GV. poi menero alpuncto A. unalinea passante per T. et laltra passante per V. senza termine poi menero la diagonale FI. contingente AT. impuncto y et contingente AV. impuncto z. poi menero GH. diagonale contingente AT. impuncto Z. et contingera AV. impuncto g. poi tiraro y et g. Z et z et menero A. passante per F. che segara y g. impuncto 81. et segara zZ. impuncto 83. poi tiraro A. passante per I. et per G. segante y g. impuncto 82. et deuidera Zz. impuncto 84. poi lineario H1. contingente Ay impuncto 85. et contingera Ag. impuncto 86. poi menero y et 81. equidistante FK. senza termine poi menero 85. equidistante HS. che sia dequella quantita che e HS. poi menero 83. equidistante HS. senza termine poi menero A. passante per S et per Q. che segara la linea uscente da 83. impuncto 93. et segara la linea uscente da 81. impuncto 91. poi menero 82. et g equidistante GL. senza termine poi tiraro 84 et 86. senza termine poi menero A. passante per R. et per P. che segara lalinea uscente da 84. impuncto 94. et tagliara lalinea uscente da 82. impuncto 92. poi menero MN. che segara la linea uscente da 85. impuncto 87. e la linea uscente da 86. impuncto 88. poi tiraro HS. che. segara lalinea uscente da 85. impuncto 95. et segara lalinea uscente da 86. impuncto 96. poi. tiraro A. passante per K. che segara lalinea che separte da 81 impuncto 101. poi tiraro dalpuncto A. lalinea passante per L. che tagliara la linea che uene da 82. impuncto 102. poi menero 101 e 102. contingente la linea uscente da y. impuncto 103. et contingera la linea che separte da g. impuncto 104. poi tiraro A. ad 103. ad 104. poi menero 5. equidistante KL. contingente 95 et 87. impuncto 105 poi lineario 15. equidistante KL. et deuidera 103 et A. impuncto 115. e tiraro 105 et 115. poi menero 40. equidistante KL. che mozzara 87 et 95. impuncto 121. e menero 42. equidistante KL. che segara 105 et 115 impuncto 122. poi lineario 44. equidistante KL. che segara 105 et 115. impuncto 123. e tiraro 53. equidistante KL. che deuidera 103 et A. impuncto 124. habiamo uno archo. perlaltro menero 8. equidistante KL. che segara la linea uscente de 96 et 88. impuncto 116. poi menero 16. equidistante KL. che tagliara 104 et A. impuncto 117. et tiraro 116 et 117. poi menero 49. equidistante KL. che segara la linea 96. 88. impuncto 125. e menero 48. equidistante KL. che segara la linea 116 et 117. impuncto 126. e tiraro 46. equidistante KL. che segara 116 et 117. impuncto 127. emenero 54. equidistante KL. che segara la linea A et 104. impuncto 128. ora tiraro il primo archo che e 121. 122. 123. 124. il secondo e 125. 126. 127. 128. ora uoglio circulare quelli che sono infaccia. tiraro; 93 et 94 poi la deuidero per equali impuncto 100 et sopra de 100 mectero il pie del sexto immobile et collaltro pie mobile giraro de 100 e 93 circundando da 93 ad 94. poi tiraro 91 e 92. po la deuidero perequali impuncto 200 et sopra 200 mectero il pie del sexto immobile elaltro pie mobile circularo contingente 91 et 92 et ai fornita la uolta. (Fig. 43.)

---

[1] Der Deutlichkeit wegen sind 29 u. 30 in Fig. nicht bezeichnet.

— XXXI —

Nel piano degradato semena la equidistante altermine et quella sedeuida inpiu parti equali et inquelle deuisioni seponghi base equali ciascuna oposta ortogonalmente alochio la piu remota serapresentara nel termine magiore che la propinqua niente dimeno serapresentara nellochio socto menore angolo che la piu propinqua.
 Non he mancho necesaria questa che se fusse lultima delprimo nel dimostrare lampliatione delangolo nellochio et lagrandezza giusta delabasa aquello oposta. Pero che nelli edificij occore fare colonne tonde et de molti lati comino nelle logge portici doue sono necesarie piu colonne et perche operando tenere ragioni se maranigliano che le colonne piu remote dalochio uenghino de piu grossezza che non sono lepiu propinque essendo poste sopra de equali base. Siche io intendo de dimostrare cosi essere et douersi fare. Verbi gratia tuai ilpiano degradato BCDE. sopra delquale ho menata lalinea equidistante BC. che e FM. laquale ho deuisa inpiu parti equali lequali sono GHIKL. et sopra dequesti puncti semeni base equali reguardante ortogonalmente il puncto A. che e lochio labasa sopra G. sia NO. quella sopra H. sia PQ. quella sopra I. sia RS. quella sopra K. sia TV. quella sopra L. sia xy. dico che NO. serapresenta neltermine BC. magiore che non fa PQ. et PQ. serapresenta neltermine BC. magiore che RS. piu propinquo niente dimeno RS. serapresenta nelpuncto A. socto magiore angolo che non fa NO. ne PQ. commo te mostraro tirando linee dalebase alochio A. Tiraro prima N. alpuncto A. che deuidera BC. impuncto 1. poi menero O. alpuncto A. che segara BC. impuncto 2. e tiraro P. alpuncto A. che taglara BC. impuncto 3. elineare Q. alpuncto A. che mozzara BC. impuncto 4. et menero R. alpuncto A. che segara BC. impuncto 5. poi lineare S. alpuncto A. che deuidera BC. impuncto 6. poi tiraro T. alpuncto A. che taglara BC. impuncto 7. emenero V. alpuncto A. che mozzara BC. impuncto 8. e tiraro x. alpuncto A. che segara BC. impuncto 9. emenero y. alpuncto A. che taglara BC. impuncto 10. dico essere magiore 1 et 2. che non e 3 et 4. dico essere magiore de 5 et 6. perche 5 et 6. e oposto alochio A. ortogonalmente si commo RS. basa et 3 et 4 non e oposta alochio commo labasa PQ. che e socto quello medessimo angolo poi sitiri G. alpuncto A. che deuidera 1 et 2. impuncto D. et menise H. alpuncto A. che segara 3 et 4. impuncto E. lirise I. alpuncto A. che taglara 5 et 6. impuncto F. sirano quelle deuisioni proportionate perche egle quella proportione dalinea 5 et 6. alalinea 3 et 4. che e dalinea FI. alalinea EH. equella medessima proportione he dalalinea 3 et 4. alalinea 1 et 2. che e dalalinea EH. ad lalinea DG. tale proportione e da 5 et 6. linea alalinea 1 et 2. che e dalalinea FI. alalinea DG. et quello che sefa della linea 1 et 2. nella linea FI. e equale a quello che sefa delalinea 5 et 6. nella linea DG. et quello che sefa delalinea 5 et 6. nella linea 1 et 2. he equale aquello che sefa delalinea 3 et 4 inse medessima et similmente e quella proportione da FI. ad FA. che e da EH. ad EA. et quella proportione he da EH. ad EA. che da DG. ad AD. siche sono improportione et quella medessima parte he DG. del DA. che e EH. del EA. et cosi FI. ad FA. et perche AG. e magiore che non e AH. AH. magiore che AI. Seguita adunqua che DG. sia magiore che EH. perche e tale parte DG. del AG. magiore quale he EH. del AH. minore. similmente EH. e magiore che FI. per quella medessima ragione commo DG. dunqua EH. dunqua concludero la linea 1 et 2. essere magiore che lalinea 3 et 4. perche 1 et 2. che e inquella proportione con DG. e magiore che non e 3 et 4. con EH. minore cosi 3 et 4. dico essere magiore che 5 et 6. perla medessima ragione perche 5 et 6. e inquella medessima proportione con FI. menorissimo.[1] Siche denecesita serapresenta neltermine magiore la piu remota che non fa la piu propinqua che e ilproposto niente dimeno la piu propinqua nel puncto A. che e lochio serapresenta socto magiore angolo che non fa lapiu remota perche sono lebasi equali per laquarta delprimo fa manifesto. (Fig. 44.)
 Molti dipictori biasimano la prospectiua perche non intendano laforza delelinee et deglangoli che daessa seproducano. conliquali commensuramente ogni contorno e lineamento sedescriue perho me pare de douere mostrare quanto questa scientia sia necesaria alla-

---

[1] Der Autor bleibt zwar den Beweis für die Proportionalität der in Rede stehenden Linien schuldig, der sich indessen auf elementarem Wege leicht ergibt.

pictura. Dico che la prospectiua sona nel nome suo commo dire cose uedute dalungi rapresentati socto certi dati termini comproportione. secondo la quantita dele distantie loro. senza delaquale nonsopo alcuna cosa degradare giustamente. Et perche la pictura non e senon dimostrationi desuperficie et decorpi degradati racresciuti nellertmine posti secondo che le cose uere uedute dalocchio socto diuersi angoli sapresentano nel dicto termine et pero che dogni quantita una parte e sempre alochio piu propinqua che laltra et lapiu propinqua sapresenta sempre socto magiore angolo che la piu remota neitermini assegnati. el non posendo giudicare dase lo intellecto la loro mesura cioe quanto sia la piu propinqua et quanto sia lapiu remota. Pero dico essere necessaria la prospectiua laquale discerne tucte le quantita proportionalmente commo uera scientja dimostrando il degradare et acrescere de ogni quantita per forza delince. La quale seguitando molti antichi dipictori aquistaro perpetua laude. Commo aristomenes Thasius policles apello Andramides. Nitheo. zeusis. Et molti altri. Et benche amolti senza prospectiua sia dato laude. e data daquelli che non ano notitia delartu delarte con falso giuditio. Et impero commo zelante dela gloria delarte et diquesta eta commo presuntuoso ho preso ardire scriuere questa particella de prospectiua apartinente ala pictura facendone commo dissi nelprimo tre libri. Nel primodimostrai le degradationi dele superficie piane impiu modi. Nel secondo ho demostrato le degradationi de corpi quadri et depiu facce posti perpendicularmente sopra delipiani. Ma perche hora inquesto terzo intendo tractare dele degradationi de corpi compresi da diuerse superficie et diuersamente posti pero auendo atractare de corpi piu deficili piglaro altra uia et altro modo nelle loro degradationi che nonno facto nelle dimostrationi passate ma nello effecto sira una cosa medessima equello che fa luno fa laltro. Ma per due ragioni mutaro lordine passato luno e perche sira piu facile nel dimostrare et nelo intendere. Lultro sie perla grammultitudine de linee che inessi corpi bisognaria defare seguendo il modo primo siche locchio et lintellecto abaglaria inesse linee senza lequali tali corpi non sepossono imperfectione degradare ne senza gran deficulta. Pero piglaro questo altro modo col quale ponero parte proparte di mostrare le degradationi nelqual modo commo dissi nelprincipio del primo e necesario intendere quello che lomo uuolfare et quello sapere ponere impropia forma sopra delpiano perche commo siranno poste impropia forma laforza delelince seguendo larte le produrranno degradate si commo sorapresentano nellermine dallelinee uisuali perlo e dehisogno sapere fare luctili contorni mensuratamente de quello che lomo uuolfare et quello ponere sopra il piano nelliluoghi loro impropia forma delqual modo daro notitia nelle dimostrationi che seguitaranno.

Sopra delpiano la superficie quadrata conragione deminuire.

Hora perdimostrare ilmodo ilquale intendo conseguire faro do o tre dimostrationi de superficie piane accio che per quelle posiate piu ageuolmente uenire alanotitia deledegradationi decorpi. Adunqua facise impropia forma una superficie quadrata laquale sia BCDE poi sepunga ilpuncto A. ilquale sia locchio et sia tanto dalungi quanto siuuole stare auedere la dicta superficie nel puncto A. sefiechi il chiodo ouuoli uno acho con un filo diseta sutilissimo. siria buono uno pelo dicoda decauallo spitialmente doue e afermarse sulariga poi setiri una linea equidistante BC. laquale sia FG. che sia iltermine tra locchioe la superficie nella quale superficie fa puncto che sia M. il quale sidebbe fare in ogni superficie et in onni corpo. nofa niente doue sefaccia perche e uno certo termine commo operando cognoscerai. hora bisognauere righe delegno bene sutili et dericte poi pigla dique ste righe et polla contingente FG. che stia bene ferma poipiglise uno capo del filo diseta et tirise sopra B. dela superficie et doue bacte sulariga fa puncto B. poi sestenda il filo sopra C. edobacte sulariga segna C. poi semeni ilfilo sopra D. edoue bacte sulariga puncta D. tirise il filo sopra E. doue precote sulariga fa E. stendase il filo sopra M. edoue percote sulariga segna M. fa hora una A. sulariga che sedica riga A elcuise uia epongase dacanto che e la riga dela larghezza. hora seuole uedere quanto e piuleuato DE. de questa superficie BCDE che non e BC. adunqua alzise A. sopra la linea CE. quanto seuole soprastare auedere ladicta superficie non sacostando ne dilongando de la linea FG. che e termine. posto locchio A. col filo commo dissi facciase una riga dicarta et pongase contingente FG. et menise EC. deuidente lariga decarta impuncto A. che sira riga A. poi setiri il filo sopra E. edoue bacte sulariga decarta segnase E et D. poi sestenda il filo sopra C. edoue bacte sulariga sefaccia puncto C et B. inuno medessimo luogo. poi setolga uia lariga et conquella sene faccia un altra simile conquelli medessimi segni et sia segnata A. commo laltra dapoi mena la linea recta nello luogo doue tuuoi fare la superficie degradata laquale linea sia FG.[1] et deuidila per equali impuncto M. et sopra M. tira la perpendiculare che sia MN. et tira sopra F. H. perpendiculare et sopra G. tira I. perpendiculare che sirauno FH. et GI. po pigla le do rige de carta segnate A. una seponga contingente FH. elaltra continga GI. et A. de tucte do continga la linea FG. poi sepigli la riga de legno segnata A. che la riga dela larghezza et pongase sopra le do rige de carta contingente E et D. de tucte do le rige et M. continga la linea MN. et doue combascia D. dela riga de legno fa puncto D. et doue combascia E segna E. tirise la riga contingente B et C. dele do rige et M. continga la linea MN. et doue combascia B. puncta B. et doue combascia C. dela riga de legno fa C. e et fornita la superficie. leua uia le rige et tira BC. BD. DE. EC. che fia la superficie quadrata degradata che dicemmo fare. Mase alcuno dicesse esepose il filo sopra E delasuperficie impropia forma BCDE. et doue bacte il filo sulariga decarta sesegno E et D. et cosi sepose sopra C. e segnosse C et B. questo perche sefa. Dico che questo aduiene nelle superficie che anno isegni fraloro reguardanti che tucti quelli che sono equidistanti alalinea deltermine et niuno soprasta laltro quelli segni sepongono insulariga de carta che laltezza inuno medessimo puncto che niuno angolo sopra sta laltro commo seintende che C. sia alpari de B. daltezza et E alpari de D. et la linea FG. che termine sia equidistante BC. et DE. et la riga de carta seintende sempre lariga delaltezza. Adunqua quando sepone ilfilo sopra C. delasuperficie seintende C et B. perche sono duna medessima altezza. siche sesegna sulariga C et B. cosi sefa de E che se segna E et D. non sefa cosi nellariga delegno che delalarghezza che sesegna segno per segno segia nfortuno non sabactessero doi segni opiu inuno medessimo puncto commo poria aduenire aleuolte. (Fig. 45.)

Data lasuperficie de octo facce equali comproportione degradare.

Lointendimento di questa he de degradare una superficie data de octo facce equilatera seguitaremo ilmodo cominciato facciase locto facce impropia forma ilquale sia 1. 2. 3. 4. 5. 6. 7. 8. et ilsuo quadro sia BCDE. nelquale seponga M. doue sauene et pongase locchio dalunga quanto piaci stare auedere ladicta superficie equi fa puncto O. che seintende locchio et fichise inesso unaco con lofilo et poi semeni lalinea FG. equidistante BC ilquale sia iltermine doue seintende ponere lerighe de degradationi. Poi sepigli largha delegno et ponghise contingente FG. commo nella precedente che stia bene salda poi sestenda ilfilo sopra 1. dela superficie et doue bacte sulariga segnise 1. epoi seponga ilfilo sopra 2 et doue bacte ilfilo sulariga fa 2 etirise ilfilo sopra 3 edoue bacte sulariga punctise 3 menise ilfilo sopra 4. edobacte sulariga segnise 4. poni ilfilo sopra 5 edoue bacte sulariga meclase 5 eponi ilfilo sopra 6. dobacte sulariga facciase 6. tirise ilfilo sopra 7 dobacte sulariga segnise 7. mecti ilfilo sopra 8 edobacte sulariga punctise 8. menise ilfilo sopra M. edobacte sulariga facciase M. hora segnise A. sulariga che sia dicta riga A. dela larghezza e polla dacanto. hora seuole trouare laltezza cioe quanto entra adentro ladicta superficie perche dicemmo BC. essere la larghezza dunque CE he la longhezza cioe quanto entra piu adentro E che C perche C e piu presso alocchio che none E. Tuai lalinea FG. che termine intra locchio elasuperficie et ai ilpuncto O che locchio. ueggase quanto sedebba stare leuato col dicto O. sopra lalinea CE et ini sepunga ilpuncto efichise lacho colfilo epoi setolga lariga decarta et ponghise contingente FG. termine che stia ben salda. Poi semeni CE. la deuida impuncto A. che sira riga A et uolse ponere ilfilo sopra C. et dobacte ilfilo sulariga facciase puncto 1 e 8 perche sono equidistante dala linea FG. quanto C et sono insu uno medessimo piano enone leuato piu luno che laltro. pero C. serue a 1° et 8 et cosi 7 serue a 7 e 2. et 6 serue a 6 e 3. et E serue a 5 e 4. dunqua ponghise ilfilo sopra 7 edobacte sulariga facciase 7 e 2 menise ilfilo sopra 6 et doue bacte sulariga segnise 6 e 3. pongase ilfilo sopra E dobacte sulariga ponclise 5 e 4 leuise uia lariga et conquella senefacci unaltra simile contucti quelli segni e dequella quantita segnata A. hora setiri una linea recta neluogo doue uoli mectere lasuper-

---

[1] Bezeichnung fehlt in Fig.; fällt mit A-A zusammen.

ficie degradata che sia FG. et deuidase impuncto M et menise N. perpendiculare sopra M. che sia MN. poi semeni sopra F H. perpendiculare et sopra G. menise I. et menise lerighe decarta A. una contingente FH. laltra GI. et A. de tucte do contingo la linea FG. poi setolga lariga A. delegno epongase sopra ledorighe decarta contingente 4 et 5 dele dorighe decarta et M delariga delegno continga la linea MN. et doue combascia 4. dela riga delegno punctise 4 et doue combascia 5. segnise 5. et ponghise lariga contingente 6 e 3 et doue combascia 6. delariga delegno punctise 6 edocombascia 3. facciase 3· tirise lariga contingente 7 et 2. et M. continga lalinea MN. et doue combascia 7. delariga delegno facciase 7. edocombascia 2. segnise 2. conducase lariga contingente 1º et 8. delelorighe doue combascia 1º delariga delegno punctise 1º et doue combascia 8. segnise 8. ete finita lasuperficie octogona degradata Tirese 1º e 2. 2 e 3. 3 e 4. 4 e 5. 5 e 6. 6 e 7. 7 e 8. 8 e 1º et auemo ilproposto. (Fig. 46.)

Quatro circuli auente uno medessimo cintro indodici parti equali deuisi degradare.

Noi intendemo degradare quatro circuli circundanti solo uno cintro deuisi in 12. parti equali commo edicto. Et perche nelle precedenti demostrationi nonne bisognato piu che una riga delegno et do decarta perche ogni riga delalarghezza uole dorighe delaltezza. Ma hora perche intendo degradare quatro circuli he debisogno 4 righe delegno doue seporrano su lelarghezza de quatro circuli equeste 4 righe delegno uogliano octo righe decarta doue sepone laltezza si commo socognoscera nelloperare quale piuequale meno secondo liloro contorni hora descriui i quatrocirculi impropia forma ilprimo defore sia segnato A. ilsecondo B. ilterzo C. et ilquarto D. et ilcentro sia M. deuidi ilcirculo A. in dodici parti equali che sia cosi 1. 2. 3. 4. 5. 6. 7. 8. 9. 10. 11. 12. poi piglauna riga et polla sopra 1º e M. esegna deuidente il circulo A. ilcirculo B. ilcirculo C. ilcirculo D. ciascuno impuncto 1º e poi sopra 2 esopra M. et segna ilcirculo B. ilcirculo C. il circulo D. impuncto 2 et cusi fa de tucti perfine a 12. Et poi tira una linea recta che sia KL. quale sia iltermine apresso i circuli quanto tepiace. poite delunga dalalinea KL. termine quanto tuuoi stare dalungha aucelere i decti circuli eli fa puncto O. che dicemo essere locchio nelquale O ficcha lago coltilo poipigla larigha delegno laquale segna A. epolla contingente KL. che stia bensalda poi pigla ilfilo estendilo sopra 1º del circulo A. et dobacte sulariga A. puncta 1º poi mecti ilfilo sopra 2. del circulo A. e doue bacte sulariga A. segna 2 emena ilfilo sopra 3. delcirculo A et dobacte sulariga A. puncta 3. etira ilfilo sopra 4. delcirculo A. edo bacte sulariga A. fa 4. estendi ilfilo sopra 5. del circulo A edobacte sulariga A. segna 5. educi ilfilo sopra 6. delcirculo A. edoue bacte sulariga A. puncto 6. poi mecti ilfilo sopra 7. delcirculo A. doue bacte sulariga A. segna 7. tira ilfilo sopra 8. delcirculo A. edobacte sulariga fa 8. mena ilfilo sopra 9. delcirculo A. dobacte sulariga A. puncta 9. duci ilfilo sopra 10. delcirculo A. edobacte sulariga A. segna 10. etira ilfilo sopra 11. delcirculo A. dobacte sulariga A. fa 11. poni ilfilo sopra 12. delcirculo A. dobacte sulariga A. puncta 12. poi mecti ilfilo sopra M. delcirculo sulariga scriui M. Et al posto ilprimo circulo sulariga A. leuala uia epolla daparte et pigla laltra riga esegna B. epolla contingente KL. che stia salda poi pigla ilfilo epolla sopra 1º sopra 2. sopra 3. sopra 4. sopra 5. sopra 6. sopra 7. sopra 8. sopra 9. sopra 10. sopra 11. sopra 12 et sopra M. del circulo B. et doue bacte ilfilo sulariga B. segnaci quelli medessimi puncti da 1º perfine a 12 et M. poi leua lariga et polla dacanto et poneci laltra riga segnata C. et segna inessa doue bacte ilfilo ponendolo suledivisioni delcirculo C. et M. da poi leua lariga C. et polla dacanto et mectici lariga D. efa ilsimile che ai facto contaltre sempre doue bacte ilfilo sulariga segna quello medessimo segno in che tu poni il filo sulocirculo commo facesti nelcirculo A. et nella riga A. equeste quatro righe A. B. C. e D. sono lerighe dela larghezza. (Fig. 47).

Hora hai degradare lalunghezza alaquale bisogna tenere questo modo cioe tirare prima A del circulo A. passante per M. deuidente ilcirculo A. impuncto F. et ilcirculo B. impuncto G. et ilcirculo C. impuncto H et ilcirculo D. impuncto I. et deuidera KL. termine ortogonalmente impuncto P. dicemo A essere 1º et F e 7. poi lira 2. e 12. che seghi lalinea AF impuncto 2 e 12 potira 3 e 11. che seghi AF. impuncto 3 e 11. etira 4 e 10. che tagli AF. impuncto 4 e 10. linea 5 e 9. che seghi AF. impuncto 5 e 9. potira 6 e 8. segante AF. impuncto 6 e 8 dapoitira P. dela quantita che he dalalinea KL. ad O. che sia PQ. dequella continuante la linea AF. et sopra de Q. mena la perpendiculare OQ. che la

— XXXV —

quantita che tu uoi, soprastare auedere li decti circuli nelquale O ficha lacho colfilo pigla uno capo delfilo prima poni una riga decarta contingente KL. che stia bensalda. potira AQ. che la deuida impuncto A. poi stendi ilfilo sopra 1º del circulo A. edoue bacte sulariga fa puncto 1º poi poni ilfilo sopra 2 e 12 et dobacte sulariga segna 2 e 12. tira ilfilo sopra 3 e 11 edobacte sulariga puncto 3 e 11. eponi ilfilo sopra 4 e 10 e doue bacte sulariga fa 4 e 10. estende ilfilo sopra 5 e 9 del circulo A. dobacte sulariga segna 5 e 9. mena ilfilo sopra 6 e 8. del circulo A. e doue bacte sulariga fa puncto 6 e 8. mecti ilfilo sopra 7. del circulo A. dobacte sulariga puncta 7 leua uia questa riga et conessa nefa unaltra simile segnata A. commo quella epolla dacanto. Poitira 2 e 12 del circulo B. che seghi BG. impuncto 2 e 12. poi tira 3 e 11. che seghi BG. impuncto 3 e 11. potira 4 e 10 delcirculo B. che seghi BG. impuncto 4 e 10. potira 5 e 9 del circulo B. che seghi BG. impuncto 5 e 9. emena 6 e 8. del circulo B. che seghi BG. impuncto 6 et 8. hora pigla una riga decarta epolla contingente KL. che stia salda poi tira AQ che seghi lariga impuncto B che sira riga B potolli ilfilo epollo sopra 1º coltitolo delcirculo B. edobacte sulariga fa 1º poi mecti ilfilo sopra 2 e 12 colticitolo delcirculo B edobacte sulariga segna 2 e 12. potira ilfilo sopra 3 e 11. coltitolo delcirculo B. dobacte sulariga puncta 3 e 11. mena ilfilo sopra 4 e 10 coltitolo delcirculo B. dobacte sulariga fa 4 e 10. mecti ilfilo sopra 5 e 9 coltitolo delcirculo B. dobacte sulariga segna 5 e 9 tira ilfilo sopra 6 e 8. coltitolo del circulo B. dobacte sulariga puncta 6 e 8. duci ilfilo sopra 7. coltitolo delcirculo B. edobacte sulariga fa 7. poi leua lariga et conquella nefa unaltra simile segnata B. eponi dacanto Dapoi tira dalcirculo C. 2 e 12. segante CH. impuncto 2 e 12 condoi tictoli tucte quelle del CH fa condoi tictoli poi mena 3 e 11 del circulo C. deuidente CH. impuncto 3 e 11. polinca 4 e 10. del circulo C. segante CH. impuncto 4 e 10 poi tira 5 e 9 delcirculo C. che tagli CH. impuncto 5 e 9 emena 6 e 8 delcirculo C. che tagli CH. impuncto 6 e 8. hora poni laltra riga decarta contingente KL. che stia ferma poi tira QA. che seghi lariga impuncto C che diremo riga C poi pigla ilfilo epollo sopra 1º con doi tictoli del circulo C. edobacte sulariga puncta 1º poi lomecti sopra 2 e 12. sopra 3 e 11. sopra 4 e 10. sopra 5 e 9. sopra 6 e 8 e sopra 7 delcirculo C. etucti segna sulariga commo ai inteso desopra poi touia lariga econquella nefa unaltra simile e segnata C. epolla daparte hora tira 2 e 12 con tre titoli del circulo D deuidente DI. impuncto 2 e 12 contre tictoli cosi tucti glaltri mena 3 e 11. et 4 e 10 e 5 e 9. et 6 e 8. del circulo D. segante DI. impuncti 2 e 12. et 3 e 11. et 4 e 10. et 5 e 9. et 6 e 8. Poi pigla lariga decarta epollo contingente KL. che stia salda epoi pigla ilfilo epollo sopra 1º contretitoli edobacte sulariga D. segna 1º cosi fa de 2 e 12. de 3 e 11. de 4 e 10. de 5 e 9. de 6 e 8. de 7. segnando sempre doue bacte ilfilo sulariga. poi tira Q. A. che seghi lariga impuncto D. et leuala uia et conessa nefa unaltra simile segnata D. epolla dacanto. Dapoitira una linea recta che sia FG. laquale deuidi impuncto M. tira N. perpendiculare che sira linea MN. e sopra F. tira K. perpendiculare et sopra G. tira L. perpendiculare. Poi togli le do rige decarta segnate A. et ponne una contingente FK. elaltra contingente GL. et A. de tucte do continga lalinea FG. che stieno bene ferme. poi pigla lariga A. delegno epolla sopra ledorige contingente 7. de ciascuna et M. continga sempre la linea MN. et doue combascia 7. delariga delegno fa puncto 7. quando dico combascia lariga seintende sempre lariga delegno. mecti lariga contingente 6 e 8. dele do rige e doue combascia 6 fa 6. edocombascia 8. puncta 8. poni lariga contingente 5 e 9. dele dorige edoue combascia 5. segna 5. edocombascia 9 fa 9. linea lariga contingente 4 e 10. dele do rige e doue combascia 4. poni 4. edocombascia 10. fa 10. poni lariga contingente 3. e 11. dele dorige e doue combascia 3 segna 3 e docombascia 11. puncta 11. tira lariga contingente 2 e 12 dele dorige edoue combascia 2 fa 2 edoue combascia 12. segna 12. poni lariga contingente 1º dele dorige edoue combascia 1º segna 1º sempre seintende M. continga lalinea MN. Et ai finito ilcirculo A. Tira 1º e 2. 3. 4. 5. 6. 7. 8. 9. 10. 11. 12. 1 leua uia lerige A. e polle daparte eponeci lerige B. una contingente FK. elaltra GL. et B. de tucte do continga la linea FG. poi togli lariga B. delegno epolla sopra ledorige contingente 7. de ciascuna et M. continga sempre mai la linea MN. benche (non) sedica perche egle la guida. tuai posto laraig contingente 7. edoue combascia 7. delariga segna 7. mecti lariga contingente 6 e 8. deledorige edoue combascia 6 fa 6 et doue combascia 8 segna 8. tira lariga contingente 5 e 9.

delle dorige et doue combascia 5 fa puncto 5. e doue combascia 9 mecti 9. mena lariga contingente 4 e 10. deledorige edoue combascia 4 segna 4. et docombascia 10 segna 10. tira lariga contingente 3 e 11 et doue combascia 3 fa 3. edocombascia 11 segna 11. poni lariga sopra 2 e 12. dele dorige edo^{ue} combascia 2 fa puncto 2. edoue combascia 12 segna 12. poni lariga sopra 1º dele dorige edocombascia 1º fa 1º. touia lariga che fenito il circulo B. tira 1º et 2. 2 et 3. 3 e 4. 4 e 5. 5 e 6. 6 e 7. 7 e 8. 8 e 9. 9 e 10. 10 e 11. 11 e 12. 12 e 1º. hora pigla ledorige C. decarta eponne una contingente FK. elaltra GL et C. de tucte do continga lalinea FG. poi pigla lariga C. delegno epolla contingente 7. de tucte do lerige et doue combascia 7 fa 7, mecti lariga contingente 6 e 8. dele dorige edoue combascia 6 segna 6 edocombascia 8 fa 8. tira lariga contingente 5 e 9. dele dorige edoue combascia 5 puncta 5 edocombascia 9 segna 9. poni lariga contingente 4 e 10. edoue combascia 4 fa 4. edocombascia 10 fa puncto 10. tira lariga contingente 3 e 11. dele dorige edoue combascia 3. segna 3 edocombascia 11 fa 11. mecti lariga contingente 2 e 12. doue combascia 2 fa puncto 2. edoue combascia 12 segna 12. tira lariga contingente 1º dele dorige edoue combascia 1º fa 1º. Et ai il circulo C. leua uia lerige epolle daparte e: tira 1 et 2. 2 et 3. 3. e 4. 4 e 5. 5 e 6. 6 e 7. 7 e 8. 8 e 9. 9 e 10. 10 e 11. 11 e 12. 12 e 1º. hora pigla ledorige D. decarta eponne una contingente FK. elaltra contingente GL. et D. de tucte do continga lalinea FG. poi pigla la riga D. delegno epolla contingente 7. deledorige A. M. continga lalinea MN. che sempre seintende edoue combascia 7 fa puncto 7. tira lariga contingente 6 e 8. dele dorige et doue combascia 6 segna 6 edoue combascia 8 fa 8. mecti lariga contingente 5 e 9. edoue combascia 5 puncta 5 edoue combascia 9 segna 9. poni lariga contingente 4 e 10. edoue combascia 4 fa 4. edoue combascia 10 fa puncto 10. tira lariga contingente 3 e 11. edoue combascia 3 fa puncto 3. edoue combascia 11 segna 11. mena lariga contingente 2 e 12. et doue combascia 2 segna 2. et doue combascia 12 puncto 12. tira lariga contingente 1º et doue combascia 1º fa puncto 1º et ai fenito ilcirculo D. touia lerige et tira 1 e 2. 2 e 3. 3 e 4. 4 e 5. 5 e 6. 6 e 7. 7 e 8. 8 e 9. 9 e 10. 10 e 11. 11 e 12. 12 e 1º hora abiamo feniti li quatro circuli diuisi in dodici parti equali con degradatione si commo sepropose. (Fig. 48.)

Il torculo dato auente octo circuli continente la grossezza in dodici parti equali deuiso comproportione demiunire.

Questa he conforme conlaprecedente nellicirculi et quello medessimo modo sedebbe tenere nello operare delalarghezza benche sieno proposti octo circuli inquesta demostratione faremo con quactro perche poremo ildicto torculo giacente piano. Ma quando giacesse altrimente siria necessario che fussino tucte righe quanti circuli inesso torculo secontene. Ma intendo fare inquesto alcuno delocto facce perpendiculare sopra del piano. Pero dico che tu facci uno quadrecto dela quantita che tuuoli fare grosso iltorculo ilquale quadrecto sia FGHI. Nelquale discriui locto facce equali cioe FG. sia deuiso in B. et C. et FH. sia deuiso in A. et L. col tictolo et H. I. deuiso in B. coltictolo et C. coltictolo et GI. deuiso in D. et D. coltictolo. Poi pigla il sexto et circula la quantita che tu intendi fare grande il circulo et il suo centro sia M. et il circulo sia circulo A. poitira MA. linea recta et colo sexto pigla laquantita de FB. del quadrecto epolla sulalinea MA. principiando da A. et doue termina laltro pie del sexto sula dicta linea AM. segna B. poi pigla il sexto eponi unpie sopra M. et laltro stendi perfine ad B. et descriui il circulo che sia il circulo B. poi pigla colsexto la quantita de F. e C. delocto facce delquadrecto et polla sulalinea MA. che sia AC. e poni il pie del sexto sopra M. e con laltro pie circula passante per C. che sira il circulo C. poi togli la quantita de F. ad G. del quadrecto et polla sulalinea AM. che sia AD. e mecti ilpie del sexto sopra M. conlaltro circula la quantita de M. D. che sedira circulo D. iquali circuli deuidi in dodici parti equali commo nella precedente che sia 1º 2. 3. 4. 5. 6. 7. 8. 9. 10. 11. 12 in ciascuno circulo uno respecto laltro commo nella figura seuede epoi tira una linea che sia K. L. termine poi poni locchio da lunghi ad K. L. quanto tepiaci stare auedere iltorculo eli fa puncto O. et inquello ficcha laco coltilo commo ai facto nellaltre poi togli lariga delegno segnata A. et polla contingente KL. che stia bensalda. dapoi pigla ilfilo estendilo sopra 1º del circulo A. edoue bacte sulariga segna 1º poi lomecti sopra 2 del circulo A. doue bacte sulariga fa 2. tira ilfilo sopra 3. delcirculo A. edobacte sulariga puncta 3. duci il filo sopra 4. del circulo A. dobacte sulariga fa 4. poni il filo sopra 5. del circulo A. edobacte sulariga segna 5. mena il filo sopra 6. del circulo A. dobacte sulariga fa 6. tira il filo sopra 7. del circulo A. dobacte sulariga puncta 7. mecti ilfilo sopra 8 delcirculo A. dobacte sulariga fa 8. tira ilfilo sopra 9. del circulo A. dobacte sulariga segna 9. duci ilfilo sopra 10. del circulo A. dobacte sulariga fa 10. poni il filo sopra 11. del circulo A. edobacte sulariga segna 11. tira ilfilo sopra 12. del circulo A. dobacte sulariga fa 12. poni il filo sopra M. dobacte sulariga segna M. et e fenito il circulo A. leua uia lariga epolla dacanto. Et pigla lariga segnata B. epolla contingente K. L. commo laltra che stia bensalda. poi pigla il filo epollo sopra 1 e 2 e 3. e 4. e 5. e 6. e 7. e 8. e 9. e 10. e 11. e 12. e M. del circulo B. edoue bacte il filo sulariga C. segna almodo che ai tenuto dela riga A. poi leua uia lariga B. epolla daparte eponici lariga C. contingente K. L. poi pigla ilfilo epollo sopra 1° e 2. e 3. e 4. e 5. e 6. e 7. e 8. e 9. e 10. e 11. e 12. e M. del circolo C. edobacte segna sulariga C. poi leuala epolla dacanto eponi lariga D. contingente K. L. che stia bensalda estendi ilfilo sopra 1 e 2. e 3. e 4. e 5. e 6. e 7. e 8. e 9. e 10. e 11. e 12. e M. esegna sulariga D. commo laltre doue bacte il filo epoi laleua epolla dacanto et ai lalarghezza de quatro circuli posta sopra le righe. (Fig. 49.)

Hora per fare laltezza togli locto facce che facesti nel quadrecto impropia forma per fare le distantie decirculi che e laltezza del torculo ilquale he segnato di sopra ABCD et desocto ABCD. con tituli poni queste octo facce sopra lalinea recta che BC. collo titolo le continga. poi mena AD. perfine ad F. che sia A F. la quantita del diametro del circulo A.[1] et questa quantita poni sopra laline acontingente BC. et BC. coltitolo che sia BC. et BC. coltitolo poi tira AD. coltitolo equidistante A F. dela quantita de AF. coltitolo poi pigla la quantita del diametro del circulo C. epolla sulalinea C G. che sia CH epolla sulalinea CG. coltitolo che sira sira CH. coltitolo. pigla la quantita deldiametro delcirculo D. epolla sulalinea D F. e DF. coltitolo che D I. e DI. coltitolo. tira FG. III. et HI. coltitolo e FG. coltitolo. hora torniamo alicirculi impropia forma et meni il diametro AF. passante per M. che deuida il circulo A in A et F. B. impuncto B. et G. il circulo C. in C. et H. il circulo D. in D. et I. poi tira 2 e 12. del circulo A. che deuida lalinea AF. impuncto 2 e 12. mena 3 e 11. del circulo A. che seghi AF. impuncto 3 e 11. linea 4 e 10. del circulo A. che tagli AF. impuncto 4 e 10. tira 5 e 9. del circulo A. che deuida AF. impuncto 5 e 9. linea 6 e 8. delcirculo A. che seghi AF. impuncto 6 e 8. equeste medessime segna sulalinea A F. coltitolo che desocto. dapoi segna laltro circulo che B. prima tira 2 e 12. edoue sega il diametro del circulo B. fa 2 e 12. poi mena 3 e 11. del circulo B. doue sega et diametro segna 3 et 11. tira 4 e 10. delcirculo B. doue sega il diametro segna 4 e 10. mena 5 e 9 del circulo B. doue recide BG. fa 5 e 9. linea 6 e 8. doue sega BG. segna 6 e 8[2] poi pigla la quantita che da B a 2 et 12 del circulo B. epolla sulalinea BG. delaltezza esegna 2 e 12. epolla sulalinea BG. coltitolo efa 2 e 12 poi togli la quantita da B. ad 3 e 11. delalinea BG. del circulo B. emectila sulalinea BG. delaltezza esegna 3 e 11. cosi lesegna sulalinea BG. coltitolo togli la mesura da B. ad 4 e 10. delalinea BG. delcirculo B. esegna sulalinea BG. delaltezza 4 e 10. ecosi sulalinea BG. coltitolo pigla la quantitata da B ad 5 e 9. delalinea BG. del circulo B. epolla sulalinea BG. delaltezza epunta 5 e 9 ecosi laponi sulalinea BG. coltitolo esegna 5 e 9 poi togla laquantita da B ad 6 e 8 delalinea BG. del circulo B. emectila sulalinea BG. delaltezza efa 6 e 8. ecosi fa sulalinea BG. coltitolo 6 e 8. dapoi segna sopra CH. tucte le parti del circolo C. et poi leponi sulalinea CH. delaltezza et sopra CH. coltitolo delaltezza dapoi poni sulo diametro D I. tucte le parti delcirculo D. epoi leponi sulalinea D I delaltezza et sulalinea DI. coltitolo che e pure delaltezza si commo ai facto del circulo A. et del circulo B. cioe 2 e 12. 3 e 11. 4 e 10. 5 e 9. 6 e 8. si commo nella figura sedimostra. Et poi poni la linea KL. dalungo da A. delaltezza la quantita che e da A.

[1] Zu ergänzen : prendi il diametro del circulo B.
[2] Zu ergänzen: poi pigla la quantita che da A a 2. 12 del circulo A epolla sulalinea AF delalte zza esegna 2. 12 epolla sulalinea AF coltitolo efa 2. 12; poi togli la quantita de A a 3. 11, a 4 10, a 5. 9, a 6. 8 efa in simil modo.

dela larghezza ad KL. termine. poi tira GB. contiguo passante per K. perfine ad P. che sia linea KP. la quantita che dala linea KL. termine dela larghezza perfine ad O. che locchio et sopra P. tira O. perpendiculare che sia OP. ilquale O. soprastia la figura dellalteza la quantita che tu uoi soprastare con lochio auedere il toreulo nelquale O fica lacho collo filo commo inlaltre. Dapoi pigla lariga dicarta epolla contingente KL. che stia salda. etira B P. che seghi lariga impuncto A. che fia riga A. poi pigla ilfilo estendilo sopra ad A. edoue bacte sulariga segna 1° perche A he 1° poi mecti ilfilo sopra 2 e 12 dela linea AF. edo bacte sulariga fa 2 e 12. tira ilfilo sopra 3 e 11. delalinea AF. doue bacte sulariga puncta 3 e 11. poni ilfilo sopra 4 e 10. delalinea A F. edobacte sulariga segna 4 e 10. poi mena ilfilo sopra 5 e 9. delalinea AF. et doue bacte ilfilo sulariga fa 5 e 9. mecti ilfilo sopra 6 e 8. delalinea AF. edoue bacte sulariga fa puncto 6 e 8. tira il filo sopra F. dela linea A F. edobacte ilfilo sulariga fa puncto 7 perche tucti glangoli delocto facce del primo che ABCD et ABCD colltictolo sono segnati ognuno 1° et glangoli delocto facce del secondo FGHI et FGHI colltictolo sono segnati agnuno 7 hora leua uia lariga et conquella nefa unaltra simile contucti quelli segni segnata A. epolle dacanto poi pigla unaltra riga decarta et polla contingente KL. che stia ferma actachata collacera poi tira B P. che deuida lariga impuncto B. che sira riga B. poi pigla ilfilo epollo sopra B. delalinea B G. edoue bacte sulariga fa 1° poi poni ilfilo sopra 2. 12. dela linea BG. dobactesulariga segna 2 e 12. tira ilfilo sopra 3 e 11. delalinea BG edobacte sulariga puncto 3 e 11. mena ilfilo sopra 4 e 10 delalinea BG. doue bacte sulariga fa puncto 4 e 10. conduci ilfilo sopra 5 e 9. delalinea BG. edobacte sulariga segna 5 e 9. mecti ilfilo sopra 6 e 8. delalinea BG. dobacte sulariga fa 6 e 8. poni ilfilo sopra G. delalinea BG. doue bacte sulariga segna 7. touia lariga efanne se conquella unaltra simile segnata B. epolle dacanto poi togli laltra riga decarta epolla contingente KL. che stia salda. poi tirarai BP. che seghi lariga impuncto C. che sira riga C. poi stendi ilfilo sopra C. delalinea CH. edoue bacte sulariga fa 1° mecti ilfilo sopra 2 e 12. sopra 3 e 11. sopra 4 e 10. sopra 5 e 9 sopra 6 e 8. sopra H. delalinea CH. edoue bacte ilfilo sulariga segna edobacte H fa 7. touia lariga econessa nefa unaltra simile segnata pure C. epolle dacanto. poi pigla unaltra riga decarta epolla contingente K L. che stia ferma. poi tira BP. che la deuida impuncto D. che sia riga D. poi tira ilfilo sopra D. delalinea D I. edoue bacte ilfilo sulariga puncta 1° poi poni ilfilo sopra 2 el 12. sopra 3 e 11. sopra 4 e 10 sopra 5 e 9 sopra 6 e 8. delalinea DI. edoue bacte ilfilo sulariga D. segna tucti. poi mecti ilfilo sopra I. delalinea DI. edobacte sulariga segna 7. leua uia lariga efanne conquella unaltra simile segnata D. epolle dacanto. dapoi pigla una riga decarta epolla contingente KL. che stia ben ferma. poi tira BP. che la seghi impuncto A coltitolo che sia riga Acoltitolo. poi pigla ilfilo epollo sopra A coltitolo delalinea A F. coltitolo edobacte sulariga segna 1°. poi tira il filo sopra 2 e 12. sopra 3 e 11. sopra 4 e 10. sopra 5 e 9 sopra 6 e 8. delalinea FA. coltitolo esegna doue bacte ilfilo sulariga epoi tira ilfilo sopra F. coltictolo delalinea AF. coltictolo edobacte sulariga fa 7. leua lariga efanne unaltra simile conquella segnata A. coltictolo. epolle departe, et togli unaltra riga decarta epolla contingente KL. commo edicto. poi mena BP. che la deuida impuncto B. coltictolo che sia riga B. coltictolo poi mecti ilfilo sopra B. coltictolo dela linea BG. coltictolo edoue bacte ilfilo sulariga puncta 1° poi tira ilfilo sopra 2 e 12. sopra 3 e 11. sopra 4 e 10. sopra 5 e 9. sopra 6 e 8. dela linea BG coltictolo et tucti segna sulariga doue bacte ilfilo poi mecti ilfilo sopra G. dela linea BG. coltictolo edobacte sulariga fa 7. touia lariga efanne conquella unaltra simile segnata B. coltictolo et poi mecti unaltra riga decarta contingente K. L. che stia salda. poi tira BP. segante lariga impuncto C. coltictolo che sira riga C. coltictolo poi estendi il filo sopra C. coltictolo dela linea CH. coltictolo edobacte sulariga fa 1° etira il filo sopra 2 e 12. sopra 3 a 11. sopra 4 e 10. sopra 5 e 9. sopra 6 e 8. delalinea CH. coltictolo esegna tucte doue bacte il filo sulariga emena ilfilo sopra H. coltictolo delalinea CH. coltictolo edobacte sulariga puncta 7. touia lariga efanne conquella unaltra simile segnata C. coltictolo epolle dacanto. pigla laltra riga decarta epolla contingente KL. che stia ben ferma. potira B P. che la seghi impuncto D. coltictolo. poni ilfilo sopra D. coltictolo delalinea DI. coltictolo edoue bacte sulariga segna 1° poi tira ilfilo sopra 2 e 12. sopra 3 e 11. sopra 4 e 10. sopra 5 e 9. sopra 6 e 8. dela linea DI. coltictolo et tucti le segna sulariga doue

— XXXIX —

che bacte ilfilo poi mecti ilfilo sopra I. coltictolo dela linea DI. coltictolo edoue bacte il filo sulariga segna 7. poi leua lariga et conessa nela unaltra simile segnata D. coltictolo epolle dacanto hora ai lalarghezza et laltezza deltorculo posta sulorigo.

Hora scuole trouare illuogo doue tu uoli fare iltorculo degradato ouoi taula ouuoli carta nella quale tira lalinea recta che sia KL. de magiore quantita che non e iltorculo che tu ai afare poi ladeuidi per equali impuncto M. poi tira N. perpendiculare sopra M. che sia MN. poi tira sopra K. perpendiculare che sia KP. et sopra L. tira Q. perpendiculare che sia LQ. dapoi togli ledorige decarta segnate C. eponne una contingente KP. elaltra contingente LQ. et C. de tucte do contingha lalinea KL. che stieno salde poi pigla lariga C. delegno epolla sopra ledorige decarta contingente 7. de tucte do lerighe et M. delariga contingha lalinea MN, et cosi scintende sempre che M. contingha lalinea MN. benche non sedica, e doue combascia 7. delariga delegno segna 7. sempre quando dico combascia scintende lariga delegno tira lariga contingente 6 et 8. dele dorighe e do combascia 6 fa 6 e do combascia 8. segna 8. mecti lariga contingente 5 e 9. deledorighe edoue combascia 5. fa 5. edocombascia 9. puncta 9. mena lariga contingente 4 e 10. dele do righe edocoinbascia 4. segna 4. docombascia 10. fa 10. mecti lariga contingente 3 e 11. dele dorighe edocombascia 3. puncta 3. edo combascia 11. segna 11. poni lariga contingente 2 e 12. dele dorighe edocombascia 2. puncta 2. edoue combascia 12. fa 12. tira larigha contingente 1° dele dorighe e doue combascia 1° segna 1° leuale righe che ai ilprimo circulo tira 1 e 2. 2 e 3. 3 e 4. 4 e 5. 5. e 6. 6 e 7. 7 e 8. 8 e 9. 9 e 10. 10 e 11. 11 e 12. 12 e 1°. che il circulo C. hora perlo secondo circulo che B. Togli le dorighe B. decarta eponne una contingente KP. elaltra contingente LQ. et B. de tucte do contingha lalinea KL. che stieno salde. poi pigla larigha delegno segnata B. epolla contingente 7. detucte do lerighe e doue combascia 7. segna 7. poni larigha contingente 6 e 8. dele dorighe edocombascia 6 fa 6. doue combascia 8. puncta 8. mena larigha contingente 5 e 9. dele dorighe edocombascia 5. fa 5. doue combacia 9. segna 9. tira larigha contingente 4 e 10. dele dorighe e doue combascia 4. fa puncto 4. doue combascia 10. segna 10. mecti larigha contingente 3 e 11. de tucte do lerighe e do combascia 3. puncta 3 edo combascia 11. fa 11. poni larigha contingente 2 e 12. de tucte do lerighe e do combascia 2. segna 2. do combascia 12. puncta 12. tira larigha contingente 1° de tucte do lerighe e doue combascia 1° fa 1°. leua uia lerighe etira 1° e 2. 2 e 3. 3 e 4. 4 e 5. 5 e 6. 6 e 7. 7 e 8. 8 e 9. 9 e 10. 10 e 11. 11 e 12. 12 e 1°. che il circulo B. hora perlo circulo A. pigla le dorighe de carta segnate A. et ponne una contingente KP. elaltra contingente LQ, et A. detucte do contingha la linea KL. che stieno benfermo poi pigla larigha A. delegno epolla contingente 7. detucte do lerighe et M. contingha lalinea MN. sempre commo se dicto e doue combascia 7. fa 7. mecti larigha contingente 6 e 8. de tucte do lerighe edocombascia 6. segna 6. edocombascia 8. puncta 8. tira larigha contingente 5 e 9. deledorighe edocombascia 5. fa 5. edocombascia 9. segna 9. poni larigha contingente 4 e 10. dele dorighe doue combascia 4. fa 4. doue combascia 10. puncta 10. mecti larigha contingente 3 e 11. dele dorighe edocombascia 3. segna 3. edocombascia 11. fa 11. mena larigha contingente 2 e 12. dele dorighe e doue combascia 2. poni 2. docombascia 12. segna 12. tira larigha contingente 1° dele dorighe e doue combasci 1° fa 1° leua uia lerighe et tira 1° e 2. 2 e 3. 3 e 4. 4 e 5. 5 e 6. 6 e 7. 7 e 8. 8 e 9. 9 e 10. 10 e 11. 11 e 12. 12 e 1°. et ai il circulo A. pigla ledorighe decarta segnate A. coltictolo eponne una contingente KP. laltra contingente LQ. et A. de tucte do continga la linea KL. poi togli larigha A. delegno coltictolo et polla contingente 7. de tucte do lerighe e doue combascia 7. puncta 7. tira larigha contingente 6 e 8. dele dorighe e docombascia 6. fa 6. edocombascia 8. segna 8. mena larigha contingente 5 e 9. dele dorighe edocombascia 5. fa puncto 5. edocombascia 9. segna 9. poni larigha contingente 4 et 10. dele dorighe docombascia 4. fa 4. docombascia 10. fa 10. metti larigha contingente 3 e 11. dele dorighe e docombascia 3. segna 3. docombascia 11. fa 11. tira larigha contingente 2 e 12. dele dorighe docombascia 2. fa 2. docombascia 12. fa 12. poni larigha contingente 1° dele do righe e docombascia 1° fa 1°. leua lerighe etira 1° e 2. 2 e 3. 3 e 4. 4 e 5. 5 e 6. 6 e 7. 7 e 8. 8 e 9. 9. e 10. 10 e 11. 11 e 12. 12 e 1°. et efenito il circulo A. coltictolo. pigla

— XL —

ledorighe B. decarta colticlolo eponne una contingente KP. elaltra contingente LQ. et B. de tucte do contingha KL. poi pigla larigha B. colticlolo epolla contingente 7. poi contingente 6 e 8. e contingente 5 e 9. contingente 4 e 10. contingente 3 e 11. contingente 2 e 12. contingente 1° dele dorighe et M. contingha lalinea MN. e doue combasciano quelli delarigha delegno segna cio e 7. 6. 8. 5. 9. 4. 10. 3. 11. 2. 12. 1°. poi leua lerighe etira 1° e 2. 2 e 3. 3. e 4. 4 e 5. 5 e 6. 6 e 7. 7 e 8. 8 e 9. 9 e 10. 10 e 11. 11 e 12. 12 e 1°. che fenito il circulo B. colticlolo pigla ledorighe decarta segnate D. et mectino una contingente KP. elaltra contingente LQ. et D. de tucte do contingha lalinea KL. et pigla larigha D. delegno epolla contingente 7. contingente 6 e 8. contingente 5 e 9. contingente 4 e 10. contingente 3 e 11. contingente 2 e 12. contingente 1° de tucte do lerighe le segna doue combasciano quelli delarigha delegno cio e 7. 6 e 8. 5. 9. 4. 10. 3. 11. 2. 12. 1°. touia lerighe etira 1° e 2. 2 e 3. 3 e 4. 4 e 5. 5 e 6. 6 e 7. 7 e 8. 8 e 9. 9 e 10. 10 e 11. 11 e 12. 12 e 1°. hora togli ledorighe decarta segnate D. colticlolo eponne una contingente KP. elaltra contingente LQ. et D. de tucte do contingha KL. poi peni larigha delegno contingente 7. de tucte do lerighe e contingente 6 e 8. contingente 5 e 9. contingente 4 e 10. contingente 3 e 11. contingente 2 e 12. contingente 1° de tucte do lerighe e doue combasciano quelli delarigha segna tucti cio e 7. 6e 8. 5. 9. 4. 10. 3. 11. 2. 12. 1°. leua uia lerighe etira 1° e 2. 2 e 3. 3 e 4. 4 e 5. 5 e 6. 6 e 7. 7 e 8. 8 e 9. 9 e 10. 10 e 11. 11 e 12. 12 e 1°. et ai il circulo D. colticlulo. Pigla ledorighe decarta segnate C. colticlolo eponne una contingente KP. elaltra contingente LQ. et stieno salde petolli larigha delegno segnata C. colticlolo epolla contingente 7. contingente 6 e 8. contingente 5 e 9. contingente 4 e 10. contingente 3 e 11. contingente 2 e 12. e contingente 1°. detucte dolerighe e doue combascia 7. fa 7. docombascia 6. puncta 6. docombascia 8. segna 8. doue combascia 5. fa 5. doue combascia 9. segna 9. docombascia 4. puncta 4. docombascia 10. segna 10. docombascia 3. fa 3. docombascia 11. segna 11. docombascia 2. fa 2. doue combascia 12. puncta 12. docombascia 1° segna 1°. toiua lerighe et tira 1 e 2. 2 e 3. 3 e 4. 4 e 5. 5 e 6. 6 e 7. 7 e 8. 8. e 9. 9 e 10. 10 e 11. 11 e 12. 12 e 1°. et ai feniti tucti i circuli. sempre tieni in tucti i circuli ilmodo che tenesti nel primo e nel secondo circuli. hora tira 1° e 1°. 2 e 2. 3 e 3. 4 e 4. 5 e 5. 6 e 6. 7 e 7. 8 e 8. 9 e 9. 10 e 10. 11. e 11. 12 e 12.[1] et ai illorculo fenito che dicemmo fare. (Fig. 51.)

Ilcubo dato posante sopra aduno suo angulo et che nisuno suo lato sia equidistante altermine posto proportionalmente degradare.

Fa prima ilcubo im propia forma che sia ABCD. et FGHI. commo seuede nella figura et sopra delluogo doue tu louuoli descriuere tira una linea recta che sia RS. poi togli la superficie deuna delefacce del cubo cioe BCHG impropia forma et poni langulo G. contingente lalinea RS. il langulo B. soprastia alalinea RS. quanto tepiaci che penda il decto cubo. poi mena langulo C. che e piu leuato che glaltri equidistante lalinea RS. poi tira B. tira H. equidistante RS. senza termine. poi tira una linea perpendiculare sopra RS. segante lalinea. passante per H. impuncto I. contigente lalinea che separe dalangulo C. impuncto D. esegara lalinea uscente da B. impuncto A. et segara lalinea RS. impuncto F. continuante perline ad V.[2] poi pigla la quantita dellato BC. epolla continuante D. che sia DC. poi laponi sopra F. che sia FG. poi mena CG. che segara lalinea uscente da H. impuncto H. esegara lalinea uscente dalangolo B. impuncto B. poi tira G. et C. et B. dela superficie quadrata equidistante DV. hora pigla la superficie producta dala prima superficie che DC. IH. AB. FG. epolla sopra lalinea DV. cioe ponero F. contingente lalinea D V. et G. ponerai eleuato sopra DV. quanto tu uuoli che sia il secondo pendere poi tira FG. che sia laquantita de FG. della superficie producta della prima superficie che DC. IH. AB. FG. poi tira FD. facente sopra F. angolo recto[3] che sia[4] della quantita de FD. dela superficie producta poi tira GC. delaquan-

---

[1] D, h. 8 gleichnamige Punkte geben je einen achteckigen Durchschnitt w. Fig. zeigt.
[2] In Fig. ist V nicht im Alignement von DF, sondern parallel dazu etwas tiefer gelegt, man hat sich daher DFV als in derselben Linie gelegen vorzustellen, obgleich dies sachlich ohne Belang ist.
[3] scil. mit FG.
[4] scil. der andere Schenkel des rechten Winkels.

— XLI —

tita de FD. e de quella quantita mena DC. poi pigla la quantita da F ad A. dela superficie producta dala prima epolla sopra FD. simile e fa puncto A. poi togli la quantita da F ad I. dela superficie epolla sopra FD. simile et segna I. poi mena I. equidistante DC. che continga GC. impuncto H. et tira A. equidistante FG. che continga GC. impuncto B. hora linea D. equidistante RS. e doue segara la linea che separte da C. dela prima superficie fa puncto D. poi tira I. equidistante RS. e doue sega la linea uscente da H. dela prima superficie segna I. mena A. equidistante RS. e doue deuide la linea deriuante da B. dela prima superficie fa puncto A. poi tira F. equidistante RS. doue tagla la linea che uene da G. puncta F. tira C. equidistante RS. e doue sega la linea uscente da C. fa C. mena H. equidistante RS. doue deuide la linea deriuante da H. dela prima superficie segna H. linea B. equidistante RS. doue sega la linea che separte de B. dela prima superficie fa B. mena G equidistante RS. e doue tagla la linea uscente da G. dela prima superficie segna G. hora tira AD. DI. AF. FI. et BC. CH. BG. GH. questo e la terza figura del cubo posto sulo piano impropia forma doue ai apiglare il degradare dela larghezza. nelquale cubo segna il puncto M.[1] da poi linea KL. discosto a langulo B. delcubo posto impropia forma quanto te piaci. ilquale KL. non sia equidistante ad AB-faccia del cubo. (Fig. 52.) ma sin piu discosto da A. che dal B. dapoi te delunga col puncto O. dela linea KL. che termine quanto che tu uuoli stare dalungha auedere il cubo. nela linea O. ficha uno acho co filo commo edicto nellaltre e dopoi togli la riga delegno e polla contingente KL. che stia bensalda. poi pigla il filo estendilo sopra A. delcubo impropia forma che la terza figura e doue bacte il filo su la righa segna A. mecti il filo sopra B. e dobacte su la righa fa B. tira il filo sopra C. e dobacte su la righa puncta C. mena il filo. sopra D. e dobacte su la righa fa D. conduci il filo sopra F. dobacte su la righa segna F. poni il filo sopra G. dobacte su la righa fa G. tira il filo sopra H. dobacte il filo su la righa puncta H. mecti il filo sopra I. dobacte su la righa segna I. poni il filo sopra M. e dobatte su la righa fa M. leua uia la righa che fenita la larghezza epolla dacanto. hora bisogna per auere l altezza che tu tiri langulo B. del cubo descricto impropia forma[2] equidistante la linea KL. che e termine. poi meni langulo A. langulo B langulo C. langulo D. langulo F. langulo G. langulo H. elangulo I. tucte equidistanti K. L. tucti senza termine. poi mena sopra queste una linea perpendiculare che sia PQ. laquale deuida la linea che separte da B. impuncto B. e quella che separte da A. impuncto A. equel che separte da C. impuncto C. e quella che separte da D. impuncto D. et quella che separte da F. impuncto F. e quella che separte da G. impuncto G. equella che separte da H. impuncto H. equella che separte da I. impuncto I. dapoi pigla tucte le quantita che sono dala linea D V. nella seconda figura delcubo DC. HI. AB. FG. che sta con langulo F su la linea DV. pigla la quantita da DV. ad G. dela figura dicta. cosi scintende delaltre epolla su la linea G. deriuante da langulo del cubo descricto sulpiano impropia forma efa puncto G. poi tolli la quantita che da DV. ad B. e metila sopra B. e puncta B. uedi la quantita che dala linea D V. ad C. epolla sopra C. e segna C. pigla la quantita che da D V. ad D. epolla sopra D. e fa puncto D. togli la quantita che dala linea DV. ad F. epolla sopra F. e segna F. pigla la quantita che dala linea DV. ad H. epolla sopra ad H. e fa H. po togli la quantita che dala linea DV. ad I. epolla sopra I. e segna I. queste scintendono tucte nella figura delaltezza poste sule decti linee che tirasti daglunguli del cubo descricto impropia forma su nel piano sopra al la linea che le deuide perpendicularmente laquale dico essere la figura delaltezza impropia forma laquale scuole degradare sopra a le righe. Tira PQ. passante la linea KL. termine la quantita che e da la linea KL. alochio che O. che sia PQ. et sopra P. mena la perpendiculare de quello quantita che tu moli soprastare il cubo col vedere che sin O. (Fig. 53.)

Nel quale ficcha lacho co lo filo poi pigla la righa de carta epolla contingente KL. che stia salda. poi tira PQ. che deuida la righa impuncto E. po togli il filo epollo sopra C. e doue bacte su la righa segna C. poi mecti il filo sopra D. e dobacte il filo su la righa fa D. tira il filo sopra H. e dobacte su la righa puncta H. estendi il filo sopra I. e dobacte

---

[1] M = Mitte von AG.
[2] Es ist die im Text als «cubo posto sul piano impropio forma» bezeichnete Figur gemeint, durch deren Ecken Parallelen zu KL gezogen werden u. s. f. wie Fig. 53 verdeutlicht.

— XLII —

sularigha segna I. mena ilfilo sopra B. edobacte sularigha puncta B. porta ilfilo sopra A. dobacte sularigha fa A. conduci ilfilo sopra G. doue bacte segna G. poni ilfilo sopra F. et dobacte sularigha fa puncto F. et ai lalteza sularigha E. leuala uia et conquella fanne unaltra simile segnata pare E. Dapoi tira una linea recta che sia KL. inquello luocho che tu uuoi mectere ilcubo degradato et denidi KL. perequale impuncto M. et tira N. sopra M. perpendiculare che sia MN. et sopra K. tira x.perpendiculare et sopra L. tira y poi pigla ledorighe decarta segnate E. eponne una contingente Kx. elaltra contingente Ly. et E. de tucte do continga KL. che stieno benferme. poi togli larigha E. delegno epolla contingente C. de tucte do lerighe et M. contingha lalinea MN. et doue combascia C. fa C. poni larigha contingente D. deledorighe et docombascia D. delarigha segna D. mocti larigha contingente H. dele dorighe edocombascia H. fa H. mena larigha contingente I. deledorighe et M. contingha sempre lalinea MN. et doue combascia I. segna I. tira larigha contingente B. deledorighe edoue combascia B. puncta B. poni larigha contingente A. deledorighe edocombascia A. fa A. mena larigha contingente G. dele dorighe edocombascia G. delarigha segna G. poni larigha contingente F. dele dorighe edocombascia F. delarigha delegno sempre se inteso et cosi M. contingha la linea MN. segna F. hora tira AB. BC. CD. DA. CH. HI. ID. AF. FG. GB. et ai fenito il cubo proposto. (Fig. 54.)

La basa data duna colonna tonda proportionalmente degradare.

Per seguire lordine dato fa prima labasa impropia forma. cheseuegha solo una faccia commo uedi nella figura delaltezza laquale hassa uole esser alta lamela delagrosseza delacolonna elarga dapie quanto e grossa lacolonna piu doi quinti dela grosseza delacolonna laquale larghezza sia GH. poi deuidi laltezza in dodici parti equali delequali ponne quatro sopra G. che sia A. che la pianella dicta plinto. et tre parti neponi sopra ad A. che sia C. perlo tondo che dicto toro et mezza de una de queste dodici parti poni sopra C. che sia pure C. colticolo et doparti dele dodici poni sopra C. colticiolo che sia E. per la cinta emezza de una parte deledodici poni sopra E. che sia E. colticiolo et il resto he perlotondino desopra che sia E. condoiticioli hora descriui queste parti con buona forma dando buono garbo alabasa dapoi tira una linea su perlomezzo del tondino desopra che sia F. poi netira una perlo mezzo dela cintura che sia D. et unaltra perlo mezzo del tondino desocto che sia B.[1] hora per fare la figura delalarghezza impropia forma pigla la quantita dela piancla delabasa che GH. et fa una superficie quadrata che sia per ciascuna faccia la quantita de G H. danguli elati equali laquale sia GHIK. nellaquale tira le diagonali che seintersegeranno impuncto M. che fia centro. poi togli lameta delalinea A. delabasa et poni uno pie del sexto sopra M. et colaltro circula quela quantita et poi pigla lameta delalinea B. che sulmezo del tondino desocto eponi uno pie delsexto sopra M. econlaltro descriui ilcirculo B. poi tolli lameta delalinea C. e poni ilpie delsexto sopra M. et conlaltro pie circula il circulo C. poi togli lameta delalinea D. eponi ilpie delsexto sopra M. et conlaltro gira perfine che torni donde semosse che fia circulo D. prendi lameta delalinea E. eponi uno pie delsexto sopra M. et conlaltro circula ilcirculo E. poi togli lameta delalinea F. eponi ilpie delsexto sopra M. econlaltro descriui ilcirculo F. Tuni facti licirculi. hora deuidi le facce dela superficie quadrata GHIK. ciascuna perequali deuidi GI. indoparti equali impuncto 1° eda 1° mena lalinea passante per M. che seghi tucti questi circuli cioe ABCDEF. ciascuno impuncto 1° et dalaltro canto che HK. tucti impuncto 9. et ladiagonale liseghi uerso langolo G. ciascuno impuncto 3 et uerso langolo K. tucti impuncto 11. poi deuidi perequali GH. impuncto 5. et da 5. tira lalinea passante per M. che seghi tucti questi circuli dalcanto de GH. tucti impuncto 5. edalcanto de IK. impuncto 13. et ladiagonale IH. segara tucti questi circuli prossimi alangulo H. tucti impuncto 7. eseghara uerso langulo I. tucti impuncto 15. hora deuidi 1° e 3. perequali impuncto 2. mena 2. passante per M. che deuidera tucti questi circuli impuncto 2. edalaltro lato tucte. impuncto 10. poi deuidi 3 e 5. per equali impuncto 4. tira 4. passante per M. che segara tucti questi circuli impuncto 4. et dalaltro canto impuncto 12. poi deuidi per equali 5 e 7. impuncto 6. etira 6.

---

[1] Einzelne Buchstaben fehlen in Fig. aus bekannten Gründen.

passante per M. che taglara tucti icirculi impuncto 6. edalaltro lato impuncto 14. poi deuidi perequali 7 e 9. impuncto 8 poi tira 8. passante per M. che deuida tucti icirculi impuncto 8. et dalaltro lato impuncto 10. hora deuidi GH. nella pianella delaltezza delabasa indoparti equali impuncto M. sopra delquale tira la perpendiculare laquale seghi lelinee ABCDEF. che sono equidistante alalinea GH. tucte impuncto 5. dapoi pigla la quantita dela linea 5 e 13. delcirculo A. ad 1° equella poni sulalinea A delaltezza dal destro de 5 fa 1° dal senistro 9. tolaquantita che da 5 e 13 ad 2 delcirculo A. eponila sulalinea A. delalteza dal destro de 5 segna 2 e 16. dal senistro 8 e 10. uedi quanto e da 5 e 13 ad 3. del circulo A. equella poni sulalinea A. delaltezza dal canto destro de 5 fa 3 e 15 dal senistro 7 e 11. poi togli laquantita che da 5 et 13 ad 4. delcirculo A. epolla sulalinea A. delaltezza. dal destro de 5. puncta 4 e 14. dal senistro 6 e 12. dapoi togli la quantita che dalalinea 5 e 13. ad 1° del circulo B. epolla sulalinea B. delaltezza dal destro de 5 fa 1° dal senistro 9 poi tolgi la quantita che da 5 e 13 ad 2 delcirculo B emectila sulalinea B. delaltezza dal destro de 5 segna 2 e 16. dal senistro 8.e 10. pigla laquantita dalalinea che da 5 e 13 ad 3 delcirculo B epolla sulalinea B. delaltezza esegna dal destro de 5. 3 e 15 dal senistro 7 e 11. potogli laquantita che da 5 e 13. ad 4 delcirculo B. epolla sulalinea B. delaltezza dalcanto destro de 5. segna 4 e 14. dalsenistro 6 e 12. hora togli laquantita che dalalinea 5 e 13. ad 1°. del circulo C. epolla sulalinea C. delaltezza dal destro de 5. segna 1¹ dal senistro 9. tolaquantita che da 5 e 13. ad 2 del circulo C. eponi sulalinea C. delaltezza dal destro de 5. 2 e 16. dal senistro 8 e 10. mesura quanto e da 5 e 13. ad 3. delcirculo C. epolla sulalinea C. delalteza daldestro de 5 3 e 15 dal senistro 7 e 11. pigla laquantita che da 5 e 13. ad 4. del circulo C. epolla sulalinea C. delaltezza esegna dal destro de 5. 4 e 14. dal senistro 6 e 12. hora uedi quanto e da 5 e 13. ad 1° del circulo D. eponila sulalinea D. delaltezza dal destro de 5. segna 1° dal senistro 9. pigla laquantita che da 5 e 13. ad 2 delcirculo D. epolla sulalinea D. delaltezza dal destro de 5. segna 2 e 16. dal senistro 8 e 10. tolaquantita che da 5 e 13. ad 3. delcirculo D. epolla sulalinea D delaltezza daldestro de 5. poni 3 e 15. dalsenistro 7 e 11. pigla laquantita che da 5 e 13. del circulo D. ad 4. epolla sulalinea D. delaltezza dal destro 4 e 14. dalsenistro 6 e 12. togli laquantita che da 5 e 13. ad 1° delcirculo E. epolla sulalinea E. delaltezza dal destro de 5. segna 1° et dal senistro 9. pigla laquantita che da 5 e 13. ad 2. delcirculo E. epolla sulalinea E. delaltezza dal destro de 5. fa 2 e 16. dal senistro 8 e 10. tola quantita che da 5 e 13. ad 3. delcirculo E. esegna sulalinea E. delaltezza daldestro 3 e 15. dal senistro 7 e 11. po tolaquantita che da 5 e 13. ad 4. epolla sulalinea E. delaltezza daldestro de 5. segna 4 e 14. dal senistro 6 e 12. hora togli laquantita che da 5 e 13. ad 1° delcirculo F. epolla sulalinea F. delaltezza dal destro de 5. segna 1° dal senistro 9. pigla laquantita che da 5 e 13. ad 2. epolla sulalinea F. delaltezza daldestro de 5. fa 2 e 16. dalsenistro 8 e 10. poi uedi quanto e da 5 e 13. ad 3. delcirculo F. epolla sulalinea F. delaltezza dala destra de 5. segna 3 e 15. delasenistra 7 e 11. uedi quanto e da 5 e 13. ad 4. delcirculo F. epolla sulalinea F. delaltezza daladestra de 5. poni 4 e 14. dalasenistra 6 e 12. et ai compiuta la figura delaltezza impropia forma. (Fig. 55.)

Hora seuoglano degradare sopra lerighe. Tira unalinea equidistante GH. che una faccia delabasa che sia PQ. che sia iltermine doue sa aponere lerighe et poi te delunga dalalinea PQ. quanto tu uuoli stare aucdere labasa ela puncto O. nelquale ficcha lacho coltilo. poi togli larigha delegno segnata A. epolla contingente PQ. poi mecti ilfilo sopra 1° delcirculo A. e doue bacte sulariga segna 1°. e mecti ilfilo sopra 2. delcirculo A. edobacte sulariga fa 2. tira ilfilo sopra 3. del circulo A. dobacte sulariga fa 3. poni ilfilo sopra 4. delcirculo A. poni ilfilo sopra dobacte sulariga puncta 4. mena ilfilo sopra 5. del circulo A. dobacte sulariga segna 5. poni ilfilo sopra 6. del circulo A. dobacte sulariga fa 6. et cosi fa perfine ad 16. segnando tucti sularigha doue bacte ilfilo. e poni ilfilo sopra M. e doue bacte sularigha segna M. queste sono delcirculo A. leua uia larigha epolla dacanto etogli laltra righa delegno segnata B. epolla contingente PQ. che stia salda. poi pigla ilfilo epollo intucti isegni del circulo B. et sopra M. edoue bacte ciascuno sularigha segna tucte et M. poi leua uia larigha epolla dacanto. etolaltra righa delegno segnata C. epolla contingente PQ. poi pigla ilfilo epollo sopra ciascuno segno del circulo C. e sopra M. et doue bacte ilfilo. sularigha segna tucti poleua

— XLIV —

larigha epolla dacanto. etolli laltra righa delegno segnata D. epolla contingente PQ. che stia salda. poi pigla ilfilo epollo sopra isegni delcirculo D. et sopra M. et doue bacte ilfilo sularigha segna tucti poleua larigha D. epolla daparte. e pigla laltra righa delegno segnata E. epolla contingente PQ. che stia benferma. poi pigla ilfilo epollo sopra tucti isegni delcirculo E. e doue bacte ilfilo sularigha segna ciascuno et M. Touia larigha E. epolla dacanto. poi togli larigha delegno segnata F. epolla contingente PQ. che stia salda. poi pigla ilfilo epollo sopra ciascuno segno delcirculo F. sopra M. et doue bacte ilfilo segna tucti per hordine poi touia larigha epolla dacanto. dapoi poni laltra righa delegno segnata G. contingente PQ. poi pigla ilfilo epollo sopra K. et doue bacte sularigha segna K. mecte ilfilo sopra I. et doue bacte sularigha puncta I. mena ilfilo sopra H. e doue bacte ilfilo sularigha segna H. tira ilfilo sopra G. edoue bacte sularigha fa G. poni ilfilo sopra M. et doue bacte sularigha fa puncto M. leua uia larigha epolla daparte queste sono lerighe dela larghezza. (Fig. 56.)

Auemo hora afare laltezza pero tira HG. senza termine cio e lalinea della pianella dellabase delaltezza sopra laquale mena laperpendiculare PQ. discosto da G. laquantita che dalalinea PQ. termine delalarghezza ad GI. epoi tira H. passante per G. delaquantita che da KH. al O. delalarghezza che HIt. e sopra R. tiro O. perpendiculare che sia OR. delaquantita che tu uuoli soprastare auedere labasa nelquale O. ficcha lacho collo filo commo sedicto. dapoi toli larigha decarta epolla contingente PQ. che stia bensalda. ecosi farai de tucte laltre. poi tira HG. che seghi larigha decarta impuncto G. che sira righa G. coltictolo poi togli ilfilo epollo sopra H. e doue bacte sularigha segna H et K. poi mecti ilfilo sopra G. edobacte sularigha puncta G et I. poi touia larigha e conquella nefa unaltra simile segnata G. coltictolo epolle dacanto eponi unaltra righa decarta contingente PQ. poi mena GH. che laseghi inpuncto G. poi stendi ilfilo sopra H. e doue bacte sularigha poni H e doue ilfilo sopra G. edobacte sularigha segna G et I. leua uia larigha efanne unaltra simile conquella segnata G. epolle dacanto. pigla laltra righa decarta epolla contingente PQ. che stia salda poi tira HG. che ladeuida impuncto A. che sia riga A. pigla ilfilo epollo sopra 1º delalinea A. delaltezza e doue bacte sularigha puncta 1º mecti ilfilo sopra 2. delalinea A. dobacte sulariga fa 2 e 16. poni ilfilo sopra 3. e doue bacte sulariga segna 3 e 15. tira ilfilo sopra 4. edobacte sularigha fa 4 e 14. poni ilfilo sopra 5. e dobate sularigha segna 5 e 13. tira ilfilo sopra 6. doue bacte sulariga puncta 6 e 12. mena ilfilo sopra 7. doue bacte sulariga fa 7 e 11. tira ilfilo sopra 8. doue bacte ilfilo sulariga segna 8 e 10. poni ilfilo sopra 9. edobacte sularigha fa 9. et ai posto i segni delalinea A. sulariga A. Tola uia efanne conquella unaltra simile segnata A. epolle dacanto togli laltra riga decarta epolla contingente PQ. poi tira HG. che latagli impuncto B. poi stendi ilfilo sopra 1º delalinea B. edobacte sularigha segna 1º sempre quando dico poni omecti otira omena seintende sulalinea et quando dico ba¹ seintende sulariga. poni ilfilo sopra 2. e dobacte segna 2 e 16. mecti ilfilo sopra 3. edobacte fa 3 e 15. tira ilfilo sopra 4. dobacte fa 4 e 14. mena ilfilo sopra 5. edobacte puncta 5 e 13. poni ilfilo sopra 6. do bacte puncta 6 e 12. mecti ilfilo sopra 7. dobacte segna 7 e 11. poni ilfilo sopra 8. dobacte segna 8 e 10. poni ilfilo sopra 9. doue bacte fa 9. questi sono delalinea B. posti sulariga B. leuala uia efanne conquesta unaltra simile segna B. epolle dacanto. poi mecti laltra riga decarta contingente PQ. poi tira HG. che laseghi inpuncto C. coltictolo. pigla ilfilo epollo sopra 1º et sopra 2. sopra 3. sopra 4. sopra 5. sopra 6. sopra 7. sopra 8. sopra 9. delalinea C. delaltezza e doue bacte sulariga 1º fa 1º. dobacte 2. segna 2 e 16. dobacte 3. segna 3 e 15. dobacte 4. puncta 4 e 14. dobacte 5. fa 5 e 13. dobacte 6. segna 6 e 12. dobacte 7 e 11. dobacte 8. poni 8 e 10. dobacte 9. fa 9. leuauia lariga efanne unaltra conquella simile segnata C. coltictolo epolle dacanto. poi togli laltra riga decarta epolla contingente PQ. et tira HG. che tagli impuncto C. poi pigla ilfilo e mectilo sopra 1º sopra 2. sopra 3. sopra 4. sopra 5. sopra 6. sopra 7. sopra 8. sopra 9. delalinea C. delaltezza esegna doue bacte ilfilo sulariga commo ai facto laltre. poi togli uia lariga efanne conquella unaltra simile segnata C. epolle dacanto potogli laltra riga decarta epolla contingente PQ. e mena HG. che la seghi impuncto

¹ bacte

D. poi mecti ilfilo sopra 1º sopra 2. sopra 3. sopra 4. sopra 5. sopra 6. sopra 7. sopra 8. sopra 9. delalinea D. et doue bacte ilfilo sulariga segna almodo sopradecto. poi leua lariga efanne unaltra simile conquella segnata D. epolle departe et polaltra riga decarta contingente PQ. etira IIG. che ladeuida impuncto E. con doticioli poi pigla ilfilo epollo sopra 1º. sopra 2. sopra 3. sopra 4. sopra 5. sopra 6. sopra 7. sopra 8. sopra 9. delalinea E. con doticioli et doue bacte ilfilo sulariga segna commo nellaprima et inlaltre. etouia lariga con quella ne fa unaltra simile segnata E. con do ticiuli epolle dacanto dapoi tolaltro riga decarta epolla contingente PQ. emena IIG. che deuida lariga impuncto E. colticiolo poi mecti ilfilo sopra 1º. sopra 2. sopra 3, sopra 4. sopra 5. sopra 6. sopra 7. sopra 8. sopra 9. delalinea E. colticolo delaltezza et doue bacte ilfilo sulariga segna commo desopra. poi leua lariga efanne conquella unaltra simile segnata E. colticiolo epolle dacanto poi mecti unaltra riga decarta contingente PQ. etira IIG. che laseghi impuncto F. et mecti ilfilo sopra 1º. sopra 2. sopra 3. sopra 4. sopra 5. sopra 6. sopra 7. sopra 8. sopra 9. delalinea F. delaltezza et doue bacte ilfilo sulariga segna sicommo sefacto. leua uia lariga efanne unaltra simile a quella segnata F. epolle dacanto. pologli laltra riga decarta epolla contingente PQ. etira IIG. che ladeuida impuncto E. poi steudi ilfilo sopra 1º. sopra 2. sopra 3. sopra 4. sopra 5. sopra 6. sopra 7. sopra 8. sopra 9. delalinea E. edobacte il 1º. sulariga fa 1º. dobacte 2 segna 2 e 16. dobacte 3. puncta 3 e 15. doue bacte 4. segna 4 e 14. dobacte 5. puncta 5 e 13. e doue bacte 6. fa 6 e 12. doue bacte 7. segna 7 e 11. doue bacte 8. puncta 8 e 10. e doue bacte 9. segna 9 et toglinia lariga et conquella nefa unaltra simile segnata E. epolle dacanto. che ai posto tucte laltezze insulerighe. (Fig. 57.)

Poiche se posto sulariga lelarghezze elaltezze senole tirare una linea recta in quello luogo doue tu uuoli mectere labasa laquale linea sia KL. laquale deuidi per equale impuncto M. e sopra M. mena N. perpendiculare che sia lalinea MN. et sopra K. tira P. perpendiculare che sira PK. et sopra L. linea Q. perperdiculare che sia QL. popigla ledorige E. decarta eponne una contingente KP. laltra contingente LQ. et E. de tucte do continga KL. che stieno bensalde. poi togli lariga E. delegno epolla sopra ledorige contingente 9. de tucte do le rige et M. continga lalinea MN. sempre seintenda che M. continga lalinea MN. benche non sedica et doue combascia 9. delariga delegno sempre seintende fa puncto 9. poi tira lariga contingente 8 e 10. dele dorige et do combascia 8 segna 8. docombascia 10 fa 10. mena lariga contingente 7 e 11. dele dorige elocombascia 7. puncta 7. docombascia 11. segna 11. tira lariga contingente 6 e 12. dele dorige e doue combascia 6. puncta 6. doue combascia 12. fa 12. mena lariga contingente 5 e 13. dele dorige edocombascia 5. segna 5. doue combascia 13. puncta 13. mecti lariga contingente 4 e 14. dele dorige doue combascia 4 fa 4. doue combascia 14. segna 14. tira lariga contingente 3 e 15. dele dorige doue combascia 3. segna 3. doue combascia 15. puncta 15. mena lariga contingente 2 e 16. docombascia 2. puncta 2. doue combascia 16. fa 16. poni lariga contingente 1º docombascia 1º fa 1º. Touia lariga. dapoi chogni uolta che io dico poni omecti omena otira ostendi o duci scintende lariga delegno sopra ledorige decarta et M. continga sempre lalinea MN. equando dico doue combasci intendi doue seritroua quelli segni delariga delegno che lalarghezza corrispondenti aquelli che contingi dicta riga suledorige. Togli ledorige decarta segnate F. eponne una contingente KP. elaltra contingente LQ. et F. de tucte do continga KL. hora pigla lariga F. delegno epolla contingente 9. delle dorige e docombascia 9. segna 9.[1] mena lariga contingente 8 e 10. dele dorige elocombascia 8 fa 8. doue combascia 10. segna 10. tira lariga contingente 7 e 11. dele dorige doue combascia 7. puncta 7. docombascia 11. fa 11. mecti lariga contingente 6 e 12. dele dorige e doue combascia 6. segna 6. doue combascia 12. puncta 12. duci lariga contingente 5 e 13. dele dorige e doue combascia 5 fa 5. doue combascia 13. segna 13. poni lariga contingente 4 e 14. dele dorige et doue combascia 4. segna 4. doue combascia 14. puncta 14. tira lariga contingente 3 e 15. dele dorige e doue combascia 3. fa 3. doue combascia 15. segna 15. mecti lariga contingente 2 e 16. dele dorige doue combascia 2. segna 2. doue combascia 16. fa 16. poi mena lariga contingente 1º. dele dorige

---

[1] In Figur sind nur die sichtbaren Theile angegeben.

edoue combascia 1° segna 1°. ho touia lerige et pigla do altre rige decarta segnate E. coltictolo eponne una contingente KP. elaltra contingente LQ. che stieno bensalde. epoi pigla lariga E. delegno che fu laprima che piglasti laquale serue atre mecto alrige E. decarta epolla contingente 9. dele dorige e doue combascia 9. segna 9. tira lariga contigente 8 et 10 dele dorige docombascia 8 fa 8. doue combascia 10. puncta 10. duci lariga contingente 7 e 11. dele dorige e docombascia 7. puncta 7. e docombascia 11. segna 11. poni lariga contingente 6 e 12. dele dorige doue combascia 6. puncta 6. docombascia 12. fa 12. mecti lariga contingente 5 e 13. edocombascia 5. puncta 5. edocombascia 13. segna 13. mena lariga contingente 4 e 14. dele dorige edoue combascia 4 fa 4. docombascia 14. puncta 14. mecti lariga contingente 3 e 15. dele dorige doue combascia 3. segna 3. doue combascia 15. segna 15. tira lariga contingente 2 e 16. dele dorige e doue combascia 2 fa 2. edocombascia 16. poni 16. mena lariga contingente 1° dele dorige e doue combascia 1° segna 1° leua uia lerige etogli ledorige decarta segnate E. con doi dictuli eponne una contingente KP. elaltra LQ. et E. de tucte do continga KL. poi pigla lariga E. delegno epolla contingente le parti dele dorige et M. continga lalinea MN. esegna doue combasciano quelli segni delariga delegno commo ai facto alaltre etouia lerige epigla le do rige decarta segnate D. eponne una contingente KP. elaltra contingente LQ. et D. de tucte do continga KL. poi togli lariga D. delegno e fa commo ai facto de sopra conlaltre poi touia lerige epigla le dorige C. decarta eponne una contingente KP. laltra contingente LQ. et C. de tucte do continga lalinea KL. poi togli lariga C. delegno epolla sopra lisegni dele dorige esegnando doue isegni delariga delegno combasciano epoi leleua uia poi togli do altre rige decarta segnate B. eponne una contingente KP. elaltra LQ. et B. de tucte do continga KL. potogli lariga B. delegno efa similmente commo ai facto conlaltre epoi leleua uia et ponici do altre rige decarta segnate A. una contingente KP. laltra LQ. et A. de tucte do continga KL. poi togli lariga A. delegno efa commo ai facto conlaltre e poi leleuauia. hora pigla jledorige G. decarta eponne una contingente KP. laltra LQ. et G. de tucte do continga lalinea_KL. poi pigla lariga G. delegno epolla contingente HK. dele dorige et M. continga lalinea MN. et doue combascia H. fapuncto H. edocombascia K. segna K. tira lariga contingente GI. dele dorige e doue combascia G. delariga delegno fa G. e doue combascia I. segna I. touia lerige etogli ledorige decarta segnate G. coltictolo eponne una contingente KP. elaltra LQ. et G. de tucte do continga KL. epigla lalinea G. delegno epolla contingente HK. de tucte do lerige e doue combascia H. delariga segna H. edocombascia K. fa K. tira lariga contingente GI. dele dorige doue combascia G. puncta G. doue combascia I. segna I. leua uia lerige epollo dacanto etira GH. HI. IK. KG. et tira laltro pure dela basa cio e GH. HI. IK. KG. queste sono dela pianella hora tira 1 e 2. 2 e 3. 3 e 4. 4 e 5. 5 e 6. 6 e 7. 7 e 8. 8 e 9. 9 e 10. 10 e 11. 11 e 12. 12. e 13. 13 e 14. 14 e 15. 15 e 16. 16 e 1°. questo e solo uno circulo. cosi tira tucti ad uno ad uno et arai labasa degradata Ma quando teparesse che le lectere tuoi passe[1] troppo illuoco doue tu mecti labasa potrai fare puncti picolini quanto tepiacera et commo ai segna uno circulo et tu loprofila perche setu facesse molti circuli senza profilare potresti errare poi nel profilare da uno circulo adunaltro. perho profila circulo per circulo. Et perche i circuli dela larghezza delabasa impropia forma sono deuisi socto parti equali et dal puncto O. che locchio ai tirato illilo sopra queste parti cio e da 1°. perfino ad 16. benche sene posesse fare piu eseria meglo. Et perche molte uolte po intreuenire che lalinea .che separte dalocchio cio e illilo che separte dalpuncto O. contingera icirculi in altra che inquesti segni che abiamo facti che sono 16.[2] pero dico quando questo auenisse che tu facci inquello luogo delcontacto uno segno adecti circuli et dapoi liponga sulalinea delaltezza delabasa nel modo sopra dicto cio e commo 1. 2. 3. eglaltri che erano sulalarghezza che tuponesti sulafigura delaltezza fa dequelli cosi inogni altra figura. (Fig 58.)

---

[1] Undeutlich im Manuscript.
[2] Es sind damit die Punkte gemeint, in denen die von O gelegten Tangenten die Kreise berühren, die zur genaueren Construction ausser den genannten 16 Puncten noch erforderlich wären.

— XLVII —

Dal dato puncto nelftermine posto il capitello descricto con proportione degradare.

Dunque peruolere degradare il descricto capitello non lasciando ilmodo cominciato farai impropia forma il capitello ilquale tuuoli fare che seuegga dauna faccia dequale le che sia lalinea dela sua largheza dapie doue seferma sulacolonna 4 laquale deuidi perequali impuncto K. et sopra K. mena la linea pependiculare AK. che sia 5. poitira una linea passante per A. equidistante lalinea K. che sia 7. poi deuidi AK. insecte parti equali delequali neponi una delesecte socto A. che sia AC. poi mena lalinea equidistante ad A. passante per C. che sia $5^4/_7$ deuisa in C. per equali poi deuidi AC. in tre parti equali delequali ponne una socto A. che sia B. etira lalinea equidistante A. passante per B. che sia $6^{11}/_{21}$ deuisa per equali in B. poi pigla $^1/_3$ de BA epollo socto B. che sia B. collictolo emena lalinea equidistante B. passante per B. colticlolo che sia elregolecto questi sonosulacimasa poi deuidi CK. in treparti equali in F et H. et F sia $4^1/_2$ et H sia $4^1/_4$ lequali tira equidistante K. poi pigla laquinta parte de CK et polla socto C. che sia E tira lalinea equidistante C. passante per E. che sia $4^1/_2$ poi deuidi CE. per equali impuncto D. etira lalinea passante per D. equidistante C. che sia 5. poi togli $^1/_3$ de DE. elinealo socto E. che sia linea E colticlolo che sia ilregulecto poi togli $^1/_7$ del E. epollo socto F. che sia FG. etira la linea passante per G. equidistante F. che sira $5^4/_7$ poi pigla $^1/_4$ de HK. epollo socto H che sia HI. tira lalinea passante per I. equidistante H. che sia $4^1/_2$ hora torna su afare uuticchi togli laquarta parte delalinea D. epolla sulalinea E. dalcanto destro et cosi la poni dal canto senistro facendo puncto dapoi circula uuticchi cominciando uno quarto adentro delalinea C. et continuando infore alparo delfine delalinea D. epure circulando contingente lalinea F. et circulando passante per lopuncto dela quarta parte delalinea E. epure circulando contingente lalinea D. dandoli buono contorno nel modo che seuede nella figura et cosi fa dalaltra parte poi fa legrosezze eleparti deglialtri uiticchi che seueggono commo comprenderai perla seconda figura dapoi fa nelmezzo delacimasa uno fiore[1] che sia de grandezza quanto che alta lacimasa et questa e la figura delaltezza. hora bisogna fare la figura dela larghezza dico che tu facci uno quadrato impropia forma che sia per faccia laquantita delalinea A. ilquale quadrato sia PQRS. poi tirale diagonali PSQR. che seintersegarano impuncto M. ilquale sira cintro poi pigla laquantita da K. al fine della linea che nella figura dellaltezza econquella quantita poni ilpie delsexto sopra M. et con laltro pie descriui uno circulo che sia K. poi pigla lameta delalinea I. e meeti ilpie delsexto sopra M. et conlaltro pie circula atorno M. quella quantita che sia circulo I. poi pigla lameta delalinea H. et quella quantita descriui colsexto intorno ad M. che sia circulo H. epigla lameta delalinea G. et conquella quantita poni ilpie delsexto sopra M· et conlaltro pie gira ilcirculo G. tolli lameta delalinea F. eponi ilpie delsexto sopra M. ecollaltro pie circula quella quantita che sia circulo F. pigla lameta delalinea E. egirato atorno M. che sia circulo E. tolameta delalinea D. che sula figura dellaltezza ecosi seindente laltre poni ilpie delsexto sopra M. et conlaltro descriui quella quantita che sia il circulo D. Et ai feniti i circuli benche nella figura delaltezza sieno octo etunai circulati intorno ad M. secte perche ilcirculo E. serue adoi[3] che sono duna medessima grandezza. hora deuidi PQ. in dieci parti equali[2] et uno decimo poni dalcanto de P. che sia P e 8. poi pigla ilsexto eponi uno pie sopra M. elaltro pie stendi perfine ad 8. equella quantita circula che segara lalinea PQ. dalcanto di Q. impuncto 14. esegara lalinea QS. dalcanto de Q. impuncto 15. et dalcanto de S. impuncto 21. elaglara lalinea RS. dalcanto de S. impuncto 22. edalcanto de R. impuncto 28. edeuidera lalinea PR. dalcanto de R. impuncto 1º dalcanto de P. impuncto 7. poi tira 1º e 28. 7 e 8. 14 e 15. 21 e 22. poi deuidi PQ. per equali impuncto T. et RS. impuncto V. et PR. impuncto x. et QS. impuncto y. poi tira TV passante fuore del quadrato da ogni lato et cosi fa xy. poi pigla la quantita deldiametro delcirculo D.[4] agionto conlo semediametro del circulo K. preso col sexto insiemi queste do quantita poi poni il pie immobile delsexto sopra ad M. et laltro pie mobile

---

[1] In Fig. 59 nicht angegeben, daher in Hilfsfigur der Horizontalpropotion veranschaulicht.
[2] Nach den Daten für 8 (F = 2 = 7 4 $^1/_2$).
[3] Vgl. Hilfsfigur 61 a.
[4] Dieser Kreis ist laut Grundrissfigur 61 u. 59 der zweite von aussen (Durchmesser = 5).

gira segante lalinea TV. che passa da uno lato impuncto z. et dal lato de V. impuncto Z. et segara lalinea che passa per xy. da uno lato impuncto ϱ dallato de y. impuncto Ψ. hora poni ilpie delsexto sopra z. elaltro pie stendi perfine alpuncto 8. et circula contingente ilcirculo D. eterminara 14. poi mecti unpie delsexto sopra Z. econlaltro gira contingente 22 et ilcirculo D et 28. poni ilpie delsexto sopra ϱ egira sopra 1º contingente ilcirculo D et 7. et mecti uno pie delsexto sopra Ψ. et conlaltro pie circula passante per 15. contingente ilcirculo D et 21. che sira giro A.[1] hora poni ilpie delsexto sopra z. estendi laltro pie contingente il circulo K. et circula perfine alediagonali eponi ilpie delsexto sopra Z. et circula contingente ilcirculo K. elediagonali mecti ilpie delsexto sopra ϱ. egira contingente ilcirculo K. elediagonali poi poni ilpie delsexto sopra Ψ egira contingente ilcirculo K. elediagonali. hora pigla laquantita che dal circulo K. alcirculo D. epolla sula diagonale cominciando dalalinea 8 e 7.[2] efa puncto. poi togli ilsexto et poni unpie sopra M. elaltro pie stendi perfine alpuncto che ai facto suladiagonale et circula deuidente i doi giri che contingano il circulo K. dal canto de 8. impuncto 8. dalcanto de 7 impuncto 7. dalcanto de 1º impuncto 1º. dalcanto de 28 impuncto 28. dalcanto de 22 impuncto 22. et dal canto de 21 impuncto 21. dal canto de 15. impuncto 15. dal canto de 14 impuncto 14. et sira giro C. hora togli ilterzo delaquantita che dal giro A. algiro C. et pollo sulalinea TV. contingente ilgiro A. piglando nerso ilgiro C. poi togli il sexto et poni un pie sopra z. elaltro pie stendi perfine alpuncto dela terza parte che segnasti tral giro A. e il giro C. ecircula contingente 8 e 7. 14 e 15. et conquesta quantita circula sopra Z. sopra 9. sopra Ψ. facendo ilsimile che sira giro B. tira 1º e 1º. che segara il giro B. impuncto 1º tira 7 e 7. che segara il giro B. impuncto 7. tira 8 e 8 che taglara il giro B. impuncto 8. tira 14 e 14. deuidente il giro B. impuncto 14. mena 15 e 15. che deuidera ilgiro B. impuncto 15. linea 21 e 21. che segara il giro B. impuncto 21. tira 22 e 22 segante il giro B. impuncto 22. tira 28 e 28 che deuida il giro B. impuncto 28. hora tira 7 e 8. 14 e 15. 21 e 22. 1º e 28 che sono tre giri ABC. segnati de medessimi segni. deuidi 1º e x per equali efa puncto etira da quel puncto lalinea equidistante RS. che segara il giro A. impuncto 3 et ilgiro B. impuncto 3. et ilgiro C. impuncto 3 et dal canto de QS. impuncto 19. tucti tre ABC. hora deuidi per equali 1º e 3 impuncto 2. e. mena 2 equidistante RS. che seghi B et C. impuncto 2 e da canto de QS. ABC. impuncto 20. hora deuidi per equali x e 7 efa puncto edaquello puncto tira la equidistante PQ. che seghi A e B e C. impuncto 5 et dalcanto de QS. seghi ABC. impuncto 17. poi deuidi 5 e 7. per equali impuncto 6. etira da 6. la equidistante ad PQ. deuidente BC. impuncto 6 et dallato de QS. ABC. impuncto 16. hora deuidi per equali PQ. impuncto T. tira T. equidistante RP. che seghi ABC. impuncto 11 edallaltro lato impuncto 25. deuidi per equali 8 e T. et dala deuisione mena la equidistante ad PR. che seghi ABC. tucte impuncto 10 e dalcanto de RS. tucte impuncto 26 poi deuidi 8 e 10. per equali etira la equidistante PR. che deuida ABC. tucte impuncto 9. elaltro lato impuncto 27. deuidi per equali T e 14. et dala deuisione tira la equidistante QS. che tagli ABC. tucte impuncto 12 edallaltro lato tucte impuncto 24. deuidi per equali 12 e 14 et dala deuisione mena la equidistante QS. che seghi ABC. tucte impuncto 13 et dalaltro lato impuncto 23. queste sono dela cimasa. hora seuole deuidere i circuli iquali sono deuisi in octo parti dali diametri et dale diagonali lequali parti deuidi ciascuna per equali che sieno 16 cioè 1. 2. 3. 4. 5. 6. 7. 8. 9. 10. 11. 12. 13. 14. 15. 16. queste sono sulo circulo K. doue he il principio dele fogle de socto et anche quelle disopra laprima desoclo e 1 e 3. laltra 3 e 5. 5 e 7. 7 e 9. 9 e 11. 11 e 13. 13 e 15.[3] questo e ilprincipio dele fogle desoclo sullo circulo I. la puncta dela prima fogla sie 1º sulcirculo I. dela seconda fogla e 3 e 5 la puncta e 2. laltra 3. laltra 4. laltra 5. perfine ad 8. tucte sulo circulo I. et sulo circulo H. dele fogle desoclo la prima fogla che 1º e 3. sie 1º e 2 laltra 3 e 4. laterza 5 e 6. fine ad octo fogle deli segni che sirano 16 et le fogle desopra alo loro nascimento sullo circulo K. la

---

[1] D. h alle 4 gen. Kreisbogen bilden giro A.
[2] DK. von 8-7 aus auf der Diagonale nach einwärts abzutragen ff.
[3] Vgl. Fig. 60. Die Zahlen beziehen sich auf die obere Blattreihe (Kreis F.G) resp. die untere (Kreis H.I) sowie den untersten Kreis K.

prima che 2 e 16. laltra 2 e 4. 4 e 6. 6 e 8. 8. e 10. 10 e 12. 12 e 14. 14 e 16. eleloro puncte sono sulcirculo G. la puncta dela fogla de 2 e 16 e 1º che la prima laltra 2. 3. 4. 5. 6. 7. 8. tucte sulcirculo G et sulcirculo F. la prima fogla che 2 e 16. sie 1º e 16. laltra 2 e 3. 4 e 5. 6 e 7. 8 e 9. 10 e 11. 12 e 13. 14 e 15. hora fa ifiori che sono quatro adogni faccia uno nelmezzo dela grandezza delaltezza delacimasa [1] contingente lequatro linee PQ. QS. SR. RP. iquali sieno segnati ciascuno inquatro luoghi quello dalcanto de PR. sia segnato dalcanto de 3. 3 collictolo et inmezzo 4 collictolo laltro 5. collictolo quello dela faccia PQ. 10 collictolo 11 collictolo 12 collictolo quello del QS. 17 collictolo 18. collictolo 19 collictolo quello de RS. 24 collictolo 25 collictolo 26 collictolo. Dapuoi descriui iuitichi secondo che luedi nella figura dela larghezza et segnali 1. 2. 3. 4. 5. 6. 7. 8. perfine alultimo commo uedi nella figura. hora ai compiuta lafigura delalarghezza. Voglonse mectere queste parti sula figura delaltezza. poni sulalinea K. delaltezza alfine dacanto destro 15. et dal senistro 7. poi togli laquantita che dalalinea xy ad 4. delcirculo K. dela larghezza epolla dalcanto dextro de K. delaltezza esegna 2 e 12. et dalsenistro 10 e 4. poi pigla laquantita da xy ad 5. delcirculo K. dela larghezza sempre scintende et polla sulalinea K. delaltezza equesto sempre scintende dalcanto dextro fa 13 e 1º dalsenistro 9 e 5. togli laquantita da xy ad 6. epolla dalcanto destro de K. 16 e 14. dalsenistro 8 e 6. et sopra K 3 e 11. hora perlo circulo I.[2] pigla laquantita che da xy ad 2. delcirculo I. epolla sulalinea I. delaltezza segna daldestro de I. 6 et 1º dal senistro 5 e 2. togli laquantita da xy ad 3. emectila sulalinea I daldestro 7 e 8. dalsenistro 4 e 3. pigla laquantita che da xy ad 3. delcirculo II.[3] epolla sulalinea H. daldextro poni 11 e 2. dalsenistro 10 e 3. to laquantita da xy ad 4. emectila sulalinea H. segna da dextro 12 e 1º. dalsenistro 9 e 4. pigla laquantita che da xy ad 5. delcirculo H. epolla sulalinea H. daldextro 13 e 16. dalsenistro 8 e 5. poi togli laquantita che da xy ad 6. delcirculo H. epolla sulalinea H. dal dextro fa 14 e 15. dalsenistro 7 e 6. hora perlo circulo G. togli laquantita che da xy ad 4. epolla sulalinea G. delaltezza daldextro de G. segna 8. dalsenistro 4. pigla laquantita che da xy ad 3.[4] epolla sulalinea F. dal dextro segna 11 e 2. dalsenistro 10 e 3. pigla laquantita da xy ad 4. delcirculo F. epolla sulla linea F. daldextro fa 12 e 1º. dal senistro 9 e 4. togli laquantita che da xy ad 5. delcirculo F. epolla sulalinea F. daldextro de F. 16 e 13. dalsenistro 5 e 8. poi togli laq iantita che da xy ad 6. delcirculo F. emectila sulalinea F. dalcanto dextro puncta 14 e 15. dalsenistro 6 e 7. pigla hora perlo circulo F. collictolo laquantita da xy ad 5.[5] delcirculo F. epolla sulalinea E. delaltezza dalcanto destro de E. segna 5 e 31. dalsenistro 29 e 7. tolaquantia da xy ad 6. et mectila sulalinea E. puncta 6 et 30.[6] per locirculo E. senza lictolo tolaquantita dalalinea xy ad 12. deuitiechi epolla sulalinea E. efa puncto 48 e 36. da senistro 12 e 24. tolaquantita da xy ad 11. epolla. sulalinea E. dallato destro 1º e 35. dalsenistro 11 e 25. poi togli laquantita da xy ad 10. emectila sulalinea E. daldextro 2 e 34. dalsenistro 10 e 26. pigla laquantita da xy ad 9. delcirculo E. epolla sulalinea E. daldextro 3 e 33. dalsenistro 9 e 27. polo laquantita da xy. ad 8. epolla sulalinea E. daldextro 4 e 32. dalsenistro 8 e 28. mesura da xy. ad 7. epolla sulalinea E. daldextro 5 e 31. dalsenistro 7 e 29. pigla laquantita da xy ad 6.[7] esegna sulalinea E. 6 e 30. togli laquantita da xy ad 13. epolla sulalinea E. daldestro 47 e 37. dalsenistro 13 e 23. pigla laquantita da xy ad 14. epolla sulalinea E. daldestro 46 e 38. dalsenistro 14 e 22. togli lamesura da xy ad 15. polla sulalinea E. esegna 45 e 39. dalasenistra 15 e 21. togli laquantita da xy. ad 16. epolla

---

[1] Vgl. Hilfsfigur 61 a.
[2] Laut Zeichnung Fig. 60 ist die Reihenfolge der Kreise Fig. 60 u. 61 a von Innen nach Aussen KHEFIDG, indem die, dem Text zufolge gleichen Kreise I, F, E in Zeichnung um Weniges differieren.
[3] Statt der Zahlen 3—6 zu setzen 2—5. indem der Abstand von 3—xy Null wäre!
[4] Z. erg.: epolla sulla linea G: dal dextro 1.7 dalsenistro 3.5 pigla laquantita da xy ad 3.
[5] Vgl. Fig. 61 a. Grundriss. Der Querschnitt E* und E besteht aus concaven und convexen Theilen.
[6] Die übrigen Bestimmungen in Fig. des Aufrisses für E* fehlen im Text, doch sind sie nach Fig. leicht zu ergänzen.
[7] Abstand = Null.

— L —

sulalinea E. daladestra 44 e 40. dasenistra 16 e 20. uedi quanto e da xy. ad 17. esegna daldextro de E. 43 e 41. dalsenistro 17 e 19. pigla laquantita da xy. ad 18, epolla sulalinea E. da destra 42. dasenistra 18. questo sono delcirculo E. eparte deuiticchi. hora perlo circulo D. togli lamesura de xy ad 10. delcirculo D. e deuiticchi[1] eponi sulalinea D. delaltezza dal destro 2 e 34. dalsenistro 10 e 26. uedi quello che da xy. ad 9. epollo sulalinea D. daldextro 3 e 33. dalsenistro 9 e 27. mesura quanto e da xy ad 8. delcirculo D. eponi sulalinea D. daldextro 4 e 32. dalsenistro 8 e 28. pigla laquantita da xy ad 7. epolla sulalinea D. daldextro 5 e 31. dalsenistro 7 e 29. poi segna sopra D. 6 e 30. poi tolaquantita da xy ad 14. epolla sulalinea D. daldextro 46 e 38. dalsenistro 14 e 22. mesura da xy ad 15. eponi sulalinea D. dadestra 45 e 39. dasenistra 15 e 21. tolaquantita da xy ad 16. emectila sulalinea D. dadestra segna 44 e 40. dasenistra 16 e 20. pigla laquantita da xy. ad 17. eponi sulalinea D. dadestra puncta 43 e 41. dasenistra 17 e 19. mesura da xy ad 18. delcirculo D. esegna sulalinea D. dadextra fa 42. dasenistra segna 18. questo sono delcirculo D. eparte deuiticchi.[2] hora perlocirculo C. pigla laquantita da xy ad 7. delcirculo C. epolla sulalinea C. delaltezza esegna daldextro de C. 1° e 21. dalsenistro 7 e 15. pigla laquantita da xy ad 6. esegna sulalinea C. daldexto 2 e 20. dalsenistro 6 e 16. mesura da xy. ad 5. delcirculo C. epolla sulalinea C. dadestra 3 e 19. dasenistra 5 e 17. poi segna sulla C. 4 e 18. poi togli laquantita che da xy ad 8. emectila sulalinea C. daldextra 28 e 22. dasenistra 8 e 14. pigla quanto e da xy ad 9. epollo sulalinea C. dalcanto dextro segna 27 e 23. dalsenistro 9 e 13. mesura da xy ad 10. esegna sulalinea C. dadextra 26 e 24. dasenistra 10 e 12. uedi quello che da xy ad 11. eponi daldextro de C. 25. dalsenistro 11. Perlo giro B. pigla laquantita da xy ad 7. epolla su tucte do [le linee B da destra segna 1. e 21 da senistra 7 e 15 tolamesura de xy ad 6 esegna sule linee B. da destra 2 e 20 dasenistra 6. e 16. segna sempre a tucte do lelinee B. lola quantita da xy ad 5. esegna sulelinee B. dadextra 3 e 19. dasenistra 5 e 17. uedi quanto e da xy. ad 5. coltictolo[3] epollo sulelinee B. da dextra 3 e 19. coltictol da senistra 5 e 17, coliticloli eponi sopra B. 4 e 18 poi togli laquantita da xy ad 8. esegna sulelinee B. da dextra 28 e 22. dasenistra 8 e 14. mesura da xy ad 9. epolla sulelinee B. dadextra fa 27 e 23. dasenistra 9 e 13. uedi quanto e da xy ad 10. e fa sulelinee B. da dextra 26 e 24. dasenistra 10 e 12. togli laquantita da xy ad 10. coltictolo esegna sulelinee B. da dextra 26 e 24. coitictoli ed asenistra 10. coltictolo e 12. coltictolo tolaquantita da xy ad 11. segna sulelinee B. dadextra 25. dasenistra 11. hora perlogiro A. pigla laquantita da xy ad 7. esegna sulalinea A. dadextra 1° e 21. dasenistra 7 e 15. mesura da xy ad 6. eponi sulalinea. A. da dextra segna 2 e 20. da senistra 6 e 16. pigla laquantita da xy ad 5. epolla sulalinea A. dallato dextro 3 e 19. dalsenistro 5 e 17. poni sopra A. 4 e 18. uedi quanto e da xy ad 8 equella quantita poni sulalinea A. da dextra 28 e 22 da senistra 8 e 14 mesura quanto e da xy ad 9 esegna sulalinea A. da dextra 27 e 23 dasenistra 9 e 13. pigla laquantita da xy ad 10. emecti sulalinea A. dadextra 26 e 24. dasenistra 10 e 12. mesura quanto e da xy ad 11. esegna sulalinea A. dadextra 25. dasenistra 11.[4] Et hai posti tucti itermini sule do figure impropia forma. (Fig. 59.)

Dapoi che abiamo lefigure impropia forma seuognano degradare sopra lerighe, adunqua tira PQ. senza termine poi tira KL. equidistante PQ. quella quantita che tuuoi che il capitello sia dalungi daltermine doue se dei degradare dapoi te delungha da KL. ediscosta quanto tu uuoli stare dalungi ediscosto auedere il capitello et li fapuncto O. et inesso ficcha laglio colfilo commo nelle precedenti seria meglio setuli decoda decaualo dapoi pigla la riga delegno segnata A. et polla contingente KL. che stia bensalda cosi seintende sempre, poi

---

[1] Auch dieser Schnitt besteht aus wechselweise convexen und concaven Abschnitten: in den Ecken die concav vorspringenden Spiralen, in den Mitten die convexen Kreisabschnitte, doch ist der am meisten vorspringende Theil in den Ecken hier nicht mehr durch 11. 13, wie im Querschnitt 2* und 2 gebildet, sondern durch 10. 14 ff.

[2] Auch hier sind wie vorher im Aufriss verschiedene Zahlen aus bekanntem Grunde weggelassen.

[3] Vgl. Fig. 61 a.

[4] Vgl. Anmerkung 2.

pigla ilfilo epollo sopra 28. delgiro A. seintende[1] et doue bacte sulariga segna 28. poi mecti ilfilo sopra 1° et dobacte sulariga fa 1° tira ilfilo sopra 2. dobacte sulariga puncta 2. stendi ilfilo sopra 3. doue bacte sulariga segna 3. mecti ilfilo sopra 4. edobacte sulariga poni 4. conduci ilfilo sopra 4. coltictolo edoue bacte sulariga fa 4. coltictolo tira ilfilo sopra 5. dobacte sulariga puncta 5. mena ilfilo sopra 6. edobacte sulariga mecti 6. stendi ilfilo sopra 7. dobacte sulariga segna 7. duci ilfilo sopra 8. dobacto sulariga fa 8. stendi ilfilo sopra 9. dobacto ilfilo poni 9. tiro ilfilo sopra 10. doue bacte sulariga puncta 10. poni ilfilo sopra 11. edobacte sulariga segna 11. stendi ilfilo sopra 11. coltictolo dobacte sulariga mecti 11. coltictolo poni ilfilo sopra 12. doue bacte sulariga fa 12. tira ilfilo sopra 13. edobacte sulariga puncta 13. duci ilfilo sopra 14. edoue bacte sulariga segna 14. mena ilfilo sopra 15. doue bacte sulariga fa 15. poi mecti ilfilo sopra M. edoue bacte sulariga segna M. Poi touia lariga epolla dacanto et togli lariga B. epolla contingente KL. et segna inessa tucti i segni che sono sulgiro B. et similmente fa delgiro C. segnando sulariga C. et sempre segnando in tucte M. Queste sono dela cimasa leua lariga epolla dacanto. Et poni lariga D. contingente KL. poi pigla ilfilo et pollo sopra isegni delcirculo D. et deuiticchi et segna doue bacte ilfilo sulariga D. et M. Touia lariga epolla dacanto. Et togli lariga E. epolla contingente KL. et poi mecti ilfilo sopra isegni deuiticchi et dol circulo E. cio e quella parte che seuede esegna doue bacte ilfilo sulariga et M. Touia lariga epolla dacanto epigla lariga F. emectila contingente KL. eponi ilfilo su tucti isegni delcirculo F. esegna dobacte ilfilo sulariga et M. leuauia lariga et polla dacanto et cosifa delcirculo G. segna sulariga G. et poi la leua epolla dacanto. Et poni lariga H. contingente KL. et sopra dequella segna tucti isegni del circulo H. tenendo il modo sopra decto cio e doue bacte ilfilo asegno persegno touia lariga et ponici lariga I. et fa ilsimile che tu ai facto nellaltre. Et cosifa delariga K. segnando tucti isegni delcirculo K. et Ai la larghezza posta sulerige.

Noi auemo poste le larghezze sulerighe delegno, hora bisogna ponere laltezza sulerighe decarta pero tira una linea perpendiculare che sia KL. dalungi da la linea AK. dela figura delaltezza laquantita che dalalinea xy. dela larghezza ala linea KL. termine poi togli laquantita che dala linea KL. ad O. et mectilo dalungi da KL. termine delaltezza efa puncto O. che sia socto il capitello quanto tu uuoli stare basso auedere nequale O. ficcha lago colfilo commo edicto poi mena lalinea recta socto del capitello passante per K. che sia KP. poi togli lariga decarta emectila contingente KL. che passi uno poco socto K. ecosi farai a tucte poi tira PK. che la seghi impuncto A. che sia riga A. poi tira il filo sopra 7 e 15 edoue bacte sulariga fa puncto 7 e 15 mecti il filo sopra 6. delalinea A. delalteza seintende sempre delalinea delaltezza edobacte sulariga segna 6. stendi ilfilo sopra 5. delalinea A. doue bacte sulariga fa 5. poni ilfilo sopra 4. delalinea A. edobacte sulariga puncta 4. tira ilfilo sopra 8 e 14. delalinea A. doue bacte sulariga fa 8 e 14. mena ilfilo sopra 9 e 13. delalinea A. edobacte sulariga segna 9 e 13. duci ilfilo sopra 10 e 12 delalinea A. dobacte sulariga puncta 10 e 12. poni ilfilo sopra 11. delalinea A. edobacte sulariga fa 11. poni ilfilo sopra 4. coltictolo dela linea A. dobacte segna 4. coltictolo. mena ilfilo sopra 3. delalinea A. dobacte sulariga fa 3. mecti ilfilo sopra 2. delalinea A. dobacte sulariga poni 2. stendi ilfilo sopra 1°. delalinea A. edoue bacte sulariga puncta 1°. leuauia lariga A. et conquella nefa unaltra simile epolle dacanto.[2] poi togli laltra riga decarta epolla contingente KL. poi mena PK. che tagli lariga impuncto B. poi pigla ilfilo epollo sulle parti della linea B. delaltezza edoue bacte ilfilo sulariga segna i medessimi segni commo ai facto nella riga A. touia lariga B. decarta et conquella nefa unaltra simile epolle daparte et pigla laltra riga dacarta. epolla contingente KL. che stia ferma. poi tira PK. che la seghi impuncto B. coltictolo epigla ilfilo estendilo sopra ciascuna parte dela linea B. coltictolo etucte le segna sulariga et poi laleua uia et conquella fanne unaltra simile epolle dacanto. potogli l'altra riga decarta emectila contingente KL. poi mena PK. che la tagli impuncto C. poi tira ilfilo sopra alisegni delalinea C. delaltezza edoue bacte su-

---

[1] Einzelne Linien fehlen in Fig. 61 aus bekanntem Grunde. Die vorhandenen beziehen sich überdies nur auf Giro A des Abacus.

[2] Auch in Fig. 61 des Aufrisses sind nur die Linien für die obere Fläche des Abacus gezogen.

lariga segna segno per segno commo ai facto nellaltre. poi togliuia larga econquella nefa unaltra simile epolle dacanto. et togli laltra riga decarta epolla contingente KL. potira PK. che la seghi impuncto D. che sia riga D. epoi mena illilo sopra adogni segno dela linea D. delaltezza et ciascuno segno segna sulariga doue bacte il filo sulariga poi la togli uia et fanne conquella unaltra simile epolle dacanto pigla laltra riga decarta epolla contingente KL. poi tira PK. che la deuida impuncto E. che sia riga E. togli ilfilo estendilo sopra leparti delalinea E. delaltezza equelle medessime segna doue bacte ilfilo sulariga E. eleuala uia et conquella nefa unaltra simile et polle daparte. poi togli laltra riga decarta epolla contingente KL. emena PK. che la tagli impuncto E. che sia riga E. collictolo. poi stendi ilfilo sopra lalinea E. collictolo contingente lucte le parti esegnale sulariga E. collictolo. poi leua lariga efanne conquella unaltra simile epolle dacanto. etogli laltra riga decarta emecti la contingente KL. poi tira PK. che la seghi impuncto F. emecti ilfilo sopra ciascuna parte delalinea F. esegna sulariga doue bacte ilfilo. poi leua uia lariga efanne unaltra simile conquella epolle dacanto poi togli laltra riga decarta epolla contingente KL. emena PK. che la deuida impuncto G. che sia riga G. eponi ilfilo su ciascuna parte delalinea G. delaltezza segnando sulariga tucti quelli segni doue bacte ilfilo poi touia lariga et conquella fanne unaltra simile epolle daparte. epigla laltra riga decarta epolla contingente KL. etira PK. che la seghi impuncto H. et poni ilfilo sopra le parti delalinea H. delaltezza esegna sulariga et poi la leua et conquella nefa unaltra simile epolle dacanto eponi laltra riga decarta contingente KL. etira PK. che la seghi impuncto I. che sia riga I. poi pigla itfilo epollo sulisegni delalinea I. esegna sulariga poi la touia econquella nefa unaltra simile epolle daparte etogli laltra riga decarta epolla contingente KL. emena PK. che la tagli impuncto K. che fia riga K. et estendi ilfilo sopra leparti delalinea K. edobacte sulariga segna segno per segno. poleua uia lariga efanne unaltra conquella simile cio e conquelli segni e distantie dasegno asegno commo laltra ecosi seintende de tucte laltre. hora hai sopra lerige le degradationi dela larghezza e delaltezza. Dela larghezza sono queste ABCDEFGHIK. A. a. 1. 2. 3. 4. et 4 collictolo 5. 6. 7. 8. 9. 10. 11 et 11 collictolo 12. 13. 14. 15. B. a. 1. 2. 3 et 3 collictolo 4 et 4. collictolo 5. 6. 7. 8. 9. 10. e 10. collictolo et 11. 12. collictolo 13. 14. 15 et C. a. 1. 2. 3. 4. 5. 6. 7. 8. 9. 10. 11. 12. 13. 14. 15. et sulariga D. 1, 2. 3. 5. 6. 4. 7. 10. 9. 8. 14. 15. 16. 17. 18. 19. 20. 21. 22. 26. sulariga E. 1°. 2. 3. 5. 6. 4. 11. 7. 10. 9. 8. 12. 13. 14. 15. 16. 17. 18. 19. 20. 21. 27. 22. 26. 23. 24. 25. sulariga F. 2. 3. 4. 5. 6. 7. 8. 9. 10. 11. sulariga G. 1. 2. 3. 4. 5. 6. sulariga H. 2. 1. 3. 4. 5. 6. 7. 8. 9. 10· sulariga I. 1. 2. 3. 4. 5. sulariga K. 2. 3. 1. 4. 16. 5. 15. 6. 14. 7. 13. 8. 12. 9. 11. 10. queste sono lerighe delegno che sono delalarghezza. Lerighe decarta delaltezza sono queste do A. doi B. doi C. doi D. doi E. doi F. doi G. doi H. doi I. doi K. lariga A. he 8. 14. 11. et 9. 13. 10. 12 et 7. 15. 11.[1] 6. 5. 4. 4°. 3. 2. 1. lariga B. e. 8. 14 et 9. 13 e 7. 15. e. 10. 12. 11. 6. 5. 4. 3. 2. 1. riga B. collictolo 8. 14. e 13. 15. 12[4]   8.[2]10. 9. 6.   5.
e 10. 12. 9. 7. 10. 11. 6. 5. 5°. 4. 3. 3°. 2. 1. riga C. 14. 12. 13. 16. 11. 17. 4. 3.
15. 9. 14. 17. 16.   13. 14.[3]19.
2. 1. riga D. 21.   22. 19. 20. 18. 10. 9°. 8. 7. 6. 5. et 3. 4. 3°. 2 1 riga E. 23. 22. 17.
11. 18. 16.   17.   14.   15.
25. 20. 9. 8. 7. 6. 5. 4. 3. 3°. 2. 1. righa E. collictolo: 18. 19. 8. 22. 10. 7. 21. 6.
                                      6. 5. 4.   3. 2.   13. 14.   3. 2. 1.   6.
9. 17.[4] 5. 4. 3. 2. riga F. 7. 8. 9. 10. 11. 12. 16. 15. lariga G. 4. 5. 6. 7. 8. riga H. 7.
5. 4. 3. 2. 1. 13. 14.   3. 2. 1. 7   6. 5. 4. 3. 2. 1. 14.
8. 9. 10. 11. 12. 16. 15. lariga I. 4. 5. 6. 8. lariga K. 7. 8. 9. 10. 11. 12. 13. 16. 15.
Auendo poste lelarghezze edaltezze sulerige seuole mecterle inhopera nelluogo doue

---

[1] Wohl der Controlle wegen wiederholt, wie auch sonst noch gelegentlich.
[2] Zu erg. 15.
[3] Im Text der perspectivischen Darstellung steht irrthümlich 12. 15. 21.
[4] Wohl der Controlle wegen sind einzelne Punkte zweimal angegeben.

— LIII —

ha astare ilcapitello nelquale luogo tira unalinea recta che sia KL. po ladeuidi per equale impuncto de sopra delquale tira la perpendiculare NM. et sopra de K. mena P. perpendiculare che sia PK. et sopra L. tira Q. perpendiculare che sia QL. poi pigla le do rige decarta segnate A. eponne una chonlingente PK. laltra contingente QL. et A. de tucte do continga lalinea KL. che stieno bensalde actacchate colacera. hora pigla lariga A. delegno et polla sopra tucte de lerighe 8. 14. 11. KM. continga lalinea MN. questo sempre seintende benche non sedica edoue combascia 8 delariga de legno questo seintende sempre quando dico combascia puncta 8. et doue combascia 11. fa 11. docombascia 14. segna 14. tira lariga contingente 9 et 13 dele dorige edo combascia 9. fa 9. doue combascia 13. fa puncto 13. mena lariga contingente 7. e 15. doue combascia 7. segna 7. doue combascia 15. puncta 15. duci lariga contingente 10 e 12. dele dorige doue combascia 10. fa 10. docombascia 12. segna 12. tira lariga contingente 11 dele dorige doue combascia 11. puncta 11.[1] mecti lariga contingente 6. dele dorige doue combascia 6. segna 6. tira lariga contingente 5. dele dorige doue combascia 5. fa 5. poni la riga contingente 4 e 4. dele dorige edo combascia 4 segna 4. docombascia 4. coltictolo fa 4. collictolo. mena lariga contingente 3. dele dorige edocombascia 3. puncta 3. mecti lariga contingente 2. dele dorige edocombascia 2 segna 2. duci lariga contingente 1º dele dorige edocombascia 1º fa 1º. Leuauia lerige epigla le dorige decarta segnate B. eponne una contingente PK. elaltra QL. et B. de tucte do continga KL. poi pigla lariga B. delegno epolla suledorige decarta contingente 8. e 14. dele dorige edocombascia 8. puncta 8. docombascia 14. fa 14. tira lariga contingente 9. e 13. dele dorige doue combascia 9. segna 9. doue combascia 13. puncta 13. mena lariga contingente 7. e 15. dele dorige edoue combascia 7 segna 7. doue combascia 15. mecti 15. poni lariga contingente 10 e 12. dele dorige edoue combascia 10. fa 10. doue combascia 12. segna 12. conduci lariga contingente 11. dele dorige edocombascia 11. puncta 11. mena lariga contingente 6. dele dorige edocombascia 6. puncta 6. tira lariga contingente 5. dele dorige edoue combascia 5. segna 5. mecti lariga contingente 4. dele dorige edo combascia 4. fa 4. poni lariga contingente 3. edo combascia puncta 3. tira lariga contingente 2. dele dorige edoue combascia 2. segna 2. mena lariga contingente 1º dele dorige edoue combascia 1º fa 1º. poi leuauia lerige epigla ledorige decarta segnate b. coltictolo. eponne una contingente PK. laltra QL. et B. de tucte do continga lalinea KL. poi pigla lariga B. delegno epolla contingente 8 e 14. dele dorige et M. sempre continga lalinea NM. edoue combascia 8. puncta 8. edoue combascia 14. segna 14. conduci lariga contingente 10 e 12. dele dorige et doue combascia 10 fa 10. docombascia 12. puncta 12. et mecti lariga contingente 9 e 13. dele dorige edoue combascia 9 fa 9. docombascia 13. segna 13. tira lariga contingente 7 e 15 deledorige edocombascia 7. poni 7. edoue combascia 15. fa 15. tira lariga contingente 10 e 12. dele dorige edocombascia 10. segna 10. et doue combascia 12. puncta 12.[1] mena lariga contingente 11. dele dorige edocombascia segna 11. tira lariga sopra 6. dele dorige edoue combascia 6. delariga fa 6. mena lariga contingente 5. dele dorige edoue combascia puncta 5. mecti lariga contingente 5. collotictolo dele dorige edoue combascia segna 5. poni lariga contingente 4. dele dorige doue combascia 4 fa 4. tira lariga contingente 3. collictolo dele dorige edoue combascia puncta 3. duci lariga contingente 3. dele dorige docombascia fa 3. mena lariga contingente 2. doue combascia 2. segna 2. mecti lariga contingente 1º deledorige et M. sempre continga NM. benche non sesia dicto et doue combascia 1º dela righa delegno sempre seintende segna 1º togliuia lerige B. Togli le dorige decarta segnate C. eponne una contingente PK. elaltra QL. et C. de tucte do continga lalinea KL. poi pigla lariga C. delegno epolla sopra ledorige contingente 8 e 14. de tucte do lerige et M· continga NM. edocombascia 8. fa 8. docombascia 14. poni 14. tira lariga contingente 7 e 15. deledorige edoue combascia 7 puncta 7. edocombascia 15 fa 15. mena lariga contingente 9 e 13. dele dorige edoue combascia 9. mecti 9 doue combascia 13. segna 13. duci lariga contingente 6. e 16. dele dorige doue combascia 6 fa 6. doue com-

---

[1] Dies soll also nur zur Controlle dienen.

— LIV —

bascia 16 puncta 16. tira lariga contingente 10 e 12. dele dorige edoue combascia 10. puncta 10. docombascia 12. segna 12. poni lariga contingente 11. dele dorige doue combascia 11. puncta 11. duci lariga contingente 5. e 17. dele dorige edo combascia 5. fa 5. do combascia 17. puncta 17. tira lariga sopra 4. dele dorige edoue combascia 4. mecti 4. poni lariga contingente 3. deledorige edocombascia 3. delariga delegno fa 3. tira lariga contingente 2 deledorige edoue combascia 2. segna 2. mena lariga contingente 1º dele dorige et do combascia 1º segna 1º poi leua lerige et piglane do altre decarta segnate D. eponne una contingente PK. laltra QL. et D. de tucte do continga lalinea KL. poi pigla' lariga D. delegno epolla sopra ledorige de carta contingente 15. e 21. dele do rige e doue combascia 15. fa 15. docombascia 21 segna 21. mena lariga contingente 9. e 14. e 22. dele dorige edoue combascia 9. puncta 9. doue combascia 14. fa 14. docombascia 22. segna 22. tira lariga contingente 18. dele dorige et doue combascia mecti 18. conduci lariga contingente 19. 16. e 17. e 21. dele dorige et M. continga lalinea NM. edocombascia 19. fa 19. doue combascia 16. puncta 16. docombascia 17. mecti 17. doue combascia 21.[1] segna 21.[1] conduci lariga contingente 10. dele dorige e doue combascia 10. puncta 10. mena lariga contingente 9. collictolo dele dorige edocombascia 9. segna 9. porta lariga contingente 8. dele dorige edoue combascia 8. fa 8. tira lariga contingente 7. dele dorige edoue combascia 7. puncta 7. poni lariga contingente 6. dele dorige edoue combascia 6. fa 6. tira lariga contingente 5. dele dorige et M. continga NM. benche sempre seintende et docombascia 5. poni 5. mecti lariga contingente 3. dele dorige docombascia 3. fa 3. duci lariga contingente 4. dele dorige edocombascia 4. puncta 4. mena lariga contingente 3. collictolo dele dorige edocombascia segna 3. tira lariga contingente 2. dele dorige edoue combascia 2. poni 2. mecti lariga contingente 1º deledorige edocombascia 1º fa 1º eleua uia lerige. hora pigla ledorige E. decarta eponne una contingente PK. elaltra QL. et E. de tucte do continga lalinea KL. potogli lariga E. delegno epolla contingente 13. e 23. deledorige et doue combascia 13. segna 13. doue combascia 23. puncta 23. tira lariga sopra 12. e 15. e 21. dele dorige doue combascia 12. poni 12. docombascia 15. fa 15. docombascia 21. segna 21. mena lariga contingente 11. 18. e 25. dele dorige doue combascia 11. puncta 11. docombascia 18. mecti 18. docombascia 25. fa 25. duci lariga contingente 17. e 19. dele do rige doue combascia 17. segna 17. doue combascia 19. scriui 19. tira lariga contingente 16. e 20. deledorige doue combascia 16. fa 16. doue combascia 20. puncta 20. mecti lariga contingente 9. dele dorige edoue combascia 9. poni 9. stendi lariga contingente 8. dele dorige edocombascia 8. fa 8. mena lariga contingente 7. deledorige edoue combascia 7. segna 7. tira lariga contingente 6. dele dorige edocombascia 6. puncta 6. duci lariga contingente 5. edoue combascia 5. fa 5. mecti lariga contingente 4. deledorige edoue combascia 4. segna 4. poni lariga contingente 3. dele dorige edo combascia segna 3. tira lariga contingente 1º. dele dorige edoue combascia 1º. puncta 1º. poi touia lerige et pigla do altre rige de carta segnate E. collictolo eponne una contingente PK. laltra QL. et E. de tucte do continga KL. epigla lariga E. delegno epolla contingente 18. deledorige et M. continga sempre lalinea NM. edocombascia 18. fa 18. tira lariga contingente 17. e 19. dele dorige e doue combascia 17. puncta 17. docombascia 19. segna 19. mena lariga contingente 8. dele dorige edoue combascia 8. mecti 8. conduci lariga contingente 14. e 22. dele dorige edoue combascia 14. puncta 14. doue combascia 22. segna 22. mena lariga contingente 10. deledorige edocombascia 10. fa 10. mecti lariga contingente 7. dele dorige edoue combascia 7. puncta 7. tira lariga contingente 15. e 21. dele dorige edoue combascia 15. segna 15. et docombascia 21. scriui 21. porta lariga contingente 6. deledorige doue combascia 6. fa 6. mecti lariga contingente 9. e 17. doue combascia 9. mecti 9. doue combascia 17. poni 17. tira lariga contingente 5. deledorige docombascia 5. segna 5. poni lariga contingente 4. deledorige docombascia 4. fa 4. mena lariga contingente 2. dele dorige doue combascia 2. poni 2. conduci lariga contingente 3. edoue combascia fa 3. togli uia lerɪge. pigla ledorige decarta segnate F. eponne una contingente PK. laltra QL. et F. de tucte do continga lalinea KL.

[1] Lies: 20.

poi pigla lariga F. delegno epolla contingente 6. e 7. dele dorige edoue combascia 6. puncta
6. doue combascia 7. segna 7. tira lariga contingente 5. e 8. deledorige e docombascia 5.
fa 5. edocombascia 8. poni 8. mena lariga contingente 4. e 9. dele dorige doue combascia 4.
puncta 4. docombascia 9. fa 9. poni la riga contingente 10. dele dorige edoue combascia 10.
scriui 10. duci lariga contingente 11. dele dorige edocombascia 11. puncta 11. porta lariga
contingente 12. dele dorige edoue combascia 12. fa 12. poni lariga contingente 13. e 16.
dele dorige edo combascia 13. segna 13. doue combascia 16. puncta 16. tira lariga contingente
14. e 15. dele dorige edoue combascia 14. poni 14. docambascia 15. fa 15. poi leuauia lerighe
etogli dorige decarta segna G. epone una contingente PK. elaltra QL. et G. detucte do continga lalinea KL. poi pigla la riga G. delegno epolla contingente 4. dele dorige edocombascia
4. segna 4. tira lariga contingente 3. e 5. dele dorige edoue combascia 3. puncta 3. edo
combascia 5. poni 5. conduci lariga contingente 2. e 6. dele do rige edoue combascia 2. fa 2.
edoue combascia 6. segna 6. mena lariga contingente 1º e 7. deledorige edo combascia 1º
puncta 1º et docombascia 7. mecti 7. poni lariga contingente 8. dele dorige doue combascia
8. fa 8. et touia lerige. poi pigla le dorige de carta segnate H. eponne una contingente PK.
elaltra QL. et H. de tucte do continga lalinea KL. poi togli lariga H. delegno epolla contingente 6. e 7. deledorige edoue combascia 6. segna 6. doue combascia 7. mecti 7. tira lariga
contingente 5. e 8. dele dorige edoue combascia 5. fa 5. doue combascia 8. puncta 8. mena
lariga contingente 4. e 9. dele dorige edoue combascia 4. scriui 4. docombascia 9. mecti 9. duci
lariga contingente 3. e 10. deledorige edoue combascia 3. fa 3. docombascia 10. segna 10.
porta lariga contingente 2. e 11. dele dorige edocombascia 2. puncta 2. docombascia 11. fa 11. tira
lariga contingente 1º e 12. dele dorige edoue combascia 1º segna 1º docomba 12. puncta 12.
mena lariga contingente 13. e 16. dele dorige edoue combascia 13. fa 13. doue combascia 16.
poni 16. conduci lariga contingente 14. e 15. dele dorige doue combascia 14. puncta 14.
edocombascia 15. segna 15. leua lerige et togli le do rige I. decarta eponne una contingente
3. e 4. dele dorige edocombascia 3. fa 3. doue combascia 4. puncta 4. stendi lariga contingente 2. e 5. dele dorige edoue combascia 2. segna 2. doue combascia 5. fa 5. mena lariga
contingente 1º e 6. dele dorige edoue combascia 1º fa 1º doue combascia 6. mecti 6. tira lariga
contingente 7. e 8. dele dorige doue cambascia 7. scriui 7. doue combascia 8. fa 8. eleuauia
lerige. pigla ledorige decarte segnate K. eponne una contingente PK. elaltra QL. et K. de tucte
do continga lalinea KL. poi togli lariga K. delegno epolla contingente 7. dele dorige edoue
combascia 7. fa 7. tira lariga contingente 6. e 8. dele dorige edocombascia 6. puncta 6.
docombascia 8. segna 8. mena lariga contingente 5. e 9. deledorige edoue combascia 5. poni
5. doue combascia 9. scriui 9. duci lariga contingente 4. e 10. deledorige doue combascia 4.
segna 4. docombascia 10. fa 10. mecti lariga contingente 3. e 11. deledorige doue combascia
3. mecti 3. doue combascia 11. puncta 11. poni lariga contingente 2. e 12. dele
dorige doue combascia 2. segna 2. docombascia 12. fa 12. duci lariga contingente
1º e 13. dele dorige doue combascia 1º poni 1º docombascia 13. puncta 13. porta lariga
contingente 14. e 16. dele dorige doue combascia 14. fa 14. docombascia 16. mecti 16. tira
lariga contingente 15. dele dorige edoue combascia 15. segna 15. et Ai fenito ilcapitello leua
lerige et tira ciascuno giro daperse cio e quelli delgiro A. daperse et quelli delgiro B. daperse
così de B. colliclolo così de C. de D. de E. et de E. colliclolo de F. de H. de I. de
K. sappi che adogni puncto che tu mecti lariga delegno dele dorige decarta fa che sempre
M. continga lalinea NM. equando dico doue combascia seintende sempre de segni delariga
delegno correspondente aquelli deledo rige decarta. (Fig. 62.)

Nel termine asignato coldato puncto proporzionalmente latesta degradare.

Gia commo nelprincipio diquesto dixi che era debisogno sapere desegnare quelle cose
che lomo uol fare impropia forma pero desegna una testa in uno occhio cio e in canto que-
quello profilo che tu intendi degradare et conquella nefa poi unaltra infaccia condoi occhi de
quela medessima grandeza et tucte leparti correspondenti· prima tira lalinea recta dala som-
mita dela testa in uno occhio contingente lasommita delatesta indoi occhi et poi netira unaltra
infra quella elasommita delafronte che sia linea A. poi nemena unaltra asommo lafronte che
sia linea B. et una netira fra la fronte et ilnaso passante per locchio che sia linea C. et linea

— LVI —

laltra passante per la gobba delnaso[1] che sia D. tira laltra apie delnaso che sia linea E. et poi laltra mena per labocccha che sia linea F. et laltra tira tra labocccha e ilmento che sia G. poi linea H. alfine delmento etucte sieno equidistante alalinea contingente lecoruigi de tucte do letesle et passante perle medessime parti dela testa in doi occhi. poi tira una linea contingente lapuncta delnaso delatesta in uno occhio et contingente lalinea A. ad angulo recto che sia senza termine. poi nemena unaltra contingente illabbro desopra elaltra contingente quello de socto unaltra contingente labocccha unaltra contingente lagobba delnaso laltra asommo ilnaso al principio delafronte laltra alfine delenare delnaso una almento unaltra alfine delabocccha una asommo delafronte laltra dal contacto che fa lalinea A. sopra lafronte laltra alprincipio deglocchi laltra sulmezzo e laltra alfine delocchio et una al principio delagola una alprincipio delurecchia elaltra delalarghezza laltra alamascella una netira dalcontacto che fa lalinea A. nella coppa laltra dalcontacto delalinea B. laltra dalcontacto delalinea C. laltra dalcontacto delalinea D. laltra dalcontacto delalinea E. laltra alfine de guccho[2] dericto etucte sieno equidistante alalinea che contingi lapuncta delnaso commo uedi in lafigura.[3]

Dapoi tira laperpendiculare sopra tucte queste line che deuida ciascuna impuncto 1º laquale perpendiculare sia MN. poi deuidi latesta infaccia superlomezzo deuidendo tucte le line A. B. C. D. E. F. G. H. tucte impuncto 1º che sia linea TV. hora pigla ilsexto eponi uno pie sopra lalinea TV. et laltro stendi perfine alcontacta che fa lalinea A. nelcontorno de latesta infaccia sempre scintendo et conquella quantita poni ilpie delsexto (delalinea) sopra 1º delalinea uscente dalcontacto deprincipio delurechi de latesta in uno occhio[4] con laltro pie segna sula dicta linea uerso latesta 13 et desocto 5. e poi fa ilcontorno contingente quelli segni et lelinee uscenti dalcontacto che fa lalinea A. denante et dericto che sira circulo A. poi mecti ilpie delsexto sopra 1º delalinea B. che sulalinea TV el laltro pie stendi perfine alcontacto che fa lalinea B. asommo lafronte et questa quantita poni sola linea uscente dalprincipio delurechia uerso latesta segna 13 edesocto 5 et fa ilcontorno amodo sopradicto contingenti isegni delalinee che sira circulo B. poi poni ilpie delsexto sopra 1º delalinea C. elaltro pie stendi perfine alprincipio delurechia et mecti uno pie delsexto sopra 1º delalinea deriuante dal principio delurechia et dalcanto delatesta segna 16 desocto fa 8. et poni unpie delsexto sopra 1º delalinea C. elaltro pie stendi alagrosezza delnaso poi mecti ilpie delsexto sopra 1º delalinea che separte dalagrosezza delnaso et segna dalcanto delatesta 22. edesocto 2. poi mecti unpie delsexto sopra 1º. delalinea C. et colaltro agiugni al principio delocchio equesta quantita poni sulalinea che separte dalprincipio delochio dalcanto desopra ad 1º fa 21 et desocto segna 3. poi mecti ilpie delsexto sopra 1º delalinea C. elaltro stendi alameta delocchio conquesta quantita poni unpie delsexto sopra 1º delalinea che separte dalameta delocchia segna uerso latesta 20 et desocto fa 4. poni ilpie del sexto sopra 1º delalinea C. elaltro stendi alfine delocchio et ritorna colpie delsexto sopra 1º delalinea deriuante dalafine delocchio conlaltro pie segna dalconto delatesta 19 desocto 5. poni uno pie delsexto sopra 1º delalinea C. laltro stendi alfine delurechia et poni ilpie delsexto sopra 1º delalinea che uene dalfine delurechia et conlaltro pie segna uerso latesta 13 e de socto 9. poi descriui il circulo C.[5] poi mecti ilpie delcirculo sopra 1º delalinea D. delatesta infaccia elaltro pie stendi perfine alfine delagroseza delnaso poi poni ilpie delsexto sopra 1º delalinea che uene dalprincipio dela gobba delnaso esegna uerso latesta 18 et desocto 2 poi mecti ilpie delsexto sopra 1º delalinea D.[6] elatro stendi contingente ilprincipio delurecchia econquesta quantita poni ilpie delsexto sopra 1º delalinea che separte dalprincipio delurechia esegna conlaltro pie uerso latesta 13 edesocto 7. e fa ilcontorno contingente isegni delinee che separtano dalcontacto delalinea D. che sira circulo[5]

---

[1] Einzelne Linien fehlen in Fig. 63 u. 64 aus bekantem Grunde.
[2] wohl für guscio = Hirnschädel.
[3] Fig 63.
[4] Nicht correct ausgedrückt, indem offenbar die Projection des höchsten Schädelpuncts auf die Grundebene gemeint ist (s. Fig. 64).
[5] Diese Curve ist natürlich kein Kreis, sondern eine unregelmässige geschlossene Linie.
[6] In Figur 64 ist im Grundriss als 4. Schnittcurve nicht die durch den Nasenrücken (vgl. Fig. 63) sondern die durch den obern Nasen- und untern Augenrand gehende genommen.

— LVII —

D. poi torna colpie delsexto sopra 1º delalinea E delatesta infaccia et laltro pie delsexto apri contingente lagroseza dela puncta del naso et con quella mesura poni il pie del sexto sopra 1 delalinea che uene dalapuncta del naso et conllatro pie segna uerso latesta 20 ede socto 2. poi mecti unpie delsexto sopra 1º delalinea E. elaltro pie stendi contingente ilfine dele nare delnaso poi mecti ilpie delsexto sopra 1º delalinea uscente delenare delnaso et conlaltro pie puncta uerso latesta 19 edesocto 3. torna colpie delsexto sopra 1º delalinea E. e apri laltro pie perfine allurecchia et conquella quantita poni unopie delsexto sopra 1º delalinea che separte dalprincipio de lurecchia[1] econlaltro pie segna uerso latesta 15. edesocto 7. et fa il contorno nelmodo dicto che sira circulo E. Et poi torna colpie delsexto sopra 1º delalinea F. delatesta infaccia et laltro pie stendi contingente ilfine delabocca econquesta mesura poni unpie delsexto sopra 1º delalinea deriuante dalfine delabocca conlaltro pie segna uerso latesta 18 edesocto 2. poi poni unpie delsexto sopra 1º delalinea F. conlaltro pie contingi ilfine delcontorno poi mecti ilpie delsexto sopra 1º delalinea uscente dalprincipio delurecchia[1] econlaltro pie puncta uerso latesta 14. edesocto 6. e fa ilcontorno contingente leparti commo fu dicto che sira circulo F. Poi mecti ilpie delsexto sopra 1º delalinea G. delatesta infaccia et laltro pie stendi alfine dela mascella econquesta quantita poni unopie delsexto sopra 1º delalinea che uene dalla mascella et conlaltro pie segna uerso latesta 14 desocto 4. poi torna colpie delsexto sopra 1º delalinea G. elaltro pie stendi alfine delcollo poi mecti uno pie del sexto sopra 1º delalinea uscente dalcontacte che fa lalinea G. nelcollo et conlaltro pie segna uerso latesta 13 edesocto 5. Poi fa ilcontorno contingente isegni commo e dicto et con bona forma che fia circulo G. poi mecti unpie delsexto sopra 1º delalinea H. delatesta infaccia elaltro pie apri che continga la grosezza del mento poi poni une pie delsexto sopra 1º delalinea uscente dalmento et conlaltro pie segna dalcanto delatesta 16 desocto 2. cioe coltitulo tucti doi[2] poi torna con unpie delsexto sopra 1º delalinea H elaltro pie stendi contingente ilfine delcollo poi me ilpie delsexto sopra 1º delalinea che separte damezzo ilcollo delatesta in uno ochio et conlaltro pie segna uerso latesta 13 e desocto 5. epoi fa ilcontorno che sira circulo H. commo uederai nella figura. (Fig. 63.)

Ma si commo sedisse nel principio del primo et diquesto e necessario che lomo suppia disegnare impropia forma tucti questi contorni sopra decti cio e quando latesta fusse taglata daqueste linee che quelle superficie che facessero che tu sappi ponere impropia forma sulopiano cio e quelo che fa lalinea A. lalinea B. lalinea C. lalinea D. lalinea E. lalinea F. lalinea G. lalinea H. taglando latesta inquelli luoghi benche sepossese fare piu circuli pure questi basta che intesi questi senepo fare quanti lomo uole equando questi tucti insiemi leparessero troppo infuscati senepo fare 2 o 3. in siemi commo tepiaci pure che tuli facci conquelle medessime mesure edistantie che tnai facti i circuli. Adunqua pigla lameta delalinea uscente dalprinpio delurecchia[3] che he 1º nelquale fa puncto M. poi deuidi ilcirculo A. in sedici parti equali cominciando da 1º. che he suldicto circulo segando 1. 2. 3. 4. 5. 6. 7. 8. 9. 10. 11. 12. 13. 14. 15. 16. poi tira da M. linee a quelle deuisioni deuidente tucti i circuli A. B. C. D. E. F. G. H. poi giogni ad C. 6. che sieno 22. et giogni 2. ad D. che sieno 18. egiogni 4. ad E. che sieno 20. et giogni 2. ad F.[4] che sieno 18. et inquelle deuisioni segna quelli numeri medessimi nelli luoghi correspondenti daliquali pigla lalarghezza et producise laltezza inquesto modo pigla ilsexto et poni uno pie sulalinea che tocchia lapuncta delnaso delatesta delalarghezza impropia forma che he linea I. et laltro pie stendi perfine ad 2. delcirculo A.[5] delalarghezza seintende sempre quando dico circulo delafigura delalargezza et

---

[1] Auch hier ist offenbar die vom höchsten Schädelpunct ausgehende Verticale gemeint. — Die Curven E bis H beziehen sich auf die unterste Projection Fig. 64.
[2] Die Puncte 2. 16 welche die vordere Kinnbreite bezeichnen, sind, obgleich im Text das Bezügliche übersehen ist, im Grundriss Fig. 64 gleichwohl angegeben; (die Curve H besteht aus 2 getrennten Stücken.)
[3] Vgl. die Bemerkung 1 bezüglich der gen. Verticalen.
[4] Hier ist eine Lücke, indem die den Curven G u. H hinzuzufügenden Puncte im Text nicht angegeben sind. Man hat sich daher an den Wortlaut S. LVIII zu halten.
[5] Zur Erleichterung der Uebersicht sei bemerkt, dass die Reihenfolge der 4 Schnittcurven der oberen Kopfparthie von Innen nach Aussen ist A. D. C. B.

quando dico lalinea seintende dela testa in uno occhio perfine che non dico altro. hora poni uno pie de sexto su la linea P. nelcontacto delalinea A. che quella che contingi lapuncta delnaso delatesta in uno occhio et conlaltro pie segna su lalinea A. 2 et 16. torna alargezza eponi ilpie delsexto sulalinea I. et laltro continga 3. delcirculo A. poi mecti ilsexto sulalinea P. econlaltro sulalinea A. puncta 3 e 15. dapoi mecti ilpie delsexto sopra lalinea I. delcirculo A. elaltro pie stendi perfine ad 4. delcirculo A. eponi ilpie delsexto sopra lalinea P. et conlaltro segna 4 e 14. sulalinea A poi mecti unpie delsexto sopra lalinea I. elaltro stendi contingente 5. delcirculo A. poi poni ilpie delsexto sulalinea P. et conlaltro puncta 5 e 13, sulalinea A. etorna colpie delsexto sulalinea I. elaltro stendi contingente 6. poi mecti ilpie delsexto sulalinea P. et conlaltro fa 6 e 12. sulalinea A. et poni ilpie del sexto sopra lalinea I. econlaltro giugni ad 7. delcirculo A. emecti ilpie delsexto sulalinea P. conlaltro puncta 7 e 11. sulalinea A. tolamesura da I. ad 8. delcirculo A. et poni ilsexto su P. epuncta 8 et 10. sulalinea A. togli dalalinea I. ad 9. delcirculo A. eponi ilpie delsexto sulalinea P. esegna 9. sulalinea A. Et poni ilpie delsexto sopra lalinea I. elaltro pie apri perfine ad 2. delcirculo B. poi mecti ilsexto sulalinea P. conlaltro pie segna sulalinea B. 2 et 16. potogli laquantita da I. ad 3. delcirculo B. epolla da P. sulalinea B. che sia 3 e 15. poi mecti ilpie delsexto sulalinea I. elaltro stendi perfine a 4. delcirculo B. eponi ilpie delsexto sulalinea P. conlaltro segna 4 e 14. sulalinea B. tola mesura delalinea I. ad 5· delcirculo B. et polla da P. sulalinea B. esegna 5 e 13. poi togli laquantita delalinea I. ad 6. delcirculo B. et poni il sexto sulalinea P. esegna 6 e 12. sulalinea B. pigla quanto e dalalinea I. ad 7. delcirculo B. emecti ilpie del sexto sulalinea P. conlaltro puncta 7 e 11. sulalinea B. et tolamesura delalinea I. ad 8. delcirculo B. eponi ilpie delsexto sulalinea P. esegna colaltro 8 e 10. sulalinea B. togli laquantita delalinea I. ad 9. delcirculo B. eponi ilpie delsexto sulalinea P. conlaltro segna 9. sulalinea B. hora perlocirculo C. togli laquantita dalalinea I. ad 2. delcirculo C. eponi ilpie delsexto sulalinea P. conlaltro descriui 2 et 22. sulalinea C. cusifa de tucto ilcirculo C. perfine ad 12. cio e 1º 2 e 22. 3 e 21. 4 e 20. 5 e 19. 6 e 18. 7 e 17. 8 e 16. 9 e 15. 10 e 14. 11 e 13. 12. questi delcirculo C. posti sulalinea C. il circulo D. che sira sulalinea D. 1º. 2 e 18. 3 e 17. 4 e 16. 5 e 15. 6 e 14. 7 e 13. 8 e 12. 9 e 11.[1] delcirculo E. sulalinea E. 1º. delcirculo E. sulalinea E. 1º. 2 e 20. 3 e 19. 4 e 18. 5 e 17. 6 e 16. 7 e 15. 8 e 14. 9 e 13. 10 e 12. 11. delcirculo F. sulalinea F. 1º e 1º. colliciolo e 1º. con doi tictoli 2 e 18. 3 e 17. 4 e 16. 5 e 15. 6 e 14. 7 e 13. 8 e 12. 9 e 11. 10. ilcirculo G. sulalinea G. 1º. 2 e 16. 3 e 15. 4 e 14. 5 e 13. 6 e 12. 7 e 11. 8 e 10. 9. ilcirculo H. sulalinea H. 1º e 1º. colliciolo 2 e 2. colliciolo[2] 3 e 3. colliciolo[2] 4 e 5. 6. 7. 8. 9. 10. 11. 12. 13. 14. 15. colliciolo[2] 16. colliciolo.[2]

Hora seuoglano ponere queste quantita tucte su latesta infaccia laquale e deuisa dalalinea TV. deuidente lelinee A. B. C. D. E. F. G. H. tucte impuncto 1º. et Ai lalinea MN. perpendiculare sopra lalinea I. deuidente tucti icirculi delalargezza impuncto 1º. hora pigla ilsexto et poni unpie sopra lalinea MN. elaltro pie stendi contingente 2. delcirculo A. poi mecti ilsexto sopra 1º. delalinea A. delatesta in faccia. quando dico lalinea A. seintende delatesta in faccia et conlaltro pie segna dalcanto destro 16. dalsenistro 2. poni ilpie delsexto sulalinea MN. et laltro stendi fine ad 3. delcirculo A. poi mecti unpie delsexto sopra 1º. delalinea A. e conlaltro fa dalcanto dextro 15. edalsenistro 3. emecti ilsexto sulalinea MN. conlaltro contingi 4. delcirculo A. eponi ilpie delsexto sopra 1º. delalinea A. conlaltro puncta dal dextro 14. dalsenistro 4. pigla lamesura delalinea MN. ad 5. delcirculo A. poi mecti ilpie delsexto sopra 1º. delalinea A. conlaltro segna daldestro 13. dalsenistro 5. tolaquantita dalalinea MN. a 6. delcirculo A. eponi unpie delsexto sopra 1º. delalinea A. conlaltro segna dalcanto destro 12. e dalsenistro 6. torna colsexto sulalinea MN. et apri fine ad 7. delcirculo A. emecti unpie delsexto sopra 1º. delalinea A. conlaltro puncta dal destro 11. dalsenistro 7. uedi quanto e dalalinea MN. ad 8. delcirculo A. poi poni ilpie delsexto sopra 1º. delalinea A. et conlaltro segna dalcanto destro 10. dalsenistro 8. et doue e 1º. poni ancora 9. per laltro

---

[1] Vgl. die vorhergige Bemerkung bezüglich Curve D.
[2] Die Bedeutung dieser Puncte lassen die beiden Verticalschnitte Fig. 64 noch einigermaassen errathen. In den Grundrissen fehlen sie aus bekanntem Grunde.

— LIX —

che he B. poni ilpie delsexto sulalinea MN. et conlaltro pie contingi 2. delcirculo B. et p on unpie delsexto sopra 1°. delalinea B. conlaltro segna dalcanto destro 16. e dalsenistro 2. poi torna conunpie delsexto sulalinea MN. elaltro stendi perfine ad 3. delcirculo B. emecti unpie delsexto sopra 1° delalinea B. conlaltro puncta daldestro lato 15. dalsenistro 3. pigla laquantita dalalinea MN. ad 4. delcirculo B. eponi ilpie delsexto sopra 1°. delalinea B. esegna conlaltro destro 14. dalsenistro 4. uedi quanto e dalalinea MN. ad 5. delcirculo B. poi ua colpie delsosto sopra 1° delalinea B. e conlaltro fa dalato destro 13. dalsenistro 5. mesura dala linea MN. ad 6. delcirculo B. eponi unpie delsexto sopra 1° delalinea B. econlaltro segna dala destra 12. et da senistra 6. poi torna colpie delsexto sulalinea MN. conlaltro contingi 7. delcirculo B. emecti unpie delsexto sopra 1° delalinea B. colaltro puncta daladestra 11. e da senistra 7. tolaquantita dalalinea MN. ad 8. delcirculo B. emecti unpie delsexto sopra 1° delalinea B. edescriui daladestra 10 e dasenistra 8. et doue e 1° sulalinea B. fa 9. hora per laltro che he C. pigla laquantita delalinea MN. ad 2. poi mecti ilpie delsexto sopra 1° delalinea C. conlaltro pie segna daladestra 22. dalsenistra 2. uedi quanto e dalalinea MN. ad 3. delcirculo C. eponi unpie delsexto sopra 1° delalinea C. conlaltro segna dalcanto destro 21. dalsenistro 3. poi torna colpie delsexto sulalinea MN. che laltro pie continga 4. delcirculo C. poni uno pie dalsexto sopra 1° delalinea C. conlaltro descriui dala dextra 20 e 20. collictolo. dala senistra 4 e 4 collictolo. mecti ilpie delsexto sulalinea MN. elaltro stendi fine ad 5. delcirculo C. emena ilpie delsexto sopra 1° delalinea C. conlaltro segna dal canto destro 19. dalsenistro 5. tolaquantita dalalinea MN. ad 6. delcirculo C. eponi uno pie delsexto sopra 1° delalinea C. daladestro puncta 18. dalasenistra 6. pigla mesura delalinea MN. ad 7. emecti ilsexto sopra 1° delalinea C. esegna conlaltro pie daladestra 17. dalasenistra 7. poi uedi quanto e dalalinea MN. ad 8. eponi uno pie delsexto sopra 1° delalinea C. e conlaltro fa dallato dextro 16. dalsenistro 8. torna colpie delsexto sulalinea MN. elaltro pie stendi contingente 9. delcirculo C. pomecti ilpie del sexto sopra 1° delalinea C. conlaltro puncta daladestra 15. dalasenistra 9. pigla laquantita dalalinea MN. ad 10. delcirculo C. eponi uno pie delsexto sopra 1° delalinea C. conlaltro pie segna dala destra 14. dalasenistra 10. poi rimecti ilpie delsexto sulalinea MN. conlaltro contingi 11. delcirculo C. eponi uno pie delsexto sopra 1° delalinea C. daldestro segna 13. dalsenistro 11. et segna 12· doue e 1°. Et cosi sifa delcirculo D. sulalinea D. delatesta infaccia che sira 1. 2. 3. 4. 5. 6. 7. 8. 9. 10. 11. 12. 13. 14. 15. 16. 17. 18.[1] et simile fa delcirculo E. sulalinea E. che sira 1° e 1° collictolo 2. 3. 4. 5. 6. 7. 8. 9. 10. 11. 12. 13. 14. 15. 16. 17. 18. 19. 20. et cosi fa delcirculo F. sulalinea F. che sia 1° e 1° collictolo e 1° condoi tictoli 2. 3. 4. 5. 6. 7. 8. 9. 10. 11. 12. 13. 14. 15. 16. 17. 18. facesi ancora delcirculo G. sulalinea G. che sia 1° e 2. 3. 4 e 4. collictolo 5. 6. 7. 8. 9. 10. 11. 12. 13. 14. collictolo 15. collictolo 16. collictolo e similmente fa delcirculo H. sulalinea H. delatesta in faccia che sia 1° e 1° collictolo. 9 e 9 collictolo. 2 e 2 collictolo. 3 e 3 collictolo 4. 5. 6. 7. 8. 9. 10. 11. 12. 13. 14. 15 e 15 collictolo 16 e 16 collictolo[2] posti commo seuede nella figura delatesta in uno occhio et inquella in faccia. (Fig. 64.)

Hora seuoglano tirare sopra lerige etiraremo prima lalargezza almodo usato cioe tirare lalinea perpendiculare che sia KL. equidistante IP. che sia iltermine doue sepone lerige delegno sempre quella contingente dapoi tedelunga tanto quanto tu uuoli stare auedere latesta che fa puncto O. nelquale ficcha lacho colfilo suctilissimo. poi pigla lariga delegno che sia sutile et polla contingente latinea KL. che stia benferma cosi scintende sempre deluctе lerige. poi pigla ilfilo epolla contingente ilcirculo A[3]. metamo che continga su 14 uede doue bacte sulariga elisa puncto 14. poi stendi ilfilo sopra 15. delcirculo A. edobacte sulariga puncta 15. poni ilfilo sopra 16. delcirculo A.[1] dobacte sulariga segna 16. tira ilfilo sopra 1° delcirculo A. edobacte sulariga fa 1° mena ilfilo sopra 2. delcirculo A. dobacte sulariga puncta 2. stendi ilfilo sopra 3. delcirculo A. edoue bacte sulariga scriui 3. duci ilfilo sopra 4. delcirculo A. dobacte

---

[1] Vgl. die vorhergehende Bemerkung bezüglich der Curve D.
[2] Vgl. das über die Zahl der Puncte insbesondere beim Schnitt H Bemerkte.
[3] In Fig. 65 sind nur für die Curve B die betr. Linien u. Puncte angegeben.

sulariga segna 4. porta ilfilo sopra 5. delcirculo A. doue bacte sulariga fa 5. mecti ilfilo sopra 6. delcirculo A. doue bacte sulariga fa puncto 6. mena ilfilo sopra 7. delcirculo A. edoue bacte sulariga fa 7. tira ilfilo sopra M. delcirculo A. doue bacte sulariga segna M. poi segna A. sulariga et sia riga A. leualauia epolla dacanto. Poi togli lariga B. delegno epolla contingente KL. poi togli ilfilo epollo sopra 14. delcirculo B. edoue bacte sulariga fa puncto 14. tira ilfilo sopra 15. delcirculo B. dobacte sulariga segna 15. stendi ilfilo sopra 16. delcirculo B. dobacte sulariga fa 16. mecti ilfilo sopra 1º delcirculo B. edoue bacte sulariga puncta 1º duci ilfilo sopra 2 delcirculo B. dobacte sulariga segna 2. mena ilfilo sopra 3. delcirculo B. dobacte sulariga fa 3 poni ilfilo sopra 4 delcirculo B. edoue bacte sulariga scriui 4 tira ilfilo sopra 5. delcirculo B. dobacte sulariga puncta 5. porta ilfilo sopra 6. edoue bacte sulariga fa 6. mena ilfilo sopra 7. delcirculo B. dobacte sulariga puncta 7.[1] poni ilfilo sopra M. dobacte sulariga fa M. leua lariga epola dacanto. Et pigla lariga C. et polla contingente KL. et poi stendi ilfilo sopra 16. delcirculo C. senon sega ilcirculo quando sesegasse non seuole fare anzi seuole menare ilfilo contingente ilcirculo enelcontacto fare uno puncto et ancora mecterlo sulalteza nelmodo sopra decto et quello segnare sulariga delegno et cosi quelli delaltezza sulerige decarta et cosi fa de tucti icirculi o alprincipio ho alfine che questo aduenisse. tu ai tirato ilfilo sopra 16. doue bacte sulariga fa 16. poi mecti ilfilo sopra 17. delcirculo C. edobacte sulariga segna 17. stendi ilfilo sopra 18. edobacte sulariga puncta 18. mena ilfilo sopra 19. delcirculo C. edobacte sulariga fa 19. tira ilfilo sopra 20 delcirculo C. e doue bacte sulariga segna 20. tira ilfilo sopra 21. delcirculo C. edobacte sulariga puncta 21. mecti ilfilo sopra 22. delcirculo C. edoue bacte sulariga fa 22. stendi ilfilo sopra 1º delcirculo C. doue bacte sulariga segna 1º et cosi fa perfine ad 11.[2] et doue bacte ilfilo sulariga segna M. poi touia lariga epolla dacanto. Et togli lariga D. delegno contingente KL. et poi pigla ilfilo et pollo sopra 15. sopra 16. sopra 17. sopra 18. sopra 1º perfine ad 8. delcirculo D. ede tucti segna doue bacte ilfilo sulariga D. emecti ilfilo sopra M. dobacte sulariga puncta M. leua lariga epolla dacanto et pigla lariga E. emectila contingente KL. poi togli lifilo epollo sopra 16. sopra 17. sopra 18. sopra 19. sopra 20. sopra 1º. sopra 1º coltictolo perfine ad 9[3] et sopra M. delcirculo E. esegna tucti doue bacte ilfilo sulariga eleuala uia epolla dacanto. Et togli lariga F.[4] epolla contingente KL. poi tira ilfilo sopra 15. sopra 16. sopra 17. sopra 18. sopra 1º sopra 1º coltictolo sopra 1º condotictoli perfine ad 8. et sopra M. delcirculo F. esegna tucti doue bacte ilfilo sulariga eleualauia epolla dacanto dapoi togli lariga G. epolla contingente KL. emena ilfilo sopra 14. sopra ,15. sopra 16. sopra 1º perfine ad 7. esopra M. delcirculo G. edoue bacte ilfilo segna tucti sulariga poi latogli uia epolla dacanto. Et togli lariga H. emectila contingente KL. eponi ilfilo sopra 14. sopra 15. sopra 16. sopra 1º sopra 1º coltictolo sopra 2. sopra 2 coltictolo perfine ad 7. et sopra M. delcirculo H. lequali segnao segn persegno doue bacte ilfilo sulariga H. etogliuia lariga epolla dacanto. Et ai sopra lerige delegno tucte le largezze. Sulariga A ai 14. 15. 16 et 1º 2. 3. 4. 5. 6. 7. et sulariga B. queste medessimo sulariga C. ai 18. 19. 20. 21. 22. 1º 2. 3. 4. 5. 6. 7. 8. 9. e 10. et sulariga D. ai 16. 17. 18. 1. 2. 3. 4. 5. 6. et sulariga E. ai 17. 18. 19. 20. 1. 2. 3. 4. 5. 6. 7. 8. 9. sulariga F. 16. 17. 18. 1º. 1º coltictolo 1º condoitictoli et 2. 3. 4. 6. sulariga G et H. 15. 16. 18. 1º 1º coltictolo 1º condoitictuli. 2. 3. 4. 5. 6. 7. (Fig. 65.)[5]

Hora seuole ponere laltezza sulerige decarta pero tira una linea equidistante IP. delatesta inuno occhio sia KL. delungi da IP. delatesta inuno occhio quanto che KL ad lalinea IP. delatesta delalargezza poi pigla la laquantita che e dalalinea KL. ad O. delatesta delalargezza equella quantita poni ad KL. dela testa inuno occhio che laltezza[6] esegna O. nelquale

---

[1] Nach Fig. ist 7 nicht mehr sichtbar, daher die betr. Linien fortgelassen.
[2] Zu ergänzen: et M.
[3] In Fig. 65 nur bis 7, weil die andern nicht sichtbar sind.
[4] In Fig. 65 fehlen für die folgenden Curven die betr. Linien und Zahlen.
[5] Dies Resumé weicht von vorhergehender Wortlaut in einigen Daten ab, dadurch zu erklären, dass die rückwärtigen Puncte als für die Construction unnöthig, nicht mit aufgezählt sind. Ausserdem sind bei G und H einige (vorher nicht genannte) Puncte hinzugefügt, die in Fig. 64 fehlen.
[6] scil: Die Augenhöhe wird in dem gen. Abstande vertical auigetragen.

ficcha lacho colofilo alto ho basso secondo che tu uoi stare auedere latesta poi tira una linea deuidente KL. hortogonalmente desocto alatesta improfilo che sia linea PQ.[1] poi pigla lariga decarta epolla contingente KL. che stia salda poi mena lalinea PQ. che laseghi impuncto A. che sira riga A. poi pigla ilfilo epollo sopra 1º delalinea A. delatesta in uno occhio scintende sempre edoue bacte sulariga segna 1º mecti ilfilo sopra 2 e 16. delalinea A. doue bacte sulariga fa 2 e 16. tira ilfilo sopra 3 e 15. delalinea A. doue bacte sulariga puncta 3 e 15. duci ilfilo sopra 4 e 14. delalinea A. edobacte sulariga segna 4 e 14. poni ilfilo sopra 5 e 13 delalinea A. doue bacte sulariga scriui 5 e 13. mena ilfilo sopra 6 e 12. delalinea A. edobacte sulariga fa 6 e 12. porta ilfilo sopra 7. delalinea A. doue bacte sulariga puncta 7. poi touia lariga et conquella nefa unaltra simile contucti quelli segni segnala A. epolle dacanto et poi togli laltra riga decarta. epolla contingente KL. poi tira PQ. che laseghi impuncto B. che sira riga B. epigla ilfilo [2] epollo sopra 1º de lalinea B. dela testa inunocchio edoue bacte sulariga fa puncto 1º poi stendi ilfilo sopra 2 e 16. delalinea B. dobacte sulariga segna 2 e 16. etira ilfilo sopra 3 e 15. delalinea B. edoue bacte sulariga fa 3 e 15. mena ilfilo sopra 4 e 14. delalinea B. dobacte sulariga puncta 4 e 14. conduci ilfilo sopra 5 e 13. delalinea B. douebacte sulariga segna 5 e 13. tira ilfilo sopra 6. delalinea B. et doue bacte sulariga scriui 6. mecti ilfilo sopra 7. delalinea B. dobacte sulariga puncta 7. leuauia lariga et conquella nefa unaltra simile epolle dacanto. epigla laltra riga decarta epolla contingente KL. poi tira PQ. che ladeuida impuncto C. et pigla ilfilo e mectilo sopra 1º delalinea C. delatesta inunocchio edoue bacte sulariga fa 1º poni ilfilo sopra 2 e 22. delalinea C. et dobacte sulariga segna 2 e 22. mena ilfilo sopra 3 e 21. delalinea C. dobacte sulariga puncta 3 e 21. mecti ilfilo sopra 4 e 20. delalinea C. doue bacte sulariga fa 4 e 20 tira ilfilo sopra 4 coltictolo e 20 coltictolo delalinea C. edoue bacte sulariga segna 4 coltictolo e 20 coltictolo stendi ilfilo sopra 5 e 19. delalinea C. doue bacte ilfilo sulariga scriui 5 e 19. duci ilfilo sopra 6 e 18. sopra 7 e 17. sopra 8. sopra 9. delalinea C. edoue bacte sulariga puncta 6 e 18. et 7 e 17. 8. 9. poi touia lariga efanne conquella unaltra simile et polle dacanto.

Et togli laltra rigadecarta epolla contingente KL. etira PQ. che latagli impuncto D. epigla ilfilo epollo sopra 1º sopra 2 e 18. sopra 3 e 17. sopra 4 e 16. sopra 5 e 15. sopra 6. sopra e 7. sopra 8. delalinea D. delatesta inuno occhio et do bacte ilfilo sulariga puncta 1º. 2 e 18. 3 e 17. 4 e 16. 5 e 15. 6. 7. 8. tucti segno persegno poi touia lariga e conquella nefa unaltra simile epolle dacanto et togli unaltra riga decarta epolla contingente KL. etira PQ. che la deuida impuncto E. che sedica riga E. poi stendi ilfilo sopra 1º sopra 1º coltictolo sopra 2 e 20. sopra 3 e 19. sopra 4 e 18. sopra 5 e 17. sopra 6. sopra 7. sopra 8. sopra 9 delalinea E delatesta inunocchio etucte queste segna sulariga doue bacte ilfilo poleua lariga e fanne conquello unaltra simile epolle dacanto poi mecti unaltra riga decarta contingente KL. elinea PQ. che laseghi impuncto F. che sia riga F. epigla ilfilo epollo sopra 1º sopra 1º coltictolo sopra 1º condoi tictoli sopra 2 e 18. sopra 3 e 17. sopra 4 e 16. sopra 5 e 15. sopra 6. sopra 7. sopra 8 dela linea F. delatesta inunocchio esegna tucte sulariga dobacte ilfilo poi leuauia lariga efanne conquella unaltra simile epolle dacanto. Et togli laltra riga decarta emectila contingente KL. poi tira PQ. che laseghi impuncto G. epigla ilfilo epollo sopra 1º sopra 2 e 16. sopra 3 e 15. sopra 3 e 15 coltictolo sopra 4 e 14. sopra 5. sopra 6. sopra 7. delalinea G. delatesta inunocchio edoue bacte ilfilo sulariga segna puncto per puncto potogli uia lariga econquella nefa unaltra simile epolle dacanto emecti unaltra riga decarta contingente KL. potira PQ. ladeuida impuncto H. che sira riga H. epigla ilfilo emectilo sopra 1 sopra 2 e 16. sopra 3 e 15. sopra 1º coltictolo sopra 2 e 16 coltictolo sopra 3 e 15 coltictolo sopra 4 e 14 sopra 5 sopra 6 sopra 7. etucti segna doue bacte ilfilo sulariga poi leua uia lariga efanne unaltra simile conquella cioe contucti quelli segni et diquelle distantie segno dasegno esegnate inuno medessimo luogo luna chelaltra et cosi scintende de tucte et polle dacanto. (Fig. 66.)

Noi aueino sulerige lalarghezza elaltezza. Vuolse hora mectere inopera nelluogo doue

---

[1] In Fig. 66 nicht angegeben, doch leicht zu ergänzen.
[2] Zu Figur 66 sind nur die auf die Curve A bezüglichen Linien u. Zahlen gegeben.

— LXII —

tu uuoli fare latesta. Adunqua tira una linea recta che sia KL. demagiore quantita chelatesta laquale deuidi perequali impuncto M. et sopra M. tira unalinea perpendiculare che sia MN. poi tira sopra KP. perpendiculare che sia KP. et laltra L. che sia LQ.[1] poi pigla ledorige A. decarta eponne una contingente KP. laltra contingente LQ. et A detucte do continga KL. efa che stieno bensalde. actaccate colacera poi togli lariga A delegno epolla sopra ledorige contingente 1º de tucte do et M. delariga continga lalinea MN. et questo seintende sempre de M. che intucte lerige delegno seponga contingente lalinea MN. benche non sedica. adunqua doue combascia 1º delariga delegno fa puncto 1º [2] quando dico combascia sempre seindente lisegni delariga delegno. hora mena lariga contingente 2 e 16 dele dorige edocombascia 2 delariga puncta 2 doue combascia 16 fa 16. tira lariga contingente 3 e 15. dele dorige doue combascia 3 segna 3 docombascia 15 puncta 15. conduci lariga contingente 4 e 14. dele dorige et docombascia 4 poni 4. docombascia 14 fapuncto 14. mecti lariga contingente 5. dele dorige edocombascia 5 fa 5 tira larigha contingente 6 dele dorige edoue combascia 6 segna 6. mecti larigha contingente 7 dele dorighe edoue combascia 7 puncta 7. commo sedicte che M. contingha sempre lalinea MN. poi touia lerighe A. epolle dacanto. poi pigla ledorighe B. decarte eponne una contingente KP. laltra LQ. et B. de tucte do continga lalinea KL. poi togli lariga B. delegno epolla contingente 1º detucte do lerighe et M. contingha sempre lalinea MN. et doue combascia 1º delarigha delegno fa 1º tira larigha contingente 2 e 16. deledorighe edo combascia 2. mecti 2. doue combascia 16. segna 16 mena larigha contingente 3 e 15. deledorighe edoue combascia 3 fa 3 docombascia 15 puncta 15. poni larigha contingente 4 e 14. dele dorighe edocombascia 4 poni 4. docombascia 14 puncta 14. tira larigha contingente 5 dele dorighe edocombascia 5 fa 5. mecti larigha contingente 6. dele dorighe edocombascia 6 fa 6 poni larigacontingente 7 dele dorighe edoue combascia 7 fa 7 et poi leua lerighe epolle dacanto. Et togli le dorighe C. decarta eponne una contingente KP. elaltra LQ. et C. detucte do continga KL. poi pigla larigha C. delegno epolla contingente 1º dele dorighe sempre M. contingente lalinea MN. edoue combascia 1º puncta 1º mena larigha contingente 2 e 22. deledorighe edocombascia 2 fa 2 edocombascia 22 segna 22. tira larigha contingente 3 e 21. de tucte dolerighe doue combascia 3 poni 3. doue combascia 21 puncta 21. porta larigha contingente 4 e 20. dele dorighe doue combascia 4 fa 4. docombascia 20 segna 20. poni larigha contingente 4 e 20. dele dorighe doue combascia 4 collictolo fa 4 collictolo docombascia 20 collictolo poni 20 collictolo tira larigha contingente 5 e 19 de tucte do lerige do combascia 5 segna 5 docombascia 19 puncta 19 mecti larigha contingente 6 e 18. dele dorighe edoue combascia 6 puncta 6 docombascia 18 segna 18 mecti larigha contingente 7 e 17. deledorighe doue combascia 7 fa 7. doue combascia 17 poni 17. tira larigha contingente 8 dele dorighe docombascia 8 scriui 8. poni larigha contingente 9 dele dorige docombascia 9 fa 9. poi leua lerighe epolle dacanto poni ledorighe D. decarta e una contingente KP. elaltra LQ. et D. de tucte do continga KL. Et pigla larigha D. delegno fa commo ai facto conlaltre cosi fa delarigha E. et cosi fa delarigha F. et simile fa delarigha G. et delarigha H. poi poni lerige dacanto et descriui icontorni conbona forma prima isegni delarigha A 14 e 15. 15 e 16. 16 e 1º. 1º e 2. 2 e 3. 3 e 4. 4 e 5. 5 e 6. 6 e 7. quelli che fe lariga B. 14 e 15. 15 e 16. 16 e 1º. 1º e 2. 2 e 3. 3 e 4. 4 e 5. 5 e 6. 6 e 7. quelli delarigha C. 17 e 18. 18 e 19. 19 e 20. 20 e 21. 21 e 22. 19 e 20 collitolo 20 collictolo e 21. 22 e 1º 1º e 2. 2 e 3. 3 e 4. 4 e 5. 3 e 4 collictolo 4 collictolo e 5. 5 e 6. 6 e 7. 8 e 9. quelli che fe larigha D[3] 15 e 16. 16 e 17. 17 e 18. 18 e 19. 1º e 2. 2 e 3. 3 e 4. 4 e 5. 5 e 6. 6 e 7. 7 e 8. isegni che fe larigha E 16 e 17. 17 e 18. 18 e 19. 19 e 20. 20 e 1º 1º e 1º collictolo 1º collictolo e 2. 2 e 3. 3 e 4. 4 e 5. 5 e 6. 6 e 7. 7 e 8. 8 e 9. Et cosi fa quelli chai segnati colariga F. ecollarigha G. ecollariga H. Et perche commo edicto po interuenire che tirando ilfilo sopra decirculi nelprincipio ho nelfine delacosa noncontingeria

---

[1] In Fig. 67 nicht angegeben, doch leicht zu ergänzen.
[2] In Fig. 67 sind natürlich nur die sichtbaren Puncte auch diese nur theilweise soweit zur Verfolgung des Verlaufs der Curven notwendig, bezeichnet.
[3] Vgl. die frühere Bemerkung betreffs der Curve D.

sopra adalcuno segno perho che lelinee ultime che separtano dalocchio abbracciano tucta lacosa contingentemente siche auenendo che ilcontacto loro nonfusse sopra isegni facti. Ma che la prima linea cio e illilo contingesse illilo tra 14 e 15. dico che nelsuo contacto segni 14 et quello medessimo segna sulatesta inunocchio et cosi inquella che infaccia tenendo ilnodo che facesti cio e che tu pigli la quantita che da 1º che sulalinea ad 14 che tuai segnata nelcontacto delcirculo et ponghila dalalinea P. sulalinea correspondente alcirculo sefusse circulo A. sulalinea A. delatesta inunocchio esegna 14 et selultima contingesse tra 6 e 7. segna nelcontacto 7. efa ilsimile et poi leponi sulatesta infaccia togliendo quella quantita che e da linea MN. ad 14. dequello circulo eponare daladestra de 1º delatesta infaccia 14. edasenistra 7. et cosi fa sempre intucti iercuti. (Fig. 67.)

Et perche latesta che se facta he senza alcuno pende intendo che sene facci unaltra et abbia doi mouimenti che salzi dinanzo et penda inuncanto et che ella non sia equidistante altermine perlaquale porrai comprendere tucti gliatri mouimenti delatesta. Tuai latesta inunocchio laquale fu facta perla precedente che ha 8. linee altrauerso che sono A. B. C. D. E. F. G. H. ciascuna colisuoi segni. alaquale tira una linea che continga lapuncta delnaso e ilmento che sedica linea IP. che facci pendare latesta inderieto quanto tepiaci che penda latesta et sopra lalinea IP. mena una linea perpendiculare contingente lasommita delatesta che sia linea z. senza termine poi tira 1º 2. 3. 4. 5. 6. 7. 8. 9. delalinea A. delatesta inunocchio tucte equidistante lalinea z. senza termine legirmente collo piombo. poi tira unalinea perpendiculare deuidente lalinea z. adangolo recto che sia MN. poi tira una linea perpendiculare contingente la puncta delnaso delatesta inunocchio deuidente lalinea A.[1] adangolo recto che sia linea TV. et poi togli laquantita delalinea TV. ad 2. delalinea A. delaprima testa infaccia che fu facta per la precedente[2] cosi scintendo sempre mai et poni ilpie delsexto sopra lalinea MN. et conlaltro pie segna sulalinea che uene da 2. delatesta inunocchio esegna daladestra de MN 16. et dasenistra 2. poueti quello che dalalinea TV. ad 3. delalinea A. eponi ilpie delsexto sopra MN. lalinea scintende sempre efa sulalinea uscente da 3. da destra 15. eda senistra 3. tolaquantita che dalalinea TV. ad 4. delalinea A. epolla sulalinea uenente da 4. dela destra de MN. 14. dela scinistra 4. pigla lamesura dalalinea TV. ad 5. delalinea A. esegna sulalinea che uene da 5. deladestra 13. dasenistra 5. uedi quanto e dalalinea TV. ad 6. delalinea A. e puncta sulalinea uscente da 6. da destra 12. dasenistra 6. pigla la quantita da TV. ad 7. delalinea A. epolla sulalinea uenente da 7. da destra a MN. fe 11. da senistra 7. tolaquantita che dalalinea TV. ad 8. delalinea A. e segna sulalinea che separte da 8. dadestra de MN. 10. dasenistra 8. et segna 9. doue che lalinea uene da 9. sopra lalinea MN. poi fa 1º doue che lalinea che uene da 1º tagla lalinea MN. et abiamo lalinea A. hora perlalinea B. tira 1. 2. 3. 4. 5. 6. 7. 8. 9. tucte equidistante lalinea z. ligiermente dapoi pigla laquantita da TV cioe lalinea scintende ad 2. da TV. ad 3. da TV. ad 4. da TV. ad 5. da TV. ad 6. da TV. ad 7. da TV. ad 8. da TV. ad 9. delalinea B. delatesta in faccia eponi sulalinea che uene da 2. daladestra de MN. segna 16. dalasenistra 2. esulalinea che esci da 3. segna dadestra de MN. 15. dasenistra 3. esulalinea che uene da 4. fa dala destra de MN. 14. da senistra 4. et sulalinea che separte da 5. puncta dala destra 13. da senistra 5. esulalinea chesci da 6. segna daladestra 12. dala senistra 6. e sulalinea che separte da 7. fa dala destra de MN. 11. et dasenistra 7. esulalinea uscente da 8. poni dala destra 10. edasenistra 8. edoue che lalinea che uene da 9. accide MN. fa 9. e doue sega quella che uene da 1º fa 1º. Et cosi fa delalinea C. delalinea D.[3] delalinea E. delalinea F. delalinea G. delalinea H. et aurai latesta infaccia commo pendere delaquale ilprimo che e A. giro sira 1º. 2. 3. 4. 5. 6. 7. 8. 9. 10. 11. 12. 13. 14. 15. 16. ilsecondo che B. equello medessimo et giro C. e 1º. 2. 3. 4. e 4. collictolo 5. 6. 7. 8. 9. 10. 11. 12. 13. 14. 15. 16. 17. 18. 19. 20. e 20. choltictolo 21. 22. quelli delgiro D. sono 1º. 2. 3. 4. 5. perfine in 18. quelli delgiro E. sono 1º. 1º. collictolo perfine a 20. quelli

---

[1] Vgl. Fig. 63 u. 64.
[2] Vgl. Fig. 64.
[3] Im vorliegendem Falle ist die durch den Nasenhöcker gelegte Schnittcurve mitbenutzt. (Vgl. Fig. 68.)

— LXIV —

delgiro F. sono da 1º e 1º colticlolo e 1º con doi lictuli perfine ad 18. quelli delgiro G. sia 1. 2. 3. 3 colticlolo 4. 5. 6. 7. 8. 9. 10. 11. 12. 13. 14. 15. colticlolo 15. 16. il giro II. 1. 2. 3. 1º. colticlolo 2. colticlolo 3. 4. 5. 6. 7. 8. 9. 10. 11. 12. 13. 14. 15. 16. colticlolo.[1] (Fig. 68.)

Hora torna alatesta inunocchio et tira 1º. 2. 3. 4. 5. 6. 7. 8. 9. delalinea A. della testa inunocchio equidistante lalinea IP. ligiermente che passi socto latesta ildoppio delatesta sopra lequali linee mena laperpendiculare che sia MN. poi poni latesta infaccia che tuai facta disopra epolla sopra queste linee che continga colla parte desopra lalinea MN. cio e. che la stia pendente quanto te piaci che lapenda sopra alle dicte linee.[2] Et perche lalinea MN. eperpendiculare sopra lelinee uscenti dalisegni delalinea A. della testa inunocchio uoglo che lascrua amesurare tucte do leteste et pero quando dico togli laquantita che he perfine ad 2. o 3. o 4. quante sesieno che scintenda che sepunga. unopie delsexto sulalinea MN. et conlaltro pie secontinga ilsegno. Et quando dico polla o mecti o segna o fa o puncta sulalinea uscente che seintenda che tu ponga pure ilsexto sulalinea MN. esegni conlaltro pie quella quantita sulalinea uscente.[3] adunqua togli laquantita da MN. ad 5. delalinea A. epolla sulalinea uscente da 5. esegna 5. poi togli la quantita che da MN. ad 6. delalinea A. emecti ilpie delsexto sulalinea MN. conlaltro sulalinea uscente da 6. efa puncto 6. et poni ilsexto sulalinea MN. elaltro pie stendi fine a 7. delalinea A. poni uno pie delsexto sulcontacto che fa lalinea MN. conlalinea uenente da 7. econlaltro fa 7. pigla la quantita da MN. ad 8. delalinea A. emectila sulalinea che separte da 8. esegna 8. mesura da MN. ad 9. dela linea A. equella quantita poni sulalinea deriuante da 9. epuncta 9. uedi quanto e da MN. ad 10. delalinea A. esulalinea uscente da 10. fa 10. uequellche e da MN. ad 11. et sulalinea uenente da 7. segna 11. togli laquantita che da MN. ad 12. delalinea A. et polla sulalinea uscente da 6. esegna 12. mesura quanto e da MN. ad 13. delalinea A. esulalinea uscente da 5. fa 13. uedi quanto e da MN. ad 14. delalinea A. emetila sulalinea uenente da 4. puncta 14. togli laquantita che da MN. ad 15. delalinea A. epolla sulalinea che uene da 3. esegna 15. uedi quanto e da MN. ad 16. delalinea A. esulalinea che uene da 2. fa 16. tolamesura da MN. ad 1º. delalinea A. esegna sulalinea che separte da 1º 1º. pigla laquantita che da MN. ad 2. delalinea A. esulalinea che uene da 2. puncta 2. mesura da MN. ad 3. esulalinea uenente da 3. puncta 3. tolaquantita da MN. ad 4. delalinea A. equella segna sulalinea uscente da 4. facendo 4. hora fa il contorno A.[4] prima tira. 1 e 2. 2. e 3. 3. e 4. 4. e 5. 5. e 6. 6. e 7. 7. e 8. 8. e 9. 9. e 10. 10. e 11. 11. e 12. 12. e 13. 13. e 14. 14. e 15. 15. e 16. 16. e 1º. et ai il ciro A. hora perlogiro B. torna alatesta inunocchio et tira dalalinea B. 1º. 2. 3. 4. 5. 6. 7. 8. 9. tucte equidistante alalinea I. P. senza termine. poi togli laquantita da MN. ad 1º delalinea B. epolla sulalinea uenente da 1º efa 1º. pigla laquantita che da MN. ad. 2. delalinea B. esulalinea uscente da 2. segna 2. uedi laquantita da MN. ad 3. delalinea B. esulalinea deriuante da 3. puncta 3. mesura quanto e da MN. ad 4. delalinea B. epolla sulalinea che separte da 4. fa 4. pigla laquantita da MN. ad 5. delalinea B. esulalinea che uene da 5. puncta 5. mesura da MN. ad 6. delalinea B. equella poni sulalinea che separte da 6. esegna 6. poi togli laquantita che da MN. ad. 7. delalinea B. esulalinea uscente da 7. fa puncto 7. pigla lamesura de MN. ad 8. delalinea B. eportala sulalinea che uene da 8. delalinea B. epuncta 8. pigla laquantita da MN. ad 9. edulla sulalinea uscente da 9. delalinea B. efa 9. uedi quello che da MN. ad 10. delalinea B.

---

[1] In Fig. 68 sind verschiedene Puncte, die keine besondere Bedeutung haben, in der Voderansicht fortgelassen.
[2] Vgl. Fig. 69.
[3] Fig. 69 ist nicht ganz verständlich, daher die punctirten Linien hinzugefügt sind. Es handelt sich um die Construction des Profils mittelst der Vorderansicht. Die Bezeichnung MN. hat dem Sinn des Textes entsprechend eine doppelte Bedeutung, wie aus Fig. ersichtlich: beide Längen sind überdies als gleich vorauszusetzen.
[4] Das ist in Fig. 69 nicht geschehen: den betr. Zahlen sind nur die vordern sichtbaren Puncte beigegeben. Bei der geringen seitlichen Neigung erscheinen die Schnittcurven in der Projection allerdings noch beinahe gradlinig, so dass sie sich vom Profil Fig. 18 kaum unterscheidet.

emecti la sulalinea deriuante da 8 delalinea B. esegna 10. potogli laquantita da MN. ad 11. epolla sulalinea che esci da 7. delalinea B. epucta 11. tolamesura da MN. ad 12. emectila sulalinea che separte da 6. delalinea B. efa 12. et togli laquantita da MN. ad 13. esegna sulalinea uenente da 5. 13. pigla lamesura da MN. ad 14. epolla sulalinea uscente da 4. delalinea B. eponi 14. pigla laquantita che da MN. ad 15. delalinea B. epolla sulalinea che uene da 3. delalinea B. epuncta 15. uedi quanto e da MN. ad 16. delalinea B. esulalinea uenente da 2. delalinea B. segna 16. Et ai facto ilgiro B. tira 1º e 2. 2 e 3. 3 e 4. 4 e 5. 5 e 6. 6 e 7. 7 e 8. 8 e 9. 9 e 10. 10 e 11. 11 e 12. 12 e 13. 13 e 14. 14 e 15. 15 e 16. 16 e 1º.[1] Questo e ilcirculo B. hora perlogiro C. tira dalalinea C. delatesta inunocchio. 1. 2. 3. 4. 5. 6. 7. 8. 9. 10. 11. 12. tucte equidistante lalinea IP. senza termine ligiermente. poi pigla la quantita da MN. ad 1º della linea C. della testa infaccia epolla sulalinea deriuante da 1º delalinea C. et segna 1º poi uedi quanto e dalalinea MN. ad 2. delalinea C. emectila sulalinea uenente da 2. delalinea C. epuncta 2. togli laquantita che da MN. ad 3. delalinea C. edulla sulalinea uscente da 3. delalinea C. efa 3. mesura da MN. ad 4. equella quantita poni sulalinea che separte da 4. delalinea C. esegna 4. poi togli laquantita da MN. ad 5. delalinea C. et segna 5. sulalinea che uene da 5. delalinea C. uedi quanto e da MN. ad 6. delalinea C. econdulla sulalinea uscente da 6. delalinea C. efa 6. potogli laquantita da MN. ad 7. delalinea C. epolla sulalinea che uene da 7. delalinea C. epuncta 7. mesura da MN. ad 8. delalinea C. esegna 8. sulalinea che separte da 8. delalinea C. pigla laquantita da MN. ad 9· dela linea C. epolla sulalinea uscente da 9. delalinea C. epuncta 9. uedi quanto he da MN. ad 10. delalinea C. edulla sulalinea che uene da 10. delalinea C. efa 10. togli laquantita che da MN. ad 11. delalinea C. equello poni sulalinea deriuante da 11. delalinea C. esegna 11. pigla lamesura da MN. ad 12. delalinea C. esegna 12. sulalinea uscente da 12. togli laquantita da MN. ad 13. delalinea C. equella poni sulalinea che separte da 11. delalinea C. efa 13. uedi quanto e da MN. ad 14. delalinea C. epolla sulalinea uenente da 10. delalinea C. epuncta 14. togli laquantita che da MN. ad 15. delalinea C. emecti la sulalinea chesci da 9. delalinea C. esegna 15. poi uedi quel che da MN. ad 16. delalinea C. epolla sulalinea che uene da 8. delalinea C. epuncta 16. pigla lamesura da MN. ad 17. delalinea C. edulla sulalinea uscente da 7. delalinea C. efa 17. pigla laquantita che da MN. ad 18. delalinea C. equella mecti sulalinea uenente da 6. delalinea C. efa puncto 18. togli laquantita da MN. ad 19. delcirculo C. epolla sulalinea uscente da 5. delalinea C. esegna 19. etogli lamesura da MN. ad 20. delalinea C. equella mecti sulalinea deriuante da 4. delalinea C. epuncta 20. mesura quanto e da MN. ad 20. coltictolo delalinea C. epolla sulalinea che uene da 4. coltictolo efa 20. coltictolo uedi quanto he da MN. ad 21. delalinea C. esegna sulalinea uenente da 3. delalinea C. 21. togli laquantita da MN. ad 22. equesta poni sulalinea che separte da 2. esegna 22. Et ai ilcirculo tira. 1º e 2. 2 e 3. 3 e 4. 4 coltictolo 4 coltictolo e 5. 5 e 6. 6 e 7. 7 e 8. 8 e 9. 9 e 10. 10 e 11. 11 e 12. 12 e 13. 13 e 14. 14 e 15. 15 e 16. 16 e 17. 17 e 18. 18 e 19. 19 e 20. 20 e 20 coltictolo 20 e 21. 21 e 22. 22 e 1º. questo e ilcirculo C.

Selelinee de questi tre circuli che tu tiri te non passaro tanto che tu non le discernesse bene una dalaltra togli uno pezzo decarta necta et polla contingente MN. che passi lalinea IP. et non tochi la testa inunocchio et ataccala bene collacera che stia salda. poi tira lalinea IP. che passi su perla dicta carta et tira 1º. 2. 3. 4. 5. 6. 7. 8. 9. 10. delalinea D. delatesta inunocchio tucte equidistante IP. senza termine legiermente poi togli laquantita da MN. ad 1º delalinea D. dela testa in faccia epolla sulalinea uscente da 1º. delalinea D. efa 1º poi mesura da MN. ad 2. delalinea D. emectila sulalinea che uene da 2. delalinea D. esegna 2. et cusifa perfine ad 18. seguendo ilmodo dicto. poi tira 1º e 2. 2 e 3. 3 e 4. 4 e 5. 5 e 6. 6 e 7. 7 e 8. 8 e 9. 9 e 10. 10 e 11. 11 e 12. 12 e 13. 13 e 14. 14 e 15. 15 e 16. 16 e 17. 17 e 18. 18 e 1º. et ai ilcirculo D. hora tira 1º. 2. 3. 4· 5. 6. 7. 8. 9. 10. 11. delalinea E. tucte equidistante IP. senza termini poi pigla tucte lequantita delalinea E. delatesta infaccia epolle sulelinee uscenti segnando sicommo nellaltre che sira circulo E. poi

---

[1] Vgl. die vorherige Bemerkung.

tira 1° e 1° colticlolo e condoi ticloli 1° e 2. 2 e 3. 3 e 4. 4 e 5. 5 e 6. 6 e 7. 7 e 8. 8
e 9. 9 e 10. 10 e 11. 11 e 12. 12 e 13. 13 e 14. 14 e 15. 15 e 16. 16 e 17. 17 e 18. 18
e 19. 19 e 20. 20 e 1°. questo e ilcirculo E. hora per lalinea F. delatesta in unocchio tira
1° e 1°. colticlolo e 1°. condoiticluli 3. 4. 5. 6. 7. 8. 9. luctecquidistante IP. senza termine et
tucte lequantita che sono sulalinea F. delatesta infaccia segna sulelinee deriuante dalalinea F.
delatesta inunocchio. poi tira 1° e 1° colticlolo e 1° con doi ticloli et 2. 2 e 3. 3 e 4. 4 e 5.
5 e 6. 6 e 7. 7 e 8. 8 e 9. 9. e 10. 10 e 11. 11 e 12. 12 e 13. 13 e 14. 14 e 15. 15
e 16. 16 e 17.[1] questo e ilcirculo F. hora fa qualche segno sulacarta che tuponesti et che
parte desegni sieno sula carta desocto accio che quando bisognara lariponga nelmedessimo
luogo poi laleua cripolla daparte epigla unaltra carta necla epolla inquello medessimo luogo
et tira IP. che laseghi commo laltra. potira 1°. 2. 3. 4. 5. 6. 7. 8. 9. delalinea G. tucte
equidistante IP. poi togli tucte laquantita che sono sulalinea G. delatesta infaccia epolle sulelinee uscenti dalalinea G. delatesta inunocchio che serano 1 e 2. 2 e 3. 3 e 3 colticlolo 3 e 4. 4 e 5.
5 e 6. 6 e 7. 7 e 8. 8 e 9. 9 e 10. 10 e 11. 11 e 12. 12 e 13. 13 e 14. 14 e 15. 15 e 16.
16 e 1°. questo e ilcontorno G. Et cosi fa desegni delalinea H. delatesta inunocchio tira
tucti equidistante IP. eponti su tucte lequantita che sono sulalinea H. delatesta infaccia.
epoi tira 1° e 2. 2 e 3. 3 e 3 colticlolo 1°. colticlolo e 2 colticlolo e 3 con doi ticloli 3 e 4.
4 e 5. 5 e 6. 6 e 7. 7 e 8. 8 e 9. 9 e 10. 10 e 11. 11 e 12. 12 e 13. 13 e 14. 14 e 15.
15 e 16. 16 e 1°. hora a feniti tucti i contorni. (Fig. 69.)

Voglase hora ponare sopra lerighe[2] pero tira unalinea apresso lalinea IP. che
non sia equidistante ad IP. laquale sia KL. che sia termine doue sedebba ponere
lerighe delegno et poi le delunga tanto da KL. quanto tu uuoli stare delungi
auedere latesta et li fa puncto O. nelquale ficcha lacho colfilo commo nelle passate poi
mecti lariga delegno contingente KL. poi pigla ilfilo eseguita ilmodo passato segnando doue bacte ilfilo sulariga et M. che sia righa H. poi leua lariga epolla dacanto eponi
lariga G. contingente KL. poi pigla ilfilo epollo sopra isegni delgiro G. esopra M. etobacte
sularigha segna et touia lariga et lacarta doue sono i contorni G. e H. epolle dacanto.
Poi togli lacarta doue sono i contorni D. E. F. et ripolla inquello luogo medessimo doue
era quando la segnasti che contingha quelli segni che facesti. poi togli lariga delegno segnata F. epolla contingente KL. che stia ferma poi pigla ilfilo epollo sopra isegni delcirculo F.
cio e principiando nelcontacto e nelcontacto fenire et segna tucti sularigha doue bacte ilfilo et M.
eleua lariga epolla dacanto. et togli lariga E. epolla contingente KL. et pigla ilfilo efa ilsimile.
cosi fa delariga D. et polle dacanto eleua uia lacarta doue sono ilre contorni D. E. F. poi
togli lariga C. delegno emectila contingente KL. etogli ilfilo epollo sopra de segni delcirculo C.
esopra M. etucti segna sularigha C. poi laleua epolla dacanto et cusifa delcirculo B. segna
sularigha B. equelli delcirculo A. segna sularigha A. et polle dacanto. Et ai lelarghezze sopra
lerighe tuai sularigha A. 14. 15. 16. 1°. 2. 3. 4. 5. 6. 7.[3] e sulariga B. quello medessimo.
et sulariga C. ec 17. 18. 19. 20. 20 colticlolo 21. 22. 1°. 2. 3. 4. 4 colticlolo 5. 6. 7. 8.
9. lariga D. 15. 16. 17. 18. 1°. 2. 3. 4. 5. 6. 7. 8. esulariga E. e 16. 17. 18. 19. 20. 1°.
1°. colticlolo 2. 3. 4. 5. 6. 7. 8. 9. sulariga F. ec 16. 17. 18. 1°. 1°. colticlolo 1° condoi
ticloli[4] 2. 3. 4. 5. 6. et sulariga G. ec 1°. 2. 3. 3 colticlolo 4. 5. 6. 7. sulariga H. ec
1° e 1°. colticlolo 2 colticlolo 3. 4. 5. 6. 7.[5] Queste sono lelarghezze de tucti icirculi iquali
scuoglono ponere sulerighe. (Fig. 70.)

Hora per trouare laltezza tira prima unalinea equidistante KL. contingente lapuncta
delnaso delcontorno E. che e producto dalatesta in unocchio et dala testa infaccia che sia
linea RS. poi tira una linea recta che sia TV. laquale deuidi impuncto x. che sia Vx. la-

---

[1] Zu erg. 17 e 18; 18 e 1.
[2] Die Horizontalschnitte Fig. 70 sind naturgemäss durch Entnehmen der resp. Coordinaten aus den beiden Projectionen Fig. 69 gebildet.
[3] scil. mit Weglassung der unsichtbaren Puncte: so auch im Folgenden.
[4] Aus bekanntem Grunde fehlen die 3 letzten in Fig. 69.
[5] Bei G und H sind im Text die Puncte der rechten Seite vergessen. (15. 16. 15⁰ 16⁰.)

— LXVII —

quantita de do teste ho circa. et sopra x tira y perpendiculare che diremo linea xy. dapoi pigla ilsexto eponi uno pie sopra lalinea RS. elaltro stendi contingente 14. del circulo A. impropia forma cosi scintende sempre che tu ponga ilpie delsexto sopra RS. et conlaltro continge ilsegno et pollo sopra xV. che sia x e 14. questo seintende sempre che quella quantita che tu togli da RS. sulcirculo che liponga sulalinea xV. Togli laquantita da RS. ad 15.[1] epolla sopra xV. esegna 15. togli laquantita da RS. ad 1°. esegna sulalinea xV. 1°. uedi quanto e da RS. ad 6. emectilo sulalinea xV. efa 6. pigla laquantita da RS. ad 7. epolla sopra xV. epuncta 7. tira 14. 15. 1°. 6. 7. tucte equidistante xy. senza termine piu lunghe che la testa segnata A.[2] Tuai latesta infaccia et sopra lalinea che separte dalzucho delatesta in unocchio contingente il zucho de circuli che deuide lalinea MN. hortogonalmente laquale diremo linea ρψ.[3] hora pigla laquantita che dalalinea ρψ. ad 14. delalinea A. delatesta infaccia epolla sulalinea uscente da 14. delalinea xV. epuncta 14. poi tolaquantita da ρψ. ad 15. delalinea A. emectila sulalinea che uene da 15. dela linea xV. efa 15. pigla laquantita da ρψ ad 16. delalinea A. et polla sula linea che esci da 16. delalinea xV. efa 16. pigla laquantita de ρψ ad 1°. emectila sulalinea che separte da 1°. delalinea xV. esegna 1°. et uedi quanto e da ρψ ad 6. esegna sulalinea uenente da 6. delalinea xV. epuncta 6. tola mesura de ρψ ad 7. epolla sulalinea deriuante da 7. delalinea xV. efa 7. queste sono delalinea A. hora pigla laquantita da RS. ad 14. delcirculo B. seintende et mecti sulalinea xV. che sia 14. che sericognoscha daleprime. popigla laquantita da RS. ad 15. delcirculo B. epolla sulalinea xV. epuncta 15. uedi quanto e da RS. ad 1°. delcirculo B. esegna sulalinea xV. 1°. tolamesura da RS. ad 6. delcirculo B. emectila sulalinea xV. efa 6. togli laquantita da RS. ad 7. delcirculo B. esegna sulalinea xV 7. et poi letira tucte equidistante xy. segnate alacinea tucte B. et poi togli laquantita dalalinea ρψ ad 14. delalinea B. delatesta in faccia epolla sulalinea che uene da 14. delalinea xV. efa 14. pigla laquantita da ρψ ad 15. epolla sulalinea che esci da 15. delalinea xV. esegna 15. mesura quanto e da ρψ ad 1°. esegna sulalinea che separte da xV 1°. pigla laquantita che da ρψ ad 6. epolla sulalinea che uene da 6. et puncta 6. togli laquantita da ρψ ad 7. eportala sulalinea uscente da 7. delalinea xV. esegna 7.[4] Poi pigla laquantita da RS. ad 16. delcirculo C. epolla sulalinea xV. esegna 16. togli laquantita da RS. ad 17. epolla sulalinea xV. epuncta 17. tolaquantita da RS. ad 18. delcirculo C. emectila sulalinea xV efa 18. pigla mesura da RS. ad 19. delcirculo C. esegna sulalinea xV. 19. togli laquantita da RS. ad 20. del circulo C. epolla sulalinea xV. efa 20. uedi quanto e da RS. ad 20. coltictolo emectilo sulalinea xV. epuncta 20 coltictolo. togli laquantita da RS. ad 21. delcirculo C. equella quantita poni sulalinea xV. esegna 21. mesura quanto e da RS. a 22. delcirculo C. epolla sulalinea xV. efa 22. pigla laquantita da RS. ad 1°. delcirculo C. equella mecti sulalinea xV. efa 1°. togli laquantita da RS. ad 2. delcirculo C. et polla sulalinea xV. segnando 2. pigla lamesura da RS. ad 3. delcirculo C. esegna sulalinea xV. 3. togli laquantita da RS. ad 4. delcirculo C. equella poni sulalinea xV. epuncta 4. uedi quanto e da RS. ad 4. coltictolo delcirculo C. epuncta sulalinea xV. 4 coltictolo. pigla laquantita da RS. ad 5. delcirculo C. epolla sulalinea xV. efa 5. tolaquantita da RS. ad 6. equella poni sulalinea xV. esegna 6. mesura da RS. ad 7. delcirculo C. esegna sulalinea xV. 7. togli laquantita da RS. ad 8. delcirculo C. emectila sulalinea xV. epuncta 8. tolaquantita da RS. ad x. delcirculo C. et polla sulalinea xV. efa x.[5] Hora tira tucte queste equidistante xy. poi togli laquantita dalalinea ρψ ad[6] 17. delalinea C. delatesta infaccia epolla sulalinea uscente da

---

[1] In Figur 71 sind aus bekanntem Grunde verschiedene Puncte und Zahlen fortgelassen. Auch der Text erlaubt sich bei Aufzählung der Puncte einige Abkürzungen. Ueberdies ist die Uebereinstimmung der Maasse Fig. 70 u. 71 nur ganz oberflächlich.
[2] Diese Bereichung fehlt a a. O.
[3] scil. Die den Wirbel des Profils Fig. 69 begrenzende Verticale ist offenbar gemeint: die Uebereinstimmung der Abstände in Fig. 71 und 69 ist jedoch nvr näherungsweise.
[4] Betreffs der Nichtübereinstimmung einzelner Puncte von Text u. Fig. vgl. das am Schluss dieser Aufgabe Gesagte.
[5] In Fig. 71 nicht angegeben.
[6] Zu ergänzen das Bezügliche von 16.

17. delalinea xV. efa 17. uedi quanto e da ρψ ad 18. delalinea C. emectilo sulalinea che uene da 18. delalinea xV. esegna 18. togli laquantita da ρψ ad 19. delcirculo C. esegna sulalinea deriuante da 19. delalinea xV. 19. pigla laquantita da ρψ ad 20. delalinea C. et quella poni sulalinea che esci da 20. delalinea xV. epuncta 20. tola quantita da ρψ ad 20 coltictolo. dela linea C. emectila sulalinea che uene da 20 coltictolo dela linea xV. le puncta 20 coltictolo. tola mesura da ρψ ad 21. delalinea C. epolla sulalinea uscente da 21. delalinea xV. efa 21. togli laquantita da ρψ ad 22. delalinea C. esegna sulalinea che separte da 22. delalinea xV. 22. pigla lamesura da ρψ ad 1º. delalinea C. scintende delatesta infaccia epolla sulalinea uenente da 1º delalinea xV epuncta 1º uedi quanto e da ρψ ad 2. delalinea C. emectila sulalinea uscente da 2. delalinea xV. efa 2. togli laquantita da ρψ ad 3. delalinea C. epolla sulalinea che uene da 3. delalinea xV. esegna 3. mesura quanto e da ρψ ad 4. equella quantita poni sulalinea che uene da 4. delalinea xV. epuncta 4. poipigla laquantita da ρψ ad 4. coltictolo delalinea C. equela poni sulalinea deriuante da 4 coltictolo delalinea xV. efa 4 coltictolo tolamesura da ρψ ad 5. epolla sulalinea chesci da 5. delalinea xV. esegna 5. uedi quanto e da ρψ ad 6. delalinea C. equello poni sulalinea che separte da 6. delalinea xV. efa 6. mesura quanto e da ρψ ad 7. emectilo sulalinea deriuante da 7. delalinea xV. epuncta 7. togli laquantita che da ρψ ad 8. equella poni sulalinea uenente da 8. delalinea xV. esegna 8. pigla laquantita da ρψ ad x. delalinea che uene da x. delalinea xV. efa x.¹ hora togli laquantita da RS. ad 15. delcirculo D. epollo sulalinea xV. esegna 15. poi tolamesura da RS. ad 18.¹ delcirculo D. emectila sulalinea xV. efapuncta 18. pigla laquantita da RS. ad 1º delcirculo D. epolla sulalinea xV. efa 1º. poi togli laquantita da RS. ad 2. delcirculo D equella poni sulalinea xV. epuncta 2. tola quantita da RS. ad 7. epolla sulalinea xV. esegna 7. tola mesura da RS. ad x. delcirculo D. equella poni sulalinea xV. epuncta x. et da tucti questi segni tira linee equidistante xy. senza termine che sieno linee D. poi togli laquantita da ρψ ad 15. delalinea D. dela testa infaccia epolla sulalinea uscente da 15. efa 15. togli laquantita da ρψ ad 18. delalinea D. et mectila sulalinea che uene da 18. delalinea xV. esegna 18. togli lamesura da ρψ ad 1º delalinea D. edullo sulalinea che separte da 1º delalinea xV. epuncta 1º uedi quanto e da ρψ ad 2. delalinea D. equello poni sulalinea che esci da 2. delalinea xV. efa 2. pigla laquantita da ρψ ad 6. delalinea D. equela poni sulalinea uenente da 6. delalinea xV. epuncta 6. tolaquantita da ρψ ad 7. delalinea D. epolla sulalinea che separte da 7. delalinea xV. esegna 7. uedi quanto e da ρψ ad x. delalinea che uenda x. delalinea xV. efa x. perlocirculo E. delalarghezza pigla laquantita che da RS. ad 16. delcirculo E. emectila sulalinea xV. epuncta 16. tolaquantita da RS. ad 19. delcirculo E. polla sulalinea xV. efa 19. tolamesura da RS. ad 20. delcirculo E. equella poni sulalinea xV. esegna 20. pigla laquantita da RS. ad 1º delcirculo E. emectila sulalinea xV. efa 1º mesura da RS. ad 1º coltictolo esegna sulalinea xV. 1º coltictolo togli laquantita da RS. ad 2. epolla sulalinea xV. segnando 2. uedi quanto e da RS. ad 3. delcirculo E. esegno sulalinea xV. 3. pigla laquantita da RS. ad 7. delcirculo E. epuncta 7. sulalinea xV. uedi quanto e da RS. ad y delcirculo E esegna sulalinea xV. y.¹ tolamesura da RS. ad 8. delcirculo E. equela poni sulalinea xV. efa 8. togli laquantita da RS. ad 9. delcirculo E. esegna sulalinea xV. 9.² et datucti questi segni mena linee equidistante xy. segnate tucte E. poi torna alatesta infaccia et pigla laquantita che da ρψ ad 16. delalinea E. delatesta infaccia cosi scintende et polla sulalinea uenente da 16. delalinea xV. epuncta 16. tola quantita da ρψ ad 19. delalinea E. efa puncto sulalinea uscente da 19. delalinea xV. uedi quanto e da ρψ ad 20. delalinea E. epollo sulalinea deriuante da 20. delalinea xV. esegna 20. togli laquantita da ρψ ad 1º. delalinea E. edulla sulalinea che separte da 1º delalinea xV. epuncta 1º. et mesura quanto e da ρψ ad 1º coltictolo delalinea E. et condullo sulalinea che uene da 1º coltictolo efa 1º coltictolo. uedi quanto e da ρψ ad 2. delalinea E. esegna 2. sulalinea deriuante da 2. de lalinea xV. pigla laquantita da ρψ ad 3 delalinea E. esegna sulalinea che uene da 3. delalinea xV. 3. uedi quanto e da ρψ ad 7. delalinea E. emectila

---

¹ Einzelne Puncte der Figur sind im Text nicht genannt.
² Der Text kürzt wie vorher in Angabe der betr. Zahlen ab. Ebenso fehlen in Figur 71 einzelne der im Text genannten Puncte.

sulalinea uscente da 7. delalinea xV. efa 7. mesura quanto e da ρ ψ ad y delalinea E. equello poni sulalinea chesci da y. delalinea xV. esegna y. uedi laquantita che da ρ ψ ad 8. delalinea E. equella poni sulalinea chesci da 8 delalinea xV. epuncta 8. pigla laquantita da ρ ψ ad 9. delalinea E. emectila sulalinea che uene da 9. delalinea xV. esegna 9. hora perlocirculo F. pigla laquantita a RS. ad 14. delcirculo F.[1] epolla sulalinea xV. esegna 14. togli laquantita da RS. ad 16. delcirculo F. equella poni sulalinea xV. epuncta 16. pigla lamesura da RS. ad 1º epollo sulalinea xV. efa 1º. pigla laquantita da RS. ad 1º coltictolo edullo sulalinea xV. epuncta 1º coltictolo uedi quanto da RS. ad 1º condoi tictuli eportalo sulalinea xV. efa 1º condoi tictuli togli. laquantita da RS. ad 2. epolla sulalinea xV. esegna 2. uedi quanto e da RS. ad 5. delcirculo F. educilo sulalinea xV. epuncta 5. togli lamesura da RS. ad 6. delcirculo F. emectila sulalinea xV. efa 6. pigla laquantita da RS. ad 7. delcirculo F. epolla sulalinea xV. esegna 7. poi tira datucti questi segni linee equidistante xy. tucte segnate F. dapoi ua alatesta infaccia euedi laquantita che da ρ ψ ad 14. delalinea F. delatesta infaccia epolla sulalinea uscente da 14. delalinea xV. epuncta 14. to laquantita da ρ ψ ad 16. delalinea F. emectila sulalinea che uenla 16. delalinea xV. esegna 16. ued quanto e da ρ ψ ad 1º. delalinea F. et polla sullalinea deriuante da 1º. delalinea xV. epuncta 1º. pigla laquantita da ρ ψ ad 1º coltictolo delalinea F. equella poni sulalinea che esci da 1º coltictolo delalinea xV. esegna 1º coltictolo. mesura da ρ ψ ad 1º condoitictoli emectila sulalinea che separte da 1º condoi tictoli delalinea xV. efa 1º condoi tictoli. togli laquantita che da ρ ψ ad 2. delalinea F. epolla sulalinea uenente da 2. delalinea xV. epuncta 2. uedi quanto e da ρ ψ ad 5. delalinea F. educila sulalinea uscente da 5. delalinea xV. efa 5. pigla lamesura da ρ ψ ad 6. delalinea F. esegna sulalinea cheuenda 6. delalinea xV. 6. pigla laquantita da ρ ψ ad 7. delalinea F. epolla sulalinea chesci da 7. delalinea xV. esegna 7. hora perlocirculo G. togli laquantita da RS. ad 14. delcirculo G. emectila sulalinea xV. efa 14.[1] uedi laquantita da RS. ad 15. delcirculo G. epollo sulalinea xV. epuncta 15. mesura da RS. ad 15. et 15. coltictolo eponi queste quantita sulalinea xV. efa 15 e 15. coltictolo[2] togli lamesura da RS. ad 16. delcirculo G. esegna sulalinea xV. 16. uedi quanto e da RS. ad 1º. delcirculo G. emecti sulalinea xV. pigla laquantita da RS. ad 2. delcirculo G. emectita sulalinea xV. efa 2. tolaquantita da RS. ad 3. delcirculo G. eponi sulalinea xV. 3. to laquantita da RS. ad 3. coltictulo esegna sulalinea xV. 3 coltictolo. mesura da RS. ad 4. edulla sulalinea xV. efa 4. uedi quanto e da RS. ad 4 coltictolo delcirculo G. epollo sulalinea xV. esegna 4. coltictolo. poi mesura da RS. ad 5. delcirculo G. efa sulalinea xV. 5. tolaquantita da RS. ad 6. delcirculo G. emectila sulalinea xV. epuncta 6. pigla laquantita da RS. ad 7. epolla sulalinea xV. segnando 7. poi tucti questi segni tira equidistante xy. che sieno tucte segnate G. poi pogla laquantita da ρ ψ ad 14. delalinea G. delatesta infaccia educila sulalinea uscente da 14. delalinea xV. esegna 14. togli laquantita da ρ ψ ad 14 coltictolo[3] delalinea G. epolla sulalinea uscente da 14 coltictolo delalinea xV. fa 14 coltictolo. tolamesura da ρ ψ ad 15. delalinea G. emectila sulalinea uenente da 15. delalinea xV. epuncta 15. mesura da ρ ψ ad 15 coltictolo delalinea G. eportolo sulalinea che uenla 15 coltictolo delalinea xV. epuncta 15 coltictolo. uedi quando e da ρ ψ ad 16. delalinea G. emectilo sulalinea deriuante da 16. delalinea xV. efa 16. togli laquantita da ρ ψ ad 1º. delalinea G. epolla sulalinea uenente da 1º. delalinea xV. esegna 1º. pigla laquantita da ρ ψ ad 2. delalinea G. equella quantita poni sulalinea che esci da 2. delalinea xV. epuncta 2. tolamesura da ρ ψ ad 3. delalinea G. epolla sulalinea che uenla 3. delalinea xV. esegna 3. togli laquantita da ρ ψ ad 3. coltictolo delalinea G. emecti sulalinea uenente da 3. coltictolo epuncta 3. coltictolo. uedi quanto e da ρ ψ ad 4. delalinea G. esegna 4. sulalinea uscente da 4. delalinea xV. pigla laquantita da ρ ψ ad 4 coltictolo equella poni sulalinea che separte da 4 coltictolo delalinea xV. efa 4 coltictolo. mesura da ρ ψ ad 5. delalinea G. emectila sulalinea deriuante da 5. delalinea xV epuncta 5. togli laquantita da ρ ψ ad 6 delalinea G. epolla ¦sulalinea che uenla 6.

---

[1] Vgl. die vorherige Bemerkung.
[2] Wohl durch Verwechselung mit Curve H schon hier genannt.
[3] Bedeutung dieses Puncts aus dem Vorherigen nicht zu ersehen; auch in Fig nicht angegeben. — Ueberdies fehlen in Fig. aus bekanntem Grunde verschiedene der im Text genannten Puncte.

delalinea xV esegna 6. et tolamesura da ρ φ ad 7. delalinea G. equella quantita poni sulalinea che uene da 7. efa 7. perlo circulo H. pigla laquantita da RS. ad 15. delcirculo H. esegna sulalinea xV. 15. mesura da RS. ad 16. delcirculo H. eponi quella quantita sulalinea xV. efa 16. togli laquantita da RS. ad 1º delcirculo H. epuncta sulalinea xV. 1º. tolaquantita da RS. ad 2. delcirculo H. efa 2. sulalinea xV. uedi quanto da RS. ad 3. equella poni sulalinea xV. epuncta 3. mesura da RS. ad 15 coltictolo eponi sulalinea xV. 15 coltictolo. tolaquantita da RS. ad 16 coltictolo delcirculo H. equella poni sulalinea xV. esegna 16 coltictolo. uedi quanto e da RS. ad 1º coltictolo emectila sulalinea xV. efa 1º coltictolo. pigla laquantita da RS. ad 2 coltictolo delcirculo H. equela poni sulalinea xV. epuncta 2 coltictolo. tolamesura da RS. ad 3 coltictulo delcirculo H. epolla sulalinea xV. esegna 3 coltictulo mesura da RS. ad 4. delcirculo H. epuncta 4. sulalinea xV. uedi quanto e da RS. ad 5. delcirculo H. epollo sulalinea xV. efa 5. tolamesura da RS. ad 6. delcirculo H. equella quantita poni sulalinea xV. epuncta 6. pigla laquantita da RS. ad 7. delcirculo H. equella segna sulalinea xV. 7.[1] et lucti questi segni tira equidistante xy. etucti segnati H. poi torna alatesta infaccia epigla laquantita de ρ φ ad 15. delalinea H. epolla sulalinea uscente da 15. delalinea xV. efa 15. uedi quanto e da ρ φ ad 16. delalinea H. emectila sulalinea che uenda 16. delalinea xV. epuncta 16. tola mesura da ρ φ ad 1º delalinea H. et quella poni sulalinea deriuante da 1º. delalinea xV. esegna 1º. togli laquantita da ρ φ ad 2. polla sulalinea uscente da 2. delalinea xV. efa 2. mesura quanto e da ρ φ ad 3. delalinea H. emectila sulalinea uenente da 3. delalinea xV. epuncta 3. uedi quanto e da ρ φ ad 1º coltictolo delalinea H. epolla sulalinea chesci da 1º coltictolo delalinea xV. efa 1º coltictolo. tolamesura da ρ φ ad 2 coltictolo delalinea H. esegnala sulalinea che uenda 2 coltictulo delalinea xV. 2 coltictulo togli laquantita da ρ φ ad 15. coltictolo delalinea H. epolla sulalinea che uenda 15 coltictolo delalinea xV. segna 15. coltictolo. pigla laquantita da ρ φ ad 16 coltictolo delalinea H. emectila sulainea che separte da 16 coltictulo delalinea xV. efa 16. coltictulo. uedi quanto e da ρ φ ad 3 coltictulo delalinea H. epollo sulalinea uscente da 3 coltictulo delalinea xV. epuncta 3 coltictolo. pigla laquantita da ρ φ ad 4. delalinea H. esegna 4. dequella quantita sulalinea che uenda 4. delalinea xV. uedi quanto e da ρ φ ad 5 delalinea H. epolla sulalinea che separte da 5. delalinea xV. epuncta 5. mesura quanto e da ρ φ ad 6. delalinea H. equello poni sulalinea deriuante da 6. delalinea xV. efa 6. toaquantita che da ρ φ ad 7. delalinea H. et polla sulalinea chesci ca 7. delalinea xV. esegna 7. hora seuognano tucte queste altezze ponere sulerighe. Pero tira una linea dalungi da xy. quanto e KL. delungi da RS. esia equidistante xy. laquale linea sia pure KL. poi tedelunga tanto da KL. delaltezza quanto che O. delungi da KL. delalarghezza e li fa puncto O. o alto o basso quanto te piace. nelquale O. ficcha lacho colfilo dapoi pigla lariga decarta epolla contingente KL. che stia bensalda. potira TV. che laseghi impuncto A. che sia riga A.[2] poi pigla ilfilo epollo sopra 14. delalinea A. e doue bacte sulariga segna 14. esetendi ilfilo sopra 15. delalinea A. edobacte sulariga puncta 15. tira ilfilo sopra 16 delalinea A. dobacte sulariga fa 16. mecti ilfilo sopra 1º. delalinea A. dobacte sulariga fa 1º. poni ilfilo sopra 2. delalinea A. dobacte ilfilo sulariga fa 2. stendi ilfilo sopra 3. delalinea. A. dobacte sulariga puncta 3. mena ilfilo sopra 4. delalinea A. et dobacte sulariga segna 4. poni ilfilo sopra 5. sopra 6. sopra 7. delalinea A. et doue bactano sulariga segni quelli segni poi leua uia lariga et conquella fanne unaltra simile contucti quelli segni segnala A epollo dacanto. Hora toglamo laltra riga decarta epongase contingente KL. che stia bensalda emena TV. che ladeuida impuncto B. che sira riga B. poi pigla ilfilo epollo sopra 14. delalinea B. e doue bacte sulariga fa 14. tira ilfilo sopra 15. delalinea B. dobacte sulariga segna 15. mecti ilfilo sopra 16. delalinea B. dobacte sulariga puncta 16. duci ilfilo sopra 1º delalinea B. dobacte sulariga fa 1º stendi ilfilo sopra 2. delalinea B. edobacte sulariga poni 2. tira ilfilo sopra 3. delalinea B. doue bacte sulariga fa 3. mena ilfilo sopra 4. delalinea B. dobacte sulariga segna 4. poni ilfilo sopra 5. delalinea B. dobacte sulariga puncta 5. mecti ilfilo sopra 6.

---

[1] Auch hier aus bekanntem Grunde in Figur verschiedene Puncte weggelassen.
[2] Ueber die im Folgenden enthaltenen Angaben der Puncte von Text u. Figur vgl. die frühere Bemerkung.

delalinea B. dobacte sulariga fa 6. poni ilfilo sopra 7. delalinea B. doue bacte sulariga segna 7. Et leua uia lariga efanne conquella unaltra simile epolle dacanto. Et togli laltra riga decarta epolla contingente KL. poi tira TV. che laseghi impuncto C. che diremo riga C. poi togli ilfilo epollo sopra 17. delalinea C. dobacte sulariga fa 17. tira ilfilo sopra 18. delalinea C. edobacte sulariga segna 18. stendi ilfilo sopra 19. delalinea C. dobacte sulariga puncta 19. meeti ilfilo sopra 20. delalinea C. doue bacte sulariga poni 20. tira ilfilo sopra 20 collictolo dela linea C. dobacte sulariga fa 20 collictolo. duci ilfilo sopra 21. delalinea C. dobacte sulariga segna 21. mena ilfilo sopra 22. delalinea C. dobacte sulariga scriui 22. poni ilfilo sopra 1º delalinea C. dobacte sulariga segna 1º porta ilfilo sopra 2. delalinea C. dobacte sulariga poni 2. stendi ilfilo sopra 3 delalinea C. dobacte sulariga fa 3. mena ilfilo sopra 4 delalinea C. douebacte ilfilo sulariga segna 4. tira ilfilo sopra 4 collictolo delalinea C. puncta 4 collictolo duci ilfilo sopra 5 delalinea C. dobacte sulariga meeti 5. porta ilfilo sopra 8 delalinea C. dobacte sulariga fa 8. tira ilfilo sopra x collictolo[1] delalinea C. dobacte sulariga segna x collictulo[1] leua lariga et fanne unaltra conquella et polle dacanto. dapoi togli laltra riga decarta epolla contingente KL. che stia salda. etira TV. che laseghi impuncto D. che sira riga D. stendi ilfilo sopra 15. delalinea D. dobacte sulariga fa 15. tira ilfilo sopra 18. sopra 1º. sopra 2 e sopra 6. sopra 7. sopra 8.[2] delalinea D. esegna sulariga 18. e 1º. e 2. e 6. douebacte ilfilo e leua uia lariga conquella nefa unaltra simile epolle dacanto. epigla lariga decarta epolla contingente KL. che stia salda. poi linea TV. che laseghi impuncto E. poi pigla ilfilo epollo sopra 16. sopra 17. sopra 18. sopra 19. sopra 20. sopra 1º. sopra 1º collictolo sopra 2. sopra 3. sopra 4. sopra 5. sopra 6. sopra 7. sopra y. sopra 8. delalinea E. et segna sulariga doue bacte 16. 16. douebacte 17. 17. douebacte 18. 18. douebacte 19. 19. douebacte 20. 20. douebacte 1º 1º dobacte 1º collictolo. 1º collictolo dobacta 2. 2. dobacte 3. 3. dobacte 6. 6. dobacte 7. 7. dobacte y. y. dobacte 8 fa 8. poi leua uia lariga econquella nefa unaltra simile epolle dacanto. (Fig. 71.)

 Tuai hora sulerige laltezza elalarghezza. Et benche tu non auesse facti tanti segni sulerige dellaltezza quanti sono quelli delalarghezza efacto per dire piu breue piglando dellaltezza solo isegni piu uecessarij pero quando tu porai lariga delegno che delalarghezza sulerige decarta che sono dellaltezza guarda in che segno contingi lariga delegno sulerige decarta et cerca quel segno sulariga delegno et doue combascia fa quel segno cosi fa per tucte lerige. Siria meglo che tucti isegni che sono sule larghezze fussero sulatezze siche intendendo tu ilmodo perleragioni mostre porai equaglare laltezza conlalarghezza et se piu circuli ho segni uorai. Tira una linea recta nelluogo doue tu uuoli mectere latesta che sia KL. laquale deuidi impuncto M. poi tira N. perpendiculare sopra M. che sia MN. etira sopra KH. esopra LI. perpendiculare dapoi pigla ledorige A. decarta et ponne una contingente KH. laltra LI. et A. detucte do contingha KL. poi pigla lariga A. delegno epolla contingente 1º deledorige et M. delegno lalinea MN. sempre et doue combascia 1º delariga delegno segna 1º meeti lariga contingent 15. deledorige et M. continga MN. edocombascia 15. delariga fa 15. tira lariga contingente 14. deledorige et M. continga MN. edocombascia 14. delariga puncta 14. poni lariga contingente 6. deledorige et M. continga MN. decombascia 6. segna 6. tira lariga contingente 7. deledorige et M. continga MN. edoue combascia 7. poni 7. benche io dica fa 7 e 6. basta fare unpuncto benpiccolino nelluogo doue segni perlatesta et cosifa detucte laltre rige mutando quelle decarta ecosi quelle delegno commo ei facto perle passate sempre lerige decarta continghino KH e LI. et B. C. D. E. F. G. H. continghino KL. et sempre scintende che M. delerige delegno contingha lalinea MN. poi ua contorneando defore ho dentro occhi naso et boccha et horecchi dandoli buono garbo nonuscendo determini segnati si commo nellaltra testa. (Fig. 72.)

 Quando tu auesse amectere una cupola per ragione laquale fusse commo uno quarto de una palla dal canto concauo efusse deuisa inquadrati nelliquali fussero rossoni uolse tenere questo modo che tu facci prima lalinea recta che sia SV. che sia laquantita che tu uoi che

---

[1] Verwechselt mit x.
[2] Vgl. die vorhergehende Bemerkung bezüglich der im Text u. Figur enthaltenen abweichenden Angaben.

— LXXII —

sia largha lacupola esopra quella uolgi il semiciruculo che sia STV. potira T. perpendiculare sopra SV. che il deuida perequali impuncto x. poi fa de TS. cinque parti equali che sieno S e 2. 2 e 3. 3 e 4. 4 e 5. 5 e T. et queste menare perpendiculare sopra Sx. et fare puncti doue quella concurrano dapoi mectere ilpie delsexto sopra x. et circulare contingente aduno tucti questi puncti contingente lalinea Tx. poi fa una linea recta che sia pure ST. esia delaquantita de ST. delcirculo quando fusse steso contenente tucte quelle parti cioe S e 2. 2 e 3. 3. e 4. 4. e 5. 5 e T. et sopra queste parti delalinea recta ST. tira linee perpendiculare poi deuidi ilsemi circulo STV. inquindici parti equali excepto che laparte da S. equella da V. che uoglano essere doi terzi de ciascune delaltre et laprima sia S. e 11. laseconda sia 11 e 12. et poi tira 11 alpuncto x. che segahara ilcirculo 2. impuncto 6. et ilcirculo 3. impuncto 7. ilcirculo 4. impuncto 8. ilcirculo 5 impuncto 9. poi tira 12. alpuncto x. che segara ilcirculo 2. impuncto 13. ilcirculo 3. impuncto 14. ilcirculo 4. impuncto 15. ilcirculo 5. impuncto 16. dapoi pigla laquantita che da 11 ad 12. delcirculo ST. epolla sulalinea che separte da S. delalinea recta ST. lameta dalcanto destro elameta dalsenistro. tola quantita da 6 ad 13. delcirculo 2 epolla sulalinea 2. chesci delalinea recta ST. daldextra la mezza dalsenistro laltra meta efa puncto. tola quantita da 7. ad 14. delcirculo 3. emectilo sopra 3. che deuida lalinea recta ST. mezza dallato dextro elameta dasenistra efa puncto de tucti doi lati poi togli da 8. ad 15. delcirculo 4. pollo sopra 4. che segha lalinea recta ST. dalcanto destro lameta elameta dalsenistro efa puncti poi togla da 9 ad 16. delcirculo 5. epollo sopra 5. delalinea deuidente lalinea recta ST. daladestra lameta edasenistra laltra meta esegna sempre potira dalpuncto delalinea chesci da S. alpuncto delalinea che uenda 2. et dalpuncto delalinea chesci da 2. alpuncto delalinea che uenda 3. et dalpuncto delalinea che uene da 3. alpuncto delalinea che separte da 4. et dalpuncto delalinea che uenda 4. alpuncto delalinea uscente 5. dalpuncto delalinea chesci da 5. alpuncto T. et cosi fa da laltro canto. Dapoi pigla laquantita dalalinea SV. ad 11. perpendicularmente delcirculo STV. et polla deuidente lalinea dela fecta ST. impuncto 1º poi pigla ilsexto et linea uno circulo contingente 1º et tucte do linee che sono dacanto alalinea ST. che sedici essere una fecta dela cupola et sopra questo circulo uerso T. fa unaltro circulo contingente ilprimo[1] et ledo linee dela fecta et sopra di questo nefa unaltro che lo continga et continga ledo linee et cusifa per infine ad 7. circali commo uedi nella figura delafecta. (Fig. 73.)[1]

Hora pigla colsexto laquantita che da S ad x et sopra lalinea recta descriui ilquarto circulo ST. che sia SAT. et A. sia angulo recto et centro del quarto circulo ST. poi togli laquantita che da S. ad 1º che e nella linea ST. delafecta delacupola et polla sopra S. del quarto circulo efa unpuncto. poi pigla la quantita che da 1º alcontacto dei primi circuli et pollo sopra alpuncto che facesti nelquarto circulo ST. efa doi puncti et pigla laquantita deldiametro delsecondo circulo che nella fecta epolla sopra lidoi puncti del circulo ST. esegna 3. puncti. togli laquantita deldiametro del terzo circulo che nella fecta emectila sopra a 3. puncti del circulo ST. efa 4 puncti. pigla laquantita, del diametro del quarto circulo delafecta. polla sopra 4 puncti del circulo ST. esegna 5 puncti. tolaquantita deldiametro delquinto circulo delafecta et polla sopra 5 puncti delcirculo ST. efa 6. poi togli laquantita deldiametro del sexto circulo delafecta epolla sopra a 6 puncti delcirculo ST. esegna 7 puncti. pigla laquantita deldiametro del settimo circulo delafecta epolla sopra a 7 puncti delcirculo ST. efa 8 puncti. dapoi circula dintorno ad ST. unaltro circulo principiando defore da S. quanto tu uuoli che sporti irosoni et in ello restrengendo pianpiano tanto che alfine concurra con T. che sia Ty. poi tira queste 7 deuisioni cio e unpuncto dopuncti trepuncti quactro puncti cinque puncti sei puncti secte puncti che sono 8 deuisioni che sono sulcirculo ST. tucte equidistante AS. contingente tucte lalinea AT. delcirculo Ty. poi deuidi da y. alaprima linea indo parti equali et dalalterza[2] linea alaquarta. fa 3 parti equali et dalaquinta linea alasexta fapure tre partie quali et dala septima linea ala octaua poni 3 parti equali che tucte sieno sul circulo

---

[1] In Figur sind die 7 Kreise nicht angegeben. Das Prinzip wonach sich die Höhen der oberen Segmente successiv vermindern mag wohl in jener Zeit das Herkömmliche gewesen sein.
[2] I. dalla seconda alla Terza, dalla quarta alla quinta etc.

— LXXIII —

Ty. et sopra tucte poni lariga contingente sempre ilpuncto A. che centro esegnale tucte sulocirculo ST. facendo puncti et da tucti quelli puncti tira linee equidistante SA. laquale A. e linea prima lasecunda B. laterza C. laquarta D. laquinta E. lasexta F. laseptima G. loctaua H. lanona I. ladecima K. lundecima L. la duodecima M. latredecima N. laquatordecima O. laquindicesima P. lasextadecima Q. laseptimadecima R. hora fa una linea recta che sia delaquantita de SV. delprimo semicirculo laquale deuidi perequali impuncto x. et poi pigla laquantita de AS. et conquella poni unpie delsexto sulpuncto x. dela deuisione delalinea et conlaltro pie descriui dequella quantita ilsemicirculo AST.[1] poi pigla laquantita che da A. ad y. et circula dintorno ad AST. che sia circulo yzZ. hora deuidi ilsemicirculo yzZ inquindici parti equali excepto laprima etultima che uoglono essere doterzi delaltre poi le tira tucte alcentro x. da poi ledeuidi. laprima et lultima superlo circulo AST indo parti equali et tucte laltre deuidi intreparti equali sulcirculo AST. et tirale alcintro x. poi pigla laquantita delalinea B. dela seconda figura che un quarto circulo[2] et conquella poni ilpie delsexto sopra x. et conlaltro pie pescriui ilcirculo B. pigla laquantita da C. alcontacto che fa lalinea C. nelcirculo yzZ. poi poni ilpie delsexto sopra x. econlaltro gira ilcirculo C. togli laquantita da D. alcontacto che fa lalinea D. nelcirculo yzZ. econquella quantita poni unpie delsexto sopra x. conlaltro fa ilcirculo D. uedi quanto da E. alcontacto che fa lalinea E. nelcirculo ST.[3] conquella poni ilpie desexto sopra x. conlaltro segna ilcirculo E. pigla laquantita che da F. alcontacto che fa lalinea F. nelcirculo ST.[3] emecti unpie delsexto sopra x. conlaltro gira ilcirculo F. togli laquantita da G. alcontacto che fa lalinea G. nelcirculo yzZ. eponi ilpie delsexto sopra x. conlaltro scriui ilcirculo G. pigla laquantita da H. acontacto che fa lalinea H. nelcirculo yzZ. eponi ilpie delsexto sopra x. conlaltro fa ilcirculo H. tolaquantita da I. alcontacto che fa lalinea I. nelcirculo ST.[3] emecti ilsexto sopra x. conlaltro segna ilcirculo I. pigla laquantita da K. alcontacto che fa lalinea K. nelcirculo ST.[3] eponi ilpie delsexto sopra x. conlaltro fa ilcirculo K. tolaquantita da L ad ilcontacto che fa lalinea L. nelcirculo yzZ. conquella poni ilsexto sopra x. conlaltro gira ilcirculo L. pigla laquantita da M. alcontacto che fa lalinea M. nelcirculo yzZ. eponi unpie delsexto sopra x. conlaltro descriui ilcirculo M. uedi quanto e da N. alcontacto che fa lalinea N. nelcirculo ST.[3] eponi ilsexto sopra x. conlaltro segna ilcirculo N. pigla laquantita da O. alcontacto delalinea O. nelcirculo ST.[3] emecti ilsexto sopra x. conlaltro fa ilcirculo O. tolaquantita da P. alcontacto delalinea P. nelcirculo yzZ. edequella quantita circula intorno ad x. ilcirculo P. pigla laquantita che da Q. alcontacto che fa lalinea Q. nelcirculo yzZ. econquella quantita poni ipie delsexto sopra x et gira conlaltro ilcirculo Q. uedi quanto e da R. alcontacto che fa lalinea R. nelcirculo ST.[3] et poni unpie delsexto sopra x. conlaltro descriui ilcirculo R. hora ai facti tucti icirculi iquali sono deuisi dalelinee che separtano dalcintro x. cio e quelle che separtano dalcentro x. eterminano nel semicirculo VTS.[4] deuidano ilsemicirculo A. elsemicirculo B. elsemicirculo E. elsemicirculo F. elsemicirculo I. ilsemicirculo K. elsemicirculo N. esemicirculo O. elsemicirculo R. tucti impuncto 17.[5] et quelle che separtano dalcentro x. che terminano nel semicirculo yzZ. deuidano elsemicirculo C. elsemicirculo D. elsemicirculo G. elsemicirculo H. elsemicirculo L. elsemicirculo M. elsemicirculo P. elsemicirculo Q. tucti impuncto 15.[5] hora e fenita la figura delalarghezza impropia forma.

Volse hora fare lafigura delaltezza cio e AST. che unquarto circulo et pigla ilsexto et poni unpie sopra lalinea Ax. dela larghezza elaltro pie stendi perfine ad 2. del circulo A. esegna quella quantita sulalinea A. delafigura delaltezza[6] che sia A. e 2. poi tolaquantita da Ax. ad 3. delcirculo A. epolla sulalinea A. delaltezza esegna 3. uedi quanto e dalalinea Ax. ad 4. delcirculo A. epolla sulalinea A. delaltezza epuncta 4. pigla laquantita da Ax. ad 5. delcirculo A. equela quantita poni sulalinea delaltezza efa 5. uedi quanto e da Ax. ad 6. delcirculo A. esegna 6. sulalinea A. delaltezza. tolaquantita che da Ax. ad 7. delcirculo A. emectila sulalinea delaltezza

---

[1] Buchstabe S fehlt in der Grundrissfigur 74.
[2] D. h. AST.   [3] l. AST.
[4] Bezeichnungen V und S fehlen in der Horizontalprojection um nicht zu überfüllen.
[5] Die Puncte 17 und 15 desgl. in Figur 74 nicht bezeichnet.
[6] In Fig. 74 sind diese Puncte nicht bezeichnet, weil sie für das Uebrige nicht in Betracht kommen. Dagegen sind sie bei B und C bezeichnet: nach Analogie derselben ist das Uebrige leicht zu ergänzen.

— LXXIV —

epuncta 7. mesura dalalinea Ax. ad 8. delcirculo A. equela poni sulalinea A. delaltezza efa 8. pigla laquantita da Ax. ad 9. delcirculo A. epolla sulalinea A. delalteza esegna 9. Et perche le sono 17. commo dicemmo desopra bisogna che A. che 1º. serua ad 1º e 17. et 2. seruelad 2 e 16. et 3. serue ad 3 e 15. et 4. serue ad 4 e 14. et 5. serue ad 5 e 13. et 6. serue ad 6 e 12. et 7. serue ad 7 e 11. et 8. serue ad 8 e 10. et 9 a 9 solo perche laltezza e demeza cupola et ai lalinea A. et questo medessimo modo tieni per lalinea B. et per tucte laltre ponendo sempre isegni delcirculo B. sulalinea B. delaltezza cusi quelli delcirculo C. sulalinea C. et cosi fa de tucti glaltri.[1] Quando arai segnati tucti commo ai facto sulalinea A. da 1º perfine ad 17. commo sedicto desopra. harai laltezza e lalarghezza impropia forma lequali scuoglano degradare sopra lerige aquesto modo. (Fig. 74. 74a.)

Tira una linea equidistante ad SA. delalarghezza che sia ρ ψ che sira termine doue sedoi[2] mectere lerige remosse da SA.[3] quanto tepiaci. dapoi discosta dalalinea ρ ψ quanto tepiaci mectamo che sia dieci bracci et inquello luogo fa puncto O. che sia locchio nelquale ficcha lacho colfilo sutilissimo. dapoi pigla lariga delegno epolla contingente ρ ψ che stia salda et pigla ilfilo epollo sopra 1º. delcirculo A. et doue bacte sulariga segna 1º. poi tira ilfilo sopra 2. delcirculo A. dobacte sulariga puncta 2. poni ilfilo sopra 3. delcirculo A. dobacte sulariga fa 3. mecti ilfilo sopra 4. delcirculo A. dobacte sulariga poni 4. mena ilfilo sopra 5. delcirculo A. dobacte sulariga segna 5. tira ilfilo sopra 6. delcirculo A. dobacte sulariga puncta 6. mena ilfilo sopra 7. delcirculo A. dobacte sulariga fa 7. duci ilfilo sopra 8. delcirculo A. dobacte sulariga poni 8. mecti ilfilo sopra 9. delcirculo A. dobacte sulariga segna 9. poni ilfilo sopra 10. delcirculo A. dobacte sulariga fa 10. porta ilfilo sopra 11. delcirculo A. dobacte sulariga fa 11. tira ilfilo sopra 12. delcirculo A. dobacte sulariga segna 12. mecti ilfilo sopra 13. delcirculo A. dobacte sulariga puncta 13. mena ilfilo sopra 14. delcirculo A. dobacte sulariga fa 14. duci ilfilo sopra 15. delcirculo A. et dobacte sulariga mecti 15. poni ilfilo sopra 16. delcirculo A. doue bacte sulariga puncta 16. tira ilfilo sopra 17. delcirculo A. edobacte sulariga fa 17. mecti ilfilo sopra x. che e cintro edoue bacte sulariga segna x.[4] et perche questi sono delcirculo A. segna riga A. poi laleua epolla dacanto et inquello luocho poni laltra riga che sia segnata B. et pigla ilfilo et pollo sopra li segni delcirculo B. esegnali sula riga B. sicommo ai facto nella riga A. et in tucte segna x. et similmente fa de laltre cio e quelli delcirculo C. sulariga C. quelli delcirculo D. sulariga D. quelli delcirculo E. sulariga E. quelli delcirculo F. sulariga F. quelli delcirculo G. sulariga G. quelli delcirculo H. sulariga H. quelli delcirculo I. sulariga I. quelli delcirculo K. sulariga K. quelli delcirculo L. sulariga L. quelli delcirculo M. sulariga M. quelli delcirculo N. sulariga N. quelli delcirculo O. sulariga O. quelli delcirculo P. sulariga P. quelli delcirculo Q. sulariga Q. quelli delcirculo R. sulariga R. et intucte segna] x. et polle dacanto et ai lerige delalarghezza. (Fig. 75.)

hora seuole ponere laltezza sulerige decarta adunqua tira una linea equidistante SA. che sia 20 et 30 tanto dalungi da SA. del quarto circulo quanto che tu uuoli stare socto lacupola coluedere sopra delaquale mena laperpendiculare equidistante AT. delaltezza quanto che ρ ψ ad SA. dela larghezza che sia pure ρ ψ che sia termine. poi tedelunga da ρ ψ sulalinea 20 et 30. laquantita che da x de la larghezza apuncto O. che locchio elifa puncto O. eficcha lagho colfilo poi pigla lariga decarta epolla contingente ρ ψ etira lalinea 20 e 30.[5] deuidente lariga impuncto A. che sire riga A. poi pigla ilfilo epollo sopra 1º e 17. delalinea A. edoue bacte sulariga fa puncto 1º e 17. etira ilfilo sopra 2 e 16. delalinea A. dobacte sulariga fa 2 e 16. poni ilfilo sopra 3 e 15. delalinea A. dobacte sulariga segna 3 e 15. mecti ilfilo sopra 4 e 14. delalinea A. dobacte sulariga poni 4 e 14. stendi ilfilo sopra 5 e 13. delalinea A. dobacte sulariga puncta 5 e 13. duci ilfilo sopra 6 e 12. delalinea A. dobacte sulariga segna 6 e 12. mena ilfilo sopra 7 e 11. delalinea A. dobacte sulariga mecti 7 e 11. poni ilfilo sopra 8 e 10.

---
[1] Der grössern Deutlichkeit wegen ist Fig. 74a hinzugefügt, indem die Grundrissfigur Fig. 74 a. a. O. nur skizzenhaft gegeben ist
[2] se deve.   [3] Bezeichnung SA. fehlt in Fig. 75.
[4] In Fig. 75 steht dafür die Zahl 9 als in der Projection mit x zusammenfallend.
[5] Bezeichnung fehlt in Figur, doch nach Analogie des Frühern leicht zu ergänzen.

delalinea A. edobacte sulariga fa 8 e 10. tira ilfilo sopra 9. delalinea A. edoue bacte sulariga segna 9. et touia lariga et conessa nefa unaltra contueti quelli segni edequelle quantita segnata A. et quello medessimo che ai facto dela prima cosi seintende che facci delaltre epolle dacanto cio e che tu ponghi ciascuna riga decarta contingente p ϕ ettiri 20 e 30 che segarà laseconda impuncto B. poi ponere ilfilo sopra 1° e 17. sopra 2 e 16. sopra 3 e 15. sopra 4 e 14. sopra 5 e 13. sopra 6 e 12. sopra 7 e 11. sopra 8 e 10. sopra 9. delalinea B. etucti segnare sulariga B. eleuarla efarne conquella unaltra simile epolle dacanto ecosi fare delalinea C. et ponere sulariga C. econquella farne unaltra simile che sia pure riga C. eporle dacanto et cosi fare detucti laltre che sono perfine ad R. et intucte 1° e 17. 2 e 16. 3 e 15. 4 e 14. 5 e 13. 6 e 12. 7 e 11. 8 e 10 e 9. et porle dacanto.[1] (Fig. 76.)

hora tuai lacupola tucta sulerige laquale seuole mectere in hopera nelluogo suo nelquale luogo mena una linea recta che sia SR. et sopra S. tira T. perpendiculare et sopra R. tira V.[2] dapoi deuidi RS. perequali impuncto x. et sopra x. mena y perpendiculare che sira linea xy. poi pigla lerige decarta segnate R. et ponne una contingente lalinea ST. elaltra RV. et R. de tucte do contingha lalinea SR. poi togli lariga delegno segnata R. et sappi che sulariga delegno sono tucti quelli segni che sono sulerighe decarta pero quando dico tira poni mecti mena duci oporta lariga seintende larigha delegno sopra ledorighe decarta et quando dico segna opuncta o fa doue combascia alcuno numero seintende desegni delariga delegno perlo selariga delegno contingera 1° et 17. dele do righe decarta sedebbe segnare 1° e 17. doue combascia 1° e 17. delariga delegno et sempre x. delariga delegno sedebba ponare contingente lalinea xy. mecti lariga contingente 1° e 17. dele dorige edoue combascia 1°. delarigha fa puncto 1° docombascia 17. puncta 17. tira larigha sopra 2 e 16. deledorighe doue combascia 2. delariga segna 2. doue combascia 16. fa 16. mena larigha contingente 3 e 15. deledorighe do combascia 3. dela righa fapuncto 3. docombascia 15. segna 15. poni lariga sopra 4 e 14. deledorighe doue combascia 4. dela righa fa 4. docombascia 14. puncta 14. mecti lariga sopra 5 e 13. dele dorighe et doue combascia 5. delarigha segna 5. docombascia 13. segna 13. duci lariga contingente 6 e 12. deledorighe et x. seintende sempre contingha xy. doue combascia 6. delarigha fa 6. docombascia 12. puncta 12. poni lariga sopra 7 e 11. deledorighe edoue combascia 7. segna 7. docombascia 11. fa puncto 11. tira larigha sopra 8 e 10. dele dorighe edocombascia 8 fa 8. docombascia 10 fa 10. mecti larigha sopra 9. deledorighe edoue combascia 9. delarigha segna 9. poi leua uia lerighe epolle dacanto. dapoi togli ledorighe Q. decarta eponne una contingente ST. elaltra RV. commo facesti allaltre. poi pigla larigha Q. delegno epolla sopra 1° e 17. dele dorighe et doue combascia 1° delarigha fa puncto 1° doue combascia 17. fa 17. et cosi ueni facendo cio e ponendo larigha delegno sopra isegni dele dorighe et x. contingha lalinea xy. eueni segnando doue combasciano inumeri delariga delegno et cosi fa de tucte lerighe cio e delariga P. et O. et N. et M. et L. et K. et I. et H. et G. et F. et E. et D. et C. et B. et A.[3] perche intucti sono quelli medessimi segni et desetenere quello medessimo modo che si tenuto perlarigha R. et fornito che tua segnare isegni de tucte lerighe et tu tira 2. delcirculo B. ad 2. delcirculo E. et 2. delcirculo F. ad 2. delcirculo I. et 2. delcirculo K. ad 2. delcirculo N. et 2. delcirculo O. ad 2. delcirculo R. poi tira 2. delcirculo C. ad 2. delcirculo D. et 2. ad 2. delcirculo H. et 2. delcirculo L. ad 2. delcirculo M. et 2. delcirculo P. ad 2. delcirculo Q. dapoi tira 3. delcirculo C. ad 3. delcirculo D. et 3. delcirculo G. ad 3. delcirculo H. et 3. delcirculo L. ad 3. delcirculo M. et 3. delcirculo P. ad 3. delcirculo Q. poi tira 3. delcirculo B. ad 3. delcirculo E. et 3. delcirculo F. ad 3. delcirculo I. et 3. delcirculo K. ad 3. delcirculo N. et 3. delcirculo O. ad 3. delcirculo R. poi mena 4. delcirculo B. ad 4. delcirculo E. et 4. delcirculo F. ad 4. delcirculo I. et 4. delcirculo K. ad 4. delcirculo N. et 4. delcirculo O. ad 4. delcirculo R. Et cosi

---

[1] In Fig. 76 sind aus bekanntem Grunde nur die auf A und E bezüglichen Linien und Puncte angegeben.
[2] Bezeichnungen fehlen in Fig. 77, doch nach Analogie des Früheren leicht zu ergänzen.
[3] Zu Fig. 77 sind im Ganzen 16 Parallelkreise angegeben, indem nach Analogie von Fig 74 (Verticalprojection) die Schnitte Q und R so nahe aneinander liegen, dass sie als zusammenfallend betrachtet werden.

fa de tucti icirculi seguendo questo ordine che sono 17. et ciascuno con 17. segni poi tirarai da 2 a 3. da 4 a 5. da 6 a 7. da 8 a 9. da 10 a 11. da 12 a 13. da 14 a 15. questo e ilcirculo B. cosi fa detucti quanti el arai lacupola degradata che dicemmo defare.

Maquando tuuolesse che ladicta cupola seformasse sulacornici desegna uno semicirculo delagrandezza del semicirculo STV. che he delalarghezza delacupola nelquale descriui dentro icirculi delacornici che tu intendi fare chonquello sporto che tepiaci iquali semicirculi deuidi insedici parti equali opiu setepiaci et poi conquella medessa distantia etermine che tirasti icirculi delacupola tira ilfilo contingente isegni delisemicirculi delacornici edoue bacte sulariga delegno segna commo nellaltre et poi cosi segna laltezza delacornici socto ilquarto circulo cio e socto lalinea AS. dela figura delaltezza conquella quantita desporto che tuai facto nelsemicirculo delalarghezza et dequella altezza et conquelle deuisioni poste proportionalmente poi mecti ilfilo su ledeuisioni et segna doue bacte ilfilo sulerighe decarta nelmodo sopradicto. (Fig. 77.)

Acade alcuolte deuolere dimostrare sopra de alcuna taula o spazzo o socto asularo[1] alcuno corpo o sopra o socto aquelli posto sicommo sopra delli spacci tu uolesse circulare et contorneare corpi che paressero eleuati cio e casse deschi[2] palle animali et simelmente sopra taule damangiare uasi candelieri e altri corpi cosi socto sulari o socto uolte anelli o altre cose che pendessero che ad certo termine paressero commo ueri. Adunqua metamo che tu uogla fare sopra aduno spazzo o piano uero uno lineamento che apara aldato termine uno corpo sperico ouoi dire palla. Tieni questo modo cio e tira una linea recta sopra del piano laquale sia BC. et mena sopra B. lalinea perpendiculare che sia AB. poi deuidi BC. in puncto D. dela quantita che te piaci stare dalungi auedere lapalla che sia BD. et tira sopra D. laperpendiculare senza termine nella quale descriui uncirculo contingente D. delaquantita che tu uoi che sia lapalla et ilsuo diametro DM. ilquale dyametro deuidi in octo parti equali che sia DE. EF. FG. GH. HI. IK. KL. LM. delequali tira E. F. G. H. I. K. L. tucte equidistante BC. contingente ilcirculo da tucti doi lilati. lalinea E. continga 1° e 2. F. 3 e 4. G. 5 e 6. H. 7 e 8. I. 9 e 10. K. 11 e 12. L. 13 e 14. hora ficha lacho nel puncto A. colfilo che sopra B. dapoi pigla ilfilo epollo contingente M. deuidente DC. impuncto 15. et poi tira ilfilo sopra L. che seghi DC. emecti ilfilo sopra 14. et doue tagla DC. puncta 14. mena ilfilo sopra K. che tagli DC. inpuncto 6. stendi ilfilo sorpa 13. doue sega DC. segna 13.[3] mecti ilfilo sopra I. doue deuide DC. fa 5. mecti ilfilo sopra 12. doue tagla DC. puncta 12. poni ilfilo sopra H et doue sega DC. fa 4. tira ilfilo sopra 8. che tagli DC. impuncto 8. stendi ilfilo sopra G. et doue sega DC. puncta 3. mecti ilfilo contingente 6. doue mozza DC. segna 6. tira ilfilo sopra F. dotagla DC. fa 2. mena ilfilo sopra 4. doue deuide DC. puncta 4. poni ilfilo sopra E. doue sega DC. segna 1°. tira ilfilo sopra 2. doue tagla DC. fapuncto 2. hora pigla ilsexto et poni unpie sopra 1°.[4] delalinea DC. et conlatro pie circula contingente 2. poi mecti ilpie delsexto sopra 2. et conlaltro circula contingente 4. poni ilpie delsexto sopra 3. et conlaltro pie gira contingente 6. poni unpie delsexto sopra 4. conlaltro gira intondo contingente 8. mecti ilpie delsexto sopra 5. conlaltro pie circula contingente 10. poni unpie delsexto sopra 6. et conlaltro gira contingente 12. mecti ilpie delsexto sopra 7. conlaltro pie circula contingente 14. delalinea DC. cosi seintende de tucti. hora famo ilcontorno contingente defore tucti questi circuli conbuona forma. Et dico che tale contorno serapresenta aldato termine nellocchio corpo sperico sicommo ilcirculo DM. 7. 8. che dicemmo essere corpo sperico. Et prouase tuai dalpuncto A. ilquale e locchio tirato ilfilo ipassante per M. deuidente DC. inpuncto 15. adunqua 15. semostra piu eleuato che D. laquantita de DM. si commo per la 10ª parte de heuclide de aspectuum deuersitate se dimostra. et perche D. 15. et DM. sono socto un medessimo angulo et sono do base che sapresentano alpuncto A. che e locchio equali commo perla seconda del primo fa manifesto e chiaro D e 15. aparere equale ad DM. diametro delmagiore circulo delaspera DM 78. et cosi il semidyametro E e 2. apare equale al

---

[1] solaio. [2] dischi.
[3] Einzelne Linien und Puncte fehlen in Fig. 78 aus bekanntem Grunde.
[4] Zur Vermeidung von Verwechslung wolle man beachten dass die successiven Centren 1, 2, 3 . . 7 den Projectionen von D. E. F. . . . M. entsprechen.

semidyametro 1° e 2. et il semidyametro F e 4. sapresenta equale alsemidyametro 2 e 4. et il semidyametro G e 6. sapresenta equale al semidyametro 3 e 6. et cosi tucti glaltri semidyametri et rapresentandose isemidyametri ciascuno colsuo equale denecessita se apresentaranno idyametri interi equali cosi icirculi che sono correspondenti perche ilcirculo 7 e 8. e oposto aquello medessimo angulo che e ilcirculo 7 e 8.[1] siche sapresentano adangulo equale cosi sedimostra equali 1° e 2. con 1° e 2.[1] perche sono socto ilmedessimo angulo si commo perla seconda delprimo fu manifesto lalarghezza elalonghezza sapresentano altermine dato nellocchio corpo sperico. (Fig. 78.)

Et uolendo tu mectere sopra ad una taula damangiare ho inaltro piano uero uno refreschatoio colpiedestallo ilquale paresse eleuato sopra ladicta taula o piano. Dico che tu primamente desegni il refreschatoio impropia forma dela grandezza che intendi de dimostrare in pie dericto sopra lalinea recta laquale sia BC. sopra laquale mena laperpendiculare deuidente ilrefreschatoio perlomezzo et lalinea BC. impuncto D. che sia linea DO. et la grosezza delorlo del refreschatoio deuida DO. impuncto N. et la congiuntura del pie con lacoppa deuida DN. impuncto K. et KN. deuidi indo parti equali in L e M. et ilregulecto delpie deuida DK. impuncto E. et EK. deuidi in cinque parti commo uedi nella figura cio e EF. FG. GH. HI. IK. poi tira F. equidistante BC. contingente ilcontorno impuncto 2. tira G. equidistante BC. contingente ilcontorno impuncto 3. poi mena H. equidistante BC. che continga ilcontorno impuncto 4. tira I. equidistante BC. contingente ilcontorno impuncto 5. mena K. equidistante BC. contingente ilcontorno impuncto 6. tira L. equidistante BC. contingente ilcontorno impuncto 7. linea M. equidistante BC. che continga ilcontorno impuncto 8. tira N. che continga ilcontorno impuncto 9. O. et contingi impuncto 10. tucti dallato uerso C. hora tira sopra B. una linea perpendiculare che sia AB. dequella quantita che tu uuoli stare allo conlocchio auedere enelpuncto A. figha lacho colfilo poi pigla ilcapo del dicto filo et stendilo sopra lalinea DC. passante per E. de DO. edoue bacte sulalinea DC. puncta P. poi tira ilfilo contingente F. edobacte su DC. segna Q. mena ilfilo contingente G. dobacte sopra DC. fa R. mena ilfilo contingente H. dobacte su DC. puncta S. tira ilfilo contingente I. edobacte su DC. segna T. duci ilfilo contingente K. do bacte sopra DC. fa V. tira ilfilo contingente L. dobacte su DC. puncta x. mena ilfilo contingente M. doue bacte su DC. segna y. tira ilfilo contingente N. dobacte sulalinea DC. fa z. porta ilfilo contingente O. dobacte sopra DC. puncta Z. mena ilfilo contingente 1°. dobacte sulalinea DC. fa 11. tira ilfilo sopra 2. dobacte su DC. segna 12. stendi ilfilo contingente 3. dobacte su DC. segna 13. duci ilfilo contingente 4. doue bacte sopra DC. puncta 14. tira ilfilo contingente 5. dobacte su DC. fa 15. porta ilfilo contingente 6. dobacte sopra DC. segna 16. mena ilfilo contingente 7. dobacte su DC. puncta 17. porta ilfilo contingente 8. dobacte sopra DC. fa 18. duci ilfilo contingente 9. dobacte su DC. segna 19. tira ilfilo contingente 10. et doue bacte sulalinea DC. puncta 20. Per lalarghezza delorlo mecti ilfilo contingente ψ edoue bacte su DC. fa 21.[2] dapoi pigla ilsexto eponi unpie sopra D. et conlaltro pie circula contingente ilfine del piedestallo datucti doi lati poi mecti ilpie delsexto sopra P. et conlaltro pie gira iltondo contingente 11. et poi poni un pie delsexto sopra Q. et conlaltro fa iltondo contingente 12. mecti ilpie delsexto sopra R. conlaltro circula contingente 13. poni unpie delsexto sopra S. conlaltro pie gira iltondo contingente 14. mecti unpie delsexto sopra T. et circula conlaltro contingente 15. poni ilpie delsexto sopra V. egira conlaltro contingente 16. mecti unpie delsexto sopra x. conlaltro fa iltondo contingente 17. poni ilpie delsexto sopra y. conlaltro circula contingente 18. na conunpie delsexto sopra z. et gira conlaltro contingente 19. poni ilpie delsexto sopra Z. conlaltro gira iltondo contingente 20. et sopra ε. gira lantro tondo conlaltro pie delsexto. Et dapoi fa ilcontorno seguitando icirculi et arai posto ilrefreschatoio sopra lataula commo sedisse aldato termine aparente eleuato. Et setuuolesse che fusse afacce deuidi ilrefreschatoio impropia forma inquante facce tepiaci facendo lagrosezza delrefreschatoio et seguita iltondo dato. (Fig. 79.)

---

[1] scil. der natürliche und perspectivisch verkürzte.
[2] In Fig. 79 nicht angegeben.

— LXXVIII —

Quando tuuolesse socto aduno sularo ouolta dimostrare uno anello che pendesse tien questo modo, desegna lanello delagrandezza che tu louoi fare impropia forma ilquale deuidi in 16 parti equali ho uoi in 32. poi tira una linea recta contingente lanello nella parte desocto laquale linea sia BC. et contingha lanello impuncto D. poi deuidi DC. impuncto E.[1] et sopra E. mena la perpendiculare dela quantita deldiametro delanello et apresso questa netira unaltra linea equidistante che sia tanto dalungi quanto e lagrosezza delanello impropia forma.[2] et poi a tucte le diuisioni delanello impropia forma che sono 16. tira equidistante BC. deuidente lagrosezza delanello cioe F. 1. 2. 3. 4. 5. 6. 7. 8. che uengano dal magiore circulo delanello et quelle delninore circulo che sono deutro segano lagrosezza[2] in 11. 12. 13. 14. 15. 16. 17. 18. poi deuidi lagrosezza superlomezzo che seghi EC. hortogonalmente impuncto F.[3] che sia FG. che passi socto lalinea E. lameta de FG.[4] dapoi tira laperpendiculare sopra B. delalinea BC. de quella quantita che tu uoulistare socto alsulaio auedere lanello laquale linea sia AB. et nelpuncto A. ficchia lacho colfilo poi pigla ilfilo epollo sopra lalinea FC. contigente 8. delalinea F. G. edouebact sulalinea FC. fapuncto 8. poi mecti ilfilo contingente 7. doue bacte sulalinea FC. fa 7. tira ilfilo contingente 6 dobacte sulalinea FC. segna 6. mena ilfilo contingente 5. dobacte sulalinea FC. puncta 5. tira ilfilo contingente 4. dobacte sulalinea FC. fa 4. mecti ilfilo contingente 3. doue bacte sulalinea FC segna 3. mena ilfilo contingente 2. dobacte sulalinea FC. puncta 2. hora tira passante per questi segni cio e. 1. 2. 3. 4. 5. 6. 7. 8. linee equidistante FG che passino tanto de socto quanto de sopra poi togli lameta del circulo magiore delanello et polla socto lalinea BC. nella linea che separte da F. che sia F e 26. poitogli lameta da 4 ad 5. nella linea FG. et polla socto F. che sira F e 20. et pigla laquantita da 4 ad 3. delalinea FG. et segnala socto 20. che sia 20 e 22. poi togli laquantita da 3 ad 2. epolla socto 22. che sia 22 e 24. dapoi ficha lacho colfilo sopra B. et poi pigla ilcapo delfilo et stendilo sopra lalinea uscente da 8. contingente 20. delalinea F. et 26. et doue tocha lalinea che uenda 8. segna 34. tira ilfilo contingente 22. et dobacte sulalinea che separte da 2. fa 22. edoue bacte sulalinea uenente da 7. puncta 32. mena ilfilo contingente 24. edoue toccha lalinea chesei da 3. fa 24. et doue bacte sulalinea che uenda 6. segna 30. mecti ilfilo contingente 26. et dobacte sulalinea uscente da 4. puncta 26. edotoccha lalinea cheuenda 5. segna 28. et queste quantita poni sopra lalinea FC. cioe sopra 5. fa 29. dequella quantita che da 5 ad 28. esopra 4. fa 27. delaquantita da 4 ad 26. sopra 3. fa 25. delaquantita da 3 ad 24. e sopra 2. fa 23. delaquantita che da 2 ad 22. sopra 6. segna 31. delaquantita da 6. ad 30. sopra 7. fa 33. delaquantita che da 7 ad 32 poi tira 20 e 22. 22 e 24. 24 e 26. 26 e 28. 28 e 30. 30 e 32. 32 e 34. 21 e 23. 23 e 25. 25 e 27. 27 e 29. 29 e 31. 31 e 33. 33 e 35. et ai il primo circulo cio e quello defore. hora perlocirculo dentro che minore tira lesue diuisioni tucte equidistante BC. che deuidino FG. impuncti 11. 12. 13. 14. 15. 16. 17. 18. poi ficcha lacho colfilo sulpuncto A. poi tira ilfilo contingente 18. doue bacte sulalinea FC. fa puncto 18. mena ilfilo contingente 17. edoue toccha sulalinea FC. fa 17. poni ilfilo contingente 16. dobacte sulalinea FC. segna 16. mecti ilfilo contingente 15. dobacte sulalinea FC. fa 15. tira ilfilo contingente 14. dobacte sulalinea FC. puncta 14. stendi ilfilo contingente 13. dotoccha lalinea FC. segna 13. mena ilfilo contingente 12. dobacte sulalinea FC. puncta 12. tira ilfilo contingente 11. dotoccha sulalinea FC. segna 11. poi tira questi segni tucti equidistante FG. contingenti ilcirculo facto. Dapoi togli lameta deldiametro del circulo dentro delanello epolla socto F. che sia F et 46 et poi pigla laquantita che da F. ad 44. delalinea FG. epolla sopra 46. che sia 46. et 40. tolamesura da F. ad 43. epolla sopra 46. esegna 42. tolaquantita da F. ad 42. epolla sopra 46. che sia 46 e 44. poi togli laco colfilo eficchalo sulpuncto B. et stendi ilfilo contingente 40. et doue bacte sulalinea che uenda 18. segna 54. tira ilfilo contingente 42. dobacte sulalinea che

---

[1] Punct E und die hindurchgelegte Verticale nebst Theilpuncten fehlen in Fig. 80 aus bekanntem Grunde, doch wie der Text zufolge leicht zu ergänzen.
[2] Incorrecter Ausdruck für den Durchmesser des Ringes.
[3] Die zu BC durch die Theilpuncte der Kreise gelegten Parallelen übertragen diese selbstverständlich auf die Verticale in F.
[4] Unverständlich, es soll offenbar von F abwärts der äussere Radius des Ringes abgetragen werden, wie aus dem Folgenden hervorgeht.

separte da 42. puncta 42. et doue toccha che uenda 17. fa 52. mecti ilfilo contingente 44. dobacte sulalinea deriuante da 13. segna 44. dotoccha lalinea chesci da 16. fa 50. mena ilfilo contingente 46. et dobacte sulalinea che separte da 14. fa 46. et dobacte sulalinea che uenda 15. puncta 48. hora ai apiglare queste quantita eponere desopra pigla laquantita 11 ad 40. epolla sopra 11. efa 41. che sira 40 e 41. togli laquantita da 12. e 42. epolla sopra 12. esegna 43. che sira 42 e 43. mesura da 13 e 44. epolla sopra 13. epuncta 45. che sira 44 e 45. togli laquantita da 14. ad 46. epolla sopra 14. efa 4 7. che sira 46 e 47. pigla laquantita da 16. ad 50. epolla sopra 16. efa 51. tolaquantita da 17 ad 52. epolla sopra 17. epuncta 53. che sira 52 e 53. pigla laquantita da 18 ad 54. epolla sopra 18. esegna 55. che fia 54 e 55. hora tira 40 e 42. 42 e 44. 44 e 46. 46 e 48. 48 e 50. 50 e 52. 52 e 54. 54 e 55. 55 e 53. 53 e 51. 51 e 49. 49 e 47. 47 e 45. 45 e 43. 43 e 41. 41 e 40. Questo he ilcirculo dentro delanello hora tagla lianguli de tucti doi licirculi et auerai lanello proposto. (Fig. 80.)

Ad autorem.

Tandem finis adest operis tam multa docentis
Signa figurarum titulis deducta probatis
Jam licet in medium reddas hoc arte legendum
Vt sua scriptori reddatur gloria tandem

Ad lectorem.

Qui legis egregii pictoris ab arte profectum
Hoc opus inuidie comprime dicta male
Et dic admirans jam dudum nobile manus
Auxilio cujus ars pretiosa uenit

Ingenii uires animi sapientia uirtus
Perpetue comites sunt tibi Petre satis
Tu celebras Burgi jam cuncta per oppida nomen
Italis et clarum reddis ab arte tuum

Tu decus es nostrum. Sequimur tua signa rebelles
Ilis quicunque tenent castra iuimica tuis
Sit tibi uita comes prefixis amplius annis
Perfruar ut tanto te superante bono.

Piero, Maler aus Borgo über malerische Perspective.

Die Malerei enthält in sich drei Haupttheile, die wir als Zeichnung, Ausmessung und Farbengebung benennen. Unter Zeichnung verstehen wir Aufrisse und Contouren, welche der darzustellende Gegenstand enthält. Ausmessung nennen wir eben jene proportional an die ihnen zukommenden Plätze gestellten Aufrisse und Contouren. Unter Farbengebung verstehen wir die Farben, wie sie an den Dingen sich zeigen: hell und dunkel, je nachdem die Lichter sie ändern. Von diesen drei Theilen beabsichtige ich nur von der Ausmessung zu handeln, die wir Perspective nennen, indem ich dabei einige Theile von der Zeichnung[1] einmische, weil ohne dieselbe die Perspective praktisch nicht ins Werk gesetzt werden kann. Die Farbengebung werden wir weglassen und von demjenigen Theil handeln, der mittelst Linien, Winkeln und Proportionen sich demonstriren lässt, indem wir von Puncten, Linien, Oberflächen und Körpern sprechen. Dieser Theil enthält in sich fünf Unterabtheilungen: die erste betrifft das Sehen, nämlich das Auge, die zweite die Form des gesehenen Gegenstandes, die dritte den Abstand vom Auge bis zum gesehenen Object, die vierte die Linien, welche von den äussersten Enden des Gegenstands ausgehen und zum Auge gehen, die fünfte betrifft die Grenzebene zwischen Auge und Object, wo man die Dinge abzubilden beabsichtigt. Die erste, sagte ich, betreffe das Auge, wovon ich nicht zu handeln beabsichtige, ausser insoweit es für die Malerei nöthig ist. Daher sage ich, dass das Auge den ersten Theil umfasse, weil es dasjenige ist, worin immer alle unter verschiedenen Gesichtswinkeln gesehenen Objecte empfunden werden,[2] d. h. wenn die gesehenen Gegenstände gleichweit vom Auge entfernt sind, so stellt sich der grössere Gegenstand unter grösserm Gesichtswinkel dar als der kleinere, und gleichermassen wenn die Dinge gleich und nicht gleichweit vom Auge entfernt sind, stellt sich das nähere unter grösserm Winkel dar als das entferntere; dieser Verschiedenheit entsprechend ist die perspectivische Verkürzung besagter Gegenstände zu verstehen. Die zweite Unterabtheilung ist die Form des Gegenstands, deshalb, weil ohne diese der Verstand denselben nicht beurtheilen, noch das Auge ihn erfassen kann. Die dritte ist der Abstand vom Auge zum Object, denn wenn kein Abstand vorhanden wäre, würde der Gegenstand mit dem Auge zusammenfallen oder es berühren, und wenn der Gegenstand grösser wäre als das Auge, so würde es nicht fähig sein, sein Bild aufzunehmen. Die vierte bezieht sich auf die Linien, die von der äussersten Umgrenzung des Objects ausgehn und im Auge endigen, innerhalb deren das Auge sie (die Bilder der Dinge) aufnimmt

---

[1] Der Orthogonal-Projection
[2] Im Text: «si» zu ergänzen.

und unterscheidet. Die fünfte betrifft eine Grenzebene, in welcher das Auge mit seinen Strahlen die Dinge proportional einzeichnet und man kann darin ihre Abmessungen beurtheilen. Wäre keine Grenzebene da, könnte man nicht verstehen, um wieviel die Dinge sich verkürzten, so dass man sie (scil. ihre Bilder) nicht zeigen könnte. Ausserdem ist nöthig, dass man alle Gegenstände, die der Mensch zu machen denkt, auf der Ebene in ihrer wahren Form zu zeichnen versteht.

Nachdem die vorbenannten Dinge verstanden, werden wir das Werk fortsetzen, indem wir aus diesem «Perspective» benannten Abschnitt drei Bücher machen. Im ersten werden wir von Puncten, Linien, und ebenen Flächen reden. Im zweiten werden wir von kubischen Körpern: von vierseitigen Pilastern, runden und mehrseitigen Säulen reden. Im dritten werden wir von den Köpfen und Capitellen, Basen, wulstförmigen, von mehrern (ringförmigen) Basen umgrenzten und andern Körpern in verschiedener Lage sprechen.

Punct ist das, was keine Theile hat : den Geometern zufolge, die sagen, dass er nur in der Einbildung bestehe. Die Linie sagen sie, habe Länge ohne Breite und weil diese nicht anders als nur im Geiste offenbar sind, und ich von der Perspective zu handeln sage, und zwar mit Beweisen, die ich für das Auge erfassbar wünsche, so ist es deshalb nöthig, eine andere Definition zu geben. Ich sage daher : Punct sei ein so kleiner Gegenstand, wie er noch vom Auge aufzufassen möglich. Linie, sage ich, sei die Ausdehnung von einem Puncte zu einem anderen, deren Breite von ähnlicher Beschaffenheit ist, wie der Punct. Oberfläche sage ich, sei die von den Linien umschlossene Breite und Länge. Die Oberflächen sind von verschiedenartigen Bildungsgesetzen, bald dreieckig, bald viereckig, bald tetragonal, bald pentagonisch, einige hexagonisch, einige oktagonisch und einige von mehr und verschiedenen Seiten, wie es sich euch aus den Figuren offenbaren wird.

1. Jede Grösse stellt sich im Auge unter einem (Gesichts)winkel dar.

Dies folgt aus sich selbst, sofern im Puncte keine Grösse (Dimension) existirt und die Sehkraft nur ein Punct ist ; und wenn Linien von einem Puncte zur Umgrenzung eines Gegenstands gehen, so macht dies nothwendig einen Winkel, obwohl ich in der Malerei festsetze, dass der Punct eine Grösse sei, sage ich, dass er so klein sei, dass jede andere Grösse grösser sei als er. Wenn somit Linien von der äussersten Grenze des Gegenstandes ausgehen, so klein er auch sei, und im Auge endigen, d. h. in dem Puncte, so bilden sie dort einen Winkel. Also stellt sich jener Gegenstand unter einem Winkel dar. Es sei z. B. A. ein Punct BC. sei die Grösse (des Objects) und man zieht von seinen Enden Linien, die im Puncte A. endigen, nämlich BA. und CA. und zieht BC. so werden sie drei Winkel bilden, denn A. ist ein Punct und wird einen Winkel bilden und B. ist ein Punct. und C. ist ein Punct ; und wenn man vom einen zum andern Puncte Linien zieht, so werden sie, da sie nicht im Alignement liegen, ein Dreieck bilden, und ich sage A. sei ein Punct, von dem die Sehkraft ausgeht, und ein Winkel, der der Grösse BC. gegenüberliegt und empfängt dieselbe (BC.) zwischen den Linien AB. und AC. unter dem Winkel A., der das Auge ist. (Fig. 1.ª)

2. Alle unter demselben Winkel gesehenen Basen, wenn sie gleich in verschiedener Lage sich befinden, stellen sich dem Auge als gleich dar.

Zum Beispiel: es sei A. das Auge, von dem zwei Linien ausgehen, die AB. und AC. seien: und man mache dazwischen mehrere Basen BC. EF. GH. so sage ich, dass jede derselben sich dem Auge als gleich darstellt, nämlich unter dem Winkel A., der, wie ich sage, das Auge ist, und von diesem gehen die graden Linien aus und laufen zu den Basen, die innerhalb der besagten Linien liegen, welche jene treffen, und keine geht über besagte Linien hinaus, und da sie weder zuviel noch zuwenig thun, so nimmt das Auge sie in gleicher Weise auf, daher sage ich, dass dieselben (Basen) sich dem Auge als gleich darstellen: denn der Strahl AC. geht in grader Richtung durch H. und F. und keine jener Basen geht oberhalb des Strahls hinaus, noch verfehlt sie ihn ; und der Strahl AB. geht durch G. und E., indem er ihre Endpuncte in grader Linie trifft. Daher werde ich schliessen, dass sich alle Basen, die unter demselben Winkel enthalten sind, dem Auge als gleich darstellen, wie der Satz lautet. (Fig. 2.)

3. Wenn mehrere Basen ihrem Winkel (dem Auge) rechtwinklig gegenüberliegen so ist diejenige, die sich unter grösserm Gesichtswinkel darstellt, entweder grösser, oder sie liegt dem Winkelpunct näher.

Es seien zwei Basen BC. und EF. angenommen und die Basis BC. habe den Winkel A, die Basis EF. den Winkel D. und der Winkel A. sei grösser als der Winkel D.: so sage ich, dass die Basis BC. grösser ist als die Basis EF, oder sie ist dem Winkelpunct A. näher als die Basis EF. dem Winkelpunct D., und das wird folgendermassen bewiesen: Man mache zwei Dreiecke BAC. und EDF. und über den Winkel D. setze man den Winkel A., indem man DG. zieht, die über DF. hinaus geht, weil der Winkel A. grösser ist, als Winkel D. angenommen ist. Man verlängere EF. bis dass sie GI. trifft: dann sage ich, dass die Basis BC. grösser sei als die Basis EF., und zwar um die Grösse von FG., wie durch die 24te des ersten Buchs vom Euklid bewiesen wird. (Fig. 3.)

Es sei ferner die Basis BC. nicht grösser als die Basis EF.: dann sage ich, dass BC. dem Winkelpunct A. näher sei als die Basis EF. dem Winkelpunct D. Man mache zwei Dreiecke wie oben BAC. und EDF. und es sei der Winkel A. grösser als der Winkel D., und man trage (im Winkelpunct D.) einen dem Winkel A. gleichen an, dessen Schenkel DG. sei und vom Puncte F. ziehe man eine Parallele zu DE., nämlich FI.,[1] die DG. im Puncte I. theilt, und ziehe durch I. eine Parallele zu EF., die DE. im Puncte H. theilt: dann sage ich, dass IH. gleich BC. ist, weil BC. gleich EF., und EF. gleich IH. ist: daher sind beide gleich, so dass ich behaupte, die Basis BC. sei näher am Winkelpunct A. als die Basis EF. am Winkelpunct D., und zwar um die Grösse HE., und somit das vorgelegte Problem klar.

4. Wenn von einem Puncte Linien nach zwei gleichen Basen ausliefen und eine wäre ihm näher als die andere, so macht die nähere einem grösseren Winkel im besagten Puncte.

Es sei beispielsweise Punct A. angenommen und man mache zwei gleiche Basen BC. und DE., und BC. sei dem Puncte A. näher als DE. dann sage ich, dass BC. im Puncte A. einen grössern Winkel bilden werde als DE. Zum Beweise führe man irgend eine Linii AF. solang man will, über der man zwei gleiche Basen BC. und DE. errichtet, und BC. sec dem Puncte A. näher als DE., dann ziehe man vom Puncte A. die Linien AB. und AC. und sodann ziehe man AD. und AE., so sage ich, dass ABD. in einer graden Linie liegen wird, und AE. wird BC. im Puncte G. schneiden. Daher ist, dem vorhergehenden zufolge, der Winkel A. der Basis BC. grösser als der Winkel A. der Basis DE. und zwar um den Winkel, den die Basis GC. erzeugt, denn der Winkel der Basis DG. ist gleich dem Winkel der Basis DE., weil der Winkel A., der einen auch Winkel der andern ist: daher der Winkel A. der Basis BC. grösser ist als der Winkel der Basis DE., um den Winkel, den die Basis GC. erzeugt, die der Rest der Basis BC ist, wie die Behauptung ist. (Fig. 4.)

5. Wenn von einem Puncte zwei grade Linien nach einer Basis ausliefen, und über sie eine andere zur Basis parallele Linie hinausliefe und jener gleich wäre, so würden jene beiden in ein und demselben Verhältniss getheilt und der Theil der überkommenen Linie, der sich zwischen den beiden Linien befindet, eingeschlossen ist, wird zu den Basis in demselben Verhältniss stehen, wie die ganzen Linien zu ihren Theilen, die im Puncte endigen.

Es sei A. der Punct und von ihm aus ziehe man AB. und AC. und die Basis sei BC., so sage ich, dass wenn eine andere Linie kommt, die gleich und parallel mit BC. ist, die DF. sein möge und AC. im Puncte E. schneiden und AB. im Puncte D. treffen möge, dass sie sich und jene zwei Linien in ein und demselben Verhältniss theilen wird, weil das Product von FE. in AE. gleich dem von FE. in EC. und das von FE. in AD., gleich dem von ED. in BD.,[2] und das von BD.[2] in AE., gleich dem von EC. in AD. ist, so dass sie in Proportion stehen. Um es auf andere Art zu beweisen, mache man es mit Zahlen. Sei AC = 24 und AB. 18 und BC. 6, die überkommene Linie DF. ebenfalls 6, die AC.

---
[1] Fehlt in Figur 3.
[2] Im Text ist D für C zu setzen.

in E. im Puncte 14 theilt und AB. in D. im Puncte 12 trifft. Ich sage nun DE. sei 4 und EF. 2 und EC. 7 und BD. 6, und behaupte, dass dasselbe Verhältniss von 7 zu 14 stattfindet, wie von 2 zu 4 und das von 6 zu 12, und dasselbe Verhältniss ist von 2 zu 6 wie von 6 zu 18 und von 7 zu 21. Ich werde daher schliessen, dass sie (die Linien) in ein und demselben Verhältniss getheilt seien. Und somit sage ich, dass sich DE. zu BC. verhalte wie AD. zu AB. und wie AE. zu AC., und das Product von DE. in AB. ist gleich dem von BC. in AD. und ebenso das von DE. in AC. gleich dem von BC. in AE., was klar ist. Der andere Beweis durch die obengenannten Zahlen, nämlich AB. gleich 18, AC. 21, BC. 6 und AD. 12, BD. 6, AE. 14, EC. 7 und DE. 4 (ergibt sich so): ich sage, dass dasselbe Verhältniss von DE., welches 4 ist, zu BC., was 6, stattfindet, wie von AD., was 12, zu AB., was 18 und dasselbe Verhältniss besteht von AE. was 14 zu AC., was 21, was die Behauptung ist. (Fig. 5.)

6. Wenn zwei gleiche Linien senkrecht auf einer Linie ständen und unter sich parallel wären, und von einem Puncte zwei Linien ausgingen und an die Endpuncte der näheren, und zwei andere an die Endpuncte der entfernteren liefen, so sage ich, wenn die untern Endpuncte beider unterhalb des Puncts liegen, dass der untere Endpunct der entfernteren sich vom Puncte aus höher darstellen wird, als der untere Endpunct der näheren, und wenn die obern Endpuncte über dem Puncte stehn, so wird der der entfernteren sich niedriger darstellen.

Es sei z. B. die grade Linie BC. und über ihren Endpuncten mögen zwei gleiche, senkrechte und unter sich parallele Linien errichtet werden, die BD. und CE. seien, und der Punct sei A., dann sage ich, dass sich C. höher darstellen wird als B., und E. wird sich niedriger als D. darstellen. Beweis: Man ziehe zwei Linien AB. und AD., und zwei andere AC. und AE. die BD. in den Puncten F. und G. theilen werden, dann sage ich, dass sich F. höher darstellen wird als B., und zwar um die Grösse DG. und FG. stellt sich im Puncte gleich CE., wie durch den zweiten Satz dieses Tractats bewiesen, weil sie unter demselben (Gesichts-)winkel stehn, und ebenso stellt sich E. um die Grösse DG. tiefer als D. dar, wie es auch aus der 10ten Euclid's «de aspectuum diversitate» folgt. (Fig. 6.)

7. Wenn die grade Linie in mehrere gleiche Theile getheilt wäre, und von jenen Theilungen mehrere Linien ausgingen und in ein (und demselben) Puncte endigten, so werden sie im besagten Puncte ungleiche Winkel bilden: die kürzeren Linien werden grössere Winkel machen als die längeren.

Die grade Linie sei BC. in D. E. F. G. getheilt, und der Punct sei A., wohin man die Linien BA. DA. EA. FA. GA. CA. ziehe, so sage ich, dass die Basis EF. einem grössern Winkel gegenübersteht, als die Basis DE., und DE. steht einem grössern Winkel gegenüber, als die Basis BD., weil die Seiten der Basis EF. kleiner sind als die Seiten der Basis ED., ebenso sind die der Basis DE. kleiner als die Seiten der Basis BD., und bezüglich der Winkel der gleichen Basen machen die, welche kürzere Seiten haben einen grössern Winkel, als die, welche längere haben, wie durch die 24te des ersten Buchs Euclid's bewiesen wird. (Fig. 7.)

8. Wenn man über der gegebenen graden, in mehrere Theile getheilten Linie, eine andere Linie zu jener parallel zieht, und von den Theilpuncten der ersten Linien führt, die in einem Puncte endigen, so werden sie die Parallele in demselben Verhältniss theilen, wie die gegebene Linie.

Gegeben sei die Linie BC.,[1] die in D. E. F. G. getheilt sei, und man führe eine andere Linie parallel zu jener, die HI. sei, und vom Puncte A. führe man AB. AD. AE. AF. AG. AC., die HI. in den Puncten K. L. M. N. theilen werden, dann sage ich, sie sei in demselben Verhältniss getheilt, wie die gegebene Linie BC. weil BD. sich zu DE. verhält, wie HK. zu KL. und EF. zu FG., wie LM. zu MN. und FG. zu GC., wie MN. zu NI., und der Triangel ABD. ist dem Triangel AHK. ähnlich, ebenso ADE. dem Dreieck AKL., und AEF. ist dem

---

[1] Im Text B. statt I. zu lesen

— LXXXV —

Dreieck ALM. ähnlich, so dass sie proportional (ähnlich) sind, und dasselbe Verhältniss ist von AB. zu BC wie von AH. zu HL., und da die grössern Basen proportional sind, so sind auch die kleinern proportional, und die Winkel des Dreiecks ABD. sind den Winkeln des Dreiecks AHK. gleich, daher sind sie (die Dreiecke) proportional, wie durch die 21. des sechsten Buchs Euklid's bewiesen wird: ebenso ist es mit den andern, wie die Behauptung war. (Fig. 8.)

9. Wenn man in der vierseitigen Fläche die Diagonale zieht, so wird sie die Fläche in zwei gleiche Theile theilen, und wenn man parallel zu den Seiten andere Linien zieht, so werden sie die Diagonale nebst zwei Seiten und sich selbst in demselben Verhältniss schneiden.

Beispielsweise sei die vierseitige Fläche ABCD. und die Diagonale sei AC., so sage ich, dass AC. die Fläche ABCD. in zwei gleiche Theile theilt, weil die vierseitige Fläche ABCD. von gleichen Seiten und Winkeln ist, und da die Diagonale AC. jene von Ecke zu Ecke halbirt und der Winkel D und Winkel B gleichviel entfernt von der Linie AC sind, wie durch die 34. des ersten Buchs Euklid's bewiesen wird, so ist die erste Behauptung klar. Man führe ferner eine Linie parallel zu AD., die DC. in Puncte E., und die Diagonale AC. in Puncte F., und AB. in Puncte G. theilt, so sage ich, dass sie jene Linien und sich selbst in demselben Verhältniss theilt, weil AG. sich zu GB. verhält wie DE. zu EC., und das Product von AF. in FE. ist gleich dem von FG. in FC., und das von FE. in AC. ist gleich dem von FC. in AD., und das von AG. in AC. ist gleich dem von FA. in AD., und ebenso verhält sich GF. zu FE. wie AG. zu GB.[1], so dass sie proportional sind. Ueberdies ist nach dem 5. Satze dieses Buchs die Linie EG. gleich der Linie BC. und parallel dazu, und theilt AB. und AC. des Dreiecks ABC. im gleichen Verhältniss wie durch jenen Satz bewiesen worden: was die Behauptung ist. (Fig. 9.)

10. Wenn in der quadratischen Fläche von gleichen Seiten und Winkeln die Diagonale gezogen wird, die in mehrere gleiche Theile zerlegt werde, und von jenen Theilpuncten Parallelen zu den vier Seiten der Fläche gezogen werden, so werden sie jene in ähnliche Flächen zertheilen.

Es sei die Fläche ABCD. und die Diagonale AC. sei in E. F. G. H. in mehrere Theile getheilt, so sage ich, dass man durch E. eine parallele Linie zu AB. und die andere parallel zu AD. ziehen solle und durch F. eine Parallele zu AB. und die andere parallel zu AD. ziehe, und durch G. eine parallel zu AB. und die andere parallel zu AD. und durch H. eine parallel zu AB. und die andere parallel zu AD., welche Linien 25 Flächen bilden werden, die der Fläche ABCD. ähnlich sind, und gleiche Winkel und Seiten haben. Man mache diese Flächen, wie gesagt worden, und die in E. F. G. H. getheilte Diagonale wie oben, man führe nämlich durch E. eine Parallele zu AB.,[2] die AD. im Puncte I. und BC. im Puncte K. schneidet, und führe eine andere durch E., parallel zu AD., die AB. im Puncte L. und DC. im Puncte M. schneidet, und ziehe ferner durch F. eine Parallele zu AB., die AD. im Puncte N., und BC. im Puncte O. schneidet; ziehe die andere durch F. parallel zu AD., die AB. im Puncte P. und DC. im Puncte Q. schneidet; man führe durch G. eine Parallele zu AB. die AD. im Puncte R. und BC. im Puncte S. schneidet; man führe durch G. eine Parallele zu AB., die AD. im Puncte R. und BC. im Puncte S. schneidet, ziehe die andere durch G. parallel zu AD., die AB. im Puncte T. und DC. im Puncte V. schneidet, und führe durch H. eine Parallele zu AB., die AD. im Puncte X. und BC. im Puncte y. schneidet, und ziehe die andere durch H. parallel zu AD., die AB. im Puncte z. und DC. im Puncte Z. schneide, dann sage ich, dass alle diese in der Fläche ABCD. enthaltenen Quadrate ihr und unter sich ähnlich sind, weil sie aus parallelen Linien und gleichen Winkeln zusammengesetzt sind. Daher stehen die Seiten in derselben Proportion, wie die Seiten der Fläche ABCD, wie durch die 30. Euklid's gelehrt wird. (Fig. 10.)

---

[1] Mscr. gibt irrthümlich die Producte statt der Quotienten.
[2] Im folgenden Text sind einige Versehen, die in der Uebersetzung berichtigt sind.

— LXXXVI —

11. Wenn ein Vierseit wäre, das in mehrere ungleiche Theile getheilt wäre, und man von jenen Theilpuncten Linien parallel zu den Seiten und von den Ecken aus die Diagonale zöge, so wird sie jene im gleichen Verhältniss theilen, und wenn man von jenen Theilpuncten parallele Linien quer hindurchführte, so würden sie unter sich proportionale Flächen erzeugen.

Beispielsweise sei das Vierseit ABCD. gegeben, worin man AB. in ungleiche Theile theilt, in den Puncten E. und F., durch diese Parallelen zu AD. zieht, welche DC. in den Puncten G. und H. theilen, sodann ziehe man die Diagonale, die EG. in Puncte I., und FH. im Puncte K. theilt. Man ziehe ferner durch I. eine Parallele zu AB., die AD. im Puncte L. und BC. im Puncte M., und FH. im Puncte P. schneidet, sodann führe man durch K. eine Parallele zu AB., die AD. im Puncte N., und EG. im Puncte Q., und BC. im Puncte O. schneidet. Von den (so entstandenen) Flächen sind drei gleichseitig, und sechs von den Seiten jener drei zusammengesetzt, so dass sie nicht aus 4 gleichen Seiten bestehen, aber dennoch ähnlich sind, als aus ungleichen, aber parallelen Linien zusammengesetzt. Man beweist, dass sie unter sich proportional sind, weil das Product von AE. in AL. sich zu dem von EI. in EF. verhält, wie das von LI. in LN. zu dem von IP. in IQ., und wie sich das Product NQ. in ND. zu dem von QK. in QG. verhält. Ebenso sagen wir, es verhalte sich EI. in EF. zu FP. in FB. wie IQ. in IP. zu PM. in PK., gleicherweise verhält sich KQ. in QG. zu KO. in KH., so dass sie in Proportion stehen. Ueberdies, um es durch Zahlen, damit es deutlicher werde, zu beweisen, so habe ABCD. die Seitenlänge 9, und sei in E. und F. in drei Theile getheilt: AE. sei 2, und EF. 4 und FB. 3; ebenso DG. 2 und GH. 4, und HC. 3, und es werde die Diagonale gezogen in den zwei Puncten I. und K. proportional getheilt, und von jenen Theilpuncten aus Linien parallel zu AB. gezogen, die AD. in den Puncten L. und N., BC. in den Puncten M. und O., EG. in Q. und FH. in P. treffen, so sage ich, dass AE. AL. LI. IE. einander gleich sind, und ebenso IP. PK. KQ. QI. gleich seien und KO. OC. CH. HK. einander gleich sind, weil die Diagonale, die sie abtheilt, von den Ecken der Fläche ausgeht, die aus gleichen Seiten und Winkeln besteht, und jene (Flächen) halbir, so dass sie Quadrate von gleichen Seiten sind, wie durch die 25. des sechsten Buchs Euklid's bewiesen wird. Ich habe angenommen, AE. sei 2, somit wird jede Seite gleich 2 haben, und EF. habe ich 4 gesetzt, also wird IPKQ. 4 als Seitenlänge haben: und BF. setzte ich 3, also wird KOCH.[1] 3 pro Seite haben, und EFIP. wird 2 für eine Seite und für die andere 4 haben, und von FBMP. wird eine 2, die andere 3 lang sein und PMOK. wird für eine die Länge 3, für die andere 4 haben und LIQN. wird bezüglich einer Seite von der Länge 2, bezüglich der andern von der Länge 4 sein, und NQDG. wird eine von 2, die andere von 3 haben, und QKHG. wird an einer Seite von der Länge 3, an der andere von der Länge 4 sein. Man multiplizire die Seite des ersten Quadrats mit sich, das macht 4, multipizire 2 mit 4, macht 8, und sodann multiplizire man 2 mit 4, macht auch 8, und multiplizire 4 mit sich, macht 16, und multiplizire 3 mit 4 macht 12, und multiplizire 3 mit sich macht 9. Diese stehen in Proportion, denn es besteht dasselbe Verhältniss der Fläche AI., die 4 ist, zur Fläche EP., die 8 ist, wie zwischen der Fläche LQ. die 8, zur Fläche IK., die 16, und wie zwischen der Fläche NG. die 6, zur Fläche QH., die 12. Ebenso besteht zwischen der Fläche EP., die 8, zur Fläche FM., die 6 ist, dasselbe Verhältniss wie zwischen der Fläche IK., die 16, zur Fläche PO., die 12 ist, wie auch von der Fläche QH., die 12, zur Fläche KC., die 9 ist, so dass die Flächen unter sich in demselben Verhältniss stehen, wie die Theilungen der Seiten des Quadrats, denn 2 zu 4 verhält sich ebenso wie 4 zu 8, und 8 16, und 6 zu 12 sich verhält, und ebenso 4 zu 3 wie 8 zu 6, und 16 zu 12 und 12 zu 9, so dass sie in Proportion stehen, was die Behauptung war. (Fig. 11.)

Bis hierher habe ich von der Proportion der unverkürzten Linien und Flächen gesprochen und wie die Diagonalen die vierseitigen Flächen in zwei gleiche Theile zerlegen und alle in jenen Flächen durch paralelle Linien gemachten Theilungen in Proportion stehen. Und jetzt, da ich von den (perspectivisch) verkürzten Linien und Flächen reden will, ist es

---

[1] Im Text ist K statt R zu schreiben.

nothwendig, jene Proportion nachzuweisen, denn, wenn ich sage «proportional» (ist zu erklären), was für eine Proportion ich meine, weil die Proportionen zahllos sind, und die in Rede stehende ist weder doppelt wie 2. 4 und 8 noch zweidrittelfach wie 4 und 9[1], noch dreiviertelfach wie 9, 12. 16 noch 3- noch 4fach, sondern ich sage, es finde perspectivische Proportion statt, nicht wie 4. 8. 12. 15, noch wie 6. 9. 11. 12, sondern dieselbe richtet sich nach der Distanz vom Auge zur Grenzebene[2] in der man die perspectivisch verkürzten Dinge darstellt und nach der Distanz von dieser Grenzebene zum gesehenen Object. Das verhält sich so: es seien vier parallele Linien (angenommen) und die eine sei von der andern eine Elle entfernt und sie seien eine Elle lang und befinden sich zwischen zwei parallelen Linien und von der ersten Linie, die die Grenzebene[2] ist, bis zum Auge sei der Abstand vier Ellen, dann sage ich zwischen der zweiten und ersten sei das Verhältniss fünfviertelfach, zwischen der dritten und zweiten in der Bildfläche sei es sechsfünftelfach und zwischen der vierten und dritten siebensechstelfach, oder um mich besser verständlich zu machen, es findet unter diesen vier Linien dasselbe Verhältniss statt wie unter den Zahlen: 105. 84. 70. 60. Wenn wir aber die Distanz vom Auge zur Bildebene ändern, wird sich auch die Proportion ändern d. h. wenn du dich 2 Ellen weiter entfernst, so dass es sechs vom Auge zur Bildebene seien, so werden jene vier Linien ihre Proportion ändern und sich so verhalten wie folgende vier Zahlen: 84. 72. 63. 56, die nicht in demselben Verhältniss stehen wie die ersten, weil die Distanz vom Auge zur ersten Stellung der Bildebene nicht in demselben Verhältniss zur Distanz vom Objekt steht, wie in der zweiten Stellung derselben.[3] Also ändert sich mit der Aenderung der Bildebene die Proportion und es findet stets dasselbe Verhältniss von der zweiten zur ersten[4] Linie statt, wie bezüglich des Abstands vom Auge zur Bildebene die die erste ist, zu dem der zweiten vom Auge d. h. das Verhältniss, welches stattfindet zwischen der vom Auge ausgehenden in der ersten Linie endigenden Linie, und derjenigen die vom Auge ausgeht und in der zweiten Linie endigt: und weil man durch Zahlen nicht deutlich die Veränderungen dieser Proportionen demonstriren kann, so werden sie mittelst der Linien bei der perspectivischen Verkürzung der Flächen nachgewiesen werden.

12. Vom gegebenen Auge aus in der festgesetzten Bildebene die verzeichnete Ebene perspectivisch verkürzt darzustellen.

Es sei das Auge A. gegeben, welches über der Linie DC. senkrecht über D. steht, und DC. sei im Puncte B. getheilt, der der angesetzte Grenzpunct (für die Bildebene) sei, und über B. liniire ich FB. senkrecht, und BC. soll die verzeichnete Ebene sein, die man perspectivisch darstellen will. Dann ziehe ich vom Puncte A. eine Linie zum Puncte C. der der Endpunct der bezeichneten Ebene ist, welche Linie BF. in Puncte E. theilen wird, dann sage ich, dass BE. die perspectivisch verkürzte Ebene d. h. BC. ist, weil BE. sich dem Auge in der angesetzten Bildebene gleich BC. darstellt. Zum Beweise ziehe man AB. so wird ein Dreieck entstehen, das ABC. ist und darin sind die Basen BC., BE. ein und demselben Winkel gegenüberliegend, so dass sie sich dem Auge als gleich darstellen, wie durch den 2. Satz dieses Buchs bewiesen worden; dann behaupte ich, dass BE. die bezeichnete perspectivisch verkürzte Ebene sei. Ueberdies, weil dies die erste perspectivische Verkürzung ist, wolle man es wohl verstehen, damit die übrigen leichter begriffen werden. Denn ich habe gesagt, unter gegebenem Auge versteht man, dass man sich mit dem Gesicht an jenem Orte aufgestellt habe, wo du stehen willst, um die bezeichnete Ebene zu sehen: unter der verzeichneten Ebene wird jene Quantität von Länge verstanden, welche dir gefällt, der Ebene zu geben. Die angenommene Bildfläche ist jener Ort, wo besagte Ebene perspectivisch verkürzt dargestellt werden soll d. h. in der Distanz des Auges zur Mauer oder Tafel oder anderem Gegenstand worauf man die Gegenstände perspectivisch verkürzt darstellen will; setze das Auge hoch oder tief,

---

[1] unter sesquialtera versteht man (vgl. Pacioli, Soemca di Aritmetica) das Verhältniss 2 : 3 daher der Text 4 : 6 oder 6 : 9 lauten sollte.
[2] d. i. Bildfläche.
[3] Dem Sinne entsprechend übersetzt, da der Wortlaut des Textes unvollständig.
[4] von den 4 parallelen Linien.

nahe oder weit, jenachdem die Arbeit es verlangt: Nehmen wir an, die bezeichnete [1] Ebene sei 20 Ellen (lang) und DB. welches der Abstand der Bildfläche bis zum Auge ist, sei 10 Ellen und das Auge, welches ich in A. gesetzt habe, sei über D. 3 Ellen hoch gelegen: dann ziehe man AC., die BF. im Puncte E. theilen wird, wie oben gesagt worden, dann behaupte ich, dass C. um die Grösse BE. in der Bildebene höher liegt als B. weil A. höher liegt als BC. Der Beweis (für diese Behauptung) wird durch die 10. Euklid's «de aspectuum diversitate» gegeben. Also sage ich BE. sei 2, was zweidrittel der Höhe ist, da ich angenommen habe, das Auge sei drei Ellen hoch über der Ebene. Zwei Drittel sind 2 Ellen: denn die Linie, die vom Puncte A. ausgeht, theilt die Parallelen in gleichen Verhältniss, so dass dasselbe Verhältniss von DC. und 30 zu BC. und 20, dieselbe Proportion von 20 zu 30 stattfindet, wie von 2 zu 3, so dass ich behaupte BE. sei das perspectivisch verkürzte Bild von BC. welches ich perspectivisch darstellen zu wollen sagte. (Fig. 12.)

13. Die perspectivisch verkürzte (quadratische) Ebene als solche darzustellen.[2]

Wie in der vorhergehenden Nummer sei DC. eine im Puncte B. getheilte Linie, und man führe BF. senkrecht, und durch A. in ihrem Endpunct D. eine Senkrechte, und man ziehe eine Linie senkrecht durch C. gleich DC., die CG. sei, und vom Puncte G. liniire man eine Parallele zu BC., die FG. sei: von dieser (so entstandenen Figur) sage ich, dass sie ein Quadrat von gleichen Seiten BC. CG. GF. FB. sei. Jetzt ziehe vom Puncte A. aus die Linien AC. und AG., welche BF. in zwei Puncten theilen werden. AC. wird BF. im Puncte E. und AG. wird BF. im Puncte H. theilen: dann sage ich, dass E. sich in Puncte A. höher als B. darstellen wird, weil A. über B. steht; und H. wird sich niedriger darstellen als F., weil A. niedriger steht als F., wie solches durch die 10. und 11te Euklid's «de aspectuum diversitate» bewiesen wird. Ich behaupte sodann, dass BE. in der angenommenen Bildebene gleich BC. erscheint und EH. erscheint in besagter Grenzebene gleich CG. und HF. erscheint gleich FG. Zieht man noch AF. und AB., so werden wir drei Dreiecke haben, jedes mit zwei Basen: das Dreieck ABC. mit den zwei Basen BC. und BE., das Dreieck ACG. mit den zwei Basen CG. und HE., und das Dreieck AGF. mit den zwei Basen FG. und FH. Daher erscheint nach dem zweiten Satze dieses Buches die Basis BE. gleich der Basis BC., weil sie unter demselben Winkel A. enthalten sind, und die Basis EH. ist anscheinend gleich CG. und sie sind unter demselben Winkel enthalten, und die Basis HF. scheintgleich FG., weil sie in einem Winkel enthalten sind, und dasselbe Verhältniss findet statt von AE. zu AC. wie von DB. zu DC, und dasselbe findet statt von EH. zu CG. welches von AE. zu AC. besteht, und das gleiche Verhältniss ist von BE. und FH. zusammen zu CG., welches von AG. zu HG. statt hat,[3] und wenn die Distanzen und die Objecte in gleichen Verhältniss stehen wie die Augenhöhe zum perspectivisch verkürzten Gegenstand so ist es klar, dass es eine richtige perspectivische Abbildung sei. Daher werde ich sagen EHCG. sei die, auf die Vierecksform zurückgeführte Ebene BE.[4] Jetzt führe vom Puncte A. eine Linie parallel zu DC. die unbegrenzt sei,[5] sodann halbire die Linie BC. im Puncte I. und über I. ziehe die Senkrechte, und wo sie die Linie schneidet, die vom Puncte A. parallel DC. ausgeht, mach' einen Punct A. Sodann ziehe durch E. eine Parallele zu BC., die CG. im Puncte K. schneiden möge, dann führe vom Puncte A.[6] zum Punct B. (eine grade Linie), die EK. im Puncte D. theile, dann ziehe von A. zum Punct C. eine Grade die EK. im Puncte E. schneiden wird: ich sage nun, die perspectivisch verkürzte Ebene als Quadrat dargestellt zu haben, welche BCDE. ist. Beweis: Man sehe, ob DE. gleich EH. ist, von welcher Grösse ich annahm, dass sie gleich der Grösse CG erscheine wie oben bewiesen

---

[1] perspectivisch darzustellende.
[2] Scil. ein in der Grundebene, und mit einer Seite zugleich in der Bildfläche liegendes Quadrat perspectivisch darzustellen.
[3] umgekehrt: wie HG. zu AG.
[4] ungenau: Piero meint offenbar das Viereck, woraus sich unter den gemachten Voraussetzungen die perspectivischen Verkürzungen der Seiten von BCFG. ergeben. Die perspectivische Projection der letzteren Fläche würde sich selbstverständlich auf die Linie BF. reduziren.
[5] fehlt in Figur 13.
[6] scil. vom Augenpuncte.

ist. Ich sage, dass sie gleich oder ähnlich sei, weil dasselbe Verhältniss von AB. zu AD. stattbat, wie von AG. zu AE., und dasselbe Verhältniss besteht von DE. zu BC. wie von EH. zu CG.[1] Da sie proportional sind, so sind sie entweder gleich oder ähnlich: sie sind aber gleich, weil wir angenommen haben, BC. der einen sei BC. der andern gleich, so dass der Satz klar ist. Wenn du aber sagen solltest: warum setzest du das Auge in die Mitte? (so antworte ich), weil es mir angemessener für die Uebersicht der Darstellung scheint: nichtsdestoweniger kann man es setzen, wo man will, wenn es nur nicht über die Grenzen hinausfällt, wie in der letzten Figur sich zeigen wird, und wo du es hinsetzen wirst, wird das gleiche Verhältniss bestehen bleiben. (Fig. 13.)

14. Die quadratische, perspectivisch verkürzte Figur in mehrere gleiche Theile zu theilen.

Es sei beispielsweise die perspectivisch verkürzte Figur BCDE. und das Auge sei A., wie in den vorhergehenden Nummern gesagt worden; welche (Figur) ich auf der perspectivisch verkürzten Ebene als Quadrat dargestellt habe, was dasselbe ausmacht wie bei der zuerst festgesetzten Anordnung: wie bewiesen worden; so dass ich diese[2] weiter befolgen werde, weil sie denselben Effect macht und einfacher ist. Es sei wie gesagt BCDE. das Quadrat und das Auge sei A. Theile BC. in soviel gleiche Theile dir gefällig, sei es in F. G. H. I gethelt: dann ziehe von F. zum Punct A. und von G. und H. und I. zum Puncte A. grade Linien welche DE. in den Puncten K. L. M. N. theilen werden: dann sage ich, dass DE. in gleichem Verhältniss getheilt ist wie BC., weil das von BF. zu DK. dasselbe ist wie von BC. zu DE., und FG. zu KL. verhält sich wie GH. zu LM., und IH. zu MN. verhält sich wie BC. zu DE., so dass sie in Proportion stehen. Ueberdies da BC. und DE. unter ein und demselben Winkel enthalten sind, ebenso auch BF. und DK. unter ein und demselben Winkel, und FG. mit KL. unter einem Winkel und GH. mit LM. sich unter einem Winkel befinden, ebenso HL. und MN. unter einem Winkel und IC. mit NE. unter einem andern ist, und da sie parallele Strecken sind, so folgt, dass sie in einer Proportion stehen, wie durch die 5. Nummer dieses Buchs bewiesen wird, was die Behauptung war. (Fig. 14.)

15. Wenn die quadratische, perspectivisch verkürzte Fläche in mehrere gleiche Theile getheilt ist,[3] diese Theilungen zu Quadraten überzuführen (zu ergänzen).

Die quadratische perspectivisch verkürzte Fläche sei BCDE., und zwar sei sie in mehrere gleiche Theile zerlegt, wie BC. in den Puncten F. G. H. I. und DE. in den Puncten K. L. M. N. Man ziehe eine Linie zum Auge A. wie in der vorigen Nummer und führe vom Winkel B. zum Winkel E. die Diagonale BE., welche FK. im Puncte O. und GL. im Puncte P. und HM. im Puncte Q. und IN. im Puncte R. theilen wird. Man ziehe durch O. eine Parallele zu BC. die BD. im Puncte S. und CE. im Puncte T. schneiden wird: ziehe durch P. eine Parallele zu BC., die BD. im Puncte V. und CE. im Puncte X. schneiden wird: ziehe durch Q. eine Parallele zu BC., die BD. im Puncte y. und CE. im Puncte z. schneiden wird, ziehe durch R. eine Parallele zu BC. die BD. im Puncte Z. und CE. im Puncte s. schneiden wird, und FA. im Puncte 1. und GA. im Puncte 2. und HA. im Puncte 3. schneiden wird: dann sage ich, dass jene Theilungen in Quadrate übergeführt (ergänzt) seien, wie wir zu thun angaben. Man beweist es so: mache ein Quadrat in natürlicher Form, das unter der Linie BC. sei von solcher Grösse, dass es auch gleich BCDE. sei, welche oben und man theile es in dieselben Theile wie BC. (getheilt ist), so dass Quadrate von gleichen Seiten entstehen, und ziehe die Diagonale BE., so sage ich, dass sie diese in den entsprechenden Puncten theilen wird wie das perspectivisch verkürzte Quadrat von der Diagonale getheilt wird. Wenn also die Diagonale im Quadrat von natürlicher Form die Theile in Proportion theilt,[4] ebenso sage ich, dass sie die perspectivisch verkürzte quadratische Fläche in perspectivisch verkürzter Proportion theile d. h. so: es verhält sich AD. zu AB. wie DK. zu BF. und ebenso wie KL.

---

[1] mittels der Proportion AD: BE.
[2] Scil. die dabei zur respectivischen Darstellung des Quadrats angewandte Methode.
[3] Scil. die mit der Grundlinie der Bildfläche zusammenfallende, und die dazu parallele Seite.
[4] D. h. gleiche Theilquadrate liefert.

zu FG. und so wie LM. zu GH. und wie MN. zu HI. und wie NE. zu IC., und dasselbe Verhältniss findet statt von AZ. zu AB. wie von Z. 1. zu BF. und so wie von 1. 2 zu FG., wie von 2. 3 zu GH., so wie von 3 H. zu HI. wie von RS. zu IC. so fortfahrend, findet man sie in Proportion, so dass die erzeugten Theilflächen Quadrate sind, was ich nachweisen zu wollen sagte. (Fig. 15.)

Und wenn man besagtes Quadrat nicht in gleiche Theile theilte, so theilt sie¹ die Diagonale in Proportion, wie aus der zweiten Figur² erhellt. Es sei BCDE. ein Quadrat in natürlicher Form und man führe die Diagonalen BE. und CD. die die Fläche in vier gleiche Theile zerlegen und man führe ferner irgendwelche Linie parallel zu den Seiten, so wird sie jene proportional theilen. Zum Beispiel es ist BCDE. die Figur in natürlicher Form wie gesagt worden in welcher ich nach innen drei Theile besagter Fläche abschneiden will, so werde ich BF. nehmen, was drei Theile von BC. ist und werde durch F. die Linie parallel zu BD. führen welche die Diagonale in zwei Puncten theilen wird: DC. im Puncte G. und BE. im Puncte H. und DE. im Puncte I. welche Theilungen proportional sind, weil ebenso oft BF. in BC. enthalten ist wie BH. in BE. und ebenso oft DG. in DC. wie BF. in BC. und wie DI. in DE. und wenn man ferner eine Linie parallel zu DE. zieht, die durch H. geht, so wird sie BD. in Puncte K. und CE. im Puncte L. schneiden: dann behaupte ich BK. sei gleich BF. weil sich FH. zu HI. verhält wie BF. zu FC. und die Diagonallinie theilt IF. und KL. in ein und demselben Puncte, der H. ist, und da die Diagonale vom Vierseit³ ausgeht, so erzeugt sie wieder ein Vierseit³, so dass nothwendigerweise BF. FH. HK. KB. gleich sind, und ich sage, in das Quadrat BCDE. drei Theile desselben nach einwärts einfügen zu wollen, also sage ich, dass die Linie KL. sich um drei Theile einwärts befindet. Man ziehe nun eine Grade von F. zum Puncte A. so wird sie die perspectivisch verkürzten Diagonalen DC. im Puncte G. und BE. im Puncte H. schneiden. Ziehe durch H. eine Parallele zu DE. die BD. im Puncte K. und CE. im Puncte L. schneiden wird, welche Linie innerhalb des perspectivisch verkürzten Quadrats ebensoweit wie im Quadrat in eigentlicher Form einwärts liegt. (Fig. 15ᵃ.)

16. Die quadratische perspectivisch verkürzte Fläche auf ein (reguläres) Achteck zu reduziren.

Es sei BCDE. die quadratische, verkürzte Fläche und der Augenpunct sei A. Mache unter der Linie BC. ein Vierseit in eigentlicher Form, das pro Seitenlänge von der Grösse BC. sei, welches ebenfalls BCDE. sei wie das perspectivisch verkürzte: in welches du das Achteck in eigentlicher Form einzeichnest indem du BC. im Puncte F. und im Puncte G., und DB. im Puncte N. und im Puncte M., und DE. im Puncte K. und im Puncte L., und EC. im Puncte H. und im Puncte I. theilst, so dass FG. gleich GH. und GH. gleich HI. und HI. gleich IK. und IK. gleich KL. und KL. gleich LM. und LM. gleich MN. und MN. gleich NF. sei, und sie werden insgesammt gleich sein. Sodann ziehe die Diagonalen BE. und CD. die sich in Puncte O. schneiden werden. Man ziehe HN. welche die Diagonale BE. im Puncte P. und die Diagonale CD. im Puncte Q. schneiden wird und man führe IM. welche die Diagonale BE. im Puncte S. und die Diagonale CD. im Puncte R. schneiden wird. Jetzt ziehe die Diagonalen BE. und DC. in der perspectivisch verkürzten Fläche, sodann ziehe eine Linie von F. zum Punct A. und von G. zum Punct A. die vier Durchschnittspuncte liefern werden: nämlich die durch F. gelegte wird BE., im Puncte P. schneiden, und wird CD. im Puncte R. schneiden und wird DE. im Puncte L. schneiden, und die durch G. gezogene wird BE. im Puncte S. und CD. im Puncte Q. und DE. im Puncte K. schneiden; und man führe PQ. parallel BC., die BD. im Puncte N. und CE. im Puncte H. schneiden wird und man liniire RS. parallel BC , welche BD. im Puncte M. und CE. im Puncte I. schneiden wird, ziehe GHIK. LMNF. und das Achteck wird fertig sein. Denn ich habe durch die 3. Nr. dieses Buchs nachgewiesen, dass die perspectivisch verkürzte Figur BCDE. derselben Figur BCDE. in eigentlicher Form entspreche, und durch die 11. Nr. habe ich bewiesen, wie im Quadrat, das in ungleiche Theile getheilt ist, die Diagonale diese

---

[1] Scil. die Parallele zu den Quadratseiten.
[2] Fig. 15ᵃ.
[3] Soll heissen «Quadrat.»

proportional theilt, und durch die 25. des sechsten Buchs von Euklid wird bewiesen, dass alle Flächentheile um den Durchmesser[1] herum ähnlich seien, und es ist (somit) gesagt, dass BFNP. und PQRS. und GCQH. und IEKS. und DMLR. ähnlich seien, weil sie um die Diagonalen herumliegen, die Durchmesser sind, und jene ebenso theilen, wie sie das unverkürzte Viereck theilen, so dass ich sage FGNM LKIH. sei das auf ein Achteck reduzirte, perspectivisch verkürzte Quadrat. (Fig. 16.)

17. Die perspectivisch verkürzte Figur von acht Seiten auf eine solche, von sechzehn zu reduziren.

Ich habe die Figur von acht Seiten verzeichnet, die FG. FN. MN. ML. LK. KI. IH. HG. ist, welche sich im Quadrate BCDE. befindet. Ich will sie auf sechzehn Seiten reduziren. Ich habe das Achteck in natürlicher Form, welches an das perspectivisch verkürzte anstösst, construirt, wie durch die vorhergehende Nr. gezeigt worden. Von diesem nimm das Centrum welches O. ist, und setze darin den festen Fuss des Zirkels, und den andern beweglichen Fuss strecke aus bis F. und mit jener Grösse schlage einen Kreis mit dem beweglichen Fuss des Zirkels, indem du die Ecken des Achtecks berührst.[2] Sodann halbire jede Seite desselben und mach' an jeden Theilpunct einen Punct und führe vom Centrum zur Peripherie die durch jene Puncte gehenden Linien, die den Kreis durchschneiden. Die Linie, die durch FG. geht wird den Kreis im Puncte T. schneiden, und die, welche durch GH. geht, wird den Kreis im Puncte V. theilen, und die durch HI. gehende wird den Kreis im Puncte x. schneiden, und die durch IK. gehende wird den Kreis im Puncte y. schneiden, und die durch KL. gehende wird den Kreis im Puncte z. schneiden, und die durch LM. gehende wird den Kreis im Puncte Z. schneiden, und die durch MN. gehende wird den Kreis im Puncte s. schneiden, und die durch NF. gehende wird den Kreis im Puncte φ schneiden. Ziehe TV. welche FG. im Puncte 1. theilen wird und GH. im Puncte 2. schneiden wird; ziehe VX., die GH. im Puncte 3 schneiden wird und HI. im Puncte 4., ziehe xy., die HI. im Puncte 5. und IK. im Puncte 6. schneiden wird. Ziehe yz., die IK. im Puncte 7. und KL. im Puncte 8. schneiden wird. Ziehe zZ. die KL. im Puncte 9. theilen wird und LM. im Puncte 10; ziehe Zs. die LM. im Puncte 11. und MN. in Puncte 12. treffen wird; führe sφ., die MN. im Puncte 13. und NF. im Puncte 14. schneiden wird, führe φT., die NF. im Puncte 15.]und GF. im Puncte 16., theilen wird; jetzt ist die sechzehnseitige Figur in natürlicher Form vollendet. Um sie perspectivisch zu zeichnen, musst du durch die Puncte 1. 2. 3. 4. 13. 14. 15. 16. Parallelen zu BD. und CE. in der Linie DC. ziehen, die DE. schneiden und von jenen Durchschnittspuncten in der Linie BC. ziehe Linien zum Punct A. der oberhalb des perspectivisch verkürzten Achtecks liegt, dessen Seiten FG. GH. HI. IK. KL. LM. MN. NF. sind.[3] Ziehe von 1. eine Grade zum Punct A. die FG. im Puncte 1. schneiden wird und die Diagonale BE. im Puncte 20. schneiden wird, und die Diagonale DC. im Puncte 21.[4] und die Seite KL. des perspectivisch verkürzten Achtecks im Puncte 8.; ziehe die Linie, die von 2. ausgeht, die GH. im Puncte 2. schneiden wird und IK. im Puncte 7. schneiden wird; führe die Linie, die von 3. des Achtecks in natürlicher Form nach dem Durchschnittspunct von BC. geht, die GH. im Puncte 3. schneiden wird, und IK. im Puncte 6. schneiden wird; sodann ziehe durch 16. eine Grade nach A., die FG. im Puncte 16. theilen wird und die Diagonale DC. im Puncte 22, und die Diagonale BE. im Puncte 23[4] schneiden wird und KL. im Puncte 9. schneiden wird. Ziehe die Linie vom Durchschnitt den die vom Puncte 15. ausgehende Linie[5] bildet, nach Punct A., die FN. des perspectivisch verkürzten Achtecks im Puncte 15. schneiden wird und LM. im Puncte 10. schneiden wird; führe vom Durchschnitt, den die von 14. ausgehende Linie mit BC. bildet, eine Grade zum Punct A., die FN. im Puncte 14. schneiden wird und wird LM. im Puncte 11. schneiden. Jetzt ziehe durch 20. und 22. eine Parallele zu BC., die HI. im Puncte 5. und MN. im Puncte

---

[1] scil. um den Durchschnittspunct o der Diagonalen der Quadrats.
[2] Fehlt in Figur.
[3] Diese Buchstaben fehlen in der Fig. um nicht zu überfüllen.
[4] Die Zahlen 21. und 22. der Figur beziehen sich auf die fehlende Diagonale.
[5] Scil. mit BC.

12. schneiden wird, und ziehe durch 21. und 23. die auf den Diagonalen liegen, eine Parallele zu BC., die HI. im Puncte 4. und MN. im Puncte 13. schneiden wird: welche Puncte die sechzehn Seiten vollenden. Ziehe 1 und 2. 3 und 4. 5 und 6. 7 und 8. 9 und 10. 11 und 12. 13 und 14. 15 und 16., so dass ich sagen kann, es sei proportional perspectivisch verkürzt, weil ich das perspectivisch verkürzte Achteck vorausgesetzt habe, so wie durch die vorhergehende Nummer gezeigt worden; sodann habe ich das Achteck in natürlicher Form auf sechzehn gleiche Seiten reduzirt und durch die Ecken die Parallelen zu BD. gezogen, die in der Linie BC. endigen und von diesen allen habe ich Linien zum Punct A. gezogen, die das (perspectivisch verkürzte) Achteck und die Diagonalen ebenso theilen, wie es bezüglich des Achtecks in natürlicher Form (die entsprechenden Linien) thun und deshalb ist die Behauptung erwiesen. (Fig. 17).

18. In die quadratische perspectivisch verkürzte Ebene ein gegebenes, gleichseitiges Dreieck einzuzeichnen.

Es sei die quadratische, perspectivisch verkürzte Ebene BCDE. in welche ich ein Dreieck von gleichen Seiten zeichnen will. Ich werde die von BC. begrenzte gleichseitige quadratische Fläche in eigentlicher Form machen, die ebenfalls BCDE sein soll in dieser werde ich den gleichseitigen Triangel liniiren, der FGH. sein soll; dann werde ich die Diagonale im Quadrat von unverkürzter Form führen, die BE. sein wird; sodann werde ich durch den Winkel F. eine Parallele zu BC. ziehen, welche die Diagonale BE. im Puncte I. schneiden wird, und werde eine solche durch den Winkel G. führen, die sie im Puncte K. schneiden wird, sodann eine durch den Winkel H., die sie im Puncte L. theilen wird, sondann werde ich durch I. eine Parallele zu BD. ziehen die BC. im Puncte M. trifft und werde durch K. eine Parallele zu BD. ziehen, die BC. im Puncte N. trifft, sodann werde ich durch L. eine Parallele zu BD. führen, die BC. im Puncte O. trifft. Jetzt ziehe die Diagonale in der perspectivisch verkürzten Ebene, die auch BE. sei, dann führe von M. eine Linie nach Punct A., und wo sie die Diagonale theilt, mach' Punct I. Dann ziehe von N. eine Linie zum Punct A., und wo sie die Diagonale schneidet, mach' Punct K. Dann ziehe von O. nach Punct A., und wo diese Linie die Diagonale schneidet, mach' Punct L. Jetzt führe sie (seil. Linien durch genannte Puncte) parallel zu BC., so dass sie BD. und CE. schneiden. Kehren wir nun zur Figur in natürlicher Form zurück und ziehe durch Winkelpunct F. eine Parallele zu BD. die BC. im Puncte P. trifft, und durch den Winkel G. (eine Parallele), die BC. im Puncte Q. trifft und durch den Winkel H. eine Parallele zu BD., die BC. im Puncte R. trifft. Nunmehr führe von P. eine Grade zum Punct A., und wo sie die durch I. (zu BC. parallel) laufende Linie trifft, mach' Punct F.; sodann ziehe durch Q. eine Linie nach dem Puncte A., und wo sie die durch K. (parallel BC.) gelegte Linie trifft, mach' Punct G.; sodann ziehe durch R. eine Linie zum Punct A., und wo sie die durch L. (zu BC. parallel) gelegte Linie trifft, mach' Punct H. Führe FG., GH., HF., womit das gleichseitige Dreieck beendet ist, welches wir zu machen beabsichtigten, nämlich FGH. proportional perspectivisch verkürzt. (Fig. 18.)

19. In der vierseitigen,[1] perspectivisch verkürzten Ebene das gleichseitige Sechsseit zu zeichnen.

Wir haben die vierseitige,[1] perspectivisch verkürzte Ebene BCDE., in die ich ein gleichseitiges Sechsseit zeichnen will. Um der bisherigen Methode zu folgen, werde ich sie in natürlicher Form unter der verkürzten Ebene an die Linie BC. anstossend zeichnen. Dieselbe sei auch BCDE.: in diese werde ich einen Kreis von der Grösse beschreiben, welche ich dem Sechseck geben will: ich sage die Grösse des Halbmessers wird gleich jeder der Seiten des Sechsecks sein, als welches ich FGHIKL. annehme, und ich werde die Diagonale in der vierseitigen Ebene von unverkürzter Form führen, die BE. sein soll; dann werde ich durch F. eine Parallele zu BC. führen, die die Diagonale im Puncte M. schneidet; ferner ziehe durch G. eine Parallele zu BC., welche die Diagonale im Puncte N. theilen wird, und dann führe (durch H.) eine Parallele zu BC., die die Diagonale im Puncte O. schneiden wird, und

---

[1] 2. org.: «quadratischen».

ziehe durch I. eine Parallele zu BC., welche die Diagonale im Puncte P. schneidet und liniire durch K. eine Parallele zu BC., welche die Diagonale im Puncte Q. theilen wird, dann ziehe durch L. eine Parallele zu BC., welche die Diagonale im Puncte R. schneiden wird. Durch diese sämmtlichen Puncte wirst du Parallelen zu BD. führen, die BC. schneiden: die durch M. gehende, treffe sie (BC.) im Puncte 1., und die von N. treffe im Puncte 2. und die durch O. gelegte im Puncte 3. und die durch P. gehende im Puncte 4. und die von Q. im Puncte 5., und von R. im Puncte 6. Sodann ziehe die Diagonale BE. in der perspectivisch verkürzten Fläche, ferner ziehe eine Grade von 1. zum Puncte A., und wo sie die Diagonale schneidet, mach' Punct M; dann ziehe von 2. zum Punct A., und wo diese Linie die Diagonale schneidet mach' Punct N.; dann führe von 3. eine Linie zum Punct A., und wo sie die Diagonale schneidet, zeichne O., dann liniire von 4. zum Puncte A., und wo diese Linie die Diagonale schneidet, punctire P. sodann ziehe von 5. zum Punct A. eine Grade, wo sie die Diagonale durchbricht, zeichne Q., führe von 6. eine Linie zum Punct A., und wo sie die Diagonale theilt mach' R. Jetzt ziehe durch alle diese Puncte, nämlich M. N. O. P. Q. R. Parallelen zu BC., welche BD. und CE. der verkürzten Fläche schneiden. Nunmehr kehre zum Sechseit in natürlicher Form zurück und führe von allen Ecken Linien parallel zu BD. zuerst: ziehe durch F. eine solche, die BC. im Puncte 11. trifft, und durch G. eine, die sie im Puncte 12. und durch H. eine, die sie im Puncte 13., und durch I. eine, die sie im Puncte 14., und durch K. eine, die sie im Puncte 15., und durch L. eine, die sie im Puncte 16. trifft: alle (diese Puncte) liegen auf der Linie BC., selbige verbinde mit A.: zuerst ziehe von 11. (nach A.), und wo diese die Linie schneidet, die durch M. (parallel zu BC.) läuft, punctire F., sodann ziehe von 12. nach A., und wo sie die durch N. zu BC. parallele Linie theilt, zeichne G., dann führe von 13. nach A. eine Grade, und wo sie die durch O. gehende Parallele schneidet, punctire H.; führe von 14. eine Grade zum Punct A., und wo sie die durch P. zu BC. gezogene Parallele schneidet, zeichne I., sodann liniire von 15. nach A., und wo diese die Linie Q. theilt, mach' K.; dann ziehe von 16. zum Punct A. eine Grade, und wo sie die Linie R. theilt, mach' Punct L. Dann führe FG. GH. HI. IK. KL. und LF., und das Hexagon ist vollendet, welches ich proportional (perspectivisch verkürzt) zu machen beabsichtigte, da durch die vorhergehenden Sätze sich zeigt, dass das, was die Diagonalen in den Quadraten in natürlicher Form bewirken, dasselbe auch die entsprechenden Diagonalen in den perspectivisch verkürzten ausmachen. (Fig. 19.)

20. In der perspectivisch verkürzten Ebene die Fläche des gleichseitigen Pentagons zu zeichnen.

Wir haben als verkürzte Ebene BCDE. wie nach der 14. Nr. dieses Buchs gezeigt wird, unterhalb deren man das Quadrat in seiner natürlichen Form von der Grösse BC. gleichen Seiten construire, und mache darin das Pentagon von gleichen Seiten und von den Winkelpuncten führe man Linien parallel zu BC., welche die Diagonale BE. theilen, d. h. es sei FGHIK. das Pentagon: zuerst ziehe durch F. die Parallele zu BC., welche die Diagonale im Puncte L. theile, ziehe durch G. die Parallele, welche die Diagonale im Puncte M. schneide, führe durch H. eine Parallele zu BC., welche die Diagonale im Puncte N. schneide, liniire durch I. eine Parallele zu BC., welche die Diagonale im Puncte O. schneide, führe durch K. eine Parallele zu BC., welche die Diagonale im Puncte P. theile: jetzt ziehe durch L. M. N. O. P. sämmtlich Parallelen zu BD., welche alle BC. schneiden: L. schneide BC. im Puncte 1., und M. treffe im Puncte 2., und N. treffe im Puncte 3., und O. treffe im Puncte 4., und P. treffe BC. im Puncte 5. Von diesen Schnittpuncten ziehe Grade zum Puncte A., der über der perspectivisch verkürzten Ebene angesetzt ist, in welcher man die Diagonale BE. ziehe; führe zuerst durch 1. (eine Grade nach A.), welche die Diagonale im Puncte L. theile; dann ziehe durch 2. eine solche, wo sie die Diagonale schneidet, zeichne M.,[1] dann liniire durch 3. zum Puncte A., und wo die Linie die Diagonale schneidet, punctire N.; dann führe durch 4. eine Grade zum Puncte A., und wo sie die Diagonale theilt, mach' O., und führe durch 5. eine

---

[1] In Fig. 20 aus bekanntem Grunde verschiedene Bezeichnungen nicht angegeben.

Linie zum Puncte A., und wo sie die Diagonale schneidet zeichne P. Dann führe durch die Puncte L. M. N. O. P. Parallelen zu BC., die BD. und CE. des perspectivisch verkürzten Quadrats treffen, dann kehre zum unverkürzten Pentagon zurück und ziehe durch F. G. H. I. K. Parallelen zur Seite BD des unverkürzten Quadrats, die BC. treffen, und zwar treffe die durch F. gelegte Parallele BC. im Puncte 11., und die durch G. gelegte treffe sie im Puncte 12., und die durch H. gelegte treffe im Puncte 13., und die durch I. gelegte treffe sie im Puncte 14., und die durch K. gelegte im Puncte 15.[1] Sodann ziehe durch 11. eine Grade zum Punct A., und wo sie die durch L. zu BC. gelegte Parallele theilt, punctire F., sodann führe durch 12. eine Grade zum Punct A., und wo sie die durch M. zu BC. gelegte Parallele schneidet, zeichne G., dann ziehe von 13. zum Punct A., und wo diese Linie die durch N. zu BC. gelegte Parallele schneidet, setze H., sodann liniire von 14. zum Punct A., und wo diese Grade die durch O. gelegte Parallele schneidet, zeichne I., sodann führe von 15. eine Grade zum Punct A., und wo sie die durch P. zu BC. gelegte Parallele schneidet, schreib' K. Dann ziehe FG. GH. HI. IK. KF. und du hast das gleichseitige Pentagon proportional in die perspectivisch verkürzte Ebene gesetzt, welches FGHIK. ist, wie die Aufgabe ist. (Fig. 20.)

21. In der perspectivisch verkürzten, quadratischen Fläche eine gegebene Grösse ringsum abzuschneiden.

Es sei die perspectivisch verkürzte Fläche BCDE. und die gegebene Grösse, um welche ich sie verkleinern will, sei BL. so werde ich die Diagonalen BE. und DC. führen, sodann werde ich von L. eine Grade nach dem Puncte A. ziehen, die BE. im Puncte F. und DC. im Puncte H., und DE. im Puncte K. schneiden wird; und vom Puncte F. werde ich die zu BC. parallele Linie führen, die BD. im Puncte O., und CE. in Puncte P., und DC. in Puncte G. treffen wird; dann werde ich durch H. eine Parallele zu BC. liniiren, die BD. im Puncte Q. treffen und die Diagonale BE. im Puncte I. schneiden und CE. im Puncte R. begegnen wird.[1] Man ziehe nun vom Puncte A.[2] die durch I. und durch G. gehende Linie, die wird DE. im Puncte N. und BC. im Puncte M. schneiden: ich sage, dass ich von der verkürzten Fläche ringsum die gegebenen Grösse, nämlich BL., fortgenommen habe. Man mache das Quadrat in der eigentlichen Form, welches BCDE. sei und die gegebene Grösse von BL ziehe man einwärts rings um das Viereil herum, welche BC. im Puncte L. schneiden wird, und führe durch L. eine Parallele zu BD., die DE. im Puncte K. schneiden wird, ziehe durch M. eine Parallele zu CE. (welchen Abstand MC. ich gleich der Grösse BL. genommen habe), die DE. im Puncte N. schneiden wird. Dann setze ich BO. gleich BL. und führe durch jenen Punct O. eine Parallele zu BC., die LK. im Puncte F. schneiden, und MN. im Puncte G., und CE. im Puncte O. durchschneiden wird; dann mache ich DQ. gleich DK. und ziehe durch Q. eine Parallele zu DE., die LK. im Puncte H. und MN. im Puncte I. und CE. im Puncte R. schneiden wird: und sodann liniire ich die Diagonale BE. die durch F. und durch I. gehen wird, und die Diagonale DC. wird durch H. und durch G. im Quadrat von der ursprünglichen Form gehen und von den in BC. gemachten Theilen nämlich BL. und MC. von der gleichen gegebenen Grösse ist zuerst vom Puncte L. eine Linie zum Punct A. geführt, welche die Diagonale BE. im Puncte F. und die Diagonale DC. im Puncte H. schneidet, wie im Quadrat von eigentlicher Form und sodann von M. eine Grade zum Puncte A. gezogen die die Diagonalen in den Puncten G. und I. theilt, von diesen letztern sind die durch jene ersten Theilpuncte gehenden Parallelen gezogen, welche BD. in den Puncten O. und Q. und CE. in den Puncten P. und R. treffen, wie es sich in der Fläche von ursprünglicher Form verhält: so dass ich die perspectivisch verkürzte Fläche um die gegebene Grösse, nämlich BL., innerhalb der Fläche BCDE. ringsum vermindert habe, welche Verminderung FGHI. ist, wie in der Fläche von ursprünglicher Form, da die Parallelen von den Diagonalen in der einen wie in der andern getheilt sind, so dass sie in demselben Verhältniss getheilt sind, wie durch die 11. und 14. dieses Buchs bewiesen worden. Also sage ich, dass ich von der per-

---

[1] Vgl. die vorherige Bemerkung.
[2] zu ergänzen: «die durch F. und H. gehende Linie, sowie».

spectivisch verkürzten Fläche BCDE. ringsum innerhalb die gegebene Grösse BL. weggenommen habe, um welche ich sie vermindern zu wollen sagte. (Fig. 21).

22. An die vierseitige, perspectivisch verkürzte Fläche, rings um sie herum, die gegebene Grösse proportional anzufügen.

Es sei wie in der vorherigen Nr. die vierseitige verkürzte Fläche BCDE., der ich die gegebene Grösse BL. zufügen will, welche Grösse ich nach aussen der Linie BC. anfüge: dieselbe (Grösse) sei BL. in der Verlängerung von BC.: und ich werde vom Puncte A. die über L. bis F. gehende Linie ziehen, dann werde ich die Diagonale BE. führen, die mit F. zusammentrifft und durch E. geht: dann werde ich die andere Diagonale ziehen, die durch CD. geht und AF. im Puncte H. theilt, und werde durch F. eine Parallele zu BC. liniiren und sie wird die durch C. gehende Diagonale im Puncte G. theilen, und ich werde durch H. eine Parallele zu DE. ziehen, die die Diagonale, welche durch E. läuft, im Puncte I. theilen wird: sodann werde ich vom Puncte A. die Linie AG. durch I. hindurchlaufend ziehen. Nun sage ich, dass ich der Fläche BCDE. die gegebene Grösse BL. hinzugefügt habe : denn wenn man die vierseitige Fläche in natürlicher Form von der Grösse der Linie FG. zeichnet, die FGHI. sei, und man die Diagonalen FI. und GH. zieht, dann die Linie BD. der verkürzten Fläche zeichnet, die FG. im Puncte P. trifft; sodann EC. zieht, die FG. im Puncte M. trifft, wenn ich dann durch P. eine Parallele zu FH. im Quadrat von natürlicher Form ziehen werde, welche die Diagonale FI. im Puncte B. und die Diagonale HG. im Puncte D. schneide, dann durch M. eine Parallele zu GI. ziehen werde, die die Diagonale GH. im Puncte C., und die Diagonale FI. im Puncte E. schneiden wird, sodann die Puncte BCDE. verbinden werde, so werden diese ein der Fläche FGHI. des Quadrats in ursprünglicher Form, ähnliches Vierseit bilden, und FG. der einen ist gleich FG. der perspectivisch verkürzten Fläche und die Diagonalen theilen die Parallelen in der verkürzten in demselben Verhältniss, wie sie die Parallelen der Fläche in ursprünglicher Form theilen. Deswegen sage ich, dass ich dem Vierseit BCDE. die Grösse BL. hinzugefügt habe, wie ich in der vorigen Nr. dasselbe bezüglich der Verminderung mittelst der Diagonalen gezeigt habe: ebenso habe ich mittelst der Diagonalen hinzugefügt, weil man mittelst derselben proportional hinzufügen und vermindern kann, wie durch die 15. Nr.? bewiesen ward, und mittelst dieser habe ich die gegebene Grösse BL. der quadratischen, perspectivisch verkürzten Fläche BCDE. hinzugefügt, wie ich sagte (thun zu wollen). (Fig. 22).

23. In der nicht vierseitigen Ebene, wie sie auch sei, ein Vierseit abzuschneiden.

Sei die Ebene, von der ich ein Vierseit abzuschneiden beabsichtige, von der Art, dass ihre Länge eine bekannte Grösse sei, und ebenso sei ihre Breite bekannt: von jener Länge will ich die Grösse der Breite abschneiden, so dass die erhaltene Fläche (gleichseitig-) vierseitig sei. Es sei beispielsweise die Ebene 50 Ellen lang, die sodann in perspectivischer Verkürzung dargestellt BCDE. sei, und BC. sei 10, BD. 50 Ellen lang. Ehe sie perspectivisch verkürzt wird, werde ich die Diagonale BE. führen, und weil die Breite, welche 10 ist, in 50, was die Länge ist, 5 mal enthalten ist, deshalb werde ich BC. in fünf Theile theilen deren Theilpuncte F. G. H. I. sein werden, und werde von F. eine Gerade zum Punct A. ziehen, welche die Diagonale BE. im Puncte K. theilen wird, und werde durch K. eine Parallele zu BC. ziehen, die BD. im Puncte L. und CE. im Puncte M. schneiden wird : so sage, dass ich von der perspectivisch verkürzten Ebene ein (gleichseitiges) Vierseit abgeschnitten habe, welches BLCM. ist, und das wird folgendermassen bewiesen. Man mache ein Vierseit in seiner eigentlichen Form, das 10 Ellen breit und 50 Ellen lang sei, welches NOPQ. sei und es sei NP. gleich 50 und NO. gleich 10; und man führe die Diagonale NQ., dann theile man NO. in fünf gleiche Theile in den Puncten R. S. T. V. und ziehe durch R. eine Parallele zu NP., welche die Diagonale im Puncte x. theilen wird, und wird PQ. im Puncte y. theilen; und man führe durch x. eine Parallele zu NO. und sie wird NP. im Puncte z. und BQ.[1] im Puncte Z. theilen : welche Linien (die Parallele zu NO. und diese selbst) ein Vierseit in unverkürzter Form bilden werden, das NOzZ. sein wird, abgeschnitten von der Ebene NOPQ.

---

[1] l. CQ.

von der durch x. laufenden Diagonale bestimmt, welche die Linie Hy. theilt, die um den 5. Theil von NO. zurückliegt wie ich gesagt habe, BCDE. ist die Grösse der Ebene NXPQ. obwohl BCDE. perspectivisch verkürzt ist, und die Linie BC. ist gleich NO. gemacht und in fünf gleiche Theile getheilt und von diesen fünfen ist einer nämlich BF. genommen, und eine Gerade (von F.) zum Puncte A. gezogen, die die Diagonale im Puncte K. theilt und ferner die durch K. laufende Parallele (zu BC.) gezogen, die BD. im Puncte L. und CE. im Puncte M. theilt ebenso wie ich von NO. den fünften Theil, nämlich (N) R. genommen und durch den Theilpunct R. eine Paralle zu NP. gezogen habe, die die Diagonale im Puncte x. theilt: und dann durch x. eine Parallele zu NO. gezogen habe die NP. im Puncte z. und OQ. im Puncte Z. theilt: und weil die Diagonale von der Fläche in eigentlicher Form den fünften Theil NOzZ. abschneidet, so theilt auch die Diagonale von der verkürzten Fläche den fünften Theil ab, wie sich durch die vorhergehende Nummer gezeigt hat. Wenn aber die Grösse der Länge besagter Ebene nicht bekannt wäre so werde ich in der Breitseite durch Punct A. die Parallele zu BC. ziehen von der Länge in welcher ich den Abstand der Bildebene vom gegebenen Auge angenommen habe, und da werde ich den Punct O. hinsetzen; und von diesem werde ich die Gerade OC ziehen, und sie wird die Linie BD im Puncte L theilen. Ich sage nun, dass BL. von der verkürzten Ebene BCDE. die Grösse von BC. fortgenommen habe, welche BL. entspricht. Man führe durch L. eine Parallele zu BC., welche die Diagonale BE. im Puncte K. und CE. im Puncte M. schneiden wird: dann sage ich BLCM. sei das von der nicht quadratischen Ebene abgeschnittene gleichseitige Vierseit: denn die Linie OC. geht vom Auge O. aus und endigt in C. und theilt BD. im Puncte L., so dass sich C dem Auge um die Grösse von BL. höher darstellt als B., wie durch die 11te Nummer[1] nachgewiesen worden.[2] (Fig. 23.)

24. Dem gegebenen perspectivisch verkürzten Vierseit mittelst der Diagnonalen ähnliche hinzuzufügen.

Es sei das perspectivisch verkürzte gegebene Vierseit BCDE., welchem man mehrere gleiche und ähnliche Flächen hinzusetzen will. Ich werde die Diagonalen BE. und DC. führen und sie werden sich im Puncte F. schneiden und werde vom Puncte A. eine durch F. gehende Grade führen, die BC. im Puncte G. und DE. im Puncte H. theilt: um jetzt in der Länge zuzusetzen wolle man von B. eine Linie ziehen, die durch H. läuft, welche mit der Linie AC. im Puncte I. zusammentreffen wird, sodann durch I. eine Parallele zu DE. führen die AB. im Puncte K. schneiden wird, wodurch ein dem BCDE. ähnliches Vierseit zusammengesetzt wird, welches DEIK. sei, und zwar gleich BCDE., weil die Diagonale den Durchmesser AG. proportional im Puncte H. theilt indem sie im Puncte I. mit Linie AC. zusammentrifft, und ziehe ich durch I. eine Parallele zu DE. die AB im Puncte K. trifft: so findet dasselbe Verhältniss von AK. zu AB. statt wie von KI. zu BC. und dasselbe Verhältniss besteht von AK. zu AD. wie von KI. zu DE., so dass ich sage, ich habe der Länge nach dem Quadrate BCDE. das ihm gleiche und ähnliche Quadrat DEKI. hinzugefügt. Aber wenn wir es der Breite nach hinzufügen wollen, werde ich durch F. eine Parallele zu BC. ziehen, die BD. im Puncte L. und CE. im Puncte M. schneiden wird, sodann werde ich DE. bis zum Puncte P. verlängern, so dass EP. gleich DE. sein wird. Dann werde ich durch B. eine durch M. gehende Grade ziehen und verlängern bis dass sie jene im Puncte P. trifft, dann werde ich die zum Puncte A. durch P. gehende Linie bis nach O. verlängern und BC. so lang machen, bis sie im Puncte O. mit jener zusammen trifft. Ich sage nun, dass CO. gleich BC. ist, weil ich EP gleich DE. vorausgesetzt habe, und dasselbe Verhältniss von DE. zu BC. statt hat, wie von EP. zu CO., und dasselbe findet von DP zu BO. statt, also sind sie gleich. Daher haben wir der Breite nach dem Quadrat BCDE. ein ihm gleiches Quadrat hinzugefügt, welches COEP. ist. Wenn ich aber der Länge wie der Breite nach soviel hinzufügen will, dass sie ein aus vier, BCDE. gleichen Quadraten zusammengesetztes Quadrat bilden, so werde ich CO. von der Grösse von BC. nehmen, so dass CO. die

---

[1] Zuf. vorl. Bezeichnung ist Nr. 13 gemeint.
[2] Piero kennt hiernach die Methode der perspectivischen Construction mittelst Augen- und Distanzpunct, wenn er sie auch im Folgenden nicht weiter anwendet.

Fortsetzung von BC. sein wird und vom Puncte A. auswerde ich AO. ziehen. Sodann werde ich die Diagonale vom Puncte B. aus ziehen die durch E. geht und AO. im Puncte Q. theilt. Ferner werde ich vom Puncte Q. eine Parallele zu BC. ziehen, die AB. im Puncte K. schneiden wird: diese beiden setzen ein dem Quadrate BCDE. ähnliches Quadrat BOKQ. zusammen. Ich sage, dass ich auf Grund der Definition der Diagonalen und Parallelen dem Quadrate BCDE. drei ihm ähnliche und gleiche Quadrate hinzugefügt habe, wie durch die vorhergehenden Sätze gezeigt wurde. (Fig. 24.)

25. Auf der perspectivisch verkürzten Ebene eine gegebene quadratische Fläche zu verzeichnen.

Die verkürzte Ebene sei BCDE. und der Punct sei A. Die gegebene Fläche sei FGHI. in eigentlicher Form, die (unverkürzte) Ebene BCDE., in welche ich die gegebene quadratische Fläche FGHI. in eigentlicher Form beschreiben werde, wie es bei dem Beweise (nöthig) ist. Und von jener (FGHI.) werde ich die zu BC. parallelen Linien führen; zuerst werde ich durch F. eine Parallele zu BC. führen, welche die Diagonale BE. im Puncte 1. schneiden wird, dann werde ich durch G. eine solche ziehen, die die Diagonale im Puncte 2. theilen wird, und werde durch H. eine Parallele zu BC. ziehen, die die Diagonale im Puncte 3. schneiden wird, sodann werde ich durch I. eine solche ziehen, die die Diagonale im Puncte 4. schneiden wird. Sodann werde ich durch 1. eine Parallele zu BD. führen, die BC. im Puncte 5. trifft, sodann werde ich durch 2 eine Parallele zu BD. führen, die BC im Puncte 6. trifft, und werde durch 3. eine Parallele zu BD. ziehen, die BC. im Puncte 7 trifft, und werde durch 4. eine Parallele zu BD. führen, die BC. im Puncte 8. trifft. Ferner werde ich durch G. eine Parallele zu BD. ziehen, die BC. im Puncte L. trifft, und werde durch F. eine Parallele zu BD. ziehen, die BC. im Puncte K. trifft, und werde durch H. eine Parallele zu BD. ziehen, die BC. im Puncte M. trifft, sodann werde ich durch I. eine Parallele zu BD. führen, die BC. im Puncte N. trifft. Dieselben Parallelen werde ich in der perspectivisch verkürzten Ebene ziehen: zuerst werde ich die Diagonale BE. führen, sodann werde ich durch 5. eine Grade zum Punct A. ziehen, und wo sie die Diagonale schneiden wird, werde ich Punct 1. machen, und werde von 6. eine Linie zum Punct A. führen, und wo sie die Diagonale schneiden wird, werde ich 2. zeichnen, und werde von 7. eine Grade zum Punct A. ziehen, wo sie die Diagonale theilen wird, werde ich 3. punctiren, und werde von 8. eine Grade zum Punct A. liniiren, und wo sie die Diagonale schneiden wird, werde ich 4. machen. Dann werde ich durch 1. 2. 3. 4. Linien ziehen, die alle parallel zu BC. und DE. sind, ferner werde ich von K. eine Grade zum Puncte A. ziehen, und wo sie die durch 1. gezogene Parallele schneiden wird, werde ich Punct F. machen, und werde von L. eine Grade zum Puncte A. führen, und wo sie die durch 2. gelegte Parallele theilen wird, werde ich Punct G. machen, und werde von M. eine Linie zum Punct A. führen, und wo sie die durch 3. gelegte Parallele schneiden wird, werde ich Punct H. machen und werde durch N. eine solche zum Punct A. ziehen und wo sie die Linie die durch 4 geht trifft, werde ich Punct I. machen. Dann werde ich FG. GH. HI. IF. liniiren und das gegebene Vierseit ist (in perspectivischer Verkürzung) vollendet. (Fig. 25.)

26. In der perspectivisch verkürzten Ebene das gegebene Achteck zu verzeichnen.

Die perspectivisch verkürzte Ebene sei BCDE., in die man das gegebene gleichseitige Achteck setzen will. Ich werde zuerst BCDE. in seiner eigentlichen Form zeichnen, in die ich die gegebene Achtecksfläche beschreiben werde: indem ich zuerst in der besagten Ebene ein Vierseit beschreibe, das FGHI. sei, in welchem ich die Diagonalen FH. und GI. führen werde, die sich gegenseitig im Puncte K. schneiden werden, und auf K. werde ich den unbeweglichen Fuss des Zirkels setzen und mit dem andern beweglichen Fusse werde ich mit der Zirkelöffnung KF. herumgehen, indem ich einen Kreis beschreibe, der FGHI. berührt.[1] Dann werde ich FG. im Puncte L. halbiren und werde die zu FI. parallele Linie ziehen, die durch L. und K. läuft,[1] indem sie den Kreis im Puncte M. und im Puncte N.

---

[1] Fehlt in Fig.

— XCVIII —

schneidet. Sodann werde ich FI. im Puncte O. halbiren und durch O. eine Parallele zu FG. ziehen, die durch K. läuft[1] und den Kreis im Puncte P. und Q. trifft, und werde MQ. führen, die FG. im Puncte R. und GH. im Puncte S. schneiden wird, und werde QN. ziehen, die GH. im Puncte T. und HI. im Puncte V. schneiden wird: dann werde ich NP. führen, welche HI. im Puncte x. und IF. im Puncte y. theilen wird, und werde PM. liniiren, die IF. im Puncte z. und FG. im Puncte Z. schneiden wird: sodann werde ich RS. TV. xy. zZ. führen, und das Achteck in eigentlicher Form wird vollendet sein. Jetzt werde ich von allen Winkelpuncten Linien parallel zu BC. führen, die die Diagonale BE. der Ebene in ursprünglicher Form theilen werden, nämlich die Linie, die vom Winkelpunct R. ausgeht, möge die Diagonale im Puncte 1. theilen, und die Linie, die vom Winkelpunct S. ausgeht, möge die Diagonale BE. im Puncte 2. schneiden, und die Linie, die vom Winkelpunct T. ausgeht, theile BE im Puncte 3., und die Linie die vom Winkelpunct V. ausläuft, theile die Diagonale im Puncte 4., und die Linie die vom Winkelpunct x. ausgeht, theile die Diagonale BE. im Puncte 5., und die Linie, die vom Winkel y. herkommt, schneide die Diagonale BE. im Puncte 6., und die Linie, die vom Winkel z. ausgeht, theile BE. im Puncte 7., und die Linie, die vom Winkel Z. ausgeht, theile die Diagonale BE. im Puncte 8. Und nachdem alle diese Theilungen auf der Diagonale BE. gemacht worden, werde ich (durch sie) Parallelen zu BD. ziehen, die BC. schneiden. Zuerst die durch 1. gelegte schneide BC. in Puncte 11., und die durch 2. schneide im Puncte 12., und die durch 3. treffe im Puncte 13., und die durch 4. treffe im Puncte 14., und die durch 5. treffe im Puncte 15., und die durch 6. treffe sie im Puncte 16., und die durch 7. treffe im Puncte 17., und die durch 8. gelegte Parallele treffe im Puncte 18. Jetzt werde ich durch die Winkelpuncte Parallelen zu BD. ziehen, die BC. treffen: ich werde durch R. eine ziehen, im Puncte 21. treffe, und die durch S. treffe im Puncte 22., und die durch T. treffe im Puncte 23., und die durch V. treffe im Puncte 24., und die durch x. treffe im Puncte 25., und die durch y. treffe im Puncte 26.,[1] und die durch z. treffe im Puncte 27., und die durch Z. treffe BC. im Puncte 28.,[1] alle diese beziehen sich auf die Figur in eigentlicher Form. Dieselben sollen nun in die perspectivisch verkürzte übertragen werden. Nun ziehe die Diagonale BE. in der verkürzten Ebene: ziehe ferner von 11. eine Grade zum Puncte A., und wo sie die Diagonale BE. schneidet, zeichne 1., dann führe von 12. eine Grade zum Punct A., und wo sie die Diagonale BE. theilt, punctire 2., ziehe von 13. eine Linie zum Punct A., und wo sie die Diagonale BE. theilt, mach' Punct 3., und führe von 14. eine Grade zum Puncte A., und wo sie die Diagonale BE. schneidet, setze 4., und ziehe von 15. zum Puncte A., und wo diese Linie die Diagonale BE. theilt, zeichne 5., dann führe von 16. zum Puncte A. eine Linie, und wo sie die Diagonale BE. schneidet, punctire 6., und liniire 17. zum Puncte A., und wo diese Grade die Diagonale schneidet, punctire 7., dann führe von 18. zum Puncte A. eine Grade, und wo sie die Diagonale BE. schneidet, mach' 8. Sodann ziehe durch alle diese Puncte, nämlich 1. 2. 3. 4. 5. 6. 7. 8. Parallelen zu BC., die BD. und CE. treffen, sodann ziehe von 21. eine Grade zum Puncte A., und wo sie die durch 1. gelegte Parallele schneidet, mach' Punct R., dann ziehe von 22. zum Punct A. eine Grade, und wo sie die durch 2. gelegte Parallele schneidet, zeichne S., und ziehe durch 23. eine Linie zum Puncte A., und wo sie die durch 3. gezogene Linie theilt, punctire T., dann führe durch 24. eine Grade zum Punct A., und wo sie die durch 4. gelegte Parallele schneidet, zeichne V., und liniire durch 25. eine Grade zum Puncte A., und wo sie die durch 5. gelegte Linie schneidet, mach' Punct x., dann führe von 26. eine Linie zum Punct A., und wo sie die durch 6. gezogene Parallele schneidet, punctire y., dann ziehe durch 27. eine Grade zum Puncte A., und wo sie die durch 7. gezogene Parallele schneidet, zeichne z., dann liniire von 28. zum zum Puncte A., und wo diese Linie die durch 8 gelegte Parallele theilt, schreib' Z.[2] Führe jetzt alle diese Linien: RS. ST. TV. Vx, xy. yz. zZ. ZR.; dann sage ich, dass das gegebne

---

[1] Fehlt in Fig.
[2] Die Buchstaben fehlen an den Ecken des Achtecks.

Achteck in verkürztem Verhältniss vollendet sei, denn die Linien, welche die Diagonale in ihrer eigentlichen Form theilen, werden ebenso auch die Diagonale in der perspectivisch verkürzten Ebene theilen, und ebenso wie die Linien, die von den Ecken des Achtecks ausgehen, und zu BC. gelangen, indem sie durch die Linien hindurchlaufen, welche die Diagonale der nicht verkürzten Ebene theilen, ebenso sind solche von BC. ausgehend und zum Puncte A. gelangend, durch die Linien hindurchlaufend, welche die Diagonale der verkürzten Ebene theilen, so dass die Aufgabe klar ist. (Fig. 26.)

27. In der perspectivisch verkürzten Ebene mehrere gegebene quadratische Flächen zu verzeichnen.

Die verkürzte Ebene sei BCDE. und der Punct sei A.; in dieselbe will man zwei gegebene quadratische nicht in gleicher Weise gestellte Flächen zeichnen. Mach' wie in der vorhergehenden Nr. Die unverkürzte Ebene, welche auch BCDE. sei: in dieselbe beschreibe zwei quadratische Flächen in eigentlicher Form, die eine sei FGHI, und die andere sei KLMN. Dann führe die Diagonalen in der Ebene BCDE., wovon es sich versteht, dass sie in ursprünglicher Form ein Quadrat sei: dieselben werden BE. und CD. sein und von den Ecken der gegebenen Fläche FGHI. führe Parallelen zu BC., welche die Diagonale BE. theilen. Zuerst ziehe durch F. eine Parallele zu BC., welche die Diagonale BE. im Puncte 1. schneiden wird, führe durch G. (eine Parallele), die BE. im Puncte 2. theilen wird und zieh' eine durch H., die BE. im Puncte 3. schneiden wird, dann führe eine durch I., die BE. im Puncte 4. schneiden wird. Dann führe durch 1. eine Parallele zu BD., die BC. im Puncte 5. trifft und ziehe durch 2. eine Parallele zu BD., die BC. im Puncte 6. trifft, und führe durch 3. eine Parallele zu BD., die BC. im Puncte 7. trifft, dann ziehe durch 4. eine Parallele zu BD., die BC. im Puncte 8. trifft. Jetzt führe durch F. eine Parallele zu BD., die BC. im Puncte 11. trifft,[1] ziehe durch G. eine Parallele zu BD., die BC. im Puncte 12. trifft, führe durch H. eine Parallele zu BD., die BC. im Puncte 13. trifft dann ziehe durch I. eine Parallele zu BD., die BC. im Puncte 14. trifft.[1] Du hast nun in der quadratischen Fläche FGHI. in eigentlicher Form die nöthigen Linien gezogen. Jetzt muss man die andere KLMN. verzeichnen: Zuerst ziehe durch K. eine Parallele zu BC., welche die Diagonale DC. im Puncte 21. schneide, und durch L. schneide die Diagonale DC. im Puncte 22. Dann zieh' die durch M., welche die Diagonale DC. im Puncte 23. schneide, dann führe die durch N, welche die Diagonale im Puncte 24. theilt: durch alle diese Puncte ziehe Parallelen zu CE., die BC. treffen: Die durch 21. gelegte treffe BC. im Puncte 25. und die durch 22. treffe BC. im Puncte 26. und die durch 23. treffe BC. im Puncte 27. und die durch 24. treffe BC. im Puncte 28.; führe jetzt durch die Winkelpuncte Parallelen zu CE., die BC. treffen: zieh' eine durch K., die BC. im Puncte 31. treffe und die durch L. treffe BC. im Puncte 32.[2] und die durch M. treffe BC. im Puncte 33.[2] und die durch N. treffe BC. im Puncte 34. Du hast jetzt die gegebenen Quadrate in eigentlicher Form liniirt. Jetzt müssen sie in die perspectivisch verkürzte Ebene gestellt werden. Du hast die Diagonalen BE. und DC. in der verkürzten Ebene: und theile jetzt BC. in zwei gleiche Theile im Puncte P. Mach' dich jetzt an die erste quadratische Fläche und ziehe von 5. eine Linie zum Puncte A., und wo sie die Diagonale schneidet, zeichne 1. Dann führe eine von 6. zum Puncte A., wo sie die Diagonale BE. schneidet, mach' 2. Dann zieh' eine durch 7. zum Puncte A. und wo sie die Diagonale BE. theilt, mach' Punct 3. und liniire von 8. zum Puncte A., und wo die Linie die Diagonale BE. schneidet zeichne 4. Sodann ziehe AP. und führe ferner durch 1. 2. 3. 4. sämmtlich Parallelen zu BC. die BD. und AP. treffen. Dann ziehe durch 11. eine Grade zum Puncte A., und wo sie die durch 1. gelegte Parallele schneidet, mach' Punct F. dann führe durch 12. eine Linie zum Puncte A., und wo sie die durch 2. gelegte schneidet, zeichne G. und ziehe durch 13. eine Grade zum Puncte A., wo sie die durch 3. gelegte theilt zeichne H. und führe durch 14. eine zum Puncte A., und wo sie die durch 4. gelegte Parallele schneidet, zeichne I., ziehe jetzt FG. GH. HI. IF. und du hast ein Quadrat.

---

[1] Die Zahlen 11 und 14 fehlen in Fig.
[2] Fehlt.

Jetzt ziehe das andere. Zieh' zuerst eine Grade von 25. zum Puncte A., und wo sie die Diagonale DC. schneidet, mach' Punct 21. Dann führe durch 26. eine Linie zum Punct A., und wo sie die Diagonale DC. theilt, zeichne 22. Dann ziehe eine Linie von 27. zum Puncte A., und wo sie die Diagonale DC. schneidet, punctire 23. und dann liniire von 28. zum Puncte A. und wo diese Linie die Diagonale DC. schneidet mac'r' 24.[1] Durch alle diese Puncte ziehe Parallelen zu BC., die CE. und AP. treffen: und führe sodann eine Grade von 31. zum Puncte A., und wo sie die durch 21. gezogene Parallele schneidet zeichne K.; dann ziehe durch 32. eine Grade zum Puncte A., und wo sie die durch 22. gelegte schneidet, mach' Punct L.; dann liniire von 33. zum Puncte A., und wo diese die durch 23. gezogene Linie schneidet punctire M.; dann führe durch 24. eine Grade zum Puncte A, und wo sie die durch 24. gelegte schneidet, zeichne N. Wenn du jetzt KL. LM. MN. NK. ziehen wirst, wirst du das andere gegebene Vierseit vollendet haben, was die Aufgabe ist. Gesetzt aber den Fall, du wolltest besagte Flächen wären Achtecke, so wirst du bezüglich des Theilens und Liniirens wie in den vorhergehenden Nummern ebenso auch bei den andern Figuren verfahren. (Fig. 27.)

28. Ueber der perspectieisch verkürzten Ebene den Grundplan eines gegebenen quadralischen Gebäudes aufzustellen.

Wir beabsichtigen in der verkürzten Ebene BCDE. eine Fläche von einem Umfang d. h. Fundament eines gegebenen Gebäudes mit den Theilungen, die im gegebenen Umfang enthalten sind, aufzustellen. Wir werden die angefangene Methode befolgen. Mach unterhalb der verkürzten Ebene BCDE. eine Ebene in eigentlicher Form, die ebenfalls BCDE. sei: sodann mach in dieselbe die Fläche des gegebenen Umfangs FGHI., die pro Seite von 16 Ellen Länge sei, oder wieviel dir gefällt und das erste Zimmer sei darin KLMN., das zweite sei OPQR., das dritte sei STVX. Das erste habe eine Thür in der Mitte von der Breite aussen 21. und 22., innen 23. und 24., bezeichnet zur Seite dieses Zimmers habe es einen Ausgang, der von Aussen 25. und 26. von Innen 27. und 28. bezeichnet ist. Das Zimmer STVX. habe einen Ausgang, der ausserhalb 29. und 30., innerhalb 31. und 32. bezeichnet ist. Führe jetzt die Diagonale BE. und dann ziehe durch F. eine Parallele zu BC., welche die Diagonale im Puncte 1. schneide; dann führe durch K. eine Parallele zu BC., welche die Diagonale im Puncte 2. theile, dann ziehe durch M. eine Parallele zu BC , welche die Diagonale im Puncte 3. schneide, und führe durch O. eine Parallele zu BC., welche die Diagonale im Puncte 4. schneide, dann ziehe durch Q. eine Parallele zu BC., welche die Diagonale im Puncte 5. schneide. Führe durch H. eine Parallele zu BC., welche die Diagonale im Puncte 6. trifft; dann führe durch 25. eine Parallele zu BC., welche die Diagonale im Puncte 35. durchschneide, und ziehe durch 26. eine Parallele zu BC., welche die Diagonale im Puncte 36. theile; dann ziehe durch 29. eine Parallele zu BC., welche die Diagonale im Puncte 39. schneide, dann führe durch 30. eine Parallele zu BC., die die Diagonale im Puncte 40. schneide. Durch alle diese Puncte müssen nun Parallelen zu BD. bis zu ihren Durchschnitten mit BC. geführt werden. Zuerst ziehe durch 1. eine solche, die BC. im Puncte 11. trifft, dann ziehe durch 2. eine Parallele zu BD., die BC. im Puncte 12. trifft, und führe durch 3. eine solche, die BC. im Puncte 13. treffe, und ziehe durch 4. eine Parallele zu BD., die BC. im Puncte 14. treffe, dann führe durch 5. eine die BC. im Puncte 15. treffe; sodann ziehe durch 6. eine Parallele zu BD., die BC. im Puncte 16. treffe, dann ziehe durch 35. eine Parallele zu BD., die BC. im Puncte 45. treffe, ziehe durch 36. eine Parallele zu BD., die BC. im Puncte 46. treffe, führe durch 39. eine, die BC. im Puncte 49., trifft, ziehe eine durch 40., die BC. im Puncte 50. trifft. Jetzt ziehe durch F. eine Parallele zu BD., die BC. im Puncte 61. trifft, führe durch K. eine, die BC. im Puncte 62. trifft, liniire durch P. eine, die BC. im Puncte 63. trifft, ziehe durch S. eine Parallele zu BD., die BC. im Puncte 64. trifft, führe durch L. eine Parallele zu BD., die BC. im Puncte 65. trifft, ziehe durch G. eine Parallele zu BD. die BC. im Puncte 66. trifft. Nun ziehe durch 21, eine Parallele zu BD., die BC. im Puncte 51. trifft, dann ziehe durch 22. eine Parallele zu BD., die BC. im Puncte 52. trifft: führe durch alle diese Puncte nämlich 11. 12. 13. 14. 15.

---

[1] Die 4 Zahlen 21—24 fehlen in Figur.

10, 45. 46. 49. 50. Grade zum Puncte A. in der perspectivisch verkürzten Ebene, welche die Diagonale BE. theilen. Zuerst ziehe eine Linie von 11. zum Puncte A. welche, die Diagonale im Puncte 1. schneiden wird; führe eine von 12. zum Puncte A. welche die Diagonale im Puncte 2. theill, ziehe eine von 13. zum Puncte A., welche die Diagonale im Puncte 3. theilen wird, führe eine von 14. zum Puncte A., welche die Diagonale im Puncte 4. schneiden wird, führe eine von 15. zum Puncte A., welche die Diagonale im Puncte 5. schneide, ziehe eine von 16. zum Puncte A., welche die Diagonale im Puncte 6. schneide; ziehe eine von 45. zum Puncte A. welche die Diagonale im Puncte 35. theill, ziehe eine von 46. zum Puncte A. welche die Diagonale im Puncte 36. schneide, führe eine von 49. zum Puncte A., und wo sie die Diagonale schneidet, zeichne 39., ziehe eine von 50. zum Puncte A., und wo sie die Diagonale theilt, mach' 40; und durch alle diese Puncte ziehe Parallelen zu BC. in der perspectivisch verkürzten Fläche, nämlich durch 1. 2. 3. 4. 5. 6. 35. 36. 39. 40., welche BD. und CE. treffen mögen. Sodann ziehe von 61. zum Puncte A. eine Grade, und wo sie die durch 1. gelegte Parallele schneidet, mach' Punct F., und wo sie die durch 6. gelegte schneidet, zeichne II., Dann führe eine Grade von 62. zum Puncte A., wo sie die durch 2. gelegte Linie schneidet, mach' Punct K., und wo sie die Linie von 3. schneidet, punctire M., und wo sie die Linie von 4. schneidet, mach' O., und wo sie die Linie von 5. durchschneidet mach' Punct Q.; dann führe eine Linie durch 63. zum Puncte A., und wo sie die durch 4. gelegte Parallele theilt mach' Punct P., und wo sie die Linie von 5. schneidet, zeichne R.,' dann ziehe von 64. zum Puncte A. eine Grade, und wo sie die Linie von 4. schneidet, punctire S. und wo sie die von 5.; schneidet mach' V., sodann führe eine Linie von 65. zum Puncte A., und wo sie die Linie von 2. schneidet, mach' Punct L., und wo sie die Linie von 35. schneidet zeichne 27., und wo sie die Linie von 36. durchschneidet, mach' 28., und wo sie die Linie von 3. schneidet, punctire N., und wo sie die Linie von 4. theilt, mach' Punct T., und wo sie die Linie von 39. schneidet, mach' 31., und wo sie die Linie von 40. durchschneidet, zeichne 32., und wo sie die Linie von 5. schneidet, punctire X.; führe durch 66. eine Grade zum Puncte A., und wo sie die Linie von 1. schneidet, punctire G., und wo sie die Linie von 35. schneidet, mach' 25., und wo sie die Linie von 36. durchschneidet, mach' Punct 26., und wo sie die Linie von 39. schneidet, zeichne 29., und wo sie die Linie von 40. schneidet, punctire 30., und wo sie die Linie von 6. schneidet, mach' Punct I. Jetzt ziehe von 51. eine Linie zum Punct A., und wo diese die Linie von 1. schneidet, mach' 21., und wo sie die Linie von 2. theilt, zeichne 23. Dann führe von 52. eine Grade zum Puncte A., und wo sie die Linie von 1. durchbricht, mach' 22. und wo sie die Linie von 2. schneidet, zeichne 24. Dann ziehe FG. GI. IH. HF. dies ist der äussere Umfang: der innere besteht aus KL. LN. NM. MK. Der andere Theil ist: OP. PR. RQ. QO.; der andere ST. TX. XV. VS. Ziehe die Eingänge 21. und 23. 22. und 24. den andern 25., und 27., 26 und 28., den anderen 29. und 31, 30. und 32. . Dann sage ich, dass der Umfang des Fundaments des gegebenen Gebäudes proportional auf der perspectivisch verkürzten Ebene dargestellt ist wie ich thun zu wollen sagte. (Fig. 28.)

29. In der perspectivisch verkürzten Ebene den Grundplan eines gegebenen achtseitigen Gebäudes perspectivisch darzustellen.

Es wird unter diesem verstanden, auf der perspectivisch verkürzten Ebene einen gleichseitigen Umfang von acht Seiten darzustellen. Ich werde zuerst die Ebene in eigentlicher Form unterhalb der Linie BC. und von derselben Grösse machen, welche ebenfalls BCDE. sein wird, in welche ich das Achtseit zeichnen werde, wie durch die 27.[1] dieses Buchs gezeigt worden. Dasselbe wird bezüglich seines äussern Umfangs 1. 2. 3. 4. 5. 6. 7. 8. sein, und sein Centrum wird JK. sein: und ich werde K 1. K 2. K 3. K 4. K 5. K 6. K 7. K 8. ziehen; sodann werde ich 11—12. parallel zu 1—2.[3] ziehen, und werde 12—13. parallel zu 2—3. ziehen, dann werde ich 13—14. parallel zu 3—4. führen und werde 14—15. parallel zu 4—5. ziehen, und werde 15—16. parallel zu 5—6. führen, und werde 16—17.

---

[1] die 26. nach der Nummerirung des Textes.
[2] fehlen in Fig.
[3] so offenbar zu verbessern.

— CII —

parallel zu 6—7. ziehen, und werde 17—18. parallel zu 7—8. ziehen, und werde 18—11. parallel zu 8—1. führen. Dann werde ich die Diagonale BE. führen und durch 1 eine Parallele zu BC. ziehen, und wo sie die Diagonale BE. schneiden wird, werde ich 21. zeichnen, und werde durch 11. eine Parallele zu BC. führen, wo sie die Diagonale schneiden wird, werde ich 22 machen ; dann werde ich durch 2. eine Parallele zu BC. führen, und wo sie die Diagonale theilen wird, werde ich Punct 23. machen, und werde durch 12. eine Parallele zu BC. führen, welche die Diagonale im Puncte 24. theilt. Dann werde ich durch 3. eine Parallele zu BC. ziehen, wo sie die Diagonale schneiden wird, werde ich 25. machen, und werde durch 13. eine Parallele zu BC. führen, welche die Diagonale im Puncte 26. schneiden wird, und werde durch 4. eine Parallele zu BC. ziehen, welche die Diagonale im Puncte 27. schneiden wird, und werde durch 14. eine Parallele zu BC. führen, welche die Diagonale im Puncte 28. schneidet, dann werde ich durch 5. eine Parallele ziehen und wo sie die Diagonale schneiden wird, werde ich 29. zeichnen, und werde eine Parallele durch 15. ziehen, und wo sie die Diagonale schneiden wird, werde ich 30. machen, und werde durch 6. die Parallele führen, sie wird die Diagonale im Puncte 31. durchschneiden, und werde die Parallele durch 16. ziehen, welche die Diagonale im Puncte 32. schneidet, dann werde ich durch 7. die Parallele liniiren, welche die Diagonale im Puncte 33. theilen wird, und werde durch 17. die Parallele führen, welche die Diagonale im Puncte 34. schneiden wird, und werde durch 8. die Parallele ziehen, welche die Diagonale im Puncte 35. schneiden wird, und werde durch 18. die Parallele liniiren, welche die Diagonale im Puncte 36. theilt: Alle diese Linien sind parallel zu BC. Jetzt werde ich durch alle diese Diagonalschnittpuncte Parallelen zu BD. ziehen, welche BC. treffen: ich werde die durch 21. ziehen, welche sie (BC.) im Puncte 41. treffen wird, und werde die durch 22. ziehen, welche BC. im Puncte 42. trifft, und die durch 23. wird BC. im Puncte 43. treffen, und die durch 24. wird sie im Puncte 44. treffen, und die durch 25. wird sie im Puncte 45. treffen, und die durch 26. wird BC. im Puncte 46. treffen, und die durch 27. wird BC. im Puncte 47. treffen, und die durch 28. wird BC. im Puncte 48. treffen, und die durch 29. wird BC. im Puncte 49. treffen, und die durch 30. wird BC. im Puncte 50. treffen, und die durch 31. wird BC. im Puncte 51. treffen, und durch 32. wird BC. im Puncte 52. treffen, und die durch 33. wird BC. im Puncte 53. treffen : dann werde ich durch 34. die Parallele ziehen, welche BC. im Puncte 54. trifft, und werde die durch 35. führen, die BC. im Puncte 55. trifft, dann werde ich die durch 36. liniiren, die BC. im Puncte 56. trifft. Jetzt werde ich durch alle Winkelpuncte Parallelen zu BD. ziehen, die BC. treffen, zuerst die durch 1. wird BC. im Puncte 61. treffen, und die. durch 11 wird BC. im Puncte 62. treffen, und die durch 2. wird BC. im Puncte 63. treffen, und die durch 12. wird BC. im Puncte 64. treffen, und die durch 3. wird BC. im Puncte 65. treffen, und die durch 13. wird sie im Puncte 66. treffen, und die durch 4. wird sie im Puncte 67 treffen, und die durch 14. wird BC. im Puncte 68. treffen, und die durch 5. wird BC. im Puncte 69. treffen, und die durch 15. wird BC. im Puncte 70. treffen, und die durch 6. wird BC. im Puncte 71. treffen, und die durch 16. wird BC. im Puncte 72. treffen, und die durch 7. wird BC. im Puncte 73. und die durch 17. wird BC. im Puncte 74. treffen, und die durch 8. wird BC. im Puncte 75. treffen, und die durch 18. wird BC. im Puncte 76. treffen. Jetzt sind alle (Hülfs-) Linien in der eigentlichen Form geführt. Man will nun in der perspectivisch verkürzten Fläche von allen Durchschnittspuncten (der zu BD. Parallelen mit BC.) Grade zum Puncte A. ziehen, ich werde zuerst von 41. eine solche ziehen, die die Diagonale BE. im Puncte 21. schneiden wird, dann werde ich eine von 42. führen, und wo sie die Diagonale schneidet, werde ich 22. zeichnen, und werde eine durch 43. ziehen, und wo sie die Diagonale schneiden wird, werde ich Punct 23. machen, und werde die durch 44. führen, und wo sie die Diagonale theilen wird, werde ich 24. machen, und werde die durch 45. ziehen, und wo sie die Diagonale schneiden wird, werde ich 25. punctiren, und werde die durch 46. liniiren, und wo sie die Diagonale durchschneiden wird, werde ich 26. setzen, und werde die durch 47. führen, welche die Diagonale im Puncte 27. schneiden wird und werde eine durch 48. ziehen, und wo sie in die Diagonale einschneiden wird, werde ich 28. setzen : dann werde ich eine durch 49. führen, welche die Diagonale im Puncte 29. schneidet, und werde eine durch 50.

— CIII —

ziehen, welche die Diagonale im Puncte 30. schneidet, und werde eine durch 51. ziehen, und wo sie die Diagonale schneidet, werde ich 31. setzen; ich werde eine durch 52. ziehen, welche die Diagonale im Puncte 32. schneiden wird, ich werde die durch 53. führen, welche die Diagonale im Puncte 33. schneidet, werde die durch 54. liniiren, welche die Diagonale im Puncte 34. theill, werde die durch 55. ziehen, welche die Diagonale im Puncte 35. schneiden wird, werde die durch 56. führen, welche die Diagonale im Puncte 36. schneidet. Jetzt muss man durch alle diese Schnittpuncte Parallelen zu BC. ziehen, die BD. und FC. durchschneiden, und sodann von 61. eine Grade zum Puncte A. ziehen, und wo sie die durch 21. gelegte Parallele schneidet, 1. zeichnen, und von 62. eine Linie zum Puncte A. führen, und wo sie die Linie (Parallele) von 22. schneidet, Punct 11. machen, dann von 63. eine Grade zum Punct A. ziehen, und wo sie die Linie von 23. schneidet, 2. machen, und von 64. zum Puncte A. liniiren, und wo diese Linie die von 24. schneidet, 12. punctiren, dann von 65. eine Grade zum Punct A. führen, und wo sie die Linie von 25. theilt, 3. zeichnen, und durch 66. eine Grade zum Punct A. ziehen, und wo sie die Linie von 26. durchschneidet, 13. setzen, und von 67. zum Punct A. eine Linie führen, und wo sie die Linie von 27. schneidet, 4. machen, und von 68. zum Puncte A. liniiren, und wo sie die Linie von 28. schneidet, 14. punctiren, und von 69. eine Grade zum Puncte A. führen, und wo sie die von 29. ausgehende Parallele schneidet, 5. machen, dann von 70. zum Punct A. eine Linie ziehen, und wo sie die Linie von 30. theilt, Punct 15. machen, dann durch 71. eine Grade zum Punct A. führen, und wo sie die von 31. ausgehende Linie schneidet, Punct 6. machen, und von 72. eine Linie zum Punct A. ziehen, und wo sie die Linie von 32. schneidet, Punct 16. machen, dann von 73. zum Punct A. eine Linie führen, und wo sie die Linie von 33. durchschneidet, 7. zeichnen, und von 74. eine Grade zum Punct A. ziehen, und wo sie die Linie von 34. schneidet, 17. machen, und durch 75. eine Grade zum Puuct A. führen, und wo sie die von 35. ausgehende Linie schneidet, 8. punctiren, dann von 76. zum Puncte A. eine Linie ziehen, und wo sie die Linie von 36. theilt, Punct 18. machen. Jetzt muss man 1—2. 2—3. 3-4. 4—5. 5—6. 6—7. 7—8. 8—1. ziehen, sodann die innern Linien, nämlich: 11—12. 12—13. 13—14. 14—15. 15—16. 16—17. 17—18. 18—11., und die gegebene achtseitige Grundrissfläche ist vollendet, Wenn du wohl beachten wirst, so wirst du durch diese verstehen, dass jede andere Fläche leicht proportional (perspectivisch verkürzt) dargestellt werden könne, indem man der Methode und den vorhergegangenen Regeln folgt, so dass von den (ebenen) Flächen genug gesagt worden. (Fig. 29.)

30. Um Einigen den Irrthum hinwegzunehmen, die in dieser Wissenschaft nicht sehr erfahren sind, dass oftmals wenn sie die perspectivisch verkürzte Ebene in eine Anzahl Ellen theilen, das perspectivisch verkürzte sich ihnen grösser herausstellt, als das verkürzte, so sage ich: Und dies ereignet sich ihnen dadurch, dass sie nicht die Distanz (zu Nichtbeurtheilen) verstehen, welche vom Auge bis zur Ebene stattfinden muss, worin die Dinge dargestellt werden, noch auch wieweit das Auge in sich den (Gesichts-) Winkel mit seinen Strahlen ausdehnen kann, so dass sie im Zweifel sind, ob die Perspective eine wahre Wissenschaft sei, indem sie aus Unwissenheit falsch urtheilen.

Daher ist es nothwendig, einen Nachweis der wahren Augendistanz und wieweit man den Gesichtswinkel im Auge ausdehnen könne zu liefern, damit ihr Zweifel vernichtet werde. Daher werde ich ein vierseitiges Lineament gleicher und paralleler Linien machen, welches BCDE. sein wird, und innerhalb desselben werde ich FGHI. parallel zu jenen vier Linien liniiren, nämlich FG. parallel BC, und FH. parallel BD., und GI. parallel CE., und HI. parallel DE., und dann werde ich die Diagonalen BE. und DC. führen, BE. durch F. und I. gehend, DC. durch G. und H. hindurchgehend, diese sich in Puncte A. durchschneiden werden, den ich als das Auge annehme. Dann werde ich die Fläche zwischen jenen zwei Lineamenten in mehrere gleiche Theile theilen: ich werde BC. in den Puncten 1. 2. 3. 4. 5. 6. 7. 8. thei'en und werde FG. in den Puncten 12. 13. 14. 15. 16. 17. theilen, und werde BD. theilen in den Puncten 21. 22. 23. 24. 25. 26. 27. 28. und FH. werde ich in den Puncten 32. 33. 34. 35. 36. 37. theilen: durch diese beiden wird man das Uebrige verstehen. Ich werde F—1. 12—2. 13—3. 14—4. 15—5. 16—6. 17—7. G—8. ziehen, diese beziehen sich auf die erste Seite;

bezüglich der andern: 21—F. 22—32. 23—33. 24—34. 25—35. 26—36. 27—37. 28—H., die ich alle als parallel und als Seiten von Vierecken verstehe, und alle stellen sich im Puncte A. dar, von dem ich sage, dass er das Auge sei, und zwar von den Diagonalen BE. und DC. in vier gleiche Theile zerlegt, von welchen 4 Theilen ich annehme, dass jeder für sich ein Auge sei, denn das Auge im Kopfe ist rund und nach Aussen hin zeigt sich nur der vierte Theil, so dass ich sagen werde, der Puncte A. sei gleich vier Augen, eines, sage ich, sei jener der Linie FG. entgegengesetzte Theil, der andere sage ich jener Theil, der Linie GI. gegenübergelegen, der andere jener der Linie HI. gegenüberliegende Theil: denn wenn vier Menschen da sind, jeder nach seiner Gesichtsfront gradeaus schauend, so werden sie dasselbe machen, was ich vom Auge A. sage. Dieses Auge, sage ich, sei rund und aus dem Durchschnitt der beiden Nervenstränge (beider Augen), welche sich durchkreuzen, kommt die Sehkraft im Centrum der Kristallflüssigkeit,[1] und von diesem aus gehen die Strahlen und breiten sich gradlinig aus, indem sie den vierten Theil des Augenumkreises abtheilen, wie ich es angenommen habe. Sie machen im Centrum einen rechten Winkel, und weil die vom rechten Winkel ausgehenden Linien im Puncte F. und im Puncte G. erdigen, so sage ich folglich, dass die Linie FG. die grösste Quantität sei, welche das ihr gegenüberstehende Auge übersehen könne, wenn daher die Diagonale daran vorbeiliefe (über die gen. Breite hinausliefe), würde folgen, dass das andere Auge weniger als den vierten Theil der Rundung ausmache, was nicht sein kann, weil die Diagonalen des vollständigen Quadrats die Rundung in vier gleiche Theile theilen, so dass FG. die grösste Grenz(Bild)fläche ist, die ein solches Auge übersehen kann, so dass es dadurch kommt, wenn jene Grenze überschritten wird, dass die perspectivisch verkürzte Grösse grösser erscheint, als die nicht verkürzte, weil sie beim Sehen in den Theil des andern Auges hineintritt. Beweis: Man ziehe von den Puncten B. 1. 2. 3. 4. 5. 6. 7. 8. C., Grade zum Punct A.: ich sage, dass die durch B. gezogene eine durch Punct F. der Linie FG. gehende Diagonale sein wird: und man füge der Linie BC. die Grösse hinzu, die zwischen 1. und B. enthalten ist, welches die Verlängerung BK. sei, und an 21. füge man die Grösse von F. nach 21., die 21—L. sei; dann ziehe man KL., so bilden diese Linien ein Quadrat, welches BKL21. ist; wenn man von K. zum Punct A. eine Linie zieht, wird sie 21—F. im Puncte M. theilen: Ich sage nun, dass KL. nämlich die perspectivische Verkürzung davon, grösser ist, als 21—L., die unverkürzte Grösse, und zwar um die Grösse 21—M., denn KL. stellt sich gleich LM. dar, welches grösser als L—21. ist, wie ich gesagt habe, die Verkürzung grösser als das, was nicht verkürzt ist, was nicht sein kann, weil das Auge in jener Grenzebene K. nicht sehen kann, welche ein Theil des der Linie FH. gegenüberliegenden Auges ist. Das «Warum», dass das Auge FG. sehe, begreift der Verstand nicht, noch unterscheidet er seine Theile anders als einen von Weitem gesehenen Flecken, wovon er nicht zu beurtheilen weiss, ob es ein Mensch oder sonst ein Geschöpf ist. So stellt sich F. und G. im Puncte A. dar, und weil die Dinge, deren Theile nicht verstanden werden können, sich nicht richtig perspectivisch darstellen lassen, ausser durch (unbestimmte) Flecken, so ist es nothwendig, eine kleinere Bildebene anzunehmen, als die durch die Linie FG. gegebene, damit das Auge die ihm gegenüberstehenden Dinge leichter aufnehme, sie müssen sich somit unter kleinerem (Gesichts-)Winkel darstellen als der rechte, welches (Mass) sage ich, zwei Drittel des rechten Winkels beträgt. Denn drei solcher setzen ein gleichseitiges Dreieck zusammen, wovon ein Winkel soviel bedeutet, als der andere. Und weil diese Linie sich durch Wurzelgrössen ausdrücken lässt,[2] so werden wir sie in wirklichen Zahlen setzen, damit dieser Satz leichter verstanden werde. Ich sage, dass wenn deine Arbeit sieben Ellen breit ist, dass du sechs Ellen weit mit dem Auge davon abstehen sollst, und nicht weniger, und ebenso, wenn es mehr wäre, (scil. die Bildbreite) dass du verhältnissmässig weiter abstehen sollst. Wenn aber deine Arbeit weniger als 7 Ellen breit wäre, so kannst du sechs oder sieben Ellen mit dem Auge entfernt stehen, aber du kannst dich nicht in geringerem Verhältniss nähern als

---

[1] Dieselbe veraltete Anschauung, der wir noch bei Lionardo begegnen.
[2] d. h. die Seite des gleichseitigen Dreiecks in Funktion der Augendistanz. Für die Seite S = 7 ist die Höhe h = 6,06.

dem von 6 zu 7, wie gesagt worden, damit das Auge, in jener Stellung zur Bildebene, ohne sich zu drehen, deine ganze Arbeit übersehe, denn wenn es sich drehen müsste, würden die Grenzen falsch sein, weil mehrere Augen vorhanden wären. Wenn du die besagten Regeln also anwendest, wirst du erkennen, dass der Fehler an den genannten (Malern) liegt, und nicht an der Perspective, wenn der verkürzte Gegenstand sich grösser ergibt, als der, welcher nicht verkürzt ist. (Fig. 30).

Ein Körper hat in sich drei Dimensionen: Länge, Breite und Höhe: seine Begrenzungen sind die Oberflächen. Diese Körper sind von verschiedenen Formen; mancher ist kubischer Körper, mancher tetragonischer, und zwar ungleichseitig, mancher ist rund mancher von ebenen Flächen begrenzt, manche sind von ebenen Flächen begrenzte Pyramiden und manche von vielen und verschiedenartigen Seiten so wie man bei den natürlichen und zufälligen Dingen sieht. Von diesen beabsichtige ich in diesem zweiten Buche zu handeln von ihrer perspectivischen Verkürzung in den für sie festgesetzten Bildebenen, welche Körper vom Auge her gesehen unter zusammengesetzten[1] Winkeln erscheinen indem ich von einigen perspectivisch darzustellenden Oberflächen ihre Grundflächen dem ersten Buche gemäss bilde.

31. Ueber der perspectivisch verkürzten quadratischen Fläche einen perspectivisch verkürzten kubischen Körper in derselben Bildebene und Augendistanz wie die besagte verkürzte (Grund-)Fläche aufzustellen.

Die verkürzte Fläche sei BCDE, worauf ich einen kubischen Körper zu stellen beabsichtige, welche Fläche seine Basis sein soll, d. h. eine der Seitenflächen dieses Kubus. Dieser wird leicht erzeugt, wenn man auf BC. die über B. stehende Senkrechte von der Grösse von BC. zieht, die sei BF. und die andere senkrecht über C. von derselben Grösse die sei CG., dann ziehe man die andere Perpendiculäre über D. unbegrenzt, und die andere Senkrechte über E. und sodann ziehe man von F. zum Puncte A. die Linie, und wo sie die von D. ausgehende schneidet, mache man Punkt H., dann führe man durch G. eine Grade zum Punct A. und wo sie die Linie theilt, die von E. kommt, zeichne man I., dann ziehe man FG. und HI., welche den Kubus BCDEFGHI. zusammensetzen, denn BCFG. ist ein aus parallelen Linien und gleichen Winkeln gemachtes Vierseit, und dasselbe Verhältniss findet statt von HI. zu FG., wie von DE. zu BC. und dasselbe Verhältniss besteht von AI. zu AG. was von AE. zu AC. stattfindet und dasselbe habe ich von HI. zu FG., was von DE. zu BC. stattfindet, und die Seiten CE GI. sind aus den Linien der quadratischen zufolge der 14. Nr. des ersten Buchs perspectivisch verkürzten Fläche gebildet, so dass ich sage, der Kubus sei proportional perspectivisch vollendet, was die Aufgabe ist. Fig. 31.

32. Wenn ich aber den Kubus über der perspectivisch verkürzten Ebene so aufstellen will, dass seine Seitenflächen nicht parallel zu den Seiten der Grundebene sind, so werde ich auf die Ebene die verkürzte Fläche FGHI. zeichnen, wie durch die 25. Nr. des ersten Buchs gezeigt worden, und werde durch F. eine Parallele zu BC. ziehen, und wo sie die Linie BA. theilt, werde ich Punct O. machen; dann werde ich durch G. eine Parallele zu BC. ziehen, wo sie die Linie BA. theilen wird, werde ich P. zeichnen, dann werde ich durch H. eine Parallele zu BC. führen, welche die Linie BA. im Puncte Q. durchschneidet, und werde durch I. eine Parallele zu BC. liniiren, die die Linie BA. im Puncte R. schneiden wird. Dann führe man die Senkrechte auf O., welche OS. sei, sodann ziehe man die Senkrechte auf P., welche PT. sei und liniire die Senkrechte über Q., die QV. sei, und ziehe die Senkrechte auf R., die RX. sei, und führe die Senkrechte auf B., welche von der Grösse von FG. in eigentlicher Form sei: dieselbe sei Bϕ., und man ziehe durch ϕ. eine Grade zum Puncte A., welche durch S. durch T. durch V. durch X. hindurchgeht, dann ziehe man durch F. eine Parallele zu OS. und führe durch G. eine Parallele zu OS. und ziehe durch H. eine Parallele zu OS. und ziehe durch I. eine Parallele zu OS. alle unbegrenzt; dann führe man durch S. eine Parallele zu BC., welche die unbegrenzte Linie, die von F. ausgeht, im Puncte K. schneide, dann führe man durch T. eine Parallele zu BC., und sie wird die von G. aus-

---

[1] d. h. nicht alle in derselben Ebene liegenden Winkeln.

gehende Linie im Puncte L. theilen und man liniire durch V. eine Parallele zu BC., welche die Linie, die von H. kommt, im Puncte M. theilt, und man ziehe durch X. eine Parallele zu BC., welche die von I. derivirende Linie im Puncte N. schneidet. Dann führe man KL. LN. NM. MK. so sage ich, dass der Kubus proportional vollendet ist, den ich auf der gegebenen perspectivisch verkürzten Ebene zu machen beabsichtigte, indem ich den nämlichen Verhältnissen gefolgt bin. Denn die Linien OS. PT. QV. RX. stellen sich unter ein und demselben Winkel dar, welche (Linien) in den perspectivisch verkürzten Distanzen aufgestellt sind, wie sich durch die von den Ecken des verkürzten Vierseils ausgehenden Parallelen zeigt. Fig. 32.

33. Auf der perspectivisch verkürzten Ebene und der Basis des verkürzten Achtecks einen ähnlichen Körper aufzustellen, der acht Seitenflächen ohne die Grundflächen habe.

Wir haben zufolge der 25.[1] des ersten Buchs über der Ebene das perspectivisch verkürzte Achteck gemacht, welches RSTVXYzZ. ist. Jetzt will ich über dieser Basis einen Körper machen, der acht Seitenflächen und zwei Grundflächen habe und letztere seien gleich: nämlich die obere ebenfalls von acht Ecken, und sie sei FGHIKLMN. wie die untere. Ich werde so verfahren: Ich werde auf B. in der Grundebene den Perpendikel von der Grösse führen, wie ich den besagten ebenflächig begrenzten Körper hoch machen will. Dieser wird Bψ. sein, und ich werde die Linie Aψ. ziehen, weil ich angenommen habe, A. sei das Auge in seiner Bildebene (der Augenpunct). Demgemäss werde ich durch R. eine Parallele zu BC. ziehen, die AB. im Puncte 1. trifft, und werde durch S. eine Parallele zu BC. führen, die AB. im Puncte 2. trifft und werde durch T. eine Parallele zu BC. liniiren, die AB. im Puncte 3. trifft, dann werde ich durch V. eine Parallele zu BC. ziehen, die AB. in Punct 4. trifft, und werde durch X. eine Parallele zu BC. führen, die AB. in Puncte 5. trifft, dann werde ich durch Y. eine Parallele zu BC. ziehen, die AB. im Puncte 6. trifft, dann werde ich durch z. zwei Parallele zu BC. führen, die AB. im Puncte 7. trifft, dann werde ich durch Z. eine Parallele zu BC. ziehen, die AB. im Puncte 8. trifft, dann werde ich durch 1. eine Parallele zu Bψ. führen, die Aψ. im Puncte 11. trifft und werde durch 2. eine Parallele zu Bψ. ziehen, die Aψ. im Puncte 12. trifft, dann werde ich durch 3. eine Parallele zu Bψ. ziehen, die Aψ. im Puncte 13. trifft, dann werde ich durch 4. eine Parallele zu Bψ. führen, und wo sie Aψ. schneiden wird, werde ich 14. zeichnen, und werde durch 5. eine Parallele zu Bψ. liniiren, die Aψ. im Puncte 15. trifft, und werde durch 6. eine Parallele zu Bψ. ziehen, die Aψ. im Puncte 16. trifft, dann werde ich durch 7. eine Parallele zu Bψ. führen, die Aψ. im Puncte 17. trifft, und werde durch 8. eine Parallele zu Bψ. ziehen, die Aψ. im Puncte 18. trifft. Dann werde ich durch alle Puncte R. S. T. V. X. Y. z. Z. unbegrenzt lange Parallelen zu Bψ. führen. Sodann werde ich durch 11. eine Parallele zu BC. ziehen, und wo sie die Linie (Parallele) theilt die von R. kommt, werde ich F. punctiren, und werde durch 12. eine Parallele zu BC. führen, und wo sie die von S. ausgehende Linie schneiden wird, werde ich G. zeichnen, dann werde ich durch 13. eine Parallele zu BC. liniiren, wo sie die Linie die von T. ausläuft schneidet, werde ich H. machen; ich werde von 14. eine Parallele zu BC. ziehen, welche die von V. kommende Linie im Puncte I. schneiden wird; dann werde ich durch 15. eine Parallele zu BC. führen, welche die Linie die von X. ausgeht, im Puncte K. durchschneiden wird; ich werde durch 16. eine Parallele zu BC. ziehen, welche die Linie die von Y. kommt, im Puncte L. theilt, ich werde durch 17. eine Parallele zu BC. führen, welche die Linie die von z. ausgeht im Puncte M. trifft, dann werde ich durch 18. eine Parallele zu BC. liniiren, welche die Linie die von Z. derivirt, im Puncte N. schneidet. Jetzt werde ich FG. GH. HI. IK. KL. LM. MN. NF. ziehen und der Körper von acht Seitenflächen ohne die Basen — denn es sind zehn mit den Basen — ist vollendet, proportional verkürzt, denn er ist errichtet auf der achtseitigen Grundfläche, die durch die 26. des 1. Buchs gemacht worden, und von den Ecken derselben sind die

---

[1] soll 26. Nr. heissen. Die im Mscr. angegebenen Citate stimmen nicht ganz mit der Folge der Sätze, da überhaupt a. a. O. keine Nummern angegeben sind. Nur in der Uebersetzung sind Nummern zur Erleichterung der Uebersicht hinzugefügt.

Parallelen zu BC. gezogen, die AB. treffen, und von allen Durchschnittspuncten dieser die Parallelen zu Bψ. die in der Linie Aψ. endigen, welche proportional verkürzt sind, da sie sich unter ein und demselben (Gesichts-)winkel befinden, indem sie an ihre perspectivisch bestimmten Stellen gesetzt sind. Fig. 33.

34. Ueber der perspectivisch verkürzten fünfseitigen Fläche einen Körper mit dieser Basis perspectivisch darzustellen.

Wir haben die Fläche des Pentagons FGHIK. nach der 20. Nr. des ersten Buchs gemacht, und oberhalb dieser habe (der Körper) die andere Basis welche LMNOP. sei. Und weil die perspectivisch verkürzte Grundebene BCDE. ist, werde ich die Senkrechte auf B. ziehen, von der Grösse, die ich den besagten Körper hoch machen möchte, welche (Höhe) Bψ. sein wird. Und ich werde durch F. eine Parallele zu BC. liniiren, die BD. im Puncte Q. trifft, dann werde ich durch G. eine Parallele zu BC. ziehen, die BD. im Puncte R. trifft, und werde durch H. eine Parallele zu BC. führen, die BD. im Puncte S. trifft, und werde durch I. eine Parallele zu BC. liniiren, die BD. im Puncte T. trifft, dann werde ich durch K. eine Parallele zu BC. ziehen, die BD. im Puncte V. trifft. Dann werde ich vom Augenpunct A. Aψ. ziehen, und werde durch Q. eine Parallele zu Bψ. führen, die Aψ. im Puncte 1. schneiden wird, und werde durch R. eine Parallele zu Bψ. ziehen, die Aψ. im Puncte 2. theilen wird, und werde durch S. eine Parallele zu Bψ. liniiren, die Aψ. im Puncte 3. schneidet, dann werde ich durch T. eine Parallele zu Bψ. führen, die Aψ. im Puncte 4. schneiden wird, und werde durch V. eine Parallele zu Bψ. ziehen, die Aψ. im Puncte 5. theilen wird. Dann werde ich durch alle Puncte F. G. H. I. K. Parallelen zu Bψ. von unbegrenzter Länge führen. Sodann werde ich durch 1. eine Parallele zu BC. führen, und wo sie die von F. ausgehende Linie (Parallele) schneiden wird, werde ich Punct L. machen, und werde durch 2. eine Parallele zu BC. liniiren, welche die Linie die von G. kommt, im Puncte M. theilen wird, und werde durch 3. eine Parallele zu BC. führen, welche die Linie die von H. ausgeht, im Puncte N. schneiden wird, dann werde ich durch 4. eine Parallele zu BC. ziehen, welche die Linie die von I. derivirt, im Puncte O. schneiden wird, und werde durch 5. eine Parallele zu BC. führen, welche die Linie die von K. ausgeht, im Puncte P. schneidet. Und dann werde ich LM. MN. NO. OP. PL. führen : Ich sage, auf die Fläche des Pentagons einen aus ihren Seitenflächen (durch die fünf Seiten laufenden Flächen) zusammengesetzten Körper proportional aufgestellt zu haben, was die Aufgabe ist. Viele sind der Wege und Methoden, die man beim perspectivischen Verkürzen einschlagen kann, die alle auf eins hinauskommen, aber weil diese mir leichter und zum Nachweis geeigneter scheint, so werde ich dieser Methode in diesem ganzen zweiten Buche folgen. Fig. 34.

35. Ueber dem perspectivisch verkürzten Sechseck in der Ebene einen Pilaster von sechs Seitenflächen aufzubauen.

Nach der 20. Nr. des ersten Buchs ist in der perspectivisch verkürzten Ebene BCDE. das Hexagon FGHIKL. (gemacht) über dem ich seinen Seiten folgend einen Pilaster aufzustellen beabsichtige. Demgemäss werden wir dem Modus der vorhergehenden Nummern folgen. Ich werde die Lotrechte über B von derjenigen Grösse ziehen wie ich den Pilaster hoch haben will, welche (Höhe) Bψ. sein wird. Dann werde ich Aψ. führen und werde ferner durch F. eine Parallele zu BC. ziehen, die BD. im Puncte S. trifft und werde durch G. eine Parallele zu BC. führen, die BD. im Puncte T. trifft, und werde durch H. eine Parallele zu BC. ziehen, die BD. im Puncte V. trifft, und werde durch I. eine Parallele zu BC. liniiren die BD. im Puncte X. trifft und werde durch K. eine Parallele zu BC. führen, die BD. im Puncte Y. trifft. Dann werde ich durch L. eine Parallele zu BC. ziehen, die BD. im Puncte Z, trifft. Jetzt werde ich durch S. eine Parallele zu Bψ. ziehen, die Aψ. im Puncte 1. schneidet, dann werde ich durch T. eine Parallele zu Bψ. führen, die Aψ. im Puncte 2. theilen wird und werde durch V. eine Parallele zu Bψ. liniiren die Aψ. im Puncte 3. schneiden wird, und werde durch X. eine Parallele zu Bψ. legen, die Aψ. im Puncte 4. schneidet, und werde durch Y. eine Parallele zu Bψ. führen die Aψ. im Puncte 5. trifft, dann werde durch Z. eine Parallele zu Bψ. ziehen die Aψ. im Puncte 6. schneiden wird. Und dann

— CVIII —

werde ich durch sämmtliche Puncte F. G. H. I. K. L. unbegrenzt lange Parallellen zu Bψ. ziehen, sodann durch 1. eine Parallele zu BC. ziehen, welche die Linie, die von F. ausgeht, im Puncte M. theilt, und werde durch 2. eine Parallele zu BC. führen, welche die Linie, die von G. ausgeht, im Puncte N. schneiden wird und werde durch 3. eine Parallele zu BC. liniiren, welche die Linie die von H. kommt, im Puncte O. schneiden wird, und werde durch 4. eine Parallele zu BC. führen, welche die Linie die von I. ausgeht, im Puncte P. theilen wird, dann werde ich durch 5. eine Parallele zu BC. ziehen, die die Linie, welche von K. kommt, im Puncte Q. schneiden wird, und werde von 6. eine Parallele zu BC. liniiren, welche die Linie die von L. ausgeht, im Puncte R. durchschneiden wird. Sodann werde ich MN. NO. OP. PQ. QR. RM. führen und der Pilaster von sechs Seitenflächen ist beendet, wie ich sagte (thun zu wollen). Fig. 35.

36. Auf der perspectivisch verkürzten Ebene eine Säule von sechzehn Seitenflächen zu errichten und den Verkürzungs-Verhältnissen besagter Ebene dabei zu folgen.

Der Sinn dieser Aufgabe ist, auf der verkürzten Ebene eine Säule aufzustellen, welche sechzehn gleiche Seitenflächen haben soll, die sich dem Verkürzungsverhältniss der perspectivisch dargestellten Ebene BCDE gemäss, welche in der 14. Nr.[1] des ersten Buchs ausgeführt worden, perspectivisch verkürzen sollen. Daher werde ich auf besagter Ebene die sechzehnseitige Fläche machen, wie durch die 18. Nr.[1] des ersten Buchs gelehrt wird. Dieselbe ist 1. 2. 3. 4. 5. 6. 7. 8. 9. 10. 11. 12. 13. 14. 15. 16. und die verkürzte Ebene (worin sie liegt) wird BCDE sein, und der Augenpunct ist A. Zuerst werde ich durch 1. eine Parallele zu BC. ziehen, welche BD. im Puncte 21. trifft, und werde durch 2. eine Parallele zu BC. führen, die BD. im Puncte 22. trifft, und werde durch 3. eine Parallele zu BC. ziehen, die BD. im Puncte 23. trifft, und werde durch 4. eine Parallele zu BC. liniiren, die BD. im Puncte 24. trifft, und werde durch 5. eine Parallele zu BC führen, die BD. im Puncte 25. trifft, und werde durch 6. eine Parallele zu BC. ziehen, die BD. im Puncte 26. trifft. Dann werde ich durch 7. eine Parallele zu BC. führen, die BD. im Puncte 27. trifft, und werde durch 8. eine Parallele zu BC. liniiren die BD. im Puncte 28. trifft, dann werde ich durch 9. eine Parallele zu BC. führen, die BD. im Puncte 29. trifft, und werde durch 10. eine Parallele zu BC. ziehen, die BD. im Puncte 30. trifft und werde durch 11. eine Parallele zu BC. führen, die BD. im Puncte 31. trifft, und werde durch 12. eine Parallele zu BC. liniiren, die BD. im Puncte 32. trifft, dann werde ich durch 13. eine Parallele zu BC. ziehen, die BD. im Puncte 33. trifft, und werde durch 14. eine Parallele zu BC. ziehen, die BD. im Puncte 34. trifft, dann werde ich durch 15. eine Parallele zu BC. führen, die BD. im Punkte 35. trifft und werde durch 16. eine Parallele zu BC. liniiren, die BD. im Puncte 36. trifft. Jetzt muss man die Senkrechte auf B. errichten und zwar von jener Grösse wie man die Säule hoch machen will, welches Bψ. sei, und dann von ψ nach A. liniiren. Dann werde ich durch 21. eine Parallele zu Bψ. ziehen, und wo sie die Linie Aψ. schneidet, werde ich Punct 41. machen, und werde durch 22. eine Parallele zu Bψ. führen die Aψ. im Puncte 42. schneidet, und werde durch 23. eine Parallele zu Bψ. liniiren, die Aψ. im Puncte 43. theilt, und werde durch 24. eine Parallele zu Bψ. führen, die Aψ. im Puncte 44. schneiden wird, und werde durch 25. eine Parallele zu Bψ. ziehen, die Aψ. im Puncte 45. schneidet, dann werde ich durch 26. eine Parallele zu Bψ. liniiren, die Aψ. im Puncte 46. schneidet, und werde durch 27. eine Parallele zu Bψ. führen, die Aψ. im Puncte 47. schneiden wird, dann werde ich durch 28. eine Parallele zu Bψ. ziehen, die Aψ. im Puncte 48. schneiden wird, und werde durch 29. eine Parallele zu Bψ. führen, die Aψ. im Puncte 49. schneidet, und werde durch 30. eine Parallele zu Bψ. liniiren, die Aψ. im Puncte 50. schneidet, und werde durch 31. eine Parallele Bψ. ziehen, die Aψ. im Puncte 51. theilen wird, dann werde ich durch 32. eine Parallele zu Bψ. führen, die Aψ. im Puncte 52. theilt, dann werde ich durch 33. eine Parallele Bψ. ziehen, die Aψ. im Puncte 53. schneiden wird, werde durch 34. eine Parallele zu Bψ. ziehen, die Aψ. im Puncte 54. durchschneiden wird, dann werde ich durch 35. eine Parallele zu Bψ. liniiren, die Aψ. im Puncte 55. theilen wird, und werde durch 36. eine Parallele zu Bψ. führen, die Aψ. im Puncte

---

[1] Soll Nr. 17. sein. Vgl. Anmerk. bei Nr. 33.

56. schneidet. Jetzt werde ich durch alle Puncte 1. 2. 3. 4. 5. 6. 7. 8. 9. 10. 11. 12. 13. 14. 15. 16. unbegrenzt lange Parallelen zu Bϕ. ziehen. Dann werde ich durch 41. eine Parallele zu BC. ziehen, und wo sie die von 1. ausgehende Linie (Parallele zu Bϕ.) schneidet, werde ich Punct 61. machen, und werde durch 42. eine Parallele zu BC. führen, welche die Linie die von 2. kommt, im Puncte 62. schneiden wird und werde von 43. eine Parallele zu BC. ziehen, welche die Linie, die von 3. ausgeht, im Puncte 63. theilt, und werde von 44. eine Parallele zu BC. liniiren, welche die Linie, die von 4. kommt, im Puncte 64. schneidet, dann werde ich durch 45. eine Parallele zu BC. ziehen, welche die Linie, die von 5. ausgeht, im Punct 65. schneiden wird, und werde durch 46. eine Parallele zu BC. führen, welche die Linie die von 6. kommt, im Puncte 66. theilt, und werde durch 47. eine Parallele zu BC. ziehen, welche die Linie, die von 7. ausgeht, im Puncte 67. durchschneiden wird, und werde durch 48. eine Parallele zu BC. liniiren, welche die Linie, die von 8. ausgeht, im Puncte 68. schneiden wird, und werde durch 49. eine Parallele zu BC. führen, welche die Linie, die von 9. ausgeht, im Puncte 69. schneiden wird. Dann werde ich durch 50. eine Parallele zu BC. ziehen, welche die Linie, die von 10. ausgeht, im Puncte 70. theilen wird, und werde durch 51. eine Parallele zu BC. ziehen, welche die von 11. ausgehende Linie im Puncte 71. schneiden wird, und werde durch 52. eine Parallele zu BC. führen, welche die von 12. derivirende Linie im Puncte 72. theilt, und werde durch 53. eine Parallele zu BC. liniiren, welche die Linie, die von 13. derivirt im Puncte 73. schneidet, und werde durch 54. eine Parallele zu BC. ziehen, welche die Linie, die von 14. ausgeht, im Puncte 74. schneiden wird, dann werde ich durch 55. eine Parallele zu BC. ziehen, welche die von 15. ausgehende Linie im Puncte 75. theilt, und werde durch 56. eine Parallele zu BC. liniiren, welche die Linie, die von 16. ausgeht, im Puncte 76. theilen wird. Diese vollenden die sechzehn Seitenflächen, wenn man 61—62. 62—63. 63—64. 64—65. 65—66. 66—67. 67—68. 68—69. 69—70. 70—71. 71—72. 72—73. 73—74. 74—75. 75—76. 76—61. zieht. Dieses ist die obere Basis, die untere ist 1. 2. 3. 4. 5. 6. 7. 8. 9. 10. 11. 12. 13. 14. 15. 16. nämlich die Eckpuncte. Ich sage die sechzehnseitige Säule gemacht zu haben, wie ich sagte, sie machen zu wollen, indem ich den Verkürzungsverhältnissen der perspectivisch dargestellten (Grund-)ebenen gefolgt bin, und nach diesen Regeln sage ich könne man mehr oder weniger Seitenflächen darstellen, je nach den Gebäudeformen die man machen will, derart dass alle proportional verkürzt sein werden. Fig. 36.

37. In der perspectivisch verkürzten Grundebene einen Brunnen von sechs gleichen Seitenflächen perspectivisch verkürzt darzustellen und mit Stufen ringsum, den Seiten folgend, zu umgeben.

Ich habe auf der verkürzten Ebene BCDF. die Fläche des Brunnens mit 4 Umrisslinien perspectivisch verzeichnet, wie es durch die 29. Nr. des ersten Buchs gelehrt wird, obwohl dort nur zwei Umfänge sind, so kann man doch durch jene die Art und Weise verstehen, auch die andern zu erzeugen, weil sie mittelst derselben Methoden erzeugt werden. Daher werde ich den ersten Umfang ziehen, der nach Aussen liegt, nämlich 1. 2. 3. 4. 5. 6. und den zweiten 7. 8. 9. 10. 11. 12. und den dritten 13. 14. 15. 16. 17. 18., den vierten 19. 20. 21. 22. 23. 24. Durch alle Eckpuncte dieser werde ich Parallelen zu BC. führen, die BD. treffen. Zuerst werde ich durch 1. eine ziehen, die BD. im Puncte 31. trifft, und werde durch 2. eine liniiren, die BD. im Puncte 32. trifft, und werde durch 3. eine führen, die BD. im Puncte 33. trifft, werde durch 4. eine liniiren, die BD. im Puncte 34. trifft, und werde durch 5. eine liniiren, die BD. im Puncte 35. trifft, werde durch 6. eine führen, die BD. im Puncte 36. trifft, werde eine von 7. ausspannen, die BD. im Puncte 37. trifft, und eine von 8. liniiren, die BD. im Puncte 38. trifft, und werde eine durch 9. ziehen, die BD. im Puncte 39. trifft, werde eine durch 10. ziehen, die BD. im Puncte 40. trifft, und werde eine durch 11. führen, die BD. im Puncte 41. trifft, und werde eine durch 12. führen, die BD. im Puncte 42. trifft, dann werde ich durch 13. eine ziehen, die BD. im Puncte 43. trifft, dann durch 14. eine liniiren, die BD. im Puncte 44 trifft, und eine durch 15. ziehen, die BD. im Puncte 45. trifft, und durch 16. eine ziehen, die BD. im Puncte 46 trifft, dann werde ich eine durch 17. führen, die BD. im Puncte 47. trifft, und werde eine durch 18. führen, die BD. im Puncte 48. trifft, und werde eine durch 19. liniiren, die BD. im Puncte

49. trifft, und werde eine durch 20. ziehen, die BD. im Puncte 50. trifft, und werde eine durch 21. ziehen, die BD. im Puncte 51. trifft, und werde eine durch 22. liniiren, die BD. im Puncte 52. trifft, und eine durch 23. führen, die BD. im Puncte 53. trifft, dann werde ich eine durch 24. führen, die BD. im Puncte 54. trifft, sämmtlich parallel zu BC.[1] Vom ersten Umfange gehören ihm folgende: die durch 1. 2. 3. 4. 5. 6. (gehenden), vom zweiten die durch 7. 8. 9. 10. 11. 12., vom dritten die durch 13. 14. 15. 16. 17. 18., vom vierten die durch 19. 20. 21. 22. 23. 24. Sodann werde ich die Perpendiculare auf B. von jener Grösse errichten, wie ich den Brunnen hoch machen will, welche Bϕ. sein wird. Dann werde ich Aϕ. ziehen und werde durch alle jene Puncte Parallelen zu Bϕ. ziehen, die Aϕ. treffen, nämlich durch die Puncte 31. 32. 33. 34. 35. 36. vom ersten Umfang, dann werde ich durch 37. 38. 39. 40. 41. 42. des zweiten Umfangs (Parallelen) ziehen, dann werde ich solche durch 43. 44. 45. 46. 47. 48. des dritten Cirkels und werde solche durch 49. 50. 51. 52. 53. 54. des vierten Cirkels ziehen.[2] Dann werde ich durch alle Winkelpuncte aller vier Cirkel (Umfänge) unbegrenzt lange Parallelen zu Bϕ. ziehen, und werde von B. aus in die Linie Bϕ. die Grösse der Höhe der ersten Stufe setzen die BF. sein wird und werde AF. ziehen, die alle die Linien schneidet, welche von BD. ausgehen, und die Aϕ. treffen, und von ihren Durchschnittspuncten mit der Linie AF. werde ich Linien führen, die alle parallel zu BC. sind, zuerst werde ich vom Schnittpunct, welchen die von 31. ausgehende Linie macht, (eine Parallele zu BC.) ziehen und wo sie die Linie schneidet, die vom Winkelpunct 1. ausgeht, werde ich Punct 61. machen und werde vom Durchschnittspunct, den die Linie macht, die von 32. kommt, eine Parallele führen, und wo diese die vom Winkelpunct 2. kommende Linie theilen wird, werde ich 62. punctiren: ich werde vom Durchnittspuncte, den die von 33. ausgehende Linie bildet, eine Parallele ziehen, welche die vom Winkelpunkt 3. ausgehende Linie im Puncte 63. schneiden wird, und werde vom Durchschnittspunkt der Linie die von 34. ausgeht, liniiren, und wo diese die Linie schneiden wird, die vom Winkelpunkt 4. herkommt, werde ich 64. zeichnen, und werde vom Durchschnittspunct, den die von 35. ausgehende Linie macht, eine Grade führen, und wo sie die Linie theilen wird, die vom Winkelpunct 5. ausgeht, werde ich Punct 65. machen und werde vom Schnittpunct den die Linie macht, welche von 36. kommt, eine Parallele führen und wo sie die Linie schneiden wird, die vom Winkelpunct 6. ausgeht, werde ich 66. punctiren. Diese (Puncte) sind von der ersten Stufe. Bezüglich der zweiten werde ich auch von den Durchschnittspuncten der Linie AF. (Parallelen) ziehen, zuerst werde ich von dem Durchschnitt den die von 37. ausgehende Linie, macht eine solche ziehen: wo sie die von 7. ausgehende Linie schneiden wird, werde ich 67. machen, und werde von dem Durchschnitt der Linie, die von 38. ausgeht, eine solche ziehen, welche die Linie, die vom Winkelpunct 8. ausgeht, im Puncte 68. scheiden wird, ich werde vom Durchschnitt der Linie die von 39. kommt, eine führen, die die Linie, welche vom Winkelpunct 9. derivirt im Puncte 69. durchschneiden wird, und werde die Linie vom Durchschnitt ziehen, den die Linie macht, welche von 40. kommt, die die vom Winkelpunct 10. ausgehende Linie im Puncte 70. theilen wird und werde die Linie vom Schnittpunct ziehen den die von 41. kommende Linie macht, wo sie die Linie durchschneiden wird, die vom Winkelpunct 11. ausgeht, werde ich 71. zeichnen; ich werde vom Durchschnitt den die Linie macht, die von 42. kommt, eine Parallele ziehen, die die Linie, welche vom Winkelpunct 12. ausgeht, im Puncte 72. schneidet: hiermit ist die Ebene[3] der ersten Stufe beendet. . . Jetzt bezüglich der zweiten werde ich von F. aus in der Linie Bϕ. die Grösse von BF. auftragen, was FG. sein wird, und werde GA. ziehen, welche alle Parallelen zu Bϕ. theilen wird, und von den Durchschnitten der Linie GA. werde ich lauter Linien parallel zu BC. ziehen. Ich werde zuerst vom Durchschnittspunct, den die durch 37. gelegte Parallele bildet eine solche (Parallele zu BC.) ziehen,

---

[1] Im Cod. Farn. (Parma) sind nur durch die 6 ersten Puncte die Parallelen richtig gezogen. Im Cod. Ambr. (Mailand) sind sie sämmtlich vorhanden. Da sie zum Verständniss der Construction nicht unbedingt nothwendig sind, so sind sie in Fig. 37. ebenfalls weggelassen, um so mehr, da die Uebersichtlichkeit durch zuviel Linien leiden würde.
[2] Aus demselben Grunde sind die Perpendikel nur stückweise in Fig. angegeben.
[3] Scit. die obere Fläche.

welche die Linie, die von 7. kommt, im Puncte 73. schneiden wird, und werde vom Durchschnitt der Linie, die von 38. ausgeht, eine solche führen, wo sie die vom Winkelpunct 8. ausgehende Linie schneiden wird, werde ich 74. punctiren; und werde vom Durchschnitt den die Linie macht, die von 39. kommt, eine solche führen, welche die Linie die vom Winkelpunct 9. kommt, im Puncte 75. schneiden wird, dann werde ich vom Durchschnitt den die von 40. derivirende Linie macht, eine solche ziehen, welche die von 10. ausgehende Linie im Puncte 76. theilen wird, dann werde ich im Durchschnitt den die Linie macht, die von 41. kommt, eine (Parallele) ziehen und wo sie die von 11. ausgehende Linie schneiden wird, werde ich 77. punctiren, und werde vom Schnittpunct den die Linie macht, die von 42. ausgeht, eine führen und wo sie die Linie theilen wird, die vom Winkelpunct 12. ausgeht, werde ich Punct 78. machen. Diese (Puncte) sind von der zweiten Stufe ohne die (in) der (obern) Ebene. Jetzt werde ich hinsichtlich dieser Ebene vom Durchschnitt der von 43. kommenden Linie eine (Parallele zu BC.) liniiren, welche die Linie die vom Winkel, punct 13. ausgeht, im Puncte 79. schneiden wird, und werde vom Schnittpunct den die Linie macht, die von 44. herkommt, eine solche ziehen, und wo sie die Linie schneiden wird, die vom Winkelpunct 14. herkommt, werde ich 80. zeichnen; dann werde ich vom Schnittpunct den die von 45. kommende Linie macht, eine solche ziehen, und wo sie die Linie theilen wird die vom Winkel 15. ausgeht, werde ich 81. zeichnen; dann werde ich vom Durchschnitt den die von 46. kommende Linie macht, eine Linie ziehen, und wo sie die vom Winkelpunct 16. derivirende Linie durchschneiden wird, werde ich 82. punctiren; und werde vom Durchschnitt den die von 47. kommende Linie macht, eine solche ziehen und wo sie die von 17. ausgehende Linie theilen wird, werde ich Punct 83. machen, und werde vom Durchschnitt der von 48. derivirenden Linie eine solche führen, wo sie die Linie schneidet die vom Winkelpunct 18. kommt, werde ich 84. zeichnen: und die Ebene der zweiten Stufe ist beendet. Jetzt werde ich von den Schnittpuncten, welche die zu Bφ. parallelen Linien mit der Linie Aφ. bilden (Parallelen zu BC.) ziehen: ich werde zuerst eine vom Schnittpunct ziehen den die von 43. kommende Linie macht, wo sie die Linie schneiden wird (Verticale) die vom Winkelpunct 13. kommt, werde ich Punct 85. machen. Dann werde ich vom Schnittpunct der von 44. ausgehenden Linie eine Parallele (zu BC.) ziehen, wo sie die Linie theilt die vom Winkelpunkt 14. ausgeht, werde ich 86. punctiren; und werde vom Schnittpunct der Linie die von 45. kommt, eine solche (Parallele zu BC.) ziehen, welche die vom Winkelpunct 15. ausgehende Linie im Puncte 87. schneidet, und werde vom Durchschnitt der von 46. derivirenden Linie eine ziehen, und wo sie die Linie theilen wird, die vom Eckpunct 16. kommt, werde ich 88. zeichnen, und werde vom Schnittpunct der Linie die von 47. kommt, (eine Parallele) liniiren, und wo sie die Linie die vom Winkelpunct 17. ausgeht schneiden wird, werde ich 89. punctiren: und werde vom Durchschnitt den die Linie bildet die von 48. ausgeht, eine (Paralle zu BC.) ziehen und wo sie die vom Winkelpunct 18. ausgehende Linie schneiden wird, werde ich 90. zeichnen, und du hast den letzten Umfang. Bezüglich des vierten werde ich vom Schnittpunct der von 49. kommenden Linie eine (Parallele zu BC.) ziehen, welche die Linie die vom Winkelpunct 19. ausgeht, im Puncte 91. schneidet, und werde vom Durchschnitt der Linie die von 50. ausgeht eine solche führen und wo sie die Linie theilen wird die vom Eckpunct 20. herkommt, werde ich Punct 92. machen; und werde vom Durchschnitt den die von 51. ausgehende Linie macht, eine Gerade ziehen, welche die vom Winkel 21. ausgehende Linie schneidet, und dort werde ich 93. punctiren, und werde vom Durchschnitt, den die Linie macht die von 52. ausgeht liniiren und wo diese die Linie schneiden wird, die vom Winkelpunct 22. ausgeht, werde ich 94. machen, und werde vom Durchschnitt den die von 53. kommende Linie macht eine (Parallele) ziehen, die die Linie, welche vom Winkelpunct 23. ausgeht theilt, und werde da 95. zeichnen; dann werde ich durch den Durchschnitt den die Linie macht die vor 54 derivirt, eine solche ziehen, welche die Linie die vom Winkel 24 ausgeht, im Puncte 96 theilen wird: es ist somit der vierte Umfang[1] beendigt, welcher die Ebene der Brunnenmündung

---

[1] Die für diesen 4. Umfang erforderlichen Constructionslinien fehlen in Fig.

ist. Jetzt muss man 61. 62.; 62. 63.; 63. 64.; 64. 65.; 65. 66.; 66. 61. durch Linien verbinden: das ist der erste Umfang. Der zweite ist 67. 68.; 68. 69.; 69. 70.; 70. 71.; 71. 72.; 72. 67.; Der dritte ist: 73. 74.; 74. 75.; 75. 76.; 76. 77.; 77. 78.; 78. 73.: für den vierten (hat man zu verbinden) 79. 80.; 80. 81.; 81. 82.; 82. 83.; 83. 84.; 84. 79.; für den fünften: 85. 86.; 86. 87.; 87. 88.; 88. 89.; 89. 90; 90. 85.; für den sechsten: 91. 92.; 92. 93.; 93. 94.; 94. 95.: 95. 96.; 96. 91., und der Brunnen mit zwei Stufen ist beendet, wie ich thun zu wollen sagte, und dieselbe Regel gilt für die Körper von mehr oder weniger Seiten. Fig. 37.

38. Ueber der Grundebene am perspectivisch verkürzten Kubus, Basis und Gesimse rings um dieselben [1] anzusetzen.

Wir haben die Grundebene BCDE. und auf derselben den nach der ersten Nr. dieses Buchs perspectivisch verkürzten Kubus der FGHI., und oberhalb KLMN. ist (d. h. dessen untre resp. obere Basis). Um der angefangenen Methode zu folgen, werde ich FG. bis FO. verlängern, nämlich um die Grösse, um die ich die Basis vorragen lassen will, und werde ebenso GP. von derselben Grösse wie FO. ziehen, dann werde ich AO., AP. ziehen jede hindurchlaufend (durch A.) dann werde ich die Diagonalen FI. GH. führen, und FI. werde ich verlängern bis sie die von A. durch O. laufende Linie im Puncte Q. schneiden wird, und sie wird die von A. durch P. laufende Linie im Puncte T. schneiden und werde GH. liniiren, bis sie die von A. durch P. laufende Linie im Puncte R. und die von A. durch O. laufende Linie im Puncte S. schneiden wird. Alsdann werde ich die Linien QR. RT. TS. SQ. führen und sodann auf F. in der Linie FK. die Länge FV. von der Grösse von FO. abtragen und werde durch V. eine Parallele zu FG. führen, die GL. im Puncte X. schneiden wird; und werde durch V. eine Grade zum Puncte A. ziehen und wo sie HL. [2] schneiden wird, werde ich y. machen, und werde von x. eine zum Puncte A. führen, die IN. im Puncte z. schneiden wird; dann werde ich Vx.; xz.; zy.; yV. liniiren sodann VQ. xR. yS. zT. ziehen, dann KL. über K. hinaus verlängern, sodass KZ. gleich FO. sein wird, und werde LS. von der Grösse KZ. ziehen; dann werde ich durch A. eine durch Z. laufende Grade ziehen, welche (die Verlängerung von KN.) im Puncte 10. trifft, und werde ebenso AS. (ziehen), welche sie im Puncte 13. trifft. [3] Sodann werde ich LM. liniiren (verlängern), welche die Linie AZ. im Puncte 12. und die Linie AS. im Puncte 11. theilen wird. Dann werde ich 10. 11.; 11. 13.; 13. 12.; 12. 10. führen. Ferner werde ich K. 14. gleich FV. machen und durch 14. eine Parallele zu KL. ziehen, die LG. im Puncte 15. schneiden wird, und werde durch 14. eine Grade zum Puncte A. führen, die MH. im Puncte 16. schneiden wird, und werde durch 15. eine Grade zum Puncte A. ziehen, und wo sie NI. schneiden wird, werde ich 17. zeichnen. Dann werde ich 14. 15.; 15. 17.; 17. 16.; 16. 14. liniiren, sodann 10. 14.; 11. 15.; 12. 16.; 13. 17. durch Linien verbinden und die Basen und Gesimse über dem perspectivisch verkürztem Kubus sind vollendet, wenn er mit einer Seitenfläche parallel zur Bildebene gestellt wäre. Fig. 38.

39. Wenn aber FGHI. anders gestellt wäre, so wie in der 27. Nr. des ersten Buchs, so werde ich ringsum eine andere Fläche machen, die 1. 2. 3. 4. sein wird, und sodann werde ich auf B. die Senkrechte auf der Grundebene errichten, die BΦ. sein wird, dann AΦ. führen, und durch alle Eckpuncte dieser Oberfläche BD. [4] durchschneidende Parallelen zu BC. ziehen: zuerst werde ich durch 1. eine BD. im Puncte 5. schneidende ziehen, und werde durch 2. eine BD. im Puncte 6. schneidende ziehen, und werde eine durch 3. ziehen die BD. im Puncte 7. schneiden wird, und werde eine durch 4. liniiren, die mit BD. im Puncte 8 zusammentreffen wird, dann werde ich durch F. eine, BD. im Puncte O. treffende

---

[1] d. h. um die untere und die obere Basis.
[2] l. HM.
[3] Da die Stelle im Mscr. verdorben, so konnte sie nur dem Sinne gemäss übersetzt werden. Eigentlich sollte es a. a. O. wohl heissen: poi tiraro KN. tagliante sZ. etc. In Anm. 1 p. XXIII l. KN statt AZ.
[4] Die Buchstaben D. und E. fehlen in Fig. 39, ebenso wie die entsprechenden Linien.

— CXIII —

ziehen, und durch G. eine BD. im Puncte P. treffende führen und durch H. eine BD. im Puncte Q. treffende ziehen und durch I. eine BD. im Puncte R. treffende liniiren. Und durch alle diese Puncte werde ich Aψ treffende Parallelen zu Bψ ziehen; dann durch F., G., H., I. unbegrenzt lange Parallelen zu Bψ führen, und sodann Bψ im Puncte S. theilen, so dass BS. von der Grösse sein wird die ich die Basis hoch haben will, und zwar von der Grösse wie der Abstand von FH. bis zu der durch 1. gezogenen Linie (1. 2.) Sodann werde ich SA. ziehen, welche alle die von BD. ausgehenden Parallelen zu Bψ. schneiden wird; und ich werde Bψ. im Puncte T. schneiden, so dass Tψ. von derselben Grösse wie BS. ist, und werde AT. ziehen, welche die zu Bψ parallelen Linien schneidet Dann werde ich vom Durchschnitt der die von O. ausgehende Linie mit der Linie AS. macht, eine Parallele zu BC. führen, wo sie die Linie schneiden wird, die von F. kommt, werde ich 11. zeichnen, und werde vom Durchschnitt der von P. kommenden Linie mit der Linie AS. eine führen, welche die Linie die von G. ausgeht, im Puncte 12. theilen wird; und vom Durchschnitt der von Q. ausgehenden Linie werde ich eine ziehen, die die von H. derivirende Linie schneiden wird: da werde ich 13. punctiren, und werde vom Durchschnitt den die von R. derivirende Linie macht, eine (Parallele zur BC.) führen, welche die von I. ausgehende Linie im Puncte 14. schneidet. Alle diese Linien seien parallel zu BC. Dann werde ich durch 11. und 12.; 12. und 13.; 13. und 14.; 14. und 11. Linien führen und von den Durchschnittspuncten der Linie AT. lauter Parallelen zu BC. ziehen: zuerst werde ich vom Durchschnitt den die von O. ausgehende Linie macht, eine führen, und wo sie die Linie theilen wird, die von F. ausläuft, werde ich Punct 15. machen, und werde vom Durchschnitt der von P. kommenden Linie eine führen, welche die von G. derivirende Linie im Puncte 16. schneidet, und werde vom Schnittpunct der von Q. kommenden Linie eine ziehen, die die Linie, welche von H. ausgeht, im Puncte 17. schneiden wird. Dann werde ich vom Durchschnitt den die Linie macht die von R. kommt, eine liniiren, die die Linie, welche von I. ausgeht im Puncte 18. theilt, und werde durch 15. und 16.; 16. und 17.; 17. und 18.; 18. und 15. Linien führen, und dann von den Durchschnitten, welche die zu Bψ. Parallelen mit der Linie Aψ machen, Parallelen zu BC. ziehen; zuerst werde ich vom Durchschnitt der von O. kommenden Linie eine ziehen, wo sie die Linie schneiden wird die von F. ausgeht, werde ich K. zeichnen, und werde vom Schnittpunct den die von P. ausgehende Linie macht, eine ziehen, welche die von G. kommende Linie im Puncte L. schneidet und werde vom Durchschnitt der Linie die von Q. ausgeht eine ziehen, und wo sie die von H. kommende Linie theilen wird, werde ich M. punctiren; und werde vom Durchschnitt der von R. derivirenden Linie eine ziehen, welche die von I. ausgehende Linie theilt, dort werde ich Punct N. machen. Dann werde ich die Linien KL. LM. MN. NK. führen, sodann die Diagonalen ziehen, eine durch KM. die andre durch LN. gehend. Sodann werde ich von den Durchschnittspuncten, welche die zu Bψ. Parallelen mit der Linie Aψ. machen, Parallelen zu BC. ziehen. Zuerst werde ich vom Durchschnitt der von 5. ausgehenden Linie eine die durch K. gehende Diagonale im Puncte 21. schneidende ziehen, und ferner vom Durchschnitt der Linie die von 6. ausgeht eine die durch L. gehende Diagonale in Puncte 22. theilende führen, und werde vom Durchschnitt den die von 7. kommende Linie macht, eine ziehen, welche die durch N. gehende Diagonale im Puncte 23. schneiden wird, und werde vom Durchschnitt der von 8. ausgehende Linie eine führen, und wo sie die durch M. gehende Linie schneiden wird, werde ich 24. zeichnen und sodann 1. und 11., 2. und 12., 3. und 13., 4. und 14. durch Linien verbinden, diese ergeben die Ecken der Basis. Jetzt um die Ecken des Gesimses zu erhalten, werde ich 15. und 21.; 16. und 22.; 17. und 23.; 18. und 24.; ziehen, und der Würfel mit Basis und Gesimse ist ausgeführt, wie ich ihn zu wollen sagte. Fig. 39.

40. In der perspectivisch verkürzten Ebene eine Säule von acht Seiten liegend darzustellen, so dass sie nicht parallel zur Grundlinie der Bildebene sei.

Du hast die verkürzte Ebene BCDE, über der ich eine Säule liegend darstellen will, die acht Seitenflächen hat, welche (Säule) in der Basis am Schaft nicht parallel zu BC. sei. Ich werde zuerst die (Seiten-)Fläche von der Länge und Breite machen, wie sie die Säule

— CXIV —

erfordert mittelst des Verfahrens, wie es die 27. Nr. des ersten Buchs lehrt, welche FGHI. sein wird; und werde dann durch F. G. H. I. Parallelen zu BC. führen, die BD. schneiden: also werde ich durch F. eine BD. im Puncte 1. schneidende ziehen, und durch G. eine BD. im Puncte 2. treffende ziehen, und durch H. eine BD. im Puncte 3. treffende liniiren, und durch I. eine BD. im Puncte 4. treffende führen, dann auf B, die Senkrechte Bϕ. errichten; welches die Grösse der Säulendicke sein wird, und werde von ϕ eine Grade zum Puncte A. führen; sodann werde ich durch 1. 2. 3. 4. Aϕ. schneidende Parallelen zu Bϕ. ziehen. Zuerst werde ich durch 1. eine ziehen, die Aϕ. im Puncte 5. trifft, und werde durch 2. eine führen, die Aϕ. im Puncte 6. begegnet, und werde durch 3. eine liniiren, die Aϕ. im Puncte 7. begegnen wird, und durch 4. eine führen, die Aϕ. im Puncte 8. trifft; und um die acht Seitenflächen zu machen, werde ich wie in Nr. 27. des ersten Buchs verfahren. Ich werde das Quadrat in eigentlicher Form machen, welches von der Grösse sein wird, wie man die Säule dick machen will, was FGHI. sein wird, und darin werde ich das gleichseitige Achteck RSTVxyzZ. beschreiben, und die Grösse FR. werde ich auf B. stellen, was BK. sein wird, und die Grösse von RS. werde ich auf K. stellen, was KL. sein wird, und die Grösse von SG. werde ich auf L. stellen, was LM. sein wird. Diese Grössen (zusammen) gleich BM. sind gleich FG.: dann werde ich durch B. K. L. M.[1] Grade zum Punct A. führen, welche alle die zu Bϕ. parallelen Linien theilen werden. Dann werde ich auf F. und auf G. zwei unbegrenzte Linien senkrecht und zwei andere Senkrechte auf H. und I. liniiren, die zu Bϕ. parallel sein werden. Dann werde ich von den Schnittpuncten der Linie AK. lauter Parallelen zu BC. ziehen; zuerst werde ich vom Schnittpunct der von 5. ausgehenden Linie eine führen, welche die Linie, die von F. kommt, im Puncte T. schneiden wird, und werde vom Schnittpunkt der Linie die von G. ausgeht, eine liniiren, welche die von G. ausgehende Linie im Puncte V. schneidet, werde vom Schnittpunct der von 7. derivirenden Linie eine ziehen, welche die Linie, die von H. kommt, im Puncte z. theilt, und werde vom Durchschnitt der Linie die von 8. ausgeht, eine führen, welche die Linie die von I. kommt, im Puncte Z. schneiden wird. Dann werde ich von allen Schnittpuncten der Linie LA. Parallelen zu BC. ziehen: zuerst werde ich vom Durchschnitt der von 5. ausgehenden Linie eine ziehen, und wo sie die von F. ausgehende Linie schneiden wird, werde ich Punct R. machen, und werde vom Durchschnitt der von 6. kommenden Linie eine liniiren, und wo sie die Linie theilen wird, die von G. ausgeht, werde ich S. zeichnen, und werde vom Durchschnitt der Linie die von 7. kommt, eine führen, welche die von H. derivirende Linie im Puncte x. theilt, und werde vom Durchschnitt der von 8. ausgehenden Linie eine ziehen, welche die Linie die von I. ausgeht, im Puncte y. schneiden wird; dann werde ich von den Durchschnittspuncten der Linie KA. Parallelen zu BC. führen: zuerst werde ich vom Durchschnitt der von 5. ausgehenden Linie eine führen, und wo sie die Linie schneiden wird, die von F. ausgeht, werde ich N. zeichnen, und werde vom Durchschnitt der Linie die von 6. kommt, eine Grade ziehen, welche die von G. ausgehende Linie im Puncte O. schneidet, und werde vom Durchschnitt der Linie die von 7. ausgeht, eine ziehen, und wo sie die von H. derivirende Linie schneiden wird, werde ich P. punctiren, und werde eine vom Durchschnitt der Linie die von 8. kommt, führen, welche die Linie, die von I. ausgeht, im Puncte Q. theilt; dann werde ich NO. PQ. führen, und sodann die Diagonalen Fz. GZ. ziehen, darauf Rx. führen, welche die Diagonale Fz. im Puncte K. schneiden wird, dann NP. liniiren, welche Fz. im Puncte L. schneiden wird, dann werde ich Sy. ziehen, welche die Diagonale GZ. im Puncte M. schneidet, und OQ. ziehen, welche die Diagonale GZ. im Puncte ρ. schneiden wird. Dann werde ich durch L. eine Parallele zu FT. führen, die FH. in Puncte 11., und Tz. im Puncte 13. trifft, und werde durch K. eine Parallele zu Hz. ziehen, die FH. im Puncte 12. und Tz. im Puncte 14 trifft, dann werde ich durch ρ.[2] eine Parallele zu GV. ziehen, die GI. im Puncte 22. und VZ. im Puncte 24. trifft, sodann 11. N.; R. 13.;

[1] die Punkte K. L. M. sind in Fig. nicht bezeichnet, um Verwechselungen zu verhüten.
[2] vgl. Anmerk. 4 pag. XXIV.

— CXV —

14. x.; 12. P.; 21. O.; S. 23.; 24. y.; Q. 22. verbinden und 14. 24.; S. R.; N. O.; 11. 21.; 12. 22.; P. Q.; y. x.; 13. 23. durch Grade verbinden, und es ist die ebenflächig begrenzte Säule dargestellt, wie ich es machen zu wollen sagte. Fig. 40.

41. Auf der perspectivisch verkürzten Ebene ein vierseitiges Gebäude proportional (perspectivisch verkürzt) aufzustellen.

Wir haben die perspectivisch verkürzte Ebene BCDE., über welcher ich ein vierseitiges Gebäude aufzustellen beabsichtige. Ich werde die Grundrissfläche auf der Ebene machen, wie es durch die 28. Nr. des ersten Buchs gelehrt wird, was FGHI. sein wird, d. h. der Umriss von aussen, und der von innen wird KLMN. sein. Die Dicke der Mauer wird F. 9.; G. 10.[1] sein: Ich werde in den Grenzpuncten (Ecken) der Fläche FGHI. die Senkrechten errichten, und werde O. über F. setzen, was die Linie FO. bilden wird, und über G. werde ich P. setzen, so dass GP. von der Grösse von FO. sein wird, und werde auf H. nach Q.[3] und auf I. nach R. eine Linie gleich HQ. ziehen, und ferner von P. eine zum Puncte A. ziehen, die durch R. hindurchgehen wird, und werde von O. eine zum Puncte A. führen, die durch Q. geht; dann OP. ziehen, welche parallel zu FG. sein wird, und werde QR. parallel zu OP. ziehen; diese Linien sage ich, sind die Höhen des Gebäudes, worauf ich das Dach setzen will. Zuerst werde ich an die Linie OP. von allen Seiten nach aussen die Grösse anfügen, um die ich das Dach vorragen lassen will, was OS. und PT.[1] sein wird, dann werde ich die unbegrenzten Diagonalen OR.; PQ. führen, die sich im Puncte V. schneiden werden, sodann vom Puncte A. die durch S. laufende Linie ziehen, welche die Diagonale OR. im Puncte X. schneiden wird, und wird die durch Q. gehende Diagonale in einem Puncte schneiden, den ich z. bezeichnen werde; und ich werde ferner vom Puncte A. die durch T. laufende Linie führen, welche die durch P. laufende Diagonale im Puncte y. theilt, und die durch R. gehende Diagonale im Puncte Z. schneiden wird. Dann werde ich OP. im Puncte g. halbiren und über g. die Senkrechte von der Grösse des sechsten Theils von xy. führen, was gφ. sein wird, dann werde ich über V. die unbegrenzt lange Senkrechte errichten und von φ. eine Grade zum Puncte A. ziehen, und wo sie die von V. ausgehende Senkrechte theilen wird, werde ich einen Punct machen, und von jenem Puncte werde ich Grade nach x., nach y., nach z., nach Z. ziehen, und wir haben das Dach.[2] Jetzt werde ich die Höhe nehmen, in der ich den (untersten) Vorsprung der Fenster stellen will, welcher F. 5. sein wird; dann werde ich durch 5. eine Parallele zu FG. ziehen, die GP. im Puncte 6. theilen wird: sodann unter 5. die Dicke des Vorsprungs zeichnen, welche 5. 1. sei und durch 1. eine Parallele zu 5. 6. führen, die G. 6. im Puncte 2. schneiden wird; dann von 5. nach A. liniiren, welche Linie HQ. im Puncte 8. schneiden wird, und von 6. eine Grade zum Puncte A. führen, die IR. im Puncte 7. schneiden wird; und werde von 1. eine Grade zum Punct A. führen, die H. 8. im Puncte 4.[2] theilen wird, und von 2. zum Punct A. eine Linie ziehen, die I. 7. im Puncte 3. schneiden wird, und werde ausserhalb von 5. eine Linie ziehen, soweit ab, wie ich will, dass der Vorsprung vorrage, was 5. 300.[2] und 6. 301.[2] sein wird. Dann durch A. eine unbegrenzte Linie führen, die durch 300. hindurchgeht, und die Diagonale 7. und 5. führen, welche die Linie von A. durch 5.[3] laufend im Puncte 11. schneiden wird, und werde die andere durch 6. und 8. gehende Diagonale unbegrenzt führen, und eine Parallele zu 5. 6. durch 11. führen, welche die Diagonale, die von 6. und 8. kommt, im Puncte 12. schneiden wird, und von 12. eine Linie zum Puncte A. ziehen, welche die von 5. 7. herkommende Diagonale im Puncte 13. theilen wird, und durch 13. eine Parallele zu 1. 2. liniiren, welche die Diagonale, die von 8. ausgeht, im Puncte 14.[2] durchschneiden wird. Dann werde ich 1. 11.; 2. 12.; 3. 13.; 4. 14. ziehen, und der Vorsprung ist gemacht, über welchen ich fünf Fenster stellen will; daher werde ich 5. 6. in 11. gleiche Theile theilen: der erste wird 5. 31. sein, der zweite 31. 32., der dritte 32. 33.; 33. 34.; 34. 35.; 35. 36.; 36. 37.; 37. 38.; 38. 39.; 39. 40.

[1] nicht bezeichnet in Fig. 41.
[2] fehlt in Fig.
[3] 1. 300.

Dann werde ich über 5. die Grösse setzen, die ich die Fenster hoch machen will, was 5. 15. sein wird, und werde durch 15. eine Parallele zu 5. 6. führen, welche die Linie 6. P. im Puncte 16. schneiden wird. Dann werde ich durch 31 und 32. 33. 34. 35. 36. 37. 38. 39. 40. Parallelen zu 5. 15. ziehen, die 15. 16. treffen, und zwar treffen sie die durch 31. gezogene im Puncte 41. und die von 32. im Puncte 42., die von 33. im Puncte 43., die von 34. im Puncte 44., die von 35. im Puncte 45., die von 36. im Puncte 46., die von 37. im Puncte 47., die von 38. im Puncte 48., die von 39. im Puncte 49., die von 40. im Puncte 50. Jetzt um die Dicken darzustellen, welche Dicke wie ich sagte F. 9. ist, werde ich durch 9. eine Parallele zu F. 15. führen, welche die Linie 15. 16. im Puncte 17. schneiden wird, und werde von 15. eine die Linie 9. 17. im Puncte 18. theilende Grade zum Puncte A. ziehen, und werde durch 18. eine Parallele zu 15. 16. ziehen, die 6. 16. im Puncte 19.[1] durchschneiden wird; dann werde ich durch 41. eine 18. 19. in Puncte 51. theilende Linie zum Puncte A. ziehen, sodann werde ich durch 43. zum Puncte A. eine Grade ziehen, und wo sie 18. 19. schneiden wird, werde ich 53. machen, und werde von 45. zum Puncte A. eine 18. 19. im Puncte 55. schneidende Grade liniiren; dann werde ich eine von 47. zum Puncte A. ziehen, die 18. 19. im Puncte 57. schneiden wird, und werde durch 49. eine zum Puncte A. führen, die 18. 19. im Puncte 59. schneiden wird; sodann werde ich durch 51. 53. 55. 57. 59. lauter Parallelen zu 31. 41. führen, die alle die Linie 5. 6. treffen. Jetzt sind die Fenster der nicht verkürzten Facade vollendet; um jetzt die andern fünf Fenster der verkürzten Facade zu machen, die von gleicher Breite ist, werde ich durch 16. eine Grade zum Puncte A. ziehen, welche die Linie 7. R. im Puncte 10. schneiden wird; dann werde ich die Diagonale 16. 7. führen und werde 6. 16. in soviel gleiche Theile theilen, als deren in der Linie 5. 6. sind. Diese werden sein: 61. 62. 63. 64. 65. 66. 67. 68. 69 70. Ich werde zuerst von 61. eine Grade zum Punct A. führen, welche die Diagonale 16. 7. im Puncte 71. schneiden wird, und werde durch 62. eine zum Puncte A. ziehen, welche die Diagonale im Puncte 72. theilen wird, und werde eine die Diagonale im Puncte 73. theilende von 63. zum Puncte A. führen, und werde eine von 64. zum Puncte A. liniiren, welche die Diagonale im Puncte 74. schneiden wird, und werde eine durch 65. zum Puncte A. ziehen, welche die Diagonallinie im Puncte 75. schneidet, und werde eine von 66. zum Puncte A. führen, die Diagonale im Puncte 76. schneiden wird, sodann werde ich durch 67. eine zum Puncte A. ziehen, die die Diagonale im Puncte 77. theilen wird, und werde von 68. zum Puncte A. liniiren, welche Linie die Diagonale im Puncte 78. durchschneiden wird, und werde von 69. eine die Diagonale im Puncte 79. schneidende Linie ziehen, und durch 70. zum Puncte A. eine führen, welche die Diagonale im Puncte 80. theilen wird. Durch diese (Schnittpuncte) werde ich lauter Parallelen zu 6. 16. führen: zuerst werde ich eine durch 71. führen, die 6. 7. im Puncte 81. und 16. 10. im Puncte 91. trifft, dann eine durch 72. ziehen, die 6. 7. im Puncte 82. und 16. 10. im Puncte 92. begegnet, und werde eine durch 73. führen, die 6. 7. im Puncte 83. und 16. 10. im Puncte 93. trifft, und eine durch 74. ziehen, die 6. 7. im Puncte 84. und 16. 10. im Puncte 94. trifft, und eine durch 75. führen, die 6. 7. im Puncte 85. und 16. 10. im Puncte 95. begegnet, und werde eine durch 76. ziehen, die 6. 7. im Puncte 86. und 16. 10. im Puncte 96. trifft, dann werde ich eine durch 77. liniiren, die 6. 7. im Puncte 87. und 16. 10. im Puncte 97. trifft, und durch 78. eine liniiren, die 6. 7. im Puncte 88. und 16. 10. im Puncte 98. trifft, und eine durch 79. führen, die 6. 7. im Puncte 89. und 16. 10. im Puncte 99. begegnet, und eine durch 80. ziehen, die 6. 7. im Puncte 90. und 16. 10. im Puncte 100. trifft. Jetzt sind die Theilungen der verkürzten Fenster vollendet. Um nun ihre Dicken zu machen, werde ich in der nicht verkürzten Facade auf der Linie 15. 16. die Grösse, die von 15. bis 17. stattfindet, abtragen, was 16. 20. sein wird, und werde von 20. eine Grade zum Puncte A. führen.[1] Sodann werde ich durch 92. 94. 96. 98. 100. lauter Parallelen zu 15. 16. ziehen, zuerst werde ich eine durch 92. führen, die 20. A. im Puncte 102. schneiden wird, und werde eine durch 94. liniiren, die 20. A. im Puncte 104. schneiden wird, und werde

[1] fehlt in Fig.

— CXVII —

eine durch 96. führen, die 20. A. im Puncte 106. schneiden wird, sodann eine durch 98. liniiren, die 20. A. im Puncte 108. schneiden wird, dann eine durch 100. ziehen, die 20—A. im Puncte 110.[1] schneiden wird: alle verstehen sich bezüglich ihres Durchschnitts mit der Linie A—20. Dann werde ich durch 102. 104. 106. 108. 110. lauter Parallelen zu 6—16. führen, die 6—7 treffen, und somit sind alle Fenster beendigt. Jetzt müssen die Thüren gemacht werden. Zuerst werde ich die machen, welche nicht verkürzt ist, die aussen 21. und 22. bezeichnet ist. Auf diesen werde ich unbegrenzte Senkrechte errichten, dann werde ich die Grösse von 21. nach 22. nehmen, die ich verdoppeln und auf die von 21. ausgehende Linie stellen werde, was 21—23. sein wird, und werde durch 23. eine Parallele zu FG. ziehen, welche die von 22. kommende Linie im Puncte 24. schneiden wird; dann werde ich von 21. eine Grade zum Puncte A. führen, welche die Linie KL. im Puncte 25. schneiden wird,[2] und werde durch 25. eine Parallele zu 21—23. liniiren, die 23—24. treffen wird, sodann von 23. eine Linie zum Puncte A. ziehen, welche die Linie die von 25. ausgeht, im Puncte 26. theilen wird, und werde durch 26. eine die Linie 22—24. treffende Parallele zu 23—24. führen, damit ist die Thür fertig.[3] Und weil ich die Thür und die Fenster alle vierseitig gemacht habe, so will ich, um auch Kenntniss von Fenstern und Thüren zu geben, welche einen halbrunden Bogen haben, die zwei andern Thüren mit dem Bogen machen. Von denselben ist eine von aussen 111. und 112., und die andere von aussen 113. und 114. bezeichnet. Durch diese Puncte werde ich lauter unbegrenzte Parallelen zur Linie GP. ziehen. Auf Grund dessen was durch die 29. Nr.[4] des ersten Buchs hinsichtlich der Breite gelehrt worden, weil sie dort in eigentlicher Form dargestellt wurde, werde ich jene nehmen und sie auf G. stellen, was G—121. sein wird, und weil die Thür zweimal so hoch als breit sein muss, werde ich die Breite noch einmal auf 121 stellen, was Punct 122. darstellen wird, so dass das Ganze G—122. ist. Dann werde ich durch 121. eine Grade zum Puncte A. führen, welche die von 111. ausgehende Linie im Puncte 131., und die von 112. ausgehende im Puncte 132., und die von 113. ausgehende Linie im Puncte 133., und die von 114. ausgehende Linie im Puncte, 134. schneiden wird. Sodann werde ich von 122. eine Grade zum Punct A. führen, welche die von 111. ausgehende Linie im Puncte 135., und die Linie die von 112. ausgeht im Puncte 136., und die von 113. kommende Linie im Puncte 137., und die von 114. derinirende Linie im Puncte 138. schneiden wird. Dann werde ich die Diagonalen 131—136., 132—135., und von der andern Thür 133—138., 134—137. führen und werde sodann die Grösse nehmen die von 131. bis 135. enthalten ist, und mit jener Grösse werde ich ein Quadrat in eigentlicher Form machen, welches BCDE. sein wird, in welches ich nach der 17.[5] Nr. des ersten Buchs das Achteck in eigentlicher Form beschreiben werde, welches FGHIKLMN. sein wird. Dann werde ich die Grösse von BF. nehmen und sie unterhalb von 135 stellen, was 135—141. sein wird, und werde die Grösse von FG. nehmen und unter 141. stellen, was 144—142. sein wird; dann werde ich von 144. zum Punkte A. eine Linie ziehen, welche die von 135. ausgehende Diagonale im Puncte 143. und die von 136. ausgehende Diagonale im Puncte 144. schneiden, und die Linie 132—136. im Puncte 145. theilen, und die Linie 133—137. der zweiten Thür im Puncte 146. schneiden, und die von 137. kommende Diagonale im Puncte 147. und die von 138. ausgehende Diagonale im Puncte 148. schneiden, und die Linie 134—138. im Puncte 149. theilen wird. Durch diese Schnittpuncte werde ich lauter Parallelen zu 131—135. ziehen und zwar durch 143. eine die Linie 135—136. im Puncte 151. treffende Parallele führen, dann werde ich durch 144. eine die Linie 135—136 im Puncte 152. treffende ziehen, und durch 147. eine die Linie 137—138. im Puncte 153. treffende Parallele führen,[6] und werde von 141. nach 151. und von 152. nach 145. und

---

[1] die Durchschnittspuncte 102 bis 110 fehlen.
[2] fehlt in Fig.
[3] der unsichtbare Theil fehlt in Fig.
[4] l. Nr. 28.
[5] l. 16.
[6] fehlt der Punct 154, der Diagonale 148 entsprechend, (vgl. Anm. 3 p. XXVI).

von 146. nach 153. und von 154. nach 149. liniiren. Jetzt muss man das Achteck in eigentlicher Form auf sechzehn Seiten reduziren, wie durch die 17. Nr. des ersten Buchs gelehrt wird: welche (Nummer) BF. in Puncte 4. und 4—F. in Puncte 2. und FG.¹ in Puncte 3. theilt. Dann werde ich die Grösse von B—4. nehmen und unter 135. stellen, was 135—155. sein wird, und werde die Grösse von F. bis 2. nehmen und über 141. stellen, was 141—156. sein wird, und werde die Grösse von F. bis 7. nehmen, und sie unter 141. stellen, was 141—157. sein wird. Dann werde ich von 155. zum Puncte A. eine Grade führen, die 141—151. im Puncte 161. schneiden wird und 152—145. im Puncte 162. schneiden, und 146—153. der zweiten Thür im Puncte 163. theilen, und 154—149. im Puncte 164. schneiden wird. Dann werde ich von 156. eine Grade zum Puncte A. ziehen, welche die Linie 141—151. im Puncte 171. theilt und die Linie 152—145. im Puncte 172. durchschneiden wird, und sie wird von der zweiten Thür 146—153. im Puncte 173. schneiden und 154—149. im Puncte 174. schneiden; und ich werde von 157. eine Grade zum Puncte A. führen, die die von 135. nach 132. gehende Diagonale im Puncte 175. schneidet, und die Diagonale 131—136. im Puncte 176. schneiden, und die Linie 132—136. im Puncte 177. schneiden, und die Linie 133—137. im Puncte 178. durchschneiden und die Diagonale 137—134. im Puncte 179. theilen, und die Diagonale 133—138. im Puncte 180. schneiden und die Linie 134—138. im Puncte 181. theilen wird. Dann werde ich durch 175. eine Parallele zu 131—135. ziehen, die 135—136. im Puncte 191. trifft, und durch 176. eine Parallele zu 131—135. führen, die 135—136. im Puncte 192. trifft, sodann durch 179. der zweiten Thür eine Parallele zu 131—135. liniiren die 137—138. im Puncte 193. trifft, und werde durch 180. eine Parallele zu 137—135. ziehen, die 137—138. im Puncte 194. trifft; und werde von der ersten Thür 157. und 161. und 191., 192. und 162., 172. und 177., bei der zweiten Thür 178. und 173., 163. und 193. und 164., 174. und 181. durch Linien verbinden, welche die Thüren vollenden. Jetzt um die einschlägigen Dicken der Thüren, d. h. die Mauerstärken zu machen, werde ich von 30., welches auf der Linie FG. verzeichnet ist, eine Grade zum Puncte A. ziehen, und sodann durch 112. eine Parallele zu FG. ziehen, und wo sie die Linie 30—A. schneiden wird, werde ich 200. punctiren; dann werde ich durch 114. eine Parallele zu FG. führen, welche die Linie 30—A. im Puncte 201. schneiden wird, und werde durch 200. eine Parallele zur Linie 112(—136.) ziehen bis zum Durchschnitt mit 152—145. und werde durch 201. eine Parallele zu 114—138. führen bis sie 154—149. trifft, dann werde ich die Grösse von G. nach 30. nehmen und (horizontal nach links) an 122. ansetzen, so dass dieselbe gleich 122—300. und parallel zu FG.² sein wird. Dann werde ich von 300. zum Puncte A. liniiren und durch 152. eine Parallele zu FG. führen, welche die Linie 300—A. im Puncte 252. schneiden wird; ich werde ferner durch 145. eine Parallele zu FG. ziehen, welche die von 200. ausgehende Linie im Puncte 253. schneiden wird; und werde durch 154. eine Parallele zu FG. ziehen, welche die Linie 300—A. im Puncte 254. schneidet, und durch 149. eine Parallele zu FG. führen, welche die von 201. kommende Linie im Puncte 249. theilt: und werde dann 252., 253. und 254. und 249. durch Linien verbinden. Sodann werde ich durch 192. eine Parallele zu FG. führen, welche die Linie 300—A. im Puncte 195. schneidet, und durch 162. eine Parallele zu FG. ziehen, welche die Linie 252—253. im Puncte 197. schneidet, dann werde ich durch 172. eine Parallele zu FG. liniiren, welche die Linie 252—253. im Puncte 198. theilt, und werde durch 177. eine Parallele zu FG. ziehen, welche die Linie die von 200. kommt, im Puncte 203. schneidet, und werde von der zweiten Thür durch 194. eine Parallele zu FG. führen, welche die Linie 300—A. im Puncte 196. schneiden wird, und durch 164. eine Parallele zu FG. ziehen, welche die Linie 254—249. im Puncte 205. theilen wird,³ und durch 181. eine Parallele zu FG. ziehen, welche die Linie die von 201. kommt, im Puncte 206. schneidet. Dann werde ich von der ersten Thür 195.

---

¹ l. ½ FG
² vgl. Anm. 3 p. XXVII.
³ fehlt die Parallele durch 174. vgl. Anm. 4 p. XXVII.

und 197., 198. und 203., von der zweiten 196. und 204., 205. und 206.[1] gradlinig verbinden, welche Linien die Thüren und damit das in Rede stehende Haus liefern.[2] Fig. 41.

42. Ueber der perspectivisch verkürzten Ebene einen achtseitigen Tempel proportional (perspectivisch verkürzt) aufzustellen.

Wir haben nach der 29. Nr. des ersten Buchs die verkürzte achtseitige Grundfläche, und auf diese beabsichtige ich, jenen Verhältnissen folgend, einen Tempel zu stellen. Du weisst, dass besagte Grundfläche aussen 1. 2. 3. 4. 5. 6. 7. 8. und innen 11. 12. 13. 14. 15. 16. 17. 18. bezeichnet ist, und das Vierseit, welches sie enthält, ist nach der 27. Nr. des ersten Buchs FGHI. Durch diese Puncte werde ich Perpendikel auf der Ebene ziehen: ich werde auf F. die Linie von der Grösse wie FG. ziehen, was FK. sein wird, und über G. von derselben Grösse eine ziehen, welche GL. sein wird, und über H. und I. zwei unbegrenzt lange Linien. Dann werde ich von K. eine Grade zum Puncte A. führen, welches der Augenpunct ist, die die von H. ausgehende Linie im Puncte M. schneiden wird, und werde von L. eine Grade zum Puncte A. ziehen, welche die Linie, die von I. ausgeht, im Puncte N. schneiden wird; dann werde ich von M. nach N. eine Grade führen, und KL. liniiren. Sodann werde ich durch 1. eine Parallele zu FK. ziehen, welche KL. im Puncte 21. theilen wird, und durch 2. eine Parallele zu GL. führen die KL. im Puncte 22. schneiden wird, und durch 3. eine Parallele zu GL. führen, die LN. im Puncte 23. trifft, dann durch 4. eine Parallele zu IN. liniiren die LN. im Puncte 24. trifft, und durch 5. eine Parallele zu IN. ziehen, die NM. im Puncte 25. schneiden wird, dann durch 6. eine Parallele zu GL. ziehen, die MN. im Puncte 26. trifft, und durch 7. eine KM. im Puncte 27. treffende Parallele zu MH. führen, und durch 8. eine KM. im Puncte 28. begegnende Parallele zu FK. liniiren. Jetzt werde ich 21. und 28., 22. und 23., 24. und 25., 26. und 27., 27 und 28. verbinden, womit ich den achtseitigen Tempel verstehe. Jetzt um das Dach zu machen, werde ich die Diagonalen KN. LM. liniiren, die sich im Puncte O. schneiden werden, sodann werde ich den sechsten Theil von FK. nehmen und diese Grösse senkrecht über die Mitte der Linie KL. setzen, was PQ. sein wird, dann werde ich die unbegrenzt lange Senkrechte über O. führen, sodann in der Verlängerung von KL. über K. hinaus die Grösse ansetzen, um welche ich das Dach vorragen lassen will, was KS. sein wird und über L. hinaus wird es LT. sein. Dann werde ich vom Puncte A. die durch T. gehende Linie zieziehen, welche die Diagonale KN. im Puncte 51. schneiden und die Diagonale LM. im Puncte 52. schneiden wird; dann von A. eine durch S. gehende Linie führen, welche die durch M. gehende Diagonale im Puncte 53. theilen und die durch K. gehende Diagonale im Puncte 54. schneiden wird. Dann werde ich 52. und 54. verbinden und von 51. nach 53. ziehen, sodann von O. eine durch 21. gehende Linie führen, welche die Linie 52—54. im Puncte 55. schneiden wird, und von O. eine durch 22. gehende Grade ziehen, welche 52—54. im Puncte 56. schneiden wird, und von O. eine durch 23. gehende Linie ziehen, welche die Linie 51—52. im Puncte 57. durchschneidet, und von O. eine durch 24. gehende liniiren, welche die Linie 51—52. im Puncte 58. theilen wird; dann von O. eine durch 25. gehende Grade ziehen, welche die Linie 51—53. im Puncte 59. theilt, dann von O. eine durch 26. gehende ziehen, die 51—53. im Puncte 60. schneiden wird, dann eine durch 27. gehende führen, die die Linie 53—54. im Puncte 61. schneiden wird, und von O. eine durch 28. gehende liniiren, welche die Linie 53—54. im Puncte 62. schneiden wird. Sodann werde ich von Q. eine Linie zum Puncte A. führen, welche die von O. ausgehende perpendiculäre Linie im Puncte V. schneiden wird, und werde V—55., V—56., V—57., V—58., V—59., V—60., V—61., V—62. verbinden, dann 55—56., 57—58., 58—59., 59—60., 60—61., 61—62.,

---

[1] statt 199 ist 203 zu lesen. Punct 204 und 205 correspondiren hiernach den durch 164 und 174 gelegten Parallelen.

[2] Der Deutlichkeit und des Verständnisses des Textes wegen, wo die Dicken fehlen, ist die Zeichnung der beiden Seitenthüren im doppelten Massstab mit allen in Fig. d. Mscr. fehlenden Theilen (Fig. 41 a.) dargestellt.

62—55. gradlinig verbinden und das Dach ist beendigt.[1] Jetzt müssen die Thüren gemacht werden. Also werde ich die Linie 1—2. der ersten Seitenfläche im Puncte 29. halbiren und die Senkrechte von der Grösse führen, wie ich die Thür hoch machen möchte, was 29—30. sein wird. Dann werde ich den vierten Theil der Linie 29—30. nehmen und beiderseits von 29. über die Linie 1—2. stellen, was von einer Seite 29—31, und von der andern 29—32 sein wird. Dann werde ich die senkrechte Linie über 31. ziehen, und zwar von der Grösse 29—30. was 31—33. sein wird, und die andere Senkrecht über 32. von derselben Grösse, was 32—34. sein wird; dann werde ich 33—34. ziehen. Und ferner bezüglich der Innenseite sagte ich, dass 11—12. der Seitenfläche 1—2. zugehöre, und werde somit von 31. zum Puncte A. eine Grade ziehen, welche die Linie 11—12. im Puncte 35. schneiden wird, dann werde ich durch 32 zum Puncte A. liniiren, welche Grade die Linie 11—12. im Puncte 36. schneiden wird, dann durch 35. eine Parallele zu 31—33. bis zum Durchschnitt mit 33—34. führen, und durch 33. eine Grade zum Puncte A. ziehen, welche die von 35. ausgehende Linie im Puncte 37.[1] schneiden wird, und durch 37. eine Parallele zu 33—34. führen, dann durch 36. eine Parallele zu 32—34. liniiren, welche die von 37. kommende Linie im Puncte 38. theilen wird, und die Thür ist gemacht. Und weil der Tempel nicht gut stünde ohne Licht, deshalb werde ich in der ersten Seitenfläche ein Auge von derselben Breite wie die Thür machen. Ich werde durch 33. eine Parallele zu 1—21. führen, die 21—22. im Puncte 40. trifft, und durch 34. eine Parallele zu 2—22. ziehen, die 21—22. im Puncte 41. erreicht, und eine Linie parallel zu 21—22. führen, die 33—40. im Puncte 42. schneiden und und 34—41. im Puncte 43. durchschneiden wird, dann durch 35. eine Parallele zu 1—21. bis zum Durchschnitt mit 42—43. ziehen. Dann werde ich die Grösse der Linie 42—43. nehmen und sie unterhalb 42. und unterhalb 43. stellen, was 42—45. und 43—45. sein wird, sodann 44—45. und von 42. eine Grade nach Punct A. ziehen, welche die von 35. ausgehende im Puncte 46. durchschneiden wird, und von 46. eine Parallele zu 42—43 führen, sodann durch 38. eine Parallele zu 2—22. liniiren, welche die von 46. ausgehende Linie im Puncte 48.[2] schneiden wird; dann durch 44. eine Grade zum Punct A. führen, welche die Linie die von 37. kommt, im Puncte 47. schneiden wird, dann von 45. zum Puncte A. liniiren, welche Grade die Linie 38—48. im Puncte 49. theilen wird. Jetzt werde ich die Diagonalen 42—45.[3] und 43—44. ziehen, welche sich im Puncte x.[3] durchschneiden werden, sodann die andern Diagonalen 46—49.[3] und 47—48. führen, die sich im Puncte y.[3] schneiden werden: ferner werde ich den unbeweglichen Fuss des Zirkels auf x. setzen und mit dem andern beweglichen Fuss werde ich einen die Linien 46—48., 46—47. berührenden Kreis beschreiben und das erste Auge ist beendet.[4] Jetzt bezüglich des zweiten, da ich annehme, dass deren vier und zwar wechselsweise an den acht Seitenflächen vorhanden seyen, so werde ich 42—43 bis an GL. heranziehen, dieselbe im Puncte 61. treffend, dann 44—45. bis an GL. heranliniiren,[5] diese im Puncte 63. begegnend, sodann von 61. eine Grade zum Puncte A. führen, die IN. im Puncte 62. schneiden wird, und von 62. eine Grade zum Puncte A. ziehen, welche IN. im Puncte 64. durchschneiden wird, dann von 40. zum Puncte A. eine Linie ziehen, welche die Diagonale KN. im Puncte 65. schneiden und die Diagonale ML. im Puncte 66. durchschneiden wird; dann durch 65. eine zu KL. Parallele führen, die LN. im Puncte 67. erreicht, und durch 66. eine Parallele zu KL. ziehen, die LN. im Puncte 68.[3] trifft und durch 67. eine Parallele zu GL. ziehen, die 61—63. im Puncte 71. schneiden und 62—64. im Puncte 72. theilen wird, und durch 68. eine Parallele zu GL. liniiren, welche die Linie 61—63. im Puncte 73. schneiden und 62—64. im Puncte 74. durchschneiden wird. Dann werde ich die Grösse der Linie 71—72. nehmen und aus jener Grösse ein Quadrat in eigentlicher Form bilden, was BCDE. sein wird, und in derselben das Achteck

---

[1] fehlt in Fig. d. Mscr. aus bekanntem Grunde.
[2] fehlt in Fig. d. Mscr.
[3] Bezeichnung fehlt in Fig.
[4] In Fig. d. Mscr. ist ein zweiter Kreis innerhalb des Quadrats 42—45, der im Text nicht erwähnt wird.
[5] fällt zufällig auf die Rückseite der obern Tempelumgrenzung.

FGHIKLMN. in eigentlicher Form beschreiben und von dieser werde ich die Grösse BF. nehmen und sie unter 71. stellen, was 71—81. sein wird, dann werde ich FG. nehmen und es unter 81. stellen, was 81—82. sein wird, dann von 81. zum Puncte A. eine Grade führen, welche die Linie 73—74. im Puncte 83. theilen wird, dann von 82. zum Puncte A. eine 73—74. im Puncte 84 theilende Grade liniiren; dann werde ich die Diagonale 71—74. führen, welche 81—83. im Puncte 91. durchsetzen, und 82—84. im Puncte 92. schneiden wird, dann durch 91. eine Parallele zu 71—72. ziehen, die 71—73. im Puncte 85. trifft und 73—74. im Puncte 86. begegnen wird, dann durch 92 eine Parallele zu 73—74. führen, die 71—73. im Puncte 87. erreicht, und 73—74. im Puncte 88. trifft. Sodann werde ich 81. und 85., 87. und 83., 84. und 88., 82. und 86. durch Linien verbinden, und das Achtseil ist vollendet. Wenn du es auf 16 reduziren wolltest, mach' es so wie in der vorhergehenden Nr. mit den Thürbögen und ebenso hinsichtlich der Dicken, weil es das nämliche Verfahren ist. Fig. 42.

43. Ueber der perspectivisch verkürzten Ebene ein Kreuzgewölbe über ein quadratisches Gemäuer zu setzen.

Die verkürzte Ebene ist BCDE., in der ich eine Kapelle mit Kreuzgewölbe zu errichten beabsichtige, welche vierseitige Kapelle FGHI. ist. Ueber diesen (Puncten) werde ich die Senkrechten ziehen: zuerst werde ich über F. die Senkrechte FK. ziehen, die zweimal so lang als FG. sein wird, dann über G. die Perpendikuläre GL. von der Grösse von FK ziehen, sodann KL. führen: und ferner von K. eine Grade zum Puncte A. führen und durch H. eine Parallele zu FK. ziehen, die AK. im Puncte M. schneiden wird, und werde durch I. eine Parallele zu GL. führen, die IN. sein wird, und zwar von der Grösse von HM. Dann werde ich MN. ziehen, sodann die Diagonalen KN., LM. führen, die sich im Puncte O. schneiden werden, ferner KL. im Puncte x. theilen, und die Grösse von Lx. unter L. stellen, was LP. sein wird, und dieselbe Grösse werde ich auch unter K. stellen, was KQ. sein wird; dann werde ich von Q. eine Grade zum Puncte A. ziehen, die HM. im Puncte S. schneiden wird und dann von P. eine zum Puncte A. führen, die IN. im Puncte R. theilen wird; sodann werde ich die Grösse der Linie KL. nehmen, und mit dieser Grösse ein Quadrat in eigentlicher Form machen, welches BCDE. sei, wie nach der 26. Nr. des ersten Buches gezeigt worden: in dieses werde ich das Achtseil beschreiben, welches FGHIKLMN. sein wird,[1] und die Grösse BF. nehmen und unter K. stellen, was K—1. sein wird; und werde sie in die Linie KL. auftragen, was K—2. sein wird, und dieselbe Grösse von der Seite von L. auftragen, was L—3. sein wird, und werde sie unter L. ansetzen, was L—4. sein wird. Dann werde ich 1—2., 3—4. ziehen, ferner von 1. zum Puncte A. eine Grade ziehen,[2] die MS. im Puncte 5. schneiden wird, und von 2. eine zum Puncte A. führen,[2] die die Diagonale KN. im Puncte 11. und die Diagonale LM. im Puncte 12. durchschneiden und MN. im Puncte 6. schneiden wird; dann werde ich durch 3. eine Grade zum Puncte A. ziehen, die MN. im Puncte 7. theilen wird, und werde eine von 4. zum Puncte A. führen,[2] die NR. im Puncte 8. durchschneidet, dann durch 11. eine Parallele[2] zu KL. liniiren, die KM. im Puncte 13. trifft und LN. im Puncte 14. schneiden wird; dann durch 12. eine Parallele zu KL. führen, die KM. im Puncte 15. trifft, und LN. im Puncte 16. erreichen wird; dann werde ich 5—6., 7—8. durch Grade verbinden[3] und ebenso 1—13., 5—15., 4—14., 8—16. durch Linien verbinden, und wir haben die Achtecke und jetzt werden wir nach der 17. Nr.[3] des ersten Buchs das Achteck in eigentlicher Form in sechzehn Seiten theilen: von dieser[4] werde ich die Theile nehmen, nämlich ich werde die Grösse F—1. nehmen[5] und sie in die Linie 2—3. einstellen, was 2—24. sein wird, und werde sie zwischen 2—1. stellen, was 2—23. sein wird; dann werde ich sie zwischen 1—23. stellen (was 22—23. sein wird), sodann werde ich sie unter 1. stellen, was 1—21. sein wird, sodann dieselbe Grösse zwischen 24—3. einfügen,

---

[1] Diese Fig. fehlt, doch ist sie aus dem Text klar.
[2] Fehlt in Fig. d. Mscr.
[3] So zu verbessern statt 27[2].
[4] scit. Figur.
[5] Vgl. das Achteck in Fig. 41, dem analog ist hier d. Constr.

was 3—25. sein wird; sodann werde ich sie zwischen 3—4. einstellen, was 3—26. sein wird und werde sie zwischen 4—26. stellen, was 4—27. sein wird, und werde sie unter 4. abtragen, was 4—28. sein wird. Sodann werde ich 21—22., 23—24., 25—26., 27—28. ziehen, dann durch 22. eine Parallele zu KL. ziehen, die K4.[1] im Puncte 31. und L—4. im Puncte 34. trifft, und durch 23. eine Parallele zu KL. ziehen die K—31. im Punct 32. durchschneiden wird und L—34. im Puncte 33. schneiden wird; sodann werde ich eine Grade von 21. zum Punct A. ziehen, die 5—8. im Puncte 40 schneiden wird, und von 31. zum Punct A. eine führen, welche 1—13. im Puncte 41. theilen und 5—15. im Puncte 42. schneiden wird;[1] auf der andern Seite werde ich von 33. zum Punct A. eine Grade ziehen, die 4—14. im Puncte 45. durchschneiden und 8—16. im Punct 46. schneiden wird, und von 34. eine Grade zum Punct A. führen, die 4—14. im Punct 47. durchschneiden und 8—16. im Punct 48. schneiden wird; dann von 28. eine Grade zum Punct A. führen, die B—8. im Puncte 49. schneiden wird, dann durch 24. eine Linie zum Puncte A. ziehen, welche die Diagonale KN. im Puncte 29. schneiden und die Diagonale LM. im Puncte 30. durchsetzen wird; dann werde ich durch 29. eine Parallele zu LK. führen, die 43—45. im Puncte 51. trifft und 44—46. im Puncte 52. erreicht, dann durch 30. eine Parallele zu KL. führen, die 13—15. im Puncte 53. trifft und 14—16. im Puncte 54. begegnet. Jetzt werde ich 21—41., 43—51., 53—44., 42—40. ziehen: das ist der erste Contour der perspectivisch verkürzten Seitenfront, der andere ist 28—47., 45—52., 54—46., 48—49 und wir haben die verkürzten Bögen: von den Puncten derselben werde ich, ihrer gegenseitigen Lage entsprechend, Linien von einem zum anderen Bogen ziehen: zuerst werde ich 40—49., 42—48., 44—46., 53—54., 51—52., 43—45., 41—47., 21—28. ziehen; jetzt führe von 22. zum Puncte A. eine Grade, die 41—47. im Puncte 61. schneiden und 42—48. im Puncte 71. durchsetzen wird; dann werde ich von 23. eine nach Punct A. ziehen und sie wird 43—45. im Puncte 62. schneiden und wird 44—46. im Puncte 72. schneiden, dann von 24. eine Linie zum Puncte A. ziehen, die 51—52. im Puncte 63. schneiden und 53—54. im Puncte 73. durchsetzen wird, und von 25. eine Grade zum Punct A. ziehen, die 51—52. im Puncte 64. schneiden wird und 53—54. im Puncte 74. schneiden wird; und durch 26. eine Linie zum Puncte A. führen, die 43—45 im Puncte 65. schneiden und 44—46. im Puncte 75. durchsetzen wird, und von 27. eine zum Punct A. führen, die 41—47. im Puncte 66. theilen und 42—48. im Puncte 76. durchsetzen wird; und werde 21—61., 61—62., 62—63., 63—0., 0—74., 74—75., 75—76., 76—49. liniiren, dies ist die eine Kreuzungslinie; jetzt bezüglich der andern werde ich die Linien ziehen: 28—66., 66—65., 65—64., 64—0., 0—73., 73—72., 72—71., 71—40. und wir haben das Gewölbe ohne die Pilaster dargestellt. Aber wenn wir es auf Pilaster stützen wollen, so werde ich ausserhalb der Linie FG. (in deren Verlängerung) die Grösse antragen, welche ich dem Pilaster als Frontbreite geben will: auf der einen Seite wird dies FT., auf der andern GV. sein. Dann werde ich zum Puncte A. eine durch T. gehende Linie führen und die andere durch V. gehend, beide unbegrenzt, sodann die Diagonale FJ. führen, die AT. im Puncte y. trifft, mit AV. im Puncte z. erreicht, dann die Diagonale GH. führen, die AT. im Puncte Z. trifft und AV. im Puncte g. begegnen wird. Dann werde ich y—g., Z—z. ziehen und von A. eine durch F laufende Linie führen, die y—g. im Puncte 81. schneiden und Z—z. im Puncte 83. durchsetzen wird, dann von A. eine durch I. und durch G. laufende Grade ziehen, die y—g. im Puncte 82. schneidet und Z—z. im Puncte 84. theilen wird, dann HI. liniiren, die Ay. im Puncte 85. trifft, und Ag. im Puncte 86 erreichen wird; dann werde ich durch y. und 81. Parallelen zu IK. unbegrenzt lang führen, dann durch 85. eine Parallele zu HS. führen, die von derselben Grösse wie HS. sei; dann durch 83. eine unbegrenzt lange Parallele zu HS. führen, sodann von A. aus eine durch S. und durch Q. gehende Grade ziehen, die die von 83. ausgehende Linie im Puncte 93. schneiden, und die von 81. ausgehende Linie im Puncte 91. durchsetzen wird; dann werde ich durch 82. und g. Parallelen zu GL. unbegrenzt lang ziehen, dann durch 84.

---

[1] Vgl. Anm. 3 pg. XXIX.

und 86. unbegrenzt lange (Verticalen) ziehen, sodann von A. eine durch R. und durch P. gehende Linie führen, welche die von 84. ausgehende Linie im Puncte 94. durchsetzen und die von 82. ausgehende Linie im Puncte 92. schneiden wird; dann werde ich MN. führen, welche die von 85. ausgehende Linie im Puncte 87 und die von 86. ausgehende Linie im Puncte 88. schneiden wird, dann RS. ziehen, welche die von 85. ausgehende Linie im Puncte 95. schneiden wird, und die von 86. ausgehende Linie im Puncte 96. durchsetzen wird; dann von A. eine durch K. laufende Linie ziehen, welche die Linie, die von 81. ausgeht, im Puncte 101. schneiden wird, dann vom Puncte A. die durch L. laufende Linie ziehen, welche die Linie, die von 82. kommt, im Puncte 102. schneiden wird; dann werde ich 101—102 führen, welche die von y. ausgehende Linie im Puncte 103. trifft und die Linie, die von g. ausgeht, im Puncte 104. treffen wird; dann von A. nach 103. und nach 104. Linien ziehen, sodann durch 5. eine Parallele zu KL. führen, die 95—87. im Puncte 105. trifft, ferner durch 15. eine Parallele zu KL. liniiren, und sie wird 103—A. im Puncte 115. theilen; und ich werde 105—115. ziehen, dann durch 40. eine Parallele zu KL. führen, welche 87—95 im Puncte 121 durchschneiden wird, und werde durch 42. eine Parallele zu KL. führen, die 105—115. im Puncte 122. schneiden wird; dann durch 44 eine Parallele zu KL. liniiren, die 105—115. im Puncte 123. schneiden wird, und durch 53 eine Parallele zu KL. ziehen, die 103—A. im Puncte 124. theilen wird. Wir haben somit einen Bogen. Bezüglich der andern werde ich durch 8. eine Parallele zu KL. führen, welche die von 96. und 88. ausgehende Linie im Puncte 116. schneiden wird. Dann werde ich durch 16. eine Parallele zu KL. führen, die 104—A. im Puncte 117. schneiden wird, und werde 116—117. ziehen. Dann durch 49. eine Parallele zu KL. führen, welche die Linie 96—88. im Puncte 125. schneiden wird, und durch 48. eine Parallele zu KL. führen, welche die Linie 116—117. im Puncte 126. schneiden wird, und durch 46. eine Parallele zu KL. ziehen, die 116—117. im Puncte 127. schneiden wird, und durch 54. eine Parallele zu KL. führen, die die Linie A—104. im Puncte 128. schneiden wird. Jetzt werde ich den ersten Bogen ziehen, der 121. 122. 123. 124. ist, und der zweite ist 125. 126. 127. 128. Jetzt will ich diejenigen, die in Vorderansicht stehen, zirkuliren: ich werde 93. und 94. ziehen, dann diese im Puncte 100. halbiren und auf 100. den unbeweglichen Fuss des Zirkels setzen und mit dem andern beweglichen Fusse mit dem Radius 100—93.[1] herumgehen, indem ich von 93 bis 94. umziehe; dann werde ich 91—92. ziehen, dieselbe im Puncte 200. halbiren und auf 200 den unbeweglichen Fuss des Zirkels setzen und mit dem andern beweglichen Fusse von 91. bis 92 herumgehen,[1] und du hast das Gewölbe dargestellt. Fig. 43

44. Man führe in der perspectivisch verkürzten Ebene die Parallele zur Bildebene und theile sie in mehrere gleiche Theile und in jenen Theilpuncten stelle man gleiche Querlinien, jede dem Auge rechtwinklig gegenüber: dann wird sich die entferntere in der Bildebene grösser als die nähere darstellen, nichtsdestoweniger aber sich im Auge unter kleineren Gesichtswinkel darstellen als die nähere.

Dieser Satz ist nicht weniger nothwendig als der letzte des ersten Buches für den Nachweis der Beziehung zwischen der Ausdehnung des Gesichtswinkels und der richtigen Grösse der dem Auge gegenüberstehenden Basis: Deswegen, weil bei den Gebäuden runde Säulen und solche von vielen Seitenflächen zu machen nothwendig sind, wie bei den Loggien, Säulenhallen wo mehrere Säulen nothwendig sind, und weil, wenn man die wahren Regeln anwendet, man sich wundert, dass die vom Auge entfernteren Säulen von grösserer Dicke scheinen als die näheren, während doch alle auf gleicher Basis gestellt sind. Darum beabsichtige ich zu beweisen, dass es so sein und so geschehen müsse. Da hast beispielsweise die perspectivisch verkürzte Ebene BCDE, über der ich die zu BC. parallele Linie, die FM. ist, geführt habe: dieselbe habe ich in mehrere gleiche Theile getheilt, welche durch die Puncte G. H. I. K. L. bezeichnet sind, und über diesen führe man gleiche Basen, die dem Punkte A. der das Auge vorstellt, rechtwinklig zugekehrt sind. Die Basis über G. sei NO., die über

---

[1] Dieser Halbkreis fehlt in Fig. d. Mscr. Ebenso auch die übrigen in der vordern Front doch ohne Benachtheiligung des Verständnisses.

H. sei PQ. die über I. sei RS. die über K. sei TV. die über L. sei xy.; dann sage ich dass NO. sich in der Bildebene BC. grösser darstellt als PQ. thut, und PQ. stellt sich in der Bildebene BC. grösser dar als RS. de nähere. Nichtsdestoweniger stellt sich RS. im Puncte A. unter grösserem Gesichtswinkel dar, als NO. oder PQ. thut, wie ich beweisen werde, indem ich Linien von den Basen zum Auge A. ziehe. Ich werde zuerst von N. eine zum Puncte A. ziehen, die BC. im Puncte 1. theilen wird, dann eine von O. zum Puncte A. führen, die BC. im Puncte 2. schneiden wird, und von P. eine zum Puncte A. ziehen, die BC. im Puncte 3. schneiden wird, und von Q. zum Puncte A. liniiren, welche die Linie BC. im Puncte 4. durchschneiden wird, und von R. eine zum Puncte A. führen, die BC. im Puncte 5. schneiden wird, dann durch S. zum Puncte A. liniiren, welche Linie BC. im Puncte 6. theilen wird, dann durch T. eine zum Puncte A. ziehen, die BC. im Puncte 7. schneiden wird, und durch V. eine zum Puncte A. führen, die BC. im Puncte 8. durchschneiden wird, und werde eine von x. zum Puncte A. ziehen, die BC. im Puncte 9. schneiden wird, und durch y. eine zum Puncte A. führen, die BC. im Puncte 10. schneiden wird. Ich sage nun, dass 1—2. grösser sei als 3—4. und 3—4. sage ich sei grösser als 5—6. weil 5—6. dem Auge rechtwinklig gegenübersteht wie die Basis RS. und und 3. 4. steht dem Auge nicht so gegenüber wie die Basis PQ., welche sich mit ihm (3—4.) unter demselben Gesichtswinkel befindet. Ferner ziehe man eine Grade von G. zum Puncte A. die 1. 2. im Puncte D. theilen wird, und führe eine von H. zum Puncte A. die 3—4. im Puncte E. schneiden wird, ziehe eine von I. zum Puncte A. die 5—6. im Puncte F. schneiden wird: dann werden diese Theilungen proportional sein weil dasselbe Verhältniss von der Linie 5—6. zur Linie 3—4. statthat, wie das von der Linie FI. zur Linie EH.[1] und dasselbe Verhältniss findet von der Linie 3—4. zur Linie 1—2. statt, wie das von der Linie EH. zur Linie DG. dasselbe Verhältniss besteht von der Linie 5—6. zur Linie 1—2. wie das von der Linie IF. zur Linie DG. und des Product der Linie 1—2. mal der Linie FI. ist gleich dem aus der Linie 5—6. mit der Linie DG., und das Product aus der Linie 5—6. und die Linie 1—2. ist gleich dem der Linie 3—4. in sich selbst, und gleicherweise findet dasselbe Verhältniss was von FI. zu FA. statthalt auch von EH. zu EA. statt und dasselbe Verhältniss ist von EH. zu EA, wie von DG. zu AD., so dass jene in Proportion stehen, und DG. ist derselbe Theil von DA. wie EH. von EA. und ebenso FI. von FA., und weil AG. grösser ist als AH. und AH. grösser als AI. so folgt dass DG. grösser als EH. sei denn DG. ist derselbe Theil vom grössern AG., wie FI. vom kleinern AH.; gleicherweise ist EH. grösser als FI. aus demselben Grunde wie DG. grösser als EH. ist somit werde ich schliessen, die Linie 1—2. sei grösser als die Linie 3—4. weil 1—2. welches in demselben Verhältniss mit DG. steht, grösser ist als 3—4., welches mit dem kleinern EH. (im gleichen Verhältniss steht). Ebenso sage ich, dass 3—4. grösser sei als 5—6. aus demselben Grunde, weil 5—6. in demselben Verhältniss mit dem kleinsten FI. steht, so dass sich nothwendigerweise in der Bildebene die entferntere (Basis) grösser darstellt als die nähere, was der Satz besagt. Nichtsdestoweniger stellt sich die nähere im Puncte A. die das Auge ist, unter grösserm Winkel dar, als die entferntern, da die Basen gleich sind, wie durch die 4. Nr. des ersten Buchs offenbar wird. Fig. 44.

Viele Maler tadeln die Perspective, weil sie die Bedeutung der Linien und Winkel nicht verstehen, die von jener erzeugt werden, mittelst welcher sich jeder Umriss und jedes Lineament in richtigem Verhältniss beschreiben lässt. Daher scheint es mir nöthig zu zeigen, wie sehr nothwendig diese Wissenschaft für die Malerei sei. Ich sage, dass die Perspective bezüglich ihres Namens klingt, wie zu sagen: von Weitem gesehene unter bestimmten gegebenen Grenzen (bestimmten Abstand der Bildebene), je nach der Grösse ihrer Distanz proportional verkürzt dargestellte Dinge. Ohne diese (Perspective) kann kein Object richtig verkürzt werden. Und weil die Malerei nichts anderes bedeutet, als Darstellungen von, in ihren Bildflächen verkürzten oder vergrösserten Flächen und Körpern, demgemäss gestellt, wie die wirklich vom Auge unter verschiedenen Winkeln gesehenen Dinge sich in besagter Bildebene darstellen und weil von jeder Grösse ein Theil immer dem Auge näher ist, als der andere,

---

[1] Vgl das in der Einleitung über diesen Satz Bemerkte.

und der nähere sich immer unter grösserem Winkel darstellt als der entferntere in den dafür bezeichneten Grenzen, und der Verstand nicht aus sich allein ihre Abmessungen beurtheilen kann, d. h. wie gross die nähere und wie gross die entferntere sei, deshalb sage ich, sei die Perspective nothwendig, welche alle Grössen proportional unterscheidet als wahre Wissenschaft, indem sie die Verkürzung und das Wachsthum jeder Grösse mittelst Linien zeigt. Ihr folgend haben viele Maler des Alterthums beständiges Lob geerntet, wie Aristomenes von Thasos, Polycles, Apelles Andramides, Nitheus, Zeuxis und viele andere. Und obwohl Vielen ohne Perspective Lob gespendet ist, so ist dies nur von solchen, die keine Kenntniss von dem was die Kunst vermag mit falschem Urtheil geschehen. Und deswegen, nach dem Ruhm der Kunst auch unseres Zeitalters strebend, habe ich es, wie anmassend es auch sei, unternommen, diesen kleinen auf die Malerei bezüglichen Abschnitt über Perspective zu schreiben, indem ich daraus wie ich im ersten sagte, drei Bücher mache. Im ersten zeigte ich die Verkürzungen der ebenen Flächen in mehrfacher Weise. Im zweiten habe ich die Verkürzungen der vier- und mehrflächigen senkrecht auf der Grundebene gestellten Körper gezeigt. Weil ich aber jetzt in diesem dritten von den Verkürzungen der von verschiedenen Flächen umfassten und in verschiedener Weise gestellten Körper zu handeln beabsichtige, deshalb werde ich, da ich von schwierigern Körpern zu handeln habe, einen andern Weg und eine andere Methode bei ihren Verkürzungen einschlagen, als ich in den vorhergehenden Darstellungen gethan, aber im Resultat wird es ein und dasselbe sein, und das was die eine bewirkt, macht auch die andere. Aber aus zwei Gründen werde ich die vorhergegangene Ordnung ändern: der eine ist, weil es beim Beweise und zum Verständniss leichter sein wird, der andere bezieht sich auf die grosse Menge der Linien, die man in den Körpern ziehen müsste, wenn man der ersten Methode folgte, so dass das Auge und der Verstand in diesen Linien sich täuschen würde ohne die solche Körper nicht mit Vollkommenheit noch auch ohne grosse Schwierigkeit dargestellt werden können. Darum werde ich diese andere Methode ergreifen mittelst der ich einen Theil nach dem andern vornehmen werde um die Verkürzungen darzustellen, bei welcher Methode, wie ich zu Anfang des ersten Buchs sagte, es nothwendig ist, das zu verstehen, was man machen will und eben dies in eigentlicher Form auf der Ebene darstellen zu können, denn ebenso wie sie in eigentlicher Form aufgestellt sein werden, wird sie die Kraft der Linien, kunstgemäss verkürzt darstellen,[1] so wie sie sich in der Bildebene durch die Gesichtslinien darstellen; daher ist es nöthig alle Umrisse dessen, was man machen will, mit richtigen Massen darstellen und ebendies auf der Grundebene am rechten Orte in eigentlicher Form aufstellen zu können. Ueber diese Methode werde ich in den folgenden Demonstrationen Kenntniss geben.

45. In der Grundebene die quadratische Fläche richtig perspectivisch zu verkürzen.

Jetzt, um die Methode zu zeigen, die ich zu befolgen beabsichtige, werde ich zwei oder drei Darstellungen ebener Flächen machen, damit ihr durch dieselben leichter zur Kenntniss der Verkürzungen der Körper kommen könnt. Es werde also eine quadratische Fläche in eigentlicher Form gemacht, die BCDE. sei; dann setze man den Punct A., man befestige einen Nagel, oder willst du lieber eine Nadel mit einem sehr feinen Seidenfaden: gut würde ein Haar vom Rossschweif sein, besonders da man dasselbe Reihe lange benutzen muss. Dann ziehe man eine parallele Linie zu BC. die FG. sei, welches die Bildebene zwischen Auge und Fläche darstellt. In dieser Fläche mache einen Punct der M. sei. Derselbe muss in jeder Fläche und in jedem Körper gemacht werden: es macht nichts wo er gemacht wird, weil er nur einen gewissen Zweck bezeichnet, wie du bei der weitern Operation erkennen wirst. Jetzt muss man Streifen von Holz haben, sehr fein und gerade. Dann nimm einen von diesen Streifen und lege ihn FG. berührend, dass er gut fest liegt. Sodann nehme man ein Ende des Seidenfadens und ziehe ihn über B. Von der Fläche, und wo er auf dem Streifen schlägt, mach' Punct B. dann strecke man den Faden über C. und wo er auf dem Streifen schlägt, zeichne C. dann führe man den Faden über D. und wo er auf dem Streifen schlägt, punctire D. man ziehe den Faden über E., wo er auf den Streifen stösst mach E.,

---

[1] la forza — le produrrano?

— CXXVI —

man erstrecke den Faden über M., wo er auf den Streifen stösst zeichne M. Mach' jetzt ein A. auf den Streifen, der Streifen A genannt und weggenommen und bei Seite gelegt werde, dies ist der Breitenstreifen. Jetzt muss man sehen wieviel höher DE. dieser Ebene BCDE. sei als BC. ; daher setze man A. über der Linie CE. so hoch als man darüber stehen will um die besagte Fläche zu sehen, indem man sich der Linie FG., welche die Spur der Bildebene bezeichnet, weder nähert, noch sich davon entfernt. Nachdem das Auge mit dem Faden angesetzt worden wie ich sagte, mache man einen Streifen von Papier und lege ihn FG. berührend und führe EC. welche den Papierstreif im Puncte A. theilt, welcher Streifen A. sein wird. Dann ziehe man den Faden über E. und wo er auf den Papierstreif schlägt zeichne man E. und D. ; dann erstrecke man den Faden über C. und wo er auf den Streifen schlägt mache man Punct C. und B. auf dieselbe Stelle. Dann nehme man den Streifen fort und mache mit ihm einen andern gleichen mit denselben Bezeichnungen, und er sei ebenfalls A. gezeichnet wie der andere. Sodann führe die gerade Linie an der Stelle wo du die perspectivisch verkürzte Fläche machen willst, welche Linie EG. sei, und halbire sie im Puncte M., und über M. ziehe die Senkrechte die MN. sei, und ziehe auch über F. bis H. eine Senkrechte und über G. ziehe bis I. eine Senkrechte, welche FH. und GI. sein werden, dann nimm die zwei A. bezeichneten Papierstreifen: einen lege man FH. berührend, und der andere berühre GI. und A. von beiden liege in der Linie FG. Sodann nehme man den A. bezeichneten Holzstreifen, welcher der Streifen für die Breite ist, und lege ihn über die zwei Papierstreifen, so dass er durch E. und D. von beiden Streifen geht, und M. liege in der Linie MN. und wo D. des Holzstreifens die Fläche berührt, mach Punkt D. und wo E. hinfällt, zeichne E. Man ziehe ferner den Holzstreif so, dass er durch B. und C. beider Papierstreifen geht, und M. liege in der Linie MN. und wo B. hinfällt punctire B. und wo C. des Holzstreifens hintrifft, mach C. und die Fläche ist dargestellt. Nimm die Streifen weg und ziehe BC. BD. DE. EC. was die quadratisch verkürzte Fläche ist, die wir zu machen sagten. Wenn aber einer so sagte : «man stellte den Faden über E. der Fläche BCDE. in unverkürzter Form, und wo der Faden auf den Papierstreifen trifft, zeichnete man E. und D. und ebenso stellte man ihn über C. und zeichnete C. und B., warum geschieht dies ?» so sage ich, dass dies bei den Flächen stattfindet, die dem entsprechende Bezeichnungen haben, dass alle die, welche zur Grundlinie der Bildebene parallel sind, (und) keine die andere überhöht. Diese Zeichen werden auf den Papierstreifen gefügt, was die Höhe in ein und demselben Puncte darstellt, weil kein Winkelpunct über dem anderen steht, wie es sich versteht, dass C mit B. gleich hoch liege und E. gleichfalls mit D., und dass die Linie FG., welche die Bildebene bezeichnet, parallel zu BC. und DE. sei, und der Papierstreifen wird immer als Höhenstreifen verstanden. Also wenn man den Faden auf C. der Fläche einstellt, versteht es sich für C. und B. zugleich, weil sie von ein und derselben Höhe sind so dass man auf den Streifen C. und B. zeichnet. Ebenso geschieht es mit E., dass man E. und D. zeichnet, nicht aber geschieht es so mit dem Holzstreifen, der sich auf die Breite bezieht, der mit jedem Zeichen für sich bezeichnet wird, wenn nicht zufälligerweise zwei Zeichen oder mehr in ein und demselben Punct zusammenfielen wie es manchmal vorkommen kann. Fig. 45.

46. Die gegebene Fläche von acht gleichen Seiten proportional perspectivisch zu verkürzen.

Dies ist so zu verstehen: eine gegebene gleichseitige Fläche von acht Seiten perspectivisch darzustellen. Wir werden der angefangenen Methode folgen : man mache das Achteck in eigentlicher Form, welches 1. 2. 3. 4. 5. 6. 7. 8. sei, und die Ebene worin es beschrieben sei BCDE: darin setze man M. wo es sich trifft, und stelle das Auge soweit es gefällt sich zu stellen um besagte Fläche zu sehen, daselbst mach Punct O. worunter sich das Auge versteht, und darin befestige man eine Nadel mit Faden und führe sodann die Linie FG. parallel zu BC., welches die Bildebene bedeute woselbst man die Streifen für die Verkürzungen anzulegen beabsichtigt. Sodann nehme man den Streifen von Holz und lege ihn auf FG. berührend wie in der vorigen Nummer, so dass er gut fest liege. Sodann erstrecke man den Faden über 1. der Fläche und wo er auf den Streifen schlägt, zeichne man 1., und dann stelle man den Faden über 2., ein und wo der Faden auf den Streifen aufschlägt, mach' 2. und man ziehe den Faden über 3. und wo er auf den Streifen schlägt punctire man 3., man führe den Faden über 4 und wo er auf den Streifen schlägt, zeichne man 4.; stelle den Faden über 5. ein und wo er auf den Streifen schlägt setze man 5., und stelle den Faden über 6. ein, wo er auf den Streifen schlägt, mache man 6; man ziehe den Faden über 7, wo er auf den Streifen schlägt, zeichne man 7.; stelle den Faden über 8. und wo er auf den Streifen schlägt, punctire 8.; man führe den Faden über M. und wo er auf den Streifen schlägt, mache man M. Jetzt zeichne man A. auf den Streifen, der Breitenstreifen A. genannt werde und lege ihn bei Seite. Jetzt muss man die Höhe finden, d. h. um wieweit die besagte Fläche zurücktritt. Da wir sagten BC. sei die Breite, so ist CE. die Länge, d. h. um wieweit mehr E. einwärts tritt als C., weil C. dem Auge näher ist als E. Du hast die Linie FG. die die Bildebene ist, zwischen dem Auge und der Fläche, und hast den Punct O., der das Auge ist. Man sehe zu, um wieviel man mit besagtem Auge O. über der Linie CE. erhoben stehen soll, und dahin setze man den Punct und befestige die Nadel mit dem Faden und dann nehme man die Papierstreifen und stelle ihn die Linie FG. der Bildebene berührend, dass er fest liege. Man führe CE., welche ihn im Puncte A theile[1], welcher Streifen A. sei, und nun muss der Faden über C. gestellt werden, und wo der Faden auf den Streifen schlägt, mache Punct 1. und 8., weil sie von der Linie FG. gleichweit entfernt sind, nämlich soweit C. ist, und liegen in ein und derselben Ebene und der eine ist nicht mehr erhoben als der andere. Darum dient C. für 1. und 8. und ebenso dient 7. für 2., und 6. dient für 5. und 3. und E. dient für 5. u. 4. Daher stelle man den Faden über 7., und wo er auf den Streifen trifft, mache man 7. und 2., führe den Faden über 6. und wo er auf den Streifen schlägt, zeichne man 6. und 3., stelle den Faden über E., wo er auf den Streifen schlägt, punctire man 5 und 4., nehme den Streifen weg und mache mit ihm einen anderen ihm gleichen mit A. bezeichneten mit allen seinen Bezeichnungen und von derselben Quantität. Jetzt ziehe man eine grade Linie an der Stelle wo man die perspectivisch verkürzte Fläche hinzeichnen will, welche FG. sei, und man theile diese im Puncte M. und führe durch N. eine Senkrechte auf M., die MN. sei. Dann führe man auf F. durch H. eine Senkrechte, und auf G. durch I. und lege Papierstreifen A. einen FH., den andern GI. berührend, und A falle bei beiden in die Linie FG. Sodann nehme man den hölzernen Streifen A. und lege ihn auf die zwei Papierstreifen durch 4. und 5. der Papierstreifen hindurchgehend, und M. des hölzernen Streifens falle in die Linie MN. und wo 4 des Holzstreifens hintrifft, punctire man 4., und wo 5 hintrifft zeichne man 5.; und man lege den Streifen so, dass er durch 6. und 3. hindurchgeht, und da wo 6 des Holzstreifens hinfällt, punctire man 6. und wo 3. hintrifft mache man 3., man schiebe ferner den Streifen so, dass er 7. und 2. trifft und M. falle in die Linie MN.; und wo 7. des Holzstreifens hinfällt, mache man 7. und wo 2 hintrifft zeichne man 2.; man führe den Streifen so, dass er 1. und 8. von beiden Papierstreifen trifft, wo 1. des Holzstreifens hinfällt, punctire man 1. und wo 8. hintrifft zeichne man 8. und die achtseitige perspectivisch verkürzte Fläche ist beendet. Man ziehe 1—2., 2—3., 3—4., 4—5., 5—6. 6—7. 7—8., 8—1. und wir haben das Problem gelöst. Fig. 46.

47. Vier Kreise die daselbe Centrum haben und in zwölf gleiche Theile getheilt sind, perspectivisch zu verkürzen.

Wir beabsichtigen vier nur ein Centrum umgebende und in 12 gleiche Theile getheilte Kreise wie gesagt worden perspectivisch darzustellen. Und weil in den vorhergegangenen Demonstrationen nicht mehr als ein Holz- und zwei Papierstreifen nöthig waren, da jeder Breitenstreifen zwei Höhenstreifen erfordert, ich aber jetzt beabsichtige vier Kreise perspectivisch zu verkürzen, so sind vier Holzstreifen nothwendig, auf welche die Breiten der 4 Kreise gesetzt werden, und diese 4 Holzstreifen erfordern acht Papierstreifen, auf welche die Höhe gesetzt wird, wie man es beim weiteren Verfahren verstehen wird,

---

[1] Die, den einzelnen Streifen entsprechenden Bezeichnungen sind in Fig. natürlich nicht vorhanden.

— CXXVIII —

bei manchem mehr, bei manchem weniger, je nach ihrem Umfang. Jetzt beschreibe die vier Kreise in eigentlicher Form, der erste von aussen sei A bezeichnet, der zweite B. der dritte C. und der vierte D. und das Centrum sei M. Theile den Kreis A. in zwölf gleiche Theile, welche folgende seien: 1. 2. 3. 4. 5. 6. 7. 8. 9. 10. 11. 12.; dann nimm ein Lineal und lege es auf 1. und M. und bezeichne den Punct, wo er den Kreis A., den Kreis B., den Kreis C., den Kreis D. theilt jedesmal durch 1. und dann lege es auf 2. und M. und bezeichne den Kreis B., den Kreis C., den Kreis D. in den resp. Schnittpuncten mit 2; und so machs mit allen bis 12. Und dann ziehe eine gerade Linie die KL. sei, welche die Bildebene bezeichne, so nahe bei den Kreisen wie es dir gefällt. Sodann entferne dich von der Linie KL. der Bildebene so weit du entfernt stehen willst um besagte Kreise zu sehen, und dort mach Punkt O., welchen wir als das Auge bezeichnen. In diesem Auge befestige die Nadel mit dem Faden, sodann nimm den Holzstreifen und bezeichne ihn mit A. und lege ihn KL. berührend so dass er gut fest stehe. Dann nimm den Faden und erstrecke ihn über 1. des Kreises A, und wo er auf den Streifen schlägt, punctire 1. Dann stelle den Faden über 2. des Kreises A. und wo er auf den Streifen A. schlägt, zeichne 2. und führe den Faden über 3. des Kreises A. und wo er auf den Streifen A. schlägt, punctire 3. und ziehe den Faden über 4. des Kreises A. und wo er auf den Streifen A. schlägt, mach 4. und erstrecke den Faden über 5. des Kreises A. und wo er auf den Streifen A. schlägt, zeichne 5. und führe den Faden über 6. des Kreises A. und wo er auf den Streifen A. schlägt, punctire 6. Dann stelle den Faden auf 7. des Kreises A. und wo er auf den Streifen schlägt, zeichne 7., ziehe den Faden über 8. des Kreises A. und wo er auf den Streifen schlägt, mach 8., führe den Faden über 9. des Kreises A. und wo er auf den Streifen schlägt, punctire 9., führe den Faden über 10. des Kreises A. und wo er auf den Streifen schlägt, zeichne 10. und ziehe den Faden über 11. des Kreises A., wo er auf den Streifen A. schlägt, mach 11., stelle den Faden auf 12. des Kreises A. ein, wo er auf den Streifen schlägt, mach Punct 12. dann stelle den Faden auf M. ein, wo er auf den Streifen schlägt, schreib M. und du hast den ersten Kreis auf den Streifen A. bestimmt. Nimm ihn fort und leg ihn beiseite, und nimm den andern Streifen und bezeichne ihn B. und lege ihn KL. berührend, so dass er fest liege. Dann nimm den Faden und stelle ihn auf 1., auf 2., auf 3., auf 4., auf 5., auf 6., auf 7., auf 8., auf 9., auf 10., auf 11., auf 12. und auf M. des Kreises B. ein und wo der Faden auf den Streifen B. schlägt, zeichne dieselben Puncte von 1. bis 12. und M., dann nimm den Streifen weg und leg' ihn bei Seite, und lege den andern mit C. bezeichneten Streifen dahin, und zeichne auf ihm nach wie der Faden schlägt, indem du ihn auf die Theilpuncte des Kreises O. u. auf M. einstellst. Nimm den Streifen C. weg und leg ihn bei Seite und leg den Streifen D. dahin, und mach dasselbe was du mit dem andern gemacht hast, immer da wohin der Faden auf den Streifen schlägt, zeichne dasselbe Zeichen auf welches du den Faden auf dem Kreise einstellst, wie du es mit dem Kreise A. und mit dem Streifen A machtest und diese vier Streifen A. B. C. und D. sind die Breitenstreifen. Fig. 47.
Jetzt hast du die Länge perspectivisch zu verkürzen wobei du dieses Verfahren festhalten musst: nämlich zuerst von A. des Kreises A. eine durch M. gehende Grade ziehen, die den Kreis A. im Puncte F., und durch Kreis B. im Puncte G. und den Kreis C. im Puncte H. und den Kreis D. im Puncte I. theilt, und KL. der Bildebene rechtwinklig im Puncte P. schneiden wird. Wir sagen A. sei 1. und F. sei 7., sodann ziehe eine Grade durch 2. und 12., welche die Linie AF. im Puncte 2. und 12. schneide; dann ziehe eine durch 3. und 11., welche AF. im Puncte 3. und 11. schneide, und ziehe eine durch 4. und 10., die AF. im Puncte 4. und 10. schneide, liniire durch 5. und 9. die AF. im Puncte 5. und 9. schneide, sodann ziehe eine durch 6. und 8., die AF. im Puncte 6. und 8. schneidet, dann ziehe durch P., eine von der Länge wie der Abstand der Linie KL. bis O. so dass PQ. die Verlängerung der Linie AF. ist; und auf Q. führe die Senkrechte OQ. von der Grösse wieweit du höher stehen willst um besagte Kreise zu sehen, und befestige in jenem O. die Nadel mit dem Faden. Nimm ein Ende des Fadens; zuerst lege einen Papierstreifen KL. berührend dass er gut fest stehe. Dann ziehe AQ., welche ihn im Puncte A.

theill: dann erstrecke den Faden über 1. des Kreises A. und wo er auf den Streifen schlägt, zeichne 1. zieh den Faden über 2. und 12. und wo er auf den Streifen trifft, mach 2. und 12.; zieh' den Faden über 3. und 11. und wo er auf den Streifen schlägt, punctire 3. und 11.; und stelle den Faden auf 4. und 10. und wo er aufd en Streifen schlägt, mach 4. und 10.; und erstrecke den Faden über 5. und 9. des Kreises A., wo er auf den Streifen schlägt, zeichne 5. und 9.; führe den Faden über 6. und 8. des Kreises A., und wo er auf den Streifen schlägt, mach' Punct 6. und 8.; stelle den Faden über 7. des Kreises A. ein, wo er auf den Streifen schlägt mach' Punct 7.; nimm diesen Streifen weg, und mach' damit einen andern gleichen, wie jenen mit A. bezeichnet, und leg' sie beiseite. Sodann zieh' durch 2. und 12. des Kreises B. eine Grade die BG. im Puncte 2. und 12. schneide; dann zieh' eine durch 3. und 11. die BG. im Puncte 3. und 11. schneide; dann zieh' eine durch 4. und 10. des Kreises B. die BG. im Puncte 4. und 10. schneide, dann zieh' eine durch 5. und 9. des Kreises B. die BG. im Puncte 5. und 9. schneide, und führe eine durch 6. und 8. des Kreises B. die BG. im Puncte 6. und 8. schneide.[1] Jetzt nimm einen Streifen von Papier und leg' ihn KL. berührend, dass er fest stehe. Dann zieh' AQ. die den Streifen im Puncte B. schneide, was Streifen B. sein wird. Dann nimm den Faden, und stelle ihn über 1. mit dem Titel[2] (1·) des Kreises B. und wo er auf den Streifen schlägt mach' 1.; dann stelle den Faden über 2. und 12. mit dem Titel, des Kreises B. und wo er auf den Streifen schlägt, zeichne 2. und 12.; dann zieh' den Faden über 3. und 11. mit dem Titel, im Kreise B., wo er auf den Streifen schlägt, punctire 3. und 11., führe den Faden über 4. und 10. mit dem Titel, des Kreises B., und wo er auf den Streifen schlägt, mach' 4. und 10.; stelle den Faden auf 5. und 9. mit dem Titel, des Kreises B., wo er auf den Streifen schlägt, zeichne 5. und 9.; zieh den Faden über 6. und 8. mit dem Titel, des Kreises B., und wo er auf den Streifen schlägt, punctire 6. und 8.; führe den Faden über 7. mit dem Titel, des Kreises B. und wo er auf den Streifen schlägt, mach' 7.[3] Dann nimm den Streifen weg, und mach' damit einen andern ihm gleichen, B. bezeichneten, und lege sie beiseite. Sodann zieh' im Kreise C. eine Grade durch 2. und 12. die CH. im Puncte 2. und 12. mit zwei Titeln schneidet — alle diese (Bezeichnungen) auf CH· mach' mit zwei Titeln — dann führe durch 3. und 11. des Kreises C. eine CH. im Puncte 3. und 11. theilende Grade; dann liniire durch 4. und 10. des Kreises C. eine CH. im Puncte 4. und 10. schneidende Linie ; dann zieh' eine durch 5. und 9. des Kreises C. die CH. im Puncte 5. und 9. schneide: und führe durch 6. und 8. des Kreises C. eine Grade, die CH. im Puncte 6. und 8. schneide; jetzt leg' den andern Papierstreifen KL. berührend, so dass er gut fest liege; sodann zieh QA., welche den Streifen im Puncte C. schneide, den wir Streifen C. nennen werden, dann nimm den Faden und stelle ihn auf 1. mit zwei Titeln des Kreises C., ein und wo er auf den Streifen schlägt, punctire 1.; dann stelle ihn auf 2. und 12., auf 3. und 11., auf 4. und 10., auf 5. und 9., auf 6. und 8. und auf 7. des Kreises C. ein, und bezeichne alle auf dem Streifen, wie du es vorher verstanden, dann nimm den Streifen weg, und mach' damit einen andern ihm gleichen, und C. bezeichneten, und leg' sie beiseite. Jetzt zieh' eine Grade durch 2. und 12. mit drei Titeln, des Kreises D., welche DI. im Puncte 2. und 12. mit drei Titeln theilt; ebenso führe durch alle andern Puncte solche: führe eine durch 3. und 11.; und 4. und 10.; und 5. und 9.; und 6. und 8.; des Kreises D. die DI. im Puncte 2. und 12,; und 3. und 11.; und 4. und 10.; und 5. und 9.; und 6. und 8. schneiden. Sodann nimm den Papierstreifen und leg' ihn KL. berührend, dass er fest liege: und dann nimm den Faden und stelle ihn auf 1. mit drei Titeln, und wo er auf den Streifen D. schlägt zeichne 1.; ebenso mach's mit 2. und 12.; mit 3. und 11.; mit 4. und 10.; mit 5. und 9.; mit 6. und 8.; mit 7. indem du immer zeichnest wo der Faden auf den Streifen schlägt. Dann zieh' QA., welche den Streifen im Puncte D. schneide und nimm ihn weg

---

[1] Diese und die entsprechende Bezeichnung für die folgenden Kreise C. und D. fehlt in Fig.
[2] Der Ausdruck «Titel» bedeutet «Punct» «Index».
[3] Diese und die auf Kreise C. und D. bezüglichen Operationen können natürlich in Fig. nicht dargestellt werden.

und mach' damit einen andern gleichen, D. bezeichneten und lege sie beiseite. Sodann zieh' eine grade Linie, die FG. sei, und theile sie im Puncte M. und auf M. errichte eine durch N. gehende Senkrechte, die Linie MN. sein wird; und auf F. ziehe durch K. eine Senkrechte, und auf G. ziehe durch L. eine Senkrechte.[1] Dann nimm die zwei Papierstreifen, welche mit A. bezeichnet sind und leg' eine davon FK. und die andere GL. berührend und A. von beiden falle in die Linie FG.: so dass sie gut fest stehen. Dann nimm den Holzstreifen und leg ihn über die zwei Streifen, durch die Puncte 7. von beiden und M. falle stets in die Linie MN.: und wo 7. des Holzstreifens hinfällt mach' Punct 7.; — wenn ich sage: «auf den Streifen trifft» versteht sich stets der Holzstreifen, — leg den Streifen durch die Puncte 6. und 8. der zwei Streifen und wo 6. hintrifft, mach' 6., und wo 8. hintrifft punctire 8. Leg' den Streifen durch 5. und 9., beider Streifen hindurchgehend, und wo 5. hinfällt, zeichne 5. und wo 9. hintrifft, zeichne 9.; schieb den Streifen so dass er durch 4. und 10. von beiden Streifen geht, und wo 4. hinfällt, setz' 4., und wo 10. hintrifft mach 10., leg den Streifen dass er durch 3. und 11. von beiden Papierstreifen hindurchgeht, und wo 3. hintrifft zeichne 3., und wo 11. hinfällt punctire 11., schieb den Streifen so dass er durch 2. und 12. der beiden Papierstreifen hindurchgeht, und wo 2. hinfällt mach' 2. und wo 12. hintrifft zeichne 12. Leg' den Streifen so dass er durch 1. der beiden Papierstreifen hindurchgeht und wo 1. hinfällt zeichne 1.: immer versteht sich dass M. in die Linie MN. falle. Und du hast den Kreis A. vollendet. Zieh 1. und 2. 3. 4. 5. 6. 7. 8. 9. 10. 11. 12. 1. nimm die Streifen A. weg und leg' sie beiseite, und und leg' die Streifen B. dahin, nimm FK. und den andern GL. berührend, und B. von beiden falle in die Linie FG. Dann nimm den hölzernen Streifen B. und leg' ihn auf die zwei (Papier)streifen so dass er durch 7. beider hindurchgeht und M. falle stets in die Linie MN., wenn es auch nicht ausdrücklich gesagt wird, weil es der Führer ist. Du hast den Streifen durch 7. hindurchgehend gelegt und wo 7. des (Holz-)streifens hinfällt zeichne 7.: leg den Streifen so dass er durch 6. und 8. beider (Papier)streifen geht, und wo 6. hintrifft mach' 6. und wo 8. hinfällt zeichne 8.; schieb den Streifen so dass er durch 5. und 9. von beiden (Papier)streifen geht und wo 5. hinfällt, mach' Punct 5. und wo 9. hintrifft, setz' 9.; führe den Streifen, dass er durch 4. und 10. beider (Papier)streifen hindurchgeht, und wo 4. hintrifft zeichne 4. und wo 10. hinfällt zeichne 10.; schieb den Streifen dass er 3. und 11. berührt und wo 3. hinfällt mach' 3. und wo 11. hintrifft zeichne 11. Leg' den Streifen auf 2. und 12. beider (Papier)streifen und wo 2. hintrifft mach' Punct 2. und wo 12. hinfällt zeichne 12. Leg' den Streifen auf 1. der beiden (Papier)streifen und wo 1. hinfällt mach' 1. Nimm den Streifen weg, da der Kreis B. beendet ist; zieh 1—2.; 2—3.; 3—4.; 4—5.; 5—6.; 6—7.; 7—8.; 8—9.; 9—10.; 10—11.; 11—12.; 12—1. Jetzt nimm die zwei Papierstreifen C. und leg' einen so dass er FK., und den andern dass er GL. berührt, und C. von beiden falle in die Linie FG. Dann nimm den Holzstreifen C. und lege ihn so dass er durch 7. beider (Papier)streifen hindurchgeht und wo 7. hintrifft mach' 7.; leg' den Streifen so dass er durch 6. und 8. beider (Papier)streifen hindurchgeht und wo 6. hinfällt zeichne 6. und wo 8. hintrifft mach' 8. Schieb den Streifen so dass er durch 5. und 9. beider (Papier)streifen hindurchgeht und wo 5. hinfällt punctire 5, und wo 9. hintrifft zeichne 9. leg' den Streifen so dass er durch 4. und 10. geht, und wo 4. hinfällt mach' 4. und wo 10. hintrifft mach' Punct 10., schieb' den Streifen so dass er durch 3. und 11. beider (Papier)streifen hindurchgeht und wo 3. hinfällt, zeichne 3. und wo 11. hintrifft mach' 11., leg' den Streifen so dass er durch 2. und 12. hindurchgeht, wo 2. hintrifft mach' Punct 2. und wo 12. hinfällt zeichne 12., schieb' den Streifen so dass er durch 1. der beiden (Papier)streifen hindurchgeht und wo 1. hinfällt mach' 1. Und du hast den Kreis C. vollendet. Nimm die Streifen weg und leg sie beiseite und ziehe 1—2.; 2—3.; 3—4.; 4—5.; 5—6.; 6—7.; 7—8.; 8—9.; 9—10.; 10—11.; 11—12.; 12—1. Jetzt nimm die zwei Papierstreifen D. und leg' einen davon mit FK. den andern mit GL. zusammenfallend und D. von beiden Streifen falle in die Linie FG. Dann nimm den Holzstreifen D. und leg' ihn dass er durch

---

[1] Diese Buchstaben fehlen in Fig.

7. beide (Papier)streifen hindurchgeht und M. falle in die Linie MN. was sich immer so versteht: und wo 7. hinfällt mach' Punct 7., schieb' den Streifen dass er durch 6. und 8. beider (Papier)streifen geht und wo 6. hintrifft zeichne 6. und wo 8. hintrifft mach' 8., leg' den Streifen so dass er durch 5. und 9. hindurgeht, und wo 5. hinfällt punctire 5. und wo 9. hintrifft zeichne 9., leg' den Streifen so dass er durch 4. und 10. hindurchgeht, und wo 4. hinfällt mach' 4. und wo 10. hintrifft mach' Punct 10., schieb' den Streifen dass er durch 3. und 11. hindurchgeht und wo 3. hintrifft mach' Punct 3. und wo 11. hinfällt zeichne 11., führe den Streifen so dass er durch 2. und 12. geht, und wo 2. hinfällt zeichne 2. und wo 12. hintrifft punctire 12.; schieb' den Streifen so, dass er durch 1. hindurchgeht, und wo 1. hinfällt mach' Punct 1. und du hast den Kreis D. vollendet. Nimm die Streifen weg und ziehe 1—2.; 2—3.; 3—4.; 4—5.; 5—6.; 6—7.; 7—8.; 8—9.; 9—10.; 10—11.; 11—12.; 12—1. Jetzt haben wir die vier Kreise beendet und zwar in zwölf gleiche Theile mit perspectivischer Verkürzung wie es die Aufgabe war. Fig. 48.

40. Den gegebenen wulstförmigen Körper der acht Kreise enthält, welche die Dicke bilden, und in zwölf gleiche Theile getheilt ist, proportional perspectivisch zu verjüngen.

Diese (Aufgabe) ist conform mit der vorhergegangenen bezüglich der Kreise und dieselbe Methode muss man beim Operiren hinsichtlich der Breitendimension innehalten, Obwohl acht Kreise angenommen sind werden wir es bei dieser Operation nur mit vieren zu thun haben weil wir besagten Wulst als einen (horizontal) liegenden annehmen werden. Wenn er aber anders läge, wäre es nöthig, dass ebensoviel Streifen gewonnen würden, wie Kreise in diesem Wulst enthalten sind. Aber ich beabsichtige im Folgenden eine der acht Seiten[1] senkrecht auf die Grundebene zu stellen. Darum sage ich dass du ein Quadrat von der Grösse zeichnest, wie du den Wulst dick machen willst, welches Quadrat FGHI. sei. In dieses beschreibe das gleichseitige Achtseit nämlich FG. werde in B. und C. getheilt und FH. werde in A. und A. mit dem Titel getheilt und HI. sei in B. mit dem Titel und C. mit dem Titel getheilt und GI. in D. und D. mit dem Titel getheilt. Dann nimm den Zirkel und beschreibe mit der Grösse wie du den Kreis gross zu machen beabsichtigst, einen Kreis, und sein Centrum sei M. und der Kreis sei Kreis A. Dann zieh' die Grade MA. und nimm in den Zirkel die Grösse FB. des Quadrats und trag sie auf die Linie MA. von A. beginnend, und wo der andre Fuss des Zirkels auf besagter Linie MA. endigt, zeichne B.; dann nimm den Zirkel und setz' einen Fuss auf M. und den andern erstrecke bis zu B. und beschreibe den Kreis damit, was Kreis B. sei; dann nimm mit dem Zirkel die Grösse von F. nach C. des Achtseits im Quadrat und trag sie auf die Linie AM., was AC. sei, und stelle einen Fuss des Zirkels auf M. und mit dem andern Fuss beschreibe einen durch C. gehenden Kreis, was Kreis C. sein wird. Dann nimm die Grösse von F. nach G. im Quadrat und trag sie auf die Linie AM., was AD. sei, und stell den Fuss des Zirkels auf M. und mit dem andern beschreibe einen Kreis mit der Grösse von MD., welcher Kreis D. heissen wird. Diese Kreise theile in zwölf gleiche Theile, wie in der vorhergehenden Aufgabe, was 1. 2.; 3. 4.; 5. 6.; 7. 8.; 9. 10.; 11. 12. in jedem Kreise sein wird, einen mit Bezug auf den andern wie man in der Figur sieht; und dann zieh' eine Linie KL., welche die Bildebene bezeichne. Dann stell das Auge von KL. soweit ab wie es dir beliebt den Wulst zu betrachten und daselbst mach Punct O., und befestige darin die Nadel mit dem Faden, wie du es bei den andern gethan hast. Dann nimm den A. bezeichneten Holzstreifen und lege ihn so dass er mit KL. zusammenfällt, dass er gut fest liege; sodann nimm den Faden, und erstrecke ihn über 1. des Kreises A. und wo er auf den Streifen schlägt zeichne 1.; dann stelle ihn auf 2. des Kreises A. ein, wo er auf den Streifen schlägt mach' 2.; zieh' den Faden über 3. des Kreises A., und wo er auf den Streifen schlägt punctire 3.; führe den Faden über 4. des Kreises A., wo er auf den Streifen schlägt mach' 4.; stelle den Faden auf 5. des Kreises A. ein, und wo er auf den Streifen schlägt zeichne 5.; führe den Faden über 6. des Kreises A. wo er auf den Streifen schlägt mach' 6.; zieh' den Faden über 7. des Kreises A., wo er auf den Streifen schlägt punctire 7.;

---

[1] scil. der 12 Querschnitte vorausgesetzt, dass «alcuna» statt «alcuno» zu lesen.

stell' den Faden auf 8. des Kreises A. ein, wo er auf den Streifen schlägt mach' 8.; zieh' den Faden über 9. des Kreises A., wo er auf den Streifen schlägt zeichne 9.; führe den Faden über 10. des Kreises A., wo er auf den Streifen schlägt mach' 10.; stell' den Faden auf 11. des Kreises A. ein, und wo er auf den Streifen schlägt zeichne 11.; ziehe den Faden über 12. des Kreises A., wo er auf den Streifen schlägt mach' 12.; stell' den Faden auf M. ein, wo er auf den Streifen schlägt zeichne M.; und der Kreis A. ist vollendet; nimm den Streifen weg und leg ihn beiseite. Und nimm den B. bezeichneten Streifen und lege ihn an KL. an wie den andern, dass er gut fest liege; dann nimm den Faden und stelle ihn auf 1. und 2.; und 3. und 4.; und 5. und 6.; und 7. und 8.; und 9. und 10.; und 11. und 12.; und M. des Kreises B. ein und wo der Faden auf den Streifen B. schlägt zeichne in der Weise die du bei dem Streifen A. beobachtet hast, dann nimm den Streifen B. weg und leg' ihn beiseite und leg' dafür den Streifen C. mit KL. zusammenfallend; dann nimm den Faden und stelle ihn auf 1. und 2.; und 3. und 4.; und 5. und 6.; und 7. und 8.; und 9. und 10.; und 11. und 12.; und M. des Kreises C. ein, und wo er hinschlägt zeichne auf dem Streifen C.; dann nimm ihn fort und leg ihn beiseite, und leg' den Streifen D. an KL. an dass er gut feststehe und erstrecke den Faden über 1. und 2.; und 3. und 4.; und 5. und 6.; und 7. und 8.; und 9. und 10.; und 11. und 12.; und M. und zeichne auf dem Streifen D. wie auf den andern, wohin der Faden schlägt, und sodann nimm ihn (den Streifen) weg und leg' ihn beiseite; und du hast die Breite der vier Kreise auf die Streifen übertragen.[1] Fig. 49).

Jetzt, um die Höhe zu verzeichnen, nimm das Achteck, welches du in dem Quadrate von eigentlicher Form gemacht hast, um die Distanzen der Kreise[2] darzustellen, welches die Höhe des Wulstes ist, welches 8seit oben ABCD. und unten ABCD. mit den Titeln bezeichnet ist Stelle dieses Achteck auf die grade Linie, so dass BC. mit dem Titel sie berühre, dann verlängere AD. bis F., so dass AF. die Grösse des Durchmessers vom Kreise A. sei,[3] und diese Grösse trage auf BC. und BC. mit dem Titel, was BG. und BG. mit dem Titel[4] sei, dann ziehe zu AD. mit dem Titel parallel AF. von der Länge AF. mit dem Titel, sodann nimm die Grösse des Durchmessers des Kreises C. und trag sie auf die Linie CG., was CH. sei, und trag sie auf die Linie CG. mit dem Titel, was CH. mit dem Titel sein wird, nimm die Grösse des Durchmessers vom Kreise D. und trag sie auf die Linie DF. und DF. mit dem Titel was DI. und DI. mit dem Titel sein wird: ziehe FG.; HI. HI. mit dem Titel und FG. mit dem Titel. Kehren wir jetzt zu den Kreisen in eigentlicher Form zurück und führe den Durchmesser AF. durch M. hindurchgehend, der den Kreis A. in A. und F., B. im Puncte B. und G., den Kreis C. in C. und H., den Kreis D. in D. und I. theile. Dann zieh eine Grade durch 2. und 12. des Kreises A., die die Linie AF. im Puncte 2. und 12. theile; führe eine durch 3. und 11. des Kreises A., die AF. im Puncte 3. und 11. schneide; liniire eine durch 4. und 10. des Kreises A., die AF. im Puncte 4. und 10. schneide; ziehe eine durch 5. und 9. des Kreises A., die AF. im Puncte 5. und 9. theile; liniire eine durch 6. und 8. des Kreises A., die AF. im Puncte 6. und 8. schneide, und eben diese zeichne auf die Linie AF. mit dem Titel, die unten ist. Sodann bezeichne den andern Kreis, der B. ist: zuerst ziehe durch 2. und 12. eine Grade, und wo sie den Durchmesser des Kreises B. schneidet, mach' 2. und 12; dann führe eine durch 3. und 11. des Kreises B. und bezeichne (den Durchschnittspunct) mit 3. und 11.; zieh' eine durch 4. und 10. des Kreises B., wo sie den Durchmesser schneidet, zeichne 4. und 10.; führe eine durch 5. und 9. des Kreises B., wo sie BG. schneidet, mach' 5. und 9.; liniire eine durch 6. und 8., wo sie BG. schneidet, zeichne 6. und 8. Dann nimm die Grösse, die von[5] B. bis 2. und 12. des Kreises B. stattfindet und trag sie auf die Höhenlinie BG. und zeichne 2. und 12., und trag sie auf die Linie BG.

---

[1] Die bezüglich aller 4 Kreise vorzunehmenden Operationen sind in Fig. 49 nur beim Kreise D. wirklich ausgeführt.
[2] scit. die jedesmaligen Abstände der 8 Kreispuncte eines Querschnitts von der Bildfläche, welche die Höhenverhältnisse des Wulstes bestimmen. [3] z. erg. nimm den Durchmesser des Kreises B.
[4] Auf p. XXXVII am Ende von Zeile 22 v. o. ist «BG» und «BG coltictolo» statt «BC» und «BC coltictolo» zu lesen. [5] Hier das Bezügliche des Kreises A. z erg. (cfr Anm 2 p. XXXVII).

mit dem Titel und mach' 2. und 12. Dann nimm die Grösse von B. nach 3. und 11. auf der Linie BG. des Kreises B. und trag sie auf die Höhenlinie BG. und zeichne 3. und 11. ebenso zeichne sie auf die Linie BG. mit dem Titel; nimm das Maass von B. bis 4. und 10. der Linie BG. des Kreises B. und zeichne auf der Höhenlinie BG. 4. und 10., und ebenso auf der Linie BG. mit dem Titel; nimm die Grösse von B. bis 5. und 9. der Linie BG. des Kreises B. und trag' sie auf die Höhenlinie BG. und punctire 5. und 9., und ebenso trag' sie auf die Linie BG. mit dem Titel und zeichne 5. und 9. Dann nimm die Grösse von B. bis 6. und 8. der Linie BG. des Kreises B. und trag' sie auf die Höhenlinie BG. und mach' 6. und 8., und ebenso mach' auf der Linie BG. mit dem Titel 6. und 8.; sodann bezeichne auf CH. alle Theile des Kreises C. und trage sie sodann auf der Höhenlinie CH. und auf CH. mit dem Titel auf. Dann trage auf dem Durchmesser DI. alle Theile des Kreises D. auf, und sodann übertrage sie auf die Höhenlinie DI. und auf die Linie DI. mit dem Titel, die ebenfalls Höhenlinie ist; wie du es mit dem Kreise A. und dem Kreise B. gemacht hast: nämlich 2. und 12., 3. und 11., 4. und 10., 5. und 9., 6. und 8.; wie es in der Figur sich zeigt. Und dann leg die Linie KL. vom Höhenpunct A. um die Grösse entfernt, die von A. der Breite bis zur Linie KL. der Bildebene besteht; dann verlängere BG. durch K. hindurchlaufend bis P., so dass die Linie PK. von der Grösse sei die von der Linie KL. der Bildebene, in der Breitenzeichnung bis O. stattfindet, welches das Auge ist. Und auf P. ziehe durch O. eine Senkrechte, die OP. sei, welches O. die Figur der Höhenzeichnung um die Grösse überrage, um wieweit du mit dem Auge höher stehen willst, um den Wulst zu sehen. In diesem O. befestige die Nadel mit dem Faden, wie bei den andern. Sodann nimm den Papierstreifen und leg ihn KL. berührend an, dass er fest stehe, und ziehe BP., welche den Streifen im Puncte A. schneide, was Streifen A. sei; dann nimm den Faden und strecke ihn über A., und wo er auf den Streifen schlägt zeichne 1., weil A. 1. ist; dann stelle den Faden auf 2. und 12. der Linie AF. ein, und wo er auf den Streifen schlägt, mach' 2. und 12.; ziehe den Faden über 3. und 11. der Linie AF., wo er auf den Streifen schlägt, punctire 3. und 11.; stelle den Faden auf 4. und 10. der Linie AF. ein, und wo er auf den Streifen schlägt, zeichne 4. und 10.; dann führe den Faden über 5. und 9. der Linie AF., und wo der Faden auf den Streifen schlägt, mach' 5. und 9.; stell' den Faden auf 6. und 8. der Linie AF. ein, und wo er auf den Streifen schlägt mach' Punct 6. und 8.; zieh' den Faden über F. der Linie AF., und wo der Faden auf den Streifen schlägt, mach' Punct 7., weil alle Winkelpuncte der acht Seiten des ersten (Querschnitts), welches ABCD. und ABCD. mit dem Titel ist, jeder mit 1. bezeichnet sind und die Winkelpuncte der acht Seiten des zweiten FGHI. und FGHI. mit dem Titel sind jeder mit 7. bezeichnet. Jetzt nimm den Streifen weg und mach' damit einen andern gleichen mit allen denselben Zeichen, A. bezeichneten, und lege sie beiseite; dann nimm einen andern Papierstreifen und leg' ihn KL. berührend, dass er fest stehe, mit Wachs angeklebt, sodann ziehe BP., welche den Streifen im Puncte B. theile, was Streifen B. sein wird. Sodann nimm den Faden und stelle ihn auf B. der Linie BG. ein, und wo er auf den Streifen schlägt, mach' 1.; dann stell' den Faden auf 2. und 12. der Linie BG. ein, wo er auf den Streifen schlägt, zeichne 2. und 12.; zieh' den Faden über 3. und 11. der Linie BG., und wo er auf den Streifen schlägt, punctire 3. und 11.; führe den Faden über 4. und 10. der Linie BG., wo er auf den Streifen schlägt, mach' Punct 4. und 10.; führe den Faden über 5. und 9. der Linie BG., und wo er auf den Streifen schlägt, zeichne 5. und 9.; stelle den Faden auf 6. und 8. der Linie BG. ein, wo er auf den Streifen schlägt, mach' 6. und 8.; stelle den Faden auf G. der Linie BG. ein, wo er auf den Streifen schlägt, zeichne 7. Nimm den Streifen weg und mach' damit einen andern ihm gleichen, B. bezeichneten, und leg' sie beiseite. Dann nimm einen Papierstreifen und leg' ihn KL. berührend, dass er fest liege; dann wirst du BC. ziehen, welche den Streifen im Puncte C. schneide, was Streifen C. sein wird. Dann erstrecke den Faden über C. der Linie CH., und wo er auf den Streifen schlägt, mach' 1.; stell' den Faden auf 2. und 12.; auf 3. und 11.; auf 4. und 10.; auf 5. und 9.; auf 6 und 8.; auf H. der Linie CH. ein, und wo der Faden auf den Streifen schlägt, zeichne, und wo er auf H. schlägt, mach' 7. Nimm den Streifen weg und mach' damit einen andern gleichen, ebenfalls

C. bezeichneten, und leg' sie beiseite; dann nimm einen Papierstreifen und leg' ihn an KL. berührend, dass er fest stehe; dann ziehe BP., welches du im Puncte D. theilen mögest, was Streifen D. wird. Dann zieh' den Faden über D. der Linie DI., und wo der Faden auf den Streifen schlägt, punctire 1.; dann stell' den Faden auf 2. und 12.; auf 3. und 11.; auf 4. und 10.; auf 5. und 9.; auf 6. und 8. der Linie DI. ein, und wo der Faden auf den Streifen D. schlägt, bezeichne alle; dann stell' den Faden auf 1. der Linie DI. ein, und wo er auf den Streifen schlägt, zeichne 7. Nimm den Streifen weg, und mach' damit einen andern gleichen, D. bezeichneten, und leg' sie beiseite. Dann nimm einen Papierstreifen und leg' ihn an KL. berührend, dass er gut fest liege; dann zieh' BP., welche ihn im Puncte A. mit dem Titel schneide, welcher Streifen A. mit dem Titel sei. Dann nimm den Faden und stell' ihn auf A. mit dem Titel der Linie AF. mit dem Titel, und wo er auf den Streifen schlägt, zeichne 1. Dann zieh' den Faden über 2. und 12.; über 3. und 11.; über 4. und 10.; über 5. und 9.; über 6. und 8. der Linie AF. mit dem Titel und bezeichne wo der Faden auf den Streifen schlägt; und sodann zieh' den Faden über F. mit dem Titel der Linie AF. mit dem Titel, und wo er auf den Streifen schlägt, mach' 7. Nimm den Streifen weg und mach' damit einen andern jenem gleichen, A. mit dem Titel bezeichneten, und leg' sie beiseite: Und nimm einen andern Papierstreifen und leg' ihn an KL. berührend, wie gesagt. Dann führe BP., welche ihn im Puncte B. mit dem Titel theile, welcher Streifen B. mit dem Titel sei. Dann stelle den Faden auf B. mit dem Titel der Linie BG. mit dem Titel ein, und wo er auf den Streifen schlägt, punctire 1.; dann zieh' den Faden über 2. und 12.; über 3. und 11.; über 4. und 10.; über 5. und 9.; über 6. und 8. der Linie BG. mit dem Titel und bezeichne alle auf dem Streifen, wo der Faden aufschlägt; dann stell' den Faden auf G. der Linie BG. mit dem Titel ein, und wo er auf den Streifen schlägt, mach' 7. Nimm den Streifen weg und mach' damit einen andern gleichen, B. mit dem Titel bezeichneten: und dann leg' einen andern Papierstreifen berührend an KL., dass er fest liege. Sodann zieh' BC., welche den Streifen im Puncte C. mit dem Titel schneidet, was Streifen C. mit dem Titel sein wird. Dann erstrecke den Faden über C. mit dem Titel der Linie CH. mit dem Titel, und wo er auf den Streifen schlägt, mach' 1.; und zieh' den Faden über 2. und 12.; über 3. und 11.; über 4. und 10.; über 5. und 9.; über 6. und 8. der Linie CH. mit dem Titel und bezeichne alle, wo der Faden auf den Streifen schlägt; und führe den Faden über H. mit dem Titel der Linie CH. mit dem Titel, und wo er auf den Streifen schlägt, punctire 7. Nimm den Streifen weg und mach' damit einen andern gleichen, C. mit dem Titel bezeichneten, und leg' sie beiseite. Nimm den andern Papierstreifen und leg' ihn an KL. berührend, dass er gut fest liege. Dann zieh' BP., welche ihn im Puncte D. mit dem Titel schneide. Stell' den Faden auf D. mit dem Titel der Linie DI. mit dem Titel ein, und wo er auf den Streifen schlägt, zeichne 1.; dann zieh' den Faden über 2. und 12.; über 3. und 11.; über 4. und 10.; über 5. und 9.; über 6. und 8. der Linie DI. mit dem Titel, und bezeichne sie alle auf dem Streifen, wo der Faden aufschlägt. Dann stelle den Faden auf I. mit dem Titel der Linie DI. mit dem Titel ein, und wo er auf den Streifen schlägt, zeichne 7. Dann nimm den Streifen weg und mach' damit einen andern gleichen, D. mit dem Titel bezeichneten, und leg' sie beiseite. Jetzt hast du die Breite und Höhe des Wulstes auf die Streifen übertragen.[1] Fig. 50.

Jetzt muss man den Ort wissen, wo du den Wulst perspectivisch verkürzt machen willst, ob du eine Holztafel oder Papier dazu willst: in dieser ziehe die grade Linie, die KL. sei, und zwar von grösserer Länge als der Wulst ist, den du zu machen hast. Sodann halbire sie im Puncte M. und sodann durch N. eine Senkrechte auf M., die MN. sei. Dann zieh' auf K. eine Senkrechte, die PK. sein wird, und auf L. zieh' durch Q. eine Senkrechte, die LQ. sei.[2] Dann nimm die zwei C. bezeichneten Papierstreifen und leg' eine

---

[1] Sämmtliche Operationen sind in Fig. 50. nur bezüglich des Kreises B. angedeutet, w. z. Verständnis genügt.

[2] P., K., L., Q fehlen in Fig 51 aus bekanntem Grunde.

— CXXXV —

davon KP. berührend, und die andere berührend an LQ. und C. von beiden falle in die Linie KL.: so dass sie fest anliegen. Dann nimm den Holzstreifen C. und leg' ihn auf die zwei Papierstreifen durch 7. von allen beiden (Papier)streifen gehend, und M. des Streifens falle in die Linie MN., und so versteht es sich immer, dass M. in die Linie MN. falle, wenn es auch nicht gesagt wird und wo 7. des Holzstreifens hintrifft, zeichne 7. Immer wenn ich sage «hintrifft» wird darunter der Holzstreifen verstanden. Schieb' den Streifen durch 6. und 8. der beiden (Papier)streifen hindurchgehend, und wo 6. hintrifft, mach' 6., und wo 8. hinfällt zeichne 8.; stell' den Streifen durch 5. und 9. beider (Papier)streifen gehend, und wo 5. hintrifft, mach' 5. und wo 9. hinfällt, punctire 9.; ziehe den Streifen durch 4. und 10. von beiden (Papier)streifen hindurchlaufend, und wo 4. hintrifft, zeichne 4., und wo 10. hinfällt, mach' 10. Leg' den Streifen durch 3. und 11. beider (Papier)streifen hindurchgehend, und wo 3. hintrifft, punctire 3., und wo 11. hintrifft, zeichne 11.; leg' den Streifen durch 2. und 12. der beiden (Papier)streifen hindurchgehend, und wo 2. hintrifft, punctire 2. und wo 12. hinfällt, mach' 12.; schieb den Streifen, so dass er durch 1. beider (Papier)streifen geht, und wo 1. hintrifft, zeichne 1. Nimm die Streifen weg und du hast den ersten Kreis: zieh' 1—2., 2—3., 3—4., 4—5., 5—6., 6—7., 7—8., 8—9., 9—10., 10—11., 11—12., 12—1., was Kreis C. ist. Jetzt, bezüglich des zweiten Kreises, der B. ist, nimm die beiden Papierstreifen B. und leg' einen davon an KP. berührend, und den andern an LQ. berührend, und B. von beiden falle in die Linie KL., dass sie fest liegen. Dann nimm den B. bezeichneten Holzstreifen und leg' ihn durch 7. beider (Papier)streifen hindurchgehend, und wo 7. hintrifft, zeichne 7.; leg' den Streifen durch 6. und 8. beider (Papier)streifen hindurchgehend, und wo 6. hinfällt, mach' 6., wo 8. hintrifft, punctire 8.; führe den Streifen durch 5. und 9. beider (Papier)streifen hindurchlaufend, und wo 5. hinfällt, mach' 5, und wo 9. hintrifft, zeichne 9. Schieb den Streifen durch 4. und 10. beider (Papier)streifen hindurchgehend, und wo 4. hinfällt, punctire 4., wo 10. hintrifft, zeichne 10. Leg' den Streifen so, dass er durch 3. und 11. von allen beiden Streifen hindurchgeht, und wo 3. hintrifft zeichne 3., wo 11. hinfällt punctire 11. Schieb den Streifen so, dass er durch 2. und 12. hindurchgeht, und wo 2. hintrifft, zeichne 2., wo 12. hinfällt, punctire 12. Schieb den Streifen so, dass er durch 1. von allen beiden (Papier)streifen geht, und wo 1. hinfällt, mach' 1. Nimm die Streifen weg und ziehe 1—2., 2—3., 3—4., 4—5., 5—6., 6—7., 7—8., 8—9., 9—10., 10—11., 11—12., 12—1., was Kreis B. ist. Jetzt hinsichtlich des Kreises A.: nimm die zwei A. bezeichneten Papierstreifen und leg' einen davon an KP. berührend, und den andern an LQ. berührend, und A. von allen beiden falle in die Linie KL., so dass sie gut fest liegen. Sodann nimm den Holzstreifen A. und leg' ihn durch 7. aller beider Streifen hindurchlaufend, und M. falle in die Linie MN. falle, stets wie gesagt worden, und wo 7. hintrifft, mach' 7.; leg' den Streifen durch 6. und 8. von allen beiden (Papier)streifen hindurchgehend, und wo 6. hinfällt, zeichne 6., und wo 8. hinfällt, punctire 8.; schieb den Streifen, so dass er durch 5. und 9. beider (Papier)streifen hindurchgeht, und wo 5. hinfällt, mach' 5., und wo 9. hintrifft, zeichne 9. Leg' den Streifen, dass er durch 4. und 10. beider Streifen hindurchgeht, wo 4. hintrifft, mach' 4., wo 10. hinfällt, punctire 10.; leg' den Streifen, dass er durch 3 und 11. beider (Papier)streifen hindurchgeht, und wo 3. hintrifft, zeichne 3., und wo 11. hinfällt, mach' 11. Führe den Streifen so, dass er durch 2. und 12. beider (Papier)streifen hindurchgeht, und wo 2. hintrifft, setz' 2., wo 12. hinfällt, zeichne 12. Schieb den Streifen, dass er durch 1. beider (Papier)streifen hindurchgeht, und wo 1. hintrifft, mach' 1. Nimm die Streifen weg und zieh' 1—2., 2—3., 3—4., 4—5., 5—6., 6—7., 7—8., 8—9., 9—10., 10—11., 11—12., 12—1. und du hast den Kreis A. Nimm die zwei, A. mit dem Titel bezeichneten Papierstreifen und leg' davon einen an KP. berührend, den andern an LQ. berührend und A. von allen beiden falle in die Linie KL. Dann nimm den Holzstreifen A. mit dem Titel und leg' ihn, dass er durch 7. von allen beiden (Papier)streifen hindurchgeht, und wo 7. hinfällt, punctire 7.; schieb den Streifen so, dass er durch 6. und 8. beider Streifen geht, und wo 6. hintrifft, mach' 6., wo 8. hinfällt, zeichne 8.; führe den Streifen durch 5. und 9. beider (Papier)streifen hindurch, und wo 5. hinfällt, mach' Punct 5. und wo 9. hintrifft, zeichne 9. Leg' den Streifen so, dass er durch 4. und 10. beider Streifen geht, wo 4. hinfällt, mach' 4., wo 10. hintrifft, mach' 10.; leg' den Streifen, dass er durch 3. und 11. beider (Papier)streifen geht, und wo 3. hintrifft, zeichne 3., wo 11. hintrifft, mach' 11.; schieb den Streifen, dass er durch 2. und 12. beider Streifen geht, wo 2. hintrifft, mach' 2., wo 12. hinfällt, mach' 12.; leg' den Streifen durch 1. beider (Papier)streifen hindurch, und wo 1. hinfällt, mach' 1.; nimm die Streifen weg und zieh' 1—2., 2—3., 3—4., 4—5., 5—6., 6—7., 7—8., 8—9., 9—10., 10—11., 11—12., 12—1. und der Kreis A. mit dem Titel ist vollendet: Nimm die 2. Papierstreifen B. mit dem Titel und leg' davon einen an KP. berührend und den andern an LQ. berührend, und B. von allen beiden falle in KL.; dann nimm den Streifen B. mit dem Titel und leg' ihn durch 7. hindurchgehend, dann durch 6. und 8. und durch 5. und 9., durch 4. und 10., durch 3. und 11., durch 2. und 12., durch 1. beider Streifen hindurchgehend, und M. falle in die Linie MN. und wo die des Holzstreifens hinfallen, zeichne: 7. 6. 8. 5. 9. 4. 10. 3. 11. 2. 12. 1. Dann nimm die Streifen weg, und ziehe 1—2., 2—3., 3—4., 4—5., 5—6., 6—7., 7—8., 8—9., 9—10., 10—11., 11—12., 12—1.: und der Kreis B. mit dem Titel ist vollendet. Nimm die zwei D. bezeichneten Papierstreifen und leg' einen davon an KP. berührend, und den andern an LQ. berührend, und D. von allen beiden falle in die Linie KL. Und nimm den Holzstreifen und leg' ihn durch 7., durch 6. und 8., durch 5. und 9., durch 4. und 10., durch 3. und 11., durch 2. und 12., durch 1. von allen beiden Streifen hindurchgehend; alle diese bezeichne da, wo die des Holzstreifens hinfallen, nämlich 7. 6. und 8. 5. 9. 4. 10. 3. 11. 2. 12. 1. Nimm die Streifen weg und ziehe 1—2., 2—3., 3—4., 4—5., 5—6., 6—7., 7—8., 8—9., 9—10., 10—11., 11—12., 12—1. Jetzt nimm die zwei D. mit dem Titel bezeichnete Papierstreifen und leg' davon einen an KP. berührend, und den anderen an LQ. berührend und D. von allen beiden falle in KL.; dann leg' den Holzstreifen durch 7. beider Streifen hindurchgehend, und durch 6. und 8., durch 5. und 9., durch 4. und 10., durch 3. und 11., durch 2. und 12., durch 1. von allen beiden (Papier)streifen hindurchgehend, und wo die des Holzstreifens hinfallen, zeichne alle, nämlich 7. 6. und 8. 5. 9. 4. 10. 3. 11. 2. 12. 1.; nimm den Streifen weg und zieh' 1—2., 2—3., 3—4., 4—5., 5—6., 6—7., 7—8., 8—9., 9—10., 10—11., 11—12., 12—1.; und du hast den Kreis D. mit dem Titel. Nimm die zwei C. mit dem Titel bezeichneten Papierstreifen und leg' davon einen an KP. berührend, und den andern an LQ. berührend und sie mögen fest liegen. Dann nimm den C. mit dem Titel bezeichneten Holzstreifen und leg' ihn so, dass er durch 7., durch 6. und 8., durch 5. und 9., durch 4. und 10., durch 3. und 11., durch 2. und 12., durch 1. von allen beiden (Papier)streifen hindurchgeh., und wo 7. hinfällt, mach' 7., wo 6. hintrifft, punctire 6., wo 8. hinfällt, zeichne 8., wo 5. hintrifft, mach' 5., wo 9. hinfällt, zeichne 9., wo 4. hintrifft, punctire 4., wo 10. hinfällt, zeichne 10., wo 3. hinfällt, mach' 3., wo 11. hinfällt, zeichne 11., wo 2. hintrifft, mach' 2., wo 12 hintrifft, punctire 12., wo 1. hinfällt, zeichne 1. Nimm die Streifen weg und ziehe 1—2., 2—3., 3—4., 4—5., 5—6., 6—7., 7—8., 8—9., 9—10., 10—11., 11—12., 12—1. und du hast alle Kreise vollendet. Immer halte bei allen Kreisen die Methode fest, die du beim ersten, beim zweiten Kreise innehieltest. Jetzt zieh' 1—1., 2—2., 3—3., 4—4., 5—5., 6—6., 7—7., 8—8., 9—9., 10—10., 11—11., 12—12.' und du hast den Wulst vollendet, was wir thun zu wollen sagten. Fig. 51.

50. Den gegebenen, auf eine seiner Ecken gestützten Würfel, von dessen Seiten keine parallel zur festgesetzten Bildebene ist, proportional perspectivisch zu verkürzen.

Mach' zuerst den Cubus in eigentlicher Form, welches ABCD. und FGHI. sei, wie man in der Figur sieht, und auf der Stelle, wo du ihn darstellen willst, zieh' eine grade Linie, die RS. sei, dann nimm die Fläche einer der Cubusseiten, nämlich BCHG. in eigentlicher Form und stell' den Winkelpunct G. in die Linie RS., und der Winkelpunct B. stehe über der Linie RS. um soviel, als es dir gefällt, dass besagter Cubus sich neige, dann führe durch den Eckpunct C., welcher höher ist als die andern, eine Parallele zur Linie RS., dann zieh' durch B., zieh' durch H. unbegrenzte Parallelen zu RS.; sodann zieh' eine Linie senkrecht auf RS., welche die durch H. laufende Linie im Puncte J. schneidet

---

[1] scit. je 8 gleichnamige Puncte sind zu einem Querschnitt zu verbinden.

— CXXXVII —

und die Linie, welche vom Winkelpunct C. ausgeht, im Puncte D. trifft, und die von B. ausgehende Linie im Puncte A. schneiden wird und die Linie RS. im Puncte F. schneiden wird, indem sie sich bis V.[1] fortsetzt. Dann nimm die Grösse der Seite BC. und trage sie über D. hinaus ab, was DC. sei, dann trage sie über F. hinaus ab, was FG. sei, dann führe CG., welche die von H. ausgehende Linie im Puncte H. schneiden wird, und die vom Winkelpunct B. ausgehende Linie im Puncte B. schneiden wird; dann zieh' durch G. und C. und B. der quadratischen Oberfläche Parallelen zu DV. Jetzt nimm die von der ersten Fläche erzeugte Oberfläche, welche DC. IH. AB. FG. ist und stelle sie auf die Linie DV., d. h. ich werde F. in die Linie DV. setzen und G. wirst du so hoch über DV. stellen, wie gross du willst, dass die zweite Neigung sei; dann zieh' FG., welches die Grösse FG., der von der ersten Fläche erzeugten zweiten Oberfläche sei, welche erstere gleich VC. IH. AB. FG. ist. Dann zieh' FD., welche in F. einen rechten Winkel (mit FG.) bildet: welche Länge von der Grösse FD. der erzeugten Oberfläche sei; dann zieh' GC. von der Grösse von FD. und von derselben Grösse führe DC. Sodann nimm die Länge von F. nach A. der von der ersten erzeugten Oberfläche und trag' sie auf FD. in ähnlicher Weise und mach Punct A. Dann nimm die Grösse von F. nach I. in der Oberfläche und trag' sie auf FD. in ähnlicher Weise und zeichne I., dann führe durch I. eine Parallele zu DC. die GC. im Puncte H. begegne, und zieh' durch A. eine Parallele zu FG. die GC. im Puncte B. treffe. Jetzt liniire durch D. eine Parallele zu RS. und wo sie die Linie schneiden wird, die von C. der ersten Oberfläche ausgeht, mach' Punct D.; dann zieh' durch I. eine Parallele zu RS. und wo sie die von H. der ersten Oberfläche ausgehende Linie schneidet, zeichne I.; führe durch A. eine Parallele zu RS. und wo sie die Linie schneidet, die von B. der ersten Oberfläche kommt, mach Punct A.; dann ziehe durch F. eine Parallele zu RS., wo sie die Linie die von G. kommt schneidet, punctire F.; ziehe durch C. eine Parallele zu RS. und wo sie die von C. ausgehende Linie schneidet, mach' C.; führe durch H. eine Parallele zu RS., wo sie die von H. der ersten Fläche derivirende Linie schneidet, zeichne H.; liniire durch B. eine Parallele zu RS., wo sie die Linie schneidet, die von B. der ersten Fläche ausgeht, mach B.; führe durch G. eine Parallele zu RS. und wo sie die von G. der ersten Fläche ausgehende Linie schneidet, zeichne G. Jetzt zieh' AD. DI. AF. FI. und BC. CH. BG. GH.: das ist die dritte Figur, welches der in eigentlicher Form auf die Ebene gestellte Cubus ist, wovon du die Verkürzung der Breite zu entnehmen hast. In diesen Cubus zeichne den Punct M. Sodann liniire KL. soweit vom Winkelpunct B. des in eigentlicher Form dargestellten Cubus entfernt, wie es dir gefällt, welches KL. nicht zu AB. der Seite des Cubus parallel sei, (Fig. 52) sondern es sei von A. weiter entfernt als von B. Sodann entferne dich mit dem Puncte O. von der Linie KL., welche die Bildebene bezeichnet, soweit als du entfernt stehen willst, um den Cubus zu sehen. In der durch O. laufenden Linie befestige eine Nadel mit dem Faden, wie es bei den andern (Beispielen) gezeigt worden, und sodann nimm den Holzstreifen und leg' ihn an KL. berührend, dass er gut fest liege. Dann nimm den Faden und spanne ihn über A. des Cubus in eigentlicher Form, welches die dritte Figur ist, und wo der Faden auf den Streifen schlägt, zeichne A.; stelle den Faden auf B. ein und wo er auf den Streifen schlägt, mach' B.; zieh' den Faden über C., und wo er auf den Streifen schlägt, punctire C., führe den Faden über D., und wo er auf den Streifen schlägt, mach' D.; führe den Faden über F., wo er auf den Streifen schlägt, zeichne F.; stell' den Faden auf G., wo er auf den Streifen schlägt, mach' G.; zieh' den Faden über H., wo der Faden auf den Streifen schlägt, punctire H.; stelle den Faden auf I. ein, wo er auf den Streifen schlägt, zeichne I.; stell' den Faden auf M. ein, und wo er auf den Streifen schlägt, mach' M. Nimm den Streifen weg, da die Breite beendigt ist und leg' ihn beiseite. Jetzt ist es nöthig, um die Höhe zu erhalten, dass du durch den Eckpunct B. des in eigentlicher Form beschriebenen Cubus eine Parallele zur Linie KL. ziehst, welche die Bildebene bedeutet. Dann führe durch den Winkelpunct A., Winkel C., Winkel D., Winkel F., Winkel G., Winkel H., Winkel I. lauter Parallelen zu KL., alle von unbegrenzter Länge. Dann führe zu diesen eine Senk-

---

[1] vgl. Anm. 2 p. XL.

— CXXXVIII —

rechte, welche PQ. sei;[1] dieselbe theile die Linie, die von B. ausgeht, im Puncte B. und die welche von A. ausgeht, im Puncte A., und die, welche von C. ausgeht, im Puncte C., und die, welche von D. ausgeht, im Puncte D., und die, welche von F. ausgeht, im Puncte F., und die, welche von G. ausgeht, im Puncte G., und diejenige, die von H. ausgeht, im Puncte H., und die, welche von I. ausgeht im Puncte I. Sodann nimm alle die Abstände, die von der Linie DV. in der zweiten Figur des Cubus DC. III. AB. FG. stattfinden, der mit dem Winkelpunct F. auf der Linie DV. steht: nimm die Grösse von DV. bis G. besagter Figur, so versteht es sich auch von den andern, und trage sie auf die Linie G., die vom Eckpunct des in der Ebene in eigentlicher Form beschriebenen Würfels derivirt, und mach' Punct G. Dann nimm die Grösse von DV. bis B. und stell' sie auf B. und punctire B.; sieh nach der Grösse von der Linie DV. bis C. und stelle sie auf C. und zeichne C.; nimm die Länge von DV. nach D. und stell' sie über D. und mach' Punct D.; nimm die Grösse von der Linie DV. nach F. und stell' sie auf F. und zeichne F., nimm die Grösse von der Linie DV. nach H. und stell' sie auf H. und mach' H. Dann nimm die Grösse von der Linie DV. nach I. und stell' sie auf I. und zeichne I.: alle diese verstehen sich in der Höhenfigur, auf besagte Linien gestellt, die du von den Ecken des in eigentlicher Form beschriebenen Cubus in der Ebene auf der Linie[2] gezogen hast, welche sie senkrecht schneidet. Diese bezeichne ich als die Höhenfigur in eigentlicher Form, die auf die Streifen perspectivisch verkürzt übertragen werden muss. Zieh' PQ., die die Linie KL., die Bildebene durchschneidet und zwar von der Länge, die von der Linie KL. zum Auge stattfindet, welches O. ist, dieselbe sei PQ. und auf P. errichte die Senkrechte von der Grösse, wieweit du über dem Cubus mit den Augen stehen willst, was O. sei (Fig. 53). Darin befestige die Nadel mit dem Faden, dann nimm den Papierstreifen und leg' ihn an KL. berührend, dass er fest liege; dann zieh' PQ., welche den Streifen im Puncte E. theilt; dann nimm den Faden und stelle ihn auf C. ein, und wo er auf den Streifen schlägt, zeichne C.; dann stelle den Faden auf D. ein und wo der Faden auf den Streifen schlägt, mach' D.; zieh' den Faden über H. und wo er auf den Streifen schlägt, punctire H.; und erstrecke den Faden über I. und wo er auf den Streifen schlägt, zeichne I.; führe den Faden über B., und wo er auf den Streifen schlägt, punctire B.; trage den Faden über A., wo er auf den Streifen schlägt, mach' A.; führe den Faden über G., wo er hinschlägt, zeichne G.; stell' den Faden auf F. ein, und wo er auf den Streifen schlägt, mach' Punct F.; und du hast die Höhe auf dem Streifen E.; nimm ihn weg und mach damit einen andern gleichen, auch E. bezeichneten. Dann zieh' eine grade Linie, die KL. sei, an der Stelle, wohin du den perspectivisch verkürzten Cubus stellen willst, und halbire KL. im Puncte M., und zieh' durch N. auf M. eine Senkrechte die MN. sei und auf K. zieh' durch x.[3] eine Senkrechte und auf L. zieh' eine durch y.[3] Dann nimm die zwei E. bezeichneten Papierstreifen und leg' davon einen an Kx. berührend und den andern an Ly. berührend, und E. von allen beiden falle in KL., dass sie gut fest liegen; dann nimm den Holzstreifen E. und leg' ihn so, dass er durch C. von allen beiden (Papier)streifen hindurchgehe und M. falle in die Linie MN., und wo C. hintrifft, mach' C.; leg' den Streifen so, dass er durch D. von beiden (Papier)streifen hindurchgeht und wo D. des Holzstreifens hinfällt, zeichne D.; leg' den Streifen so, dass er durch H. beider (Papier)streifen geht, und wo H. hinfällt, mach' H.; führe den Streifen so, dass er durch I. der beiden (Papier)streifen geht, und M. falle stets in die Linie MN.; und wo I. hintrifft, zeichne I.: schieb' den Streifen so, dass er durch B. beider (Papier)streifen hindurchgeht, und wo B. hintrifft, punctire B.; leg' den Streifen so, dass er durch A. beider (Papier)streifen geht, und wo A. hinfällt, mach' A.; führe den Streifen so, dass er durch G. beider (Papier)streifen geht, und wo G. vom Holzstreifen hintrifft, zeichne G.; leg' den Streifen so, dass er durch F. von beiden (Papier)streifen geht, und wo F. hintrifft — vom Holzstreifen versteht sich immer

---

[1] Bezeichnung fehlt in Fig. 53.
[2] PQ. in Fig. 53.
[3] Fehlt in Fig. 54.

und ebenso, dass M. in die Linie MN. fällt — zeichne F. Jetzt zieh' AB. BC. CD. DA. CH. HI. ID. AF. FG. GB. und du hast den vorgeschriebenen Cubus vollendet. Fig. 54.

51. Die gegebene Basis einer runden Säule proportional perspectivisch zu verkürzen. Um der angegebenen Ordnung zu folgen, mach' zuerst die Basis in eigentlicher Form: so dass man nur eine Seite davon sehe wie du in der Höhenfigur siehst; welche Basis so hoch sein muss wie die Hälfte der Säulendicke, und am Fuss so breit wie die Säule dick ist, plus zwei Fünftel der Säulendicke, welche Breite GH. sei. Dann theile die Höhe in zwölf gleiche Theile, von diesen trage vier von G. aufwärts, welche Länge GA. sei, welches die Plinth genannte Platte ist: und drei Theile davon trage von A.[1] aufwärts, welches bis C.[1] für die Rundung sei, die Torus genannt wird, und die Hälfte eines dieser zwölf Theile stelle auf C. was auch bis C. und zwar mit dem Titel sei, und zwei Theile von den zwölf stell' auf C. mit dem Titel was bis E. gehe, für den Gürtel (Trochilus) und die Hälfte eines Theils von den zwölf stelle auf E. was bis E. mit dem Titel gehe, und der Rest ist für die oberste Rundung was bis E. mit zwei Titeln reiche. Jetzt umschreibe diese Theile mit guter Form, indem du der Basis gutes Ansehen gibst: dann zieh' eine Linie durch die Mitte der obern Rundung, die durch F. gehe, dann zieh' eine solche durch die Mitte des Gürtels, die durch D. gehe, und eine andere durch die Mitte der untern Rundung die durch B. gehe. Jetzt, um die Figur der Breite in eigentlicher Form zu machen, nimm die Grösse der Basisplatte die GH., und mach' eine quadratische Fläche von gleichen Winkeln und Seiten, deren jede Seite von der Grösse von GH. sei, welche Fläche GHIK. sei; darin ziehe die Diagonalen die sich im Puncte M. schneiden werden, der Centrum sei. Dann nimm die Hälfte der Linie A.[2] der Basis und setz' einen Fuss des Zirkels auf M. und mit dem andern beschreib' einen Kreis mit jener Grösse und dann nimm die Hälfte der Linie B. die durch die Mitte der untern Rundung geht und stell' einen Fuss des Zirkels auf M., und mit dem andern beschreib den Kreis B.; dann nimm die Hälfte der Linie C. und stell einen Fuss des Cirkels auf M. und mit dem andern Fusse beschreib' den Kreis C.; sodann nimm die Hälfte der Linie D. und stell' den Fuss des Zirkels auf M. und mit dem andern geh' herum bis du dahin zurückkehrst wo er sich bewegte, was Kreis D. sei; nimm die Hälfte der Linie E. und stell' einen Fuss des Zirkels auf M. und mit dem andern beschreib' den Kreis E.; dann nimm die Hälfte der Linie F. und stell' den Fuss des Zirkels auf M. und mit dem andern beschreib' den Kreis F. Du hast so die Kreise vollendet. Jetzt theile die Seiten der quadratischen Fläche GHIK. jede zu gleichen Theilen: theile GI. in zwei gleiche Theile im Puncte 1. und von 1. führe die durch M. gehende Linie, die alle diese Kreise, nämlich ABCDEF. jeden im Puncte 1. und auf der andern Seite die HK. alle im Puncte 9. schneide; und die Diagonale schneide sie gegen der Ecke G. hin jeden im Puncte 3. und gegen die Ecke K. alle im Puncte 11., dann halbire GH. im Puncte 5. und von 5. ziehe die durch M. gehende Linie, die alle diese Kreise nach der Seite von GH. alle im Puncte 5. und nach der Seite von IK. alle im Puncte 13. schneide, und die Diagonale IH. wird alle diese Kreise dem Winkelpunct H. zunächst im Puncte 7. schneiden, und wird gegen den Eckpunct I. hin alle im Puncte 15. schneiden. Jetzt theile 1—3. zu gleichen Theilen im Puncte 2., führe von 2. eine durch M. laufende Grade, die alle diese Kreise im Puncte 2. und auf der andern Seite alle im Puncte 10. theilen wird; dann theile 3—5. zu gleichen Theilen im Puncte 4.; zieh von 4. eine durch M. gehende Grade, die alle diese Kreise im Puncte 4. und auf der andern Seite im Puncte 12. schneiden wird; dann halbire 5—7. im Puncte 6. und zieh' von 6. eine durch M. laufende Grade, die alle Kreise im Puncte 6. und auf der andern Seite im Puncte 14. schneiden wird, dann theile 7—9. zu gleichen Theilen im Puncte 8.; zieh' sodann von 8. eine durch M. laufende Grade, die alle Kreise im Puncte 8. und auf der andern Seite im Puncte 16. theile; jetzt theile GH. in der Ebene der Höhe der Basis in zwei gleiche Theile im Puncte M.: auf dieser ziehe die Senkrechte, welche die durch A. B. C. D. E. F. laufenden Linien, die zur Linie GH. parallel sind, alle im Puncte 5. schneide,

---

[1] Bezeichnung A. und B. fehlt in Fig. 55.
[2] d. h. des untern Durchmessers des Torus auf der obern Fläche des Plinth.

sodann nimm den Abstand der Linie 5—13. des Kreises A. bis 1. desselben Kreises und übertrage ihn auf die Höhenlinie A.:[1] auf der Rechten von 5. mach' 1., auf der linken 9., nimm den Abstand, der von 5—13. bis 2. des Kreises A. statthat, und trag' ihn auf die Höhenlinie A., auf der rechten von 5. zeichne 2. und 16., auf der linken 8. und 10.; sieh' wieweit der Abstand von 5—13. bis 3. des Kreises A. ist und diesen übertrage in die Linie A. der Höhe, auf der rechten Seite von 5. nach 3. und 15., auf der linken 7. und 11.; dann nimm den Abstand von 5—13. bis 4. des Kreises A. und übertrage ihn auf die Höhenlinie A.: rechts von 5. punctire 4. und 14. links 6. und 12.; sodann nimm den Abstand der Linie 5—13. bis 1. des Kreises B. und übertrag ihn auf die Höhenlinie B.: zur rechten von 5. mach 1., zur linken 9.; dann nimm den Abstand von 5—13. bis 2. des Kreises B. und übertrag ihn auf die Höhenlinie B.: zur rechten von 5. zeichne 2. und 16., zur linken 8. und 10.; nimm den Abstand von der Linie 5—13. bis 3. des Kreises B. und übertrag ihn auf die Höhenlinie B., und zeichne auf der rechten von 5.: 3. und 15., auf der linken 7. und 11.; dann nimm den Abstand der von 5—13. bis 4. des Kreises B. statthat und übertrag ihn auf die Höhenlinie B.: zur rechten Seite von 5. zeichne 4. und 14., zur linken 6. und 12.; jetzt nimm den Abstand von der Linie 5—13. bis 1. des Kreises C. und übertrag ihn auf die Höhenlinie C.: auf der rechten von 5. zeichne 1., auf der linken 9.; nimm den Abstand von 5—13. bis 2. des Kreises C. und übertrag ihn auf die Höhenlinie: zur rechten von 5. mach 2. und 16., zur linken 8. und 10., miss' wie weit es von 5—13. bis 3. des Kreises C. ist, und übertrag (diesen Abstand) auf die Höhenlinie C., zur rechten 3. und 13., zur linken 7. und 11., nimm den Abstand von 5—13. bis 4. des Kreises C. und übertrag ihn auf die Höhenlinie C. und zeichne zur rechten von 5.: 4. und 14., zur linken 6. und 12. Jetzt sieh' wie weit es von 5—13. bis 1. des Kreises D. ist und übertrag (diese Grösse) auf die Höhenlinie D., zur rechten von 5. zeichne 1., zur linken 9.; nimm den Abstand von 5—13. bis 2. des Kreises D. und übertrag ihn auf die Höhenlinie D., zur rechten von 5. zeichne 2. und 16., zur linken 8. und 10.; nimm den Abstand von 5—13. bis 3. des Kreises D. und übertrag ihn auf die Höhenlinie D.: zur rechten von 5. setz' 3. und 15., zur linken 7. und 11.; nimm den Abstand von 5—13. bis 4. des Kreises D. und übertrag ihn auf die Höhenlinie: zur rechten (zeichne) 4. und 14., zur linken 6. und 12.; nimm den Abstand der von 5—13. bis 1. des Kreises E. besteht und übertrage ihn auf die Höhenlinie E., zur rechten von 5. zeichne 1. und zur linken 9. Nimm den Abstand von 5—13. bis 2. des Kreises E. und übertrage ihn auf die Höhenlinie E.: zur rechten von 5. mach' 2. und 16., zur linken 8. und 10.; nimm den Abstand von 5—13. bis 3. des Kreises E. und zeichne auf der Höhenlinie E. zur rechten 3. und 15., zur linken 7. und 11.; dann nimm den Abstand von 5—13. bis 4. und übertrag ihn auf die Höhenlinie E.: zur rechten von 5. zeichne 4. und 14., zur linken 6. und 12.; jetzt nimm den Abstand der von 5—13. bis 1. des Kreises F. statthat, und übertrag ihn auf die Höhenlinie, zur rechten von 5. zeichne 1., zur linken 9.; nimm den Abstand von 5.—13. bis 2. und übertrage ihn auf die Höhenlinie F., zur rechten von 5. mach' 2. und 16., zur linken 8. und 10.; dann sieh wie weit es von 5.—13. bis 3. des Kreises F. ist und übertrag (diesen Abstand) auf die Höhenlinie F. zur rechten von 5. zeichne 3. und 15., zur linken 7. und 11., sieh' wie weit es von 5. 13. bis 4. des Kreises F. ist, und übertrag (den Abstand) auf die Höhenlinie F., zur rechten von 5. zeichne 4. und 14., zur linken 6. und 12. und du hast die Höhenfigur (Profilfigur) in eigentlicher Form vollendet. Fig. 55.

Jetzt müssen die Verkürzungen auf den Streifen bestimmt werden. Zieh' eine Linie parallel zu GI. welches eine Seite der Basis ist, welche (Parallele) PQ. sei, welches die Bildebene bezeichnet wo die Streifen anzulegen sind: und sodann entferne dich von der Linie PQ. soweit du stehen willst, um die Basis zu sehen und mach' da Punct O. Darin befestige die Nadel mit dem Faden. Dann nimm den A. bezeichneten Holzstreifen und leg ihn an PQ. berührend; sodann stell' den Faden auf 1. des Kreises A. ein,[2] und wo er auf den Streifen schlägt zeichne 1.; und stell' den Faden auf 2. des Kreises A. ein und wo er auf den

---

[1] In die Profilfigur.
[2] In Figur 56 ist das Verfahren nur für Kreis B. angedeutet.

Streifen schlägt, mach' 2.; zieh' den Faden über 3. des Kreises A., wo er auf den Streifen schlägt mach' 3., stell den Faden auf 4. des Kreises A. ein, wo er auf den Streifen schlägt punctire 4., führe den Faden über 5. des Kreises A., wo er auf den Streifen schlägt, zeichne 5., stell' den Faden auf 6. des Kreises A. ein, wo er auf den Streifen schlägt, mach' 6.; und ebenso mach's bis 16., indem du alle (Puncte) auf dem Streifen bezeichnest, da wo der Faden aufschlägt; und stell' den Faden auf M. ein und wo er auf den Streifen schlägt, zeichne M.; diese bezieht sich auf Kreis A. Nimm den Streifen weg und leg ihn bei Seite und nimm den andern B. bezeichneten Holzstreifen und leg ihn an PQ. berührend, dass er fest liege. Dann nimm den Faden und stell' ihn auf alle Zeichen (Zahlen) des Kreises B. und auf M. ein und da wo er jedesmal auf den Streifen schlägt, bezeichne alle, und M. Dann nimm den Streifen weg und leg' ihn beiseite, und nimm den andern C. bezeichneten Holzstreifen und leg' ihn an PQ. berührend; dann nimm den Faden und stell' ihn auf jedes Zeichen des Kreises C. und auf M. ein und wo der Faden auf den Streifen schlägt, bezeichne sie alle; dann nimm den Streifen weg und leg ihn beiseite, und nimm den andern D. bezeichneten Holzleisten und leg ihn PQ. berührend, dass er festliege: dann nimm den Faden und stelle ihn auf alle die Zeichen (Zahlen) des Kreises D. und auf M. ein, und wo der Faden auf den Streifen schlägt, bezeichne alle; dann nimm den Streifen D. weg und leg' ihn beiseite und nimm den andern E. bezeichneten Holzstreifen und leg' ihn an PQ. berührend, dass er gut fest liege; dann nimm den Faden und stelle ihn auf alle Zeichen des Kreises E., und wo er auf den Streifen schlägt, bezeichne jedes und M. Nimm den Streifen E. weg und leg' ihn beiseite; dann nimm den F. bezeichneten Holzstreifen und leg ihn an PQ. berührend, dass er fest liege; dann nimm den Faden und stelle ihn auf jedes Zeichen des Kreises F. und auf M. ein, und wo der Faden aufschlägt, bezeichne alle der Reihe nach; dann nimm den Streifen weg und leg' ihn beiseite; dann leg' den andern, G. bezeichneten Holzstreifen an PQ. berührend, dann nimm den Streifen und stell' ihn auf K. ein, und wo er auf den Streifen schlägt, zeichne K. stelle den Faden auf I. ein, und wo er auf den Streifen schlägt, punctire I.; führe den Faden über H., und wo er auf den Streifen schlägt, zeichne H., zieh' den Faden über G., und wo er auf den Streifen schlägt, mach' G.; stell' den Faden auf M. ein, und wo er auf den Streifen schlägt, mach' Punct M.; nimm den Streifen weg und lege ihn beiseite. Das sind die Breitenstreifen. Fig. 56.

Wir haben jetzt die Höhen aufzutragen. Ziehe HG. unbegrenzt lang, d. h. die Linie der Basisplatte der Profilzeichnung: auf diese führe die Senkrechte PQ. von G. um die Grösse entfernt, die von der Linie PQ., der Bildebene in der Breitenzeichnung (Grundriss) bis GI. stattfindet; und dann zieh von H. eine durch G. laufende Gerade, von der Länge von KH. bis O. in der Breiten-(Grundriss)zeichnung, welche (Gerade) HR.[1] sei; und auf R. zieh' durch O. eine Senkrechte, welches OR. sei, von der Länge wie du höher stehen willst, um die Basis zu sehen. In diesem O. befestige die Nadel mit dem Faden, wie gesagt worden. Sodann nimm den Papierstreifen und leg' ihn an PQ. berührend, dass er gut fest liege; und ebenso wirst du es mit allen andern machen. Dann zieh' HG., welche den Papierstreifen im Puncte G. schneide, was Streifen G. mit dem Titel sein wird; dann nimm den Faden und stelle ihn auf H. ein, und wo er auf den Streifen schlägt, zeichne H. und K.; dann stelle den Faden auf G. ein, und wo er auf den Streifen schlägt, punctire G. und I., dann nimm den Streifen weg und mach' damit einen andern gleichen, G. mit dem Titel bezeichneten, und leg' sie beiseite, und leg' einen andern Papierstreifen an PQ. berührend; dann ziehe GH. welche ihn im Puncte G. schneide; sodann erstrecke den Faden über H., und wo er auf den Streifen schlägt, setze H. und K., zieh den Faden über G. und wo er auf den Streifen schlägt, zeichne G. und I.[2]; nimm den Streifen weg, und mach' damit einen andern gleichen, G. bezeichneten und leg sie beiseite; nimm den andern Papierstreifen und leg' ihn an PQ.

---

[1] Bezeichnung R. fehlt in Fig. 57.
[2] In Fig. ist die auf Streifen G. G°. und A. bezügliche Operation zur Vermeidung von zuviel Streifen auf Streifen A. gleichzeitig angedeutet. Ebendies findet sich — aus analogem Grunde — bei complizirteren Darstellungen noch öfter.

berührend, dass er fest liege. Dann zieh' HG., welche ihn im Puncte A. theile, was Streifen A. sei. nimm den Faden und stelle ihn auf 1. der Höhenlinie A. und wo er auf den Streifen schlägt, punctire 1., stell' den Faden auf 2., wo er auf den Streifen schlägt, mach' 2. und 16., stell' den Faden auf 3. ein, und wo er auf den Streifen schlägt, zeichne 3. u. 15., zieh' den Faden über 4 und wo er auf den Streifen schlägt, mach' 4 und 14., stell' den Faden auf 5. und wo er auf den Streifen schlägt, zeichne 5. und 13., zieh' den Faden über 6., wo er auf den Streifen schlägt, punctire 6. und 12.; führe den Faden über 7., wo er auf den Streifen schlägt mach' 7. und 11.; zieh' den Faden über 8., wo er auf den Streifen schlägt, mach' 8. und 10., stell' den Faden über 9. und wo er auf den Streifen schlägt, zeichne 9. und du hast die Zeichen (Zahlen) der Linie A. auf den Streifen A. übertragen. Nimm ihn weg und mach' damit einen andern ihm gleichen, A. bezeichneten, und leg' sie beiseite. Nimm den andern Papierstreifen und leg' ihn an PQ. berührend, dann zieh' HG., die ihn im Puncte B. schneide; dann erstrecke den Faden über 1. der Linie B., und wo er auf der Streifen schlägt, zeichne 1., immer wenn ich sage leg':, stell' oder ziehe oder führe, versteht sich über die Linie und wenn ich sage «schlägt» versteht es sich auf den Streifen; stell' den Faden auf 2 ein und wo er hinschlägt, zeichne 2. und 16.; stelle den Faden auf 3 ein und wo er aufschlägt, mach' 3. und 15.; zieh' den Faden über 4., und wo er hinschlägt, mach' 4 und 14.; führe den Faden über 5. und wo er hinschlägt, punctire 5. und 13.; stell den Faden auf 6. ein, wo er hinschlägt punctire 6. und 12.; stell den Faden auf 7. ein, und wo er hinschlägt, zeichne 7. und 11.; stell' den Faden auf 8. ein, wo er aufschlägt, zeichne 8. und 10.; stell den Faden auf 9. ein, wo er aufschlägt, mach' 9. Diese gehören der Linie B. an, auf Streifen B. übertragen; nimm ihn weg und mach' damit einen andern gleichen B. bezeichneten und leg' sie bei Seite; dann leg' den andern Papierstreifen berührend an PQ., sodann zieh' HG., welche ihn im Puncte C. mit dem Titel schneide, nimm den Faden, stelle ihn auf 1., auf 2., auf, 3. auf, 4. auf 5., auf 6., auf 7., auf 8., auf 9. der Höhenlinie C. ein, wo der von 1. auf den Streifen aufschlägt mach' 1., wo der von 2 aufschlägt, zeichne 2. und 16., wo der von 3. aufschlägt, zeichne 3. und 15., wo der von 4. aufschlägt, punctire 4. und 14., wo der von 5. aufschlägt, mach' 5. und 13., wo der von 6. aufschlägt, zeichne 6. und 12., wo der von 7. aufschlägt, punctire 7. und 11., wo der von 8. aufschlägt, setz' 8. und 10., wo der von 9. aufschlägt mach' 9. Nimm den Streifen weg und mach' damit einen andern gleichen C. mit dem Titel bezeichneten, und leg' sie beiseite. Dann nimm den andern Papierstreifen und leg' ihn berührend an PQ. und ziehe HG., welche ihn in C. schneide, dann nimm den Faden und stell' ihn auf 1., auf 2., auf 3., auf 4. auf 5., auf 6., auf 7., auf 8., auf 9. der Höhenlinie C. und zeichne wo er auf den Streifen schlägt, wie du bei den andern gethan hast. Dann nimm den Streifen weg und mach' damit einen andern gleichen, C. bezeichneten und leg sie beiseite, dann nimm den andern Papierstreifen und leg' ihn berührend an PQ. und führe HG., welche ihn im Puncte D. schneide; dann führe den Faden über 1., über 2., über 3., über 4., über 5., über 6., über 7., über 8., über 9., der Linie D. und wo der Faden auf den Streifen schlägt, zeichne in angegebner Art'; dann nimm den Streifen weg und mach' damit einen andern gleichen, D. bezeichneten und leg' sie beiseite, und leg' den andern Papierstreifen berührend an PQ., und zieh' HG., welche ihn im Puncte E. mit zwei Titeln theile, dann nimm den Faden und leg' ihn auf 1., auf 2., auf 3., auf 4., auf 5., auf 6., auf 7., auf 8., auf 9. der Linie E. mit zwei Titeln, und wo der Faden auf den Streifen schlägt, zeichne wie beim ersten und den andern, und nimm den Streifen weg und mach' damit einen andern gleichen E. mit zwei Titeln bezeichneten und leg' sie beiseite; sodann nimm den andern Papierstreifen und leg' ihn an PQ. berührend, und führe HG., die den Streifen im Puncte E. mit dem Titel theile; dann leg' den Faden auf 1., auf 2., auf 3. auf 4., auf 5., auf 6., auf 7., auf 8., auf 9., der Höhenlinie E. mit dem Titel, und wo der Faden auf den Streifen schlägt zeichne wie oben. Dann nimm den Streifen weg und mach mit ihm einen andern gleichen E. mit dem Titel bezeichneten, und leg' sie beiseite; dann leg einen andern Papierstreifen berührend an PQ. und zieh HG., welche ihn im Puncte F. schneide, stell' den Faden auf 1., auf 2., auf 3., auf 4., auf 5., auf 6., auf 7., auf 8., auf 9., der Höhenlinie F., und wo der Faden auf den Streifen schlägt, zeichne wie

— CXLIII —

geschehen; nimm den Streifen weg und mach' damit einen andern gleichen F. bezeichneten leg' sie beiseite; dann nimm den andern Papierstreifen und leg ihn berührend an PQ. und zieh HG., welche ihn im Puncte E. theile, dann erstrecke den Faden über 1., über 2., über 3., über 4., über 5., über 6., über 7., über 8., über 9. der Linie E. und wo der über 1. gelegte auf den Streifen schlägt mach' 1., wo der über 2. aufschlägt zeichne 2. und 16., wo der von 3. aufschlägt, punctire 3. und 15., wo der von 4. aufschlägt, zeichne 4. und 14.; wo der von 5. aufschlägt, punctire 5. und 13. und wo der von 6. aufschlägt, mach' 6. und 12., wo der von 7. aufschlägt, zeichne 7. und 11., wo der von 8. aufschlägt, punctire 8. und 10. und wo der von 9. aufschlägt, zeichne 9. und nimm den Streifen weg und mach' damit einen andern gleichen E. bezeichneten und leg' sie beiseite; somit hast du alle Höhen auf den Streifen übertragen. Fig. 57.

Nachdem die Breiten und Höhen auf die Streifen gesetzt sind, muss man eine grade Linie an der Stelle ziehen, wo du die Basis hinstellen willst, welche KL. sei. Diese theile zu gleichen Theilen im Puncte M. und auf M. führe bis N. eine Senkrechte, was die Linie MN. sei und auf K. ziehe bis P. eine Senkrechte, was PK. sein wird, und auf L. linire eine Senkrechte bis Q., was QL. sei, dann nimm die zwei Papierstreifen E. und leg' davon einen berührend an KP., den andern berührend an LQ. und E., von allen beiden falle in die Linie KL., so dass sie gut fest liegen. Dann nimm den Holzstreifen E. und leg' ihn auf die zwei (Papier)streifen durch 9. von allen beiden Papier(streifen) hindurchgehend und M. falle in die Linie MN., immer versteht sich, dass M. in die Linie MN. falle, obwohl es nicht gesagt wird, und wo 9. — des Holzstreifens versteht sich immer — hintrifft, mach Punct 9.; dann schieb den Streifen, dass er durch 8. und 10. beider (Papier)streifen hindurchgeht, und wo 8. hinfällt, zeichne 8. und wo 10. hintrifft mach' 10.; führe den Streifen durch 7. und 11. beider (Papier)streifen hindurchgehend, und wo 7. hintrifft, punctire 7., wo 11. hinfällt zeichne 11.; schieb den Streifen durch 6. und 12. beider Streifen hindurchgehend und wo 6. hinfällt, punctire 6., wo 12. hintrifft, mach' 12., führe den Streifen durch 5. und 13. beider (Papier)streifen und wo 5. hinfällt, punctire 5., wo 13. hinfällt, punctire 13., leg den Streifen durch 4. und 14. beider (Papier)streifen hindurchgehend, wo 4. hintrifft, mach' 4., wo 14. hintrifft, zeichne 14.; schieb den Streifen durch 3. und 15. beider (Papier)streifen laufend, wo 3. hinfällt, zeichne 3., wo 15. hintrifft, punctire 15.; führe den Streifen durch 2. und 16. hindurch, wo 2. hinfällt, punctire 2., wo 16. hintrifft mach' 16., leg den Streifen durch 1. hindurch, wo 1. hintrifft mach' 1. Nimm den Streifen weg. Wisse, dass jedesmal, wenn ich sage: leg', oder stell', oder führe, oder schieb, oder erstrecke, oder leite, sich der Holzstreifen auf den zwei Papierstreifen versteht, und M. falle stets in die Linie MN. und wenn ich sage, «wo hintrifft», verstehe: wo sich jene Zeichen (Zahlen) des Holzstreifens finden, welcher die Breite enthält, die den Zeichen entsprechen, durch welche der (Holz)streifen auf den zwei (Papier)streifen hindurchgeht. Nimm die zwei, F. bezeichneten Papierstreifen und leg den einen berührend an KP. und den andern berührend an LQ. und F., von allen beiden falle in KL. Jetzt nimm den Holzstreifen F. und leg' ihn durch 9. beider (Papier)streifen hindurch, und wo 9. hintrifft, zeichne 9.; führe den Streifen durch 8. und 10. beider Streifen hindurchlaufend und wo 8. hintrifft, mach' 8., wo 10. hinfällt, zeichne 10., schieb' den Streifen durch 7. und 11. beider (Papier)streifen hindurch, wo 7. hinfällt, punctire 7., wo 11. hintrifft mach' 11.; leg' den Streifen durch 6. und 12. beiders (Papier)streifen hindurchgehend, und wo 6. hinfällt, zeichne 6., wo 12. hintrifft, punctire 12., führe den Streifen durch 5. und 13. beider (Papier)streifen hindurchgehend, wo 5. hinfällt, mach' 5., wo 13. hintrifft, zeichne 13.; leg den Streifen durch 4. und 14. beider (Papier)streifen hindurch, wo 4. hinfällt, zeichne 4., wo 14. hintrifft, punctire 14.; schieb den Streifen durch 3. und 15. beider (Papier)streifen hindurchgehend, wo 3. hinfällt, mach' 3., wo 15. hintrifft, zeichne 15.; leg' den Streifen durch 2. u. 16. beider (Papier)streifen hindurch, wo 2. hinfällt, zeichne 2., wo 16. hintrifft mach' 16; dann führe den Streifen durch 1. beider (Papier)streifen hindurchgehend, und wo 1. hinfällt, zeichne 1.; jetzt nimm die Streifen weg und nimm zwei andere, E. mit dem Titel bezeichnete, Papierstreifen und leg' einen davon an KP. berührend, und den andern berührend an LQ., dass sie gut fest liegen, und dann nimm den Holzstreifen, welcher der erste war, den du nahmst, welcher für drei dient, lege ihn an die Papierstreifen E. an und zwar durch 9. der beiden Streifen und wo 9. hintrifft, zeichne 9.; schieb' den Streifen durch 8. und 10. beider Streifen hindurchgehend, und wo 8. hinfällt, mach' 8., wo 10 hintrifft, punctire 10.; führe den Streifen durch 7. und 11. beider (Papier)streifen hindurch, und wo 7. hintrifft, punctire 7. und wo 11. hinfällt, zeichne 11.; leg' den Streifen, dass er durch 6. und 12. beider Streifen geht, wo 6. hintrifft, punctire 6., wo 12. hinfällt, mach' 12., leg' den Streifen durch 5. und 13. hindurchlaufend, und wo 5. hinfällt, punctire 5. und wo 13. hintrifft, zeichne 13.; führe den Streifen durch 4. und 14. beider (Papier)streifen hindurchgehend, und wo 4. hinfällt, mach' 4., wo 14. hintrifft, punctire 14.; leg' den Streifen, dass er durch 3. und 15. beider (Papier)streifen hindurchläuft, und wo 3. hintrifft zeichne 3., wo 15. hintrifft zeichne 15.; schieb' den Streifen durch 2. und 16. beider (Papier)streifen hindurchlaufend, wo 2. hintrifft, mach' 2, wo 16. hinfällt, setz' 16.; führe den Streifen durch 1. beider (Papier)streifen hindurch, und wo 1. hinfällt, zeichne 1. Nimm die Streifen weg und nimm die zwei E., mit zwei Titeln bezeichneten, Papierstreifen, leg' einen davon berührend an KP, und den anderen an LQ. und E., von allen beiden falle in die Linie KL.; dann nimm den Holzstreifen E. und leg' ihn, dass er durch die Theilpuncte beider Papierstreifen hindurchgeht, und M. falle in die Linie MN.: und bezeichne, wo jene Zeichen (Zahlen) des Holzstreifens hinfallen, wie du es bei den andern gethan hast: und nimm die Streifen weg und die zwei, D. bezeichneten Papierstreifen, leg' davon einen berührend an KP. und den andern berührend an LQ. und D., von allen beiden falle in KL.; dann nimm den Holzstreifen D. und machs, wie du es oben mit den andern gemacht hast: einen Streifen weg und nimm die zwei Papierstreifen C. und leg' davon einen berührend an KP., den andern berührend an LQ. und C. von allen beiden falle in die Linie KL. Dann nimm den Holzstreifen C. und leg' ihn auf die Zeichen beider Streifen, indem du bezeichnest, wo die Zeichen des Holzstreifens hintreffen; und dann nimm sie weg und nimm sodann die zwei anderen, B. bezeichneten Papierstreifen, und leg' einen davon berührend an KP., den anderen an LQ. und B., von allen beiden falle in KL.; dann nimm den Holzstreifen B. und mach's ebenso, wie du es bei den andern gemacht hast, und nimm sie (die Streifen) sodann weg; und leg zwei andere, A. bezeichnete Papierstreifen hin, einen berührend an KP., den andern an LQ. und A., von allen beiden falle in KL.; sodann nimm den Holzstreifen A. und mach's, wie du es bei den andern gemacht hast und nimm sie sodann weg. Jetzt nimm die zwei Papierstreifen G. und leg' davon einen berührend an KP., den andern an LQ. und G. von allen beiden falle in die Linie KL.; dann nimm den Holzstreifen G. und leg' ihn durch HK. beider Streifen, und M. falle in die Linie MN., und wo H. hintrifft, mach' Punct H. und wo K. hintrifft, zeichne K.; schieb' den Streifen, dass er durch GI. beider Streifen geht, und wo G. des Holzstreifens hintrifft, mach' G., und wo I. hintrifft, zeichne I. Nimm die Streifen weg und nimm die zwei, G. mit dem Titel bezeichneten, Papierstreifen, und leg' einen davon berührend an KP. und den andern an LQ. und G., von allen beiden falle in KL., und nimm den Holzstreifen G. und leg' ihn durch HK. aller beider Streifen hindurch, und wo H. des (Holz)streifens hintrifft, zeichne H., und wo K. hinfällt, mach' K.; schieb' den Streifen, dass er durch GI. beider (Papier)streifen hindurchgeht, wo G. hintrifft, punctire G., wo I. hinfällt, zeichne I., nimm die Streifen weg und leg' sie beiseite und zieh' GH. HI. IK. KG. und zieh' die andern der Basis ebenfalls, nämlich GH. HI. IK. KG.: das sind die der Platte. Jetzt zieh' 1—2.; 2—3.; 3—4.; 4—5.; 5—6.; 6—7.; 7—8.; 8—9.; 9—10.; 10—11.; 11—12.; 12—13.; 13—14.; 14—15.; 15—16.; 16—1. Dies ist nur ein Kreis: ebenso zieh' alle, einen nach dem andern und du wirst die Basis perspectivisch verkürzt haben. Wenn es dir aber schiene, dass die Zeichen zu sehr den Ort überdecken, wo du die Basis hinstellst, so kannst du kleine Pünctchen machen, wie es dir gefällt und wenn du einen Kreis gemacht hast, profilirst du ihn,[1] denn wenn du viele Kreise ohne zu profiliren machtest, könntest du nachher beim profiliren von einem zum andern Kreise irren.

---

[1] Will sagen: «führst du ihn aus, durch Verbindung der einzelnen Puncte».

Darum profilire Kreis für Kreis. Und weil die Breitenkreise der Basis in eigentlicher Form in gleiche Theile getheilt sind, und du vom Puncte O., der das Auge, den Faden über diese Theilpuncte nämlich von 1 bis 16 gezogen hast, obwohl deren mehr gemacht werden könnten, und es würde besser sein — und weil es oftmals vorkommen kann, dass die Linie die vom Auge ausgeht, d. h. der Faden, der vom Punct O. ausgeht, die Kreise in andern Puncten als in diesen Zeichen treffen wird, die wir gemacht haben, deren es 16 sind, darum sage ich, wenn dieses stattfinden sollte, dass du in jenem Schnittpuncte ein Zeichen in besagten Kreisen machest, und sodann übertrage sie (die Zeichen) auf die Höhenlinie (Profilfigur) der Basis in oben gesagter Weise d. h. wie 1. 2. 3. und die andern, die auf der Breitenfigur (Grundriss) waren, die du auf die Höhenfigur übertrugest: mach's mit jenen (Zeichen) ebenso bei jeder andern Figur. Fig. 58.

52. Vom gegebenen (Augen)punct in der festgesetzten Bildebene das beschriebene [1] Kapitell proportional perspectivisch zu verkürzen.

Also um das beschriebene (Composita) Kapitell perspectivisch verkürzen zu wollen wirst du, um nicht die angefangene Methode zu verlassen, das Kapitell in eigentlicher Form machen, welches du darstellen willst, sodass man es von einer Seite her sieht: von dieser mach' dass die Linie seiner Breite am Fusse, wo sie auf der Säule befestigt wird, 4 sei; dieselbe halbire im Puncte K. und auf K. führe die Senkrechte AK., welche 5. sei; dann zieh' eine Linie durch A. hindurchgehend, parallel zur Linie K., deren Länge 7. sei; sodann theile AK. in sieben gleiche Theile: von diesen trag' einen der sieben unter A. auf, was AC. sei; dann führe die zu A. parallele Linie durch C. welche 5 $4/7$ lang, und in C. halbirt, sei; dann theile AC. in drei gleiche Theile: von diesen trag' einen unter A. ab, was bis B. sei und zieh' die zu A. parallele Linie die durch B. geht, welche 6 $11/21$ lang und in B. halbirt sei; dann nimm $1/3$ von BA. und trag es unter B. auf, was B. mit dem Titel sei, und führe die zu B. parallele Linie durch B. mit dem Titel, was der Stab sei: diese sind über dem Gesimse. Dann theile CK. in drei gleiche Theile in F. und H.; und F. sei 4 $1/2$ und H. sei 4 $1/4$ lang. Durch diese Puncte ziehe Parallelen zu K.; sodann nimm den fünften Theil von CK. und trag' ihn unter C. ab, was bis E. sei; zieh' die zu C. parallele, durch E. laufende Linie, die 4 $1/2$ [2] lang sei; dann theile CE. zu gleichen Theilen im Puncte D. und zieh' die durch D. laufende Linie parallel zu C., welche 5. lang sei; dann nimm $1/3$ von DE. und trag' es unter E. auf, was Linie E. mit dem Titel sei, was der Stab sei. Dann nimm $1/7$ von FK. und trag' es unterhalb F. auf, was FG. sei, und zieh' die durch G. laufende Linie parallel zu F., welche 5 $4/7$ lang sei; dann nimm $1/4$ von HK. und trag' es unterhalb H. ab, was HI. sei; zieh' die durch I. gehende Linie parallel zu H., welche 4 $1/2$ lang sei. Jetzt kehre nach oben zurück, um Ranken zu machen: nimm den vierten Theil der Linie D. und trag ihn auf die Linie E. zur rechten Seite und ebenso trag ihn auf der linken Seite ab, indem du einen Punct machst. Sodann beschreibe kreisbogenförmige Ranken, indem du bei einem Viertel nach Innen auf der Linie C. beginnst, und nach Aussen gleichmässig fortsetzest bis ans Ende der Linie D. und ebenso, indem du die Linie F. berührend einen Bogen beschreibst und ihn durch den Punct des vierten Theils der Linie E. herumführst, und indem du ebenso die Linie D. berührend einen Bogen beschreibst, indem du ihm guten Contour gibst, in der Weise wie man es in der Figur sieht; und ebenso mach's auf der andern Seite; sodann mach' die Dicken und die Theile der andern Ranken, welche sich in der zweiten Figur darstellen, wie du verstehen wirst; sodann mach' in die Mitte des Gesimses eine Blume [3], die von solcher Grösse sei, wie das Gesimse hoch ist, und das ist die Höhenfigur. Jetzt muss die Breitenfigur (Grundriss) gemacht werden. Ich sage, dass du ein Quadrat in eigentlicher Form machst, was als Seitenlänge die der Linie A. habe, welches Quadrat PQRS. sei. Dann zieh' die Diagonalen PS., QR. die sich im Puncte

---

[1] d. h. in orthogonaler Projection gegebene.
[2] Diese Daten stimmen nicht mit Figur, indem demnach die durch E. laufende Horizontale gleich oder grösser als 5 sein müsste.
[3] Diese und die übrigen Einzelnheiten fehlen in Fig. 59.

M. schneiden werden, der Centrum sein wird; sodann nimm die Länge von K. bis ans Ende seiner Linie (der hindurchgehenden Horizontalen), welche in der Höhenfigur ist, und nachdem du jene Grösse in den Zirkel genommen, stell' einen Fuss desselben auf M. und mit dem andern Fuss beschreibe einen Kreis, welcher K. sei; dann nimm die Hälfte der Linie I. und setz den Fuss des Zirkels auf M. und mit dem andern Fuss beschreibe einen Kreis um M. herum mit jener Grösse, was Kreis I. sei; dann nimm die Hälfte der Linie H. und mit jener Grösse beschreibe mit dem Zirkel um M. einen Kreis, was Kreis H. sei; und nimm die Hälfte der Linie G. und mit jener Zirkelöffnung setz' den Fuss des Zirkels auf M. und mit dem andern Fuss beschreib' den Kreis G.; nimm die Hälfte der Linie F. und stell' den Fuss des Zirkels auf M. und mit dem andern Fuss beschreib' mit seiner Grösse einen Kreis, was Kreis F. sei; nimm die Hälfte der Linie E. und führe sie um M. herum, was Kreis E. sei; nimm die Hälfte der Linie D. die auf der Höhenfigur ist, und ebenso versteht es sich bei den andern, setz den Fuss des Zirkels auf M. und mit dem andern beschreib' mit jener Grösse einen Kreis, was Kreis D. sei. Und du hast die Kreise vollendet, obwohl es in der Höhenfigur acht sind und du deren um M. herum sieben beschrieben hast, weil der Kreis E. für zwei dient, die von ein und derselben Grösse sind.[1] Jetzt theile PQ. in zehn gleiche Theile und ein Zehntel trag' auf der Seite von P. auf, was P—8. sei;[2] dann nimm den Zirkel und setz' einen Fuss auf M. und den andern Fuss erstrecke bis nach 8. und mit jener Grösse beschreib' einen Kreis, welcher die Linie PQ. auf der Seite von Q. im Puncte 14. schneiden wird, und die Linie QS. auf der Seite von Q. im Puncte 15. und auf der Seite von S. im Puncte 21. schneiden wird, und die Linie RS. auf der Seite von S. im Puncte 22. und auf der Seite von R. im Puncte 28. schneiden wird; und die Linie PR. auf der Seite von R. im Puncte 1., auf der Seite von P. im Puncte 7. theilen wird; dann zieh' 1.—28.; 7.—8.; 14.—15.; 21.—22.; sodann theile PQ. zu gleichen Theilen im Puncte T. und RS. im Puncte V. und PR. im Puncte x. und QS. im Puncte y.; dann verlängere TV. ausserhalb des Quadrats auf beiden Seiten, und ebenso mach's mit xy.; dann nimm die Grösse des Durchmessers vom Kreise D., verlängert um den Halbmesser des Kreises K., diese beiden Grössen zusammen in den Zirkel genommen. Sodann stelle den unbeweglichen Fuss des Zirkels auf M. und den andern beweglichen Fuss führe herum, bis der so beschriebene Kreis die Linie TV. schneidet, welcher auf einer Seite im Puncte z. und auf der Seite von V. im Puncte Z. hindurchgeht, und die Linie, die durch xy. geht auf einer Seite im Puncte ρ., auf der Seite von y. im Puncte φ. schneiden wird;[3] jetzt stell' den Fuss des Zirkels auf z., und den andern Fuss erstrecke bis zum Puncte 8. und beschreib' einen Kreis, der den Kreis D. berührt und in 14. enden wird; dann setz' einen Fuss des Zirkels auf Z. und mit dem andern beschreibe einen Kreis, der durch 22. geht und der Kreis D. berührt und durch 28. hindurchgeht; stell' den Fuss des Zirkels auf ρ., und führe einen Kreis durch 1., der den Kreis D. berührt und durch 7. geht; und setze einen Fuss des Zirkels auf φ. und mit dem andern Fuss beschreib' einen durch 15. gehenden Kreis, der den Kreis D. berührt und durch 21. läuft, was Umfang A. sein wird;[4] jetzt stell' den Fuss des Zirkels auf z. und erstrecke den andern Fuss bis er den Kreis K. trifft und beschreib' einen Bogen bis an die Diagonalen; und stell' den Fuss des Zirkels auf Z. und beschreib' einen Kreis, der den Kreis K. und die Diagonalen berührt; setz' den Fuss des Zirkels auf ρ. und beschreib' einen

---

[1] Anm. 2. pag. XLVII ist nicht correct. Den Breitenangaben gemäss kann die Figur des Grundrisses nicht stimmen, denn da dem Text zufolge die Breiten in E., E*., F. und I. jede gleich $4^1/_2$ angenommen sind, so müssten, da E. für vier Kreise gilt, vor fünf sich verschiedene concentrische Kreise sich ergeben. Diese Annahme stimmt jedoch nicht mit Figur, indem wie bemerkt, die Horizontale E. letzterer zufolge gleich oder grösser als 5 sein müsste. Der Zeichnung entsprechend ist die Breite von F. jedenfalls kleiner die von E. vgl. (Fig. 61 ª).

[2] In Fig. 59 sind diese Zahlen nicht angegeben, was auch nicht nothwendig, weil Fig. 61 sie wiederholt. Man vergleiche darum diese und Fig. 61 ª mit dem Text.

[3] Diese 4 Puncte: z. Z., S. φ. sind in Fig 59. und 61. nicht angegeben, was für das Verständniss der Construction des Grundrisses jedoch ohne Belang.

[4] Bezogen auf alle 4 Kreisbögen, die von z. Z., S. φ. aus geschlagen sind.

— CXLVII —

Kreis, der den Kreis K. und die Diagonalen berührt; dann stell' den Fuss des Zirkels auf ψ. und beschreib' einen Kreis, der Kreis K. und die Diagonalen berührt; jetzt nimm die Grösse, die vom Kreise K bis zum Kreise D. existirt, und trage sie auf der Diagonale ab, von der Linie 8.—7. beginnend und mach' einen Punct; dann nimm den Zirkel und setz' einen Fuss auf M. und den andern Fuss strecke aus bis zu dem Puncte, den du auf der Diagonale gemacht hast, und beschreib' einen Kreis, der die zwei Kreise theilt, die den Kreis K. berühren: auf der Seite von 8. im Puncte 8., auf der Seite von 7. im Puncte 7., auf der Seite von 1. im Puncte 1., auf der Seite von 28., im Puncte 28. auf der Seite von 22. im Puncte 22. und auf der Seite von 21. im Puncte 21., auf der Seite von 15. im Puncte 15. auf der Seite von 14. im Puncte 14.: und das wird Umfang C. sein. Jetzt nimm den dritten Theil der Grösse die vom Umfang A. bis zum Umfang C. ist, und trag ihn auf die Linie TV. vom Umfang A. beginnend, indem er gegen den Umfang C. hin genommen wird; dann nimm den Zirkel und setz' einen Fuss auf z. und den andern Fuss erstrecke bis auf den Punct des dritten Theils, den du zwischen dem Kreise A. und dem Kreise C. bezeichnet hast, und beschreib' einen 8—7. 14—15. schneidenden Kreisbogen, und mit derselben Grösse beschreibe über Z. über p über ψ-Bögen, indem du es ebenso machst: was Umfang B. sein wird. Zieh' 1. und 1., welche Linie den Umfang B. im Puncte 1. schneiden wird; zieh' 7. und 7., welche Linie den Umfang B. im Puncte 7 schneiden wird, zieh' 8. und 8. die den Umfang B. im Puncte 8. schneiden wird; zieh' 14. und 14. die den Umfang B. im Puncte 14. theilt; führe 15. und 15. die den Umfang B. im Puncte 15. theilen wird, liniire von 21. nach 21. welche Linien den Umfang B. im Puncte 21. schneiden wird, zieh' 22. und 22., die den Umfang B. im Puncte 22. schneidet; zieh' 28. und 28. die den Umfang B. im Puncte 28. theile. Jetzt zieh' 7—8.; 14—15.; 21—22.; 1—28., so dass es (im Ganzen) drei Umfänge A., B., C. sind, die mit denselben Zeichen (Zahlen) bezeichnet sind. Theile 1—x. zu gleichen Theilen und mach' einen Punct, und zieh' von jenem Punct die zu RS. parallele Linie, die den Umfang A. im Puncte 3. und den Umfang B. im Puncte 3. und den Umfang C. im Puncte 3. und auf der Seite von QS. im Puncte 19. alle drei Umfänge A., B., C. schneiden wird. Jetzt theile 1—3 zu gleichen Theilen im Puncte 2[1] und führe durch 2. eine Parallele zu RS., die (Umfang) B. und C. im Puncte 2. und auf der Seite von QS. A. B. C. im Puncte 20. schneiden wird; jetzt theile x.—7. zu gleichen Theilen und mach' einen Punct, und von jenem Puncte zieh' die Parallele zu PQ., welche Umfang A. und B. und C. im Puncte 5. schneide, und auf der Seite von QS. schneide sie A., B., C. im Puncte 17.; sodann theile 5—7. zu gleichen Theilen im Puncte 6. und zieh von 6. die Parallele zu PQ., die BC. im Puncte 6. und auf der Seite von QS. A., B., C. im Puncte 16. theilt; jetzt theile PQ. im Puncte T. zu gleichen Theilen: zieh' durch T. eine Parallele zu RP. die A. B. C. im Puncte 11. und auf der andern Seite im Puncte 25. schneide; theile 8.—T. zu gleichen Theilen, und vom Theilpunct aus führe die Parallele zu PR., die A. B. C. alle im Punct 10. und auf der Seite von RS. alle im Punct 26. schneide; dann theile 8.—10. zu gleichen Theilen und zieh' (durch den Theilpunct) die Parallele zu PR., die A. B. C. alle im Punct 9. und auf der andern Seite im Punct 27. theile; theile T.—14. zu gleichen Theilen und vom Theilpunct zieh' die Parallele zu QS. die alle Kreise A. B. C. im Puncte 12. und auf der andern Seite alle im Punct 24. schneide; theile 12.—14. zu gleichen Theilen und vom Theilpunct führe die Parallele zu QS., die A. B. C. sämmtlich im Puncte 13. und auf der andern Seite im Puncte 23. schneide. Das sind die Theile des Gesimses. Jetzt müssen die Kreise getheilt werden, die in acht Theile von den Durchmessern und Diagonalen getheilt sind; von diesen Theilen halbire jeden, dass es sechzehn seien, nämlich 1. 2. 3. 4. 5. 6. 7. 8. 9. 10. 11. 12. 13. 14. 15. 16. Diese liegen auf dem Kreise K., wo der Anfang der untern Blätter ist [2] und auch der der obern; das erste unten ist 1.—3. das andere 3.—5.; 5.—7.; 7.—9.; 9.—11.; 11.—13.; 13.—15.; (15.—1.) Das ist der Anfang der untern Blätter auf dem Kreise K.; die Spitze des ersten

---

[1] Bezüglich des Umfangs A.
[2] Vergl. Fig. 60.

— CXLVIII —

Blattes ist 1., welches auf dem Kreise I. ist,[2] vom zweiten Blatt 3.—5. ist die Spitze 2., die folgende 3., die andere 4., die andere 5. bis zu 8. alle auf dem Kreise I. und auf dem Kreise II. Von den untern Blättern entspricht dem ersten Blatt, welches 1.—3. ist, 1.—2. dem andern 3.—4.; dem dritten 5.—6.[1] bis zu 8. Blättern von entsprechenden Bezeichnungen was 16. sein werden. Und von den obern Blättern an ihrer Entstehung auf dem Kreise K. ist das erste 2.—16. Die folgenden: 2.—4.; 4.—6.; 6.—8.; 8.—10.; 10.—12.; 12.—14.; 14.—16. und ihre Spitzen sind auf dem Kreise G.: die Blattspitze von 2.—16. ist 1., welches die erste ist; die andern sind 2. 3. 4. 5. 6. 7. 8. alle auf dem Kreise G. und auf dem Kreise F.; dem ersten Blatt, welches 2.—16. ist, entspricht 1.—16. die folgenden sind 2.—3.; 4.—5.; 6.—7.; 8.—9.; 10.—11.; 12.—13.; 14.—15.[4] Jetzt mach' die Blumen, deren vier sind, an jeder Seite eine[3] in der Mitte (der Grösse) der Gesimshöhe, und zwar die vier Linien PQ. QS; SR. RP. berührend, wovon jede an vier Stellen bezeichnet seien. Die auf der Seite von PR. sei auf der Seite von 3.: 3. mit dem Titel und in der Mitte 4. mit dem Titel, auf der andern 5. mit dem Titel bezeichnet; die der Seite PQ.: 10. mit dem Titel, 11. mit dem Titel, 12. mit dem Titel, die von QS.: 17. mit dem Titel, 18. mit dem Titel, 19. mit dem Titel, die von RS.: 24. mit dem Titel, 25. mit dem Titel, 26. mit dem Titel.[4] Sodann beschreib' die Ranken demgemäss, wie du es in der Figur der Breite (Grundriss) siehst und bezeichne sie 1. 2. 3. 4. 5. 6, 7. bis zum letzten, wie du in der Figur siehst.[5] Jetzt hast du die Breitenfigur (Grundriss) vollendet. Es müssen diese Theile auf die Höhenfigur übertragen werden. Setz' auf die Höhenlinie K. am Ende auf die rechte Seite 15. und auf die linke 7.; dann nimm den Abstand von der Linie xy. bis 4. des Kreises K. in der Breitenfigur und trag ihn auf der rechten Seite von K. der Höhenfigur auf und zeichne 2. und 12. und auf der linken 10. und 4.; dann nimm den Abstand von xy. bis 5. des Kreises K., in der Breiten(Grundriss)figur versteht sich immer und trag' ihn auf die Höhenlinie K, auch dies versteht sich immer so, auf der rechten Seite mach' 13. und 1., auf der linken 9. und 5.; nimm den Abstand von xy. bis 6. und trag' ihn auf der rechten Seite von K. bis 16. und 14., auf der linken bis 8. und 6. auf und über K. mach' 3. und 11. Jetzt hinsichtlich des Kreises I[4] nimm die Grösse von xy. bis 2. des Kreises I. und trag' ihn auf der Höhenlinie I. auf, zeichne zur rechten von I. 6. und 1. zur linken 5. und 2.; nimm die Grösse von xy. bis 3. und übertrag sie auf die Höhenlinie I., zur rechten bis 7. und 8. zur linken bis 4. und 3., nimm die Grösse von xy. bis 5. des Kreises H. und trag' sie auf der Linie H. ab, zur rechten setze 11. und 2., zur linken 10. und 3., nimm den Abstand von xy. bis 4. und übertrag ihn auf die Linie H., zeichne zur rechten 12. und 1., zur linken 9. und 4., nimm die Grösse, die von xy. bis 5. im Kreise H. statthat und trag sie auf die Linie H., zur rechten mach' 13. und 16.; zur linken 8. und 5. dann nimm die Grösse, die von xy. bis 6. des Kreises H. statthat und trag' sie auf die Linie H., zur rechten mach' 14 und 15., zur linken 7. und 6.; jetzt bezüglich des Kreises G. nimm die Grösse von xy bis 4. und übertrag' sie auf die Höhenlinie G., zur rechten von G. zeichne 8., zur linken 4.; nimm den Abstand von xy. bis 3. und übertrag' ihn auf die Linie G. zur rechten bis 7. und 1. zur linken bis 5. und 3.; (dann bezeichne auf der Linie G. den Abstand von xy. bis 2. mit 2. und 6.) bezüglich des Kreises F. nimm den Abstand von xy. bis 3. und übertrag' ihn auf die Linie F. zur rechten zeichne 11. und 2., zur linken 10. und 3.; nimm den Abstand von xy. bis 4. des Kreises F. und übertrag' ihn auf die Linie F. zur rechten mach' 12. und 1., zur linken 9. und 4.; nimm den Abstand von xy. bis 5. des Kreises F. und übertrag' ihn auf die Linie F., zur rechten von F.: 16. und 13., zur linken 5. und 8.; dann nimm den Abstand von xy. bis 6. des Kreises F. und übertrag ihn auf die Linie F., auf der rechten Seite punctire 14. und 15. auf der linken 6. und 7. nimm

---

[1] vgl. Fig. 60.
[2] In Fig. 60 der 5. Kreis von Innen desgl. in Skizze 61.
[3] In Fig. 61.
[4] verschiedene Zahlen fehlen in Fig. 61
[5] Es sind die unterhalb der Ecken des Plinthus mit je 5 Zahlen beiderseits bezeichneten Vorsprünge des Grundrisses Fig. 61 und 61 a.

jetzt hinsichtlich des Kreises E. mit dem Titel den Abstand von xy. bis 5. des Kreises E. und übertrag' ihn auf die Höhenlinie E., auf der rechten Seite von E. zeichne 5. und 31., auf der linken 29. und 7.[2], nimm den Abstand von xy. bis 6. und zeichne auf der Linie E. 6. und 30.[1] Bezüglich des Kreises E. ohne Titel nimm den Abstand von der Linie xy. bis 12. der Ranken und übertrag' ihn auf die Linie E. und mach' (rechts) Punct 48. und 36, zur linken 12. und 24.; nimm den Abstand von xy. bis 11. und übertrag' ihn auf die Linie E. zur rechten bis 1 und 35, zur linken bis 11. und 25.; dann nimm den Abstand von xy. bis 10. und übertrag' ihn auf die Linie E., zur rechten bis 2. und 34., zur linken bis 10. und 26.; nimm den Abstand von xy. bis 9. des Kreises E. und übertrag ihn auf die Linie E., zur rechten bis 3. und 33., zur linken bis 9. und 27.; dann nimm den Abstand von xy. bis 8. und übertrag' ihn auf die Linie E.: zur rechten bis 4. und 32., zur linken bis 8. und 28.; miss von xy. bis 7. und übertrag' diesen Abstand auf die Linie E. zur rechten bis 5. und 31., zur linken bis 7. und 29.; nimm den Abstand von xy. bis 6. und zeichne auf Linie E. 6. und 30.; nimm den Abstand von xy. bis 13. und übertrag' ihn auf die Linie E. zur rechten bis 47. und 37., zur linken bis 13. und 23.; nimm den Abstand von xy. bis 14. und übertrag' ihn auf die Linie E., zur rechten bis 46. und 38., zur linken bis 14. und 22.; nimm das Maass von xy. bis 15., übertrag es auf die Linie E. und zeichne (rechts) 45. und 39.; auf der linken 15. und 21.; nimm den Abstand von xy. bis 16. und übertrag' ihn auf die Linie E., zur rechten bis 44. und 40., zur linken bis 16. und 20.; sich' wie weit es von xy. bis 17. ist und zeichne zur rechten von E. 43. und 41., zur linken 17. und 19., nimm den Abstand von xy. bis 18. und übertrag' ihn auf die Linie E., zur rechten bis 42., zur linken bis 18. Diese beziehen sich auf Kreis E. und den Theil der Ranken. Jetzt bezüglich des Kreises D. nimm das Maass von xy. bis 10. des Kreises D. und der Ranken,[3] und trag auf der Höhenlinie ab, zur rechten bis 2. und 34., zur linken bis 10 und 26. Sieh' die Entfernung von xy. bis 9. nach, und übertrag' sie auf die Linie D. zur rechten bis 3. und 33., zur linken bis 9. und 27.; miss wieweit es von xy. bis 8. des Kreises D. ist und setz' auf die Linie D. zur rechten 4. und 32., zur linken 8. und 28.; nimm den Abstand von xy. bis 7. und übertrag' denselben auf die Linie D., zur rechten 5. und 31., zur linken 7. und 29.; dann bezeichne auf D. 6. und 30.; sodann nimm den Abstand von xy. bis 14. und übertrag' ihn auf die Linie D.: zur rechten bis 46. 38., zur linken bis 14. und 22.; miss den Abstand von xy. bis 15. und setz' auf die Linie D. zur rechten 45. und 39., zur linken 15. und 21.; nimm den Abstand von xy. bis 16. und übertrag ihn auf die Linie D., zur rechten zeichne 44. und 40., zur linken 16. und 20.; nimm den Abstand von xy. bis 17. und setz' ihn auf Linie D., zur rechten punctire 43. und 41., zur linken 17. und 19.; miss von xy. nach 18. des Kreises D., und bezeichne diesen Abstand auf der Linie D. zur rechten mach' 42., zur linken zeichne 18. Diese beziehen sich auf den Kreis D. und einen Theil der Ranken. Jetzt hinsichtlich des Kreises C. nimm den Abstand von xy. bis 7. des Kreises C. und übertrag' ihn auf die Höhenlinie C. und zeichne zur rechten von C. 1. und 21., zur linken 7. und 15.; nimm den Abstand von xy. bis 6. und zeichne auf der Linie C. zur rechten 2. und 20. zur linken 6. und 16.; miss von xy. bis 5. des Kreises C. und übertrag diesen Abstand auf die Linie C. zur rechten bis 3. und 19., zur linken bis 5. und 17.; sodann bezeichne auf der Linie C. 4. und 18.; sodann nimm den Abstand von xy. bis 8. und übertrag' ihn auf die Linie C., zur rechten 28. und 22., zur linken 8. und 14.; nimm wieweit es von xy. bis 9. ist, übertrag' diese Grösse auf die Linie C., auf der rechten Seite zeichne 27. und 23., auf der linken 9. und 13.; miss von xy. bis 10. und zeichne auf der Linie C. zur rechten 26. und 24., zur linken 10. und 12., sich' wie weit es von xy. bis 11. ist, und setz' auf der rechten von C. 25. auf der linken 11. Bezüglich des Kreises D. nimm den Abstand von xy. bis 7. und übertrag' ihn auf alle beide

---

[1] Diese Bezeichnungen fehlen in Fig. 60 und 61.
[2] S. Grundriss Fig. 61 und 61 ᵃ. Die Zahlen sind übrigens nur theilweise im Aufriss 61 angegeben. doch ist nach Fig 61 ᵃ. über ihre Lage kein Zweifel.
[3] vgl. Anm. 1 pag. L (wo E. und E*. statt 2. und 2*. zu lesen.)

Linien B., zur rechten zeichne 1. und 21., zur linken 7. und 15.; nimm das Maass von xy. bis 6. und zeichne auf den Linien B. zur rechten 2. und 20., zur linken 6. und 16. Zeichne immer auf allen beiden Linien B., nimm den Abstand von xy. bis 5. und zeichne auf den Linien B. zur rechten 3. und 19., zur linken 5. und 17., sieh' wie weit es von xy. bis 5. mit dem Titel ist, übertrag' diesen Abstand auf die Linie B. zur rechten bis 3. und 19. mit den Titeln, zur linken bis 5. und 17. mit den Titeln und setz' über B.: 4. und 18.; dann nimm den Abstand von xy. bis 8. und zeichne auf den Linien B. zur rechten 28. und 22. zur linken 8. und 14.; miss den Abstand von xy. bis 9. und übertrag' ihn auf die Linie B., zur rechten mach' 27. und 23., zur linken 9. und 13.; sieh' wie weit es von xy. bis 10., ist und mach' auf den Linien B. zur rechten 26. und 24., zur linken 10. und 12.; nimm die Grösse von xy. bis 10. mit dem Titel und zeichne auf den Linien B. zur rechten 26. und 24. mit den Titeln und zur linken 10 mit dem Titel und 12. mit dem Titel; nimm die Grösse von xy. bis 11., zeichne auf den Linien B. zur rechten 25., zur linken 11. Jetzt bezüglich des Kreises A. nimm den Abstand von xy. bis 7. und zeichne auf der Linie A. zur rechten 1. und 21. zur linken 7. und 15.; miss von xy. bis 6. und übertrag den Abstand auf die Linie A., zur rechten zeichne 2. und 20., zur linken 6. und 16.; nimm den Abstand von xy. bis 5. und trag' ihn auf die Linie A.: auf der rechten Seite bis 3. und 19. auf der linken Seite bis 5 und 17., setz' auf A. 4. und 18., sieh' wie weit es von xy. bis 8. ist und diese Grösse trage auf die Linie A., zur rechten bis 28. und 22., zur linken bis 8. und 14.; miss wie weit es von xy. bis 9. ist und zeichne auf der Linie A. zur rechten 27. und 23., zur linken 9. und 13., nimm den Abstand von xy. bis 10. und setz' auf der Linie A. zur rechten 26. und 24., zur linken 10 und 12.; miss wieweit es von xy. nach 11. ist, und zeichne auf der Linie A. zur rechten 25. und linken 11. Und du hast alle Bestimmungspuncte auf den zwei Figuren in eigentlicher Form aufgetragen.

Nachdem wir die Figuren in eigentlicher Form haben, müssen ferner (die Maasse) auf die Streifen perspectivisch verkürzt aufgetragen werden. Demnach zieh' PQ. unbegrenzt lang, dann zieh' KL. parallel PQ. in demjenigen Abstand, um welchen du willst, dass das Kapitell von der Bildebene entfernt sei, auf welcher man die perspectivische Darstellung machen will; sodann entferne dich von KL. und geh soweit, als du entfernt stehen willst um das Kapitell zu sehen, und daselbst mach' Punct O. und befestige daran die Nadel mit dem Faden, wie in dem vorhergehenden; es würden Rossschweifhaare besser sein. Sodann nimm den A. bezeichneten Holzstreifen und leg' ihn berührend an KL. dass er gut fest stehe, so versteht es sich immer; dann nimm den Faden und stell' ihn auf 28. des Kreises A. ein, und wo er auf den Streifen schlägt, zeichne 28.; dann leg' den Faden über 1. und wo er auf den Streifen schlägt, mach' 1.; zieh' den Faden über 2., wo er auf den Streifen schlägt, punctire 2.; erstrecke den Faden über 3., wo er auf den Streifen schlägt, zeichne 3.; leg den Faden über 4, und wo er auf den Streifen schlägt, setz' 4.; führe den Faden über 4 mit dem Titel, und wo er auf den Streifen schlägt, mach' 4 mit dem Titel; zieh' den Faden über 5, wo er auf den Streifen schlägt, punctire 5.; führe den Faden über 6, und wo er auf den Streifen schlägt, setz' 6.; erstrecke den Faden über 7, wo er auf den Streifen schlägt, zeichne 7.; führe den Faden über 8, wo er auf den Streifen schlägt, mach' 8.. erstrecke den Faden über 9, wo der Faden aufschlägt, setze 9.; zieh' den Faden über 10, wo er auf den Streifen schlägt, punctire 10.; stell' den Faden auf 11. ein, und wo er auf den Streifen schlägt, zeichne 11.; erstrecke den Faden über 11. mit dem Titel, wo er auf den Streifen schlägt, setz' 11 mit dem Titel, stelle den Faden auf 12. ein, und wo er auf den Streifen schlägt, mach' 12. zieh' den Faden über 13., und wo er auf den Streifen schlägt, punctire 13.; führe den Faden über 14., und wo er auf den Streifen schlägt, zeichne 14.; lege den Faden über 15., wo er auf den Streifen schlägt, mach' 15.; dann leg' den Faden über M., und wo er auf den Streifen schlägt, zeichne M. Dann nimm den Streifen weg, und leg' ihn beiseite und nimm den Streifen B.[1] und leg' ihn an KL. berührend und nun zeichne auf ihm

---

[1] In Fig. 61 des Grundrisses ist das Verfahren nur bezüglich des Kreises A. angedeutet.

alle die Zeichen, die auf dem Kreise B. sind und ebenso mach's mit dem Kreise C., indem du sie auf den Streifen C. bezeichnest und stets bei allen M. bezeichnest. Diese beziehen sich auf das Gesimse. Nimm den Streifen weg und leg' ihn beiseite. Und leg' den Streifen D. berührend an KL., dann nimm den Faden und leg' ihn auf die Zeichen des Kreises D. und der Ranken und bezeichne, wo der Faden auf den Streifen D. und auf M. schlägt. Nimm den Streifen weg und leg' ihn beiseite. Und nimm den Streifen E. und leg' ihn berührend an KL. und dann leg' den Faden auf die Zeichen (Zahlen) der Ranken und des Kreises E., nämlich auf denjenigen Theil, den man sieht und bezeichne, wo der Faden auf den Streifen und auf M. schlägt. Nimm den Streifen weg und leg' ihn beiseite und nimm den Streifen F. und leg' ihn berührend an KL. und leg' den Faden auf alle Zeichen (Zahlen) des Kreises F. und bezeichne, wo der Faden auf den Streifen und auf M. schlägt, nimm den Streifen weg, und leg' ihn beiseite; und ebenso mach's mit dem Kreise G., bezeichne auf dem Streifen G. und dann nimm ihn weg, und leg' ihn beiseite. Und leg' den Streifen H. berührend an KL. und auf ihm bezeichne alle Zeichen des Kreises H., die oben auseinandergesetzte Methode festhaltend, d. h. wo der Faden aufschlägt Zeichen für Zeichen. Nimm den Streifen weg, und leg' den Streifen I. dahin und mach' dasselbe, was du bei den andern gethan hast. Und ebenso mach's mit dem Streifen K. indem du alle Zeichen des Kreises K. vorzeichnest und du hast die Breite auf die Streifen übertragen.

Wir haben die Breiten auf die Holzstreifen übertragen; jetzt muss die Höhe auf die Papierstreifen gesetzt werden; darum zieh' eine senkrechte Linie, die KL. sei, von der Mittellinie AK. der Höhenfigur, um die Grösse entfernt, die von der Linie xy. der Breiten-(figur) bis zur Linie KL. der Bildebene sich erstreckt; dann nimm den Abstand von der Linie KL. bis O. und leg' ihn von KL., der Höhenlinie entfernt und mach' Punct O., der unter dem Kapitell so tief gelegt werde, als du niedrig stehen willst um zu sehen. In diesem O. befestige die Nadel mit dem Faden wie gesagt worden ist; dann führe die grade Linie unter dem Kapitell durch K. laufend, welches KP. sei;[1] sodann nimm den Papierstreifen und leg' ihn an KL. berührend, dass er ein wenig unterhalb K. vorbeigehe, und so wirst du es mit allen machen. Sodann zieh' PK., welche ihn im Puncte A. schneide, was Streifen A. sei. Dann zieh' den Faen über 7. und 15., und wo er auf den Streifen schlägt, mach' Punct 7. und 15.; stell' den Faden auf 6. der Höhenlinie A. ein, so versteht es sich immer auf die Höhenlinie, und wo er auf den Streifen schlägt, zeichne 6.; erstrecke den Faden über 5. der Linie A., wo er auf den Streifen schlägt mach' 5.; stell' den Faden auf 4. der Linie A. ein, und wo er auf den Streifen schlägt, punctire 4.; zieh' den Faden über 8. und 14. der Linie A., wo er auf den Streifen schlägt, mach' 8. und 14.; führe den Faden über 9. und 13. der Linie A., und wo er auf den Streifen schlägt, zeichne 9. und 13.; führe den Faden über 10. und 12. der Linie A., wo er auf den Streifen schlägt, punctire 10. und 12.; stell' den Faden auf 11. der Linie A. ein, wo er auf den Streifen schlägt, mach' 11.; leg' den Faden auf 4. mit dem Titel der Linie A., wo er auf den Streifen schlägt, zeichne 4. mit dem Titel;[2] führe den Faden über 3. der Linie A., wo er auf den Streifen schlägt, mach' 3.; leg' den Faden auf 2. der Linie A., wo er auf den Streifen schlägt, setz' 2.; erstrecke den Faden über 1. der Linie A., und wo er auf den Streifen schlägt, punctire 1. Nimm den Streifen A. weg und mach' damit einen andern ebensolchen, und leg' sie beiseite. Dann nimm den andern Papierstreifen und leg' ihn an KL. berührend, dann zieh' PK., welche den Streifen im Puncte B. schneide;[3] dann nimm den Faden und stelle ihn auf die Theilpuncte der Linie B. in der Höhenfigur ein, und wo der Faden auf den Streifen schlägt, zeichne dieselben Zeichen (Zahlen), wie du es bei dem Streifen A. gemacht hast; leg' den Papierstreifen B. weg, und mach' damit einen andern gleichen, und leg' sie beiseite; und nimm den andern Papierstreifen und leg' ihn an KL. berührend an,

---

[1] Die durch K. laufende horizontale Linie fehlt in Fig. 61.
[2] Fehlt in Fig. 61.
[3] Auch hier ist das Verfahren nur bezüglich des Kreises A. in Fig. 61. des Aufrisses angedeutet, sowie bezüglich des Kreises G. in Fig. 60.

dass er fest liege. Dann zieh' PK., welche ihn im Puncte B. mit dem Titel schneide, und nimm den Faden und erstrecke ihn über jeden Theilpunct der Linie B. mit dem Titel, und alle bezeichne auf dem Streifen, und dann nimm ihn weg und mach' damit einen andern gleichen, und leg' sie beiseite. Dann nimm den andern Papierstreifen und leg' ihn an KL. berührend, sodann zieh' PK., die ihn im Puncte C. schneide: dann zieh' den Faden über die Zeichen der Linie C. der Höhenfigur, und wo er auf den Streifen schlägt, zeichne Zeichen für Zeichen, wie du es bei den andern gemacht hast. Dann nimm den Streifen weg und mach' damit einen andern gleichen und leg' sie beiseite; und nimm den andern Papierstreifen und leg' ihn an KL. berührend; dann zieh' PK., welche ihn im Puncte D. schneide: was Streifen D. sei; und dann führe den Faden über jedes Zeichen der Linie D. der Höhenfigur und jedes Zeichen bezeichne auf dem Streifen, wo der Faden auf den Streifen schlägt, dann nimm ihn weg und mach' damit einen andern gleichen und leg' sie beiseite; nimm den andern Papierstreifen und leg' ihn an KL. berührend; dann zieh' PK., welche ihn im Puncte E. theile, was Streifen E. sei; nimm den Faden und erstrecke ihn über die Theilpuncte der Linie E. der Höhenfigur und dieselben bezeichne da, wo der Faden auf den Streifen E. schlägt; nimm ihn weg und mach' damit einen andern gleichen und leg' sie beiseite. Dann nimm den andern Papierstreifen und leg' ihn an KL. berührend und zieh' PK., die ihn im Puncte E. (mit Titel) schneide, was Streifen E. mit dem Titel sei; dann erstrecke den Faden über die Linie E. mit dem Titel, indem er durch alle Theilpuncte hindurchgeht, und bezeichne sie auf dem Streifen E. mit dem Titel; dann nimm den Streifen weg und mach' damit einen andern gleichen und leg' sie beiseite, und nimm den andern Papierstreifen und leg' ihn berührend an KL. dann zieh' PK., die ihn im Puncte F. schneidet, und leg' den Faden auf jeden Theilpunct der Linie F., und zeichne auf dem Streifen, wo der Faden aufschlägt; dann nimm den Streifen weg und mach damit einen andern gleichen und leg' sie beiseite; dann nimm den andern Papierstreifen und leg' ihn berührend an KL., und zieh' PK., welche ihn im Puncte G. theile, was Streifen G. sei, und stell' den Faden auf jeden Theilpunct der Linie G. der Höhenfigur, indem du auf dem Streifen alle jene Zeichen (Zahlen) bezeichnest, wo der Faden aufschlägt. Dann nimm den Streifen weg und mach' damit einen andern gleichen und leg' sie beiteile und nimm den andern Papierstreifen und leg' ihn an KL. berührend, und zieh' PK. die ihn im Puncte H. schneide und leg' den Faden auf die Theilpuncte der Linie H. der Höhenfigur und bezeichne sie auf dem Streifen, und sodann nimm ihn weg und mach' damit einen andern gleichen und leg' sie beiseite, und leg' den andern Papierstreifen berührend an KL. und zieh' PK., die ihn im Puncte I. schneide, was Streifen I. sei; dann nimm den Faden und stelle ihn auf die Zeichen der Linie I., und bezeichne sie auf dem Streifen; dann nimm ihn weg und mach' damit einen andern gleichen, und leg' sie beiseite; und nimm den andern Papierstreifen und leg' ihn berührend an KL. und ziehe PK., die ihn im Puncte K. schneide, was Streifen K. sei; und erstrecke den Faden auf die Theilpuncte der Linie K., und wo er auf den Streifen schlägt, zeichne Zeichen für Zeichen. Dann nimm den Streifen weg und mach' damit einen andern gleichen, d. h. mit denselben Zeichen und Abständen von Zeichen zu Zeichen wie beim andern, und ebenso versteht es sich von allen andern. Jetzt hast du auf den Streifen die perspectivischen Verkürzungen der Breite und der Höhe. Bezüglich der Breite sind es diese: A. B. C. D. E. F. G. H. I. K. A. hat: 1. 2. 3. 4. und 4. mit dem Titel, 5. 6. 7. 8. 9. 10. 11. und 11. mit dem Titel, 12. 13. 14. 15. B. hat: 1. 2. 3. und 3. mit dem Titel, 4. und 4. mit dem Titel, 5. 6. 7. 8. 9. 10. und 10. mit dem Titel, und 11. 12. mit dem Titel, 13. 14. 15., und C. hat: 1. 2. 3. 4. 5. 6. 7. 8. 9. 10. 11. 12. 13. 14. 15., und auf dem Streifen D.: 1. 2. 3. 5. 6. 4. 7. 10. 9. 8. 14. 15. 16. 17. 18. 19. 20. 21. 22. 26., auf dem Streifen E.: 1. 2. 3. 5. 6. 4. 11. 7. 10. 9. 8. 12. 13. 14. 15. 16. 17. 18. 19. 20. 21. 27. 22. 26. 23. 24. 25. auf dem Streifen F.[1]: 2. 3. 4. 5. 6. 7. 8. 9. 10. 11., auf dem Streifen G.: 1. 2. 3. 4. 5. 6., auf dem Streifen H.: 2. 1. 3. 4. 5. 6. 7. 8. 9. 10., auf dem

---

[1] Vgl. für Kreis F. bis K. Fig. 60.

Streifen I.: 1. 2. 3. 4. 5., auf dem Streifen K.: 2. 3. 1. 4. 16. 5. 15. 6. 14. 7. 13. 8. 12. 9. 11. 10. Dies sind die Holzstreifen, die sich auf die Breite beziehen. Die Papierstreifen der Höhe sind diese: zwei A. zwei B. zwei C. zwei D. zwei E. zwei F. zwei G. zwei H. zwei I. zwei K. Der Streifen[1] A. hat: 8. 14. 11. und 9. 13. 10. 12. und 7. 15. 11. 6. 5. 4. 4'. 3. 2. 1., der Streifen B. ist bezeichnet: 8. 14. und 9. 13. und 7. 15. und 10. 12. 11. 6. 5. 4. 3. 2. 1. Streifen B. mit dem Titel: 8. 14. und 10. 12. | 9. 13. | 7. 15. 11. 6. 5. 5°. 4. 3. 3°. 2. 1., Streifen C.: 8. 14.[2] | 10. 12. | 9. 13. | 6. 16. | 11. | 5. 17. | 4. 3. 2. 1., Streifen D.: 21. 15. | 9. | 22. 14. | 19. 17. | 20. 16. | 18. 10. 9°. 8. 7. 6. 5. und 3. 4. 3°. 2. 1. Streifen E.: 13. 23. | 14. 22.[3] | 17. 19. | 11. | 25. 18. | 20. 16. | 9. 8. 7. 6. 5. 4. 3. 3°. 2. 1. Streifen E. mit dem Titel: 18. | 17. 19. | 8. | 22. 14. | 10. 7. | 21. 15. | 6. | 9. 17. | 5. 4. 3. 2. Streifen F: 6. 7. | 5. 8. | 4. 9. | 3. 10. | 2. 11. | 12. | 13. 16. | 14. 15. | Streifen G.: 4. | 3. 5. | 2. 6. | 1. 7. | 8. | Streifen H.: 6. 7. | 5. 8. | 4. 9. | 3. 10. | 2. 11. | 1. 12. | 13. 16. | 14. 15. | Streifen I.: 3. 4. | 2. 5. | 1. 6. | 7. 8. | Streifen K.: 7. | 6. 8. | 5. 9. | 4. 10. | 3. 11. | 2. 12. | 1. 13. | 14. 16. | 15.

Nachdem man die Breiten und Höhen auf die Streifen übertragen, muss man sie an dem Orte ins Werk setzen, wo das Kapitell zu stehen hat. An diesen Ort zieh' eine grade Linie die KL. sei, dann theile sie zu gleichen Theilen im Puncte M., auf diesem zieh' die Senkrechte NM. und auf K. führe durch P. eine Senkrechte die PK. sei, und auf L. zieh' durch Q. eine Senkrechte, die QL. sei.[4] Dann nimm die zwei A. bezeichneten Papierstreifen und leg' davon einen berührend an PK., den andern berührend an QL. und A. von allen beiden falle in die Linie KL., dass sie gut fest liegen, mit Wachs angeheftet. Jetzt nimm den Holzstreifen A. und leg' ihn über beide Streifen durch 8. 14. 11. und M. falle in die Linie MN. Dies versteht sich immer so, obgleich es nicht gesagt wird, und wo 8. des Holzstreifens hintrifft, — dies versteht sich immer so, wenn ich sage «hintrifft» — punctire 8., und wo 11. hinfällt mach' 11., wo 14. hinfällt zeichne 14. Schieb' den Streifen durch 9. und 13. beider Streifen hindurchgehend, und wo 9. hinfällt mach' 9., wo 13. hintrifft mach' Punct 13., führe den Streifen durch 7. und 15. hindurchgehend, wo 7. hinfällt zeichne 7., wo 15. hintrifft punctire 15., führe den Streifen dass er durch 10. und 12. beider (Papier)streifen geht, wo 10. hintrifft mach' 10., wo 12. hinfällt zeichne 12; schieb' den Streifen dass er durch 11. beider Streifen hindurchgeht, wo 11. hintrifft punctire 11., stell' den Streifen durch 6. beider (Papier)streifen hindurchgehend, wo 6. hinfällt zeichne 6. schieb' den Streifen durch 5. beider (Papier)streifen gehend, wo 5. hinfällt mach 5., stelle den Streifen so, dass er auf 4. und 4'. beider Streifen trifft, und wo 4. hinfällt, zeichne 4., wo 4'. mit dem Titel hintrifft mach' 4'. mit dem Titel. Führe den Streifen durch 3. beider (Papier)streifen, und wo 3. hinfällt punctire 3., stell' den Streifen, dass er durch 2. beider Streifen geht, und wo 2. hintrifft zeichne 2., führe den Faden durch 1. beider Streifen hindurch, und wo 1. hinfällt mach' 1. Nimm den Streifen weg und nimm die zwei B. bezeichneten Papierstreifen, und leg' davon einen berührend an PK. und den andern an QL., und B. von allen beiden falle in KL., dann nimm den Holzstreifen B. und leg' ihn auf die zwei Papierstreifen, durch 8. und 14. beider Streifen gehend, und wo 8. hintrifft, punctire 8., wo 14. hinfällt mach' 14., schieb' den Streifen durch 9. und 13. beider Streifen hindurchgehend, wo 9. hintrifft zeichne 9.' wo 13. hinfällt punctire 13., führe den Streifen, dass er durch 7. und 15. beider (Papier)streifen geht, und wo 7. hinfällt zeichne 7., wo 15. hintrifft setz' 15., leg' den Streifen mit 10. und 12. beider Streifen zusammentreffend, und wo 10. hinfällt mach' 10., wo 12. hintrifft zeichne 12., führe den Streifen mit 11. beider (Papier)streifen zusammentreffend, und wo 11. hintrifft punctire 11., leite den Streifen durch 6. beider (Papier)streifen, wo 6. hintrifft punctire 6., schieb' den Streifen durch 5. beider (Papier)streifen gehend, und

---

[1] Die Angaben bezüglich der Höhenstreifen von A. bis F. sind nicht ganz correct. Dieselben sind nach den Höhenstreifen in Fig. 62. zu verbessern. Statt des zweiten 1 | auf Streifen A ist wohl 1 |' zu lesen, wonach Anm. 1 und 4 pag LII wegfällt, indem auch sonst noch vorkommende Wiederholungen durch das Fehlen der Accente (Titel) sich erklären.
[2] fehlt 7. 15.
[3] fehlt 15. 21. | 12.
[4] In Fig. 62 nicht bezeichnet.

wo 5. hintrifft zeichne 5., stell' den Streifen dass er durch 4. beider Streifen geht, und wo 4. hintrifft mach' 4., leg' den Streifen durch 3., und wo 3. hinfällt punctire 3.; schieb den Streifen durch 2. beider (Papier)streifen, und wo 2. hintrifft zeichne 2., führe den Streifen 1. beide (Papier)streifen durchschneidend, und wo 1. hintrifft mach' 1., dann nimm die Streifen weg, und nimm die zwei B. mit dem Titel bezeichneten Papierstreifen und leg' davon einen berührend an PK., den andern an QL., und B. von allen beiden falle in die Linie KL. Dann nimm den Holzstreifen B. und leg ihn durch 8. und 14. beider Streifen hindurch, und M. falle stets in die Linie MN. und wo 8. hinfällt punctire 8. und wo 14. hintrifft zeichne 14. Führe den Streifen durch 10. und 12.[1] beider Streifen und wo 10. hintrifft mach' 10., wo 12. hinfällt punctire 12. Und leg' den Streifen durch 9. und 13. beider (Papier)streifen hindurchgehend, und wo 9. hinfällt mach' 9., wo 13. hintrifft zeichne 13., zieh' den Streifen durch 7. und 15., beider Streifen, und wo 7. hintrifft setz' 7. und wo 15. hinfällt mach' 15.; [schieb den Streifen durch 10. und 12. beider (Papier)streifen und wo 10. hinfällt zeichne 10., wo 12. hintrifft punctire 12.;] führe den Streifen durch 11. beider Streifen hindurch und wo 11. hintrifft zeichne 11. Schieb' den Streifen auf 6. beider Streifen und wo 6 des (Holz)streifens hinfällt mach' 6.; führe den Streifen durch 5. beider (Papier)streifen und wo 5. hintrifft punctire 5., leg' den Streifen durch 5. mit dem Titel beider Streifen und wo 5. hinfällt zeichne 5.; leg' den Streifen durch 4. beider (Papier)streifen, wo 4. hintrifft mach' 4.; schieb den Streifen durch 3. mit dem Titel auf beiden Streifen und wo 3. (mit Titel) hintrifft, punctire 3. (mit Titel); führe den Streifen durch 3. beider (Papier)streifen und wo 3. hintrifft mach' 3.; leite den Streifen durch 2. hindurch, wo 2. hinfällt zeichne 2.; stell' den Streifen durch 1. beider (Papier)streifen hindurchlaufend, und immer falle M. in NM. wenn es auch nicht gesagt worden und wo 1. des Holzstreifens hintrifft, so versteht es sich immer, zeichne 1. Nimm den Streifen B. weg, nimm die zwei C. bezeichneten Papierstreifen und leg' einen davon an PK. berührend, und den andern an QL., und C. von allen beiden falle in die Linie KL.; dann nimm den Holzstreifen C. und leg' ihn auf die beiden Streifen durch 8. und 14. aller beider Streifen hindurchgehend, und M. falle in NM., und wo 8. hintrifft mach' 8. wo 14. hintrifft setz' 14.; schieb den Streifen durch 7. und 15. von beiden Streifen hindurchgehend und wo 7. hintrifft punctire 7. und wo 15. hinfällt mach' 15.; führe den Streifen durch 9. und 13. beider Papierstreifen hindurch, und wo 9. hinfällt setz 9., wo 13. hintrifft zeichne 13.; führe den Streifen durch 6. und 16 beider Streifen, und wo 6. hinfällt mach' 6, wo 16. hintrifft punctire 16. schieb' den Streifen durch 10. und 12. beider Streifen gehend, und wo 10. hintrifft punctire 10., wo 12. hinfällt zeichne 12.; leg' den Streifen durch 11. beider (Papier)streifen laufend, wo 11. hinfällt punctire 11., führe den Streifen durch 5. und 17. beider Streifen, und wo 5. hinfällt mach' 5. wo 17. hinfällt, punctire 17; schieb den Streifen über 4. beider (Papier)streifen und wo 4. hinfällt setz 4.; leg' den Streifen durch 3. beider (Papier)streifen hindurch und wo 3. des Holzstreifens hinfällt, mach' 3., schieb' den Streifen, dass er auf 2 beider Streifen trifft, und wo 2. hinfällt, zeichne 2. führe den Streifen durch 1. beider (Papier)streifen und wo 1. hinfällt zeichne 1., dann nimm' die Streifen weg, und nimm deren zwei andere von Papier, D. bezeichnet, und leg' den einen an PK. berührend, den andern an QL., und D. von allen beiden falle in die Linie KL.; dann nimm den Holzstreifen und leg' ihn auf die zwei Papierstreifen berührend an 15. und 21. beider Streifen, und wo 15. hintrifft mach' 15., wo 21. hinfällt zeichne 21., führe den Streifen an 9. und 14. und 22. beider Streifen berührend, und wo 9. hinfällt, punctire 9. wo 14. hintrifft, mach' 14., wo 22. hintrifft zeichne 22.; schieb den Streifen durch 18. beider Streifen und wo es hintrifft setz' 18.; führe den Streifen durch 19., 16., und 17. und 21.[2] beider (Papier)streifen und M. falle in die Linie MN., und wo 19. hintrifft, mach' 19., wo 16. hinfällt punctire 16., wo 17. hinfällt setz 17., wo 21.[2] hintrifft zeichne 21[2]. führe den Streifen durch 10. beider (Papier)streifen hindurchgehend, und wo 10. hinfällt punctire 10.,

[1] Wohl 10, 12° zu lesen. Vgl. Anm. 1. pag. CLIII
[2] l. 20.

führe den Streifen durch 9. mit dem Titel von beiden (Papier)streifen hindurch, und wo 9. (mit Titel) hinfällt, zeichne 9. (mit Titel); übertrage den Streifen, dass er durch 8. beider Streifen geht, und wo 8. hinfällt mach' 8., schieb den Streifen durch 7. beider (Papier)streifen und wo 7. hinfällt, punctire 7.; leg' den Streifen durch 6. beider Streifen hindurch, und wo 6 hintrifft, mach' 6; schieb den Streifen durch 5. beider Streifen hindurch, und M. stelle in NM., obschon es sich stets so versteht, und wo 5. hintrifft, setz' 5., stell' den Streifen auf 3. beider Streifen ein, wo 3. hinfällt mach' 3 , führe den Streifen durch 4. beider (Papier)streifen und wo 4. hinfällt punctire 4.; führe den Streifen durch 3. mit dem Titel von beiden (Papier)streifen und wo es hintrifft zeichne 3. (mit Titel), schieb den Streifen durch 2. beider (Papier)streifen und wo 2 hinfällt setz' 2.; leg' den Streifen dass er auf 1. beider (Papier)streifen trifft, und wo 1. hinfällt mach 1 ; und nimm den Streifen weg. Jetzt nimm die zwei Papierstreifen E. und leg' einen davon berührend an PK. und den andern an QL. und E. von allen beiden falle in die Linie KL.; dann nimm den Holzstreifen und leg' ihn berührend an 13. und 23. beider Streifen und wo 13. hintrifft zeichne 13., wo 23. hinfällt, punctire 23.; schieb den Streifen über 12. und 15. und 21. beider Streifen, wo 12. hinfällt setz' 12., wo 15. hintrifft mach' 15., wo 21. hintrifft zeichne 21.; führe den Streifen dass er durch 11., 18. und 25. beider (Papier)streifen geht, wo 11. hintrifft, punctire 11., wo 18. hintrifft setz' 18. und wo 25. hinfällt, mach' 25 ; führe den Streifen durch 17. und 19. beider (Papier)streifen, wo 17. hintrifft zeichne 17., wo 19. hinfällt, schreib 19.; schieb den Streifen durch 16. und 20. beider Streifen hindurch, wo 16. hinfällt mach' 16., wo 20 hintrifft punctire 20.; leg' den Streifen an 9. beider (Papier)streifen und wo 9. hintrifft setz 9.; erstrecke den Streifen bis an 8. beider (Papier)streifen und wo 8. hintrifft mach' 8.; führe den Streifen durch 7. beider (Papier)streifen und wo 7. hinfällt zeichne 7; schieb den Streifen durch 6. beider (Papier)streifen und wo 6. hinfällt, punctire 6.; führe den Streifen durch 5. und wo 5. hinfällt mach' 5.; leg' den Streifen an 4. beider Streifen und wo 4. hinfällt zeichne 4.; setz' den Streifen an 3. beider (Papier)streifen, und wo es hinfällt, zeichne 3.;[1] schieb den Streifen durch 1. beider (Papier)streifen und wo 1. hintrifft punctire 1. Dann nimm den Streifen weg und nimm zwei andere E. mit dem Titel bezeichnete Papierstreifen und leg' davon einen berührend an PK. den andern an QL. und E. von allen beiden falle in KL., und nimm den Holzstreifen E. und leg' ihn an 18. beider Streifen und M. falle immer in die Linie NM. und wo 18. hinfällt mach' 18.; schieb den Streifen durch 17. und 19. beider (Papier)streifen und wo 17. hinfällt, punctire 17. und wo 19. hintrifft zeichne 19. ; führe den Streifen durch 8. beider (Papier)streifen und wo 8. hinfällt setz' 8., führe den Streifen durch 14. und 22.[2] beider (Papier)streifen und wo 14 hintrifft punctire 14., wo 22. hintrifft zeichne 22., führe den Streifen durch 10.[2] beider (Papier)streifen hindurch, und wo 10. hinfällt mach' 10., leg' den Streifen an 7. beider (Papier)streifen hindurch, und wo 7. hintrifft punctire 7.; schieb den Streifen durch 15. und 21. beider (Papier)streifen und wo 15. hintrifft zeichne 15 , und wo 21. hintrifft schreib 21.; bring den Streifen an 6. beider (Papier)streifen heran, wo 6. hintrifft mach' 6.; leg den Streifen an 9. [und 17.], wo 9. hintrifft setz' 9., [wo 17. hinfällt setz' 17.], schieb den Streifen an 5. beider (Papier)streifen, wo 5. hinfällt zeichne 5., leg' den Streifen an 4. beider Streifen, wo 4. hintrifft, mach' 4.; führe den Streifen durch 2. beider (Papier)streifen, wo 2. hintrifft setz 2.; führe den Streifen durch 3. und wo 3. hintrifft mach' 3. Nimm den Streifen weg, nimm die zwei F. bezeichneten Papierstreifen und leg' davon einen an PK. berührend, den andern an QL. und F. von allen beiden falle in die Linie KL. Dann nimm den Holzstreifen F. und leg' ihn an 6. und 7. beider Streifen, und wo 6. hintrifft punctire 6., wo 7. hinfällt, zeichne 7., schieb den Streifen durch 5. und 8. beider (Papier)streifen und wo 5. hintrifft, mach' 5. und wo 8. hinfällt, setz' 8., führe den Streifen durch 4. und 9. beider Streifen, wo 4. hintrifft punctire 4., wo 9. hinfällt mach' 9. ; leg den Streifen durch 10.[3] beider (Papier)streifen und

[1] fehlt 8⁰ und 2.
[2] Fehlen in Fig. 62. wie überhaupt des beschränkten Raumes wegen nicht alle Zahlen auf den Streifen angegeben werden konnten.
[3] fehlt 8.

— CLVI —

wo 10. hintrifft schreib' 10.; führe den Streifen durch 11. beider (Papier)streifen und wo 11. hintrifft, punctire 11.[1]; bring' den Streifen an 12. beider (Papier)streifen heran, und wo 12. hintrifft, mach' 12., leg' den Streifen an 13. und 16. beider Streifen und wo 13. hintrifft, zeichne 13., wo 16. hinfällt punctire 16.; schieb den Streifen durch 14. und 15. beider Streifen und wo 14. hinfällt setz' 14., wo 15. hintrifft mach' 15. Nimm die Streifen weg und nimm die zwei G. bezeichneten Papierstreifen und leg' einen an PK. berührend, und den andern an QL., und G. von allen beiden falle in die Linie KL. Dann nimm den Holzstreifen G. und leg' ihn durch 4. beider Streifen, wo 4. hintrifft zeichne 4.; schieb den Streifen an 3. und 5. beider (Papier)streifen und wo 3. hintrifft punctire 3. und wo 5. hinfällt, setz 5.; führe den Streifen durch 2. und 6. beider (Papier)streifen und wo 2. hintrifft mach' 2. und wo 6. hintrifft zeichne 6.; führe den Streifen durch 1. und 7. beider Streifen hindurch, und wo 1. hinfällt, punctire 1. und wo 7. hinfällt setz 7.; leg den Streifen an 8. beider (Papier)streifen wo 8. hinfällt mach' 8. und nimm den Streifen weg. Dann nimm die zwei H. bezeichneten Papierstreifen und leg' davon einen berührend an PK. und den andern an QL. und H. von allen beiden falle in die Linie KL. Dann nimm den Holzstreifen H. und leg' ihn an 6. und 7. beider Streifen, und wo 6. hintrifft zeichne 6. und wo 7. hinfällt setz' 7., schieb den Streifen an 5. und 8. beider Streifen heran und wo 5. hinfällt mach' 5., wo 8. hintrifft punctire 8., führe den Streifen durch 4. und 9. beider (Papier)streifen und wo 4. hintrifft schreib' 4., wo 9. hinfällt setz' 9. führe den Streifen an 3. und 10. beider (Papier)Streifen heran, wo 3. hinfällt mach' 3., wo 10. hintrifft zeichne 10. bring den Streifen an 2. und 11. beider (Papier)streifen heran, wo 2. hintrifft punctire 2., wo 11. hinfällt mach 11., schieb den Streifen durch 1. und 12. beider (Papier)streifen und wo 1. hinfällt zeichne 1., wo 12. hintrifft punctire 12.; führe den Streifen durch 13. und 16. beider (Papier)streifen und wo 13. hinfällt mach' 13., wo 16. hintrifft setz' 16.; führe den Streifen durch 14. und 15. beider (Papier)streifen, wo 14. hinfällt, punctire 14. und wo 15. hintrifft zeichne 15. Nimm den Streifen weg und nimm die zwei Papierstreifen I. und leg einen (Holzstreifen I.) an 3. und 4. beider (Papier)streifen und wo 3. hinfällt mach' 3., wo 4. hintrifft punctire 4., erstrecke den Streifen an 2. und 5. beider (Papier)streifen und wo 2 hinfällt zeichne 2., wo 5. hintrifft mach' 5. führe den Streifen durch 1. und 6. beider Streifen hindurch, und wo 1. hintrifft mach' 1., wo 6. hinfällt setz' 6. schieb den Streifen auf 7. und 8. beider (Papier)streifen, wo 7. hintrifft schreib 7., wo 8. hinfällt mach' 8.; und nimm die Streifen weg; nimm die zwei K. bezeichneten Papierstreifen und leg' einen davon an PK. berührend, den andern an QL. und K. von allen beiden falle in die Linie KL.; dann nimm den Holzstreifen K. und leg ihn an 7. beider Streifen und wo 7. hinfällt mach' 7.; schieb den Streifen an 6. und 8. beider (Papier)streifen wo 6. hintrifft, punctire 6., wo 8. hinfällt zeichne 8., führe den Streifen an 5. und 9. beider (Papier)streifen und wo 5. hintrifft setz 5., wo 9. hintrifft schreib 9., führe den Streifen durch 4. und 10. beider (Papier)streifen, wo 4. hinfällt zeichne 4., wo 10. hintrifft mach 10.; leg' den Streifen an 3. und 11. beider (Papier)streifen, wo 3. hinfällt setz' 3. wo 11. hintrifft punctire 11., leg' den Streifen an 2. und 12. beider (Papier)streifen heran, wo 2. hintrifft zeichne 2., wo 12. hinfällt mach 12.; führe den Streifen durch 1. und 13. beider Papierstreifen hindurchlaufend, wo 1. hintrifft setz' 1., wo 13. hinfällt, punctire 13., bring den Streifen an 14. und 16. beider (Papier)streifen heran, wo 14. hinfällt mach' 14., wo 16. hintrifft setz' 16.; schieb den Streifen an 15. beider Streifen heran und wo 15. hintrifft zeichne 15. Und du hast das Kapitell vollendet. Nimm die Streifen weg, und ziehe jeden Umkreis für sich, d. h. verbinde die Puncte des Giro A. für sich, und die des Giro B. für sich, ebenso bei B. mit dem Titel, ebenso mit C. und D. und. E. und bei E. mit dem Titel, bei F., bei G., bei H., bei I., bei K., Wisse dass bei jedem Puncte wo du den Holzstreifen an die zwei Papierstreifen anlegst, mach' dass stets M. in die Linie NM. falle, und wenn ich sage: «wo hintrifft», versteht es sich nur von den Zeichen des Holzstreifens die denen der beiden Papierstreifen entsprechen. (Fig. 62.)

---

[1] fehlt 2.

53. In der bestimmten Entfernung von der Bildebene mit dem gegebenen Punct (Auge) den Kopf proportional perspectivisch zu verkürzen.

Wie ich schon zu Anfang dieses Abschnittes sagte, dass es nöthig wäre, diejenigen Dinge in eigentlicher Form zeichnen zu können, die man machen will, so zeichne einen Kopf von einem Auge (im Profil) d. h. von der Seite, in jenem Profil, welches du perspectivisch zu verkürzen beabsichtigst und mit diesem mach' sodann eine andere Zeichnung von Vorn, von zwei Augen, von derselben Grösse, und alle Theile einander entsprechend. Zuerst zieh' die grade Linie vom höchsten Punct des Kopfs in einem Auge die höchste Spitze des Kopfs in zwei Augen berührend, dann zieh' eine andere zwischen jener und dem höchsten Punct der Stirne, welches Linie A. sei, führe eine andere am höchsten Punct der Stirn', was Linie B. sei, und eine andere zieh' zwischen der Stirn und Nase, durch das Auge laufend, was Linie C. sei und liniire die folgende durch die Nasenlöcher laufend, was D. sei. Zieh' die andere am Fuss der Nase, was Linie E. sei[1], und sodann führe die andeae durch den Mund, was Linie F. sei, die andere zieh' zwischen dem Mund und Kinn, was G. sei, liniire H. am Ende des Kinns und alle seien parallel zu der den Scheitel beider Köpfe berührenden und durch die entsprechenden Theilpuncte des Kopfes in zwei Augen hindurchlaufend. Dann zieh eine die Nasenspitze des Kopfs in einem Auge berührende Linie, die die Linie A. unter rechtem Winkel trifft, welche unbegrenzt lang sei. Dann führe ebenda eine andere die Oberlippe, und eineandere die Unterlippe berührende, eine andere den Mund berührende, eine andere den Nasenhöcker berührende, die andere von der höchsten Spitze der Nase am Anfang der Stirn, die andere am Ende der Nasenlöcher, eine am Kinn, eine andere am Ende des Mundes, eine am höchsten Punct der Stirn, die andere am Schnittpunct der Linie A. auf der Stirn, die andere am Anfang der Augen, die andere auf deren Mitte und die andere am Ende des Auges, und eine am Anfang der Kehle, eine am Anfang der Ohren und die andere am Ende ihrer Breite,[2] die andere am Kinnbacken[3], eine am Schnittpunct, den die Linie A. am Hinterkopf bildet, die andere am Schnittpunct der Linie B., die andere am Schnittpunct der Linie C., die andere am Schnittpunct der Linie D., die andere am Schnittpunct der Linie E., die andere am Ende des Hinterhaupts und alle seien parallel zu der Linie welche die Nasenspitze trifft, wie du in der Figur siehst.[4]

Sodann zieh' die Senkrechte auf allen diesen Linien, die jede im Punct 1. theile, welche Senkrechte MN. sei; dann theile den Kopf in der Vordersicht in der Mitte, in dem du alle Linien A. B. C. D. E. F. G. H. im Puncte 1 theilst, was Linie TV. sei. Jetzt nimm den Zirkel und setz' einen Fuss auf die Linie TV. und den andern erstrecke bis zum Durchschnitt, den die Linie A. im Umriss des Kopfs, — in der Vorderansicht, so versteht es sich immer — bildet, und mit jener Grösse stell' den Fuss des Zirkels auf 1. der vom Durchschnitt des Ohrenanfangs[5] des Kopfs in einem Auge ausgehenden Linie, mit dem andern Fuss zeichne auf besagter Linie gegen den Kopf hin 13. und nach unten 5. und sodann führe den Umriss durch jene Zeichen und durch die, von dem Schnittpunct, welchen die Linie A. bildet, nach vorwärts und rückwärts ausgehenden Linien, was Kreis A. sein wird; dann stell' den Fuss des Zirkels auf 1. der Linie B., welcher Punct auf der Linie TV. liegt, und den andern Fuss erstrecke bis zum Durchschnitt welchen die Linie B. am höchsten Punct der Stirn bildet, und diese Grösse setz auf die Linie, welche vom Anfang der Ohren[5] ausgeht: gegen den Kopf zeichne 13. und nach unten 5. und mach den Umriss in oben angegebener Weise durch die Zeichen der Linien hindurchgehend, was Kreis B. sein wird; dann setz' den Fuss des Zirkels auf 1. der Linie C. und den andern Fuss erstrecke bis zum Anfang der Ohren und setz' einen Fuss des Zirkels auf 1. der vom Anfang der Ohren[4] ausgehenden Linie, und nach der Seite des Kopfs hin zeichne 16., nach unten mach' 8.; und setz' einen Fuss des Zirkels auf 1.

---

[1] Die Linien D. und E. fehlen in Fig 63.
[2] d. h. im Profil.
[3] fehlt in Fig. 63.
[4] Fig. 63.
[5] vgl. Anm. 4 pag. LVI.

der Linie C. und den andern Fuss erstrecke bis zur Dicke[1] der Nase; dann stell' einen Fuss des Zirkels auf 1. der Linie, die von der Nasendicke (im Profil) ausgeht und zeichne nach der Seite des Kopfs 22. und nach unten 2.; dann stell einen Fuss des Zirkels auf 1. der Linie C. und mit dem andern gehe bis zum Anfang des Auges, und diese Grösse trag auf die Linie, die vom Anfang des Auges ausgeht; auf der Seite oberhalb von 1. mach' 21. und unterhalb zeichne 3.; dann stell' den Fuss des Zirkels auf 1. der Linie C. und den andern erstrecke bis zur Mitte des Auges; mit dieser Grösse stelle einen Fuss des Zirkels auf 1. der Linie, die von der Mitte des Auges ausgeht; zeichne gegen den Kopf hin 20., und nach unten mach' 4.; stell den Fuss des Zirkels auf 1. der Linie C., und den andern erstrecke bis zum Ende des Auges und kehre mit dem Fuss des Zirkels auf 1. der Linie zurück, die vom Ende des Auges herkommt; mit dem andern Fuss zeichne nach der Seite des Kopfes 19., nach unten 5.; stell' einen Fuss des Zirkels auf 1. der Linie C. ein, den andern erstrecke bis zum Ende der Ohren, und stell den Fuss des Zirkels auf 1. der Linie, die vom Ende der Ohren herkommt, und mit dem andern Fuss zeichne gegen den Kopf 13.[2] und nach unten 9.; sodann beschreib den Kreis[3] C. Dann setz den Fuss des Zirkels auf 1. der Linie D. des Kopfs in Vorderansicht, und den andern Fuss erstrecke bis ans Ende der Nasendicke[1]; dann stell den Zirkelfuss auf 1. der Linie, die vom Anfang des Nasenhöckers herkommt, und zeichne gegen den Kopf hin 18., und nach unten 2.[4]; dann stell' den Fuss des Zirkels auf 1. der Linie D. und den andern erstrecke bis er den Anfang der Ohren trifft, und mit dieser Zirkelöffnung setz den Fuss des Zirkels auf 1. der Linie, die vom Anfang der Ohren ausgeht, und zeichne mit dem andern Fuss gegen den Kopf 13. und nach unten 7.[5] Und mach den Umfang durch die Zeichen der Linien hindurchgehend, die von dem Durchschnitt der Linie D. ausgehen, was Kreis D.[3] sein wird. Dann kehre mit dem Fuss des Zirkels auf 1. der Linie E. des Kopfes in Vorderansicht zurück und den andern Fuss des Zirkels öffne, bis er die Dicke[1] der Nasenspitze trifft, und mit jenem Maass stell den Zirkelfuss auf 1. der Linie, die von der Nasenspitze herkommt, und mit dem andern Fusse zeichne gegen den Kopf 20. und nach unten 2.; dann stell' einen Fuss des Zirkels auf 1. der Linie E. und den andern Fuss erstrecke, bis er das Ende der Nasenlöcher trifft; dann stell den Fuss des Zirkels auf 1. der Linie, die von den Nasenlöchern ausgeht, und mit dem andern Fuss punctire gegen den Kopf 19. und nach unten 3.; kehre mit dem Fuss des Zirkels auf 1. der Linie E. zurück und öffne den andern Fuss bis zu den Ohren, und mit jener Weite setz einen Fuss des Zirkels auf 1. der Linie, die vom Anfang der Ohren[6] ausgeht, und mit dem andern Fusse zeichne gegen den Kopf 15. und nach unten 7.: und mach' den Umriss in besagter Weise, was Kreis E. sein wird. Und dann kehre mit dem Fuss des Zirkels auf 1. der Linie F. des Kopfs in Vorderansicht zurück und den andern Fuss erstrecke, bis er das Ende des Mundes trifft, mit jenem Maass stell einen Fuss des Zirkels auf 1. der vom Ende des Mundes herkommenden Linie, mit dem andern Fuss zeichne gegen den Kopf 18., und nach unten 2.[5]; dann stell' den Fuss des Zirkels auf 1. der Linie, F. mit dem andern Fuss berühre das Ende der Umrisslinie, sodann setze den Fuss des Zirkels auf 1. der Linie die vom Anfang der Ohren ausgeht, und mit dem andern Fuss punctire gegen den Kopf 14. und nach unten 6. und mach den Umriss durch die Theilpuncte hindurchgehend, wie gesagt worden, was Kreis F. sein wird. Dann stell den Fuss des Zirkels auf 1. der Linie G. des Kopfs in Vorderansicht und den andern Fuss erstrecke bis zum Ende des Kinnbackens: mit jener Weite stell einen Fuss des Zirkels auf 1. der Linie, die vom Kinnbacken herkommt, und mit dem andern Fusse zeichne gegen den Kopf 14., nach unten 4.; dann kehre mit dem Fuss des Zirkels auf 1. der Linie G. zurück, und den andern Fuss erstrecke bis zum Ende des Halses, dann stell' einen Fuss des

---

[1] d. h. in Vorderansicht.
[2] l. 15 w. auch im Text pag. LVI.
[3] vgl. Anm. 5 pag. LVI.
[4] In Fig. 63 geht die in Rede stehende Verticale durch den vorderen Entpunct der Linie C.
[5] lies 9.
[6] vgl. Anm. 1 pag. LVII. indem der Anfang des Ohrs im Profil in der Regel in die obd. bezeichnete Verticale fällt.

Zirkels auf 1. der Linie, die vom Durchschnitt ausgeht, welchen die Linie G. am Halse bildet,[1] und mit dem andern Fuss zeichne gegen den Kopf 13. und nach unten 5. Dann mach' den Umriss durch die Zeichen hindurch, wie gesagt worden und mit guter Form, was Kreis G. sei. Dann setze einen Fuss des Zirkels auf 1. der Linie H. des Kopfs in Vorderansicht und den andern Fuss erstrecke, bis er die Dicke[2] des Kinnes trifft: dann stelle einen Fuss des Zirkels auf 1. der vom Kinn ausgehenden Linie, und mit dem andern Fusse zeichne nach der Seite des Kopfs 16., nach unten 2.: d. h. alle beide mit dem Titel,[4] sodann kehre mit einem Fuss des Zirkels auf 1. der Linie H. zurück und den andern Fuss erstrecke bis ans Ende des Halses; dann stelle den Fuss des Zirkels auf 1. der Linie die von der Mitte des Halses in der Profilansicht des Kopfs ausgeht, und mit dem andern Fuss zeichne gegen den Kopf 13. und nach unten 5. und sodann mach' den Umriss, was Kreis H. sein wird, wie du in der Figur sehen wirst. (Fig 63.)

Aber wie zu Anfang des ersten und dieses Abschnitts gesagt, ist nothwendig, dass der Mensch verstehe in eigentlicher Form alle diese oben genannten Umrisse zu zeichnen,[3] d. h: wenn der Kopf von diesen Linien durchschnitten wäre, dass du die Flächen, welche sie bezeichnen, in eigentlicher Form in der Ebene darzustellen weisst, d. h. das, was die Linie A., die Linie B., die Linie C., die Linie D., die Linie E., die Linie F., die Linie G. die Linie H. beträgt, wenn man den Kopf an jenen Stellen durchschneidet, obwohl man mehr Kreise machen könnte; doch genügt, dass du diese verstanden hast, man kann deren so viel machen wie man will und wenn diese alle zusammen dir etwas zu verworren scheinen sollten, braucht man deren nur zwei oder drei zusammen darzustellen, wie es dir gefällt, nur dass du sie mit den entsprechenden Maassen und Distanzen machst, womit du die (übrigen) Kreise gemacht hast. Somit nimm die Hälfte der vom Anfang des Ohres ausgehenden Linie was 1. ist, darin mach' Punct M. Dann theil' den Kreis A. in 16 gleiche Theile von 1. beginnend, welches auf besagtem Kreise liegt, und 1. 2. 3. 4. 5. 6. 7. 8. 9. 10. 11. 12. 13. 14. 15. 16. bezeichnend. Dann zieh' von M. Linien nach jenen Theilpuncten, welche alle jene Kreise A. B. C. D. E. F. G. H. theilen dann füge denen von C. sechs hinzu was 22. seien, und füge denen von D. zwei hinzu, was 18 gibt, und füge vier zu denen von E. was 20. seien und füge zwei zu denen von F., was 18 seien, und in jenen Theilpuncten zeichne dieselben Zahlen an den entsprechenden Stellen. Von diesen nimm die Breite, und die Tiefe wird in folgender Weise erzeugt: nimm den Zirkel und stell' einen Fuss auf die Linie, welche die Spitze der Nase des Kopfes in Breitenansicht in eigentlicher Form berührt, was Linie I. ist, und den andern Fuss erstrecke bis nach 2.[6] des Kreises A. in der Breitenansicht versteht sich immer, wenn ich sage: «Kreis» von der Breitenfigur und wenn ich sage: «die Linie» versteht sie sich bezüglich des Kopfes in Profil, so lange ich nicht anders sage. Jetzt stelle einen Fuss des Zirkels auf die Linie P.[5] im Durchschnitt der Linie A., welches die ist, die die Nasenspitze des Kopfs in einem Auge trifft und mit dem andern Fusse zeichne auf der Linie A. 2. und 16., kehre zur Breitenfigur zurück und setz' den Fuss des Zirkels auf die Linie I. und der andere treffe 3. des Kreises A. Dann setz den Fuss des Zirkels auf die Linie P. und mit dem andern punctire auf der Linie A. 3. und 15., dann stell' den Fuss des Zirkels auf die Linie I. des Kreises A. und den andern Fuss erstrecke bis nach 4. des Kreises A., und stell' den Fuss des Zirkels auf die Linie P. und mit dem andern zeichne 4. und 14. auf der Linie A., dann stell' einen Fuss des Zirkels auf Linie I. und den an-

---

[1] fehlt in Fig. 63.
[2] d. h. in Vorderansicht.
[3] vgl. Anm. 2. pag. LVII wobei zu bemerken, dass die in Fig. 63 aus 2 getrennten Stücken bestehende Curve H. nachträglich zu e i n e r ergänzt worden ist.
[4] Bisher war im Allgemeinen nur das Verfahren angegeben wie aus der gegebenen Vorder- und Profilansicht die Horizontalprojection zu bestimmen. Jetzt wird der Detaileintheilung zum Zweck der perspectivischen Darstellung vorgenommen, und zwar zuerst am Grundriss, oder der Horizontalprojection, deren Eintheilung sodann auf die beiden Aufrisse übertragen wird. (Punct 9. ist übrigens bezüglich seiner Lage im Profil etwas nach rückwärts verschoben zu denken um mit 9. der Linie B. im Grundriss zu correspondiren.)
[5] Bezeichnungen I und P fehlen in Fig. 64.
[6] Es sind selbstverständlich immer die Verticalabstände der betr. Puncte von der Linie I. gemeint.

— CLX —

dern erstrecke bis er auf 5. des Kreises A. trifft, dann stelle den Fuss des Zirkels auf die Linie P. und mit dem andern punctire 5. und 13. auf der Linie A., und kehre mit dem Fuss des Zirkels auf die Linie I. zurück und den andern erstrecke bis er 6. trifft, dann stelle den Fuss des Zirkels auf die Linie P. und mit dem andern mach' 6. und 12. auf der Linie A. und stelle einen Fuss des Zirkels auf die Linie I. und mit dem andern geh' bis 7. des Kreises A. und stelle den Fuss des Zirkels auf die Linie P. und mit dem andern punctire 7. und 11. auf der Linie A. Nimm das Maass von I. bis 8. des Kreises A. und stelle den Fuss des Zirkels auf P. und (mit dem andern) punctire 8. und 10. auf der Linie A.; nimm die Weite von der Linie I. bis 9. des Kreises A. und stell' den Fuss des Zirkels auf die Linie P. und zeichne 9. auf der Linie A. Und stelle den Fuss des Zirkels auf die Linie I. und den andern Fuss erstrecke bis nach 2. des Kreises B.; dann stell' den Zirkel auf die Linie P. und mit dem andern Fuss zeichne auf der Linie B.: 2. und 16.; dann nimm die Grösse von I. bis 3. des Kreises B. und übertrag sie von P. auf die Linie B. was 3. und 15. sei, dann stelle den Fuss des Zirkels auf die Linie I. und den andern erstrecke bis 4. des Kreises B., und stelle den Fuss des Zirkels auf die Linie P., mit dem andern zeichne 4. und 14. auf der Linie B.; nimm das Maass von der Linie I. bis 5. des Kreises B. und übertrag es von P. auf die Linie B. und zeichne 5. und 13. ; dann nimm den Abstand von der Linie I. bis 6. des Kreises B. und stell' den Zirkel auf die Linie P. und zeichne 6. und 12. auf der Linie B.; nimm wie weit es von der Linie I. bis 7. des Kreises B. ist und setz' den Fuss des Zirkels auf die Linie P., mit dem andern punctire 7. und 11. auf der Linie B. und nimm das Maass von der Linie I. nach 8. des Kreises B. und setz' den Fuss des Zirkels auf die Linie P. und zeichne mit dem andern 8. und 10. auf der Linie B., nimm den Abstand von der Linie I. bis 9. des Kreises B. und setz' den Fuss des Zirkels auf die Linie P. mit dem andern zeichne 9. auf der Linie B. Jetzt bezüglich des Kreises C. nimm den Abstand der Linie I. bis 2. des Kreises C. und setz' den Fuss des Zirkels auf die Linie P., mit dem andern zeichne 2. und 22. auf der Linie C. Ebenso mach'es mit dem ganzen Kreise C. bis zu 12. d. h. verzeichne 1. 2. und 22., 3. und 21., 4. und 20., 5. und 19., 6. und 18., 7. und 17., 8. und 16., 9. und 15., 10. und 14., 11. und 13., 12.: diese sind vom Kreise C. auf die Linie C. zu übertragen: ebenso beim Kreis D. der auf der Linie D. ergeben wird: 1., 2. und 18., 3. und 17., 4. und 16., 5. und 15., 6. und 14., 7. und 13., 8. und 12., 9. und 11. Vom Kreise E. auf Linie E.: 1., 1. mit dem Titel, 2. und 20., 3. und 19., 4. und 18., 5. und 17., 6. und 16., 7. und 15., 8. und 14., 9. und 13., 10. und 12. 11.; vom Kreise F. auf Linie F.: 1. und 1. mit dem Titel und 1. mit zwei Titeln, 2. und 18. 3. und 17., 4. und 16., 5. und 15., 6. und 14., 7. und 13., 8. und 12., 9. und 11., 10. Der Kreis G. auf der Linie G.: 1., 2. und 16., 3. und 15., 4. und 14., 5. und 13., 6. und 12.; 7. und 11., 8. und 10., 9., der Kreis H. auf Linie H.: 1. und 1. mit Titel, 2. und 2. mit dem Titel, 3. und 3. mit dem Titel, 4. und 5., 6. 7. 8. 9. 10. 11. 12. 13. 14. 15. mit dem Titel, 16. mit dem Titel. Jetzt müssen diese Grössen sämmtlich auf den Kopf in Vorderansicht übertragen werden, der von der Linie TV. derart getheilt wird, dass sie die Linien A. B. C. D. E. F. G. H. sämmtlich im Puncte 1. theilt, und du hast die Linie MN. senkrecht auf der Linie I., und alle Kreise der Breitenfigur werden von ihr (MN.) im Puncte 1. getheilt. Jetzt nimm den Zirkel und setz einen Fuss auf die Linie MN. und den andern Fuss strecke aus bis er 2. des Kreises A. trifft, dann setz' den Zirkel auf 1. der Linie A. des Kopfs in Vorderansicht. — wenn ich sage : «die Linie A.» versteht es sich beim Kopf in Vorderansicht — und mit dem andern Fuss zeichne auf der rechten Seite 16. auf der linken 2.; setz den Fuss des Zirkels auf die Linie MN. und den andern erstrecke bis nach 3. des Kreises A., dann stelle den einen Fuss des Zirkels auf 1. der Linie A. und mit dem andern mach' auf der rechten Seite 15. und auf der linken 3., und setz' den Zirkel auf die Linie MN. und mit dem andern treffe 4. des Kreises A., und stelle den Fuss des Zirkels auf 1. der Linie A., und mit der andern Spitze punctire rechts 14., links 4., nimm das Maass von der Linie MN. bis 5. des Kreises A., dann setz' den Fuss des Zirkels auf 1. der Linie A., mit dem andern zeichne zur rechten 13., zur linken 5. Nimm den Abstand von der Linie MN. bis 6. des Kreises A. und stelle einen Fuss des Zirkels auf 1. der Linie A., mit dem andern zeichne zur rechten Seite 12. und zur linken 6. Kehre mit dem Zirkel auf die Linie MN. zurück und öffne ihn bis 7. des Kreises A. und setz' einen Fuss des Zirkels auf 1. der Linie A., mit dem andern punctire zur rechten 11., zur linken 7.; sieh' wie weit es von der Linie MN. bis 8. des Kreises A. ist, dann stelle den Fuss des Zirkels auf 1. der Linie A. und mit dem andern zeichne zur rechten 10., zur linken 8. und wo 1. steht, setz' noch 9. Bezüglich des andern, der B. ist setz' den Fuss des Zirkels auf die Linie MN. und mit dem andern Fuss berühre 2. des Kreises B. und setz einen Fuss des Zirkels auf 1. der Linie B., mit dem andern zeichne zur rechten Seite 16. und zur linken 2.; dann kehre mit einem Fuss des Zirkels auf die Linie MN. zurück und den andern erstrecke bis 3. des Kreises B., und setz' einen Fuss des Zirkels auf 1. der Linie B., mit dem andern punctire auf der rechten Seite 15., auf der linken 3.; nimm den Abstand der Linie MN. bis 4. des Kreises B. und setz den Fuss des Zirkels auf 1. der Linie B. und zeichne mit dem andern zur rechten Seite 14., zur linken 4. Sieh' wie weit es von der Linie MN. bis 5. des Kreises B. ist, dann geh' mit dem Fuss des Zirkels auf 1. der Linie B. und mit dem andern mach' auf der rechten Seite 13., auf der linken 5.; miss von der Linie MN. bis 6. des Kreises B. und setz einen Fuss des Zirkels auf 1. der Linie B. und mit dem andern zeichne zur rechten 12. und zur linken 6.; dann kehre mit dem Fuss des Zirkels auf die Linie MN. zurück und mit dem andern treffe auf 7. des Kreises B., und setz' den Fuss des Zirkels auf 1. der Linie B., mit dem andern punctire zur rechten 11. und zur linken 7.; nimm den Abstand von der Linie MN. bis 8. des Kreises B. und setz' einen Fuss des Zirkels auf 1. der Linie B., und beschreib auf der rechten 10. und auf der linken 8., und wo 1. auf der Linie B. ist, mach' 9. Jetzt, bezüglich des andern der C. ist, nimm den Abstand der Linie MN. bis 2.; dann setz den Fuss des Zirkels auf 1. der Linie C. und mit dem andern Fuss zeichne zur rechten 22., zur linken 2., sieh' wie weit es von der Linie MN. bis 3. des Kreises C. ist, und setz' einen Fuss des Zirkels auf 1. der Linie C., mit dem andern zeichne zur rechten Seite 21., zur linken 3. Dann kehre mit dem Fuss des Zirkels zur Linie MN. zurück, so dass der andere Fuss 4. der Linie C. treffe; stell' einen Fuss des Zirkels auf 1. der Linie C., mit dem andern verzeichne zur rechten 20. und 20. mit dem Titel, zur linken 4. und 4. mit dem Titel; setz' den Fuss des Zirkels auf die Linie MN. und den andern erstrecke bis 5. des Kreises C. und führe den Fuss des Zirkels auf 1. der Linie C., mit dem andern zeichne zur rechten Seite 19., zur linken 5. Nimm den Abstand von der Linie MN. bis 6. des Kreises C. und setz' einen Fuss des Zirkels auf 1. der Linie C., zur rechten punctire 18., zur linken 6., nimm das Maass von der Linie MN. bis 7. und setz' den Fuss des Zirkels auf 1. der Linie C. und zeichne mit dem andern Fuss zur rechten 17., zur linken 7. Dann sieh' wie weit es von der Linie MN. bis 8. ist, und setz' einen Fuss des Zirkels auf 1. der Linie C. und mit dem andern mach' auf der rechten Seite 16., auf der linken 8.; kehre mit dem Fuss des Zirkels zur Linie MN. zurück, und den andern Fuss erstrecke, bis er 9. des Kreises C. trifft; dann setz' den Fuss des Zirkels auf 1. der Linie C., mit dem andern punctire zur rechten 15., zur linken 9. Nimm den Abstand von der Linie MN. bis 10. des Kreises C. und setz' einen Fuss des Zirkels auf 1. der Linie C., mit dem andern Fuss zeichne zur rechten 14., zur linken 10. Dann setz' den Fuss des Zirkels wieder auf die Linie MN., mit dem andern treffe auf 11. des Kreises C. und setz' einen Fuss des Zirkels auf 1. der Linie C., zur rechten zeichne 13., zur linken 11. und zeichne 12., wo 1. ist. Und ebenso geschieht es mit dem Kreise D. auf der Linie D. des Kopfs in Vorderansicht, was 1. 2. 3. 4. 5. 6. 7. 8. 9. 10. 11. 12. 13. 14. 15. 16. 17. 18.[1] sein wird, und ebenso mach's mit dem Kreise E. auf der Linie E., was 1. und 1. mit dem Titel, 2. 3. 4. 5. 6. 7. 8. 9. 10. 11. 12. 13. 14. 15. 16. 17. 18. 19. 20. sein wird, und ebenso mach's mit dem Kreise F. auf der Linie F., was 1. und 1. mit dem Titel und 1. mit zwei Titeln 2. 3. 4. 5. 6. 7. 8. 9. 10. 11. 12. 13. 14. 15. 16. 17. 18. sein wird. Mach's auch so mit dem Kreise G. auf der Linie G. was 1. und 2. 3. 4. und 4. mit dem Titel, 5. 6. 7. 8. 9. 10. 11. 12. 13. 14. mit dem Titel, 15. mit dem Titel, 16. mit dem Titel sein wird, und ebenso mach's mit dem Kreise H. auf der Linie

---

[1] In Fig. 64. hat D. noch die Theilpuncte 19. und 20.

II. des Kopfs in Vorderansicht, was 1. und 1. mit dem Titel, 9. und 9. mit dem Titel, 2. und 2. mit dem Titel, 3. und 3. mit dem Titel, 4. 5. 6. 7. 8. 9. 10. 11. 12. 13. 14. 15. und 15. mit dem Titel, 16. und 16. mit dem Titel sei,[1] so gesetzt wie man in der Figur des Kopfs, in einem Auge (in Profil) und in jener von Vorn sieht. (Fig. 64.)

Jetzt müssen sie auf die Streifen übertragen werden: und zuerst werden wir die Breiten nach gewohnter Art übertragen, d. h. die senkrechte Linie ziehen, die KL. sei, parallel zu IP., was die Grenzlinie (der Bildebene) darstelle, an welche man die Holzstreifen stets jene berührend anlegt; sodann entferne dich soweit, wie du stehen willst, um den Kopf zu sehen: was Punct O. ergibt; darin befestige die Nadel mit dem sehr feinen Faden, dann nimm den Holzstreifen, der fein sei, und leg' ihn berührend an die Linie KL., dass er gut fest liege, so versteht es sich immer von allen Streifen; dann nimm den Faden und leg' ihn den Kreis A. treffend[2]; setzen wir, dass er auf 14. treffe: sieh, wo der Faden auf den Streifen schlägt und da mach' Punct 14., dann erstrecke den Faden über 15. des Kreises A. und wo er auf den Streifen schlägt, punctire 15., stell' den Faden auf 16. des Kreises A. ein, wo er auf den Streifen schlägt zeichne 16.; zieh' den Faden über 1. des Kreises A., und wo er auf den Streifen schlägt mach' 1., führe den Faden über 2. des Kreises A., wo er auf den Streifen schlägt, punctire 2., erstrecke den Faden über 3. des Kreises A. und wo er auf den Streifen schlägt, schreib 3. Führe den Faden über 4. des Kreises A., wo er auf den Streifen schlägt, zeichne 4., übertrage den Faden auf 5. des Kreises A., wo er auf den Streifen schlägt, mach' 5., leg' den Faden über 6. des Kreises A., wo er auf den Streifen schlägt, mach' Punct 6.; führe den Faden über 7. des Kreises A., und wo er auf den Streifen schlägt, mach' 7., zieh' den Faden über M. des Kreises A., wo er auf den Streifen schlägt, zeichne M.; dann zeichne A. auf den Streifen und sei Streifen A. Nimm ihn weg und leg' ihn beiseite. Dann nimm den Holzstreifen B. und leg' ihn berührend an KL.; sodann nimm den Faden und leg' ihn auf 14. des Kreises B. ein, und wo er auf den Streifen schlägt, mach' Punct 14.; zieh' den Faden über 15. des Kreises B., wo er auf den Streifen schlägt, zeichne 15.; erstrecke den Faden über 16. des Kreises B., wo er auf den Streifen schlägt, mach' 16.; stell' den Faden auf 1. des Kreises B. ein und wo er auf den Streifen schlägt, punctire 1.; führe den Faden über 2. des Kreises B., wo er auf den Streifen schlägt zeichne 2.; führe den Faden über 3. des Kreises B., wo er auf den Streifen schlägt, mach' 3.; stell' den Faden auf 4. des Kreises B. ein, und wo er auf den Streifen schlägt, schreib' 4.; zieh' den Faden über 5. des Kreises B., wo er auf den Streifen schlägt, punctire 5.; übertrage den Faden auf 6., und wo er auf den Streifen schlägt, mach' 6.; führe den Faden über 7. des Kreises B., wo er auf den Streifen schlägt, punctire 7.[3]; stell' den Faden über M., wo er auf den Streifen schlägt, mach' M. Nimm den Streifen weg und leg' ihn beiseite, und nimm den Streifen C. und leg' ihn berührend an KL.: und sodann erstrecke den Faden über 16. des Kreises C.: wenn er den Kreis nicht schneiden sollte[4] — — denn wenn er ihn schnitte muss man es nicht thun, im Gegentheil muss dann der Faden den Kreis berührend geführt und an der Berührungsstelle ein Punct gemacht werden und ferner muss er auf die Höhen(figur) in oben besagter Weise übertragen, und derselbe muss auf dem Holzstreifen bezeichnet werden und ebenso auf den Papierstreifen: und ebenso mach's bei allen Kreisen entweder am Anfang oder am Ende, wenn dieses eintreten sollte. Du hast den Faden über 16. gezogen: wo er auf den Streifen schlägt mach' 16.; dann stell' den Faden auf 17. des Kreises C. ein, und wo er auf den Streifen schlägt, zeichne 17.; erstrecke den Faden über 18., und wo er auf den Streifen schlägt, punctire 18.; führe den Faden über 19. des Kreises C., und wo er auf den Streifen schlägt, mach 19.; zieh' den Faden über 20. des Kreises C., und wo er auf den Streifen schlägt, zeichne 20.; zieh' den Faden über 21. des Kreises C., und wo er auf den Streifen schlägt, punctire 21.; stell' den Faden auf 22.

---

[1] Einzelne der im Text genannten Puncte sind in der Zeichnung der Vorderansicht (Fig. 64) wohl des engen Raumes wegen weggeblieben.
[2] pag. LIX 3. Zeile v. u. l. A³ statt A¹.
[3] In Fig. 65 ist Punct 7. nicht mehr vorhanden, übrigens bezieht sich in genannter Figur die Andeutung des Verfahrens nur auf Kreis B.
[4] z. erg «sondern ihn tangirt»

des Kreises C. ein, und wo er auf den Streifen schlägt, mach' 22.; erstrecke den Faden über
1. des Kreises C., wo er auf den Streifen schlägt, zeichne 1.; und ebenso mach's bis 11.
(und M.), und wo der Faden auf den Streifen schlägt, zeichne M. Dann nimm den Streifen
weg und leg' ihn beiseite; und nimm den Holzstreifen D. und leg' ihn an KL. berührend,
und dann nimm den Faden und stell' ihn auf 15., auf 16., auf 17., auf 18., auf 1. bis auf
8. des Kreises D. ein und bei allen zeichne, wo der Faden auf den Streifen D. schlägt, und stell'
den Faden auf M., wo er auf den Streifen schlägt, punctire M. Nimm den Streifen weg und
leg' ihn beiseite und nimm den Streifen E. und leg' ihn an KL. berührend; dann nimm den
Faden und leg' ihn über 16., über 17., über 18., über 19., über 20., über 1., über 1. mit
dem Titel bis zu 9.[1] und über M. des Kreises E. und bezeichne alle Stellen, wo der Faden
auf den Streifen schlägt, und nimm ihn weg und leg' ihn beiseite, und nimm den Streifen F.
und leg' ihn berührend an KL.; dann zieh' den Faden über 15., über 16., über 17., über 18., über
1., über 1. mit dem Titel, über 1. mit zwei Titeln bis zu 8. und über M. des Kreises F.
und bezeichne alle Stellen, wo der Faden auf den Streifen schlägt, und nimm ihn weg und
leg' ihn beiseite. Sodann nimm den Streifen G. und leg' ihn berührend an KL. und führe
den Faden über 14., über 15., über 16., über 1. bis zu 7. und über M. des Kreises G., und
wo der Faden hintrifft, bezeichne die Stellen auf dem Streifen: dann nimm ihn weg und leg'
ihn beiseite; und nimm den Streifen H. und leg' ihn an KL. berührend, und leg' den Faden
über 14., über 15., über 16., über 16. mit dem Titel, über 1., über 1. mit dem Titel, über
2., über 2. mit dem Titel bis zu 7. und über M. des Kreises H.: und bezeichne sie Zeichen
für Zeichen, wo der Faden auf den Streifen H. schlägt, und nimm den Streifen weg, und
leg' ihn beiseite, und du hast alle Breiten auf den Holzstreifen. Auf dem Streifen A. hast du
14. 15. 16. und 1. 2. 3. 4. 5. 6. 7. und auf dem Streifen B. ebendasselbe; auf dem Streifen
C. hast du 18. 19. 20. 21. 22. 1. 2. 3. 4. 5. 6. 7. 8. 9. und 10. und auf dem Streifen D.
hast du 16. 17. 18. 1. 2. 3. 4. 5. 6. und auf dem Streifen E. hast du 17. 18. 19. 20. 1.
2. 3. 4. 5. 6. 7. 8. 9.[1]; auf dem Streifen F. 16. 17. 18. 1. 1. mit dem Titel, 1. mit
zwei Titeln und 2. 3. 4. 5. 6., auf den Streifen G. und H. 15. 16. 18.[2] 1. und 1. mit dem
Titel, 1. mit zwei Titeln, 2. 3. 4. 5. 6. 7.[3] (Fig. 65.)

Jetzt muss die Höhe auf die Papierstreifen übertragen werden. Darum zieh' eine Linie
parallel zu IP. des Kopfs in einem Auge, die KL. sei von IP. des Kopfs in einem Auge so-
weit entfernt, wie es KL. von der Linie IP. des Kopfs in Breitenansicht ist. Dann nimm den
Abstand von der Linie KL. bis O. beim Kopf in der Breitenansicht, und diese Grösse übertrag auf KL. des Kopfs in einem Auge, was die Höhe ist,[4] und zeichne O. Darin befestige die
Nadel mit dem Faden hoch oder niedrig, je nachdem du stehen willst, um den Kopf zu sehen.
Dann zieh' eine Linie, die KL. rechtwinklig unterhalb des Profilkopfs schneidet, was Linie
PQ. sei;[5] dann nimm den Papierstreifen auf und leg' ihn berührend an KL., dass er fest liege;
dann führe die Linie PQ., welche ihn im Puncte A. schneide, was Streifen A. sein wird. Sodann nimm den Faden und leg' ihn über 1. der Linie A. des Kopfs in einem Auge so versteht es sich immer, und wo der Faden auf den Streifen schlägt, zeichne 1.; stell' den Faden
auf 2. und 16. der Linie A. ein, wo er auf den Streifen schlägt, mach' 2. und 16.; zieh'
den Faden über 3. und 15. der Linie A., wo er auf den Streifen schlägt, punctire 3. und 15.;
führe den Faden über 4. und 14. der Linie A., und wo er auf den Streifen schlägt, zeichne
4. und 14.; stell' den Faden auf 5. und 13. der Linie A. ein, wo er auf den Streifen schlägt,
schreib 5. und 13.; führe den Faden über 6. und 12. der Linie A., und wo er auf den Streifen
schlägt, mach' 6. und 12.; übertrag den Faden auf 7. der Linie A., wo er auf den Streifen
schlägt, punctire 7. dann nimm den Streifen weg, und mach' damit einen andern gleichen
A. bezeichneten, der dieselben Zeichen enthält, und leg' sie beiseite: und dann nimm den

---

[1] vgl. Anm. 3 pag. LX.
[2] 1. 14. 15. 16.
[3] Es sind nur die sichtbaren Puncte in Vorstehendem resumirt.
[4] Incorrect ausgedrückt, vgl. Anm. 6 pag. LX.
[5] fehlt in Figur 66.

andern Papierstreifen und leg' ihn berührend an KL., dann zieh' PQ., welche ihn im Puncte B. schneide, was Streifen B. sein wird, und nimm den Faden und stell' ihn auf 1. der Linie B. des Kopfs in einem Auge, und wo er auf den Streifen schlägt, mach' Punct 1.; dann erstrecke den Faden über 2. und 16. der Linie B., wo er auf den Streifen schlägt, zeichne 2. und 16.; und zieh' den Faden über 3. und 15. der Linie B., und wo er auf den Streifen schlägt, mach' 3. und 15.; führe den Faden über 4. und 14. der Linie B., wo er auf den Streifen schlägt, punctire 4. und 14.; führe den Faden über 5. und 13. der Linie B., wo er auf den Streifen schlägt, zeichne 5. und 13.; zieh' den Faden über 6. der Linie B., und wo er auf den Streifen schlägt, schreib' 6.; stell' den Faden auf 7. der Linie B. ein, wo er auf den Streifen schlägt, puntire 7. nimm den Streifen weg und mach' damit einen andern gleichen und leg' sie beiseite, und nimm den andern Papierstreifen und leg' ihn berührend an KL. dann zieh' PQ., welche ihn im Puncte C. theile, und nimm den Faden und stelle ihn auf 1. der Linie C. des Kopfs in einem Auge ein, und wo er auf den Streifen schlägt, mach' 1.; stell' den Faden auf 2. und 22. der Linie C. ein, und wo er auf den Streifen schlägt, zeichne 2. und 22.; führe den Faden über 3. und 21. der Linie C., wo er auf den Streifen schlägt, punctire 3. und 21.; stell' den Faden auf 4. und 20. der Linie C. ein, wo er auf den Streifen schlägt, mach' 4. und 20.; zieh' den Faden über 4. mit dem Titel und 20. mit dem Titel der Linie C., und wo er auf den Streifen schlägt, zeichne 4. mit dem Titel und 20. mit dem Titel. Er strecke den Faden über 5. und 19. der Linie C., und wo der Faden auf den Streifen schlägt, schreib 5. und 19. Führe den Faden über 6. und 18., über 7. und 17., über 8., über 9 und 10.[1] der Linie C., und wo der Faden auf den Streifen schlägt, punctire 6. und 18. und 7. und 17., 8., 9. 10.[1] Dann nimm den Streifen weg und mach' damit einen andern gleichen und leg' sie beiseite, und nimm den andern Papierstreifen und leg' ihn an KL. berührend, und zieh' PQ., die ihn im Puncte D. schneide, und nimm den Faden und stelle ihn auf 1., auf 2. und 18., auf 3. und 17., auf 4. und 16., auf 5. und 15., auf 6., auf 7., auf 8. der Linie D. des Kopfs in einem Auge, und wo der Faden auf den Streifen schlägt, punctire 1., 2. und 18., 3. und 17., 4. und 16., 5. und 15., 6., 7.. 8.,[2] alle Zeichen für Zeichen; dann nimm den Streifen weg und mach' damit einen andern gleichen und leg' sie beiseite. Und nimm einen andern Papierstreifen und leg' ihn berührend an KL. und zieh' PQ., die ihn im Puncte E. theile, warum der Streifen E. genannt werde. Dann erstrecke den Faden über 1., über 1. mit dem Titel, über 2. und 20., über 3. und 19., über 4. und 18., über 5. und 17., über 3., über 7., über 8., über 9. (und 9°.) der Linie E. des Kopfs in einem Auge, und alle diese bezeichne auf dem Streifen, wo der Faden aufschlägt; dann nimm den Streifen weg und mach' damit einen andern gleichen, und leg' sie beiseite. Dann leg' einen andern Papierstreifen berührend an KL. und liniire PQ., die ihn im Puncte F. schneide, daher er Streifen F. sei, und nimm den Faden und stell' ihn auf 1., auf 1. mit dem Titel, auf 1. mit zwei Titeln, auf 2. und 18., auf 3. und 17., auf 4. und 16., auf 5. und 15., auf 6., auf 7., auf 8.[3] der Linie F. des Kopfs in einem Auge ein, und bezeichne alle auf dem Streifen, wo der Faden aufschlägt; dann nimm den Streifen weg und mach' damit einen andern gleichen und leg' sie beiseite. Und nimm den andern Papierstreifen und leg' ihn berührend an KL., dann zieh' PQ., die ihn im Puncte G. schneide, und nimm den Faden und stelle ihn auf 1., auf 2. und 16., auf 3. und 15., auf 3. und 15. mit dem Titel, auf 4. und 14, auf 5., auf 6., auf 7. der Linie G. des Kopfs in einem Auge, und wo der Faden auf den Streifen schlägt, zeichne Punct für Punct. Dann nimm den Streifen weg und mach' damit einen andern gleichen und leg' sie beiseite. Leg' einen andern Papierstreifen berührend an KL., dann zieh' PQ., die ihn im Puncte H. theile, daher er Streifen H. sein wird, und nimm den Faden und leg' ihn auf 1., auf 2. und 16., auf 3. und 15., auf 1. mit dem Titel, auf 2. und 16. mit

---

[1] fehlt in Mscr.
[2] Dem vorhergegangenen Text zufolge fehlen 7. und 8. auf dem Breitenstreifen D. In Fig. 64 u. 66 hat die Linie D. der Profilfigur überdies 20 Zahlen, also 2 mehr als nach dem Wortlaut des Textes (cfr. pag. LIX.)
[3] Auch auf dem Breitenstreifen F. fehlen dem vorhergehenden Text zufolge die Puncte 7 und 8.

dem Titel, auf 3. und 15. mit dem Titel, auf 4. und 14., auf 5., auf 6., auf 7., und alle bezeichne, wo der Faden auf den Streifen schlägt. Dann nimm den Streifen weg und mach' damit einen andern gleichen, d. h. mit allen jenen Zeichen, und denselben Abständen, Zeichen für Zeichen, und an ein und derselben Stelle bezeichnet, der eine wie der andere: und so versteht es sich bei allen: und leg' sie beiseite. (Fig. 66.)

Wir haben die Breite und Höhe auf den Streifen. Jetzt muss er an der Stelle, wo du den Kopf machen willst, ins Werk gesetzt werden. Darum zieh' eine grade Linie, die KL. sei, von grösserer Länge als der Kopf; dieselbe theile zu gleichen Theilen im Puncte M., und auf M. zieh' eine Linie senkrecht, die MN. sei, dann zieh' auf K. eine Senkrechte durch P., die KP. sei, und die andere auf L., die LQ. sei. Dann nimm die zwei Papierstreifen A. und leg' davon einen berührend an KP., den andern berührend an LQ., und A. von allen beiden falle in KL., und mach', dass sie gut fest liegen · mit Wachs angeheftet. Dann nimm den Holzstreifen A. und leg' ihn auf die beiden Streifen durch 1. aller beider hindurch, und M. des Streifens falle in die Linie NM. — und dies versteht sich immer, dass M., welches auf allen Holzstreifen sich befindet, in die Linie NM. fallend gelegt werde; wenn es auch nicht gesagt wird. Also, wo 1. des Holzstreifens hinfällt, mach' Punct 1. — Wenn ich sage «hintrifft», werden stets darunter die Zeichen des Holzstreifens verstanden. — Jetzt führe den Streifen durch 2. und 16. beider (Papier)streifen hindurch, und wo 2. des (Holz)streifens hintrifft, punctire 2., wo 16. hinfällt, mach' 16.; schieb' den Streifen durch 3. und 15. beider Streifen hindurchgehend, wo 3. hinfällt, zeichne 3., wo 15. hintrifft, punctire 15. Führe den Streifen durch 4. und 14. beider (Papier)streifen hindurchlaufend, und wo 4. hintrifft, setz' 4., wo 14. hintrifft, mach' Punct 14.; leg' den Streifen an 5. beider Streifen, wo 5. hinfällt, mach' 5.; schieb' den Streifen an 6. beider Streifen, und wo 6. hinfällt, zeichne 6.; leg' den Streifen an 7. beider (Papier)streifen, und wo 7. hintrifft, punctire 7., wie gesagt worden, dass M. stets in die Linie MN. falle. Dann nimm die Streifen A. weg und leg' sie beiseite. Sodann nimm die zwei Papierstreifen B. und leg' einen davon berührend an KP., den andern an LQ., und B. von allen beiden falle in die Linie KL. Dann nimm den Holzstreifen B. und leg ihn, dass er durch 1. beider Streifen hindurchgeht, und M. falle stets in die Linie MN., und wo 1. des Holzstreifens hintrifft, mach' 1.; schieb' den Streifen durch 2. und 16. beider (Papier)streifen hindurch, und wo 2. hintrifft, setz' 2., wo 16. hinfällt, zeichne 16.; führe den Streifen durch 3. und 15. beider (Papier)streifen hindurch, und wo 3. hinfällt, mach' 3., wo 15. hintrifft, punctire 15.; leg' den Streifen an 4. und 14. beider Streifen, und wo 4. hintrifft, setz' 4., wo 14. hintrifft, punctire 14.; schieb' den Streifen durch 5. beider Streifen hindurchlaufend, und wo 5. hintrifft, mach' 5., setz' den Streifen an 6. beider (Papier)streifen, und wo 6. hintrifft, mach' 6., leg' den Streifen an 7. beider (Papier)streifen, und wo 7. hintrifft, mach' 7.; und dann nimm die Streifen und leg' sie beiseite. Und nimm die zwei Papierstreifen C., und leg' einen davon an KP. berührend, und den andern an LQ., und C. von allen beiden falle in KL. Dann nimm den Holzstreifen C. und leg' ihn auf 1., beide Streifen treffend, während M. stets in die Linie MN. fällt; und wo 1. hintrifft, punctire 1., führe den Streifen durch 2. und 22. beider Streifen, und wo 2. hinfällt, mach' 2., und wo 22. hintrifft, zeichne 22., schieb' den Streifen, dass er 3. und 21. von allen beiden Streifen trifft, wo 3. hinfällt, setz' 3., wo 21. hinfällt, punctire 21., leg' den Streifen an 4. und 20. beider Streifen, wo 4. hintrifft, mach' 4., wo 20. hinfällt, zeichne 20., leg' den Streifen, dass er auf 4. und 20. mit dem Titel trifft, wo 4. mit dem Titel hinfällt, mach' 4. mit dem Titel, wo 20. mit dem Titel hintrifft, setz' 20. mit dem Titel; schieb' den Streifen, dass er 5. und 19. beider Streifen berührt, wo 5. hintrifft, zeichne 5., wo 19. hinfällt, punctire 19., leg' den Streifen an 6. und 18. beider Streifen an, und wo 6. hintrifft, punctire 6., wo 18. hintrifft, zeichne 18., leg' den Streifen an 7. und 17. beider (Papier)streifen an, wo 7. hinfällt, mach' 7., wo 17. hintrifft, setz' 17., schieb' den Streifen an 8. beider Streifen heran, wo 8. hintrifft, schreib' 8., leg' den Streifen, dass er 9. beider (Papier)streifen trifft, wo 9. hintrifft, mach' 9.[1] Dann nimm die

---

[1] fehlt 10.

Streifen fort und leg' sie beiseite, und leg' die zwei Papierstreifen D., einen berührend an KP., den andern an LQ., und D. von allen beiden falle in KL. Und nimm den Holzstreifen D. und mach', wie du es bei den andern gemacht hast; ebenso mach's mit dem Streifen E., und ebenso mach's mit dem Streifen F., und dasselbe thu' mit dem Streifen G. und dem Streifen H. Dann leg' die Streifen beiseite und beschreib die Umrisse mit guter Form; zuerst die Zeichen des Streifens A.: 14—15.; 15—16.; 16—1.; 1—2.; 2—3.; 3—4.; 4—5.; 5—6.; 6—7.; die, welche der Streifen B. ergab: 14—15.; 15—16.; 16—1.; 1—2.; 2—3.; 3—4.; 4—5.; 5—6.; 6—7.: die des Streifens C.: 17—18.; 18—19.; 19—20.; 20—21.; 21—22.; 19—20. mit dem Titel, 20 mit dem Titel — 21.; 22—1.; 1—2.; 2—3.; 3—4.; 4—5.; 3—4. mit dem Titel, 4. mit dem Titel — 5.; 5—6.; 6—7.; 7—8.; 8—9. Die, welche der Streifen D. ergab: 15—16.; 16—17.; 17—18.; 18—1.; 1—2.; 2—3.; 3—4.; 4—5.; 5—6.; 6—7.; 7—8.; die Zeichen, welche der Streifen E. ergab: 16—17.; 17—18.; 18—19.; 19—20.; 20—1.; 1. mit dem Titel; 1—2.; 2—3.; 3—4.; 4—5.; 5—6.; 6—7.; 7—8.; 8—9. Und ebenso mach' die, welche du mit dem Streifen F. verzeichnet hast, und mit dem Streifen G., und mit dem Streifen H. Und weil es, wie gesagt worden, vorkommen kann, dass, wenn der Faden über die Kreise gezogen wird, am Anfang oder am Ende des Gegenstandes er nicht mehr auf ein Zeichen treffen könnte, weil die letzten Linien, die vom Auge ausgehen, den ganzen Gegenstand umfassen, indem sie ihn berühren, so sage ich, dass, wenn es sich ereignete, dass ihre Berührungspuncte nicht auf die bestimmten Zeichen fielen, sondern dass die erste Linie, nämlich der Faden zwischen 14. und 15. berührte, dass du in seinem Durchschnittspuncte[1] 14. zeichnest, und dasselbe zeichne auf dem Kopfe in einem Auge, und ebenso in dem, der Vorderansicht, indem du die Methode festhältst, wie du es bisher gemacht hast, nämlich dass du den Abstand nimmst, der von 1., welches du auf der Linie liegt, bis nach 14., welches du auf dem Durchschnitt[1] des Kreises bezeichnet hast, und ihn von der Linie P. (1) auf die dem Kreise entsprechende Linie[2] überträgest, wenn es Kreis A. wäre, auf die Linie A. des Kopfs in einem Auge, und 14. zeichnest, und wenn die letzte[3] zwischen 6. und 7. fiele, zeichne im Schnittpunct[1] 7. und mach' dasselbe, und dann übertrag' sie auf den Kopf in Vorderansicht, indem du jenen Abstand nimmst, der von der Linie MN. bis 14. in jenem Kreise, und auf der rechten von 1. des Kopfs in Vorderansicht 14., auf der linken 7. setzest. Und ebenso mach's immer bei allen Kreisen. (Fig. 67).

54. Und weil der Kopf, der gemacht worden, ohne irgend welche Neigung ist, beabsichtige ich, dass ein anderer gemacht werde, und der habe zwei Bewegungen: dass er sich nach vorn erhebe und auf eine Seite neige, und dass er nicht parallel zur Bildebene stehe; wodurch du alle andern Bewegungen des Kopfes wirst verstehen können. Du hast den Kopf in einem Auge, der nach der vorherigen Nummer gemacht wurde; der 8 Querlinien hat, die A. B. C. D. E. F. G. H. sind, jede mit ihren Zeichen. An demselben zieh' eine Linie, welche die Nasenspitze und das Kinn berühre, welche Linie IP. genannt werde, die den Kopf in grader Richtung (nach hinten) sich neigen lasse, wie es dir gefällt, dass der Kopf hänge, und auf der Linie IP. führe eine unbegrenzte Linie senkrecht, welche die höchsten Theile des Kopfs berührt, was Linie z. sei; dann zieh' durch 1. 2. 3. 4. 5. 6. 7. 8. 9. der Linie A. des Kopfs in einem Auge lauter unbegrenzt lange Parallelen zur Linie z., leicht mit dem Blei; dann zieh' eine Linie senkrecht dazu, welche die Linie z. unter rechtem Winkel theilt, was MN. sei; dann zieh' eine senkrechte Linie, die die Nasenspitze des Kopfs in einem Auge berührt und die Linie A. unter rechtem Winkel theilt, was Linie TV. sei; und dann nimm den Abstand der Linie TV. bis 2. der Linie A. des ersten Kopfes in Vorderansicht, der nach der vorhergehenden Nummer gemacht worden, — so versteht es sich immer — und setz' den Fuss des Zirkels auf die Linie MN. und mit dem andern Fuss zeichne auf der Linie, die von 2. des Kopfs in einem Auge kommt, und zeichne zur rechten von MN. 16., und zur linken 2.; dann sich' den Abstand nach, von der Linie TV. bis 3. der Linie A., und setz' den Fuss des Zirkels auf MN., die Linie versteht sich immer; und mach' auf der von 3. ausgehenden Linie zur rechten 15., und zur

---

[1] d. h. im Berührungspuncte mit der Curve.
[2] d. h. des Profils.   [3] d. h. die Tagente 14 gegenüber.

linken 3.; nimm den Abstand von der Linie TV. bis 4. der Linie A. und übertrag' ihn auf die von 4. kommende Linie, zur rechten von MN. 14., zur linken 4.; nimm das Maass von der Linie TV. bis 5. der Linie A. und zeichne auf der Linie, die von 5. kommt; zur rechten 13., zur linken 5.; sieh', wie weit es von der Linie TV. bis 6. der Linie A. ist, und punctire auf der von 6. ausgehenden Linie zur rechten 12., zur linken 6.; nimm den Abstand von TV. bis 7. der Linie A. und übertrag' ihn auf die von 7. kommende Linie, zur rechten von MN. mach' 11., zur linken 7.; nimm den Abstand von Linie TV. bis 8. der Linie A., und zeichne auf der Linie, die von A. ausgeht, zur rechten von MN. 10., zur linken 8.; und zeichne 9., wo die Linie von 9. auf die Linie MN. trifft; dann mach' 1., wo die Linie, die von 1. kommt, die Linie MN. schneidet und wir haben die Linie A. Jetzt bezüglich der Linie B. zieh' durch 1. 2. 3. 4. 5. 6. 7. 8. 9. lauter Parallelen zur Linie z., leicht; sodann nimm den Abstand von TV., nämlich die Linie versteht sich, bis 2.; von TV. bis 3.; von TV. bis 4.; von TV. bis 5.; von TV. bis 6.; von TV. bis 7.; von TV. bis 8.; von TV. bis 9. der Linie B. des Kopfs in Vorderansicht, und setz' auf der Linie, die von 2. kommt, zur rechten von MN. zeichne 16., zur linken 2.; und auf der Linie, die von 3. ausgeht, zeichne zur rechten von MN. 15., zur linken 3.; und auf der Linie, die von 4. kommt, mach' zur rechten von MN. 14., zur linken 4.; und auf der Linie, die von 5. ausgeht, punctire zur rechten 13., zur linken 5.; und auf der Linie, die von 6. ausgeht, zeichne zur rechten 12., zur linken 6.; und auf der Linie, die von 7. ausgeht, mach' zur rechten von MN. 11., und zur linken 7.; und auf der Linie, die von 8. ausgeht, setz' zur rechten 10., und zur linken 8.; und wo die Linie, die von 9. kommt, MN. anschneidet, mach' 9., und wo sie (MN.) die schneidet, die von 1. kommt, mach' 1. Und ebenso mach's mit der Linie C., der Linie D., der Linie E., der Linie F., der Linie G., der Linie H., und du wirst den Kopf in Vorderansicht mit einer Neigung haben, wovon der erste Umkreis, welcher A. sein wird, die Puncte enthält: 1. 2. 3. 4. 5. 6. 7. 8. 9. 10. 11. 12. 13. 14. 15. 16.; der zweite, der B. ist, ist der nämliche; und Giro C. ist: 1. 2. 3. 4. 4. mit dem Titel; 5. 6. 7. 8. 9. 10. 11. 12. 13. 14. 15. 16. 17. 18. 19. 20. und 20. mit dem Titel; 21. 22.; die (Zeichen) des Giro D. sind: 1. 2. 3. 4. 5. bis 18.; die des Giro E. sind: 1., 1. mit dem Titel bis 20.; die des Giro F. sind von 1., und 1. mit dem Titel, und 1. mit zwei Titeln bis 18.; die des Giro G. sind: 1. 2. 3. 3.[1] mit dem Titel, 4. 5. 6. 7. 8. 9. 10. 11. 12. 13. 14. 15. mit dem Titel, 15. 16.; des Giro H.: 1. 2. 3. 1. mit dem Titel, 2. mit dem Titel, 3. 4. 5. 6. 7. 8. 9. 10. 11. 12. 13. 14. 15. 16.[2] mit dem Titel. (Fig. 68.[3])

Jetzt kehre zum Kopf in einem Auge zurück und zieh' durch 1. 2. 3. 4. 5. 6. 7. 8. 9. der Linie A. des Kopfs in einem Auge Parallelen zur Linie IP., leicht, dass sie unter dem Kopf um das Doppelte des Kopfs herabgehen; auf diesen Linien führe die Senkrechte, die MN. sei; dann stell' den Kopf in Vorderansicht, den du oben gemacht hast, (und stell' ihn) auf jene Linien, dass er mit dem obern Theil die Linie MN. berühre, d. h. dass er so geneigt dazu stehe, wie es dir gefällt, dass er gegen besagte Linien hänge.[4]

Und weil die Linie MN. senkrecht auf den von den Zeichen der Linie A. ausgehenden Linien des Kopfes in einem Auge ist, will ich, dass sie zum Messen beider Kreise diene, und darum wenn ich sage: «nimm den Abstand, der bis 2. oder bis 3. oder bis 4.», wieviel es deren seien, besteht, dass man darunter verstehe, dass der eine Fuss des Zirkels auf Linie MN. gesetzt werde, und man mit dem andern Fuss das Zeichen treffe; und wenn ich sage, stelle ihn oder setz' oder zeichne oder punctire, oder mach' auf der ausgehenden Linie, dass darunter verstanden werde, dass

---

[1] In Uebereinstimmung mit den früheren Daten für Giro G. wäre zu lesen statt 3 m. Titel: 4 mit Titel, statt 16: 16 mit Titel, ferner hinzuzufügen: 14 m. Titel.

[2] Um mit den früheren Angaben für Giro H. übereinzustimmen, wäre hinzuzufügen: 3 mit Titel, 9 mit Titel, 15 mit Titel, 16 mit Titel.

[3] In Fig. 68 sind nachträglich verschiedene ursprünglich nicht vorhandene im Text erwähnte Linien des Verständnisses wegen hinzugefügt. Des engen Raums wegen sind überdies in Fig. 68 einzelne Zahlen weggeblieben.

[4] Einige in Fig. 69 fehlenden Linien wurden ebenfalls des bessern Verständnisses wegen nachträglich hinzugefügt.

— CLXVIII —

du ebenfalls den Zirkel auf die Linie MN. setzest, und mit dem andern Fuss jene Grösse auf der ausgehenden Linie bezeichnest. Also nimm den Abstand von MN. bis 5. der Linie A. und übertrag ihn auf die von 5. ausgehende Linie und zeichne 5.[1] dann nimm den Abstand von der Linie MN. bis 6. der Linie A. und stell' den Fuss des Zirkels auf die Linie MN., mit dem andern auf die von 6. ausgehende Linie und mach' Punct 6.; und setz' den Zirkel auf die Linie MN. und den andern Fuss erstrecke bis zu 7. der Linie A., setz' einen Fuss des Zirkels auf den Schnittpunct den die Linie MN. mit der von 7. kommenden Linie bildet, und mit dem andern Fuss mach' 7.; nimm den Abstand von MN. bis 8. der Linie A. und setz' ihn auf die Linie die von 8. ausgeht und zeichne 8.; miss von MN. bis 9. der Linie A. und diese Grösse übertrag auf die von 9. derivirende Linie und punctire 9., sieh' wie weit es von MN. bis 10. der Linie A. ist und auf der von 10. ausgehenden Linie mach' 10.; sieh' die Entfernung, di von MN. bis 11. vorhanden, und auf der von 7. kommenden Linie zeichne 11., nimm den Abstand von MN. bis 12. der Linie A. und trag ihn auf die von 6. ausgehende Linie und zeichne 12., miss wie weit es von MN. bis 13. der Linie A. st, und auf der von 5. ausgehenden Linie mach' 13., sieh' wie weit es von MN. bis 14. ist und trag diese Länge auf die von 4. kommende Linie punctire 14.; nimm den Abstand von MN. bis 15. der Linie A. und trag ihn auf die Linie die von 3. kommt, und zeichne 15.; sieh' wie weit es von MN. bis 16. der Linie A. ist und auf der Linie die von 2. kommt, mach' 16., nimm das Maass von MN. bis 1. der Linie A. und zeichne auf der Linie die von 1. ausgeht 1.; nimm den Abstand von MN. bis 2. der Linie A. und punctire auf der Linie die von 2. kommt 2., miss von MN. bis 3. und auf der von 3. kommenden Linie punctire 3., nimm den Abstand von MN. bis 4. der Linie A. und denselben bezeichne auf der von 4. kommenden Linie, indem du 4. machst. Jetzt mach' den Umriss A.: zuerst zieh' 1.—2, 2.—3., 3.—4., 4.—5., 5.—6., 6.—7., 7.—8., 8.—9., 9.—10., 10.—11., 11.—12. 12.—13., 13.—14. 14.—15., 15.—16., 16.—1. und du hast den Umfang A. Jetzt bezüglich des Umfanges B. kehre zum Kopf in einem Auge zurück und zieh' von der Linie B. durch 1. 2. 3. 4. 5. 6. 7. 8. 9. lauter unbegrenzt lange Parallelen zur Linie B., dann nimm den Abstand von MN. bis 1. der Linie B. und übertrag ihn auf die von 1. kommende Linie und mach' 1.; nimm den Abstand von MN. bis 2. der Linie B. und auf der von 2. ausgehenden Linie zeichne 2.; sieh' die Entfernung von MN. bis 3. der Linie B. nach, und auf der von 3. derivirenden Linie punctire 3.; miss wie weit es von MN. bis 4. der Linie B. ist und setz' diese Länge auf die Linie, die von 4. herkommt und mach 4.; nimm den Abstand von MN. bis 5. der Linie B. und auf der Linie die von 5. kommt, punctire 5.; miss von MN. bis 6. der Linie B. und übertrag diese Länge auf die Linie die von 6. ausgeht, und zeichne 6.; nimm den Abstand der von MN. bis 7. der Linie B. vorhanden, auf der von 7. ausgehenden Linie mach' Punct 7., nimm das Maass von MN. bis 8. der Linie B. und trag es auf die Linie die von 8. kommt und punctire 8.; nimm den Abstand von MN. bis 9., und führe ihn auf die von 9. der Linie B. ausgehende Linie und mach' 9., sieh' jene Länge, die von MN. bis 10. der Linie B. existirt und trag sie auf die von 8. der Linie B. derivirende Linie und zeichne 10.; dann nimm den Abstand von MN. bis 11. und setz' ihn auf die Linie die von 7. der Linie B. ausgeht und punctire 11., nimm das Mass von MN. bis 12. und übertrag es auf die Linie die von 6. der Linie B. ausgeht und mach' 12., und nimm den Abstand von MN. bis 13. und zeichne auf der von 5. kommenden Linie 13., nimm das Maass von MN. bis 14. und übertrag es auf die von 4. der Linie B. kommende Linie und setz' 14., nimm den Abstand von MN. bis 15. der Linie B. und übertrag ihn auf die Linie die von 3. der Linie B. herkommt, und punctire 15., sieh' wie weit es von MN. bis 16. der Linie B. ist, und auf der von 2. der Linie B. kommenden Linie zeichne 16. Und du hast den Umkreis B. gemacht: zieh' 1.—2., 2.—3., 3.—4, 4.—5., 5.—6., 6.—7., 7.—8.,

---

[1] Anm. 3. pag. LXIV. ist nachträglich dahin zu berichtigen, dass es sich in Fig. 69 wie aus dem folgenden Inhalt zweifellos hervorgeht, nicht sowohl um die Construction des Profils mittelst der Vorderansicht, sondern um die der allerdings ebenda fehlenden horizontalen Schnittcurven (Fig. 70) handelt: der Profilkopf Fig. 69 ist nämlich mit dem Fig. 68 offenbar identisch, und die bezüglichen Profilschnitte werden erst in Fig. 71 ausgeführt. Danach fällt auch die Doppelsinnigkeit von MN sowie Anm. 2. pag. LXVI fort!

— CLXIX —

8.—9., 9.—10., 10.—11., 11.—12., 12.—13., 13.—14., 14.—15., 15.—16., 16.—1. Das ist der Kreis D. Jetzt bezüglich des Kreises C. zieh' von der Linie C. des Kopfs in einem Auge durch 1. 2. 3. 4. 5. 6. 7. 8. 9. 10. 11. 12. lauter unbegrenzt lange Parallelen zur Linie IP., leicht; dann nimm den Abstand von MN. bis 1. der Linie C. des Kopfs in Vorderansicht, und übertrag ihn auf die von 1. der Linie C. derivirende Linie und zeichne 1., dann sieh wie weit es von der Linie MN. bis 2. der Linie C. ist, und trag diesen Abstand auf die von 2. der Linie C. kommende Linie und punctire 2.; nimm den Abstand von MN. bis 3. der Linie C., und überführe ihn auf die von 3. der Linie C. ausgehende Linie, und mach' 3., miss von MN. bis 4. und jene Länge trag auf die Linie die von 4. der Linie C. ausgeht, und zeichne 4., nimm den Abstand von MN. bis 5. der Linie C. und zeichne 5. auf die Linie die von 5. der Linie C. kommt; sieh' wie weit es von MN. bis 6. der Linie C. ist, und überführe diese Länge auf die von 6. der Linie C. ausgehende Linie und mach' 6. dann nimm den Abstand von MN. bis 7. der Linie C. und übertrag ihn auf die Linie die von 7. der Linie C. herkommt und punctire 7.; miss von MN. bis zu 8. der Linie C. und zeichne 8. auf der Linie die von 8. der Linie C. ausgeht; nimm den Abstand von MN. bis 9. der Linie C. und übertrag ihn auf die von 9. der Linie C. ausgehende Linie und punctire 9., sieh' wie weit es von MN. bis 10. der Linie C. ist und trag diese Länge auf die Linie, die von 10. der Linie C. kommt, und mach 10.; nimm den Abstand, der von MN. bis 11. der Linie C. statthat, und diesen übertrag auf die von 11. der Linie C. derivirende Linie und zeichne 11.; nimm das Maass von MN. bis 12. der Linie C, und zeichne 12. auf der von 12. ausgehenden Linie; nimm den Abstand von MN. bis 13. der Linie C. und übertrag ihn auf die Linie, die von 13. der Linie C. ausgeht, und mach 13., sieh' wie weit es von MN. bis 14. der Linie C. ist, und übertrag diese Länge auf die von 10. der Linie C. kommende Linie und punctire 14.; nimm den Abstand von MN. bis 15. der Linie C. und übertrag ihn auf die Linie, die von 9. der Linie C. ausgeht, und zeichne 15., dann sieh' die Grösse nach, die von MN. bis 16. der Linie C. vorhanden, und übertrag sie auf die Linie die von 8. der Linie C. kommt und punctire 16., nimm das Maass von MN. bis 17. der Linie C. und überführe es auf die von 7. der Linie C. ausgehende Linie und mach 17., nimm den Abstand von MN. bis 18. der Linie C. und denselben übertrage auf die von 6. der Linie C. kommende Linie und mach' Punct 18., nimm den Abstand von MN. bis 19. des Kreises C. und übertrag ihn auf die von 5. der Linie C. ausgehende Linie und zeichne 19. und nimm das Maass von MN. bis 20. der Linie C. und dieses trag auf die von 4. der Linie C. derivirende Linie und punctire 20., miss wie weit es von MN. bis 20. mit dem Titel, der Linie C. ist, und setz diese Länge auf die Linie, die von 4. mit dem Titel kommt und mach' 20. mit dem Titel; sieh' wie weit es von MN. bis 21. der Linie C. ist und zeichne auf der von 3. der Linie C. kommenden Linie 21.; nimm den Abstand von MN. bis 22. und diesen trag auf die Linie die von 2. ausgeht und zeichne 22. Und du hast den Kreis C. Zieh 1.—2., 2.—3., 3.—4., und 4. mit dem Titel, 4.—5., 5.—6., 6.—7., 7.—8., 8.—9., 9.—10., 10.—11., 11.—12., 12.—13., 13.—14., 14.—15., 15.—16., 16.—17., 17.—18., 18.—19., 19.—20., 20. mit dem Titel, 20.—21., 21.—22., 22.—1.: das ist der Kreis C.

Wenn die Linien dieser drei Kreise die du ziehst, nicht so weit auseinandergehen sollten, dass du sie gut von einander unterscheidest, so nimm ein Stück sauberes Papier und lege es berührend an MN., dass es durch die Linie IP. hindurchgehe und den Kopf in einem Auge nicht treffe und hefte es wohl mit Wachs an, dass es fest liege, dann zieh' die Linie IP., die über das besagte Papier hinweggehe und zieh' durch 1. 2. 3. 4. 5. 6. 7. 8. 9. 10. der Linie D. des Kopfs in einem Auge lauter unbegrenzt lange Parallelen zu IP., leicht. Dann nimm den Abstand von MN. bis 1. der Linie D. des Kopfs in Vorderansicht und trag' ihn auf die von 1. der Linie D. ausgehende Linie und mach' 1.; dann miss von MN. bis 2. der Linie D. und setz' den Abstand auf die Linie die von 2. der Linie D. kommt, und zeichne 2.; und ebenso mach's bis 18. die besagte Methode befolgend. Dann zieh' 1.—2., 2.—3., 3.—4., 4.—5., 5.—6. 6.—7. 7.—8., 8.—9., 9.—10., 10.—11., 11.—12., 12.—13., 13.—14., 14.—15., 15.—16., 16.—17., 17.—18., 18.—1., und du hast den Kreis D. Jetzt zieh' durch

— CLXX —

1. 2. 3. 4. 5. 6. 7. 8. 9. 10. 11. der Linie E. lauter unbegrenzt lange Parallelen zu IP.; Dann nimm alle Längen der Linie E. des Kopfs in Vorderansicht, übertrag sie auf die (von entsprechenden Puncten) ausgehenden Linien (des Profils), indem du wie bei den andern bezeichnest, was Kreis E. sein wird. Dann zieh' 1. und 1. mit dem Titel und 1. mit zwei Titeln, 1.—2., 2.—3., 3.—4., 4.—5., 5.—6., 6.—7., 7.—8., 8.—9., 9.—10., 10.—11., 11.—12., 12.—13., 13.—14., 14.—15., 15.—16., 16.—17., 17.—18., 18.—19., 19.—20., 20.—1. : das ist der Kreis E. Jetzt bezüglich der Linie F. des Kopfs in einem Auge zieh' durch 1. und 1. mit dem Titel und 1. mit zwei Titeln, 3. 4. 5. 6. 7. 8. 9. lauter unbegrenzt lange Parallellen zu IP., und alle Grössen die auf der Linie F. des Kopfs in Vorderansicht sind bezeichne auf den von der Linie F. des Kopfs in einem Auge derivirenden Linien. Dann zieh' 1. und 1. mit dem Titel und 1. mit zwei Titeln, und 2., 2.—3., 3.—4., 4.—5., 5.—6., 6.—7., 7.—8., 8.—9., 9.—10. 10.—11., 11.—12., 12.—13., 13.—14, 14.—15., 15.—16., 16.—17.¹ : das ist Umfang F. Jetzt mach' irgend ein Zeichen aufs Papier, welches du aufgelegt hast und welcher Theil vom Zeichen auf dem darunter liegenden Papier sei, damit, wenn es nöthig wäre, man es an denselben Ort wieder hinlegen könne; dann nimm es weg und leg' es beiseite, und nimm ein anderes sauberes Papier und leg es auf dieselbe Stelle und zieh' IP., welche es wie das andere schneide. Dann zieh' durch 1. 2. 3. 4. 5. 6. 7. 8. 9. der Linie G. lauter Parallelen zu IP., dann nimm alle Längen die auf der Linie G. des Kopfs in Vorderansicht sich befinden und trag sie auf die von der Linie G. des Kopfs in einem Auge ausgehenden Linien was 1.—2., 2.—3. und 3. mit dem Titel, 4.—5., 5.—6., 6.—7., 7.—8. 8.—9., 9.—10., 10.—11., 11.—12., 12.—13., 13.—14., 14.—15., 15.—16., 16.—1. ergeben wird. Das ist der Umkreis G. Und ebenso mach's mit den Zeichen der Linie H. des Kopfes in einem Auge, zieh' sämmtliche Parallelen zu IP. und punctire auf allen die Grössen die sich auf der Linie H. des Kopfs in Vorderansicht finden : und dann zieh 1.—2., 2.—3., 3.—3. mit dem Titel, 1. mit dem Titel — 2. mit dem Titel und 3. mit zwei Titeln, 3.—4., 4.—5., 5.—6., 6.—7., 7.—8., 8.—9., 9.—10., 10.—11, 11.—12., 12.—13., 13.—14., 14.—15., 15.—16. 16.—1. Jetzt hast du alle Umrisse beendet.

Jetzt müssen sie auf die Streifen gesetzt werden. Darum zieh' eine Linie nahe bei der Linie IP., die (nicht?) parallel zu IP. sei, welche Linie KL. sei, die die Grenzlinie (Grundlinie oder Bildebene) bedeute wo man die Hauptstreifen anzulegen hat, sodann entferne dich soweit von KL. wie du entfernt stehen willst um den Kopf zu sehen, und dort mach' Punct O. In demselben befestige die Nadel mit dem Faden wie in den vorhergehenden (Nummern), dann leg' den Holzstreifen an KL. berührend, sodann nimm den Faden und befolge die vorhergegangene Methode, indem du zeichnest, wo der Faden auf den Streifen und auf M. schlägt, was Streifen H. sei. Dann nimm den Streifen weg und leg' ihn beiseite und leg' den Streifen G. berührend an KL. Dann nimm den Faden und trag ihn auf die Zeichen des Giro G. und auf M. und wo er auf den Streifen schlägt, zeichne; und nimm den Streifen und das Papier fort, auf welchem die Umrisse G. und H. sind und leg' sie beiseite. Dann nimm das Papier worauf die Umrisse D. E. F. sind und leg' es an dieselbe Stelle wo es lag, als du es bezeichnetest, so dass es die Zeichen treffe, die du gemacht hast. Dann nimm den F. bezeichneten Holzstreifen und leg' ihn an KL. berührend, dass er festliege; dann nimm den Faden und stell ihn auf die Zeichen des Kreises F. ein, d. h. im Berührungspunct beginnend und im (andern) Berührungspunct endigend: und verzeichne alle auf den Streifen da wo der Faden aufschlägt und M. Und nimm den Streifen weg und leg ihn beiseite, und nimm den Streifen E. und leg' ihn berührend an KL., und nimm den Faden und mach' dasselbe, ebenso mach's mit dem Streifen D. und leg ihn beiseite : und nimm das Papier weg auf dem die drei Umrisse D. E. F. sind. Dann nimm den Holzstreifen C. und leg' ihn an KL. berührend und nimm den Faden und leg' ihn auf die Zeichen des Kreises A. und auf M., und alle bezeichne auf dem Streifen C. Dann nimm ihn weg, und leg' ihn beiseite; und ebenso mach's mit dem Kreise B.: zeichne sie auf dem Streifen B., und die des Kreises A. zeichne auf dem Streifen A., und leg' sie beiseite. Und du hast die Breite auf den Streifen : du

---

¹ vgl. Anm. 1 pag. LXVI.

— CLXXI —

hast auf dem Streifen A.: 14. 15. 16. 1. 2. 3. 4. 5. 6. 7.¹ und auf dem Streifen B. dasselbe; und auf dem Streifen C. ist: 17. 18. 19. 20. 20. mit dem Titel, 21. 22. 1. 2. 3. 4. 4. mit dem Titel, 5. 6. 7. 8.¹ 9.; der Streifen D. enthält: 15. 16. 17. 18. 1. 2. 3. 4. 5. 6. 7. 8. und auf dem Streifen E. befindet sich: 16. 17.¹ 18. 19. 20. 1., 1. mit dem Titel, 2. 3. 4. 5. 6. 7. 8.² 9.;² auf dem Streifen F. ist: 16. 17. 18. 1., 1. mit dem Titel, 1. mit zwei Titeln, 2. 3. 4. 5. 6.,² und auf dem Streifen G. ist: 1. 2. 3. 3. mit dem Titel, 4. 5. 6. 7.,³ auf dem Streifen H. ist: 1. 2., 1. mit dem Titel, 2. mit dem Titel, 3. 4. 5. 6. 7.⁴ Dies sind die Breiten aller Kreise welche auf die Streifen übertragen werden müssen. (Fig. 70).

Jetzt, um die Höhen zu finden zieh' zuerst eine Linie parallel zu KL, welche die Nasenspitze des Umrisses E., der vom Kopf in einem Auge und vom Kopf in Vorderansicht erzeugt ist berührt: welche Linie RS. sei. (Fig. 70.) Dann zieh' eine gerade Linie die TV. sei. (Fig. 71.) Dieselbe theile in Puncte x. so dass Vx. die Grösse von zwei Kopf(längen) oder ungefähr so sei und auf x. zieh' durch y. eine Senkrechte, die wir Linie xy. nennen werden; sodann nimm den Zirkel und setz einen Fuss auf die Linie RS. und den andern erstrecke bis er auf 14. des Kreises A. in eigentlicher Form trifft, so versteht es sich immer, dass du den Fuss des Zirkels auf RS. setzest, und mit dem andern auf das Zeichen trifft — und stell (diesen Abstand) auf xV. was x. — 14. sei — und auch dies versteht sich immer so dass der Abstand den du von RS. aus auf dem Kreise nimmst, auf die Linie xV. aufgetragen werde. Nimm den Abstand von RS. bis 15. und trag' ihn auf xV. und zeichne 15.; nimm den Abstand von RS. bis 1. und zeichne auf der Linie xV. 1.; sieh' wieweit es von RS. bis 6. ist und übertrag diese Länge auf die Linie xV. und mach' 6.; nimm' den Abstand von RS. bis 7. und trag' ihn auf xV. und punctire 7.; zieh' durch 14. 15. 1. 6. 7. lauter unbegrenzte Parallelen zu xy., länger als der A. bezeichnete Kopf. Du hast den Kopf in Vorderansicht (Fig. 69) und zwar über der Linie die vom Wirbel des Kopfs in einem Auge ausgeht, dem Wirbelpunct der Kreise A und B begegnend, welche die Linie MN. rechtwinklig theilt, welche Linie wir Linie $\rho\phi$ nennen werden.⁵ Jetzt nimm den Abstand von der Linie $\rho\phi$ bis 14 der Linie A. des Kopfs in Vorderansicht, und trag ihn auf die von 14. der Linie xV. ausgehende Linie, (Fig. 71) und punctire 14.; dann nimm den Abstand von $\rho\phi$ bis 15. der Linie A. und trag' ihn auf die Linie die von 15. der Linie xV. kommt, und mach' 15. nimm den Abstand von $\rho\phi$ bis 16. der Linie A. und trag ihn auf die Linie die von 16. der Linie xV. ausgeht, und mach' 16. nimm den Abstand von $\rho\phi$ bis 1. und setz' ihn auf die Linie, die von 1. der Linie xV. ausgeht, und zeichne 1.; und sieh' wieweit es von $\rho\phi$ bis 6. ist und bezeichne ihn auf der von 6. der Linie xV. kommenden Linie und punctire 6.; nimm das Maass von $\rho\phi$ bis 7. und trag es auf die von 7. der Linie xV. derivirende Linie und mach' 7. Dies sind die auf die Linie A. bezüglichen. Jetzt nimm den Abstand von RS. bis 14. des Kreises B., so versteht es sich, und setz ihn auf die Linie xV., was bis 14. sei, wie man nach den ersten (vorhergehenden) erkennt. Dann nimm den Abstand von RS. bis 15. des Kreises B. und trag ihn auf die Linie xV. und punctire 15. sieh' wieweit es von RS. bis 1. des Kreises B. ist und zeichne 1. auf der Linie xV.; nimm das Maass von RS. bis 6. des Kreises B. und trag' es auf die Linie xV. und mach' 6.; nimm den Abstand von RS. bis 7. des Kreises B. und zeichne 7. auf der Linie xV.⁶ und sodann führ' durch diese Puncte sämmtlich Parallelen zu xy., an den Enden alle mit B. bezeichnet; und dann nimm den Abstand von der Linie $\rho\phi$ bis 14. der Linie B. des Kopfs in Vorderansicht und trag ihn auf die Linie, die von 14. der Linie xV. kommt, und mach' 14.; nimm den Abstand von $\rho\phi$ bis 15. und übertrag ihn auf die Linie, die von 15. der Linie xV. ausgeht, und zeichne 15.; miss wie weit es von $\rho\phi$ bis 1. ist und zeichne 1. auf der Linie die von xV. ausgeht; nimm den Abstand der von den $\rho\phi$ bis 6 statthat, und trag ihn

---

¹ vgl. Anm. 3 pag. LXVI. In Fig. 70. ist das Verfahren nur bezüglich der Streifen A. E. F. G. H. angedeutet.
² Fehlt in Fig. 70.
³ Verschiedene dieser Zahlen differiren gegen die von Fig. 70.
⁴ vgl. Anm. 5 pag. LXVI.
⁵ Bezeichnung fehlt in Fig. 69.
⁶ In Fig. 71. fehlt Punct 6. und 7., dafür sind andere hinzugefügt, die der Text nicht nennt.

auf die Linie die von 6 kommt, und punctire 6. nimm den Abstand von ρψ bis 7. und trag' ihn auf die von 7. der Linie xV. ausgehende Linie und zeichne 7. Sodann nimm' den Abstand von RS. bis 16. des Kreises C. und trag ihn auf die Linie xV. und zeichne 16.; nimm den Abstand von RS. bis 17. und trag ihn auf die Linie xV. und punctire 17.; nimm die Grösse von RS. bis 18. des Kreises C. und trag sie auf die Linie xV. und mach' 18.; nimm das Maass von RS. bis 19. des Kreises C. und zeichne 19. auf der Linie xV.; nimm den Abstand von RS. bis 20. des Kreises C. und trag' ihn auf die Linie xV. und mach' 20.; sieh' wieweit es von RS. bis 20. mit dem Titel ist und trag' diese Grösse auf der Linie xV. ab und punctire 20. mit dem Titel; nimm den Abstand von RS. bis 21. des Kreises C. und jene Grösse trag auf die Linie xV. und zeichne 21.; miss wieweit es von RS. bis 22. des Kreises C. ist, und jenen Abstand trag auf die Linie xV. und mach' 22.; nimm den Abstand von RS. bis 1. des Kreises C. und denselben trag auf die Linie xV. und mach' 1.; nimm den Abstand von RS. bis 2. des Kreises C. und trag ihn auf die Linie xV., indem du 2. zeichnest; nimm das Maass von RS. bis 3. des Kreises C. und zeichne 3. auf der Linie xV., nimm den Abstand von RS. bis 4. des Kreises C. und denselben trag auf die Linie xV. und punctire 4.; sieh' wie weit es von RS. bis 4. mit dem Titel des Kreises C. ist, und punctire 4. mit dem Titel auf der Linie xV.; nimm den Abstand von RS. bis 5. des Kreises C. und trag' ihn auf die Linie xV. und mach 5.; nimm den Abstand von RS. bis 6. und trag denselben auf die Linie xV. und zeichne 6.; miss von RS. bis 7. des Kreises C. und zeichne 7. auf der Linie xV.; nimm den Abstand von RS. bis 8. des Kreises C. und trag ihn auf die Linie xV. und punctire 8.; nimm den Abstand von RS. bis 10. des Kreises C. und trag ihn auf die Linie xV. und mach' 10. Jetzt zieh' durch alle diese Puncte Parallelen zu xy. Sodann nimm den Abstand von der Linie ρψ bis 17. der Linie C. des Kopfs in Vorderansicht, und trag ihn auf die von 17. der Linie xV. ausgehende Linie, und mach' 17.; sieh' wieweit es von ρψ bis 18. des Kreises C. ist, und übertrag diese Grösse auf die Linie, die von 18. der Linie xV. kommt und zeichne 18.; nimm den Abstand von ρψ bis 19. der Linie C. und zeichne auf der von 19. der Linie xV. derivirenden Linie 19.; nimm den Abstand von ρψ bis 20. der Linie C. und trag denselben auf die Linie, die von 20. der Linie xV. ausgeht, und punctire 20.; nimm den Abstand von ρψ bis 20. mit dem Titel der Linie C. und trag ihn auf die Linie die von 20. mit dem Titel, der Linie xV. herkommt, und punctire 20. mit dem Titel; nimm das Maass von ρψ bis 21. der Linie C., und trag es auf die 21. der Linie xV. ausgehende Linie und mach' 21.; nimm den Abstand von ρψ bis 22. der Linie C. und zeichne auf der Linie, die von 22. der Linie xV. ausgeht 22.; nimm das Maass von ρψ bis 1. der Linie C. — es versteht sich, des Kopfs in Vorderansicht — und übertrag es auf die von 1. der Linie xV. kommende Linie und punctire 1.; sieh' wie weit es von ρψ bis 2. der Linie C. ist und trag diesen Abstand auf die von 2. der Linie xV. ausgehende Linie und mach 2.; nimm den Abstand von ρψ bis 3. des Kreises C. und trag ihn auf die Linie die von 3. der Linie xV. kommt, und zeichne 3.; miss wie weit es von ρψ bis 4. ist, und jene Grösse trag auf die Linie die von 4. der Linie xV. kommt, und punctire 4. Dann nimm den Abstand von ρψ bis 4. mit dem Titel, der Linie C. und denselben trag auf die von 4. mit dem Titel der Linie xV. derivirende Linie und mach' 4. mit dem Titel, nimm das Maass von ρψ bis 5. und trag es auf die Linie die von 5. der Linie xV. ausgeht und zeichne 5.; sieh' wie weit es von ρψ bis 6. der Linie C. ist, und diese Grösse trag auf die Linie die von 6. der Linie xV. ausgeht, und mach' 6.; miss wie weit es von ρψ bis 7. ist, und trag dies auf die von 7. der Linie xV. derivirende, Linie und punctire 7.; nimm den Absatz von ρψ bis 8. und denselben trag auf die von 8. der Linie xV. kommende Linie, und zeichne 8.; nimm den Abstand von ρψ bis 10. der Linie die von 10. der Linie xV. kommt, und mach' 10. Jetzt nimm den Abstand von RS. bis 15. des Kreises D. und trag ihn auf die Linie xV. und zeichne 15.; dann nimm das Maass von RS. bis 18.,[1] des Kreises D. und trag es auf die Linie xV. und mach Punct 18.; nimm den Abstand von RS. bis 1. des Kreises D. und trage ihn auf die Linie xV. und

---

[1] Vgl. Anm. 1 pag. LXVIII.

— CLXXIII —

mach 1.; dann nimm den Abstand von RS. bis 2. des Kreises D. und trag ihn auf die Linie xV. und punctire 2. nimm den Abstand von RS. bis 7. und trag ihn auf die Linie xV. und zeichne 7., nimm das Maass von RS. bis 10. des Kreises D. und desselbe trag auf die Linie xV. und punctire 10. und von allen diesen Zeichen zieh' unbegrenzt lange Parallelen zu xy.; welche Linien D. sein mögen; dann nimm den Abstand von $\rho\psi$ bis 15. der Linie D. des Kopfs in Vorderansicht, und trag ihn auf die von 15. ausgehende Linie und mach' 15., nimm den Abstand von $\rho\psi$ bis 18. der Linie D. und trag ihn auf die Linie die von 18. der Linie xV. kommt, und zeichne 18. nimm das Maass von $\rho\psi$ bis 1. der Linie D. und übertrag es auf die Linie die von 1. der Linie xV. ausgeht und punctire 1.; sieh' wie weit es von $\rho\psi$ bis 2. der Linie D. ist und übertrag dies auf die Linie die von 2. der Linie xV. ausgeht, und mach' 2.; nimm den Abstand von $\rho\psi$ bis 6. der Linie D., und diesen übertrag auf die von 6. der Linie xV. kommende Linie und punctire 6.;[1] nimm den Abstand von $\rho\psi$ bis 7. der Linie D. und trag' ihn auf die Linie die von 7. der Linie xV. ausgeht und zeichne 7.; sieh' wieweit es von $\rho\psi$ bis 10. der Linie ist, die von 10. der Linie xV. kommt und mach' 10.; bezüglich des Breitenkreises E. nimm den Abstand, der von RS. bis 16. des Kreises E. vorhanden, und übertrag ihn auf die Linie xV. und punctire 16.; nimm den Abstand von RS. bis 19. des Kreises E., trag ihn auf die Linie xV. und mach' 19.; nimm das Maass von RS. bis 20. des Kreises E. und dasselbe übertrag auf die Linie xV. und zeichne 20.; nimm den Abstand von RS. bis 1. des Kreises E. und trag ihn auf die Linie xV. und mach' 1.; miss von RS. bis 1. mit dem Titel und zeichne auf die Linie xV. 1. mit dem Titel; nimm den Abstand von RS. bis 2. und trag ihn auf die Linie xV., indem du 2. zeichnest; sieh' wie weit es von RS. bis 3. des Kreises E. ist, und zeichne 3. auf der Linie xV.; nimm den Abstand von RS. bis 7. des Kreises E. und punctire 7. auf der Linie xV.; sieh' wieweit es von RS. bis y.[2] des Kreises E. ist, und zeichne y. auf der Linie xV.; nimm das Maass von RS. bis 8. des Kreises E. und dasselbe trag auf die Linie xV. und mach' 8.; nimm den Abstand von RS. bis 9. des Kreises E.[3] und zeichne 9. auf die Linie xV. und von allen diesen Zeichen führe Linien parallel zu xy., die alle mit E. bezeichnet seien. Dann kehre zum Kopf in Vorderansicht zurück und nimm den Abstand von $\rho\psi$ bis 16. der Linie E. des Kopfs in Vorderansicht, — so versteht es sich — und trag ihn auf die von 16. der Linie xV. kommende Linie und punctire 16.; nimm den Abstand von $\rho\psi$ bis 19. der Linie E. und mach' auf der von 19. der Linie xV. ausgehenden Linie Punct 19.;[4] sieh' wieweit es von $\rho\psi$ bis 20. der Linie E. ist, und trag dies auf die von 20. der Linie xV: derivirende Linie und zeichne 20.; nimm den Abstand von $\rho\psi$ bis 1. der Linie E. und führe ihn auf die Linie die von 1. der Linie xV. ausgeht, und punctire 1. und miss wieweit es von $\rho\psi$ bis 1. mit dem Titel der Linie E. ist, und führe diese Grösse auf die Linie die von 1. mit dem Titel kommt und mach' 1. mit dem Titel; sieh' wieweit es von $\rho\psi$ bis 2. der Linie E. ist, und zeichne 2. auf der von 2. der Linie xV. derivirenden Linie; nimm den Abstand von $\rho\psi$ bis 3. der Linie E. und zeichne auf der Linie die von 3. der Linie xV. kommt, 3; sieh' wie weit es von $\rho\psi$ bis 7. der Linie E. ist, und trag diesen Abstand auf die von 7. der Linie xV. ausgehende Linie und mach' 7.; miss wieweit es von $\rho\psi$ bis y.; der Linie E. ist und diese Grösse trag auf die Linie, die von y. der Linie xV. ausgeht und zeichne y.; sieh den Abstand nach, der von $\rho\psi$ bis 8. der Linie E. ist, und denselben trag auf die Linie die von 8. der Linie xV. ausgeht und punctire 8.; nimm den Abstand von $\rho\psi$ bis 9. der Linie E. und trag ihn auf die Linie die von 9. der Linie xV. kommt, und zeichne 9. Jetzt bezüglich des Kreises F. nimm den Abstand von RS. bis 14. des Kreises F., und trag ihn auf die Linie xV. und

---

[1] Puncte 3. 4. 5. der Fig. 71. nicht erwähnt.
[2] vgl. Anm. 1 pag. LXVIII. Bedeutung von y. fehlt.
[3] In Fig. 71. fehlen 7. 8. 9. 16. 19., dafür ist dort 4. 5. 6. 17. 18. angegeben, die im Text nicht genannt.
[4] fehlt in Fig. 71.

zeichne 14.; nimm den Abstand von RS. bis 16. des Kreises F. und denselben trag auf die Linie xV. und punctire 16.; nimm das Maass von RS. bis 1. und trag es auf die Linie xV. und mach' 1.; nimm den Abstand von RS. bis 1. mit dem Titel und führe ihn auf die Linie xV. und punctire 1. mit dem Titel; sieh' wie weit es von RS. bis 1. mit zwei Titeln ist, und trag diese Länge auf die Linie xV., und mach' 1. mit zwei Titeln, nimm den Abstand von RS. bis 2. und trage ihn auf die Linie xV. und zeichne 2. Sieh' wie weit es von RS. bis 5. des Kreises F. ist, und überführe diese Länge auf die Linie xV. und punctire 5.; nimm das Maass von RS. bis 6. des Kreises F. und trag es auf die Linie xV. und mach' 6.;[1] nimm den Abstand von RS. bis 7. des Kreises F. und trag ihn auf die Linie xV. und zeichne 7.; dann zieh' von allen diesen Zeichen Linien parallel zu xy., alle F. bezeichnet. Sodann geh' zum Kopf in Vorderansicht und sieh' den Abstand nach, der von $p\phi$ bis 14. der Linie F. des Kopfs in Vorderansicht vorhanden, und übertrag ihn auf die von 14. der Linie xV. ausgehende Linie und punctire 14. Nimm den Abstand von $p\phi$. bis 16. der Linie F. und setz ihn auf die Linie, die von 16. der Linie xV. kommt, und zeichne 16., sieh' wieweit es von $p\phi$. bis 1. der Linie F. ist, und trag dies auf die von 1. der Linie xV. derivirende Linie, und punctire 1., nimm den Abstand von $p\phi$. bis 1. mit dem Titel, der Linie F. und trag denselben auf die Linie, die von 1. mit dem Titel der Linie xV. ausgeht, und zeichne 1. mit dem Titel; miss von $p\phi$. bis 1. mit zwei Titeln und setz es auf die Linie, die von 1. mit zwei Titeln der Linie xV. ausgeht, und mach' 1. mit zwei Titeln; nimm den Abstand, der von $p\phi$. bis 2. der Linie F. besteht, und trag ihn auf die von 2. der Linie xV. kommende Linie, und punctire 2.; sieh' wieweit es von $p\phi$. bis 5. der Linie F. ist, und setz dies auf die von 5. der Linie xV. ausgehende Linie und mach' 5., nimm das Maass von $p\phi$. bis 6. der Linie F., und zeichne auf der Linie, die von 6. der Linie xV. kommt, 6; nimm den Abstand von $p\phi$. bis 7. der Linie F. und trag ihn auf die Linie, die von 7. der Linie xV. ausgeht und zeichne 7. Jetzt bezüglich des Kreises G. nimm den Abstand von RS. bis 14. des Kreises G. und setz ihn auf die Linie xV. und mach' 14.; sieh' den Abstand von RS. bis 15. des Kreises G. nach, und trag ihn auf die Linie xV. und punctire 15.; miss von RS. bis 15. und 15. mit dem Titel und trag diese Abstände auf die Linie xV. und mach' 15. und 15. mit dem Titel;[2] nimm das Maass von RS. bis 16. des Kreises G. und zeichne 16. auf der Linie xV.; sieh', wieweit es von RS. bis 1. des Kreises G. ist, und trag 1. auf die Linie xV.: nimm den Abstand von RS. bis 2. des Kreises G. und trag ihn auf die Linie xV. und mach' 2.; nimm die Länge von RS. bis 3. des Kreises G. und setz 3. auf die Linie xV., nimm den Abstand von RS. bis 3. mit dem Titel und zeichne 3. mit dem Titel auf der Linie xV.; miss von RS. bis 4. und führe dies auf die Linie xV. und mach' 4.; sieh', wieweit von RS. bis 4. mit dem Titel des Kreises G. ist, und trag es auf die Linie xV. und zeichne 4. mit dem Titel, dann miss von RS. bis 5. des Kreises G. und mach' 5. auf der Linie xV., nimm den Abstand von RS. bis 6. des Kreises G. und trag ihn auf die Linie xV. und punctire 6.; nimm den Abstand von RS. bis 7. und trag ihn auf die Linie xV., indem du 7. zeichnest;[1] dann zieh' durch alle diese Zeichen Parallelen zu xy., die alle G. bezeichnet seien; dann nimm den Abstand von $p\phi$. bis 14. der Linie G. des Kopfs in Vorderansicht, und führe ihn auf die von 14. der Linie xV. ausgehende Linie, und zeichne 14., nimm den Abstand von $p\phi$. bis 14. mit dem Titel der Linie G. und trag ihn auf die von 14. mit dem Titel der Linie xV. ausgehende Linie,[3] mach' 14. mit dem Titel, nimm das Maass von $p\phi$. bis 15. der Linie G. und trag es auf die von 15. der Linie xV. kommende Linie, und punctire 15., miss von $p\phi$. bis 15. mit dem Titel, der Linie G. und trag diese Grösse auf die von 15. mit dem Titel[3] der Linie xV. ausgehende Linie und punctire 15. mit dem Titel; sieh' wieweit es von $p\phi$. bis 16. der Linie G. ist, und trage dies auf die von 16. der Linie

---

[1] In Fig. 71. fehlt 14., dagegen ist ausser den Zahlen des Textes noch 3. 4. 8. 15. 16. 18. angegeben.
[2] In Fig. 71 fehlt 14, welches unter 4 zu setzen. Vgl. überdies Anm. 2 pag. LXIX.
[3] vgl. Anm. 3 pag. LXIX.

xV. derivirende Linie und mach' 16., nimm den Abstand von ρψ. bis 1. der Linie G. und trag ihn auf die von 1. der Linie xV. kommende Linie, und zeichne 1., nimm den Abstand von ρψ. bis 2. der Linie G. und trag jene Grösse auf die Linie, die von 2. der Linie xV. ausgeht, und punctiere 2.; nimm das Maass von ρψ. bis 3. der Linie G. und trag es auf die Linie, die von 3. der Linie xV. kommt, und zeichne 3., nimm den Abstand von ρψ. bis 3. mit dem Titel der Linie G. und trag ihn auf die von 3. mit dem Titel kommende Linie, und punctire 3. mit dem Titel; sieh', wieweit es von ρψ. bis 4. der Linie G. ist, und zeichne 4. auf der von 4. der Linie xV. ausgehenden Linie; nimm den Abstand von ρψ. bis 4. mit dem Titel und trag' denselben auf die Linie, die von 4. mit dem Titel der Linie xV. ausgeht, und mach' 4. mit dem Titel; miss von ρψ. bis 5. der Linie G. und trag dies auf die von 5. der Linie xV. derivirende Linie, und punctire 5., nimm den Abstand von ρψ. bis 6. der Linie G. und trag ihn auf die Linie, die von 6. der Linie xV. kommt, und zeichne 6., und nimm das Maass von ρψ. bis 7. der Linie G. und setz jene Grösse auf die Linie, die von 7. kommt, und mach' 7. Bezüglich des Kreises H. nimm den Abstand von RS. bis 15. des Kreises H. und zeichne 15. auf der Linie xV., miss von RS. bis 16. des Kreises H. und trag jene Grösse auf die Linie xV., und mach' 16., nimm den Abstand von RS. bis 1. des Kreises H. und punctire 1. auf der Linie xV., nimm den Abstand von RS. bis 2. des Kreises H. und mach' 2. auf der Linie xV., such' wieweit es von RS. bis 3. und dieses trag auf die Linie xV., und punctire 3., miss von RS. bis 15. mit dem Titel und trag 15. mit Titel auf die Linie xV., nimm den Abstand von RS. bis 16. mit dem Titel, des Kreises H., und denselben trage auf die Linie xV. und zeichne 16. mit dem Titel; sieh' wieweit es von RS. bis 1. mit dem Titel ist, und trag diese Länge auf die Linie xV. und mach' 1. mit dem Titel; nimm den Abstand von RS. bis 2. mit dem Titel, des Kreises H., und denselben trag auf die Linie xV. und punctire 2. mit dem Titel; nimm das Maass von der Linie RS. bis 3. mit dem Titel, des Kreises H. und trag es auf die Linie xV. und zeichne 3. mit dem Titel; miss von RS. bis 4. des Kreises H. und punctire 4. auf der Linie xV., sieh' wieweit von RS. bis 5. des Kreises H. ist und trag es auf die Linie xV. und mach' 5., nimm das Maass von RS. bis 6. des Kreises H. und diese Grösse trage auf die Linie xV. und punctire 6.; nimm den Abstand von RS. bis 7. des Kreises H. und bezeichne ihn auf der Linie xV. mit 7.,[1] und durch alle diese Zeichen zieh Parallelen zu xy, und alle seien H. bezeichnet. Dann kehre zum Kopf in Vorderansicht zurück und nimm den Abstand von ρψ. bis 15. der Linie H. und trag ihn auf die von 15. der Linie xV. ausgehende Linie und mach' 15., sieh' wieweit es von ρψ. bis 16. der Linie H. ist, und trag diese Grösse auf der Linie ab, die von 16. der Linie xV. kommt, und punctire 16., nimm das Maass von ρψ. bis 1. der Linie H. und trag dasselbe auf die von 1. der Linie xV. derivirende Linie und zeichne 1.; nimm den Abstand von ρψ. bis 2. und trag' ihn auf die von 2. der Linie xV. ausgehende Linie und mach' 2., miss, wieweit es von ρψ. bis 3. der Linie H. ist, und trag diese Länge auf die von 3. der Linie xV. kommende Linie und punctire 3., sieh' wieweit es von ρψ. bis 1. mit dem Titel der Linie H. ist, und trag diese Grösse auf die Linie, die von 1. mit dem Titel der Linie xV. ausgeht, und mach' 1. mit dem Titel; nimm das Maass von ρψ. bis 2. mit dem Titel der Linie H. und bezeichne es auf der Linie, die von 2. mit dem Titel der Linie xV. herkommt, durch 2. mit dem Titel; nimm den Abstand von ρψ. bis 15. mit dem Titel der Linie H. und trag ihn auf die Linie, die von 15. mit dem Titel der Linie xV. kommt, und zeichne 15. mit dem Titel; nimm den Abstand von ρψ. bis 16. mit dem Titel der Linie H. und trag ihn auf die Linie, die von 16. mit dem Titel der Linie xV. ausgeht, und mach' 16. mit dem Titel; sieh', wieweit von ρψ. bis 3. mit dem Titel der Linie H. es ist, und trag dies auf die von 3. mit dem Titel der Linie xV. ausgehende Linie und punctire 3. mit dem Titel; nimm den Abstand von ρψ. bis 4. der Linie H. und trag ihn auf die Linie, die von 4. der Linie xV. ausgeht, und zeichne 4., sieh' wieweit es von ρψ. bis 5. der Linie H. ist, und trag diese

---

[1] Punct 5. 6. u. 7. des Umkreises H. fehlen in Fig. 71., ausserdem fällt 15. und 16. zu weit rückwärts.

Länge auf die Linie, die von 5. der Linie xV. ausgeht und punctire 5.; miss, wieweit von ρφ. bis 6. der Linie H. ist, und dies trag auf die von 6 der Linie xV. derivirende Linie und mach', nimm den [Abstand von ρφ. bis 7. der Linie H. und trag denselben auf die Linie, welche von 7. der Linie xV. ausgeht und zeichne 7.

Jetzt müssen alle diese Zeichen auf die Streifen übertragen werden. Darum zieh' eine Linie soweit von xy. als KL. von RS. entfernt ist, und sie sei parallel zu xy. Diese Linie sei auch KL. Dann entferne dich soweit von KL. der Höhenfigur, wieweit O. von KL. in der Breitenfigur entfernt ist, und mach dort Punct O., hoch oder tief, wie es dir gefällt: in diesem ,O. befestige die Nadel mit dem Faden; dann nimm den Papierstreifen und leg ihn berührend an KL., dass er gut fest liege. Dann zieh TV., welche ihn im Puncte A. schneide, dass es Streifen A. sei; dann nimm den Faden und leg ihn über 14. der Linie A., und wo er auf den Streifen schlägt, zeichne 14., und erstrecke den Faden über 15. der Linie A., und wo er auf den Streifen schlägt, punctire 15.; zieh' den Faden über 16. der Linie A., wo er auf den Streifen schlägt, mach' 16.,[1] leg' den Faden über 1. der Linie A., wo er auf den Streifen schlägt, mach' 1., stell den Faden auf 2.[1] der Linie A. ein, wo der Faden auf den Streifen schlägt, mach' 2.; erstrecke den Faden über 3.[1] der Linie A., wo er auf den Streifen schlägt, punctire 3., führe den Faden über 4.[1] der Linie A., und wo er auf den Streifen schlägt zeichne 4., stell den Faden über 5.,[1] über 6. über 7. der Linie A. ein, und wo sie auf den Streifen schlagen, zeichne jene Zeichen; dann nimm den Streifen weg und mach damit einen andern gleichen mit allen jenen Zeichen, A. bezeichnet, und leg sie beiseite. Nehmen wir jetzt den andern Papierstreifen und er werde an KL. berührend angelegt, dass er gut festliege: und führe TV., die ihn im Puncte B. theilt, daher es Streifen B. sei. Dann nimm den Faden und stelle ihn auf 14. der Linie B.[2] ein, und wo er auf den Streifen schlägt, mach' 14., zieh den Faden über 15. der Linie B., wo er auf den Streifen schlägt, zeichne 15., stell' den Faden auf 16.[1] der Linie B. ein, wo er auf den Streifen schlägt, punctire 16., führe den Faden über 1. der Linie B., wo er auf den Streifen schlägt, mach' 1., erstrecke den Faden über 2.[1] der Linie B., und wo er auf den Streifen schlägt, setzt 2., zieh' den Faden über 3.[1] der Linie B., wo er auf den Streifen schlägt, mach' 3., führe den Faden über 4.[1] der Linie B., wo er auf den Streifen schlägt, zeichne 4., stell den Faden auf 5. der Linie B., wo er auf den Streifen schlägt, punctire 5.,[1] stell' den Faden auf 6. der Linie B. ein, wo er auf den Streifen schlägt, mach 5., stell den Faden auf 7. der Linie B., und wo er auf den Streifen schlägt, zeichne 7. Und nimm den Streifen weg und mach' damit einen andern gleichen und leg' sie beiseite. Und nimm den andern Papierstreifen und leg' ihn berührend an KL., dann zieh' TV., die ihn im Puncte C. schneide: daher wir Streifen C. sagen werden; dann nimm den Faden und stell' ihn auf 17.[3] der Linie C., und wo er auf den Streifen schlägt, mach' 17., zieh' den Faden über 18. der Linie C., und wo er auf den Streifen schlägt, zeichne 18; erstrecke den Faden über 19. der Linie C., und wo er auf den Streifen schlägt, punctire 19., stell den Faden auf 20. der Linie C., wo er auf den Streifen schlägt, setz 20., zieh den Faden über 20. mit dem Titel der Linie C., wo er auf den Streifen schlägt, mach' 20. mit dem Titel; führe den Faden über 21. der Linie C., wo er auf den Streifen schlägt, zeichne 21., führe den Faden über 22. der Linie C., wo er auf den Streifen schlägt, schreib 22., stell den Faden auf 1. der Linie C. ein, wo er auf den Streifen schlägt, schreib 1., übertrag den Faden auf 2. der Linie C., wo er auf den Streifen schlägt, setz 2., erstrecke den Faden über 3. der Linie C., wo er auf den Streifen schlägt, mach' 3., führe den Faden über 4. der Linie C., wo er auf den Streifen schlägt, zeichne 4., zieh' den Faden über 4. mit dem Titel, der Linie C, punctire 4. mit dem Titel (wo er auf den Streifen schlägt); führe den Faden über 5. der Linie C., wo er auf den Streifen schlägt, setz 5.;[4] übertrag den Faden auf 8. der Linie C., wo er auf den Streifen schlägt, mach' 8.; zieh den

---

[1] Im Vorherigen vergessen.
[2] Hierauf bezieht sich die erste der vier Darstellungen Fig. 71.
[3] fehlt 16.
[4] fehlt 6. 7.

Faden über 10. mit dem Titel,[1] der Linie C., wo er auf den Streifen schlägt, zeichne 10. mit dem Titel; nimm den Streifen weg und mach' damit einen andern gleichen und leg' sie beiseite. Sodann nimm den andern Papierstreifen und leg' ihn berührend an KL., dass er fest liege, und zieh' TV., die ihn im Puncte D. schneide, daher es Streifen D. sein wird. Erstrecke den Faden über 15. der Linie D., wo er auf den Streifen schlägt, mach' 15.; zieh' den Faden über 18., über 1., über 2. und über 6.,[2] über 7., über 8. der Linie D. und zeichne auf dem Streifen 18. und 1. und 2. und 6. wo der Faden aufschlägt, und nimm den Streifen weg und mach damit einen andern gleichen und leg' sie beiseite; und nimm (einen andern) Papierstreifen und leg ihn berührend an KL., dass er fest liege; dann liniire TV., die ihn im Puncte E.[3] schneide; sodann nimm den Faden und stell' ihn auf 16., auf 17.,[4] auf 18.,[4] auf 19., auf 20., auf 1., auf 1. mit dem Titel, auf 2., auf 3., auf 4., auf 5., auf 6., auf 7., auf y., auf 8. der Linie E.[5] und zeichne auf dem Streifen, wo 16. aufschlägt, 16., wo 17. aufschlägt 17., wo 18. aufschlägt 18., wo 19. aufschlägt 19., wo 20. aufschlägt 20., wo 1. aufschlägt 1., wo 1. mit dem Titel aufschlägt, 1. mit dem Titel, wo 2. aufschlägt 2., wo 3. aufschlägt 3., wo 6. aufschlägt 6.,[6] wo 7. aufschlägt 7., wo y. aufschlägt y., wo 8. aufschlägt mach' 8.;[5] dann nimm den Streifen weg und mach' damit einen andern gleichen und leg' sie beiseite.

Du hast jetzt auf den Streifen die Höhe und Breite. Und wenn du auch nicht soviele Zeichen auf den Höhen-Streifen gemacht hast, wie deren hinsichtlich der Breite, so ist dies geschehen um kürzer zu reden, indem von der Höhe allein die nothwendigsten Zeichen genommen wurden; wenn du darum den Holzstreifen, welcher sich auf die Breite bezieht, auf die Papierstreifen legen würdest, die sich auf die Höhe beziehen, so sieh' nach, in welchem Zeichen der Holzstreifen dem Papierstreifen begegne und such' jenes Zeichen auf dem Holzstreifen, und wo es hintrifft, mach' jenes Zeichen. So mach's bei allen Streifen. Es würde besser sein, dass alle Zeichen, die auf den Breitenstreifen sind, auch auf den Höhen(streifen) wären, so dass wenn du das Verfahren verstehst, du nach den gezeigten Regeln die Höhe mit der Breite vergleichen kannst, und wenn du mehr Kreise oder Zeichen möchtest. Zieh' eine grade Linie an der Stelle, wo du den Kopf darstellen willst, die KL. sei, dieselbe theile im Puncte M., dann zieh' durch N. eine Senkrechte in M., die MN. sei und zieh' auf K. eine Senkrechte durch H. und auf L. eine durch I. Dann nimm die zwei Papierstreifen A. und leg' davon einen berührend an KH., den andern an LI. und A. von allen beiden falle in die Linie KL. Dann nimm den Holzstreifen A. und leg' ihn auf 1. beider Streifen treffend, und M. falle in die Linie MN. — immer — und wo 1. des Holzstreifens hintrifft, zeichne 1.; leg' den Streifen durch 15. beider (Papier)streifen hindurchgehend, und M. falle in MN., und wo 15. des (Holz)streifens hintrifft, mach' 15., schieb den Streifen an 14. beider (Papier)streifen heran, und M. falle in MN., und wo 14. des (Holz)streifens hintrifft, punctire 14.; leg' den Streifen durch 6. beider (Papier)streifen hindurch, und M. falle in MN., wo 6. hintrifft, zeichne 6.; schieb' den Streifen durch 7. beider (Papier)streifen hindurchlaufend und M. falle in MN., und wo 7. hintrifft, setz' 7.: obwohl ich sage mach 7. und 6., so genügt es einen ganz kleinen Punct an der Stelle zu machen, wo du sie für den Kopf bezeichnest, und ebenso mach's mit allen andern Streifen, indem du die Papierstreifen wechselst und ebenso den Holzstreifen, wie du es in den vorhergehenden Nummern gemacht hast; immer müssen die Papierstreifen KH. und LI. berühren und B. C. D. E. F. G. H. müssen in KL. fallen und immer versteht es sich, dass M. des Holzstreifens in die Linie MN. falle. Sodann zeichne die Umrisse von Aussen und von Innen: Augen, Nase und Mund und Ohren, indem du ihnen gute Form giebst und nicht aus den bezeichneten Grenzpuncten herausgehst, ebenso wie bei dem andern Kopfe. Fig. 72.

---

[1] Im Vorherigen stand dafür nur «10».
[2] 6 und 8 im Vorherigen nicht genannt.
[3] Auf E. bezieht sich die zweite Zeichnung Fig. 71.; doch fehlen einzelne Puncte wie vorher bemerkt. Bezüglich der übrigen Streifen, deren Anfertigung der Text nicht erwähnt, ist in der dritten Zeichnung Fig. 72. das Verfahren bezüglich F., in der vierten bezüglich G. und H. angedeutet; letztere aber wegen des engen Raumes etwas undeutlich.
[4] Im Vorherigen vergessen.
[5] fehlt 9.
[6] fehlt im Vorherigen.

— CLXXVIII —

55. Wenn du eine Kuppel regelrecht darzustellen hättest, die wie ein Viertel einer Kugel auf der hohlen Seite wäre und in Quadrate getheilt wäre, in welchen Rosetten wären, so muss man folgendes Verfahren festhalten: dass du zuerst die grade Linie ziehst die SV. sei, welches die Grösse sei, die du willst, dass die Kuppel breit sei; und über dieser wölbe den Halbkreis, der STV. sei. Dann zieh' durch T. eine Senkrechte auf SV. die ihn in Puncte x. halbire. Sodann mach' aus TS. fünf gleiche Theile, welche S.—2., 2.—3., 3.—4., 4.—5., 5.—T. seien und durch diese Theilpuncte führe Senkrechte auf Sx. und mach Puncte wo jene[1] (mit Sx.) zusammentreffen; dann setz den Fuss des Zirkels auf x. und beschreib' Bögen die durch alle diese Puncte gehen, bis sie die Linie Tx. treffen. Dann mach' eine grade Linie die ebenfalls ST. sei, und sei sei von derselben Grösse wie ST. des Kreises wenn dieser Bogen auf die grade Linie ausgebreitet wäre, die alle diese Theile enthält, nämlich S.—2., 2.—3., 3.—4., 4.—5., 5.—T., auf diesen Theilpuncten der graden Linie ST. zieh' senkrechte Linien, sodann theile den Halbkreis STV. in fünfzehn gleiche Theile mit Ausnahme des Theils an S. und desjenigen an V. die zwei Drittel jedes des andern sein müssen, und der erste sei S.—11., der zweite sei 11.—12. und sodann zieh' von 11. eine Grade zum Punct x. welche den Kreis 2. im Puncte 6. und den Kreis 3. im Puncte, 7. den Kreis 4. im Puncte 8., den Kreis 5. im Puncte 9. schneiden wird. Dann ziehe von 12. eine Grade zum Puncte x. die den Kreis 2. im Puncte 13., den Kreis 3. im Puncte 14., den Kreis 4. im Puncte 15.; den Kreis 5. im Puncte 16. scheiden wird. Dann nimm die Länge von 11. bis 12. des Kreises ST. und trag sie auf die Linie die von S. der geraden Linie ST. ausgeht, die Hälfte zur rechten und die Hälfte zur linken Seite, nimm die Länge von 6. bis 13. des Kreises 2. und trag sie auf die Linie 2., die von der graden Linie ST. ausgeht, zur rechten die Hälfte, zur linken die andere Hälfte, und mach' einen Punct, nimm die Länge von 7. bis 14. des Kreises 3. und übertrag sie auf 3·, welche die gerade Linie ST. theilt; die Hälfte auf die rechte und die Hälfte auf die linke Seite, und mach' auf allen beiden Seiten einen Punct; dann nimm die Länge von 8. bis 15. des Kreises 4., übertrag sie auf 4. welche die grade Linie ST. schneidet, zur rechten Seite die Hälfte und die Hälfte zur linken, und mach' Puncte, dann nimm von 9. bis 16. des Kreises 5. und trag diese Länge auf 5. der Linie die die gerade Linie ST. theilt, zur rechten die Hälfte und zur linken die andere Hälfte und bezeichne immer. Sodann zieh' vom Punct der Linie die von S. herkommt bis zum Punct der Linie, die von 2. herkommt eine Gerade, und vom Punct der Linie die von 2. ausgeht zum Punct der Linie die von 3. kommt eine solche, und vom Punct der Linie die von 3. herkommt zum Punct der Linie die von 4. ausgeht, und vom Punct der Linie die von 4. herkommt zum Punct der von 5. ausgehenden Linie; vom Punct der Linie die von 5. ausgeht zum Punct T. und ebenso mach's auf der andern Seite. Sodann nimm den Abstand von der Linie SV. bis 11. im Kreise STV. und trag ihn senkrecht auf, dass er die Linie der Dachpfette ST. im Puncte 1. theilt, dann nimm den Zirkel und beschreib' einen Kreis der durch 1. geht und alle beide Linien berührt die der Linie ST. zur Seite sind deren 16. eine Pfette der Kuppel bilden, und über diesem Kreise gegen T. hin mach' einen andern Kreis, der den ersten und die beiden Linien des Ausschnitts berührt, und über diesen mach' einen andern, der jenen berühre, und die beiden Linien berühre, und ebenso mach's bis zu 7. Kreisen, wie du in der Figur des Ausschnitts siehst. (Fig. 73.)

Jetzt nimm mit dem Zirkel die Länge von S. bis x. und über der graden Linie beschreib' den Viertelkreis ST., der SAT. sei, und A. sei der rechte Winkel und Centrum des Viertelkreises ST.; dann nimm die Länge von S. bis 1., die sich in der Linie ST. der Kuppelpfette befindet, und trag sie auf S. des Viertelkreises und mach' einen Punct; dann nimm die Länge von 1. bis zum Berührungspunct der ersten Kreise und trag sie über dem Puncte auf, den du im Viertelkreise ST. gemacht hast, und mach' zwei Puncte; und nimm die Länge des Durchmessers des zweiten Kreises der in der Pfette ist, und trag' ihn über den zwei Puncten des Kreises ST. auf und zeichne drei Puncte; nimm die Grösse des Durchmessers des dritten

---

[1] Text offenbar «quelle» für quella zu lesen.

Kreises, der in der Pfette ist, und trag sie über den 3 Puncten des Kreises ST. auf und mach' 4. Puncte; nimm die Grösse des Durchmessers des vierten Kreises des Ausschnitts, trag sie über den 4 Puncten des Kreises ST. auf und zeichne 5 Puncte; nimm die Grösse des Durchmessers des fünften Kreises des Ausschnitts und trag sie über den 5. Puncten des Kreises ST. auf und mach' 6 Puncte: dann nimm die Grösse des Durchmessers des sechsten Kreises des Ausschnitts und trag sie über den 6. Puncten des Kreises ST. auf und zeichne 7 Puncte; nimm die Grösse des Durchmessers des siebten Kreises des Ausschnitts und trag sie über den 7 Puncten des Kreises ST. auf und mach' 8 Puncte; sodann beschreib' einen zweiten Kreis um ST., indem du ausserhalb von S. beginnst, soweit du willst, dass die Rosetten vorragen und führe ihn nach und nach sich verengend, so sehr, dass er zuletzt mit T. zusammenlaufe, was Ty. sei; dann zieh' durch diese 7. Theilpuncte, nämlich durch: einen Punct, zwei Puncte; drei Puncte; vier Puncte; fünf Puncte; sechs Puncte; sieben Puncte, welches acht Theilungen sind, die sich auf dem Kreise ST. befinden, lauter Parallelen zu AS., die alle die Linie AT. des Kreises Ty. treffen; dann theil' die Strecke von y. bis zur ersten Linie in zwei gleiche Theile und von der dritten[1] zur vierten Linie mach' drei gleiche Theile und von der fünften zur sechsten Linie mach' ebenfalls drei gleiche Theile, und von der siebten zur achten Linie setz' drei gleiche Theile, die alle auf dem Streifen Ty. seien, und auf alle leg' das Lineal immer durch Punct A. laufend, der Centrum ist, und bezeichne sie alle auf dem Kreise ST. durch Puncte, und von allen diesen Puncten zieh' Linien parallel zu SA.: diese A. ist die erste Linie, die zweite B., die dritte C., die vierte D., die fünfte E., die sechste F., die siebte G., die achte H., die neunte I., die zehnte K., die elfte L., die zwölfte M., die dreizehnte N., die vierzehnte O., die fünfzehnte P., die sechzehnte Q., die siebzehnte R. Jetzt mach' eine grade Linie, die von der Länge von SV. des ersten Halbkreises sei; dieselbe theile im Puncte x. zu gleichen Theilen: und dann nimm die Länge von AS. in den Zirkel und mit ihr setz' einen Fuss desselben auf den Punct x. der Theilung der Linie, und mit dem andern Fuss beschreib' mit jener Grösse den Halbkreis AST.; dann nimm die Länge von A. bis y. und beschreib' einen Kreis um AST. was Kreis yzZ. sei. Jetzt theil' den Halbkreis yzZ. in fünfzehn gleiche Theile ausser dem ersten und dem letzten, die zwei Drittel der andern sein müssen: dann zieh' von ihnen allen Grade zum Centrum x., sodann theile sie: die erste und die letzte auf dem Kreise AST. in zwei gleiche Theile und alle anderen theile in drei gleiche Theile auf dem Kreise AST. und ziehe von ihnen Grade zum Centrum x. dann nimm die Länge der Linie B. der zweiten Figur, die ein Viertelkreis ist, in den Zirkel, und mit ihr setz' den Fuss desselben auf x. und mit dem andern beschreib den Kreis B.; nimm die Länge von C. bis zum Durchschnitt den die Linie C. im Kreise yzZ. macht, in den Zirkel, dann stell' einen Fuss desselben auf x., und mit dem andern beschreib den Kreis C.; nimm die Länge von D. bis zum Durchschnitt, den die Linie D. im Kreise yzZ. macht, in den Zirkel und mit jener Grösse stell' einen Fuss desselben auf x, mit dem andern mach' den Kreis D.; sieh wie weit es von E. bis zum Durchschnitt ist, den die Linie E. im Kreise ST. bildet, mit jener Weite stell' den Fuss des Zirkels auf x. mit dem andern zeichne den Kreis E.; nimm die Länge von F. zum Durchschnitt den die Linie F. im Kreise ST. macht und setz einen Fuss des Zirkels auf x., mit dem andern beschreib den Kreis F., nimm die Länge von G. bis zum Durchschnitt, den die Linie G. im Kreise yzZ. macht, und setz dem Fuss des Zirkels auf x., mit dem andern beschreib den Kreis G.; nimm die Grösse von H. bis zum Durchschnitt den die Linie H. im Kreise yzZ. macht und setz' den Fuss des Zirkels auf x. mit dem andern mach' den Kreis H.; nimm die Grösse von I. bis zum Durchschnitt den die Linie I. im Kreise ST. macht, setz' den Fuss des Zirkels auf x. mit dem andern zeichne den Kreis I. nimm die Länge von K. zum Durchschnitt den die Linie K. im Kreise ST. macht, und setz' den Fuss den Zirkels auf x. mit dem andern mach den Kreis K., nimm die Länge von L. bis zum Durchschnitt den die Linie L. im Kreise yzZ. macht, mit jener Weite setz' den Fuss des Zirkels auf x. mit dem andern beschreib den Kreis L., nimm die Grösse von M.

---

[1] vgl. Anm. 2 pag. LXXII.

bis zum Durchschnitt den die Linie M. im Kreise yzZ. macht, und setz' den Fuss des Zirkels auf x., mit dem andern beschreib den Kreis M.; sieh' wie weit es von N. bis zum Durchschnitt ist, den die Linie N. im Kreise ST. macht, und stell' den Fuss des Zirkels auf x., mit dem andern zeichne den Kreis N., nimm die Grösse von O. bis zum Durchschnitt der Linie O. im Kreise ST., und setz' einen Fuss des Zirkels auf x. mit dem andern mach' den Kreis O., nimm die Länge von P. bis zum Durchschnitt der Linie P. im Kreise yzZ. und mit jener Länge beschreib um x. den Kreis P.; nimm die Grösse von Q. bis zum Durchschnitt den die Linie Q. im Kreise yzZ. macht und mit jener Oeffnung setz' einen Fuss des Zirkels auf x. und mit dem andern beschreib den Kreis Q., sieh' wie weit es von R. bis zum Durchschnitt ist, den die Linie R. im Kreise ST. macht, und setz' einen Fuss des Zirkels auf x. mit dem andern beschreib den Kreis R. Jetzt hast du alle Kreise gemacht, die von den Linien, welche vom Centrum x. ausgehen, getheilt sind, d. h. diejenigen die vom Centrum x. ausgehen und im Halbkreise ATS.[1] endigen, theilen den Halbkreis A., den Halbkreis B., den Halbkreis E., den Halbkreis F., den Halbkreis I., den Halbkreis K., den Halbkreis N., den Halbkreis O., den Halbkreis R., alle im Puncte 17. und die welche vom Centrum x. ausgehen und im Halbkreise yzZ. endigen theilen den Halbkreis C., den Halbkreis D., den Halbkreis G., den Halbkreis H., den Halbkreis L., den Halbkreis M., den Halbkreis P., den Halbkreis Q. sämmtlich im Puncte 15.[2]

Jetzt ist die Figur der Breite in eigentlicher Form vollendet. Man muss nun die Höhenfigur machen d. h. AST., welches ein Viertelkreis ist; und zwar nimm den Zirkel und setz' einen Fuss auf die Linie Ax. der Breitenfigur, und den andern Fuss erstrecke bis 2. des Kreises A., und zeichne jene Grösse auf der Linie A. der Höhenfigur, was A.—2. sei; dann nimm die Grösse von Ax. bis 3. des Kreises A. und trag' sie auf die Linie A. der Höhenfigur und zeichne 3.; sieh' wie weit es von Ax. bis 4. des Kreises A. ist, und trag' diese Grösse auf die Linie A. der Höhenfigur und punctire 4.; nimm den Abstand von Ax. bis 5. des Kreises A., und jene Grösse trag' auf die Linie der Höhenfigur und mach' 5., sieh' wie weit es von Ax. bis 6. des Kreises A. ist, und zeichne 6. auf der Linie A. der Höhenfigur; nimm die Grösse von Ax. bis 7. des Kreises A. und trag sie auf die Linie der Höhenfigur und punctire 7.; miss von der Linie Ax. bis 8. des Kreises A., und jene Grösse trag' auf die Linie A. der Höhenfigur und mach' 8.; nimm die Länge von Ax. bis 9. der Kreises A. und trag' sie auf die Linie der Höhenfigur und zeichne 9.; und weil es ihrer 17. sind, wie wir oben gesagt haben, so muss A., welches 1. ist, für 1. und 17. dienen und 2. dient für 2. und 16., und 3. dient für 3. und 15., und 4. dient für 4. und 14., und 5. dient für 5. und 13., und 6. dient für 6. und 12., und 7. dient für 7. und 11., und 8. dient für 8. und 10., und 9. für 9. allein, weil es die Höhe der Halbkuppel ist; und du hast die Linie A.: und dieselbe Methode halte fest bei der Linie B. und dieselbe mit allen andern, indem du stets die Zeichen des Kreises B. auf die Linie B. der Höhenfigur überträgst, ebenso die des Kreises C. auf die Linie C. und ebenso mach's mit allen andern. Wenn du alle bezeichnet haben wirst, wie du auf der Linie A. gethan hast, von 1. bis 17. wie oben angegeben, so wirst du die Höhe und die Breite in eigentlicher Form haben.

Dieselben müssen perspectivisch auf die Streifen übertragen werden in folgender Weise: Zieh' eine Linie parallel zu SA. der Breitenfigur, die ρφ. sei, welches die Grenzlinie sein wird, wo man die Streifen legen muss, und zwar von AS. soweit entfernt, wie es dir beliebt. Sodann entferne dich von der Linie ρφ., soweit es dir gefällt, setzen wir, dass es zehn Ellen seien, und an jener Stelle mach' Punct O., welcher das Auge sei. Darin befestige die Nadel mit dem sehr dünnen Faden; dann nimm den Holzstreifen und leg' ihn berührend an ρφ., dass er fest liege, und nimm den Faden und leg' ihn über 1. des Kreises A., und wo er auf den Streifen schlägt, zeichne 1.; dann zieh' den Faden über 2. des Kreises A., wo er auf den Streifen schlägt, punctire 2.; stell' den Faden auf 3. des Kreises A. ein, wo er auf den Streifen schlägt, mach' 3.; stell' den Faden über 4. des Kreises A., wo er auf den Streifen schlägt,

---

[1] Text LXXIII Z. 13 v. u. l. ATS statt VTS.
[2] Die Horizontalprojection Fig. 74a, welche im Mscr. unvollständig war, ist entsprechend ergänzt. Die Puncte 17 und 15 waren überdies ebenda nicht angegeben.

setz' 4.; führe den Streifen über 5. des Kreises A., wo er auf den Streifen schlägt, zeichne 5.; zieh' den Faden über 6. des Kreises A., wo er auf den Streifen schlägt, punctire 6.; führe den Faden über 7. des Kreises A., wo er auf den Streifen schlägt, mach' 7.; führe den Faden über 8. des Kreises A., wo er auf den Streifen schlägt, setz' 8.; leg' den Faden über 9. des Kreises A., wo er auf den Streifen schlägt, zeichne 9.; stell' den Faden auf 10. des Kreises A. ein, wo er auf den Streifen schlägt, mach' 10., übertrage den Faden auf 11. des Kreises A., wo er auf den Streifen schlägt, mach' 11.; zieh' den Faden über 12. des Kreises A., wo er auf den Streifen schlägt, zeichne 12.; stell' den Faden auf 13. des Kreises A. ein, wo er auf den Streifen schlägt, punctire 13.; führe den Faden über 14. des Kreises A., wo er auf den Streifen schlägt, mach' 14.; führe den Faden über 15. des Kreises A., und wo er auf den Streifen schlägt, setz' 15., stell' den Faden auf 16. des Kreises A. ein, wo er auf den Streifen schlägt, punctire 16.; zieh' den Faden über 17. des Kreises A., wo er auf den Streifen schlägt, mach' 17.; stell den Faden auf x. ein, welches Centrum ist, und wo er auf den Streifen schlägt, zeichne x.; und weil diese auf dem Kreise A. sind, so bezeichne den Streifen als Streifen A.;[1] dann nimm ihn weg und leg' ihn beiseite, und an jene Stelle leg' den andern Streifen, der B. bezeichnet sei, und nimm den Faden und stell' ihn auf die Zeichen des Kreises B. ein und zeichne sie auf dem Streifen B., wie du es beim Streifen A. gemacht hast und bei allen bezeichne x.; und ähnlich mach's mit den andern, nämlich denen des Kreises C. auf dem Streifen C., denen des Kreises D. auf dem Streifen D., denen des Kreises E. auf dem Streifen E., denen des Kreises F. auf dem Streifen F., denen des Kreises G. auf dem Streifen G., denen des Kreises H. auf dem Streifen H., denen des Kreises I. auf dem Streifen I., denen des Kreises K. auf dem Streifen K., denen des Kreises L. auf dem Streifen L., denen des Kreises M. auf dem Streifen M., denen des Kreises N. auf dem Streifen N., denen des Kreises O. auf dem Streifen O., denen des Kreises P. auf dem Streifen P., denen des Kreises Q. auf dem Streifen Q., denen des Kreises R. auf dem Streifen R., und bei allen bezeichne x. und leg' sie beiseite, und du hast die Breitenstreifen. (Fig. 75.)

Jetzt müssen die Höhen auf die Papierstreifen übertragen werden. Daher zieh' eine Linie parallel zu SA. die 20—30. sei,[2] soweit von SA. die Viertelkreises entfernt, als du mit dem Sehen unterhalb der Kuppel stehen willst. Auf dieser führe die Senkrechte parallel zu AT. der Höhenfigur und zwar soweit davon entfernt als von $\rho\psi$ bis SA. in der Breitenfigur ist, welche ebenfalls $\rho\psi$ sei und diese sei Grenzlinie (der Bildebene). Sodann entferne dich von $\rho\psi$. auf der Linie 20—30., um die Grösse, die von $\rho\psi$. der Breitenfigur bis zum Punct O. stattfindet, der das Auge ist, und dort mach' Punct O., und befestige die Nadel mit dem Faden darin. Dann nimm den Papierstreifen und leg' ihn berührend an $\rho\psi$. und zieh' die Linie 20—30., welche den Streifen im Puncte A. theilt, daher dies Streifen A. sein wird. Dann nimm den Faden und leg' ihn über 1. und 17. der Linie A., und wo er auf den Streifen schlägt, mach' Punct 1. und 17.; und zieh' den Faden über 2. und 16. der Linie A., wo er auf den Streifen schlägt, mach' 2. und 16., stell' den Faden auf 3. und 15. der Linie A. ein, wo er auf den Streifen schlägt, zeichne 3. und 15.; leg' den Faden über 4. und 14. der Linie A., wo er auf den Streifen schlägt, setz' 4. und 14. Erstrecke den Faden über 5. und 13. der Linie A., wo er auf den Streifen schlägt, punctire 5. und 13.; führe den Faden über 6. und 12. der Linie A., wo er auf den Streifen schlägt, zeichne 6. und 12.; führe den Faden über 7. und 11. der Linie A., wo er auf den Streifen schlägt, setz' 7. und 11.; stell' den Faden auf 8. und 10. der Linie A. ein, wo er auf den Streifen schlägt, mach 8. und 10.; zieh' den Faden über 9. der Linie A., wo er auf den Streifen schlägt, zeichne 9.; und nimm den Streifen weg, und mach' damit einen andern mit allen jenen Zeichen und von derselben Länge, A. bezeichne: und dasselbe, was du bei dem ersten gemacht hast, so verstehe es sich, dass du es bei den andern machst, und leg' sie beiseite, d. h. dass du jeden Papierstreifen berührend an $\rho\psi$ legst, und 20—30. ziehst, welche den zweiten im Puncte B. schneiden wird, dann

---

[1] In Fig. 75 ist das Verfahren nur hinsichtlich des Streifens A. angedeutet. Uebrigens ist auch hier die Grundrissfigur nicht ganz correct.
[2] Bezeichnung 20—30. fehlt in Fig. 76.

stellst du den Faden auf 1. und 17., auf 2. und 16., auf 3. und 15., auf 4. und 14., auf 5. und 13., auf 6. und 12., auf 7. und 11., auf 8. und 10., auf 9. der Linie B. ein und bezeichnest alle auf dem Streifen B. und nimmst ihn fort und machst damit einen andern, gleichen und legst sie beiseite, und ebenso machst du es mit der Linie C. und überträgst die Zeichen auf den Streifen C. und machst damit einen andern gleichen, der ebenfalls Streifen C. sei und legst sie beiseite, und ebenso machst du es mit allen andern, die bis R. vorhanden und bei allen zeichne 1. und 17., 2. und 16., 3. und 15., 4. und 14., 5. und 13., 6. und 12., 7. und 11., 8. und 10., 9. und leg' sie beiseite. (Fig. 76.)

Jetzt hast du die ganze Kuppel auf die Streifen übertragen, dieselbe muss an ihrer Stelle ins Werk gesetzt werden. An dieser Stelle führe eine grade Linie, die SR. sei, und auf S. zieh' durch T. eine Senkrechte, und auf R. zieh durch V. eine ; sodann theile RS. zugleichen Theilen im Puncte x. und auf x. führe durch y. eine Senkrechte, was Linie xy. sein wird ;[1] dann nimm die R. bezeichneten Papierstreifen und leg' einen davon berührend an die Linie ST. und den andern an RV. und R. von allen beiden falle in die Linie RS.; dann nimm den R. bezeichneten Holzstreifen, und wisse, dass auf dem Holzstreifen alle jene Zeichen sind, die sich auf den Papierstreifen befinden ; darum, wenn ich sage: «zieh', leg', stell', setz', leite, führe» oder bringe den Streifen», versteht sich darunter der Holzstreifen auf die zwei Papierstreifen, und wenn ich sage: «zeichne» oder «punctire» oder «mach', wo es hintrifft eine Zahl», so versteht sich das bezüglich der Zeichen des Holzstreifens ; wenn darum der Holzstreifen auf 1. und 17. beider Papierstreifen treffen wird, so muss man 1. und 17. da zeichnen, wo 1. und 17. des Holzstreifens hintrifft, und stets muss x. des Holzstreifens in die Linie xy. fallend gestellt werden. Leg' den Streifen an 1. und 17. beider (Papier)streifen und wo 1. des (Holz)-streifens hinfällt, mach' 1., wo 17. hintrifft, punctire 17.; schieb den Streifen über 2. und 16. beider (Papier)streifen, wo 2. des (Holz)streifens hintrifft, zeichne 2., wo 16. hinfällt, mach' 16.; führe den Streifen auf 3. und 15. beider (Papier)streifen treffend, wo 3. des (Holz)streifens hintrifft, mach' Punct 3., wo 15. hinfällt, zeichne 15.; leg' den Streifen über 4. und 14. beider (Papier)streifen, wo 4. des (Holz)streifens hintrifft, mach' 4., wo 14. hintrifft, punctire 14.; leg' den Streifen über 5. und 13. beider (Papier)streifen und wo 5. des (Holz)streifens hintrifft, zeichne 5., wo 13. hinfällt, zeichne 13.; führe den Streifen durch 6. und 12. beider (Papier)streifen und x. versteht sich immer, falle in xy., wo 6. des (Holz)streifens hintrifft, mach' 6., wo 12. hinfällt, punctire 12.; leg' den Streifen über 7. und 11. beider (Papier)-streifen, und wo 7. hintrifft, zeichne 7., wo 11. hintrifft, mach' Punct 11. Schiebe den Streifen über 8. und 10. der zwei (Papier)streifen, und wo 8. hintrifft, mach' 8., und wo 10. hinfällt, mach' 10.; leg' den Streifen an 9. beider (Papier)streifen, und wo 9. des (Holz)streifens hintrifft, zeichne 9. Dann nimm die Streifen weg und leg' sie beiseite. Sodann nimm die zwei Papierstreifen Q. und leg' davon einen berührend an ST., den andern an RV., wie du es bei den andern gemacht hast. Dann nimm den Holzstreifen Q. und leg' ihn an 1. und 17. beider (Papier)streifen, und wo 1. des (Holz)streifens hintrifft, mach' Punct 1., wo 17. hintrifft, mach' 17., und ebenso verfahre, d. h. indem du den Holzstreifen auf die Zeichen der zwei Papierstreifen legst und x. die Linie xy. treffe und zeichnest, wo die Zahlen des Holzstreifens hinfallen: und ebenso mach's mit allen Streifen, nämlich mit dem Streifen P. und O. und N. und M., und L., und K., und I., und H., und F., und E., und D., und C., und B., und A.: weil bei allen die nämlichen Zeichen vorhanden sind und daher dasselbe Verfahren eingehalten werden muss, welches bezüglich des Streifens R. eingehalten worden : und somit hast du die Bezeichnung der Zeichen aller Streifen vollendet, und du verbindest nun 2. des Kreises B. mit 2. des Kreises E., und 2. des Kreises F. mit 2. des Kreises I., und 2. des Kreises K. mit 2. des Kreises N., und 2. des Kreises O. mit 2. des Kreises R., dann verbinde 2. des Kreises C. mit 2. des Kreises D., und 2. von G. mit 2. des Kreises H., und 2. des Kreises L. mit 2. des Kreises M., und 2. des Kreises P. mit 2. des Kreises Q. Dann zieh' von 3. des Kreises C. nach 3. des Kreises D., und von 3. des Kreises G. nach 3. des Kreises H., und

---

[1] Diese Bezeichnungen fehlen in Fig. 76.

von 3. des Kreises L. nach 3. des Kreises M., und von 3. des Kreises P. nach 3. des Kreises Q. grade Linien; sodann zieh' solche von 3. des Kreises B. nach 3. des Kreises E., und von 3. des Kreises F. nach 3. des Kreises I., und von 3. des Kreises K. nach 3. des Kreises N. und von 3. des Kreises O. nach 3. des Kreises R.; sodann führe solche von 4. des Kreises B. nach 4. des Kreises E., und von 4. des Kreises F. nach 4. des Kreises I., und von 4. des Kreises K. nach 4. des Kreises N., und 4. des Kreises O. nach 4. des Kreises R. Und ebenso mach's mit allen Kreisen, indem du diese Ordnung befolgst: deren es 17. sind und jeder mit 17. Zeichen. Sodann wirst du Grade von 2. nach 3., von 4. nach 5., von 6. nach 7., von 8. nach 9., von 10. nach 11., von 12. nach 13., von 14. nach 15. ziehen: das ist der Kreis B. Ebenso mach's mit allen übrigen und du wirst die perspectivisch verkürzte Kuppel haben, wie wir thun zu wollen sagten.

Wenn du aber wolltest, dass besagte Kuppel auf dem Gesimse aufliegen solle, zeichne einen Halbkreis von der Grösse des Halbkreises STV., der der Breitenfigur der Kuppel angehört: da hinein beschreibe die Kreise des Gesimses, das du zu machen beabsichtigst, mit jenem Vorsprung, der dir gefällt; diese Halbkreise theile in sechzehn gleiche Theile oder mehr, wenn es dir gefällt, und sodann zieh' mit derselben Augendistanz und Lage der Bildebene, womit du die Kreise der Kuppel gezeichnet hast, den Faden, dass er den Zeichen der Halbkreise des Gesimses begegnet, und wo er auf den Holzstreifen schlägt, zeichne, wie bei den andern, und sodann bezeichne ebenso die Höhen des Gesimses unterhalb des Viertelkreises, d. h. unterhalb der Linie AS. der Höhenfigur, mit jener Grösse des Vorsprungs, den du im Halbkreise der Breitenfigur gemacht hast, und von gleicher Höhe, und mit denselben proportional gestellten Theilungen. Dann leg' den Faden auf die Theilpuncte und zeichne, wo der Faden auf die Papierstreifen schlägt in oben angegebener Weise. (Fig. 77).

56. Es trifft sich zuweilen, dass man über einer Tafel oder Fussboden oder unter Plafonds einen auf oder unter jene gestellten Körper zeichnen will, wie wenn du zum Beispiel über den Fussböden Körper beschreiben und umgrenzen wolltest, die erhoben, erscheinen sollten, nämlich Kasten, Scheiben, Kugeln, Thiere und gleicherweise auf Esstischen, Vasen, Kandelaber, und andere Körper, ebenso unter Plafonds oder unter Gewölben Ringe oder andere Gegenstände, die herabhängen und auf gewisse Distanz wie wahre erscheinen sollen. Darum setzen wir, dass du über einem Fussboden oder wirklicher Ebene ein Lineament machen wolltest, das vom gegebenen Grenzpunct (Standpunct) aus als ein sphärischer Körper, oder willst du sagen Kugel, erscheine. Halte folgendes Verfahren ein: nämlich zieh' eine gerade Linie auf der Ebene, die BC. sei, und führe auf B. die Senkrechte, die AB. sei; dann theile auf BC. im Puncte D. die Länge ab, um welche es dir gefällt, entfernt zu stehen um die Kugel zu sehen: was BD. sei; und zieh' auf D. die unbegrenzt lange Senkrechte: in derselben beschreib einen durch D. laufenden Kreis von dem Durchmesser, welchen du der Kugel und ihrem Durchmesser DM. geben willst. Diesen Durchmesser theile in acht gleiche Theile, welche DE. EF. FG. GH. HI. IK. KL. LM. seien; von diesen zieh durch E. F. G. H. I. K. L. lauter Parallelen zu BC. die den Kreis auf allen beiden Seiten schneiden; die Linie C. treffe ihn in 1. und 2.; F. in 3. und 4.; G. in 5. und 6.; H. in 7. und 8.; I. in 9. und 10.; K. in 11. und 12.; L. in 13. und 14. Jetzt befestige die Nadel mit dem Faden im Puncte A., der über B. liegt; sodann nimm den Faden und leg' ihn durch M., der DC. im Puncte 15. theilt[1] und dann zieh' den Faden über L., der DC. im Puncte 7. schneide, und leg' den Faden über 14., und wo er DC: schneidet, punctire 14.; führe den Faden über K., der DC. im Puncte 6. schneide; erstrecke den Faden über 13., wo er DC. schneidet, zeichne 13.,[2] stell den Faden auf I. ein, wo er DC. schneidet, mach' 5.; stell den Faden auf 12.[2] ein, wo er DC. schneidet, punctire 12.; leg' den Faden über H., und wo er DC. schneidet, mach' 4.; zieh' den Faden über 8., der DC. im Puncte 8.

---

[1] Dieser Punct fällt in Fig. 79. mit 12. zusammen, ist daher nicht besonders bezeichnet.
[2] statt 13. und 12. bis 12. und 10.

schneide; erstrecke den Faden über G., und wo er DC. schneidet, punctire 3.; leg' den Faden auf 6. treffend, wo er DC. theilt, zeichne 6.; zieh' den Faden über F., wo er DC. schneidet, mach' 2.; führe den Faden über 4., wo er DC. theilt, punctire 4.; leg' den Faden über E., wo er DC. schneidet, zeichne 1.; zieh' den Faden über 2., wo er DC. schneidet, mach' Punct 2.; jetzt nimm den Zirkel und setz einen Fuss auf 1. der Linie DC. und mit dem andern Fuss beschreib einen durch 2. gehenden Kreis; dann setz den Fuss des Zirkels auf 2. und mit dem andern beschreibe einen durch 4. laufenden Kreis; setz den Fuss des Zirkels auf 3. und mit dem andern Fuss beschreib einen 6. treffenden Kreis; setz einen Fuss des Zirkels auf 4., mit dem andern Fuss beschreib einen Kreis durch 8.; setz den Fuss des Zirkels auf 5., mit dem andern Fuss beschreib einen durch 10. laufenden Kreis; stell' einen Fuss des Zirkels auf 6. und mit dem andern führe einen Kreis durch 12.; setz den Fuss des Zirkels auf 7., mit dem andern Fuss beschreib einen durch 14. der Linie DC. gehenden Kreis: so versteht es sich bei allen (Puncten, dass sie DC. angehören). Jetzt machen wir den Umriss, dass er von Aussen alle diese Kreise berührt, mit guter Form: und ich sage, dass dieser Umriss sich auf der gegebenen Grenze (der Bildebene) im Auge als sphärischer Körper darstellt, nämlich als Umkreis D. M. 7. 8., so dass wir sagen würden, es sei ein sphärischer Körper. Und es beweist sich folgendermassen: du hast vom Puncte A., der das Auge ist, den Faden durch M. gezogen, dass er DC. im Puncte 15. theilt; darum zeigt sich 15. höher als D. um die Grösse DM., wie durch den 10. Theil Euklids de aspectuum deuersitate sich zeigt; und weil D.—15. und DM. unter ein und demselben Gesichtswinkel stehn, und zwei Basen sind, die sich im Puncte A., der das Auge ist, gleich darstellen wie durch die zweite Nummer des ersten Buchs offenbar wird, so ist klar, dass D.—15. gleich DM. dem Durchmesser des grössten Kreises der Kugel DM. 7. 8. erscheine und dass ebenso der Halbmesser E.—2. gleich dem Halbmesser 1.—2. erscheine und der Halbmesser F.—4. stellt sich gleich dem Halbmesser 2.—4., und der Halbmesser G.—6. stellt sich gleich dem Halbmesser 3.—6.; und ebenso entsprechend bei allen andern Halbmessern, und da sich die Halbmesser jeder mit dem entsprechenden gleich darstellen, so werden sich nothwendigerweise die ganzen Durchmesser gleich darstellen, ebenso die Kreise die ihnen entsprechen, weil der Kreisschnitt 7.—8. (der Kugel DM. 78) demselben Winkel gegenüberliegt wie der Kreis 7.—8., so dass sie sich unter gleichen Winkeln darstellen und somit zeigt sich 1.—2. (der Kugel) gleich mit 1.—2.: weil sie unter ein und demselben Winkel sind wie durch die zweite Nummer des ersten Buchs offenbar ward. Die Breite und die Länge stellen sich auf der gegebenen Grenze (Bildebene) im Auge als sphärischer Körper dar. (Fig. 78).

57. Und wenn du auf einen Esstisch oder auf eine andere wirkliche Ebene ein Kühlgefäss mit dem Piedestal stellen wolltest, welches erhoben auf besagtem Tische oder Ebene erschiene, so sage ich, dass du zuerst den Kühler in eigentlicher Form zeichnest, von der Grösse, wie du beabsichtigst, ihn mit dem Fusse aufrecht auf der graden Linie darzustellen, die BC. sei; auf dieser führe die Senkrechte, die den Kühler in der Mitte, und die grade Linie BC. im Puncte D. theilt, was Linie DO. sei, und die Dicke des Randes des Kühlers theile DO. in Puncte N. und die Verbindung des Fusses mit dem Becken theile DN. im Puncte K. und KN. theile in zwei gleiche Theile in L. und M.; und der Stab des Fusses theile DK. im Puncte E. und EK. theile in fünf Theile, wie du in der Figur siehst, nämlich EF. FG. GH. HI. IK. Dann zieh' durch F. eine Parallele zu BC., welche den Umriss im Puncte 2. trifft; zieh' durch G. eine Parallele zu BC., die den Umriss im Puncte 3. trifft; dann führe durch H. eine Parallele zu BC., die den Umriss im Puncte 4. trifft; zieh' durch I. eine Parallele zu BC., die den Umriss im Puncte 5. trifft; führe durch K. eine Parallele zu BC., die den Umriss im Puncte 6. trifft; zieh' durch L. eine dem Umriss im Puncte 7. begegnende Parallele zu BC.; liniire durch M. eine Parallele zu BC., die den Umriss im Puncte 8. treffe; zieh' durch N. eine, die dem Umriss im Puncte 9. begegne, und die durch O. treffe ihn im Puncte 10.: alle auf der Seite von C. Jetzt zieh' auf B. eine Senkrechte, die AB. sei, von jener Grösse, wie du mit dem Auge hochstehn willst, um zu sehen, und im Puncte A. befestige die Nadel mit dem Faden; dann nimm das Ende besagten Fadens und erstrecke es über die Linie DC. durch E. von DO. hindurchlaufend, und wo er auf die Linie DC.

schlägt, punctire P. dann zieh' den Faden durch F. hindurchgehend, und wo er auf DC.
schlägt, zeichne Q. ; führe den Faden durch G. hindurchlaufend, wo er auf DC. schlägt,
mach' R. ; führe den Faden, dass er auf H. trifft, wo er auf DC. schlägt, punctire S. ; führe
den Faden auf I. treffend, wo er auf DC. schlägt, zeichne T.; führe den Faden durch K.
laufend, wo er auf DC. schlägt, mach' V. ; zieh' den Faden auf L. treffend, wo er auf DC.
schlägt, punctire x. ; führe den Faden M. begegnend, wo er auf DC. schlägt, zeichne y. ;
zieh' den Faden durch N. gehend; wo er auf die Linie DC. schlägt, mach' z. ; bring den
Faden O. treffend, wo er auf DC. schlägt, punctire Z.; führe den Faden so, dass
er auf 1. trifft, wo er auf die Linie DC. schlägt, mach' 11. ; zieh' den Faden über 2.,
wo er auf DC. schlägt, zeichne 12. ; erstrecke den Faden, dass er auf 3 trifft, wo er auf
DC. schlägt, zeichne 13. ; führe den Faden auf 4. treffend, wo er auf DC. schlägt, punctire
14. ; zieh' den Faden auf 5. treffend, wo er auf DC. schlägt, punctire 17. ; bring den
Faden 6. treffend, wo er auf DC. schlägt, zeichne 16. ; führe den Faden durch 7.
hindurchlaufend, wo er auf DC. schlägt, punctire 17. ; bring den Faden auf 8. treffend, wo
er auf DC. schlägt, mach' 18. ; führe den Faden auf 9. treffend, wo er auf DC. schlägt,
zeichne 19.; zieh' den Faden durch 10. laufend, und wo er auf die Linie DC. schlägt,
punctire 20. Bezüglich der Breite des Randes stell den Faden auf ϕ ein,[1] und wo er auf
DC. schlägt, mach' 21. Dann nimm den Zirkel und stell einen Fuss auf D. und mit dem
andern Fuss beschreib einen, das Ende des Piedestals von beiden Seiten berührenden, Kreis;
dann stell' den Fuss des Zirkels auf P. und mit dem andern Fusse beschreibe einen durch
11. laufenden Kreis; und sodann stell' einen Fuss des Zirkels auf Q. und mit dem andern
mach' den durch 12. gehenden Kreis; setz' den Fuss des Zirkels auf R., mit dem andern
beschreib einen durch 13. gehenden Kreis; setz' einen Fuss des Zirkels auf S., mit dem andern
beschreib den durch 14. gehenden Kreis ; setz' einen Fuss des Kreises auf T. und beschreib
mit dem andern einen durch 15. gehenden Kreis; setz' den Fuss des Zirkels auf V. und
mit dem andern beschreib einen durch 16. gehenden Kreis ; setz' einen Fuss des Zirkels
auf x., mit dem andern mach' den durch 17. gehenden Kreis; setz' den Fuss des Zirkels
auf y., mit dem andern beschreib einen durch 18. gehenden Kreis; geh' mit einem Fuss
des Zirkels auf z. und beschreib mit dem andern einen durch 19. gehenden Kreis; setz' den
Fuss des Zirkels auf Z., mit dem andern beschreib den durch 20. gehenden Kreis [und über
p beschreib den andern Kreis mit dem andern Fuss des Zirkels].[2] Und sodann mach' den
Umriss den Kreisen folgend, und du wirst den Kühler auf die Tafel gestellt haben, wie
gesagt worden, von der gegebenen Grenze (Standpunct) aus erhaben erscheinend. Und wenn
du wolltest, dass er mit (ebenen) Seitenflächen wäre, so theile das Kühlgefäss in eigentlicher
Form in soviel Seitenflächen als dir gefällt, indem du die Dicke des Kühlers angibst und
die gegebene Methode befolgst. (Fig. 79.)

58. Wenn du unter einem Plafonds oder Gewölbe einen Ring zeichnen wolltest,
welcher hinge, so halte folgende Methode ein : Zeichne den Ring von der Grösse, wie du
ihn machen willst, in eigentlicher Form ; denselben theile in 16. gleiche Theile, oder wenn
du willst in 32. Dann zieh' eine grade, den Ring im untern[3] Theil berührende Linie,
welche Linie BC. sei, und sie berühre den Ring im Puncte D. Dann theile DC. im Puncte
E., und auf E. führe die Senkrechte von der Länge des Durchmessers des Ringes,[4] und
nah bei derselben zieh' eine andere Linie parallel, die soweit entfernt davon sei, als die Dicke
des Ringes in eigentlicher Form beträgt.[4] Und sodann zieh' von allen Theilpuncten des
Rings in eigentlicher Form, deren es 16. sind, Parallelen zu BC., welche die Dicke des
Ringes theilen, nämlich F. 1. 2. 3. 4. 5. 6. 7. 8., die vom grössern Kreise des Ringes he-

---

[1] vgl. Anm. 2 pag. LXXVII.
[2] Der eingeklammerte Satz gehört inhaltlich nicht hierzu.
[3] Hiernach wäre der Ring nicht am Plafonds hängend, sondern auf dem Fussboden stehend
zu denken (vgl. Fig. 80).
vgl. Anm. 1 pag. LXXVIII.
vgl. Anm. 2 pag. LXXVIII.

kommen, und jene des kleinern Kreises, die innerhalb sind, durchschneiden die Dicke [5] in 11. 12. 13. 14. 15. 16. 17. 18. Dann theile die Dicke (Durchmesser) zu gleichen Theilen, und trage sie in F auf, so dass sie FC. im Puncte F. rechtwinklich schneide: dieselbe sei FG., wovon die Hälfte (von FG) unterhalb der Linie E(C) herabgehe;[1] sodann zieh' die Senkrechte auf B. der Linie BC. von jener Länge, wie weit du unterhalb des Plafonds stehen willst, um den Ring zu sehen, welche Linie AB. sei. Und im Puncte A. befestige die Nadel mit dem Faden. Dann nimm den Faden und stelle ihn über die Linie FC. durch 8.[2] der Linie FG. hindurchlaufend, und wo er auf die Linie FC. schlägt, mach' Punct 8. Dann stell' den Faden durch 7. hindurchlaufend, wo er auf die Linie FC. schlägt, mach' 7. Zieh' den Faden, dass er auf 6. trifft, wo er auf die Linie FC. schlägt, zeichne 6.; führe den Faden durch 5. hindurchlaufend, wo er auf die Linie FC. schlägt, punctire 5.; zieh' den Faden, dass er auf 4. trifft, wo er auf die Linie FC. schlägt, mach' 4.; stell' den Faden durch 3. gehend, wo er auf die Linie FC. schlägt, zeichne 3.; führe den Faden auf 2. treffend, wo er auf die Linie FC. schlägt, punctire 2. Jetzt zieh' durch folgende Zeichen: nämlich 1. 2. 3. 4. 5. 6. 7. 8. Linien parallel zu FG., die ebensoviel oberhalb wie unterhalb herausgehen; dann nimm die Hälfte des grössten Kreises des Ringes und trag sie unter der Linie BC. auf die Linie, die von F. ausgeht, was F.—26. sei; dann nimm die Hälfte von 4. bis 5. in der Linie FG.[3] und stell sie unter F., was F.—20. sein wird; und nimm die Länge von 4. nach 3. der Linie FG. und zeichne sie unter 20., was 20.—22. sei; dann nimm die Grösse von 3. bis 2. und trag sie unter 22., was 22.—24. sei. Sodann befestige die Nadel mit dem Faden auf B. und dann nimm das Ende des Fadens und erstrecke ihn über die von 8. ausgehende Linie, dass er 20. der Linie F.—26. trifft, und wo er der Linie begegnet, die von 8. kommt, zeichne 34.; zieh' den Faden auf 22. treffend, und wo er auf die Linie schlägt, die von 2. ausgeht, mach' 22. und wo er auf die Linie schlägt, die von 7. kommt, punctire 32.; führe den Faden über 24. hinlaufend, und wo er die Linie trifft, die von 3. ausgeht, mach' 24., und wo er auf die Linie schlägt, die von 6. kommt, zeichne 30.; stell' den Faden auf 26. ein, und wo er auf die von 4. ausgehende Linie schlägt, punctire 26., und wo er die Linie trifft, die von 5. kommt, zeichne 28.; und diese Grössen trag' auf die Linie FC., d. h. über 5. mach 29., in jenem Abstand, der von 5. bis 28. besteht, und über 4. mach 27. in dem Abstande von 4. bis 26., über 3. mach 25. vom Abstand von 3. bis 24., und über 2. mach 23. vom Abstande, der von 2. bis 22. besteht; über 6. zeichne 31. in dem Abstande von 6. bis 30., über 7. mach 33. von dem Abstande, der von 7. bis 32. vorhanden; dann zieh' 20—22.; 22—24.; 24—26.; 26—28.; 28—30.; 30—32.; 32—34.; 21—23.; 23—25.; 25—27.; 27—29.; 29—31.; 31—33.; 33—35.; und du hast den ersten Kreis, nämlich den äusseren. Jetzt bezüglich des innern Kreises, der kleiner ist, zieh' durch seine Theilpuncte lauter Parallelen zu BC., die FG. in den Puncten 11. 12. 13. 14. 15. 16. 17. 18. theilen mögen; sodann befestige die Nadel mit dem Faden auf dem Puncte A.; sodann zieh' den Faden durch 18. laufend: wo er auf die Linie FC. schlägt, mach' Punct 18.; führe den Faden 17. begegnend, und wo er auf die Linie FC. stösst, mach' 17.; leg' den Faden 16. treffend, wo er auf die Linie FC. schlägt, zeichne 16.; stell' den Faden, dass er auf 15 trifft, wo er auf die Linie FC. schlägt, mach' 15.; zieh' den Faden auf 14. treffend, wo er auf die Linie FC. schlägt, punctire 14.; erstrecke den Faden, dass er 13. begegnet, wo er die Linie FC. trifft, zeichne 13.; führe den Faden durch 12. laufend, wo er auf die Linie FC. schlägt, punctire 12.; zieh' den Faden über 11. hin, wo er auf die Linie FC. stösst, zeichne 11.; sodann zieh' durch alle diese Zeichen Parallelen zu FG., welche den gemachten Umkreis treffen. Dann nimm die Hälfte des Durchmessers des innern Kreises des Rings und trag' ihn unter F. auf, was F.—46. sei, und dann nimm ferner die Grösse von F. bis 14. der Linie FG. und trag' sie über 46. auf, was 46—40. sei; nimm das Maass von F. bis 13. und trag' es über 46. auf,

---

[1] vgl. Anm. 4 pag. LXXVIII. wobei statt «abwärts» zu lesen «auf- und abwärts».
[2] Dieser und die folgenden Puncte von 8. bis 1. sind die Durchschnitte der resp. durch die Theilpuncte des Kreises zu BC gelegten Parallelen mit der Verlängerung von FG. (vgl. Fig. 80).
[3] D. h. in deren Verlängerung FH. Die entsprechenden Zahlen, welche in Fig. 80. d. Mscr. gefehlt, sind nach der Seite von FG. hinzugesetzt.

und zeichne 42 ; nimm die Grösse von F. bis 12. und stell' sie auf 46., was 46—44. sei. Sodann nimm die Nadel mit dem Faden und befestige die Nadel im Puncte B., und erstrecke den Faden, dass er 40. begegnet, und wo er auf die Linie schlägt, die von 18. kommt, zeichne 54.; zieh' den Faden durch 42. hindurchlaufend, wo er auf die Linie trifft, die von 12. ausgeht, punctire 42., und wo er auf die stösst, die von 17. herkommt, mach' 52.; leg' den Faden, dass er 44. begegnet, wo er auf die von 13. derivirende Linie trifft, zeichne 44., wo er auf die Linie stösst, die von 16. ausgeht, mach' 50.; führe den Faden auf 46. treffend, und wo er auf die Linie schlägt, die von 14. ausgeht, mach' 46., und wo er auf die Linie schlägt, die von 15. kommt, punctire 48. Jetzt hast du diese Grössen zu nehmen und oben anzutragen. Nimm die Länge von 11. bis 40. und trag' sie über 11. an, und mach' 41., was 40—41. sein wird; nimm die Länge von 12. bis 42., und trag' sie über 12. an, und zeichne 43., was 42—43. sein wird; miss' von 13. bis 44., und trag' sie über 13. an, und punctire 45., was 44—45. sein wird; nimm die Länge von 14. bis 46., und trag' sie über 14. an, und mach' 47., was 46—47. sein wird; nimm die Grösse von 16. bis 50., und trag' sie über 16. an, und mach' 51.; nimm den Abstand von 17. bis 52., und trag' ihn über 17. an, und punctire 53., was 52—53. sein wird; nimm die Grösse von 18 bis 54., und trag' sie über 18. an, und zeichne 55., was 54—55. wird. Jetzt zieh' 40—42.; 42—44.; 44—46.; 46—48.; 48—50.; 50—52.; 52—54.; 54—55.; 55—53.; 53—51.; 51—49.; 49—47.; 47—45.; 45—43.; 43—41.; 41—40. Dies ist der Kreis innerhalb des Ringes. Jetzt schneide die Eckpuncte aller beiden Kreise ab, und du wirst den vorgelegten Ring haben. (Fig. 80.)

An den Verfasser.

Endlich sind wir am Ende des so sehr lehrreichen Werkes
Zeichnungen von Figuren bewährten Zitaten entnommen
Nun magst ans Werk du gehen verständnissvoll dies zu lesen
Damit endlich Ruhm werde dem Autor zu Theil.

An den Leser.

Der du liesest dies Werk des ausgezeichneten Malers
Ausgehend von der Kunst, unterdrück des Neids böse Worte
Sag dass du längst schon bewundernd studirt die herrliche Gabe
Durch dessen Hülfe der Kunst herrliche Früchte gereift
Geisteskräfte, der Seele Weisheit und Tugend genugsam
Sind sie Piero dir beständig treue Begleiter
Aller Orten schon hast du verherrlicht den Namen von Borgo
Durch deine Kunst und den deinen berühmt gemacht bei den Italern
Du bist unsere Zier. Deiner Fahne wir folgen, rebellisch
Denen, die immer behaupten den Deinen feindliche Lager
Sei lang dir das Leben Begleiter und viel dir gesetzter Jahre
Magst du geniessen wie sonst viel Gutes, nachdem du gesiegt.

Druckfehler und während des Drucks stehengebliebene Irrthümer des Textes.

- pag. XXI Anm. 1 l. Contouren statt Contowen.
- » XXIII Anm. 1 l. KN statt AZ.
- » XXIV Zeile 14 v. u. l. contacto statt contucto.
- » XXVII Zeile 5 v. o. l da F. ad 3 statt ad 7.
- » XXVII Anm. 3 l. Und gleich G—300 statt FG.
- » XXVIII Zeile 8 v. o. l. KN statt RN.
- » XXXI Anm. 1 vgl. die bezügl. Anm. der Uebersetzung.
- » XXXVII l. che sia BG et BG coltictolo statt che sia BC et BC coltictolo.
- » XXXIX Zeile 3 v. o. hinzuzusetzen: (Fig. 50).
- » XLVII Anm. 2 zu streichen (vgl. die betr. Anm. der Uebersetzung).
- » XLVIII Zeile 4 v. u. zu ergänzen: 15 e 1.
- pag. L Anm. 1 Zeile 3 l. E* und E statt 2* und 2.
- » LII Zeile 13 v. u. l. zum zweitenmale 11' statt 11, wonach Anm. 1 wegfällt.
- » LII Anm. 4 zu streichen (vgl. die bezügl. Anm. der Uebersetzung).
- » LIII Zeile 6 v. o. l. do statt de.
- » LVI Zeile 7 v. u. l. 15 statt 13.
- » LVII Zeile 17 v. u. l. sappia statt suppia.
- » LVII Anm. 2 zu streichen.
- » LIX Zeile 3 v. u. l. A^3 statt A^1.
- » LXIV Anm. 3 zu streichen (vgl. die bezügl. Anm. der Uebersetzung).
- » LXVI Anm. 2 zu streichen.
- » LXXIII Zeile 13 v. u. l. A statt V.

9. HEFT:

Eine Thüringisch-Sächsische Malerschule des XIII. Jahrhunderts. Von Arthur Haseloff. Mit 112 Abbildungen in Lichtdruck. ℳ 15. —

10. HEFT:

Die Bamberger Domsculpturen. Ein Beitrag zur Geschichte der deutschen Plastik des XIII. Jahrhunderts. Von Artur Weese. Mit 33 Autotypieen. ℳ 6. —

11. HEFT:

Ueber den Humor bei den deutschen Kupferstechern und Holzschnittkünstlern des XVI. Jahrhunderts. Von Dr. Reinhold Freiherr von Lichtenberg. Mit 17 Tafeln. ℳ 3.50

12. HEFT:

Studien zur Elfenbeinplastik der Barockzeit. Von Dr. Chr. Scherer. Mit 16 Abbildungen im Text und 10 Tafeln. ℳ 8. —

13. HEFT:

Tobias Stimmers Malereien an der Astronomischen Münsteruhr zu Strassburg. Von A. Stolberg. Mit 3 Netzätzungen im Text und 5 Kupferlichtdrucken in Mappe.
ℳ 4. —

14. HEFT:

Die mittelalterlichen Grabdenkmäler mit figürlichen Darstellungen in den Neckargegenden von Heidelberg bis Heilbronn. Aufgenommen und beschrieben von Dr. Hermann Schweitzer. Mit 21 Autotypieen und 6 Lichtdrucktafeln.
ℳ 4. —

15. HEFT:

Zur Geschichte der oberdeutschen Miniaturmalerei im XVI. Jahrhundert. Von Hans von der Gabelentz. Mit 12 Lichtdrucktafeln. ℳ 4. —

Unter der Presse:

16. HEFT:

Der Skulpturencyklus in der Vorhalle des Freiburger Münsters und seine Stellung in der Plastik des Oberrheins. Von Kurt Moriz-Eichborn. Mit vielen Abbildungen.

17. HEFT:

Die Basler Galluspforte und andere romanische Bildwerke der Schweiz. Von Arthur Lindner. Mit zahlreichen Abbildungen.

18. HEFT:

Holländische Miniaturen des späteren Mittelalters. Von Willem Vogelsang. Mit Lichtdrucken.

Die Studien zur Deutschen Kunstgeschichte erscheinen in zwanglosen Heften. Jedes Heft ist einzeln käuflich.

Die Anfänge
des
Monumentalen Stiles im Mittelalter.

Eine Untersuchung über die erste Blütezeit französischer Plastik
von
Dr. Wilhelm Vöge.
Mit 58 Abbildungen und 1 Lichtdrucktafel.
8°. Preis M. 14.—

PIERO DEI FRANCESCHI.

EINE KUNSTHISTORISCHE STUDIE
von
Dr. Felix Witting.
Mit fünfzehn Lichtdrucktafeln.
gr. 8°. Preis M. 4.—

Unter der Presse:

16. HEFT:

Der Skulpturencyklus in der Vorhalle des Freiburger Münsters und seine Stellung in der Plastik des Oberrheins. Von Kurt Moriz-Eichborn. Mit vielen Abbildungen.

17. HEFT:

Die Basler Galluspforte und andere romanische Bildwerke der Schweiz. Von Arthur Lindner. Mit zahlreichen Abbildungen.

18. HEFT:

Holländische Miniaturen des späteren Mittelalters. Von Willem Vogelsang. Mit Lichtdrucken.

Die Studien zur Deutschen Kunstgeschichte erscheinen in zwanglosen Heften. Jedes Heft ist einzeln käuflich.

Die Anfänge
des
Monumentalen Stiles im Mittelalter.

Eine Untersuchung über die erste Blütezeit französischer Plastik
von
Dr. **Wilhelm Vöge**.
Mit 58 Abbildungen und 1 Lichtdrucktafel.
8°. Preis M. 14.—

PIERO DEI FRANCESCHI.

EINE KUNSTHISTORISCHE STUDIE
von
Dr. **Felix Witting**.
Mit fünfzehn Lichtdrucktafeln.
gr. 8°. Preis M. 4.—

www.ingramcontent.com/pod-product-compliance
Lightning Source LLC
Chambersburg PA
CBHW031933230426
43672CB00010B/1913